V

ARCHÉOLOGIE
NAVALE.

TYPOGRAPHIE DE FIRMIN DIDOT FRÈRES,
IMPRIMEURS DE L'INSTITUT DE FRANCE,
RUE JACOB, n° 56.

ARCHÉOLOGIE NAVALE,

PAR

A. JAL,

CHEVALIER DE LA LÉGION D'HONNEUR, HISTORIOGRAPHE DE LA MARINE,
MEMBRE DU COMITÉ HISTORIQUE DES CHARTES, CHRONIQUES ET INSCRIPTIONS
(MINISTÈRE DE L'INSTRUCTION PUBLIQUE).

PUBLIÉE PAR ORDRE DU ROI.

Tome Premier.

PARIS,

ARTHUS BERTRAND, ÉDITEUR,

LIBRAIRE DE LA SOCIÉTÉ DE GÉOGRAPHIE,

Et de la Société Royale des Antiquaires du Nord,

RUE HAUTEFEUILLE, N° 23.

1840.

RAPPORT

À M. L'AMIRAL

BARON DUPERRÉ,

PAIR DE FRANCE,

MINISTRE SECRÉTAIRE D'ÉTAT AU DÉPARTEMENT DE LA MARINE
ET DES COLONIES.

Monsieur l'amiral,

L'idée première de l'ouvrage qui paraît aujourd'hui sous vos auspices est une de mes plus anciennes préoccupations.

Depuis douze ans au moins, ce travail est dans mon esprit à l'état de projet arrêté. —

— Lorsqu'en 1811, élève de l'École spéciale de la marine à Brest, le vaisseau m'apparut pour la première fois dans toute sa majesté, avec ses larges voiles au vent, ses cordages, si nombreux, qu'il me semblait impossible d'en pouvoir retenir jamais la vaste nomenclature, son imposante grandeur, et cette intelligence apparente qui le faisait obéir à la volonté manifestée par une voix humaine, comme si rien de cette volonté ne lui était resté caché, j'éprouvai un sentiment d'admiration craintive et respectueuse dont l'impression profonde est encore, après vingt-huit années, aussi vivante en moi par le souvenir, que si la cause en était présente aujourd'hui même à mes yeux. C'était une première révélation du génie de l'homme qui m'était soudainement faite; elle confondait mon ignorance et m'inspirait un vif désir de connaître, par une sorte d'étude anatomique, le secret de cette vie merveilleuse du vaisseau.

Une circonstance particulière ajoutait à l'émotion dont ce spectacle, si grand et si nouveau, frappait mon imagination ardente. Le vaisseau sur le gaillard duquel je me trouvais, obéissait à un homme qu'une lutte vigoureuse contre le plus grand des marins anglais avait récemment illustré. Je me trouvais en présence de Lucas, et je savais, par des récits fidèles, le combat du *Redoutable*, la mort de Nelson et la scène de Trianon, où l'empereur avait récompensé le glorieux vaincu de Trafalgar pour son vaillant courage et son patriotisme. Le géant de cinq pieds, devant qui je me voyais, qui m'accueillait avec bonté, et me donnait de bienveillantes notions sur les choses qui paraissaient m'étonner le plus ; ce petit homme très-simple, dont la taille et le regard étaient une sorte de contradiction avec ce que je savais de lui, m'imposait autant que le vaisseau : je les trouvais immenses l'un et l'autre.

Votre Excellence comprendra la situation d'un enfant de seize ans, qui, par tout ce qu'il a de saillant et d'extraordinaire, mais sans se rendre compte de cet amour instinctif, aime déjà le métier attrayant auquel il est destiné ; qui, pour première initiation à des mystères qu'il brûle de pénétrer, se trouve sur un vaisseau de 74 (*) appareillant, louvoyant pendant tout un jour, et faisant le simulacre d'un combat ; enfin, qui, pour premier introducteur à des connaissances dont tout ce qu'il voit de grand lui exagère peut-être les difficultés, a l'adversaire heureux du héros dont l'Angleterre pouvait croire immortelle la seconde moitié encore vivante, l'officier que, naguère, Napoléon avait félicité en présence de toute sa cour militaire et décoré d'un titre éminent dans sa chevalerie.

A la fin d'une journée si bien remplie, émerveillé, mais incapable de m'expliquer comment un ordre parfait présidait au désordre apparent de tant de cordes, comment la complication des moyens d'action se résumait en une véritable simplicité, comment un corps inerte, un bois flottant, était doué de la sensibilité qui soumet le cheval au cavalier ; bien persuadé qu'il n'y avait rien de plus beau, rien qui témoignât mieux de la puissance de l'homme, rien que l'on pût comparer à la perfection de la machine navale, je me pris à songer au passé de cette machine, et je demandai au commandant Lucas : « Avant d'être ce que je le vois, qu'a été le vaisseau ? » Lucas me répondit le plus naturellement du monde : « On n'en sait rien. »

— On n'en sait rien ! ce mot me frappa peut-être plus que tout

---

(*) *Le Nestor.*

le reste. Comment peut-on ignorer cela? Je m'informai, et de tous les côtés je reçus cette même réponse : On n'en sait rien. — Ne pourrait-on donc le savoir? me demandai-je tout affligé. Est-ce un secret qui doit rester éternellement caché? — Si la tradition orale est muette, n'y a-t-il pas des livres? — Si les marins, que les devoirs de leur état ont pu empêcher de se livrer à des recherches qui veulent et beaucoup de temps et des facilités qui leur manquent en général, les érudits auront fait, sans doute, ce que les hommes de mer ne pouvaient faire ; recourons donc aux livres..... Pas un livre sur la matière. Un vieil exemplaire des *Us et coutumes de la mer* me tomba un jour entre les mains, chez un homme d'esprit et de savoir, qui avait pour moi une indulgence amicale dont je serai toujours reconnaissant (*). Je crus que ce traité de Clairac m'allait être une précieuse lecture dans le but que je voulais poursuivre en même temps que je mènerais avec ardeur les études de l'École spéciale; je fus bien vite détrompé. La matière n'était pas celle à laquelle je devais m'intéresser d'abord. L'ouvrage offrait pourtant un renseignement utile; il contenait les explications de quelques termes anciens, à peu près oubliés déjà au commencement du dix-neuvième siècle, explications assez peu intelligibles quelquefois elles-mêmes. Je soumis ces termes à ceux qui avaient le devoir de nous apprendre la nomenclature des pièces de la construction et du gréement; et, un vieux maître excepté, — excellent matelot, qui avait navigué avec le comte d'Estaing et Bougainville, — aucun ne put me satisfaire sur la valeur réelle de ces mots qu'il fallait cependant bien que je comprisse pour lire avec fruit quelque autre ouvrage ancien traitant des choses de la mer.

J'avoue que cet état de choses m'alarma. La connaissance sérieuse d'une langue qui, pour les marins de tous les pays, semblait n'être qu'un argot de convention, sans règles, sans origines, sans poésie surtout (la poésie était certainement ce qui leur apparaissait le moins dans les formes hardies de leur langage, et ils auraient bien ri si on leur avait dit que, *faire de la voile, allagar o vento, lofer, gordingen, hauban, dar ferro*, sont des tropes); cette connaissance me paraissait un préliminaire indispensable à l'acquisition de toute autre. Je résolus alors de m'appliquer à comprendre les termes de la nomenclature navale, non-seulement de celle qui avait cours sur les vaisseaux de l'Empire, mais de celle qui était tombée en désuétude, et dont je supposais que je devais trouver de larges traces dans les histoires des faits passés, dans les mémoires des vieux navigateurs, dans les traités

---

(*) M. le général de brigade d'artillerie Devaulx, ancien officier d'ordonnance, avec Florian, du duc de Penthièvre, alors grand amiral de France.

spéciaux, écrits à des dates anciennes. Et ce n'était pas là que je voulais borner mes investigations ; je me proposais de comparer un jour la langue des marins français à celles des marins étrangers, et de rechercher par cette comparaison ce que chacune d'elles pouvait tenir des autres.

Ce travail étymologique n'était pas dans ma pensée une agréable et piquante satisfaction donnée à une vaine curiosité. Il me semblait impossible d'arriver à une foule de faits intéressants sans les chercher derrière le voile de mots obscurs qui devait les cacher ; il me paraissait qu'une des manières les plus sûres de parvenir à constater les progrès des différents peuples dans l'art naval, c'était de savoir ce qu'ils s'étaient mutuellement emprunté ; et rien n'était, selon moi, plus propre à m'aider à ce travail que l'intelligence des termes représentant les objets matériels.

Je ne pouvais me faire une idée des marines antérieures à la nôtre, sans avoir sur le vaisseau à ses différents âges des notions un peu précises ; je ne pouvais acquérir ces notions indispensables, sans savoir la langue que les mariniers parlèrent au moyen âge et dans l'antiquité. Le plan d'un vaste travail d'archéologie navale était dans ce raisonnement fort simple. Je l'adoptai présomptueusement, sans hésiter. — Jeune, sait-on douter de soi ? ne prend-on pas d'ailleurs pour claires et précises les idées confuses qui se présentent à l'imagination ? — La langue d'abord, me dis-je, le vaisseau ensuite, enfin l'histoire.

Je ne m'abusais pas sur les moyens qui m'étaient offerts pour m'aider à résoudre les difficultés que je ne faisais encore qu'entrevoir. Enfermé à bord d'un vaisseau où je n'avais pas même la ressource d'une bibliothèque médiocre ; pressé d'ailleurs de suivre les cours qui devaient avant tout m'occuper, je reconnus que je devrais au hasard seul quelques découvertes, si j'étais assez heureux pour en faire. Toutefois, dans l'étude du matelotage, je ne perdis pas de vue mon projet. Je n'entendis pas émettre un mot technique sans m'informer de sa véritable prononciation, de son origine, du temps où il avait pu être employé pour la première fois ; mais hélas ! qui devait répondre à mes questions ? Demandais-je ce que signifiait le mot *bouline*, on me disait bien à quoi servait la bouline, comment elle était frappée à la patte d'oie attenante à la ralingue de la voile, et par quelle poulie passait cette manœuvre ; Maître Carel, le représentant sexagénaire des vieilles mœurs et de l'ancienne discipline maritime, ajoutait bien que le bout de la bouline du petit hunier servait à châtier les matelots qui avaient failli ; mais de ce que je voulais savoir, pas un mot. Qui avait nommé la bouline ? quelle nation s'en était servie la première, c'est-à-dire, qui avait cherché le premier à s'élever au vent ? à quelle époque remontait à peu près l'application de cette corde faite pour ouvrir la voile au vent de côté ? Voilà ce que personne ne nous disait (*). J'étais donc seul, et que pouvait seul et sans livres un humaniste de mon âge, assez méchant écolier ? — N'y avait-il pas un peu de folie et beaucoup de vanité dans mon roman de marin novice, futur archéologue ? Quelques-uns de mes camarades s'en moquèrent, et je ne sais s'ils daigneront prendre aujourd'hui la chose plus au sérieux.

J'ajournai à un temps de plus grande liberté mon projet, que je n'abandonnai pas cependant tout à fait pour le moment, et qui me porta avec ardeur vers tout ce qui était pratique dans le métier de la mer. Le temps de liberté arriva, mais non pas comme je l'avais souhaité.... La marine me quitta. Il me fallut renoncer à une profession qui me semblait singulièrement noble et belle ; mais je lui restai toujours attaché, et aussitôt que je le pus, je commençai sérieusement les recherches qui devaient m'aider à débrouiller quelques-unes des questions difficiles de l'archéologie navale.

Appelé, vers 1824, à écrire pour un libraire une histoire abrégée de la marine française, j'éprouvai, en examinant les faits antérieurs au dix-septième siècle, combien il est difficile de les bien comprendre, si l'on ne sait point par quelles transformations ont passé le matériel de la marine, l'armement du vaisseau et la loi qui a régi les gens de mer; je reconnus que, raconter ces faits sans avoir au préalable donné, sur l'état de l'art naval au moyen âge, des notions nombreuses et, s'il se peut, certaines, c'est jeter au lecteur de grandes énigmes dont il lui serait impossible de deviner le mot. Je reculai donc devant la tâche que j'avais acceptée d'abord avec trop de légèreté, et me tournai du côté de l'archéologie avec d'autant plus de courage et de persévérance, que je m'étais convaincu davantage de l'indispensable nécessité d'une étude dont, en 1811, j'avais déjà pressenti l'importance.

En 1830, l'intérêt qu'aura toujours pour moi une entreprise maritime me fit souhaiter d'assister à l'expédition de la France contre Alger. Cette campagne, si courte qu'elle fût, ne fut pas sans profit pour moi. Je vis la flotte à la mer après avoir suivi une partie de son armement; je m'informai, je multipliai les questions, je pris de nombreuses notes. Dans l'intérêt de mon travail sur la langue maritime, je recueillis beaucoup de mots catalans à Marseille, de mots provençaux dans l'arsenal de Toulon, de mots espagnols et siciliens à bord du navire de Palerme sur lequel je m'embarquai.

(*) Voir Mémoire n° 3.

Des travaux de littérature légère, de polémique et de critique appliquée aux arts avaient rempli la presque totalité de ma vie, depuis le jour où j'avais vu la carrière de la marine se fermer devant moi. Cependant, en 1827, je m'étais mis sérieusement à une œuvre que je devais mener lentement à fin, parce qu'elle était à la fois pénible et vaste, parce que rien de semblable à ce que je tentais n'avait été essayé encore, et que j'étais condamné à faire tout par moi-même, personne n'étant préparé sur la question toute spéciale que je voulais traiter. En juillet 1831, M. l'amiral de Rigny me fit l'honneur de m'adjoindre à la Section historique de son ministère, et m'engagea à publier des ouvrages qui contribuassent à faire connaître la marine, restée, si malheureusement pour la France et pour elle, tout à fait étrangère à la partie éclairée de la nation. Alors je proposai au ministre l'adoption d'un plan systématique qu'il approuva. Ce plan se réduisait au développement des idées que voici :

« Pour faire connaître la marine et intéresser à ses développements, il faut raconter les hommes qui ont acquis de la gloire dans cette périlleuse profession ; il faut dire les faits qui ont illustré ces hommes ; il faut peindre, avec les mœurs des gens de mer de toutes les époques, le navire, cette machine la plus hardie et la plus belle des machines, dans la création et le perfectionnement de laquelle brille à un point si éminent le génie des peuples civilisés.

« L'histoire de la marine ne saurait être écrite comme l'histoire générale. Jusqu'à un certain point, celle-ci peut se passer de détails ; ses tableaux frappent d'autant plus qu'ils sont plus largement tracés, et qu'ils présentent les faits dans un ensemble, sur le fond duquel se dessinent à plus grands traits les figures principales. L'autre, au contraire, si elle admet des vues générales, si elle recherche les rapports entre l'état de la société et celui de la navigation, vit essentiellement de détails techniques. Comme elle a de nombreux combats à décrire, des tempêtes et des naufrages à enregistrer, des perfectionnements à noter, à analyser, des décadences à constater, elle doit s'occuper toujours du matériel, en même temps que des événements et de leur influence sur le monde politique. Or, le matériel, c'est-à-dire, le vaisseau et son armement, qui sait aujourd'hui ce qu'ils furent aux siècles passés ? Le marin et l'antiquaire ont une égale peine à se représenter le *drakkar* et le *snekar* des pirates normands, remontant la Seine au neuvième siècle, la Nef et le Sélandre qui transportent les croisés à la terre sainte, la Galie active et rapide, qui s'arme pour toutes les expéditions du moyen âge, l'Huissier qui suit les flottes portant les destriers des *milites*, la Caravelle qui emporte Colomb allant à l'Ouest chercher la terre devinée, la Galéasse et la Frégate du seizième siècle, et même, ce qui est d'hier, la Corvette contemporaine de Louis XIV (*).

(*) Dans un ouvrage fort estimable sur *la Régence d'Alger*, on voit les frégates qui faisaient partie de la flotte de Charles-Quint transformées par les auteurs en « bâtiments à voiles carrées, » de l'espèce des vaisseaux ronds, quand ces petits navires étaient des bâtiments latins, inférieurs au brigantin et à la galiote. (Voir Mémoire n° 4.) Le livre où cette erreur est consignée est cependant d'un écrivain plein d'érudition, qui eut pour collaborateur un capitaine de corvette, officier très-distingué. Je ne cite ce fait que pour montrer combien il était nécessaire d'étudier la question des navires anciens, si complétement ignorée aujourd'hui. Je puis ajouter qu'on ne sait guère mieux ce qui est du dix-septième siècle que ce qui était du siècle précédent. Ainsi l'auteur d'une *Histoire de la marine française sous Louis XIV*, récemment publiée, travail étudié avec conscience, qu'on a pu critiquer vivement mais qui restera comme un ouvrage intéressant et curieux, au point de vue politique, sinon comme un livre spécial irréprochable; cet auteur (pag. 10, 1er vol.) fait attaquer, en 1658, par un navire français, une ramberge anglaise, et il donne à cette ramberge toute l'importance d'une de nos modernes frégates. C'est là une faute que l'écrivain n'aurait pas commise s'il avait pu tenir compte des modifications apportées dans la construction de ce navire, de 1545 à 1643. (Voir Mémoire n° 6.) Quant à l'assimilation qu'il fait des ramberges aux frégates du dix-neuvième siècle, je ne sais sur quelles données M. E. Sue a pu baser cette opinion. S'il a voulu parler des ramberges que l'auteur des *Explications des termes de marine*, dédiées à monseigneur l'archevêque de Bordeaux (Paris, 1638), range mal à propos parmi les *grands* vaisseaux après les galions de France, les naos de Portugal, les naves de Venise, et les carraques, quand ce n'était qu'une sorte de galère, — et ce serait un fâcheux anachronisme, parce que les *Explications* se rapportent aux termes employés dans les édits, ordonnances et règlements de l'amirauté rendus au seizième siècle et au commencement du dix-septième, — l'historien a fait tort à la ramberge qu'il a rapetissée. Si, au contraire, il a voulu parler des ramberges qui étaient une sorte de petite galiote (*een soort van een klein galioot*), comme dit Aubin, ou « un vaisseau médiocre de 120 à 200 tonneaux, » comme dit le P. Fournier (pag. 50 de son *Hydrographie*), il a exagéré la grandeur et l'importance de ce navire anglais dont Aubin a dit, dans son Dictionnaire de 1702 : « C'est une sorte de petit vaisseau « propre à aller faire des découvertes. Les Anglais ont appelé ainsi *autrefois* leurs « plus grands vaisseaux de guerre. » Le *Autrefois* d'Aubin, se reporte au seizième siècle. Il se trouve aussi dans la définition donnée par Desroches, officier des vaisseaux du roi, dans son Dictionnaire des termes propres de marine, donné en 1687 : « *Rambeges*, c'est le nom de certains vaisseaux de guerre que l'on faisait autrefois « en Angleterre. Ce nom est encore donné à de petits bâtiments qui servent dans « les rivières de ce pays. » Le navire que l'historien fait attaquer par Cornille Bart, en 1687, ne peut être autre chose qu'un de ces petits bâtiments définis par le P. Fournier en 1643, et par Desroches quarante-quatre ans plus tard. M. Eugène Sue (pag. 16 de ce même 1er vol.) parle d'un brigantin appelé *l'Arondelle de mer*; il suppose (pag. 18) que ce brigantin avait *deux ponts* ; (pag. 19) qu'il avait un *château d'arrière* ; qu'il avait (même page) un *coursier*, ou canon de coursie; et qu'il avait (ibid.) un *grand mât de bourset* ou de hune. Tous ces détails, sauf celui qui a rapport au *coursier*, pourraient se rapporter à un bâtiment carré du dix-huitième siècle, mais non à un brigantin du dix-septième. A cette époque, le brigantin était un petit navire de la famille des galères, inférieur à la galiote, ayant de douze à seize

« Et cependant, sans la connaissance du navire, comment comprendre le récit des siéges, des batailles, des voyages, où il est tou-

rames, deux voiles latines, quelques petites pièces d'artillerie sur pivots et point de coursier. Le brigantin, notre brig actuel, n'existait pas encore, et nous ne voyons nommé, dans le Dictionnaire de Desroches, dans celui d'Aubin et dans l'Hydrographie du P. Fournier, d'autre brigantin que celui dont on trouve la figure dessinée dans le recueil de Jean Jouve (1679), qui appartient à la biblioth. du roi (fonds des belles reliures), après avoir appartenu à Louis XIV. (Voir cette fig., Mémoire n°4.)

Dans les états manuscrits de la marine du dix-septième siècle que possèdent les archives de la marine, quand des brigantins sont nommés, ils le sont toujours entre les galiotes à rames et les tartanes, qui étaient alors des bâtiments d'une très-médiocre importance. L'état de 1677 porte : « un brigantin, à Toulon; » celui de 1678 : « trois brigantins, » aussi à Toulon; celui de 1698 : « trois brigantins, dont deux à Brest et un à Port-Louis. » Ces brigantins avaient passé dans l'Océan comme les galères qui y servaient, et dont je parlerai tout à l'heure; comme une felouque, qui était aussi à Port-Louis. Quant à l'indication que l'on trouve dans l'état de 1666, à la suite du nom du vaisseau l'*Aurore* : « très-bon brigantin, » cela ne veut pas plus dire que l'*Aurore* était un brigantin, que cette note : « véritable flûte, » placée en regard du nom du *Saint-Sébastien*, ou que cette autre : « canard », qui se lit à côté du nom du *Mazarin*, ne veulent dire que ce dernier vaisseau appartenait à une espèce connue sous le nom de *Canard*, et que l'autre était du port, de la construction et de la forme des flûtes. Le *Saint-Sébastien* manquait des qualités d'un bon vaisseau de guerre; on ne pouvait écrire à côté de son nom ce qu'on écrivait, en 1698, à côté de celui du *Formidable* : « d'un très-bon combat; » on le savait propre au transport, aux missions qui demandaient peu de rapidité, et on le disait une véritable flûte. Le *Mazarin* était sur son nez, il plongeait beaucoup son avant dans l'eau, et on le comparait à un canard. (On n'avait pas alors l'habitude de démâter de leurs mâts de misaine et de beaupré, les vaisseaux désarmés, amarrés dans les ports, comme on le fit plus tard, par ordre de Colbert, qui pensait que cette précaution devait les « garantir de tomber de l'avant. » (V. *Principes de M. de Colbert sur la marine*; manuscrits de la bibliothèque royale, et des archives de la marine.) Quant à l'*Aurore*, il était petit, léger, rapide, d'ailleurs très-peu armé, et on le rangeait, à cause de ses qualités, parmi les bâtiments plus légers encore que les galères, et par un trope très-expressif, on l'appelait « un très-bon brigantin ». C'est ainsi que, dans l'état de 1688, on voit quelques vaisseaux des troisième et quatrième rangs, bien distincts, d'ailleurs, des *frégates légères*, être caractérisés par ces mots : « bonne frégate, » qui signifiaient que ces vaisseaux évoluaient bien, marchaient de même, et avaient peu de bois au-dessus de l'eau, comparativement aux autres.

M. Sue fait dire (pag. 10) par Cornille Bart : « Je ne dis rien des galères du Levant, *car elles ne peuvent naviguer dehors la Méditerranée.* » Ce propos est étonnant de la part d'un vieux marinier qui était contemporain des événements de la Rochelle, et n'avait guère pu oublier que le roi de France avait, en 1621, fait venir, de Marseille en Ponant, dix galères qui, en septembre 1622, se rangèrent sous les ordres de M. le duc de Guise, et combattirent avec les soixante-quinze vaisseaux de Sa Majesté la flotte des Rochellois, laquelle avait une petite galère de quatorze bancs par bande (vingt-huit avirons, maniés par quatre-vingt-quatre hommes). Cornille Bart devait se rappeler, comme tous les marins de son temps, que le coursier de cette galère huguenote se nommait le *Chasse-Biron* (Fournier,

jours l'acteur principal? — Pour juger de la témérité d'une entreprise, il faut savoir les moyens que le navigateur eut à sa disposition.

pag. 339). Pendant les trois siècles qui précédèrent le dix-septième, les galères figurèrent souvent dans les armées navales de l'Océan; et, en 1698, six galères servaient encore en Ponant, comme on le voit dans la *Liste générale des galères du roy*, au 1ᵉʳ janvier 1698, qui se trouve dans l'*Abrégé de la marine du roy* pour cette année. Dans le préambule de l'édit de Charles IX, donné à Amboise, le 6 avril 1562, ne lit-on pas cette phrase : « Nostre vouloir et intention a toujours esté et est, qu'en pourvoyant nostre dit cousin dudit estat de capitaine-général des gallères, il fust aussi nostre lieutenant-général des gallères estans tant en la mer du Leuant que du Ponant? » En 1337, Philippe de Valois ne traitait-il pas avec Ayton d'Oria pour l'armement de vint galères génoises qui devaient servir le roi de France dans sa guerre contre Édouard III? L'armée navale, commandée par Montmorency et d'Harcourt, en 1295, pour Philippe le Bel contre Édouard Iᵉʳ, n'était-elle pas composée en grande partie de galères? Éric XII ne s'engageait-il pas à fournir à Philippe deux cents galères norvégiennes?..... (Voir Appendice au Mémoire n° 6.)

Trompé par un article de l'*Encyclopédie méthodique*, qui copiait Aubin, M. Sue, dans l'examen que Jean Bart subit à bord du vaisseau de Ruyter (p. 194, 1ᵉʳ vol.), fait demander par maître Lély : « Comment étoufferais-tu le feu grégeois?» question à laquelle Jean Bart répond : « Tant avec le sable qu'en le couvrant avec du cuir vert. » Jean Bart n'eut certainement pas la peine de faire une pareille réponse, car personne, en 1666, ne pouvait demander à un artilleur comment il éteindrait le feu grégeois. Il y avait déjà bien longtemps que le feu grégeois, cet *ignis liquidus* dont parlait un des historiens des croisades, avait été abandonné. Plusieurs espèces d'artifices l'avaient remplacé, et quand, en 1495, maître André de Lavigne, énumérant, dans son *Vergier d'honneur*, les armes embarquées par ordre de Charles VIII sur les navires qui allaient porter son armée à Naples, citait

Lances gourgons et feu gregeois en buire (en jarres),

il parlait des pots à feu, les *pignate* de Girolamo Ruscelli (pag. 33, verso, *Precetti della militia*, Venitia, 1583), ces *pignate* que mentionne Gio Pietro Contarini dans son récit de la bataille de Lépante. Il n'est jamais question au seizième siècle, et à plus forte raison au dix-septième, du feu grégeois. Pantero-Pantera n'y fait pas la moindre allusion dans son *Armata navale* (chap. IX, *dell' Artigliaria* (1614). Ghr. Cotaneo, qui publiait son *Bombardiero* 47 ans avant Pantera, ne nomme point le feu grégeois; si Aubin en parla en 1702, c'est qu'il voulut donner une idée de cette matière qui avait joué un si grand rôle dans les combats de mer au moyen âge. Dans *le Jouvencel introduit aux armes* (V. Appendice au Mémoire n° 6), Jean de Beuil parle du feu grégeois; mais le bon amiral fait assez comprendre qu'il n'est plus en usage; il ne le mentionne après les pots à feu (vaisseaux pleins de poix noire, etc.) que comme il mentionne le mouton et le tref ferré, que son érudition emprunte à Végèce, mais dont on ne se servait plus dans la marine dès le neuvième siècle. Froissart, si le feu grégeois eût été employé de son temps, l'aurait certainement mentionné dans son récit de la bataille de l'Écluse; il n'en dit pas un mot : et quelle affaire eût mieux justifié l'emploi d'un moyen de destruction aussi terrible, que cette bataille, qui dura six heures, et où l'on se disputa la victoire avec tant d'acharnement !

J'ai besoin de dire, en terminant cette note, que l'esprit de dénigrement est

Si la marine est dans l'enfance quand un explorateur va par les ordres de Nécos (*) faire le tour de l'Afrique, si le navire est petit, fragile, mal équipé, quelle admiration ne commande pas la tentative hardie de l'Égyptien qui s'y confie pour un voyage si fécond en périls ? Mais si l'Égypte, très-avancée en civilisation, a de grands et bons navires, si l'art naval est en rapport avec la science qui bâtit des palais somptueux et soulève sans peine les masses les plus considérables, c'est cet art déjà si parfait qu'il faut admirer, tout en rendant hommage au capitaine qui entreprend une si rude exploration.

« Sans la connaissance du navire, que saura-t-on en effet du passage de Guillaume le Conquérant en Angleterre ? pourra-t-on lire la chronique rimée de Wace, qui raconte cette entreprise avec une si heureuse intelligence de la chose maritime ? Si l'on ne sait pas le navire, que de pages il faudra se décider à ne pas aborder dans tout le recueil des historiens et chroniqueurs de France, d'Angleterre, de Gênes, de Pise, de Bysance, de Venise et de Barcelone ! Si l'on ne sait pas le

---

bien loin de ma pensée quand je critique M. Sue. Je sais plus que personne tout ce qu'il y a de mérite réel dans l'ouvrage où je viens de signaler quelques erreurs ; mais ces erreurs d'un écrivain instruit, qui s'est appliqué à être vrai, venaient trop bien à l'appui de l'assertion émise dans ce Rapport, pour que je négligeasse de m'en autoriser. L'*Histoire* de M. Sue a obtenu dans le monde un très-grand succès, et les observations qu'on vient de lire, si elles prouvent que l'auteur n'a pas toujours puisé à des sources certaines, quant à ce qui est du matériel de la marine, ne sont pas, j'espère, de nature à affaiblir l'estime qu'on a conçue pour elle. La volonté de faire de la *couleur locale*, comme on dit aujourd'hui, a égaré quelquefois M. Sue ; mais ces fautes sont de peu d'importance dans un livre où il y a de si bonnes choses au fond et tant de beaux documents.

— La corvette ou *courvette*, selon l'orthographe du temps, était, sous Louis XIV, fort différente de ce que nous la voyons. C'était une espèce de barque longue, n'ayant qu'un mât et portant une voile de tieu ou artimon envergué sur une corne, et une tringuette à l'avant. Elle allait à rames et à voile comme une chaloupe. En 1698, la marine royale avait vingt corvettes ou barques longues, dont la plus forte (*le Paquebot*), construite en Angleterre, en 1689, avait dix pièces d'artillerie du calibre de quatre. En 1710, le roi n'avait plus que sept corvettes ou barques longues, dont la plus forte (*l'Immaculée Conception*) était espagnole de Mayorque, et portait dix pièces de six. (Voir *États de la marine*, archiv.) Le P. Fournier ne nomme pas les corvettes ; Desroches nomme les barques longues, mais pas les corvettes, qui sont définies par Aubin (1702), à peu près dans les termes que je viens d'employer pour les faire connaître. L'état de la marine de 1673 porte neuf barques longues qu'il n'appelle pas corvettes ; le nom paraît n'avoir été adopté que vers 1687. Corvette est, à n'en pas douter, la traduction de *corbita*, nom d'un navire antique qui se trouve encore cité au moyen âge par Jean de Gênes. On reprenait aux anciens *corbita*, pour en faire corvette, comme, un siècle auparavant, on leur avait pris l'*aphracte* pour en faire la *frégate*. — Il y eut des capitaines de corvettes ou barques longues, comme il y avait des capitaines de galiotes, de frégates légères, de brûlots et de flûtes.

(*) Hérodote.

navire, comment lira-t-on les statuts célèbres de Marseille, Geoffroy de Villehardouin, Joinville, Guillaume de Tyr, Froissart, Monstrelet, Martin Dubellay, l'intéressante chronique aragonaise de Muntaner, celle de don Péro Niño, le précieux récit italien de la guerre contre les Turcs, par Gio. Piétro Contarini, le Roteiro dans le sinus arabique du Portugais dom Joam de Castro, la relation du voyage des frères Nodal, l'histoire de l'Ordre de Saint-Jean de Jérusalem, par Baudouin, la conquête des Canaries, par Jean de Bethencourt, le Journal du Dieppois Jean Parmentier, les mémoires de l'infortuné Raleigh, la collection de Ramusio ; enfin tout ce qui, voyage ou histoire, doit entrer comme élément nécessaire dans une histoire de la marine, et doit être connu de l'homme du monde instruit, comme de l'homme de mer qui sait autre chose encore que bien manœuvrer un bâtiment.

« De ceux qui ont écrit l'histoire des événements où la marine eut une grande part d'action, aucun, pas plus Josiah Burchett, le secrétaire de l'amirauté (*), que notre Boismélé, ne s'est placé, même secondairement, au point de vue de l'art. Ils ont négligé le vaisseau. Aussi éprouve-t-on une gêne singulière en les lisant ; on est avec eux toujours devant le même tableau ; tous leurs combats se ressemblent, toutes leurs navigations. N'est-il pas temps de tirer l'histoire de la marine de ce vague où elle est restée jusqu'à présent ? N'est-il pas temps de chercher à soulever le voile sous lequel est caché mystérieusement le navire des siècles antérieurs au dix-huitième ? Quand l'antiquité s'applique à éclairer par ses savantes investigations l'histoire civile et militaire des peuples, pourquoi n'éclairerait-elle pas l'histoire maritime, restée jusqu'alors si fâcheusement incomplète ?

« Avant d'écrire une histoire de la marine, je pense qu'il faut, par de sérieuses recherches, se mettre à même de savoir ce que fut le navire à toutes les grandes époques. Un travail consciencieux, et aussi complet qu'on pourra le faire, sur les questions qui se rattachent à l'archéologie navale, me semble des prolégomènes indispensables à tout récit des faits qu'il devra rendre plus intéressants et plus faciles à comprendre. C'est donc par ce travail que je crois devoir préluder à celui que j'ai l'intention de faire sur la marine française. »

J'ai eu l'honneur de le dire, tout à l'heure, à Votre Excellence, M. l'amiral de Rigny approuva ce projet. Il en encouragea l'exécution autant qu'il fut en lui. Il me demanda la communication de toutes les découvertes que je ferais tant en monuments plastiques qu'en textes et en étymologies ; il voulut bien quelquefois discuter mes hypothèses

---

(*) A complet history of the most remarkable transactions at sea... by Josiah Burchett, esq. secretary of the admiralty. In-folio, London, 1720.

et les appuyer du témoignage de sa raison éclairée, convaincue par le plus grand nombre de mes démonstrations.

Cependant, M. de Rigny reconnut bientôt avec moi que Paris me fournirait trop peu de documents utiles, et qu'il fallait en demander à d'autres pays. L'Angleterre, l'Italie, le Portugal et l'Espagne nous semblèrent ceux qui avaient dû conserver le plus de souvenirs des anciennes navigations. Mais le temps était peu propre à favoriser de paisibles recherches en Espagne et en Portugal : la guerre civile désolait cette contrée. L'Angleterre, avec laquelle je m'étais mis en relation, possède fort peu de chose(*), et je comptais sur l'obligeance du savant M. Thomas Wrigth pour me faire connaître ce qui pouvait aider à la solution de la question qui m'occupe. Restait l'Italie, dont tous les ports, de Gênes à Venise, en passant par Pise, Amalfi, Raguse et Ancône, virent naître et finir des marines florissantes; l'Italie, avec ses nombreuses peintures, ses riches collections de livres et de manuscrits, ses marbres sculptés de tous les âges. Je demandai à M. l'amiral de Rigny d'être envoyé en Italie pour faire une exploration dans l'intérêt de mon travail; le ministre, toujours favorable au succès d'une entreprise qu'il regardait comme honorable, s'il la voyait hérissée de difficultés, consentit à un voyage d'essai, dont la durée pouvait être de plus de quatre mois, mais n'engagerait pas le chapitre des encouragements à la science au delà de la somme de 5,000 fr. (**). En ce moment, M. de Rigny échangea le portefeuille de la marine contre celui des affaires étrangères. M. l'amiral Jacob fit pour moi ce que son prédécesseur s'était proposé de faire; il s'associa à mes desseins avec une bienveillance dont je lui suis très-reconnaissant.

Je partis pour l'Italie le 5 octobre 1834, et j'étais à Gênes le 26, après avoir passé quelques jours à Toulon. Le vaisseau *l'Alger*, qu'on avait monté sur une cale pour le radouber, devant être remis à la mer le 15, par un procédé hardi, nouvellement adopté, je ne voulais pas manquer l'occasion de comparer la méthode récente avec celle dont les Génois et les Napolitains que j'allais visiter faisaient l'application au seizième siècle, pour *varare le nave* (***). D'autres motifs d'études m'appelaient encore dans l'arsenal où j'espérais trouver des plans ou

---

(*) John Charnock, dans son *History of naval architecture* (3 vol. in-4°, London, 1800-1802.), cite un assez grand nombre de documents des seizième et dix-septième siècles, relatifs à la marine anglaise. Il n'a connu qu'un très-petit nombre de pièces antérieures à cette époque. Son livre, digne d'estime sous certains rapports, n'est pas fait avec assez de critique. L'auteur se dispense, en général, de citer ses sources, et il adopte avec une étrange facilité les erreurs traditionnelles.

(**) Ou 4,750, à cause de la retenue 3 % au bénéfice de la caisse des Invalides.

(***) V. Bartolomeo Crescentio, p. 36 de la *Nautica Mediterranea*.

des modèles en relief des constructions de la première moitié du dix-septième siècle. Il ne devait pas être non plus sans intérêt pour moi de visiter le vaisseau à trois ponts *le Montebello*, magnifique échantillon de l'art moderne, dont l'armement donnait lieu à une vive polémique entre des officiers distingués.

Mon séjour à Gênes me procura de bons renseignements et quelques matériaux précieux. Je ne parlerai pas du plaisir que j'eus à lire des lettres autographes de Christophe Colomb, et à voir un dessin où ce grand homme de mer, d'une main vive et exercée, représenta sa gloire — *Fama Columbi* — dans une composition allégorique, digne de Carloni ou de l'un des Piola (*). Au palais Ducal, dans une des salles de la municipalité, je dessinai, d'après un tableau de 1597, représentant le port de Gênes, une galère, et un vaisseau rond très-haut acastillé. Ce tableau me fournit l'occasion de remarquer qu'au seizième siècle on démâtait les vaisseaux avec des bigues, comme on le fait aujourd'hui, et qu'on les abattait en carène comme on les abat encore dans les ports qui n'ont pas de bassin de radoub; seulement, je reconnus que pour cette dernière opération on ne calait pas les mâts supérieurs. Dans le prétoire d'un commissaire de police, je pus étudier la représentation, faite avec beaucoup de soin, d'un combat naval livré par les Génois au seizième siècle. Une des salles du Conseil des Décurions me montra *la défaite des Pisans*, tableau d'un peintre nommé David, dont je trouvai une petite répétition au palais du Roi; j'y pris quelques détails de galères. Au palais d'Oria, dans la salle du garde-meuble, je dessinai plusieurs galéasses et la représentation de l'attaque de Coron (1533), par des galères et des vaisseaux, que j'empruntai à des peintures curieuses, contemporaines de Jean-André d'Oria, et conservées sur des portes d'armoires, tapissées de ces monuments navals.

Je ne bornai pas mes études, dans cet admirable palais du grand André, à celle des peintures dont je faisais des croquis annotés; je fouillai dans les archives, restées malheureusement sans ordre depuis le séjour que Napoléon fit dans cette maison célèbre, et je copiai une pièce espagnole manuscrite qui me donnait la composition de l'équipage d'une des galères de Philippe II, commandées par un des d'Oria. Je trouvai un cahier de 161 pages, grand in-4°, d'une écriture fine, jolie, et très-facile à lire, caractères de la main de Jean-André d'Oria, le lieute-

---

(*) J'ai donné la description de ce dessin et l'explication des légendes autographes de Colomb qui l'encadrent, pag. 255 du 1er vol. du journal de mon voyage, intitulé *de Paris à Naples*. (2 vol. in-8°; Paris, 1836.) Le dessin, dont je pris un calque, a été gravé et publié dans *la France maritime*, tom. II, pag. 263.

nant génois de don Juan d'Autriche, le commandant de la corne droite à Lépante. C'est le commencement d'une autobiographie pleine d'intérêt que Jean-André n'acheva pas et qui est restée tout à fait inconnue jusqu'à ce jour.

La *Biblioteca civica* ne me fournit rien. Aux archives de l'office de Saint-George, je vis un manuscrit des statuts de Gazarie, dont je me réservai de demander copie si je ne pouvais profiter de celle que M. l'abbé Spotorno faisait faire pour M. Pardessus (*). Je cherchai dans ces archives quelque trace des marchés passés entre les envoyés de saint Louis et la commune de Gênes pour la seconde croisade du roi de France; mais ce fut en vain. Je devais être plus heureux à Paris, grâce au chef de la section historique des archives du royaume, l'obligeant et savant M. Michelet.

De Gênes, je me rendis à Venise par Milan, où je dessinai, d'après une fresque de l'ancien cloître de Notre-Dame des Grâces, une nef en péril de naufrage, peinture du seizième siècle, dont les détails me

(Nef tirée d'une fresque de Milan.)

(*) M. Pardessus m'a obligeamment communiqué cette copie, acquise plus tard, sur ma proposition, par la bibliothèque du dépôt de la marine.

furent confirmés par le tableau du Géorgione représentant *le Vaisseau du Diable* ou *le Miracle des trois saints*, que je trouvai à l'Académie de Venise.

La salle du grand conseil, au palais des doges, est riche de belles peintures, d'après lesquelles je fis de nombreux dessins de navires. La façade de *Santa Maria Zobenigo* m'offrait des bas-reliefs très-bien traités, représentant des actions navales. J'en fis des croquis, bien que je trouvasse là seulement des navires du commencement du dix-septième siècle, et qu'on ne puisse rien avoir de mieux sur cette époque que le *Siége de la Rochelle* de Callot, et son œuvre maritime dédiée au grand-duc de Toscane. A la galerie Barbarigo, je pris le dessin d'une nef du quinzième siècle, peinte par Montagna, dans un *Enlèvement d'Hélène*; et je le rangeai chronologiquement avant les dessins que j'avais faits, à l'Académie, des navires peints par Vittore Carpaccio dans sa *Vie de Sainte-Ursule*. La galerie Manffreni me fit connaître une marine du Hollandais Verwer, peintre du dix-septième siècle, et deux tableaux de Michel Ritter, qui me présentèrent des vaisseaux contemporains de la jeunesse de Ruyter.

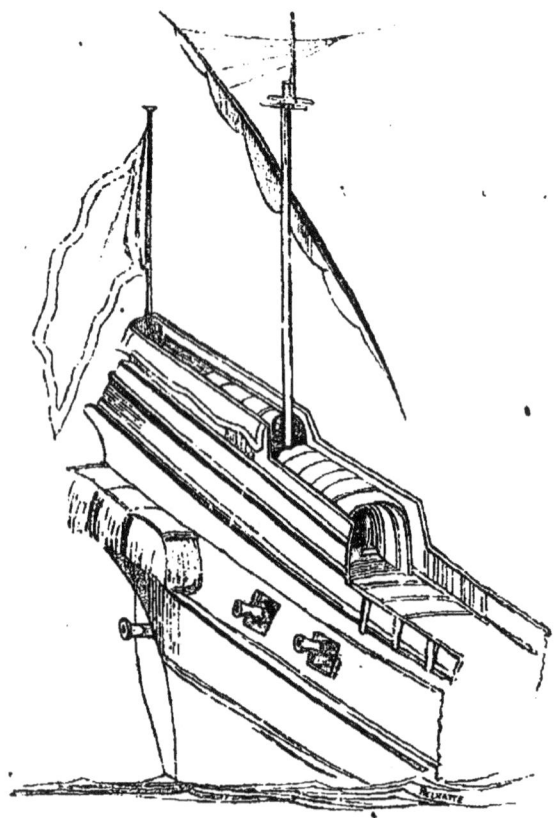

(Arrière d'un navire du commencement du dix-septième siècle, d'après Ritter.)

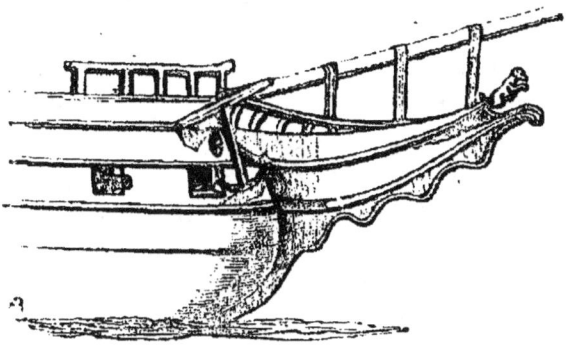

(Avant du même navire.)

A Saints-Jean et Paul, je dessinai plusieurs nefs et galères d'après un tableau de Jean-Baptiste del Morone, représentant un embarquement de troupes à la Piazzetta et le départ d'une flotte vénitienne. Enfin, M. Casoni, ingénieur civil de Venise, me prêta le modèle en relief d'un navire de la fin du seizième siècle, que je dessinai avec soin sous les différents aspects qui pouvaient me donner le plus grand nombre possible de détails de construction et de gréement.

Pendant que les pages de mon *album* se couvraient de croquis et de notes, mon portefeuille recueillait des documents d'une véritable importance. Au nombre de ceux-ci je citerai les plans manuscrits de Picheroni della Mirandola, ingénieur du seizième siècle, qui proposa à la seigneurie de Venise de faire des navires à rames, de deux à sept rangs superposés, probablement à l'époque où Vittore Fausto fit construire sa grande galère restée si célèbre dans l'histoire vénitienne sous le nom de *Quinquerème*. Cette quinquerème, je cherchai vainement quelque dessin, quelque plan qui pût me la faire connaître plus précisément que les phrases louangeuses de Ranusio et de Dandolo (*). La bibliothèque de Saint-Marc n'a conservé aucune figure de ce navire, et l'on peut s'étonner que la gravure n'ait pas perpétué le souvenir de la fête populaire dont la lutte sur la lagune entre la quinquerème et les galères subtiles ordinaires, fut le motif si intéressant pour Venise artiste et maritime. Je n'avais pas été plus heureux à Gênes en cherchant dans la maison d'Oria des détails écrits ou dessinés sur une trirème que le prince d'Oria fit construire, dit-on, pour recevoir Charles-Quint. Mais, ici, je soupçonnai un malen-

---

(*) On verra (Mémoire n° 4) ce que l'étude comparative des récits de Dandolo et de Ranusio, avec ce que j'ai pu savoir des grandes galères antérieures, m'a permis de faire comme restitution de la *Quinquerème*.

tendu, qui m'expliqua pourquoi je ne trouvais rien de particulier sur une galère plus ornée peut-être que les galères communes, grande comme une galère simple de vingt-huit à trente avirons par bande, mais qui n'avait sans doute pas la prétention de rappeler les trirèmes antiques, et que l'histoire et la critique ont pu prendre pour une restitution du genre de celles de Picheroni della Mirandola, trompées qu'elles auront été par un document latin où le mot *triremis* aura été employé, suivant l'usage assez constant des écrivains des seizième et dix-septième siècles, pour désigner une *galea*.

J'aurais voulu trouver le *Carteggiatore*, manuscrit de Nicolo Sagri, cité par Bartolomeo Crescentio dans sa *Nautica Mediterranea*, et regardé par cet ingénieur de la fin du seizième siècle comme un traité de constructions navales plein de bonnes choses. La bibliothèque de Saint-Marc, qui m'avait fait connaître les plans de Picheroni, ne put me montrer ceux de Nicolo Sagri. M. l'abbé Bettio me dit qu'il ne connaissait pas ce traité, resté peut-être dans la bibliothèque de quelque patricien ou recueilli par les archives. Je désespérai de trouver jamais le *Carteggiatore*, car à quelle bibliothèque aller le demander? Quant aux archives, les portes m'en étaient fermées, et, à moins d'un ordre exprès de S. M. l'empereur d'Autriche, ordre qu'il fallait solliciter par les voies diplomatiques, elles ne devaient pas s'ouvrir pour moi. M. l'amiral Paulucci, directeur général de la marine autrichienne, qui prit un bienveillant intérêt à mes recherches dont il sentait toute l'utilité, s'entremit auprès du gouverneur de Venise pour obtenir qu'on me laissât pénétrer dans les salles des archives où sont contenues les pièces relatives au seul matériel naval; M. le gouverneur ne crut pas devoir être favorable à cette demande, bien que M. Sylvestre de Sacy, consul de France à Venise, et M. l'amiral Paulucci répondissent de l'innocent usage que je devais faire des notions puisées aux sources officielles des douzième, treizième, quatorzième, quinzième et seizième siècles. Ce que je regrettais surtout entre les documents dont j'aurais pu prendre connaissance aux archives secrètes de Venise, c'était le livre des *Decreta*, mentionné plusieurs fois par Carlo Antonio Marin, dans sa *Storia civile e politica del comercio de' Veniziani*. Un recueil de décrets relatifs aux armements et aux constructions navales, m'aurait pu être d'un grand secours pour le travail de restitutions que j'avais entrepris; je dus y renoncer.

Je partis alors pour Florence. En passant à Bologne, je dessinai quelques navires élégants et curieux du quatorzième siècle, qui se trouvent dans les fresques de la chapelle de Bolognini, à l'église de Saint-Pétronc.

(Barque prise à Saint-Pétrone de Bologne.)

Au *Campo-Santo* de Pise, je trouvai de petites nefs analogues à celles-ci, peintes par Antonio Venetiano et Simone Memmi; j'en fis des dessins, comme aussi des nefs hautes et lourdes qu'un artiste de 1170 sculpta aux côtés de la porte de la Tour penchée.

(Nef de la Tour penchée de Pise.)

Florence me fournit une assez bonne récolte. A la galerie des *Uffizi*, je dessinai, d'après un tableau de Pietro Laurati, peintre du quatorzième siècle, comme Antonio et Memmi, et leur collaborateur au *Campo-Santo* de Pise, deux galères et une barque d'une très-jolie forme. A la Laurentienne, je puisai plusieurs détails d'architecture navale dans les cinq dessins originaux que Juan Stradano, Espagnol élevé en Hollande et établi à Florence, fit en 1587, à la gloire de Christophe Colomb, d'Améric Vespuce et de Magellan. Un fragment du dessin qui représente Christophe Colomb portant la croix — *Christoferens*, comme l'amiral de Ferdinand se nommait lui-même dans les lettres souscrites de sa main — un fragment de ce dessin, gravé sur ivoire, m'appartient aujourd'hui. Il a été trouvé à Florence par un de mes amis. L'admirable *Virgile* florentin de la Riccardienne (*Codex*, n° 492), l'un des plus beaux manuscrits du quinzième siècle que j'aie jamais vus (*), me montra un grand nombre

(*) On me permettra de faire ici une courte description de ce *Codex* remarquable. Le volume, du format in-folio, contient 250 feuilles de parchemin, précédées de deux gardes simples, aussi en parchemin. Sa couverture est en bois, recouvert d'un maroquin rouge; elle a deux fermoirs de cuir rouge garnis d'agrafes de cuivre. Sur le dos sont écrits : VIRGILIUS, et au-dessous, L-IV; au bas du dos se trouve le chiffre VII. Chaque page écrite contient vingt-cinq lignes. Les Bucoliques se suivent, et ne sont séparées, en général, que par l'intervalle d'une ligne blanche. Chacune commence par une lettre ornée, beaucoup moins grande que la lettre T du : *Tityre*, premier mot de l'Églogue 1re. Une seule miniature sert d'ornement aux Bucoliques; elle est placée au bas de la première page, représente une scène champêtre, et a, comme toutes celles qui la suivent, 37 lignes (0,083 m.). Les quatre livres des Géorgiques sont écrits comme les dix Églogues, à la suite l'un de l'autre, avec la seule séparation d'une ligne blanche; ils n'ont aussi qu'une miniature. Les chants de l'Énéide sont séparés l'un de l'autre par l'espace nécessaire au développement d'une grande lettre, magnifiquement ornée. Des vignettes achevées, ébauchées, ou seulement tracées à la plume ou au crayon, occupent le bas des pages des trois premiers livres. A partir de là, le travail du miniaturiste disparaît tout à fait. Du quatrième au douzième livre, pas une vignette. Le premier livre a vingt-huit miniatures au bas des pages; la première page de ce livre est la seule qui n'en ait pas. Entre le premier et le deuxième livre, le calligraphe laissa en blanc l'espace nécessaire à une vignette que le peintre n'exécuta point, on ne devine pas pour quelle raison. Trente miniatures ornent le deuxième livre; la trentième se rapporte aux vers 796 et suivants. Le troisième livre commence, ainsi que les autres, par une grande lettre ornée; au bas de la page, est une vignette. Les quatre miniatures qui suivent celle-ci sont terminées; les sixième, septième et huitième, tracées à la plume, sont ébauchées; la dorure est faite, et une partie seulement de la peinture; la neuvième, représentant : *vela cadunt, velis insurgimus*, etc., est un peu plus avancée. De la dixième à la seizième, comme de la sixième à la huitième. Deux cartes de l'Archipel suivent la seizième vignette; elles sont achevées, et l'on y lit les noms des lieux célèbres dont parle le poëte. Deux vignettes achevées suivent ces cartes; puis viennent huit vignettes tracées d'une plume fine, peu précise, et beaucoup moins hardie que le pinceau, qui attaque presque toujours le contour avec une vivacité et une justesse merveilleuses. Le style des peintures du Virgile de la Riccardienne est fort remarquable par sa simplicité, sa grâce et sa largeur, que dépare à peine un peu de la *manière* trop ordinaire aux artistes du quinzième siècle. L'état de simple esquisse et celui

de nefs et de galères, entre lesquelles je choisis cinq ou six figures navales qu'on peut attribuer à l'art du quatorzième siècle, le *miniatore*, pour peindre les vaisseaux d'Énée, s'étant, sans doute, reporté par l'étude à la plus ancienne tradition conservée encore de son temps. Des miniatures assez grossières d'un manuscrit du quatorzième siècle, contenant un commentaire sur la guerre de César dans les Gaules, je tirai quelques barques d'un médiocre intérêt.

Ce que la Laurentienne et la Riccardienne ne m'avaient point offert, un document écrit d'une importance réelle, je le trouvai à la Magliabecchiane. Sous le titre *Fabbrica di Galere*, je vis là un traité de la construction des galères et des nefs latines; je le parcourus, et reconnus qu'écrit en langue vénitienne, rempli de détails techniques et de termes particuliers aux marins de Venise, contenant des nomenclatures d'ustensiles et de gréement, il ne devait pas m'être moins utile que les ouvrages de Crescentio et du Capitan Pantero-Pantera. Je n'avais pas le temps de transcrire ce *Codex*, et de calquer les figures que le copiste, fort mauvais dessinateur, plaça à la fin des trois premières parties du traité; je pris l'indication du manuscrit, et la plaçai dans mes notes, parmi les documents du quatorzième siècle, bien que l'écriture fît connaître que la copie de la Magliabecchiane appartient au commencement du quinzième siècle; depuis, j'ai fait copier la *Fabbrica di Galere*, et Votre Excellence trouvera, dans le deuxième volume de l'*Archéologie navale* (Mémoire n° 5), le texte de cet *Amaestramento*, suivi d'une traduction commentée et justifiée, travail le plus difficile et peut-être le plus pénible entre les travaux auxquels j'ai dû longuement m'appliquer.

Avant de quitter Florence, je cherchai encore des navires, et j'allai étudier ceux qui ornent l'une des salles basses de l'ancienne caserne des gardes du corps, dans la *Via larga*. Ces vaisseaux, que m'avait signalés M. Liverati, artiste estimé à Florence, me rappelèrent ceux de Callot, ceux des deux beaux tableaux de marine du Salvator Rosa, qui sont au palais Pitti, enfin ceux dont on remarque les restes au pla-

---

d'ébauche où se trouve un assez grand nombre des miniatures, font du volume que je décris un ouvrage très-intéressant sous le rapport de l'art, car ils initient au procédé du peintre. Le nom de cet artiste est resté inconnu; on ne le lit à aucun endroit du livre; le calligraphe, qui peut-être, au reste, était aussi le miniaturiste, s'appelait Nicolas Hérisson, dit l'Épineux (*Riccio detto Spinoso*), comme nous le fait connaître cette ligne, écrite après le mot FINIS: « *Nicolaus Riccius Spinosus vocatus feliciter scripsit.* » Les palais de Florence, toujours placés par le miniaturiste dans ses représentations de la ville de Troie, ne laissent pas de doute sur l'origine du manuscrit n° 492, et justifient le nom de *Florentin* que j'ai donné à ce beau Virgile.

fond d'une des salles des manuscrits à la bibliothèque royale de Paris (*).

A Sienne, que je traversai en gagnant Rome, je remarquai, dans la sacristie de la cathédrale, deux galères peintes par Raphaël et Pinturicchio, son collaborateur. J'avais dessiné à Milan deux petites galères d'après les dessins de Raphaël, qui sont conservés à l'Académie; je ne laissai pas échapper l'occasion de recueillir deux autres figures navales tracées par l'auteur de tant de chefs-d'œuvre d'un autre genre.

Rome me montra sa *navicella* antique, petite embarcation de marbre placée devant l'église de Santa-Maria; la *navicella* de Giotto, qui est au-dessus de la porte de Saint-Pierre; quelques navires, du commencement du dix-septième siècle, peints dans les loges du Vatican; la colonne de Duilius, ornée de ces rostres qu'on a cru devoir reproduire sur la place Louis XV, où l'on est tout étonné de les voir servir de porte-lanternes; le monument d'Auguste, proue certainement inexacte d'une galère à deux rangs de rames superposés; un marbre trouvé à Ostie, représentation barbare d'une action navale; un Virgile du cinquième siècle, avec des figures de navires dans le style de ceux que j'étudiai longtemps sur la colonne Trajane, pour me convaincre qu'ils sont, non pas les images fidèles de ce qui fut jadis, mais bien des signes de convention exprimant l'idée : *navire* ; enfin deux jolies barques des der-

(Barque tirée de la collection Borghèse.)

(*) Je dois dire que la galère qu'on voit dans cette salle, et que l'artiste a

niers temps de l'art romain, sculptées sur un bain antique de la collection Borghèse, qui m'intéressèrent, surtout par les rapports que je trouvai entre la disposition de leurs gouvernails de côté et celle des gouvernails des nefs du moyen âge.

A la bibliothèque du Vatican, entre autres manuscrits qui intéressent la marine, monseigneur le cardinal Mezzofanti, qui avait l'extrême obligeance de me servir de guide, me fit connaître un *codex*, écriture du seizième siècle, coté : *Urbino* — A. 821, et contenant une curieuse ordonnance rendue par Pietro Mocenigo, en sa qualité de capitaine général de la mer (1420), sur la police de la navigation des galères vénitiennes; je ne pouvais copier tout de suite ce document; je fis à son égard ce que j'avais fait à Florence pour le manuscrit de la Magliabecchiane (*).

Naples fournit son contingent à mon avidité d'explorateur. Le temps qui me restait ne me permettait pas de fouiller dans les archives qui m'auraient peut-être offert des pièces relatives aux armements maritimes de Naples et de la Sicile. Je m'informai donc, auprès du savant chanoine Jorio, si l'on connaissait quelque texte dont je pusse faire mon profit; il ne put m'en désigner aucun, les recherches des antiquaires ne s'étant, pas plus à Naples qu'ailleurs, tourné sérieusement vers les choses qui intéressent la marine. Je m'en tins aux monuments de la peinture

---

représentée inclinée à la bande gauche pendant qu'on l'espalme, est une des meilleures figures de galères du commencement du dix-septième siècle qu'on puisse consulter.

(*) La Vaticane possède quelques autres manuscrits que j'ai parcourus avec une grande attention, mais que je n'ai pas cru devoir reproduire ou dans leur entier ou par fragments. L'un d'eux, de douze pages, qui se trouve dans le même codex n° 821, où il commence à la page 124, n'offre que peu d'importance; il est intitulé : *Modi di armare et disarmare una galea*. Écrit au dix-septième siècle, et se reportant au seizième, il reproduit plusieurs des détails donnés par le capitaine Pantero-Pantera dans son *Armata navale*. Les deux autres sont des mémoires sur les galères antiques, et contiennent des discussions sur les hypothèses émises à ce sujet par les érudits du seizième siècle. Le premier est de Francisco Alfonso Borelli, et a pour titre : *Discorso sopra le triremi degli antichi, recitato nella academia della regina Cristina di Suezia*. Il est contenu dans le *codex* numéroté 1744, où il tient seize pages, à partir de la page 87; il est d'une bonne écriture, comme le second mémoire contenu aussi dans le volume 1744, où il commence à la page 97 pour finir à la page 106. Ce second mémoire est de Francisco Cameli, et a le même titre que le premier. Si ingénieux que soient les deux auteurs, si sérieuses qu'aient été leurs recherches, les mémoires que je viens de signaler sont bien loin du mérite qu'il faut reconnaître aux *Annotationes* de Lazare Baïf, et surtout au savant livre de J. Scheffer sur la marine militaire des anciens, bien que ni Scheffer ni Baïf n'offrent de solutions satisfaisantes sur la question de la superposition des rames.

et de la sculpture. La collection du palais Bourbon possède sous le n° 1 un petit bas-relief représentant un bâtiment à trois rangs de rames superposés, plus inintelligible que ceux de la colonne Trajane, et assurément tout aussi infidèle. J'en fis un croquis à côté duquel je plaçai la figure, seulement indiquée, d'un navire à trois étages de rameurs l'un au-dessus de l'autre, que je trouvai dans une des peintures apportées de Pompéi, n° MCLXXI. Je m'adressai ensuite aux n°° 1384-P¹, 571-P¹, et 605-P¹, qui me présentèrent des galères à un seul rang de rames, fort claires, fort possibles, sinon minutieusement exactes.

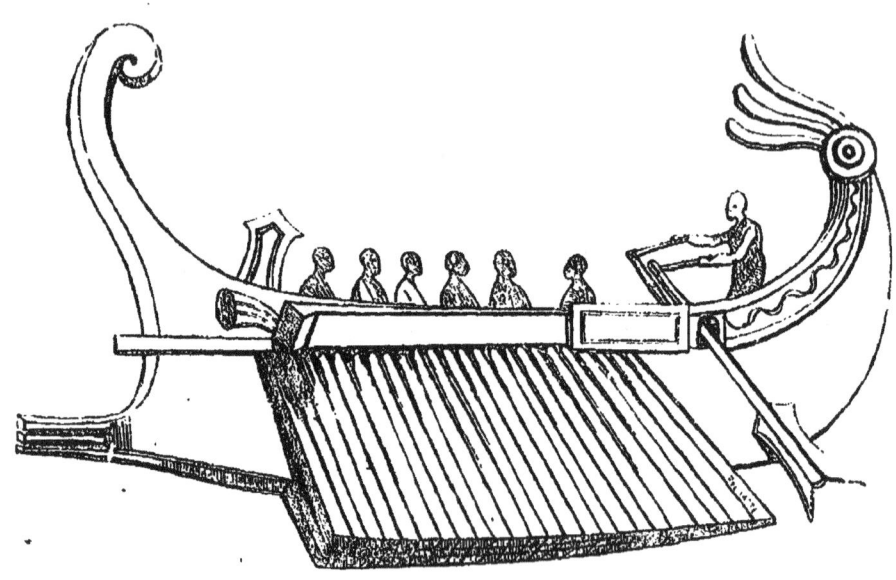

(Navire à trois rangs de rames du musée Bourbon, à Naples.)

Je pris aussi le dessin de deux proues de galères, assez grandes pour être étudiées avec profit. Une chose me frappa dans la figure de l'une surtout de ces proues, c'est le rapport entre la construction et l'ornement de cet avant de galère unirème et ceux d'un chebeck de la Calabre que j'avais dessiné le matin même dans le port. La seule différence que je constatai, c'est, au chebeck, le redressement de l'éperon, désormais innocent, devenu un point d'appui pour la poulie où passent l'orsa et la poggia du trinquet.

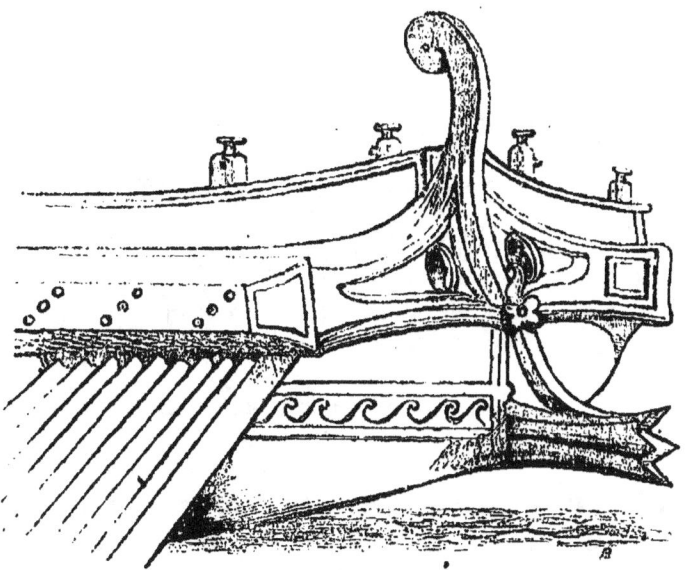

(Proue de galère antique d'après la peinture n° MCLXXI du musée Bourbon, à Naples.)

(Proue d'un moderne chebeck calabrois.)

Quelques navires que je pus croquer à la dérobée dans une maison de Pompéi, et la figure d'une galère en mosaïque, récemment découverte, que je dessinai dans un tombeau à quelques pas de Pouzzol, complétèrent ma collection de dessins. Cette galère me frappa par le nombre de ses rames : vingt-quatre, qui a tant d'analogie avec celui des rames des dromones du neuvième siècle, prescrit par l'empereur Léon, et celui des rames attribuées par les meilleurs textes aux galères du moyen âge.

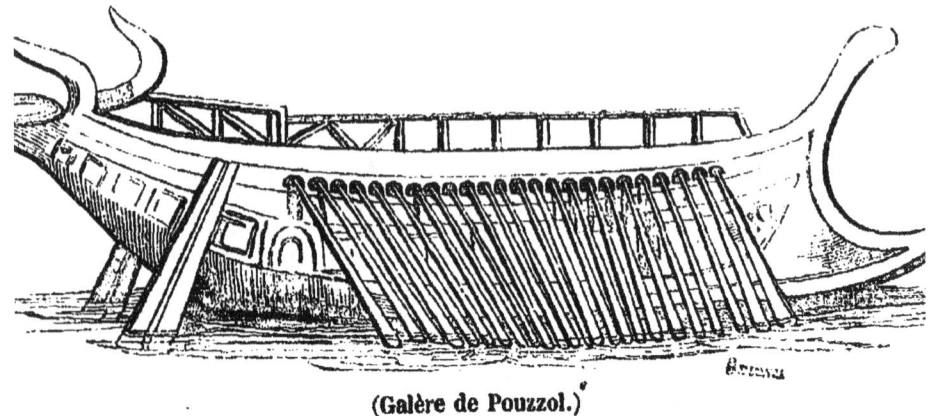

(Galère de Pouzzol.)

Revenu en France après cinq mois d'études dans les principales villes de l'Italie, j'allai à Aigues-Mortes pour voir une prétendue galère de saint Louis, dont on venait de signaler l'avant, déterré par les eaux rapides du Vidourle. Dans un rapport que j'eus l'honneur d'adresser à M. l'amiral Jacob, j'établis que rien ne justifiait la supposition d'un antiquaire d'Aigues-Mortes, qui attribuait au treizième siècle le petit navire découvert en partie par le Vidourle; qu'une embarcation, longue de 72 pieds, large à l'arrière de 9 pieds, et de 4 pieds 9 pouces à l'avant, enfin profonde de 3 pieds 3 pouces, ne pouvait être une galère, et que par ces proportions elle semblait appartenir à la famille des barques de Paliscalme du quatorzième siècle ou à celle des brigantins du siècle suivant. Au reste, ce navire, qu'on n'a point déterré et qui n'est encore connu que par des sondes et des mesures approximatives, paraissait être d'une construction fine et solide à la fois; ses membres, qui ont environ trois pouces carrés, sont espacés de neuf pouces, comme Crescentio nous apprend que les madiers (côtes) et les staménales (allonges) l'étaient dans les galères subtiles au seizième siècle. Tant que l'embarcation d'Aigues-Mortes n'aura pas été déblayée; tant qu'on ne pourra voir ni l'emplacement de ses scalmes (tolets), ni l'inclinaison de ses bancs, ni les formes de sa poupe, ni ses fargues, il sera impossible de se prononcer à son sujet. L'incertitude où l'on est encore ne permet pas de lui appliquer rigoureusement les expressions de quelques textes qui paraissent cependant devoir lui convenir. Je renouvelle ici, Monsieur le Ministre, le vœu que j'exprimai en 1835, de voir la marine recueillir un débris naval qui peut être étudié avec intérêt et éclairer une des questions d'archéologie, à la solution desquelles je me suis voué avec toute l'ardeur et toute l'intelligence dont je suis capable. Le jour où je me trouvais à Herculanum, on fouillait le port antique pour lui rendre sa forme et pour tâcher de découvrir quelque reste de vaisseau enfoncé sous la cendre du volcan. On ne retira rien de dessous cette masse, dont les couches enlevées laissaient voir déjà quelques rues à ciel ouvert. Le hasard nous a favorisés à Aigues-Mortes; il nous a fait connaître la présence d'un navire ancien, que douze heures d'un travail aisé peuvent désensabler; comment négligerions-nous l'occasion qui nous est présentée d'apprendre quelque chose de l'art du moyen âge, quand nous en avons un échantillon si facile à conquérir sur la terre qui l'a conservé?

Votre Excellence connaît maintenant les principaux résultats de ma mission en Italie; elle sait ce que mes recherches dans les collections publiques et dans les galeries particulières, dans les bibliothèques et chez les marchands de vieux livres, me procurèrent d'éléments précieux pour un travail commencé en l'absence de documents qui devaient l'agrandir et lui donner des bases plus larges à la fois et plus solides. Je dois dire que si quatre ou cinq mois de plus avaient pu être accordés à mes explorations, j'aurais certainement découvert des pièces manuscrites d'une valeur égale à celles de la Magliabecchiane et de la Vaticane. Quelque obligeance qu'aient mis à m'aider MM. les abbés Bentivoglio, Bettio, Furia, Mezzofanti, et d'autres bibliothécaires connaissant non moins bien que ceux-ci les trésors des dépôts qu'ils administrent, mes recherches n'ont pu aller jusqu'au dépouillement d'une foule de manuscrits qui, sous une même couverture, cachent souvent beaucoup de pièces diverses que les catalogues n'analysent pas. Je ne vis que ce que voulut bien m'indiquer la courtoisie des préfets des bibliothèques, et je me plais à publier qu'elle fut toujours très-grande. Je ne retournai, pour ainsi dire, que la surface de ce terrain des fouilles, au fond duquel je soupçonne l'existence de bien des choses curieuses; mais je ne pus faire plus : le temps ne m'appartenait pas.

Grossir, par des recherches nouvelles et obstinées, la masse des documents que j'avais réunis avant et pendant mon voyage en Italie; m'entourer des livres rares où je pouvais puiser d'utiles renseignements, livres dont j'avais appris à connaître toute la valeur à Venise, à Rome et à Gênes; lire les nombreux traités des seizième et dix-septième siècles où sont discutées les questions relatives aux navires de l'antiquité; extraire des chroniques et histoires italiennes recueillies par Muratori, tous les passages qui intéressent la marine; faire le même travail sur les historiens de l'Angleterre, sur les historiens de Byzance, sur ceux de la Scandinavie, sur les histoires, les chroniques rimées et les vieux romans français, sur les chroniques catalanes et aragonaises, sur les voyageurs de tous les pays et de toutes les époques, sur quelques poëtes étrangers, comme Johan Pujol, qui, au seizième siècle et sous l'impression des faits, composa un poëme catalan dont le sujet est la bataille de Lépante (*); comme le Florentin Francesco Barberino, qui, au commencement du quatorzième siècle, consacra un chant à la marine, dans ses *Documenti d'amore*, où l'on ne s'attend guère à trouver des choses techniques aussi précises que celles qu'on remarque avec admiration dans Virgile et dans le Normand Wace; telle fut, M. le Ministre, la tâche que je m'imposai à mon retour d'Aigues-Mortes, où j'avais pu me fixer sur la question du port et de l'embarquement de saint Louis, si longtemps débattue par les géographes et les antiquaires (**).

Tout en faisant cette pénible moisson qui m'a donné plus de trois mille fiches dont je crois avoir tiré déjà un assez bon parti, et qui pourront me servir dans la composition d'un glossaire maritime polyglotte, je poussais activement l'étude de la langue parlée par les gens de mer au Nord et dans la Méditerranée, depuis l'antiquité jusqu'à nos jours. Je m'étais d'abord familiarisé, avec Desroches et Aubin, au langage de nos marins du dix-septième siècle, recherchant les origines de leurs termes, et assignant, autant que je l'avais pu, à chacun sa place dans une des deux grandes familles de mots qui firent alliance sur le gaillard d'avant des vaisseaux français : la famille scandinave et la néo-latine. Avec Bartolomeo Crescentio, Pantero-Pantera, Christophe Colomb, Joam de Castro, et quelques documents du Nord comme la Complainte d'Écosse, je pénétrai dans le seizième siècle, où je reconnus presque tout le dix-septième. Je fus convaincu alors, et la suite est venue m'apporter des démonstrations irrécusables, que la langue maritime, toute brillante de tropes et de poésie, et en même temps rigoureuse comme le langage de la raison et du besoin, est, au Midi comme au Nord, une tradition antique qui se cache parfois sous des transformations aux apparences bizarres, mais qu'on retrouve fidèle quand on sait la chercher sous le voile des altérations qu'ont dû subir les mots en passant par des bouches ignorantes et par des bouches étrangères, ou en affectant des formes que leur imposaient

---

(*) Poëme encore inédit qui doit être publié par mon ami M. Joseph Tastu, à qui j'en dois la communication.

(**) Il me paraît très-évident que les nefs et galères, réunies par le roi de France à Aigues-Mortes, restèrent mouillées à la rade en avant des graus (*gradus*), où l'on compléta leur armement; et que si Louis IX et ses chevaliers s'embarquèrent à l'Étang du roi, ce fut non sur des galères et des navires de quelque importance, mais sur les barques de cantier, les barques de paliscalme et les gondoles, embarcations des grands vaisseaux qui pouvaient naviguer avec quelque facilité sur les canaux. (Voir, pour ces embarcations, le Mémoire n° 7.)

des prononciations diverses et le génie des différents idiomes où ils s'introduisaient par l'usage. Je n'eus pas besoin d'intermédiaires pour arriver à la langue des douzième et treizième siècles, dont je trouvais quelques curieux échantillons dans les romans de *Brut* et de *Rou*, les *Documenti d'amore*, l'Histoire du bon sénéchal de Champagne, le roman en rimes du pirate Eustache Lemoine, la chronique de Guillaume le Breton, et une chanson matelote anglaise que m'avait envoyée de Londres M. Thomas Wright, avec un fragment d'un glossaire naval anglo-saxon et latin, tiré d'un manuscrit du dixième siècle. Il était difficile de remonter plus haut que le douzième siècle, la langue des documents antérieurs à cette époque étant généralement le latin, qui conservait les nomenclatures données, sans trop d'intelligence du fait spécial, par les poëtes postérieurs à Virgile. Isidore de Séville, Varron, Festus, le glossaire de Papias, Servius, m'offraient des secours que je ne devais accepter qu'avec défiance, parce que leurs interprétations sont ou trop vagues ou trop souvent en désaccord entre elles. Je me trouvais donc lancé presque tout seul dans le vaste champ des hypothèses. J'y marchai avec prudence et circonspection, appuyé sur l'autorité des faits qui m'étaient acquis, et je parvins à débrouiller une foule de choses restées jusqu'alors sans explications solides.

Vous comprendrez, M. le Ministre, ce que de pareilles études durent me coûter de temps et de peines. Cependant, en 1836, j'avais fait un mémoire sur les navires des Normands, et un sur les vaisseaux ronds de saint Louis, et la marine du treizième siècle. J'eus l'honneur de lire le premier à l'Académie des inscriptions et belles-lettres, dont quelques-uns des membres eurent la bonté de m'encourager en montrant de la sympathie pour des travaux aussi difficiles et aussi nouveaux, et en approuvant les résultats où je leur paraissais être parvenu. L'Académie des inscriptions me donna bientôt un témoignage de sa bienveillante satisfaction. En 1837, elle accorda à mon mémoire sur les vaisseaux ronds de saint Louis une des trois médailles d'or qu'elle décerne chaque année aux meilleurs travaux relatifs aux antiquités nationales. Ce succès redoubla mon ardeur, et me soutint dans la carrière où j'avançais lentement et au travers d'obstacles incroyables. J'envoyai au concours de 1838 un mémoire sur les Principaux passages maritimes des poëtes français des douzième et treizième siècles; l'Académie l'accueillit avec faveur et le mentionna très-honorablement à la distribution de ses prix.

Quelques mois après, j'achevai deux mémoires, dont l'un devait ouvrir la série que je publie aujourd'hui. Les monuments sculptés et peints de l'Égypte me fournirent les matériaux de la restitution que j'ai essayée des navires de guerre et de transport contemporains de Sésostris et de Rhamsès IV. Votre Excellence verra que je suis arrivé à cette conclusion curieuse, qu'à trois mille ans de distance les bâtiments à rames faits pour la guerre (galères) eurent entre eux les plus grands rapports de formes et d'armements; et que, quant au gréement des navires en général, leurs principales pièces étaient appliquées aux mâts, aux vergues et aux voiles, du temps de Sésostris, à peu près comme elles le sont aujourd'hui. Je ne doutais guère qu'il en dût être ainsi, mais il était assez intéressant, je crois, de le démontrer.

Vous savez, M. l'Amiral, que le quatrième livre de l'Histoire de Pantagruel contient la description d'une tempête, bourrée de termes techniques qui n'ont trouvé d'interprétations ni chez les nombreux commentateurs de Rabelais, ni chez les marins qui se sont occupés un peu des choses de la marine ancienne. Le respect qu'ont en général les érudits pour le profond et facétieux auteur du *Pantagruel* a fait croire à plusieurs que, dans la tempête du quatrième livre, le curé de Meudon donna une sorte d'état encyclopédique de l'art naval à son époque. J'ai voulu savoir ce qu'il en était de cette opinion qui me semblait hasardée, et comme Pantagruel se rapporte, par ses dates, au plus beau temps de cette marine du seizième siècle, qui fit tant de grandes choses, j'ai pris occasion des erreurs de Rabelais pour restituer une foule de mots incompris ou altérés par le satirique, et pour donner des renseignements sur les origines de ces mots, et sur l'armement en artillerie de certains navires du temps et sur leur gréement. Rabelais savait la marine moins encore que le père René François, prédicateur du roi, qui imprima, quelques années après, dans ses *Merveilles de Nature*, un vocabulaire nautique que j'ai dû souvent rectifier, si j'ai pu en profiter quelquefois. J'ai comparé la tempête de Rabelais à un passage maritime de la *Complaynt of Scotland*, ouvrage curieux et rare du commencement du seizième siècle, et j'ai montré la supériorité du poëte écossais sur notre brillant et ingénieux compatriote. La complainte d'Écosse et une chanson matelote du quatorzième siècle dont j'ai parlé plus haut, m'ont fourni de bons éléments pour la connaissance des origines des termes anglais, et d'utiles comparaisons entre ce qui fut autrefois et ce qui est aujourd'hui.

J'ai eu l'honneur de citer à Votre Excellence, en parlant de mes recherches à Florence, le manuscrit de la Magliabecchiane, intitulé: *Fabbrica di Galere*. Je l'ai fait copier en 1838, et je le publie avec une traduction annotée sous le n° 5 de ces Mémoires d'archéologie navale. Bien que ce soit seulement de police de navigation et de signaux que traitent les *Ordini* de messire Pietro Mocenigo (1420), et non de construction navale, j'ai cru pouvoir réunir ce document à la *Fabbrica di*

Galère dans le Mémoire n° 5. Leur commune origine (Venise) et l'époque de leur rédaction (fin du quatorzième siècle et commencement du quinzième) m'ont semblé pouvoir autoriser ce rapprochement. Je dois la copie sur laquelle j'ai fait imprimer en son entier l'ordonnance de 1420, aux soins obligeants et éclairés de M. l'abbé Michel Angelo Lanci, le savant interprète des langues orientales à la bibliothèque du Vatican. Les notes dont j'ai accompagné le texte vénitien ont pour but de faire connaître, avec les rapports existant entre le règlement du capitaine général Mocenigo et ceux qui ont précédé et suivi ces prescriptions en matière de discipline, un assez grand nombre de dispositions du code pénal maritime au moyen âge. J'espère, M. le Ministre, que vous ne trouverez pas sans utilité ce petit travail sur les délits et peines dans la marine, des premiers siècles au dix-neuvième.

Deux passages du cosmographe grec Æthicus Hister, traduit en latin, avant le septième siècle (*), par un certain Jérôme, prêtre, m'ont présenté quelques détails curieux sur les navires antiques du Nord, de la mer Caspienne et de l'archipel grec. Je publie d'après le n° 8501-A, des manuscrits de la bibliothèque royale, le texte inédit de ces deux passages, dont un fut connu de Gyraldi de Ferrare, au seizième siècle. Après le texte, que j'ai été forcé de restituer presque en entier, tant il est défiguré dans le manuscrit du treizième siècle, qui me l'a donné cependant moins imparfaitement que les manuscrits 4808 et 4871, j'ai placé une traduction commentée, dans laquelle j'ai fait entrer mes hypothèses sur les Aulones, les Trières, les Hieberiotes et les autres navires décrits d'une manière fort obscure par le traducteur d'Æthicus Hister. Cet essai de restitution et les annotations qui l'accompagnent sont compris dans les Mémoires que j'ai l'honneur de présenter à Votre Excellence, et placés sous le n° 9.

Deux Mémoires considérables sont les derniers résultats de ces études archéologiques auxquelles, ainsi que je l'ai dit au commencement de ce rapport, j'ai consacré une douzaine d'années d'un travail continu, à peine suspendu par la composition des *Scènes de la vie maritime*, publiées en 1832, pour obéir à cet ordre de M. l'amiral de Rigny : « Commencez par écrire pour les gens du monde. » L'un de ces Mémoires traite des Dromons, Chelandes, Huissiers, Pamphiles, Chats, Galères, Galéasses, Bucentaures et autres navires à rames employés, des bas âges au seizième siècle, pour les expéditions militaires et pour les rapides navigations marchandes. La première partie du manuscrit de la Magliabecchiane se rapporte naturellement à ce Mémoire (n° 4),

---

(*) On verra, dans le Mémoire n° 8, sur quoi je me suis fondé pour déterminer cette date.

comme la seconde, qui traite des nefs latines, se rapporte au Mémoire n° 6. Dans celui-ci, j'ai cherché à faire connaître les principaux vaisseaux ronds du moyen âge : Zélandes, Coques, Naves, Nefs, Gumbaries, Esuekes, Maones, Carraques, Caravalles, etc. Votre Excellence verra, sans doute avec quelque étonnement, figurer parmi ces navires qu'on s'est habitué à regarder comme sans importance et qu'on appelle avec un superbe dédain, les *barques* du moyen âge, des bâtiments qui le cédaient à peine en grandeur à nos vaisseaux de guerre des deuxième et troisième rangs, et cela à toutes les époques depuis l'antiquité.

Je ne sais, M. le Ministre, bien que presque toutes me paraissent appuyées de solides autorités et de démonstrations convaincantes, ce que peuvent valoir mes conjectures sur une foule de points d'archéologie navale qui n'avaient jamais été éclairés avant moi; j'espère pourtant avoir rendu un service à la science en les publiant. Elles pourront être discutées par la critique éclairée des marins instruits et des antiquaires; et cette discussion sera utile, car elle appellera l'attention sur des questions qu'on n'avait pas encore examinées avec soin, et qui méritaient bien qu'on se hasardât à les résoudre. En admettant que mes dissertations n'aient pas tout l'intérêt que je leur suppose, l'ouvrage que je publie aura, je crois, une véritable importance. J'ai recueilli plusieurs textes inédits, et je les ai donnés ou à part ou dans les mémoires qui comportaient naturellement leur analyse; ces textes, d'une difficile intelligence, soit à cause de la matière dont ils traitent, soit à cause de l'ignorance des copistes à qui j'ai dû les emprunter, les érudits me sauront quelque gré, je pense, de les avoir fait connaître et d'en avoir tenté des restitutions qui supposent de longues et pénibles études.

Je dois vous dire, M. l'Amiral, quels sont, outre la *Fabbrica di Galere*, l'ordonnance de Pietro Mocenigo (1420) et les passages de l'*Æthicus Hister*, que je citais il n'y a qu'un moment, les documents inédits que j'ai publiés. Le plus important est un extrait (latin) des marchés passés entre les envoyés du roi de France et la commune de Gênes, en 1268, pour la seconde croisade de St-Louis; cette pièce était restée inconnue, et je crois qu'elle resterait incomprise après sa publication si je ne l'avais traduite et commentée. Ce qui est arrivé du *contractus navigii* (1248), m'autorise à dire cela. Rapprochés de ce *contractus*, les marchés de Gênes sont du plus haut intérêt pour l'histoire de l'art naval au treizième siècle; je les ai réunis dans le Mémoire sur les vaisseaux ronds de saint Louis. Leibnitz avait donné d'une manière inexacte et incomplète le *contractus*; Lunig, Dumont et d'autres l'avaient reproduit d'après la version de Leibnitz, sans s'apercevoir des lacunes, sans signaler les fautes que leur ignorance de la matière ne leur avait pas fait remarquer. J'ai étudié cette pièce importante et j'en publie un texte restitué.

Il existe aux archives du royaume une pièce originale, importante pour la marine française; c'est une convention (texte latin) passée, le 22 août 1295, entre Audouin Huglas de Heguenes, procureur d'Éric, roi de Norvége, et les évêques de Dôle et de Paris, stipulant, au nom de Philippe le Bel, pour l'armement fait par Éric XII, au profit du roi de France, de deux cents galères et cent grandes nefs, montées par cinquante mille hommes d'armes. J'ai publié ce contrat à part, à la suite du Mémoire n° 6. J'ai donné, après ce traité, une pièce qui se rapporte à la guerre contre Édouard Ier, pour laquelle Philippe IV eut recours à Éric; c'est « Le compte Gyrart le Barillier, pour l'ermée de la mer faite l'an de grâce M.CCIIIJ ^{xx} XV. » Je n'ai publié, du rôle qui détaille ce compte, qu'un extrait faisant connaître le nom d'un grand nombre de nefs et galères, et, par quelques inductions que je tire de leur approvisionnement en vin, leur grandeur, c'est-à-dire, la quotité de leurs équipages. Le rôle français auquel j'ai fait cet emprunt appartient aux archives du royaume où il est côté K, carton 36.

Une pièce française relative à l'armement de 1295 se trouve dans le fonds Clairambault (bibliothèque royale), vol. IX des *Mélanges*, folio 185 et suiv. Je dois à M. Lacabanne la copie de ce document que je place, dans l'Appendice au Mémoire n° 6, après le compte du barillier Girard. La pièce, très-intéressante, a deux titres, l'un en latin, l'autre en français. C'est, comme dit le second titre : « C'est le « conte Jehan Arronde et Michel Gascoing de Navarre des receptes et « des mises qu'ils ont fetes ou non du Roy pour le navire (la flotte) « de Flandres fait à Bruges en l'an mil CC.IIII ^{xx} et quinze. »

Un des manuscrits Colbert de la bibliothèque du roi (*Varia*, 5956-A) m'a fourni une pièce que je publie après le compte de Jehan Arronde. Elle se rapporte à un armement fait par Philippe de Valois, en 1335, non pour sa guerre contre Édouard III, mais pour un voyage à Rhodes que devait entreprendre Hüe Quieret, amiral de France. Un détail de cette convention que je publie en entier pour fournir un moyen de comparer les actes de nolis du quatorzième siècle, avec ceux que nous avons passés pour nos expéditions de Morée et d'Alger, paraîtra sans doute curieux aux marins; il stipule l'armement d'une galère à *cent seize* avirons. Dans mon Mémoire n° 4 j'ai dit ce que devait être un navire à rames de cette importance.

Après la convention dont je viens de parler, je publie deux pièces intéressantes pour l'histoire de la marine; la première est intitulée : « C'est l'ordenance de 40 galées que l'on doit avoir tant de Gennes cõe de Moneghe (Monaco) pour le seruice du Roy pour sa guerre l'an 1377. » Elle contient les termes du traité fait entre les représentants du roi Philippe et Ayton d'Oria, pour l'armement de vingt de ces galées, et un ordre des gens du roi pour l'équipement à Morgue (Monaco) des vingt autres galées. A la fin de cette pièce se trouve la liste des commandants des galères armées à Gênes, liste curieuse sur laquelle figurent neuf capitaines du nom de d'Oria, et quatre du nom de Spinola. La seconde pièce a pour titre : « Compte de Jean de Lospital, clerc des arbalestriers pour l'armée de mer sous N. S. Mons. Floton de Reuel admiral de la mer, depuis mai 346 (1346) jusq. au dernier octobre. » Parmi les patrons des galées nommés dans ce compte, on trouve le fameux Barbevaire, et neuf membres de cette famille Grimaldi, qui fut non moins célèbre que celle des d'Oria dans les guerres maritimes du moyen âge. J'imprime les deux pièces, dont Votre Excellence vient de lire les titres, d'après une copie, écriture du dix-septième siècle, qui se trouve aux manuscrits de la bibliothèque du roi, Boîtes du cabinet du Saint-Esprit, *voce* : BARUCHET. C'est M. Lacabanne qui m'a obligeamment communiqué cette copie.

Tels sont, M. le Ministre, les principaux documents inédits que je publie dans l'ouvrage auquel se rattache le rapport que j'ai l'honneur de vous adresser. Quelques petites pièces, imprimées en tout ou en partie dans le texte des Mémoires, ou en notes au bas des pages, complètent mon travail d'éditeur. Ces pièces, toutes originales, sont des treizième, quatorzième, quinzième et seizième siècles. Elles ont un mérite historique dont vous jugerez. Je les ai tirées de la bibliothèque du dépôt de la marine, où elles sont entrées récemment, sur ma proposition, après la vente des archives du baron de Joursanvault.

Autant que je l'ai pu, j'ai accompagné de restitutions en plans et en élévations celles que j'ai essayé de faire au moyen des documents écrits. A ces plans, élévations et coupes, j'ai ajouté un assez grand nombre de figures, les unes, à titre d'éclaircissements, reproduisant des détails d'architecture navale ou de gréement, les autres représentant des navires de toutes les formes, de toutes les époques, restitutions hypothétiques ou emprunts faits aux miniatures des manuscrits, aux peintures des tableaux, aux sculptures des bas-reliefs, que j'ai appris à considérer comme des monuments dignes d'être consultés, tant par les antiquaires qui s'occuperont de l'archéologie navale, que par les artistes qui auront à reproduire les faits historiques où la marine est intéressée.

Et à ce propos, M. l'Amiral, il faut que je m'explique sur ce que je regarde comme des monuments dans la question d'archéologie, aussi neuve que délicate, qui nous occupe.

Avant tout, j'avertis qu'il en est extrêmement peu auxquels on doive ajouter une foi aveugle. Sur toute représentation navale peinte ou sculptée, à quelque époque qu'elle puisse se reporter, il est nécessaire de faire un travail de critique analogue à celui qu'on applique à la phrase d'un historien ou d'un poëte qui décrit ou raconte, et peut avoir été mal informé du fait qu'il rappelle, ou se servir de termes impropres, faute d'intelligence ou de renseignements exacts. Il en est des documents, œuvres de la main de l'artiste, comme de tout ouvrage où l'imagination et le discernement ont une part; l'erreur y est toujours présumable jusqu'à preuve contraire. Pour quelques figures navales soigneusement faites, et par des hommes qui copiaient ce qu'ils voyaient, avec une fidélité éclairée, que d'à peu près trompeurs, que de grossiers mensonges! Le temps, le lieu, l'auteur, les circonstances dans lesquelles l'artiste se trouvait pour produire, sont ce qu'il faut chercher à connaître, et discuter avant de regarder comme un document utile la représentation du vaisseau qu'on vient de rencontrer. Une certaine expérience est nécessaire à cette investigation préliminaire, on en conviendra. Quiconque n'aura pas d'abord connu un certain nombre de textes, — et ici je parle des textes qu'on pourrait appeler officiels, les décrets et ordonnances relatifs aux constructions, les traités spéciaux sur la matière, rédigés par des hommes du métier, etc.; — quiconque n'aura pas d'abord étudié la vieille langue navale qui initie à une foule de détails relatifs au gréement et aux parties du navire, ne pourra pas exercer sur l'objet qu'il aura trouvé le contrôle sans la sévérité duquel on doit être facilement pris pour dupe. C'est pour cela, M. le Ministre, que je ne demandai à aller en Italie, interroger les monuments, qu'après avoir fait ici des études déjà longues sur les anciens mots et dialectes maritimes, et sur les textes que j'avais recherchés avec ardeur.

La colonne Trajane, toujours citée par les érudits qui ont traité de la marine des anciens, a dû m'occuper beaucoup. Je me suis demandé si je devais croire aux figures navales qui y sont représentées, et que Baïf, avec plusieurs autres critiques d'un haut savoir, ont regardées comme des représentations fidèles des bâtiments à rames et des barques fluviales contemporains de Trajan le Dacique. Je n'ai pu arriver à cet égard à la même conviction que l'auteur des *Annotationes*. La colonne représente des navires à trois rangs de rames superposés et d'autres à deux rangs. Pour les birèmes, bien qu'elles soient mal rendues, pas de difficulté. J'admets les birèmes; le texte des tactiques de l'empereur Léon est trop clair, trop positif, pour me laisser un doute. Quant aux trirèmes, c'est différent. La longueur de la rame supérieure aurait dû être telle qu'il n'y a ni bois assez long pour la faire, ni bras assez forts pour la mouvoir. Je ne parle pas de la manière dont le sculpteur a placé les rameurs, de la façon dont il a mis la rame aux mains de ces matelots, de la distance entre les étages des bancs, enfin du nombre d'hommes et des proportions des navires; tout cela est manifestement contraire à la raison et à la vérité. Je n'insiste que sur les trois rangs de rames, se couvrant l'un l'autre dans toute leur longueur, comme les deux rangs des dromons de Léon le Sage. Tous les calculs se refusent à la justification de l'artiste; aussi, vingt hypothèses ont été émises sur la construction des vaisseaux longs dont ceux de la colonne Trajane présentent le type évidemment impossible. Aucune de ces hypothèses n'a paru fondée aux hommes spéciaux. Picheroni della Mirandola, dont j'ai parlé plus haut, essaya une restitution d'une trirème à trois étages complets; il proposa ce navire, avec d'autres plus grands, à Venise; et Venise, qui avait tant d'intérêt, dans sa lutte contre des puissances rivales, à se munir de bâtiments agiles et forts à la fois, Venise, qui ne reculait pas devant les essais utiles, et faisait construire la quinquerème de Vittore Fausto, Venise regarda les propositions de Picheroni comme inadmissibles.

On opposera quelques raisons, que l'on croira assez fortes, à mon incrédulité, au sujet des trirèmes de la colonne Trajane; on dira : « Vous admettez les birèmes de la colonne, et vous rejetez ses trirèmes; les unes doivent pourtant être aussi fidèles que les autres. L'artiste était contemporain des faits qu'il représentait; il travaillait à Rome, ville si voisine du port d'Ostie, qu'il pouvait aisément avoir des notions exactes sur la forme et l'organisation des navires qui avaient servi dans la campagne contre les Daces. Pourquoi, quand il lui était facile de copier, aurait-il créé des figures sans réalité, des espèces de types hiéroglyphiques répondant par certains détails inventés à la dénomination des navires? »

Voici ma réponse. — De ce que les birèmes de la colonne Trajane seraient la représentation, plus ou moins grossière, d'un navire contemporain de Trajan, il ne s'ensuit pas que les trirèmes eussent ce mérite. Sait-on, en effet, si au deuxième siècle de l'ère chrétienne ou à la fin du premier, il y avait des navires à trois étages de rameurs? Je crois, quant à moi, que du temps de Virgile il n'y en avait plus (voir Mémoire n° 8 au mot *trières*), et que le nom seul du bâtiment était resté traditionnel. Le sculpteur voulut probablement écrire ceci sur la spirale de sa colonne : « L'empereur fit armer tant de bâtiments « unirèmes, tant de ceux qui ont deux étages de rameurs, et tant de « ceux qu'on appelle *trirèmes*, » et, comme cet artiste avait à sa disposition des signes anciens et d'une convention acceptée, il crut devoir en faire usage. L'art a presque toujours procédé ainsi quand il s'est inspiré de l'antique.

Quant à l'objection tirée de la facilité que le sculpteur avait à Rome pour se procurer des renseignements sur la forme des navires de la flotte romaine, je dirai :

Un graveur très-distingué avait la mission de consacrer, par une médaille, le souvenir glorieux de la bataille de Navarin; que fit-il ? il posa la figure de la Victoire debout sur une galère antique, et dans la main de la déesse il mit trois petits navires rostrés, empruntés aux médailles et à la colonne Trajane. Seulement, pour faire comprendre que les vaincus étaient Turcs, il surmonta le mât d'un de ces trois navires d'un croissant ! Un croissant sur des vaisseaux antiques, n'est-ce pas une chose curieuse ?

Autre fait : La ville de Paris timbre ses bornes-fontaines, ses candélabres et d'autres monuments du vaisseau de ses armes; quel navire a-t-elle choisi ? la barque d'Isis ou la nef des confrères de Saint-Nicolas ? ni l'une ni l'autre. Ses artistes lui ont fait une galère antique et un navire qui sont les choses les plus étranges du monde (*), préten-

---

(*) La galère qu'on voit sur les bornes-fontaines et sous les carènes des proues des colonnes rostrales est un navire court, renflé par l'avant, carré par derrière, ayant le gouvernail à l'étambot, contrairement à toutes les bonnes traditions de l'antiquité, bordant seulement trois avirons, et par compensation ayant trois mâts si rapprochés l'un de l'autre, que des trois voiles qui sont ouvertes au vent, deux se montrent à peine, étouffées qu'elles sont par la voile du milieu. Le mât de misaine et le mât d'artimon semblent être implantés à tribord quand le grand mât paraît être à bâbord.

Ce monstre naval n'est pourtant pas si ridicule que le vaisseau fondu par M. A. Muel (1837) pour les porte-gaz des boulevards. Ce navire à trois mâts, qui veut être moderne, a ses voiles orientées de telle façon que le bâtiment marche vent arrière, la poupe devant *. La misaine couronne la dunette : elle est suspendue au mât d'arti-

---

* Si l'on doit s'étonner de voir de pareilles images navales se reproduire à Paris, combien plus ne doit-on pas être surpris de rencontrer dans une belle estampe de Guillaume Jansson, représentant le combat des galères génoises, commandées par Frédéric Spinola, à l'Écluse, deux vais-

tieuses figures attestant une ignorance incroyable, et ces images, elle les met partout. Par un hasard singulier qui semblerait n'être pas sans malice, ces grossières représentations s'étalent sur la place Louis XV, à la porte même de l'hôtel de votre département, et, comme une sorte d'embarras préparé à dessein aux antiquaires des siècles à venir, qui se feront le raisonnement que voici, en étudiant des ruines dont quelques-unes montreront la date de 1837 :

« Les navires représentés sur le pied des candélabres, sous les proues des colonnes rostrales, sur les écus et les bases de quelques-unes des statues de villes que nous retrouvons, sont la représentation fidèle des bâtiments français des premières années du dix-neuvième siècle. Cela ne saurait être douteux. Un plan de la ville de Paris pour 1839 nous montre le ministère de la marine sur cette place que l'on décora de tant de navires, probablement à cause du voisinage de ce ministère, et pour rappeler le transport en France de l'obélisque de Luxor, fait par la marine

mon, et le vent qui vient du côté du beaupré l'enfle ainsi que les trois huniers. Que dirai-je? ce vaisseau, avec son orientement à rebours, ne peut être comparé qu'à un cheval bridé par la queue. Il semblait qu'une image si grotesque n'aurait pas dû être prise pour modèle. Elle a pourtant été copiée par l'artiste auteur de la statue colossale représentant la Ville de Nantes. Sur l'écu de cette figure emblématique est le vaisseau cinglant par la poupe. Nantes est assise sur un navire à la proue antique; le rapprochement de bâtiments de deux époques si éloignées est d'un très mauvais goût. La Ville de Bordeaux est assise sur une pierre terminée à ses deux bouts par deux proues, l'une empruntée à la colonne Trajane, l'autre inspirée par les médailles antiques. Brest appuie sa main droite sur un de ces timons dont la forme est traditionnelle dans les monuments où l'on veut exprimer l'idée de navigation.

seaux (marqués B et E) avoir leurs voiles en arrière de leurs mâts, et enflées par la brise qui leur vient de l'avant? Ce fait, et bien d'autres que je pourrais citer, montrent avec quel soin il faut interroger les œuvres d'art, même celles que les noms de leurs auteurs semblent recommander le plus. Certes, si une estampe maritime a pour elle les apparences de la vérité, de la fidélité, ce doit être celle dont je viens de faire mention. Gravée par un Hollandais, d'après un dessinateur de Hollande, dédiée à des hommes éminents à qui les choses de la marine étaient familières, et qu'un contre-sens devait horriblement choquer, elle devrait être un monument; on voit cependant ce qu'il en est, et quelle foi on doit ajouter à quelques-uns des détails qu'elle donne.

française. Première preuve. L'Almanach royal et national de la même époque nous apprend qu'il y avait au Louvre un musée naval, que le ministère de la marine était géré par un vice-amiral, qu'il y avait près de ce vice-amiral un conseil de l'amirauté; enfin, que deux peintres étaient attachés au ministère. Seconde preuve. Comment supposer qu'en présence de telles autorités, des artistes auront fait des navires de fantaisie, et que le gouvernement aura adopté ces figures préférablement à d'autres plus sincères? D'ailleurs, — troisième preuve, — la médaille de Navarin existe au cabinet des antiques, elle est datée du 20 octobre 1827, et ses navires ont de frappants rapports avec ceux des candélabres, des bornes-fontaines et des colonnes rostrales. Y a-t-il rien de plus concluant? »

Je suis convaincu, M. le Ministre, que le raisonnement de Baïf et de tous ceux qui ont disserté sur la colonne Trajane, les trirèmes du musée Bourbon, le monument d'Ostie, la médaille d'Adrien, les médailles d'Octave-Auguste, d'Œnobarbus, d'Antoine et de César (Scheffer, p. 125-175), comme sur la plupart des textes maritimes anciens, est à peu près aussi juste que celui des antiquaires que vous venez d'entendre. Les érudits ont trop compté en général sans les traditions établies, sans l'ignorance des artistes dans la question très-spéciale de la marine, comme ils ont compté souvent sans les mots représentant les noms de certains navires, mots dont ils n'ont pas soupçonné que la véritable signification pourrait bien nous être tout à fait inconnue aujourd'hui.

Les artistes de l'antiquité avaient adopté des types navals, espèces d'à peu près dont les formes plus ou moins élégantes plaisaient au ciseau ou au burin, mais à la composition desquels la vérité n'avait aucune part. Ce qui leur importait, c'était de faire une chose qui eût un bon aspect; l'exactitude n'était pas un besoin pour eux. Le navire qu'ils dessinaient dans un bas-relief ou sur une médaille était moins la représentation d'une chose matérielle que le signe convenu de l'idée : galère, combat ou triomphe naval. En examinant les monuments antiques avec une attention éclairée par la connaissance du navire, on arrive à cette conviction, que si quelques détails peuvent être tenus pour vrais dans les figures de galères et de vaisseaux ronds qu'on y trouve, en général ces figures ne sont que des espèces d'hiéroglyphes dont il faut ne tenir que bien peu de compte.

Il n'en est pas ainsi pour les monuments du moyen âge. L'artiste, moins préoccupé du beau que du réel, ne se contentait pas alors de reproduire des types convenus; il ne continuait pas respectueusement ses devanciers; il cherchait à copier le navire qu'il voyait, et sa copie, si elle ne témoigne pas toujours d'un grand talent d'exécution, atteste du moins la naïveté du sculpteur ou du peintre. Je ne parle point ici de l'artiste qui, éloigné des villes maritimes, avait cependant à orner un manuscrit de miniatures où quelques figures navales étaient nécessaires ; celui-là, quand il n'avait pu se procurer quelques bons modèles, allait à l'aventure et sur de vagues renseignements, faisant des choses contre lesquelles l'archéologue doit être soigneusement en garde. Il en fut ainsi du miniaturiste qui orna le manuscrit dont j'ai eu l'honneur de vous parler (page 20). Ses barques ne peuvent pas plus être reportées au temps de César, qu'elles ne peuvent être prises pour des navires du quatorzième siècle (*).

Je ne sais à qui il faut, en définitive, attribuer l'honneur d'avoir exécuté cette précieuse tapisserie de Bayeux, où sont retracés à l'aiguille les faits importants de l'histoire de la conquête d'Angleterre par les Normands ; mais ce que j'ai appris par la comparaison des navires d'Harold avec ceux de quelques sceaux maritimes anglais des douzième et treizième siècles, et avec quelques autres navires recueillis par J. Strutt, c'est que ces bâtiments ne sont point le produit d'une fantaisie d'artiste. Ils représentent les *drakkars* scandinaves avec une fidélité

(*) L'auteur de l'Atlas catalan de 1375, précieux monument pour l'étude de la géographie, que possède la bibliothèque du roi, ne connaissait ni les navires de l'Inde, ni ceux qu'en Espagne on appelait *uxeres* (*huissiers;* voir Mémoire n° 4). On ne peut pas plus consulter cet Atlas, dans l'intérêt de l'archéologie navale, qu'on ne doit consulter certain portulan de la bibliothèque Laurentienne de Florence, où j'ai vu plusieurs images de navires, figures grossières qui déshonorent ce manuscrit, et qu'on m'a présentées cependant avec une confiance que j'ai retrouvée ici chez les savants qui m'ont parlé des vaisseaux de l'Atlas catalan. Voici la figure du prétendu *uxer* de Ferer :

gauchement naïve qui se retrouve dans tout le grand travail dont ils font partie. Sans doute ils ne sont pas complets ; sans doute

Voici le navire sous lequel l'auteur catalan écrivit ces mots : *En la mar jndich* (dans la mer Indienne) :

Y a-t-il quelque chose de plus manifestement infidèle et de plus grossièrement trompeur que ce vaisseau ? Comment pourroit-on croire à cette quintuple mâture portant une seule voile ? comment pourrait-on expliquer la construction de l'arrière, si singulièrement attaché au corps du navire ? Ce bâtiment n'est ni une jonque chinoise ni une nef européenne. On m'a dit que l'Atlas catalan était un monument si respectable, qu'il était difficile d'en rejeter l'autorité. Je crois que son autorité, en tout ce qui est de la géographie, mérite qu'on prenne l'Atlas très au sérieux ; mais si l'auteur qui a dessiné les cartes et écrit sur ces plans les longues rubriques, savamment expliquées par M. Joseph Tastu, savait bien la géographie, il était assurément un mauvais dessinateur de figures, et un homme fort ignorant au chapitre des vaisseaux. Si l'on veut que, malgré l'évidence, je croie à sa fidélité comme dessinateur de navires, c'est apparemment qu'on croit aussi à sa fidélité comme dessinateur d'hommes et d'animaux ; or, que voit-on sur les cartes catalanes ? Des chevaux bleus, des chevaux couverts d'écailles ; des chameaux aux jambes courtes et grosses, aux cols démesurément longs, et puis des chameaux marchant l'amble (caravane allant à Alcatayo) ; enfin, des éléphants ayant des trompes grosses deux fois comme leurs jambes (Nybie). Faut-il donc croire à la vérité de ces représentations ? faut-il croire que les habitants d'Alep étaient vêtus au quatorzième siècle comme les Français ou les Catalans de 1375, et qu'ils pleuraient leurs parents morts en accompagnant leurs doléances avec des harpes, des rebecs et des flûtes ? Et quant aux harpes, que le dessinateur a armées de cordes placées en travers, et non en hauteur, faut-il croire qu'alors les harpes étaient ainsi garnies ? Non, sans doute, pas plus qu'il ne faut croire que l'uxer de Ferer, allant au cap Boyador, était une faible barque n'ayant ni haubans ni étai pour son mât, ni drisse pour sa voile, ni aucune manœuvre pour son antenne, si ce n'est une oste et son palan.

quelques manœuvres y sont mal indiquées, et d'autres encore y manquent qui ne pouvaient être tracées sans alourdir et rendre presque inintelligibles ces représentations navales ; mais le principal est dans les navires de la tapisserie, comme dans ceux du bas-relief de Thèbes représentant le combat des vaisseaux de Rhamsès contre la flotte des Indiens. Ce que l'artiste n'y mit point, je le trouve assez bien indiqué dans les vers du Normand Wace, pour qu'à l'aide du texte de ce poëte je puisse restituer presque complétement les navires du Nord appartenant au dixième et au onzième siècle.

Je viens de parler de sceaux maritimes anglais ; je compte presque tous ceux que je connais, M. le Ministre, pour des monuments véritables. Ces sceaux se partagent en deux classes : sceaux de villes maritimes : Poole, Douvre, Yarmouth, Dunwich, Sandwich, Boston ; sceaux d'amiraux : Édouard, comte de Ruthland, John Holland, Richard, duc de Glocester. La date de leur gravure, qui, pour les derniers, est à peu près celle de la charte à laquelle ils pendaient, et qui, pour les autres, peut être reportée à une centaine d'années en arrière de l'époque où ils furent appliqués aux pièces où on les a pris ; cette date est un de leurs mérites. Mais ce n'est pas seulement de là qu'ils tirent leur importance. Les navires qui y sont représentés les recommandent entre toutes les médailles et sceaux timbrés de figures navales. Ce ne sont point des représentations plus ou moins lourdes de nefs imaginaires, mais des portraits faits par des artistes consciencieux qui, travaillant pour des amiraux et des villes où la marine était connue de tous, ne pouvaient espérer de voir agréer leur travail s'il n'avait le caractère de la vérité. Autant que les sceaux anglais, et pour les mêmes raisons, j'estime le sceau de la ville de Dam. Celui de la Rochelle présente l'image d'une barque du onzième ou douzième siècle, aux deux caps très-relevés. Ce qui rend cette figure intéressante, c'est la voile portant trois bandes de ris garnies de leurs garcettes. L'ancienneté de l'usage des ris est attestée par un passage du roman de Brut que j'ai expliqué, Mémoire n° 3 ; et le sceau de la Rochelle vient corroborer mon explication. L'archéologie maritime n'a aucun profit à tirer de l'étude des deux sceaux de Pamiers, représentant une barque informe dans laquelle se débat saint Antonin d'Apamie (Syrie). Le sceau de Louis, bâtard d'Orléans, porte une nef à trois mâts, mais grossière et inexacte. Quand on compare cette figure à celles qu'on faisait à peu près dans le même temps en Angleterre, pour les amiraux John Holland (1417), le duc de Glocester (1467), et le comte de Ruthland (1395), on voit aisement que l'artiste français reproduisait à l'aventure l'image de nefs qu'il n'avait pas étudiées dans les ports, comme l'avaient fait les artistes anglais (*). Les sceaux dont je me suis autorisé appartiennent en empreintes à une grande collection de sceaux du moyen âge faite avec une merveilleuse patience et un rare discernement par M. Depaulis, graveur habile à qui M. le ministre de l'intérieur a confié l'exécution de la médaille maritime de Saint-Jean d'Ulloa. Cette collection va être déposée au palais des Beaux-Arts (voir Mémoire n° 7).

Comme les artistes anglais, les artistes génois, vénitiens et pisans, m'inspirent une grande confiance. Pietro Laurati, Simone Memmi et Antonio Veneziano, peintres du Campo-Santo de Pise, m'ont fourni des figures de navires, à la fidélité desquelles je dois croire autant que je crois aux peintures maritimes que j'ai trouvées à Venise et à Gênes,

---

(*) Le peu de soins des artistes français, en général, dans la reproduction des figures navales, se remarque à toutes les époques. Ce que j'ai dit des navires modelés en 1837 pour les monuments de Paris, et ce que je remarque ici pour le sceau du bâtard d'Orléans, ne sont pas les seuls exemples que je pourrais citer. En voici un des plus singuliers. Le chevalier de Tourville composa un *manœuvrier* sous ce titre : « Exercice et détail général de toutes les manœuvres qui se font à la mer »; en 1681, l'illustre amiral fit faire par Rousselet, calligraphe célèbre, une copie (manuscrit sur vélin) de ce travail important et trop peu connu aujourd'hui. Cette copie, en tête de la première page écrite, a une vignette peinte où la mer et le ciel sont très-joliment rendus; mais sur la mer il y a quatre navires, et ces bâtiments, portant à la tête de leurs mâts le pavillon rouge fleurdelisé, sont de pures fantaisies du peintre, qui ne peuvent se rapporter à aucune époque. Ne doit-on pas s'étonner qu'un livre, exécuté par les ordres de Tourville, pour le grand amiral de France, ainsi que l'attestent les armes du comte de Toulouse qui ornent la couverture du maroquin du manuscrit, ait des figures de navires sans réalité? La marine française avait cependant alors une grande importance; elle était la première marine de l'Europe; Louis XIV faisait frapper des médailles pour consacrer le souvenir des batailles navales qui avaient rendu si glorieux le pavillon de France; mais Paris est loin de la mer, et les artistes, pour la plupart du moins, ne se donnaient pas la peine de dessiner fidèlement les vaisseaux, parce que l'exactitude eût été un mérite perdu pour le public parisien. Pendant ce temps-là, Backuisen faisait des chefs-d'œuvre en Hollande! — Le manuscrit de l'ouvrage de Tourville dont je viens de parler appartient à M. Bohaire, libraire, boulevard Italien; il provient de la bibliothèque de M. Bignon. — Qu'il me soit permis de citer un autre fait : sur le vitrail de la chapelle de Sainte-Geneviève, dans l'église de Saint-Étienne du Mont, à Paris, on voit une nef à trois mâts, dont quelques parties de la construction, l'avant par exemple, sont inintelligibles. La mâture de cette nef symbolique, au gouvernail de laquelle est Jésus-Christ, et qui porte une foule de princes, de prélats et de souverains pontifes, cette mâture est lourde et hors de proportion avec le corps du navire. Que l'on compare le vaisseau de Saint-Étienne du Mont avec les nefs d'Antonio Veneziano et de Simone Memmi qui sont au Campo-Santo de Pise, et l'on verra quelle différence il y a pour l'exactitude entre l'artiste français qui fit, à la fin du quinzième siècle ou au commencement du seizième, la nef du Christ pour l'église parisienne, et ceux qui, cent ans auparavant, avaient peint les nefs de Saint-Reinier!

où Dominique Tintoret, Georgione et les autres avaient constamment des modèles sous les yeux. On ne peut supposer que des hommes d'un talent notoire, choisis par la commune ou par les familles patriciennes pour perpétuer le souvenir d'actions glorieuses, aient inventé des navires quand il était si simple de copier ceux qui flottaient devant eux, quand le dernier des matelots du port aurait pu les démentir et ameuter le peuple contre des représentations infidèles. La plupart des nefs et galères des quinzième et seizième siècles peintes par Carpaccio, Tintoret, le Moroue, etc., je les ai examinées, les traités de Bartolomeo Crescentio et de Pantero-Pantera, la *Fabbrica di Galere*, à la main, comme j'ai critiqué les sceaux anglais avec les statuts de Gazarie, le *Capitulare nauticum* de Venise (1255), les *Statuta Massiliæ*, et le Consulat de la mer; et j'ai reconnu que Pisans, Vénitiens et Génois des quatorzième, quinzième et seizième siècles, — je parle des artistes distingués, — étaient tout à fait dignes de foi.

Pour le dix-septième siècle, j'ai consulté presque toujours avec fruit les peintres et les graveurs hollandais; quelques-uns de ces derniers m'ont fourni d'excellentes figures de navires des quinzième et seizième siècles. Le célèbre Callot a fait une œuvre maritime dont les détails sont presque toujours fidèles. C'est un des artistes auxquels on doit croire; mais il faut savoir lire dans ses dessins si pleins de verve et d'effet, où les vaisseaux ont un peu de la tournure matamore de ses figures d'hommes. L'œuvre gravée d'après le chevalier de Passebon est d'une fidélité qui la rend infiniment recommandable. Passebon, officier des galères du roi de France, fit moins un travail d'artiste que d'ingénieur (*). Le dépôt de votre ministère est riche en dessins qui font connaître la marine du dix-septième siècle. Le premier volume du manuscrit de Dortières (n° 662 du catalogue des bibl. de votre département) n'a pas de figures, mais il contient une nomenclature navale complète qui se trouve expliquée par d'autres manuscrits où les figures abondent. J'ai eu bien souvent occasion de consulter ces manuscrits dont la plupart ont appartenu au cabinet de Louis XIV, et qui sont les documents les plus précieux que je connaisse sur le matériel de la marine du dix-septième siècle. La bibliothèque du roi, dans son fonds des belles reliures, garde un volume grand in-folio de navires dessinés, en 1679, par J. Jouve de Marseille, que je crois l'auteur des dessins des manuscrits que je

---

(*) L'œuvre de Passebon, celle de Callot, l'œuvre de Rigaut et plusieurs planches hollandaises, anglaises et flamandes, se trouvent au département des estampes de la bibliothèque du roi, portefeuille *État militaire* Id-56; portefeuille Ic-5, *marine;* vol. Ic-5, et vol. Ic-6.

viens de mentionner. Au cabinet des estampes est une répétition, en un très-grand format, de ce précieux recueil des bâtiments de la Méditerranée. Les modèles restaurés qui figurent au musée naval m'auraient fourni des renseignements certains, si je n'avais pas eu les documents officiels qui sont au dépôt et dans le volume de Jouve. Pour les dernières galères, j'ai eu l'œuvre de Rigaud, dédiée au prieur d'Orléans. J'ai pu comparer ces navires à ceux de Passebon, de Callot, du romain Crescentio et de la *Fabbrica di Galere*, et je suis arrivé à cette conviction que, depuis Rhamsès IV, la galère, proprement dite, l'unirème, produit d'un art maritime très-avancé déjà, ne subit jusqu'au dix-huitième siècle, c'est-à-dire, dans l'espace de trois mille trois cents ans environ, aucune modification très-importante. Je reconnais la galère de Rigaud dans le navire de guerre du bas-relief de Thèbes, gravé par ordre de Sésostris, conquérant de l'Asie.

Je n'ai que peu de chose à dire, M. l'Amiral, sur la forme que j'ai adoptée pour cet ouvrage. J'aurais pu composer un traité où l'ordre chronologique, religieusement gardé, se serait déroulé méthodiquement par chapitres symétriques; en ce cas, l'exposition des faits, appuyée de quelques citations de documents jetées en notes, m'aurait suffi : je n'ai pas cru devoir être si bref, et, par conséquent, si dogmatique. J'ai préféré la forme du mémoire, qui admet les digressions et les notes multipliées, encadre les citations de textes et discute à son aise. Je ne pouvais pas me borner à exposer; j'étais contraint à démontrer sans cesse, rien de ce que je voulais établir n'ayant encore l'autorité de faits connus. Cette méthode nécessaire entraînait des longueurs que la seule forme du mémoire devait me faire pardonner.

Un *index* de tous les mots techniques cités ou expliqués dans les mémoires, avec renvois aux pages où se lisent ces termes, pourra servir de *glossaire nautique*, jusqu'à ce que j'aie fait celui pour lequel j'ai recueilli déjà de très-nombreux matériaux, et que j'écrirai, si Votre Excellence approuve le plan que j'aurai l'honneur de lui soumettre.

Quant au style, il était difficile qu'il eût quelques-unes des qualités qui rendent un livre attrayant; toute recherche d'élégance, tout entraînement, toute chaleur, toute tendance à la grâce et à l'esprit m'étaient raisonnablement interdits; la clarté, en l'absence de la concision, — car comment être concis quand on discute une étymologie ou qu'on explique un texte hérissé de difficultés techniques, — la clarté était le seul mérite que je pouvais avoir; j'ai tâché d'être clair, malgré la multiplicité obligée des parenthèses. Le mode de rédaction simple que j'ai adopté aura, j'espère, votre approbation.

Dans les travaux de l'espèce de ceux-ci, où toute prétention littéraire, si l'on avait le droit d'en avoir, — devrait être écartée, on écrit assez bien, je crois, si l'on sait être assez intelligible.

Avant de terminer ce rapport, que Votre Excellence me permette de lui dire combien je suis redevable à la bienveillance incessante de messieurs les conservateurs et employés de la bibliothèque du roi. Mes importunités n'ont pu lasser leur dévouement à un travail qu'ils ont favorisé de leur concours si intelligent. Je dois à quelques-uns d'entre eux la connaissance de documents très-utiles, à d'autres de judicieuses remarques et de bonnes directions, à tous des facilités sans lesquelles il m'aurait été certainement impossible de mener à fin un ouvrage que j'ai eu le courage d'entreprendre avec peu de matériaux d'abord, et de faire tout seul, pendant douze ans, au milieu des nombreux obstacles que j'ai trouvés sur ma route.

L'obligeance des bibliothécaires italiens n'a pas été moins grande pour moi, et j'acquitte ici, avec un grand plaisir, la dette de ma reconnaissance envers eux. Partout où j'ai dit le but et le plan du livre que j'ai l'honneur de vous présenter, M. le Ministre, j'ai trouvé des hommes savants disposés à me donner les encouragements dont ont bien voulu m'honorer tous les ministres vos prédécesseurs, l'Académie des inscriptions et belles-lettres, et quelques-uns des membres de la chambre des députés composant la commission du budget de la marine.

J'ignore à quel avenir est réservé ce livre, dont je puis dire : *Immensi tædii et temporis opus;* mais j'ose penser que ces travaux sur l'archéologie navale pourront être utiles aux marins de tous les pays, qui doivent avoir à cœur de connaître les antiquités maritimes, pour lire en connaissance de cause l'histoire de la marine; aux antiquaires et aux érudits qui rencontrent à chaque instant des textes qu'ils ne peuvent interpréter; aux élèves de l'école navale, dont, sous ce rapport, l'éducation n'a pu être commencée encore (*); enfin, aux hommes du monde que les études sérieuses n'effrayent point, et qui ont déjà pour la marine un peu de cette sympathie éclairée que le temps développera, sans doute, largement en France, mais qui n'est encore qu'à l'état d'instinct admiratif chez la plupart de nos nationaux. Quand ces Mémoires n'auraient d'autre mérite que de présenter

---

(*) Me sera-t-il permis d'émettre un vœu? Je voudrais que réglementairement ce livre, puisqu'il n'en existe pas d'autre sur la matière, et quel que soit son imperfection, fît partie nécessaire du catalogue des ouvrages que, pendant leurs deux années d'école, les élèves de la marine sont tenus d'étudier ou du moins de lire. Je voudrais encore que dans les colléges on donnât en prix, aux élèves de troisième qui fournissent les sujets à l'école navale, ces études sur l'archéologie maritime.

des documents inédits, de faire connaître un assez grand nombre de faits restés obscurs jusqu'à ce jour, et d'être une sorte de glossaire où sont expliqués une foule de mots techniques de toutes les époques, je crois qu'ils ne seraient pas indignes de quelque estime de la part des érudits et des officiers de marine.

En travaillant pour les hommes spéciaux et pour les antiquaires, je n'ai point oublié que M. de Rigny m'avait ordonné de travailler aussi pour les gens du monde. J'ai rempli cette seconde mission avec autant de soin et de zèle que la première; j'ai écrit, sous la forme du récit dramatique, deux volumes destinés à faire connaître les différentes époques de la marine, les mœurs des gens de mer, et les navires. Chacun des chapitres ou scènes est accompagné de notes, et se lie aux Mémoires d'archéologie navale. Ce second ouvrage a pour titre : *les Soirées du gaillard d'arrière*.

Agréez l'assurance des sentiments de profond respect avec lesquels j'ai l'honneur d'être,

Monsieur l'Amiral,

Votre très-humble et très-obéissant serviteur,

A. JAL.

Paris, juillet 1839.

ARCHÉOLOGIE NAVALE.

MÉMOIRE N° 1.

SUR LES NAVIRES DES ÉGYPTIENS.

Importance de la marine antique des Égyptiens. — Bas-relief de Thèbes. — Navires indiens. — Leurs rames. — Leurs pavesades. — Celles des galères égyptiennes. — — Proues de galères à Pompéi. — L'estrope de la rame. — Les galères égyptiennes avaient-elles des apostis? — Carène de ces galères. — Hiérarchie sociale respectée par le sculpteur dans la représentation des figures humaines. — Petite taille des gens de mer. — Largeur présumable des galères. — Nombre des rames. — Un grand bateau du Nil. — Voile carguée pendant le combat. — Système du sculpteur thébain. — Tactique. — Rameurs sciant. — Longueur présumable des galères égyptiennes. — Éperon. — Les galères indiennes n'en ont pas. — Châteaux d'arrière et d'avant. — Gouvernail. — Son organisation. — MM. Wilkinson et Costas réfutés. — Gréement des galères égyptiennes. — Mâture d'un bateau du Nil. — Vergues des galères. — Les Égyptiens connaissaient la poulie. — Écoute, drisse, cargues et bras. — Gabie. — Armes. — Matériaux pour la construction des navires. — Barques de papyrus. — Observations sur un passage d'Hérodote. — Voile papyracée. — Voile à deux antennes. — Roue aidant à la manœuvre de l'antenne basse. — Autre organisation de la voile à deux antennes. — Nouvelle observation sur la poulie. — Un autre bateau du Nil ou *baris*. — Description de l'appareil des drisses de sa voile. — Remarque sur les voiles à deux antennes, et sur leur application aux bateaux qui ont une chambre élevée dans le milieu de leur longueur. — Barques symboliques; leurs décorations; pourquoi leurs mâtures ne sont pas gréées. — Pont des navires. — Chambre construite sur les baris. — Constructions à la poupe et à la proue. — Les ancres. — Passage d'Hérodote relatif à la navigation des baris sur le Nil, en aval. — L'œil de la proue. — Notre écubier. — Peinture des navires égyptiens. — Ornements architecturaux. — Couleurs de Rhamsès III. — Remarque sur les trois couleurs : bleu, blanc, rouge, données par l'ouvrage de M. Rosellini aux voiles des barques de Rhamsès. — Les galères de Sésostris n'ont point de bannière ou pavillon royal. — Vitesse des navires. — Les vaisseaux de Ptolémée Philadelphe. — On ne sait rien des navires à plusieurs ordres de rames. — Pourquoi l'auteur de ces Mémoires s'abstiendra de toute dissertation à leur égard. — Obscurité et contradiction des textes. — Incertitude sur la véritable signification des mots *birème*, *trirème*, etc. — Quelle foi méritent dans la question de l'art les historiens et les poëtes. — Note critique, à cette occasion, sur deux passages de MM. Alfred de Vigny et Victor Hugo. — Raisons de ne pas croire au navire géant de Ptolémée Philopator, et à tous ceux de cette famille imaginaire. — Conclusion de ce Mémoire : la galère subtile du dix-huitième siècle est une tradition de la galère égyptienne contemporaine de Rhamsès IV.

L'Égypte dut connaître de bonne heure les trois principales espèces de navires que tout pays, traversé par de grands fleuves et baigné par la mer, a connues plus ou moins tard.

Arrosée par le Nil, aux débordements périodiques; bornée au nord par la Méditerranée, et à l'est par la mer Rouge; voisine de la Phénicie dont le génie inquiet et entreprenant ne pouvait se contenter d'un petit commerce de cabotage, et affrontait les tempêtes sur les côtes de l'Afrique et dans l'archipel grec; comment, active, commerçante, ambitieuse, l'Égypte n'aurait-elle pas eu tout d'abord une grande navigation fluviale, puis une marine marchande bientôt développée? Comment n'aurait-elle pas eu des bâtiments propres à la guerre, quand elle pouvait craindre que des rivaux armés ne vinssent enlever ses navires, chargés de vivres ou de produits manufacturés; quand elle voyait l'intérêt de l'attaque ou l'instinct de la défense munir de moyens redoutables les vaisseaux étrangers qui fréquentaient ses côtes, et y trafiquaient, arrachant, par la crainte, des concessions aux faibles, et se faisant respecter des forts par le courage de leurs hommes d'armes.

A quelle époque commença de se développer le commerce maritime de l'Égypte? Quand l'Égypte arma-t-elle des bâtiments particuliers à la guerre? Il est difficile de répondre à ces questions, autrement que par des conjectures, fondées sur les récits qu'Hérodote recueillit de la bouche des prêtres de Vulcain à Memphis (Hérodote, livre II). Mais ces récits sont si vagues, tant de fables grossières y sont mêlées à des faits qui peuvent avoir l'apparence de la vérité, que leur autorité ne saurait nous imposer. Peut-on croire qu'aucune flotte ne fut équipée pendant la période obscure de Menès à Mœris, qui comprend les règnes de trois cent trente rois, c'est-à-dire, suivant les supputations de Larcher, onze mille années environ? Ou l'Égypte était un État sans grandeur, sans puissance, sans force, ou elle ne put conserver une aussi longue paix maritime. Ses voisins durent tenter des conquêtes sur son territoire, et alors il fallut armer des vaisseaux pour les repousser, ou bien elle-même, conquérante par ambition, par besoin, alla troubler quelque peuple éloigné dans la tranquille possession des terres fertiles qu'il cultivait, et alors encore il fallut à l'Égypte des bâtiments pourvus de guerriers, d'armes et de machines.

Si Sésostris partit du golfe arabique avec des vaisseaux longs pour subjuguer les peuples qui habitaient les rivages de la mer de l'Inde (Hérodote, liv. II, § 102), n'est-ce pas qu'avant lui, déjà, la marine égyptienne avait une grande importance? Et comment le peuple qui avait perfectionné les arts, l'art mécanique surtout, au point où ils étaient quand on construisit les pyramides, quand on éleva les temples, quand on creusa les grandes nécropoles, serait-il resté pour les constructions navales au-dessous de lui-même? Comment n'aurait-il eu ni bâtiments de charge capables de porter de lourdes et riches cargaisons, ni bâtiments de guerre pour défendre ses côtes contre l'invasion?

Tous les monuments nautiques égyptiens qui nous sont connus maintenant témoignent d'un art avancé; et de ces monuments, le plus capital remonte au temps de Rhamsès IV, c'est-à-dire à quatorze cent cinquante ans environ avant l'ère chrétienne. Étaient-ils l'expression d'un fait tout nouveau? Les navires qu'ils représentent étaient-ils une invention récente? Assurément non. Il y a bien loin des bâtiments à rames qu'on remarque dans le bas-relief célèbre de Thèbes, dessiné au moment de l'expédition militaire de la France en Égypte, par MM. Jomard, Cécile et Chabrol (*), reproduit dans l'*Égypte* de M. Champollion-Figeac (**), dans les *Monumenti dell' Egitto*

(*) Gravé dans le volume A, grand in-folio, de la *Description de l'Égypte*.

(**) Histoire générale de l'Égypte, pl. 49.

de M. Rosellini (*), et, plus récemment, donné par fragments dans l'ouvrage de M. J. G. Wilkinson (**) — il y a bien loin, dis-je, de ces bâtiments aux informes essais d'une navigation qui, timide encore, n'emploie que les radeaux lancés sur le courant d'un fleuve, ou se hasarde sur les abîmes d'un lac profond, d'une large et profonde rivière, avec un tronc d'arbre creusé que dirigent des pagaies incertaines.

Il n'est pas aisé de se faire une idée bien nette de la construction des *galères* grecques, — j'emploie ici le terme moderne, généralement adopté pour désigner les vaisseaux longs des anciens, — à l'époque des guerres de Lacédémone contre Athènes; mais d'après ce que nous en connaissons, je crois qu'elle ne différait pas beaucoup de celle dont les méthodes avaient été suivies par les charpentiers de Rhamsès IV. Ces rapports entre les navires de guerre égyptiens et grecs, à mille ou onze cents ans d'intervalle, ne m'étonnent point, moi qui me suis accoutumé à suivre l'art naval dans ses progrès, et qui, à toutes les époques de civilisation avancée, l'ai vu toujours répondant aux besoins de ces époques. J'avoue même que la chose dont je serais surpris, c'est que ces rapports intimes n'eussent pas existé. Je vais plus loin, et ceux qui liront avec attention ces Mémoires trouveront de fréquentes preuves à l'appui d'une assertion qui va paraître bien étrange peut-être : dans les galères du quinzième siècle, avant notre ère, je reconnais tout à fait la galère qui naviguait quinze ou seize cents ans après la mort de Pline, le préfet de la flotte romaine à Mysène. Car, qu'est-ce que l'apostis ajouta réellement à la galère? Qu'est-ce que l'introduction des armes à feu apporta de changement dans la forme de la carène des galères? Rien, ou presque rien. (Voir Mémoire n° 4.)

Le bas-relief dont Rhamsès IV fit orner à Thèbes les pylônes de son palais, afin de perpétuer le souvenir d'une bataille navale gagnée par les Égyptiens sur une des nations qui demeuraient au bord de la mer de l'Inde, montre neuf vaisseaux

---

(*) *I monumenti dell' Egitto e della Nubia dal professore Rosellini*; Pisa : pl. MR. — CXXXI.

(**) *Manners and customs of the ancient Egyptians*; in-8°, London, John Murray, 1837; 3° vol., p. 203.

(Navire de guerre égyptien, tiré d'un bas-relief de Thèbes.)

longs ou galères, quatre appartenant à l'Égypte, et cinq montés par des Indiens. Soit qu'il en fût réellement ainsi, — et je trouve cette analogie très-naturelle parce que j'ai pu remarquer que les navires destinés aux mêmes usages, et principalement les bâtiments de guerre, différèrent peu de peuple à peuple, dans les mêmes temps, surtout quand les peuples étaient voisins et quand leurs intérêts les jetaient dans des rivalités où la victoire, devenue nécessaire, pouvait dépendre de la perfection des vaisseaux, — soit que l'artiste égyptien ait prêté par ignorance aux navires de l'Inde des formes qui étaient propres aux bâtiments construits en Égypte, les neuf bâtiments de ce bas-relief ont entre eux de très-grandes ressemblances.

A la vérité, les Indiens n'ont pas de rames, quand les Égyptiens en ont; mais, outre que cela ne fait pas qu'il y ait entre les galères égyptiennes et les vaisseaux longs indiens une différence sensible, quant à la construction de la coque, pour la longueur, la largeur, la hauteur et les accastillages (du moins, à en juger d'après le monument thébain, que j'ai tout lieu de croire assez fidèlement reproduit par les dessinateurs français, par M. Rosellini et par M. Wilkinson), il ne s'ensuit pas de ce que les Indiens paraissent manquer de rames que leurs navires ne fussent pas des bâtiments à rames. Ils avaient pu rentrer leurs avirons tout en carguant leurs voiles, pour recevoir de pied ferme, si je puis dire ainsi, l'abordage de leur ennemi. C'était peut-être dans leur tactique un principe attestant la confiance en leur courage, et le mépris qu'ils faisaient de l'ennemi. Peut-être aussi avaient-ils rentré leurs rames au moment du combat pour que leurs rameurs prissent à la lutte une part active, leurs équipages étant moins considérables que ceux des Égyptiens.

Le sculpteur n'indiqua pas, sur le côté des vaisseaux indiens, des sabords de nage; faut-il en conclure que ces sabords, ces trous ronds ou carrés, dans lesquels tournaient les manches des rames, manquaient aux navires de guerre indiens, ou bien que les navigateurs de l'Inde n'employaient pas l'aviron dans leurs vaisseaux armés? Je ne le pense pas; et voici ce qui me semble venir à l'appui de l'opinion où je suis que les vaisseaux indiens étaient munis de rames avant le combat. Ma déduction est tirée de l'examen attentif du monument. Dans les galères égyptiennes, les sabords ne sont point indiqués non plus, et si les rames elles-mêmes n'étaient là pour attester qu'en effet les Égyptiens munissaient d'avirons leurs navires armés pour la guerre, rien ne témoignerait auprès de nous de cette habitude. Est-ce oubli de l'artiste, est-ce parti pris de ne pas entrer dans de minutieux détails qui auraient alourdi les figures navales que le sculpteur tirait de la pierre? N'est-ce pas plutôt que les sabords ne devaient point être visibles, et que le rempart de bois qui surmontait le plat-bord de la galère était extérieur à ce plat-bord, c'est-à-dire, qu'il s'appuyait dans sa longueur sur une pièce de bois, tenue au corps du vaisseau par d'autres pièces, comme l'apostis des galères modernes y était tenu par les baccalas? Cette disposition me paraît aussi visible dans la représentation qui nous est donnée du bas-relief, qu'elle est naturelle (*). Si le rempart n'avait été qu'une continuation

---

(*) On m'objectera peut-être que dans une des galères égyptiennes, la

de la muraille, une suite de bordages parallèles aux bordages inférieurs, et seulement surélevés l'un à l'autre dans le plan de la convexité de la carène, le sculpteur aurait-il pris la peine de tracer la ligne marquant la superposition de ces bordages à ceux qui recouvrent le corps de la galère depuis la quille? Assurément non. Il aurait placé les rames sur une même ligne, sans marquer cette ligne autrement que par la suite des indications des sabords de nage; ce qui eut été fort raisonnable s'il avait eu à représenter des navires d'un bord élevé, profonds, dont la muraille s'ouvrait longitudinalement au passage des rames. Mais, les galères étaient des bâtiments de bas-bord, faits pour la course, légers par conséquent, et dont la muraille était peu élevée au-dessus de l'eau; le rempart de bois qui se plaçait au-dessus du rang des avirons pour garantir les rameurs et les combattants, n'était pas une construction solide comme celle du corps de la galère, montée sur des courbes et bordée de planches épaisses; c'était fort probablement, ce qu'a toujours été cette défense, un assemblage de planches légères, fixées à des montants d'une certaine force, et terminé en haut par une lisse servant de point d'appui aux hommes. Cette pavesade (les bastingues, comme on a dit plus tard, les *tabulata*, comme l'appelaient les Romains) était un peu éloignée du bord, et c'était dans l'intervalle compris entre le haut du plat-bord et le pied de ce léger rempart qu'agissaient les rames. La largeur de cet intervalle, bien que les dessins qui nous sont connus ne la laissent pas soupçonner, et que peut-être le bas-relief lui-même

---

troisième à gauche, en haut, on voit un homme entre le plat-bord et le rempart, et que même chose se remarque dans la dernière galère indienne, en haut, à droite; je répondrai que c'est une faute évidente du sculpteur. L'artiste s'est trompé et la raison le démontre. Si le rempart, au lieu d'être extérieur, comme tout me le fait penser, eût été intérieur, l'espace compris entre le plat-bord et l'élévation de cette pavesade aurait été perdu pour le combat, puisque le rempart était un abri destiné aux combattants ainsi qu'aux rameurs; la largeur du navire en aurait été diminuée d'autant, au détriment de la manœuvre et de la liberté d'action nécessaire dans les rencontres à main armée. Et puis, outre qu'il aurait fallu à la muraille de ce rempart des portes assez hautes pour le passage des rames, ce qui l'aurait affaiblie, les estropes des avirons seraient restées à découvert et tout à fait exposées à la hache des ennemis.

n'accuse point la saillie de la pavesade relativement aux flancs du vaisseau, n'est pas difficile à déterminer; elle devait être assez grande pour que la planche qui la remplissait horizontalement pût être une sorte de coursive où les combattants eussent la liberté de marcher, et de faire, sur un seul rang, les évolutions que nécessitaient les espèces d'armes dont ils se servaient. Un pied et demi environ (0^m· 48^c·) me paraissent devoir être la mesure de cette largeur.

Si, ce dont je ne doute point, les remparts s'imposaient aux galères égyptiennes, comme je viens de le dire, d'après l'étude raisonnée du bas-relief de Thèbes, on ne saurait s'étonner que le sculpteur n'ait fait paraître, ni aux navires indiens, ni aux navires d'Égypte, l'attache des avirons. La pavesade avançant sur le plat-bord, et tous les navires se présentant en profil, il était impossible que l'artiste, sans faire un mensonge plus grossier que tous ceux auxquels l'exposait le mépris pour la perspective dont l'art égyptien donne de si fréquentes preuves, fît voir au spectateur, placé assez haut relativement au point de vue du tableau, la ligne des chevilles (*scalmes*) auxquelles s'accrochaient les rames.

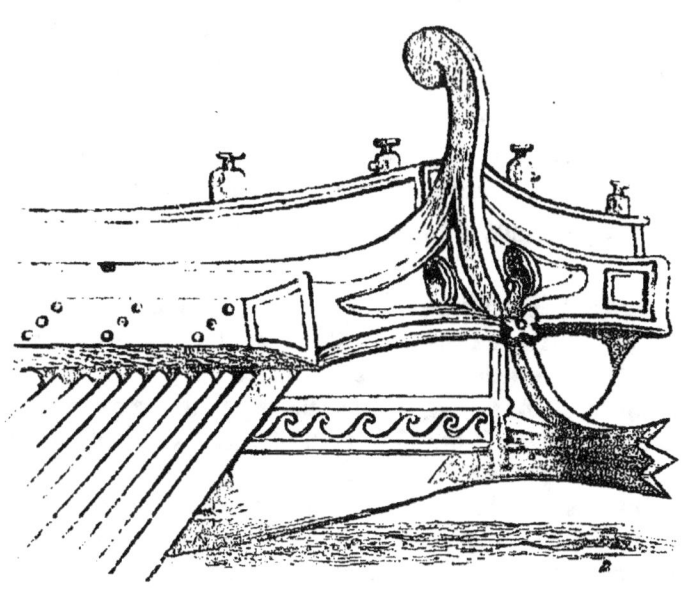

(Proue d'une galère antique, tirée des peintures du Musée Bourbon, à Naples.)

Les peintures de Pompéi, et, notamment, un beau fragment numéroté MCLXXI (*) dans la collection du musée Bourbon, fragment qui représente deux proues de galère, vues en trois quart, par le côté gauche, montrent la pavesade disposée ainsi qu'elle me parait être dans les galères égyptiennes, au-dessus des rames. Le marbre d'Ostie, que j'ai examiné au Vatican, et dont on trouve la gravure dans l'œuvre de Piranesi, représente une galère à deux rangs de rames superposées (d'une construction impossible, quant à cette superposition, soit dit entre parenthèses); au-dessus des rangs de rames, on reconnaît clairement, dans la figure imparfaite du sculpteur, les morceaux de bois qui supportaient les remparts, ceux que les Italiens appelèrent *baccalari*.

Les rames étaient-elles appuyées directement sur le plat-bord et faisaient-elles effort en arrière de chevilles, au moyen d'anneaux de fer ou de ces liens de cordes qu'on nomme encore aujourd'hui estrope, du grec *stréphô* (tourner)? Sortaient-elles des trous ou sabords de nage pratiqués au travers du plat-bord? ou bien allaient-elles chercher leur point d'appui sur la pièce de bois que surmontait la pavesade, pièce que nous voyons nommée *postiza* à Venise au quatorzième siècle (Mémoire n° 5)? Je ne me hasarderai pas à trancher ces questions; mais je dirai que rien ne m'autorise à croire que l'apostis fût déjà adapté à la galère pour élargir ses ailes en donnant plus de longueur à ses rames; j'ajouterai que je ne comprendrais pas trop pourquoi, lorsque l'ordre le plus simple, la disposition la plus facile, étaient l'appui direct des avirons sur le plat-

---

(*) Plusieurs autres galères provenant aussi des fouilles de Pompéi et numérotées : P^i 1384 — MCCCXLI, P^i 571 — MCCCXII, P^i 605, etc., montrent la pavesade extérieure au plat-bord, et les tolets des rames, cachés sous cette construction. Ces figures de galères peintes avec une grande liberté, comme il convenait que fussent traités des objets de décoration courante, ne sont pas assez étudiées pour que, sur leurs indications, même les plus précises, on puisse décider une question d'architecture navale; cependant, la position de leurs rames me fait croire qu'au temps où elles ont pu être faites (un siècle avant Jésus-Christ), l'apostis n'était pas encore en usage. Les avirons se bordaient sur le plat-bord, d'où sortaient des supports ou petites courbes, liées sans doute aux membres principaux, et servant d'appui à la coursive extérieure et à sa pavesade.

bord, on aurait adopté les sabords de nage (*), dont l'inconvénient aurait été d'affaiblir le côté du navire ?

Les bâtiments de guerre indiens et égyptiens n'étaient pas plats en dessous ; il est évident que le sculpteur eut l'intention de figurer la rotondité de leur *alveus*, quand il donna à la quille une courbure si prononcée, en même temps que, par la distance de la quille à la ligne des rames, dans le milieu, il marquait et la profondeur des navires et leur capacité. Que la ligne courbe, traçant le profil inférieur de la galère, soit exagérée, cela ne saurait être douteux pour personne. Quelle assiette aurait eu un bâtiment ainsi arqué, dont il semble que la quille n'ait pas une longueur de 20 pieds (6^m· 49^c·) tout à fait horizontale ? Les Égyptiens avaient dû éprouver, par l'expérience de leurs bateaux du Nil, que ce qui pouvait convenir jusqu'à un certain point à des barques légères, portant fort peu d'hommes et pas de marchandises, et affectant impunément la forme élégante de la gondole, ne devait pas s'appliquer à des bâtiments faits pour la guerre. Aller frapper de l'éperon un navire ennemi ou recevoir d'une autre galère un choc violent, suppose une stabilité dont auraient certainement été incapables les galères du sculpteur thébain. Les proues et les poupes se relevaient en se recourbant, je ne fais pas difficulté de le croire ; mais que ce fût, autant que l'artiste l'a indiqué, que les rotes (V. Mémoire n° 4) s'attachassent assez loin

---

(*) Festus appelle *columbaria* ces trous ou *foramina* qu'il avait trouvés désignés par le nom grec *trogla* dans un glossaire ancien. J. Scheffer, traduisant, p. 49, un passage de l'*Etymolog. Mag.*, dit : « Traphex est concavum navis, ubi scalmi reponuntur. » Hésychius l'entend de même. Dois-je tirer de là cette induction qu'en effet les tolets et par conséquent les avirons étaient toujours sur le plat-bord, la muraille concave de la galère ? Ce qui convient à beaucoup de bâtiments à rames d'une médiocre importance, pouvait bien ne pas convenir à la galère. D'ailleurs, *traphex* veut-il bien désigner la muraille du navire, ce que les Italiens appelèrent le *scafo* (du grec *scapto* — creuser) ? Ne désignerait-il pas seulement la pièce de bois sur laquelle tournaient les rames dans leur action, et ne viendrait-il pas de *trepo* (tourner) ? Cette pièce pouvait être la lisse de plat-bord, tout aussi bien qu'une pièce ajoutée et extérieure, parallèle au plat-bord. Je soumets humblement ce doute aux savants en grec, déclarant n'avoir pas la prétention de lutter contre l'Etymolog. Mag., pas plus que contre Hésychius et J. Scheffer.

à la quille pour que la somme des quêtes de l'avant et de l'arrière fût plus grande que la quille elle-même, c'est à quoi je me refuse complétement. Le sculpteur n'entra point ses navires dans l'eau ; et comme, dans sa composition naïve, il les plaçait l'un au-dessus de l'autre, de manière à les montrer tout entiers, il les profila à plat sur un fond de mer, mais sans engager la carène sous les ondes, de peur que le spectateur ne perdît quelque chose de leur forme. Il agit pour les vaisseaux ainsi qu'il agissait pour les personnages, qu'il montrait ou noyés, ou se débattant dans la mer, et appliqués horizontalement au-dessus du plan des eaux, sans y toucher au point d'y entrer, même de l'épaisseur d'une ligne.

Si l'on cherche quel devait être le tirant d'eau de ces galères avec la charge d'hommes qu'elles portaient, le poids de vivres que ces équipages supposent, le gréement, la mâture, la voilure, l'accastillage, le lest, enfin tout ce qui devait entrer dans leur chargement, on verra, par la ligne que l'on fera passer à la hauteur de ce tirant d'eau, combien l'artiste dépassa les limites du raisonnable dans la courbure de quelques-unes des poupes et principalement de celles des galères égyptiennes. Un poids si considérable à l'extrémité du levier l'aurait rompu sans doute, et il est impossible de supposer que des charpentiers de navires n'eussent point prévu l'effet de cette longue queue relevée hors de l'eau. Il était sans danger pour les bateaux du Nil d'avoir les pointes longues et redressées que l'on voit représentées sur les monuments ; elles chargeaient peu les extrémités, bien que de petites cabanes y fussent généralement construites ; d'ailleurs, sur le fleuve, le bateau ne fatiguait pas autant que devait fatiguer à la mer la galère, tourmentée par les lames et l'effort de la voile : pour les bâtiments de guerre, il ne pouvait en être de même. L'artiste est donc en défaut ici, et, pour ramener les formes de ses galères à la vérité, dont l'exagération évidente de la courbure des quilles et des rotes le fit sortir, il faut diminuer la tonture, redresser les quilles, abaisser un peu les proues et davantage les poupes ambitieuses (*).

(*) La galère égyptienne du premier plan, à gauche, et les deux galères

La longueur réelle des galères égyptiennes n'est pas facile à déterminer sur les données de l'artiste thébain. L'écartement des rames est assez grand et paraît être d'environ quatre pieds ($1^m \cdot 29^c \cdot$); mais cette évaluation ne saurait être précise, parce que les objets de comparaison d'une proportion certaine manquent dans cette représentation navale. Il y a sur chaque vaisseau des hommes de quatre grandeurs, singularité impossible à expliquer autrement que par l'importance qu'on voulut attribuer à certains personnages dans l'action. Il est à présumer qu'à l'époque où le sculpteur exécuta son bas-relief, le combat dont il avait à consacrer le souvenir était un fait militaire assez récent, et que plusieurs hommes distingués par leur naissance, leurs fonctions dans le royaume ou leur célébrité déjà acquise par la guerre, y firent des prodiges de valeur; ceux-là étaient connus, et l'artiste leur devait une place éminente. Au rivage, il montra le roi et quelques grands de l'empire assistant au combat, dont une portion avait lieu sur mer et l'autre sur terre; et ces figures, il les fit d'une grandeur considérable relativement aux autres, celle du roi les dominant toutes par sa taille colossale. Sans doute il resta fidèle au même principe en groupant les combattants et les marins des galères. L'éclat de leur renommée, l'illustration de leurs noms, le courage qu'ils déployèrent en cette occasion, assignèrent aux guerriers leurs rangs dans la composition, c'est-à-dire, déterminèrent la grandeur de leurs représentations plastiques. Les Indiens captifs sont en général plus petits que les Égyptiens vainqueurs, et parmi ceux-ci on remarque, soit dans les archers, soit dans les combattants qui manient la massue et se servent du bouclier, des différences tenant à l'importance relative des personnages. Les pilotes, hommes de la neuvième des classes, qui, au rapport d'Hérodote (liv. II, § 164), partageaient la population égyptienne, sont représentés fort petits, si on les compare aux guerriers Calasyries ou Hermotybies,

indiennes du dernier plan, au milieu de la composition, autorisent le travail que je fais pour ramener à une assiette convenable la galère du premier plan, à droite, et presque toutes les autres, soit indiennes, soit égyptiennes. Cependant, la poupe de cette première galère de gauche, chargée d'un château assez grand, a trop de quête sans appui dans l'eau.

hommes de la deuxième classe, auxquels la sculpture monumentale donne une prépondérance que, d'ailleurs, la loi civile leur reconnaissait (liv. II, § 168). Les frondeurs qui sont, — un dans chaque gabie, — assaillant l'ennemi avec des pierres lancées du haut des mâts, ne sont pas plus grands que les pilotes ; c'est que ces frondeurs, obligés de monter aux gabies, étaient gens de mer et de la septième classe. Quant aux rameurs, ils semblent un peu plus grands que les pilotes et les frondeurs ; mais la différence n'est pas fort sensible.

La classification sociale ayant été rigoureusement observée par l'artiste dans sa composition, on ne sait trop aux proportions de quelles individualités on devrait rapporter celles des galères. Il paraîtrait cependant assez logique de chercher un rapport entre les marins et les navires, et c'est, je crois, à celui-là qu'il faudrait s'arrêter. Ce ne pourrait être, au reste, qu'une indication bien vague et incertaine ; car, indépendamment de ce qu'il peut y avoir d'incorrect et de disproportionné dans les figures du sculpteur, ne faut-il pas tenir compte de l'infidélité possible des dessins qui nous les ont transmises? A laquelle se fier de la copie donnée par M. Wilkinson, qui passe pour très-scrupuleux (les officiers de notre expédition du *Luxor* l'ont vu dessiner à Thèbes et m'ont certifié son exactitude consciencieuse), ou de celle qu'a publiée le professeur toscan, ou enfin de celle que donne, plus grande, plus complète, la *Description de l'Égypte*? Elles varient dans plus d'un détail intéressant. Si le *wood-cut* n° 371, de M. Wilkinson, — il ne reproduit qu'une des galères, celle qui figure à droite et au premier plan, dans le bas-relief, — conserve généralement assez bien le caractère égyptien, cependant, il est traité plutôt en croquis qu'en dessin étudié. De leur côté, la gravure de la Description de l'Égypte et celle de M. Rosellini laissent bien des choses douteuses et ne gardent pas entre les figures des différentes classes les mêmes rapports que la vignette en bois de M. Wilkinson. L'embarras pourrait donc être très-grand, si les figures groupées dans les galères devaient être la seule échelle pour déterminer les longueurs de ces navires ; mais, comme je n'espère point arriver à une appréciation rigoureuse, que je n'obtiendrais point, d'ailleurs, quand même l'artiste aurait été d'une fidélité absolue, parce qu'il n'y a pas de rapport nécessaire entre un homme et un bâtiment, chaloupe ou vaisseau de ligne, je puis négliger ce moyen sur lequel il semblait d'abord tout naturel de s'appuyer.

J'ai dit que les rames paraissent avoir quatre pieds environ d'interscalme (*); je ne pense pas que cet intervalle puisse être moindre, et je me fonde sur l'habitude qu'avaient les rameurs égyptiens de nager en portant leurs corps en avant, appuyant l'un de leurs pieds sur le banc qui les précédait du côté de la poupe, puis se rejetant en arrière pour s'asseoir en faisant effort sur l'aviron; nage que nous savons avoir été pratiquée dans le moyen âge et depuis, sur tous les bâtiments à rames, et qui est, comme on voit, une tradition encore vivante des temps antiques. Un des exemples que je puis citer à l'appui de cette observation, c'est la file des neuf rameurs d'une barque funèbre, tirée des peintures d'un tombeau de Kourna (territoire de Thèbes), qui se trouve dans la planche 162 des *Monuments de l'Égypte et de la Nubie* par Champollion le jeune (**). Ces mariniers sont représentés au moment où, le genou droit plié, ils se rejettent sur leurs bancs que leurs corps vont toucher bientôt.

Les remparts des galères nous cachent le mouvement de leurs rameurs; mais ces remparts étant assez élevés et nous laissant voir la moitié de la tête de chaque homme des avirons, il est impossible de supposer qu'il ne soit pas dans l'action de plonger les rames dans l'eau, le corps penché en avant, et, debout, un pied sur le banc du nageur qui le précède. Si l'on

---

(*) *Interscalmium*, espace entre deux scalmes ou tolets portant des avirons.

(**) Cette peinture, pleine de mouvement et d'un caractère élevé, est fort remarquable. La variété des poses, la profondeur des expressions, l'élégance des formes, font du groupe des femmes placées sur le plancher de la chambre une des plus belles choses que nous connaissions de l'art égyptien. Ici, comme dans les galères du combat naval de Thèbes, le pilote et les rameurs sont de beaucoup plus petits que les figures représentant les membres de la famille du mort; mort de distinction sans doute, à en juger par l'appareil de ses funérailles. Cette différence de taille entre les mariniers et les personnages importants que portent leurs navires se fait remarquer dans les figures n° 1, pl. 105, et n° 2, pl. 109, des *Monumenti* de M. Rosellini.

bastinguait le bateau du Nil, que M. Wilkinson a emprunté à des peintures de Thèbes, et qu'il a donné page 208 (*wood-cut*, n° 373), chapitre ix de son bel ouvrage sur les coutumes des anciens Égyptiens, on aurait pour résultat une représentation du côté du navire à rames, exactement semblable à celle que nous offre le bas-relief; et dans ce bateau, les sept rameurs ont justement l'attitude que je décrivais à l'instant en parlant de ceux de la barque funéraire.

Les rames n'étaient pas très-longues, et je ne pense pas qu'elles eussent au delà d'une quinzaine de pieds ($4^{m.}$ $87^{c.}$), dont six pieds environ en dedans de la galère, pour faciliter la nage. Ceci n'est point une indication arbitraire, mais une induction tirée de la comparaison entre les interscalmes et la longueur des rames, en ayant soin de tenir compte de ce que la perspective, si peu et si mal qu'elle soit exprimée, ôte à la longueur réelle des rames représentées.

La vogue était établie près du niveau de l'eau, usage qui a été constamment suivi dans les bâtiments de la famille des galères, car nous voyons, au seizième siècle, l'apostis être seulement à trois pieds de la mer.

Les rames des galères étaient faites, comme aujourd'hui, d'une seule pièce de bois, façonnée en une longue hampe ronde, à l'une des extrémités de laquelle était une poignée, lorsque, à l'autre extrémité, était, large et plate, une pale ayant plutôt la forme d'un écusson en cœur que celle d'une pagaie ovale et allongée.

La longueur du *genou* ou *giron* de la rame (voir Mémoire n° 4) peut nous aider à déterminer la largeur de la galère. Si les rameurs des deux bords avaient été rapprochés l'un de l'autre comme ils le sont dans un canot ordinaire, la galère aurait été large de 12 pieds seulement ($3^{m.}$ $89^{c.}$); mais il n'en était pas ainsi : le bas-relief nous montre des combattants en grand nombre entre les deux files de rameurs, ce qui suppose une coursive assez large. Il y a, d'ailleurs, des prisonniers assis sur le pont, et cet encombrement nécessite une place plus grande que celle d'une coursive ordinaire qui, au dix-septième siècle, était seulement de deux à deux pieds et demi de largeur. Entre les rameurs, il y avait donc une aire ou place d'armes à laquelle on peut supposer, sans tomber dans l'exagération,

4 pieds de large ($1^m. 29^c.$). Cette coursive ou théâtre était certainement élevée au-dessus des bancs qui, eux-mêmes, se dressaient sur un pont; car je ne doute pas que les galères égyptiennes, représentées dans le bas-relief thébain, ne fussent pontées. On peut aisément juger de cette double élévation d'un pont et d'une coursive, par la disposition des rameurs et l'action des combattants qui sont très-clairement exprimées. La largeur de la galère, en haut, pouvait donc être de 16 pieds ($5^m. 19^c.$), somme des longueurs des parties internes des deux avirons, et de la largeur que je viens d'établir.

Le nombre des rames varie dans les galères dont la sculpture égyptienne nous a conservé le type : la première galère, en bas et à droite, a dix rames de chaque côté, la dernière, en haut et à gauche, n'en a que sept; les deux autres en ont huit. Faut-il prendre ce détail au pied de la lettre? faut-il croire que les Égyptiens envoyaient dans une mer féconde en orages des bâtiments de guerre armés d'un si petit nombre d'avirons? des bâtiments dont le plus grand, en admettant dix rames par bande avec un interscalme de 4 pieds ($1^m. 29^c.$), aurait eu seulement 60 pieds ($19^m. 49^c.$) de longueur totale?

M. Wilkinson, entre autres navires qu'il a publiés dans le chap. ix de son ouvrage, a donné, p. 205 (*wood-cut*, n° 372), ce qu'il appelle un *large boat* du Nil (*). (Il l'a emprunté aux peintures d'un tombeau qui est à Kom-el-Ahmar, au delà de Minieh.) Ce grand bateau a vingt-deux avirons de chaque bord, ce qui lui donne la longueur totale d'une galère subtile ordinaire du seizième siècle. Est-il probable, quand ils avaient, sur le Nil, des bâtiments de charge d'une telle grandeur, que les Égyptiens eussent sur la mer des navires de guerre inférieurs à ceux-là? Sans doute, cela n'est pas rigoureusement impossible, mais on aura peine à le croire. Si le courant du Nil est rapide, si, pour le remonter, il fallait, à de grands bateaux, quarante-quatre rames

---

(*) Ce grand bateau, donné sur une échelle à peu près sextuple de celle à laquelle M. Wilkinson a été obligé de le réduire dans un in-8°, figure sous le n° 1, pl. 106 de l'ouvrage de M. Rosellini. Un bateau de la même espèce, dessiné sous le n° 3 de la même planche, a dix-neuf avirons de chaque bord. Un autre bateau, n'ayant que quatorze avirons par bande, est gravé sous le n° 5, pl. 109 des *Monumenti*.

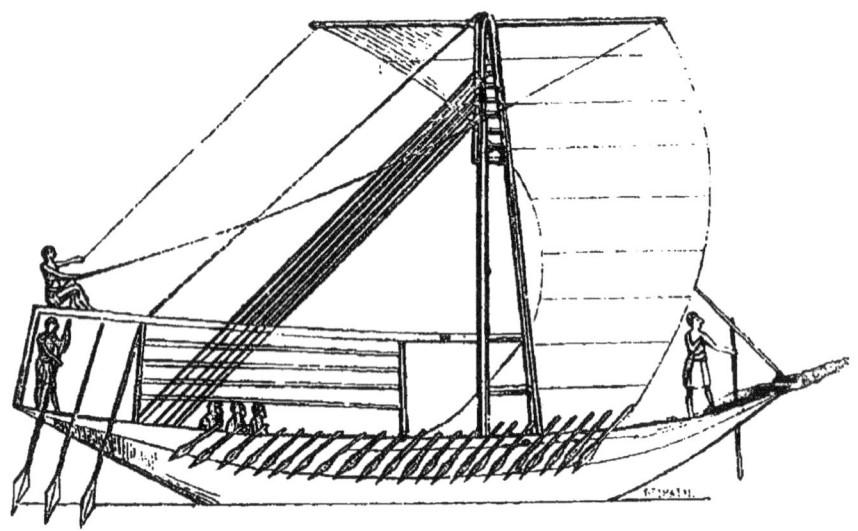

(Grand bateau du Nil, d'après M. Wilkinson.)

bien maniées et aidées quelquefois d'une large voile, ne fallait-il donc pas aux galères des bras aussi puissants pour leur faire vaincre une mer qui n'est pas sans courant, et dont le vent soulève fréquemment les ondes? D'ailleurs, la tactique égyptienne commandant de se battre, la voile carguée, et à la rame, l'avantage pour les galères ne devait-il pas être d'avoir un assez grand nombre d'avirons pour rendre la manœuvre plus rapide, plus facile et plus à l'abri de l'inertie à laquelle la mort de quelques rameurs pouvait condamner les navires si le nombre des rames était petit? Quand je vois sur le Nil des bateaux ayant cent seize ou cent vingt pieds de long et quarante-quatre avirons, puis-je admettre que l'Égypte, allant attaquer l'Inde et tenter de grandes navigations sur une mer éloignée, réduisît ses galères à n'avoir que vingt rames et soixante pieds de longueur!

Ce doute, sur la valeur duquel je laisse chacun se prononcer, mais que je crois très-fondé, quant à moi, me conduit à exprimer une idée qui m'a frappé à la première inspection du bas-relief de Thèbes.

Le monument raconte un fait historique; mais il n'admet que peu de détails. L'artiste a peint à grands traits et négligé les choses secondaires. Le roi faisant la guerre, qu'il ait pris ou non une part personnelle au combat, domine toute la composition. Il est l'âme de l'action, non comme guerrier, quoiqu'il soit armé de l'arc, mais comme souverain qui a décidé dans sa politique qu'une nation, assez puissante pour être maîtresse de la mer et s'opposer à ses conquêtes, sera humiliée sur l'océan même, où, jusqu'alors, elle n'a pas connu de rivaux. La bataille navale, et les combats sur le rivage qui encadrent cette rencontre de galères, découlent de là comme une conséquence. C'est toute l'histoire de la guerre écrite sur une pierre grande d'une cinquantaine de pieds. Dans ce résumé, deux cent cinquante hommes, environ, représentent deux grandes armées de terre et de mer; quatre galères figurent la flotte égyptienne, et cinq vaisseaux longs celle des Indiens; sur chaque navire il y a huit ou neuf combattants. Le sculpteur ne pouvait faire plus. Ce qu'il voulait surtout constater, quant à la lutte navale, c'est que l'armée opposée à celle d'Égypte était plus considérable que l'égyptienne; et, pour rendre sensible cette vérité, qui rehaussait la victoire du monarque dont le règne recevait un éclat nouveau de la consécration de ce monument, l'artiste traça la figure d'un cinquième navire du côté des Indiens, quand il en mettait seulement quatre de l'autre côté. Si l'on veut sortir de la donnée que je propose, et prendre pour une narration matériellement fidèle et complète cette œuvre de sculpture, on verra tout de suite où l'on doit être entraîné. Il faudra croire que le combat, au lieu d'avoir eu pour théâtre la vaste mer, se passa sur un petit lac; que le roi, attaché au rivage par sa grandeur, encouragea de loin sa flotte, et lança seulement quelques flèches heureuses; enfin, que neuf vaisseaux furent toute la force navale déployée en cette occasion importante par deux grands peuples, dont l'intérêt à un succès décisif devait être égal. Ce serait ne pas comprendre l'art égyptien, qui procède presque toujours comme nous le voyons procéder ici, que de lui demander, lorsqu'il représente de grandes choses, plus qu'une large et simple exposition des faits. Il réserve les détails pour ce qui n'a d'intérêt que par le détail, pour la représentation des objets de métier, des habitudes domestiques, des jeux, etc.; encore, en ce cas, ne s'astreint-il presque jamais à tout dire.

Que sont les galères dans l'ensemble de la composition du bas-relief thébain? Une indication caractéristique d'une des importantes circonstances que le sculpteur avait à rappeler en écrivant sur le grès, avec les moyens qui lui étaient propres, le récit de la guerre contre les peuples de l'Inde, c'est quelque chose de plus qu'un hiéroglyphe symbolique, mais ce n'est pas, dans l'intention de l'artiste, une représentation complète de galères, comme il l'aurait faite, par exemple, si, dans une série de bas-reliefs techniques, il avait dû reproduire l'état de l'art naval à son époque. Il ne faut donc pas s'étonner de trouver ces navires si imparfaits. Tout ce qu'on pouvait exiger, c'est que le sculpteur exprimât clairement cette idée, que les Égyptiens combattirent sur mer les Indiens avec des navires différents de ceux qui voyageaient sur le Nil, porte-fardeaux, bateaux de pêche, ou bâtiments légers faits seulement pour les promenades des riches. Il l'a très-bien exprimée. Les vaisseaux de guerre ne ressemblent point aux vaisseaux de charge ou aux barques de plaisance; s'ils ne remplissent pas absolument toutes les conditions d'une construction excellente, c'est que le scrupule, poussé à ce point, n'était pas nécessaire au but que se proposait l'historien. Faire reconnaître les galères par leur forme allongée, leur carène arrondie, leurs rames, le rempart qui couvrait leurs nageurs, les petits châteaux qui chargeaient leur avant et leur arrière, leur mât, auquel était suspendue une voile et qui portait une gabie, enfin leur éperon, c'était tout ce que le sculpteur devait vouloir faire; c'est tout ce qu'il a fait. Il n'a pas prétendu à une exactitude plus grande; le technique l'aurait entraîné hors des bornes qu'il devait nécessairement se prescrire, à peine d'écraser sous des détails minutieux son œuvre, dont il avait besoin de conserver la grandeur, le style sévère et le caractère purement historique.

Selon moi, les galères de l'artiste égyptien sont bien tout ce qu'elles devaient être. Sans doute, je regrette qu'au lieu de cet à peu près, d'ailleurs très-intéressant pour l'archéologie maritime, il n'ait pas fait, le compas à la main, des figures exactes et régulières que je puisse interroger comme des élévations architecturales; mais je ne suis pas surpris qu'il en ait agi autrement. Dans son système, qui était de tout embrasser d'un coup d'œil et de laisser aux événements leur importance relative, en les subordonnant tous à un fait principal : l'action politique dont le roi est le représentant, devait-il compter les rames, s'astreindre à garder les proportions entre les différentes parties des galères, et se préoccuper du placement des cordages? S'il consentait à entrer dans quelques détails nautiques, c'était pour ne pas contrevenir tout à fait à la vérité, et pour faire comprendre la manœuvre qu'à un certain moment durent exécuter les vaisseaux égyptiens. Ainsi, la flotte, dont la tactique paraît avoir été d'entourer celle des Indiens, et non de marcher à elle en ligne et sur un front étroit, comme Hérodote prétend (liv. VI, § 14) que les Ioniens marchèrent contre les Phéniciens, pendant la guerre des Perses contre Milet : la flotte égyptienne tient dans un vaste croissant l'ennemi déjà fort maltraité; elle le serre de près, et bientôt, à l'extrémité de la ligne, à la pointe de la corne gauche, l'abordage va avoir lieu. Une des galères d'Égypte s'est assez rapprochée d'un des vaisseaux longs qu'elle combat encore avec l'arc et la fronde, pour que le guerrier qui est debout sur la pointe du navire soit près de toucher de la main la proue indienne. Les autres sont plus éloignées, mais leurs avirons travaillent à diminuer la distance d'instants en instants. Celle qui occupe, dans le bas-relief, le premier plan à gauche, semble avoir viré de bord, aussi bien que sa parallèle de droite, afin de mettre les Indiens entre deux vols meurtriers de flèches. Elle s'est approchée d'un vaisseau long, l'a frappé de son éperon en même temps que l'autre galère le frappait aussi; elle lui a fait des prisonniers, et, la voyant en danger de couler bas, elle a forcé de rames pour s'éloigner. La seconde a aussitôt manœuvré en arrière dans la même intention; et bientôt le navire indien, profondément blessé, faisant eau par les larges trous ouverts à sa carène, chancelle, incline sur bâbord, et le poids de sa longue antenne, qui est restée à la tête de son mât, l'emportant, il chavire, tout l'équipage étant hors de combat et ne pouvant le sauver. Ce qui, de son monde, n'a pas été blessé, nage et cherche à gagner le bord de quelque bâtiment à portée de le recueillir; mais la rage des Égyptiens n'est pas encore assouvie. C'est peu des périls auxquels la mer expose les Indiens, il faut encore que les traits lancés par d'habiles archers les poursuivent sur la lame contre laquelle ils ont à se défendre. La galère de droite, que la prudence de son capitaine avait écartée du vaisseau long, prêt à se renverser sur la mer, revient donc sur ce champ de bataille particulier où des malheureux se débattent dans l'eau; elle vogue avant, comme on a dit dans la marine des galères de France et d'Italie; l'autre, pour ne pas perdre de temps à virer de bord, nage en arrière et exécute cette manœuvre des avirons qu'on a appelée *scie* (Voir une note du Mémoire n° 4). Le sculpteur a fort bien rendu cela; il a tourné, en effet, le visage des rameurs du côté de la proue, position contraire à celle qu'il a donnée aux nageurs des trois autres galères, où l'on vogue avant (*).

J'ai dit qu'il n'est pas impossible, mais qu'il n'est pas probable que les galères égyptiennes eussent seulement huit ou dix rames par bande; je crois avoir suffisamment établi que sous le rapport des détails secondaires, parmi lesquels on doit ranger, non pas les rames, mais le nombre exact des rames, le monument de Thèbes ne doit pas être cru sans examen, surtout quand on a l'exemple de bateaux du Nil armés de quatorze, dix-neuf et vingt-deux avirons; j'espère donc qu'on ne me refusera pas que les Égyptiens eurent pour des expéditions de la nature de celle qui est rappelée par la sculpture thébaine, des bâtiments de

---

(*) Ce détail est précieux; il établit d'une manière authentique la haute antiquité de l'usage dont nous trouvons la trace sur les bâtiments à rames jusqu'au dix-neuvième siècle: le changement de front et de banc pour le rameur, qui passait de la vogue à la scie. Rien n'est plus naturel que ce changement de position, et ce n'est pas une chose bien étonnante que de le voir pratiqué par les Égyptiens; mais il n'est pas sans intérêt de trouver ce détail de navigation exprimé très-clairement et fort à propos dans un monument qui, d'ailleurs, ne descend pas à de minutieux détails. Et là encore, je vois que l'artiste est fidèle à son principe d'enregistrer les faits selon leur valeur. La manœuvre est, au point de vue de l'histoire, plus importante que le gréement, et quand il néglige le gréement, il n'oublie pas une manœuvre qui peut faire connaître la tactique égyptienne.

guerre plus grands que les brigantins et les fustes des quinzième et seizième siècles. Des galères de 60 pieds (19m 49c) de long seulement leur auraient rendu peu de services dans une entreprise dont le but était de sortir de la mer Rouge, et d'aller, en contournant l'Arabie, porter la guerre aux peuples de l'Inde. Il fallait beaucoup d'hommes, et beaucoup de vivres par conséquent; qu'auraient été des galères si minimes pour le transport d'une flotte puissante? En admettant, ce qui est raisonnable, que des navires de transport accompagnassent la flotte de guerre, encore aurait-il fallu que les galères fussent assez fortes pour remorquer au besoin ces chameaux qui n'étaient pas sans doute d'une construction si fine et si légère qu'ils pussent suivre toujours les galères nécessairement rapides.

Supposons que les bâtiments de guerre à rames n'eussent pas plus de longueur que le *large boat* des peintures de Kom-el-Ahmar; — et, je le répète, cette conjecture doit être d'autant plus aisément admise, qu'elle ne fait pas les galères d'une taille exorbitante, même en comparant ce que donne le raisonnement avec ce que la sculpture antique de Thèbes nous fait connaître; — ces bâtiments pouvaient avoir de 100 à 120 pieds (38m 98c) de longueur totale. J'ai dit qu'ils devaient être larges de 16 pieds (5m 19c) à peu près; le rapport établi par les chiffres 120 et 16 entre les deux dimensions principales, est le même que celui dont les documents du quatorzième siècle et les traités de construction du seizième m'autorisent à dire ailleurs qu'il fut comme invariable pendant le moyen âge.

En parlant de la manœuvre des galères égyptiennes contre celles des Indiens, j'ai mentionné l'éperon des premières. La proue de chacun de ces navires est allongée, en effet, et terminée, non par une pointe aiguë, comme le *calcar* des Grecs des bas âges, l'*embole* des anciens Grecs, le *rostrum* des Latins, mais par une solide tête de lion qui devait briser plutôt que percer le navire qu'elle frappait. Cette tête n'était point un vain simulacre, un simple épouvantail, mais une arme d'attaque, dont le vaisseau indien, renversé après avoir fait eau, sans doute, prouve la redoutable puissance. M. Wilkinson croit que ces têtes de lion étaient couvertes de métal: « *and being probably covered with metal* » (chap. IX, page 204). Je n'ai aucune raison pour contredire ce savant, mais j'inclinerais à penser que le métal n'était pas seulement une garniture ou un masque; je suppose que la tête était une masse de fer ou d'airain façonnée, tenue à la proue par un corps du même métal qui trouvait à l'intérieur un point de résistance dans une traverse, liaison probable des deux côtés de l'avant, et support pour la construction du château. Des bandes d'airain ou de fer, soudées au cou du lion et clouées sur les joues de la galère, pouvaient assurer cette pièce, en même temps qu'elles fortifiaient la proue dont les chocs devaient grandement ébranler la rote, les fourcats et les bordages; si, comme cela paraît hors de doute, la tête de lion était en effet un éperon, une arme du navire, analogue à la machine de guerre que l'on appela le *bélier*, on doit voir combien est fondée mon objection contre le redressement trop grand que l'artiste imprima à la ligne de la proue de ses galères. Placés aussi haut, les éperons auraient pu rompre les rames, froisser les flancs du navire ennemi, démonter ses pavesades, mais non point offenser sa carène et faire un trou à fleur d'eau.

Des cinq galères indiennes, une seule a un éperon. Ces galères ont la proue redressée presque verticalement, comme la poupe, l'une et l'autre de ces extrémités se repliant à l'intérieur à angle droit, et présentant à l'ennemi une sorte de coin triangulaire, dangereux peut-être aux bâtiments de charge dont les bords étaient hauts, mais inoffensifs dans une lutte contre les galères aux corps peu élevés (*).

Aux redressements verticaux de l'avant et de l'arrière paraissent s'appuyer les châteaux. Cet accastillage consiste en deux

(*) Un des vaisseaux longs indiens, le premier à droite et en haut, manque de ces triangles extérieurs. M. Wilkinson fait remarquer (p. 202) que les bâtiments de guerre représentés à Medeenet Haboo n'ont pas d'éperons. « Nor are the ships of war, represented at Medeenet Haboo, furnished with beaks. » Ce fait est exceptionnel, ou bien les galères de Medeenet Haboo sont antérieures à celles de Thèbes. Je ne vois pas que, de la remarque de M. Wilkinson, on puisse tirer une autre conclusion. Il est probable que les vaisseaux de guerre empruntés aux deux monuments sont tout à fait semblables; car l'antiquaire anglais, qui ne cite d'ailleurs qu'une fois les galères de Medeenet Haboo, indique comme seule différence entre ces navires et ceux du bas-relief thébain, l'absence de la tête de lion.

constructions de bois embrassant toute la largeur de la proue et de la poupe, s'élevant comme deux grands parallélipipèdes à la hauteur apparente de cinq ou six pieds. Bien que le sculpteur de Thèbes ait placé quelques-uns de ses combattants dans une position à faire croire que les châteaux n'étaient pas un théâtre sur le plancher duquel pouvait se passer une action, mais seulement un rempart plus haut que la pavesade de côté, et ouvert à l'avant (voir les châteaux de proue des deuxième et troisième galères à gauche, et celui de la première à droite), il est évident que ces fortifications étaient des espèces de dunettes dont l'intérieur présentait un abri, et sur lesquelles on montait pour dominer les pavesades et lancer des traits, plus sûrs d'arriver dans la galère ennemie. A quoi auraient été bons des remparts ouverts? pourquoi les aurait-on fait plus hauts que la pavesade latérale, s'ils n'avaient eu pour mission que de garantir le bas du corps des archers? D'ailleurs, on voit sur les châteaux d'arrière les timoniers assis et gouvernant les galères; on voit debout à côté d'eux, sur la première galère à droite, et sur la dernière à gauche, des archers lançant leurs flèches. Sur la galère dont les rameurs scient, on voit un combattant agenouillé. Les châteaux étaient donc couverts, ainsi que je le prétends, et il y eut une raison qui força l'artiste à mentir quand il montra des soldats les jambes engagées derrière le plan vertical qui marque la hauteur du château. Cette raison, la voici: elle est tirée d'un principe de composition facile à saisir quand on a soigneusement étudié le bas-relief dans toutes ses parties. Si le sculpteur avait monté tous les combattants de l'avant et de l'arrière sur le tillac des châteaux, en leur donnant la taille qu'il attribuait aux hommes de cette classe, la seconde dans la hiérarchie égyptienne, il aurait écrasé ses navires sous la masse apparente de ces corps gigantesques. Il sentit si bien cela, qu'il mit à genoux, sur un des châteaux d'arrière, un combattant à qui il donnait la grande taille des Calasyriens et des Hermotybies, et qu'il fit, beaucoup plus petits que les autres, les guerriers montés debout à côté des timoniers.

Tenons donc pour certain que les châteaux des galères égyptiennes étaient couverts, et que les soldats, qui n'occupaient ni la coursie du milieu, ni le coursive de la pavesade, combattaient sur ces gaillards, comme, plus tard, combattirent les arbalétriers et les arquebusiers sur les rambates, les châteaux d'avant et les châteaux d'arrière des galères et galéasses. (Voir Mémoire n° 4.)

Le gouvernail des navires de guerre égyptiens était une simple pale emmanchée d'une hampe longue et solide. Le monument que j'examine peut nous faire croire que cet aviron se plaçait indifféremment du côté droit ou du côté gauche, à la poupe ; il nous montre, en effet, deux des galères allant à gauche, qui ont le gouvernail à gauche, et deux galères faisant route dans le sens contraire, qui ont le gouvernail à droite. — Par un étrange oubli, des cinq vaisseaux longs indiens, pas un n'a de gouvernail. — Comment l'aviron de poupe était-il attaché au côté du navire? Le sculpteur ne négligea pas ce détail, bien qu'il eût peu d'importance. S'il ne montra pas l'estrope de corde qui liait à une certaine distance la hampe du gouvernail à son support, il crut devoir montrer ce support. Cette pièce est plantée sur le plat-bord, ou très-près du plat-bord, sur le pont de l'arrière ; le gouvernail adhérait, à son sommet, par une ligature, assez serrée pour que l'aviron fût contraint de rester à la hauteur voulue, assez lâche pour qu'il tournât avec liberté dans une entaille dont la forme pourrait être comparée au croissant de notre corne d'artimon. Outre ce point d'appui, qu'il eût été difficile de rendre suffisant pour assurer le bon effet du gouvernail, parce que la moindre lame soulevant la pale en aurait brisé la hampe à la hauteur de l'entaille du support, un autre moyen d'attache retenait sans doute au côté du navire l'instrument important sans la précise manœuvre duquel la galère n'aurait eu qu'une direction incertaine. Cette seconde attache est figurée dans quelques-unes des peintures dont j'ai pu consulter les copies. La première, celle qui lie la hampe de l'aviron au bois vertical, son support, est très-clairement reproduite dans une barque de pêche, publiée par M. Wilkinson (chap. VIII, pag. 37, wood-cut n° 333), laquelle barque nous montre aussi l'organisation des rames retenues au plat-bord par des estropes de corde ou de fer, comme nous les avons aujourd'hui, comme elles ont toujours dû être, sinon depuis le premier jour où l'on adopta la rame, au moins presque aussitôt après qu'on eut appliqué ce levier qui succédait à la perche poussant de fond. L'attache du gouvernail au plat-bord devait être une sorte d'estrope (*), combinée de telle manière qu'elle retînt l'aviron que son poids tendait à faire descendre, et qu'en lui permettant de passer librement de la position parallèle à la quille, qui était l'inaction, à celle d'obliquité plus ou moins marquée, qui était l'action résistante pour l'olofée ou l'arrivée, le gouvernail fût défendu contre un écartement du bord qui aurait annulé son effet. La hampe de l'aviron n'étant point verticale, mais inclinée vers l'avant, on conçoit que le gouvernail appuyé par sa tête dans le croissant de son support pouvait être aisément retenu par une estrope de corde à peu près semblable à celle de la rame, mais très-forte et serrant un peu la hampe contre le point du plat-bord où s'appuyait le gouvernail. L'estrope n'était problablement pas complète ; c'était, sans doute, un collier sortant d'un trou percé dans le bordage, en avant de la hampe, et rentrant par un autre trou, à l'arrière de cette hampe, dans l'intérieur du navire. Un gros nœud à la façon de celui que nos marins appellent cul-de-porc, devait arrêter les deux extrémités. Peut-être, au lieu du collier de corde que je suppose, le gouvernail tournait-il dans une sorte d'anse en bois clouée à la poupe. Ces deux dispositions étaient également possibles, et les monuments de l'antiquité comme ceux du moyen âge nous en offrent des exemples. (Voir les figures, p. 18, 21 et 25 du Rapport au ministre de la marine.)

Le gouvernail de côté ne pouvait être manœuvré sans le secours d'un manche planté dans la hampe, à une hauteur convenable. Le trou qui recevait ce manche (**) était percé per-

---

(*) Cette disposition et celle des retenues du gouvernail ou support vertical, où il était attaché, sont indiquées dans une barque à voile remorquant une barque funéraire, n° 1, pl. 132 (V. plus loin, p. 70), et dans un autre navire, n° 1, pl. 109, des dessinateurs toscans.

(**) Ce manche, cette barre, est ce que les navigateurs romains appelaient le *clavus*, ce que les Grecs appelaient *olax*. *Clavus est quo regitur gubernaculum* (Isidore). Les Normands désignaient cette partie du gouvernail par le mot *helm* (voir Mémoire n° 3); *phthéir* chez les Grecs, et *rhiza* chez les Latins, étaient ce que j'ai nommé la hampe du gouvernail. La partie supérieure ou *clavus*, nommée *ansa* par les Romains, et *anché* par les Grecs, n'avait rien de commun avec l'espèce d'anse de bois dans laquelle j'ai dit que s'appuyait, pour y tourner, la hampe du gouvernail égyptien ; c'était tout simplement le prolongement de la hampe au-dessus

pendiculairement au plan de la pale, de sorte que pour faire agir le gouvernail on abaissait ou l'on montait cette barre. Quand elle était parallèle, dans sa direction, à la largeur du navire, le gouvernail était comme adhérent au côté de la galère et inerte. Cette implantation de la barre, perpendiculaire à la hampe et au plan de la pale, est très-facile à reconnaître dans le gouvernail de la barque de pêche que j'ai mentionnée plus haut ; le peintre a cherché à faire comprendre la position de la barre, en la dessinant en perspective, de l'œil du spectateur au fond du tableau, au-dessous des attaches qui tiennent le gouvernail lié à son support vertical. Dans le *boat of the Nile* que M. Wilkinson a donné, p. 208, la barre que le peintre a eu le soin de courber, parce qu'en effet le levier, planté assez haut au-dessus de la tête du timonier et devant arriver jusqu'à sa main, était courbe, n'est pas moins évidente que dans le *boat* p. 196, *wood-cut* n° 370, et dans les *boats* p. 195, *wood-cut* n° 369.

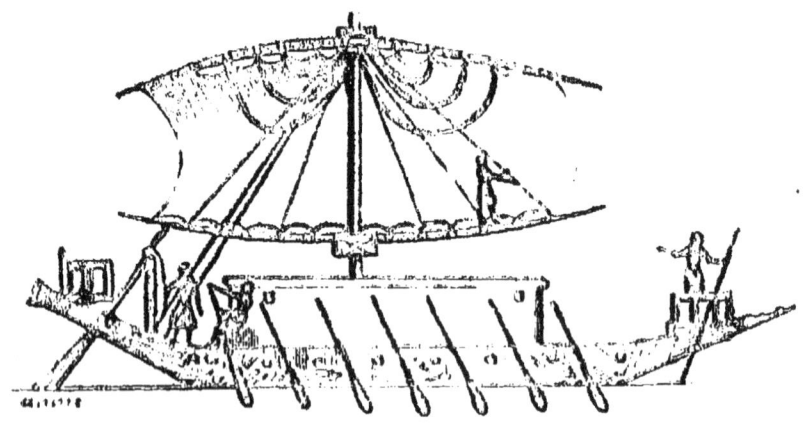

(Bateau du Nil, d'après M. Wilkinson.)

du trou qui recevait la barre. Dans les petits navires, le timonier tenait d'une main l'*ansa* et de l'autre le *clavus*. Le sculpteur thébain a représenté ces timoniers dans une position que ce mouvement explique, mais qui n'est probablement pas très-vraie, appliquée aux timoniers des galères qui maniaient un gouvernail assez lourd, où l'imposition de la main à l'anche n'aurait pas été d'un grand secours. Les côtés de la pale attachés à la hampe, comparés à des ailes, à des nageoires, étaient appelés *pinnæ* dans la marine latine, et *pteron* à bord des navires grecs.

Cette courbure de la barre est fort sensible dans le gouvernail de la b．．．， figure 1ʳᵉ, planche 130 de l'ouvrage de M. Rosellin．．．， nᵒ 172 de Champollion jeune); elle l'est également dans les gouvernails des baris, fig. 1 et 2, pl. 131, Rosellini. La barre recourbée de la barque funéraire (1, pl. 130, Rosell.) est remarquable par un arrangement particulier; au lieu d'être plantée dans la hampe du gouvernail, elle est attenante à une jumelle, liée à cette hampe, dans sa longueur, par quelques tours de corde. Cette barre paraît faite d'une branche d'arbre droite, de laquelle sort latéralement une branche moins grosse, recourbée comme le croc de fer forgé avec la pointe d'une gaffe.

La planche 22, A, vol. IV de la *Description de l'Égypte*, montre le plus clairement du monde la barre perpendiculaire à la hampe. L'arrière d'une barque, planche 4, A, vol. V, nous offre un exemple non moins précis. J'ajouterai à ces exemples ceux tirés des gouvernails des barques coloriées pl. 107 de Rosellini; la barre d'un navire pl. 105, et surtout la figure d'un gouvernail dessiné à part et colorié, nᵒ 5, pl. 105, où la barre en bois a la figure d'un gros serpent.

Plusieurs monuments, et entre autres les peintures d'El-Kab, reproduites dans la *Description de l'Égypte*, planche 70, A, vol. II; un bas-relief de *Beny-Hassan*, planche 11, A, vol. I, du même ouvrage; une peinture de Philæ représentant une barque emblématique (même planche); une autre peinture de barque symbolique (île d'Éléphantine) gravée, planche 35, A, vol. I, nous font connaître une disposition pour le gouvernail, qui me semblerait tout à fait impossible si je la prenais pour ce qu'elle paraît être. Au lieu de la barre, dont l'action est si naturelle qu'on n'a pas pu se dispenser de l'admettre, on voit des cordes dans les mains des timoniers. Quel effet pouvaient avoir ces cordes? aucun absolument, à moins qu'elles ne fussent attachées à des barres courtes, perpendiculaires au plan de la pale, mais placées trop haut au-dessus de la tête du timonier pour qu'il pût en faire immédiatement usage avec la main, ainsi que nous voyons cela se pratiquer encore sur nos rivières, à bord de certains bateaux, et notamment des charbonniers. Si l'on n'admet pas cela, et en vérité je crois qu'il est difficile de ne pas l'admettre, bien qu'aucun des artistes n'ait indiqué de doubles cordes, je ne sais pas comment on peut expliquer le mouvement du gouvernail latéral privé de barre et régi seulement par des cordes (*). M. Wilkinson, qui

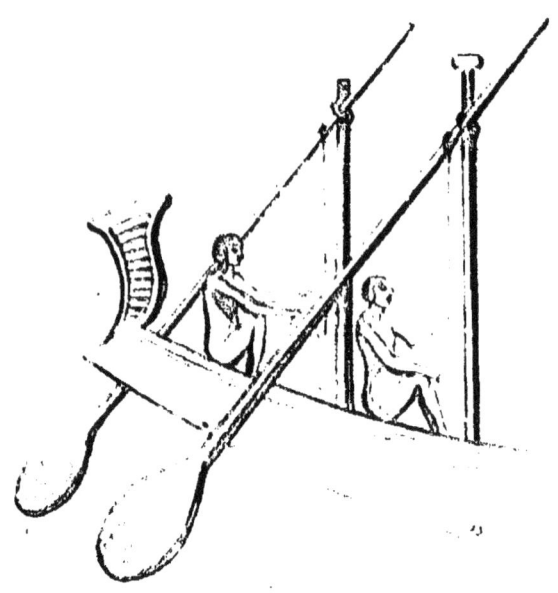

(Arrière d'une barque du Nil, à deux gouvernails de côté.)

(*) Dans un *Mémoire sur l'agriculture, sur plusieurs arts et sur plusieurs usages civils et religieux des anciens Égyptiens*, publié page 49 de la 1ʳᵉ livraison, tome Iᵉʳ, de la *Description de l'Égypte* (Paris, 1809), M. Costaz s'exprime ainsi à propos de la construction du gouvernail : « Sur l'arrière du bâtiment, très-près des deux bouts, on a fait passer à travers la carène deux avirons dont les nageoires vont plonger dans l'eau : ces avirons sont ajustés pour travailler autour d'un axe planté dans le bordage, et peuvent être mis en mouvement indépendamment l'un de l'autre. Abandonnés à leur propre poids, ils prennent naturellement la position verticale : quand on veut les écarter de cette position, on abaisse le bras supérieur vers l'intérieur du bateau. La planche 11 montre que le pilote se sert d'une corde pour opérer ce mouvement. Il est naturellement facile de comprendre comment, à l'aide de ce mécanisme, on peut modifier la direction du bâtiment. Supposons la barque en mouvement et les deux avirons levés de manière que leurs nageoires soient tout à fait hors de l'eau : la barque continuera à se mouvoir sans être détournée de la direction qu'elle avait prise d'abord ; mais si on laisse tomber dans l'eau l'un des deux avirons, celui de droite par exemple, sa nageoire y ren-

n'a pas mentionné le *helm*, si manifeste cependant dans toutes les représentations navales qu'il a publiées (chap. VIII et IX), excepté dans son *large boat* (page 205), dit que toujours les timoniers dirigeaient les gouvernails, qu'il n'y en eût qu'un, comme dans la majorité des navires un peu grands, ou deux, comme dans les barques plus petites, au moyen de cordes amarrées à l'extrémité supérieure de l'aviron : « And in both instances the steersman directed them, by means of a rope fastened to the upper extremity. » Je m'étonne qu'un homme d'une sagacité si exercée n'ait pas vu tout d'abord à quelle

trera une résistance qui ralentira son mouvement : alors le côté droit de la barque ne pourra plus avancer avec la même vitesse que le côté gauche; cette différence de vitesse fera tourner la barque vers la droite. On peut varier d'une infinité de manières la position des deux avirons; mais il arrivera toujours que le bateau tournera vers le côté où la nageoire plongera le plus profondément dans l'eau. — Il fallait d'assez grands efforts pour manœuvrer ces deux avirons : c'est probablement ce qui a fait inventer le gouvernail, qui nous reste à examiner. En observant celui-ci dans la barque descendante du bas-relief de la grotte principale d'Élethyia (planche 68, vol. Ier, A), où toutes les parties sont représentées sans confusion, il est aisé de reconnaître sa structure : on voit qu'il est composé d'un aviron terminé en nageoire, et plongeant dans l'eau à quelque distance de l'arrière du bâtiment. L'aviron porte sur un poteau vertical et se prolonge jusqu'à une barre horizontale, à laquelle il paraît assujetti par un fort assemblage. Au moyen de cette barre, le pilote peut à volonté porter la nageoire de l'aviron vers la droite ou vers la gauche, et produire ainsi le même effet qu'avec le gouvernail à deux avirons. Pour faciliter les mouvements, l'extrémité de la barre est garnie d'une roue qui roule sur le toit de la chambre; le timonier avait son poste sur ce toit; on l'y voit en activité de service. Un homme placé sur la poupe, auprès du gouvernail, semble être le patron de la barque, posté là pour indiquer au timonier et à l'équipage les manœuvres qu'ils doivent exécuter. »

Ce passage contient de nombreuses erreurs que la célébrité du livre dans lequel il se trouve me fait un devoir de relever. M. Costaz, qui s'entendait mieux aux choses de l'agriculture qu'à celles de la marine, n'a pas compris du tout l'organisation des gouvernails égyptiens. Ce qu'il prend pour une barre attachée horizontalement au sommet de la hampe de l'aviron, dans la barque d'Élethyia, ce sont la voile roulée sur ses deux vergues et le mât du navire qu'on a amené et mis en drome avec la voile. La roue qu'il croit liée à l'extrémité de la prétendue barre pour en faciliter le mouvement est un support de l'antenne inférieure, comme je l'établirai plus loin. La longueur du levier et la position de la roue sur l'avant du

étrange erreur il prêtait l'autorité de son nom respectable. Comment, habitué à étudier les monuments avec les yeux intelligents du critique, n'a-t-il pas vu que ces cordes supposaient nécessairement de petits leviers, dont les peintres, représentant les gouvernails en profil, avaient été fort embarrassés d'exprimer la perpendicularité à l'axe de la hampe, et qu'elles n'étaient, à l'extrémité de ces leviers, en croix avec le *rhiza* de l'aviron, que comme les bras à l'extrémité des vergues? M. Wilkinson dira-t-il qu'il s'en est tenu à ce qu'il voyait, et qu'il n'a pas cru devoir rejeter ce qui lui apparaissait clairement pour

tillac de la chambre auraient dû avertir M. Costaz qu'il se trompait. L'homme que l'auteur du Mémoire prend pour un timonier en exercice, est un matelot occupé à lier le faisceau du mât et des antennes; celui qu'il prend pour le patron de la barque est le timonier manœuvrant son gouvernail de côté au moyen d'un manche perpendiculaire à la hampe; cela n'est pas douteux. Si M. Costaz avait étudié le navire sous voile qui, dans la grotte d'Élethyia, est à côté de celui sur lequel il a fondé son raisonnement, il aurait vu que la barre, supposée par lui si gratuitement, n'existe point, que la roue supporte l'antenne inférieure, et que le timonier gouverne avec une barre ou *helm* plantée perpendiculairement à l'axe de la hampe du gouvernail, bien au-dessus de sa tête, et, pour cette raison, courbe au lieu d'être droite, afin que l'extrémité pût arriver à ses mains. Quant à la manière dont M. Costaz explique l'organisation des gouvernails doubles, elle n'est pas plus satisfaisante. Si la corde dont se servait le pilote n'avait eu pour fonction que de faire incliner à l'avant la tête du gouvernail sorti de l'eau, cet aviron n'aurait eu aucune action, à moins qu'on ne suppose que sa pale n'était point parallèle à la quille, mais inclinée à ce plan, et rien n'autorise cette hypothèse. La poupe d'une barque symbolique (Ile d'Éléphantine — A, vol. I, pl. 35, *Descript. de l'Égypte*) montre deux gouvernails traversant le plat-bord et dirigés par deux barres ou *helms*, coudés à leur implantation. Les pales sont parallèles au plan de la quille, et leur action est facile à comprendre. Les cordes que M. Costaz a remarquées étaient nécessairement attachées aux extrémités de petites barres qui agissaient sur le gouvernail comme la barre en croissant du gouvernail à l'anglaise de nos canots légers, que l'on dirige avec deux cordelettes entre lesquelles on est assis, le dos au gouvernail. Ces cordes remplaçaient les barres courbées que l'on voit dans plusieurs peintures des monuments égyptiens. Si, dans les barques de la grotte d'Élethyia, la courbure des barres perpendiculaires à la hampe des gouvernails n'est pas sensible, c'est que l'artiste aura été gêné dans l'expression perspective de cette courbure. Si, au lieu de barres, on veut voir des cordes, elles ont dû être nécessairement organisées comme je l'ai dit.

le remplacer par une hypothèse? Mais, quand la barre du gouvernail est si visible dans quelques monuments, que, pour tout homme à qui sont un peu familières les choses de la navigation, il n'y a pas moyen de méconnaître ce levier agissant sur l'autre pour lui imposer le mouvement; sans entrer dans le domaine des hypothèses ingénieuses et lointaines, ne faut-il pas restituer cette barre aux gouvernails, que l'inhabileté des artistes, ou plutôt le système qui leur faisait négliger les petits détails en a privés? faut-il laisser incomplets des monuments que l'on peut compléter? ne doit-on pas expliquer ce qui a paru d'abord incompréhensible, impossible même, quand on trouve des explications toutes simples?

A ce compte, il faudrait croire que les galères égyptiennes avaient un mât sans appuis latéraux et sans étais, une vergue sans bras, une voile sans drisse; car le bas-relief de Thèbes nous les montre toutes les quatre dans cet état, qui répugne à la raison. Les cinq vaisseaux longs indiens ne sont pas mieux gréés. Un mât élevé, qui pouvait être grand à peu près comme est longue la moitié de la longueur totale du navire, ne pouvait certainement se dresser au milieu d'une galère sans autres soutien et point d'appui que son emplanture dans la carlingue et son adhérence à l'étambrai du pont qu'il traversait. Quel office aurait-il pu rendre ainsi abandonné à ses propres forces? M. Wilkinson, après avoir réfuté l'opinion d'Hérodote, qui prétend que les Égyptiens employaient pour leurs mâts le bois d'acacia (*Mimosa Nilotica*), et avoir établi avec une grande apparence de raison qu'ils devaient préférer à cet arbre, qui n'est ni assez long ni assez fort pour fournir des bois de mâture, le sapin, que l'Égypte recevait en abondance de la Syrie, reconnaît (page 209) que de « très-forts étais, amarrés de la tête du mât à la poupe et aux côtés, l'assuraient suffisamment contre l'effort de la lourde vergue et de la voile qu'il portait ». — The many stout stays, fastened at the head, stern, and sides, sufficiently secured it and compensated for the great pressure of the heavy yards and sail it carried.

Il en devait être ainsi, en effet; et le plus vulgaire bon sens le dirait quand aucun témoignage authentique n'en viendrait déposer aujourd'hui auprès de nous. Mais nous avons une peinture qui lèverait tous les doutes, si nous pouvions en avoir. Le *large boat* de Kom-el-Ahmar (pag. 205, tome III de l'ouvrage de M. Wilkinson) a cinq haubans de chaque bord (*), un étai

(*) Un grand bateau à voile, donné par M. Rosellini avec cette précision de détails qui recommande son ouvrage sur les monuments de l'Égypte et de la Nubie, montre, outre l'étai de l'avant et celui de l'arrière, qui appuient le mât, un assemblage de quatre ou cinq haubans, attachés au mât à quelques pieds de son sommet, et allant s'amarrer, non pas aux côtés du navire, mais au très-fort support vertical du gouvernail; ces cinq haubans ou étais sont parallèles entre eux, et liés en un faisceau contre le support où ils aboutissent.

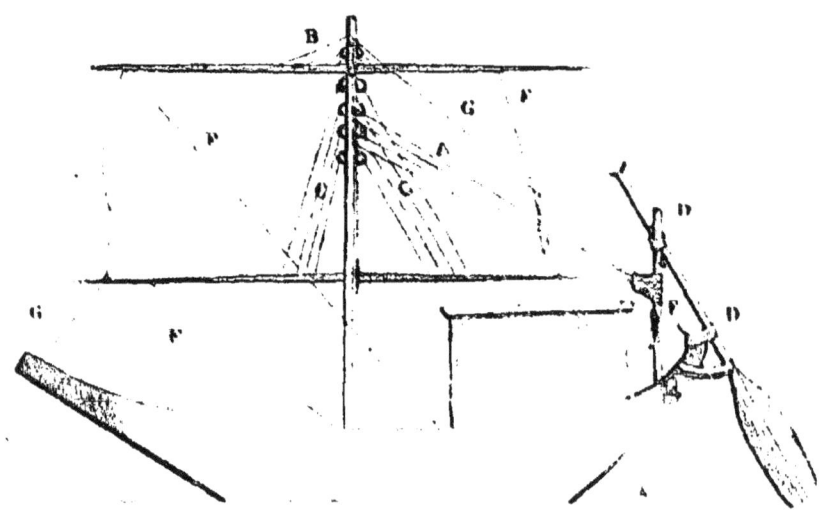

(Bateau du Nil, d'après le dessin n° 1, pl. cxxxiii des *Monumenti dell' Egitto*, par M. Rosellini. A — Haubans. B — Drisses. C — Balancines. D — Hampe du gouvernail. E — Support du gouvernail et dormant des haubans. F — Bras. G — Étais *.)

* Le dessin que je donne ici diffère par quelques détails de la peinture qu'a reproduite M. Rosellini. Pour ne pas multiplier les lignes et pour éviter une confusion qui auraient nui à l'intelligence de la figure, je n'ai pas indiqué les courants des drisses-balancines C que le peintre a mis aux mains des matelots qui hissait la voile. Ces courants passent par les poulies de droite, et leur direction est, de ces poulies au pied de la chambre placée à l'arrière du bateau. Le peintre traça de B en G l'étai par-dessus la voile; c'est une faute que j'ai cru devoir corriger, la vergue n'aurait pas pu tourner autour du mât, si elle n'avait été placée au-dessous de l'étai. Dans une petite vignette esquisse du bateau qui se trouve que la petite figure placée dans la grande tracée au-dessous du tableau gravé par M. Rosellini, l'étai est convenablement indiqué, bien que taillé à la rencontre de l'antenne supérieure. Un détail que j'ai dû négliger dans une figure aussi petite, c'est l'espace de racage de l'antenne inférieure, formé par une ceinture de corde embrassant le mât et l'antenne. Pour consolider le pied du mât, les marins du Nil l'implantaient dans le pont des barcs, ou arrêtés d'une couche d'appui verticale, haute de deux pieds environ, à laquelle il s'attachait au moyen d'un cercle de fer ou d'une ceinture de corde. J'ai négligé aussi de tracer cette jumelle, qui aura été plus intelligible, obligé que j'aurais été de la représenter à une trop petite concession. Sous le côté du gouvernail de notre bateau, voir pl. LIII, p. 75, nos 4, 5, 6.

allant à la proue, et un étai allant à la poupe; son mât est donc bien assuré. Les mariniers du Nil n'avaient pas cru cependant que tant de précautions fussent suffisantes pour donner au mât toute la force de résistance que demandait l'effort d'une voile très-haute et très-large, déployée, de la tête de ce mât au plat-bord; ils avaient ajouté en avant du mât vertical un second mât oblique, dont la tête se réunissait à celle de l'autre. C'était au sommet de ces jambes de force, dont l'écartement au pied paraît être de 10 pieds (3^m 24^c) environ, que se tenait la vergue (*). (Voir ci-dessus, page 63, la figure du grand bateau du Nil.)

Sur le mât oblique s'attachaient naturellement les haubans à 11 ou 12 pieds (3^m 70^c) du sommet de l'assemblage du mât double. Des traverses, placées à certaines distances, comme les échelons d'une échelle de bois, concouraient à rendre plus solide encore ce système.

Quand nous voyons les Égyptiens, pour une navigation sur le fleuve, prendre toutes les précautions dont nous trouvons que la solidité du mât de ce bateau est entourée, nous ne pouvons admettre qu'un navire destiné à la mer eût porté un mât dépourvu d'étais et de haubans. Le tangage nécessitait un étai allant de la tête du mât à l'avant de la galère. L'effort de la voile voulait un étai de l'arrière; cet étai, qui fut tracé par le peintre du tombeau de Kom-el-Ahmar, se retrouve sous l'aiguille de la princesse Mathilde brodant la tapisserie de Bayeux. Le mât voulait encore des haubans attachés au navire, assez en arrière pour le rendre solide. Le roulis commandait d'assurer le mât à droite et à gauche, et nécessitait la présence de haubans placés dans le plan même du centre de cet arbre. Trois ou quatre haubans de chaque côté: deux en arrière, un ou deux par le travers du mât, pouvaient suffire, et ce n'est pas s'aventurer beaucoup que de les restituer aux galères dont le sculpteur ne crut pas devoir accuser le gréement.

(*) Le graveur de M. Wilkinson a fait une faute en plaçant la vergue; il l'a mise de manière à faire croire qu'elle était engagée entre les deux mâts, dans l'angle aigu de leur jonction. Il n'en était rien; il ne pouvait pas en être ainsi : la vergue n'aurait pas pu être amenée. La figure assez grande, publiée par M. Rosellini, n° 1, pl. 106, montre la vergue passée sur l'avant du mât oblique, ce qui est indispensable.

Les vergues, telles que le monument thébain nous les montre, sont fort grandes ; elles ont, à peu de chose près,— celle de la première galère de droite exceptée, qui est plus petite, — elles ont pour longueur celle du navire lui-même. Cette circonstance est fort remarquable, d'autant plus que rien dans les peintures et les sculptures égyptiennes ne nous autorise à croire que les Égyptiens antiques aient connu la grande voile triangulaire dont l'invention est attribuée aux Latins du moyen âge. Au treizième siècle, nous trouvons que la plus grande des antennes des vaisseaux ronds était presque aussi longue que les vaisseaux eux-mêmes (voir Mémoire n° 7) ; nous voyons, au quinzième siècle, l'antenne de la galère construite pour les navigations de Venise en Flandre, avoir 19 pas (95 pieds vénitiens-$33^m\cdot13^c\cdot$), quand la galère avait 23 pas, 3 pieds $\frac{1}{2}$ ($128\frac{1}{2}$ p. vénit. - $45^m\cdot07^c\cdot$) (voir Manuscrit de la Magliabecchiane, Mémoire n° 5). Il semble que les antennes tracées par le ciseau thébain soient avec les galères dans ce rapport que la voile latine rend très-naturel. Mais il faut croire que l'artiste, cédant au plaisir de donner à ses navires l'élégant couronnement d'une courbe inverse à celle de la quille, exagéra la longueur de l'antenne, au point de faire croire qu'elle ne pouvait porter qu'une voile latine. La manière dont les voiles sont carguées, en plis égaux, également balancés à l'une et à l'autre extrémité des vergues, avec un pli beaucoup plus large au milieu, indique que ces voiles étaient carrées. Carrées, on ne saurait leur donner l'ampleur que ferait supposer la longueur de l'antenne contre laquelle ma critique s'élève. Admettre qu'elles étaient larges une fois comme étaient les galères, à leur maître-bau, c'est-à-dire qu'elles avaient environ 32 pieds ($10^m\cdot91^c\cdot$) d'*antennal* ou *envergure*, c'est, je pense, être près de la vérité. Le sculpteur a presque triplé cette mesure.

A une voile carrée, il faut des bras ; l'artiste les a omis, pour ne pas compliquer chacune de ses figures navales ; nous devons les restituer avec l'autorité de la raison et celle du grand bateau de Kom-el-Ahmar. Relevées en cinq plis, les voiles égyptiennes et indiennes de notre bas-relief ont, en général, quatre cordages tombant du sommet de l'angle de chacun de ses plis sur le pont, et venant au pied des mâts ; ce sont quatre cargues, deux cargues-points et deux cargues-fonds : on ne saurait s'y méprendre. Ces cargues supposent ou des *cosses* pour leurs passages sous la vergue, ou des poulies, à moins que l'on n'imagine qu'un certain renflement du bois de la vergue, à l'endroit où ces manœuvres devaient remplir leur office, n'eût un trou par lequel passaient les cargues. Au reste, une poulie, d'une date incertaine, à la vérité, et dont M. Wilkinson parle en la donnant comme une machine propre à tirer l'eau d'un puits, ayant été trouvée en Égypte, d'où elle est passée au Muséum de Leyde, il est infiniment probable que la poulie fut connue du temps de Rhamsès IV, et appliquée à la marine.

Si, à la tête des mâts, une mortaise était pratiquée pour le passage de la drisse de l'antenne, la vergue étant fort lourde, dans la mortaise, devait probablement tourner une roue pour diminuer le frottement et ajouter à la force de traction. Un peuple qui, pour transporter les fardeaux, faisait usage de rouleaux, et qui appliquait la roue aux chars, ne pouvait pas ne pas connaître la poulie. La drisse d'une antenne longue et pesante ne devait pas être une corde simple ; plus on la supposerait grosse, et il fallait bien qu'elle le fût pour supporter le poids d'une voile large et d'une toile solide, attachée à une grande vergue, plus on rendrait difficile sa manœuvre, plus aussi il faudrait d'hommes et de temps pour hisser la voile. Si la poulie n'existait pas pour aider à ce travail, quelque chose d'analogue à la *muque*, ou bien une combinaison de cosses de fer, dans lesquelles glissait la corde graissée, devait être en usage. Mais, sans la poulie, aurait-on pu construire les temples, les palais, les pyramides? aurait-on pu dresser les obélisques?

Indépendamment de la drisse, l'antenne avait des balancines, soutiens des extrémités de la vergue, qui aidaient, comme aujourd'hui, à la hisser, et luttaient, pour la conservation de cette pièce importante, contre les efforts de la voile retenue à ses angles inférieurs par des écoutes. Ces balancines se font remarquer dans les barques aux voiles coloriées qui sont à Thèbes, au tombeau de Rhamsès III; elles ne sont pas moins visibles dans le navire d'El-Kab, gravé planche 68, A, vol. I, de la Description de l'Égypte (*). La balancine, quand elle était simple,

(*) Dans ce navire sous voile, si la balancine de bâbord a été effacée par

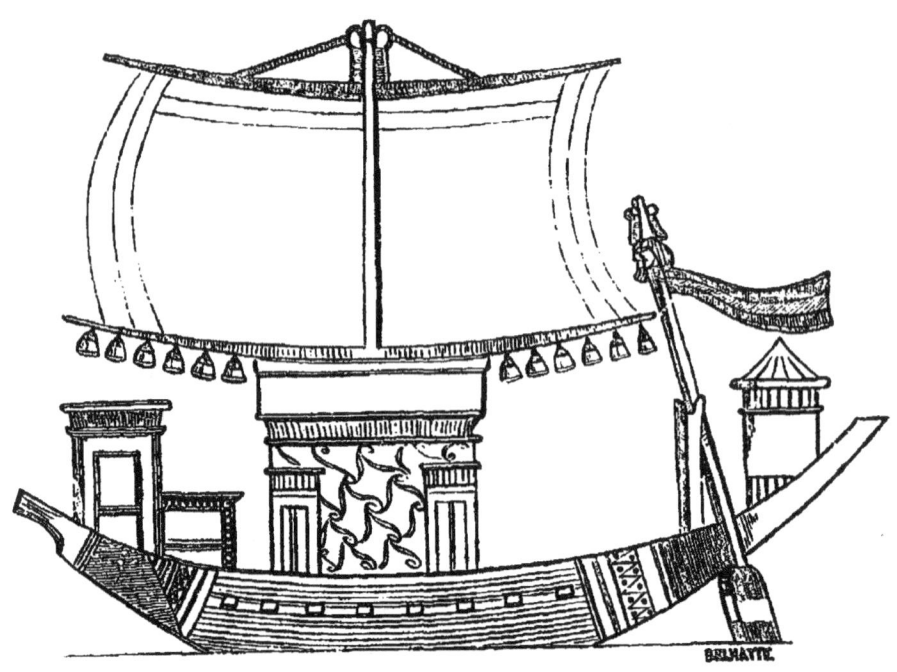

(Barque à voile coloriée.)

devait absolument aller de l'extrémité de la vergue à la tête du mât, et descendre sur le pont pour y être affalée ou pesée, suivant que l'on amenait ou qu'on hissait la voile. Il fallait donc qu'au sommet du mât, et latéralement à lui, elle trouvât un passage facile, qui, au lieu d'augmenter sa résistance, diminuât

le temps, celle de tribord a résisté ; elle est double, et son arrangement vient à l'appui de mon opinion sur l'existence des poulies. Cette balancine double est, en apparence, tout à fait organisée comme les balancines de nos grands bâtiments. Le dormant paraît être à la tête du mât ; la manœuvre semble passer dans une poulie à l'extrémité de la vergue, remonter près du dormant où devait être aiguilletée une poulie ou une cosse, passer dans cette cosse ou poulie, et redescendre sur le pont.

le frottement. La pièce de bois qu'elle traversait est figurée dans les barques dont je parlais à l'instant, les : *boats with coloured sails*, publiées par M. Wilkinson, pag. 210-211 ; la forme qu'elle a par en haut montre assez, ou qu'elle était taillée en gorge arrondie, d'un assez grand rayon, ou qu'elle recélait un rouet de poulie, de chaque côté.

Puisque je viens de parler de voiles coloriées, je vais dire tout de suite que ce luxe des navires des grands, au moyen âge, était aussi le luxe des rois, des princes et des riches en Égypte. Les couleurs éclatantes, les emblèmes sacrés, les représentations d'animaux et de fleurs, les compositions bizarres de lignes cadencées, de carreaux opposés les uns aux autres, de bandes rapprochées ou brisées sous différents angles, décoraient les voiles, soit qu'on les peignît sur la toile blanche, soit que les voiles, semblables aux étoffes précieuses que l'Inde nous apprit à fabriquer, portassent dans leur tissu de lin ces dessins magnifiques. Ezéchiel, dans ses lamentations sur Tyr, fait allusion à ces étoffes quand il dit (xxvii—7) : « Byssus varia de Ægypto texta est tibi in velum ut poneretur in malo ».

Il est presque inutile de dire que les voiles des galères étaient garnies à l'entour de ralingues, pour les fortifier contre le vent qui les aurait déchirées bien vite sans ce rebord de corde cousue à un ourlet solide.

De ce qu'on ne trouve pas d'écoutes indiquées sur le monument, il serait absurde de supposer que les voiles des anciens Égyptiens aient manqué de cette manœuvre, la première qu'on dut adapter à la voile. On put se passer de la ralingue, de la cargue et de la balancine, dans les premières applications que l'on fit d'une voile ouverte au vent à un radeau flottant sur l'eau d'une rivière ; on ne put se passer longtemps ni de la drisse ni de l'écoute. L'écoute suppléa au bras tant que la voile ne fut pas très-grande et que la vergue obéit aisément aux appels des ralingues de chute ; cependant on dut sentir bientôt la nécessité de gouverner la vergue au moyen de cordes fixées à ses deux extrémités. Les Égyptiens connaissaient les bras, ainsi que le démontre le grand bateau de Kom-el-Ahmar (ci-dessus, pag. 62), où l'on voit un homme assis sur le pont d'en haut, à la poupe, tenir les deux bras de la vergue, et la gouverner avec des cordes simples. Le sculpteur de Thèbes négligea ce détail avec tant d'autres, pour rendre plus simples, comme je l'ai dit, ses navires, qui n'étaient dans sa composition qu'un grand accessoire.

Les Égyptiens savaient-ils diminuer la surface des voiles, en en repliant une partie au moyen de ce que nous nommons les *garcettes de ris?* Rien ne peut nous le faire soupçonner. Sans doute ils amenaient la voile quand le vent était trop fort, et la remplaçaient par une autre beaucoup moins grande. Longtemps, au moyen âge, les galères agirent ainsi; et même encore, quand on eut cousu une bande de ris où se passaient des cordelettes, la *cochina*, petite voile carrée et de fortune, monta à la moitié du mât remplacer l'artimon ou le terzarol triangulaire. (Voir *Manuscrit magliabecchian*, Mémoire n° 5).

Au sommet des mâts des galères, l'artiste thébain nous montre (ci-dessus, pag. 51) des gabies (cages) ayant la forme d'une cloche, l'ouverture en l'air. Un seul homme est debout dans ce vase, qui le laisse découvert de la ceinture en haut; cet homme est un frondeur. Les navires égyptiens ont de même un frondeur dans une gabie, dont la forme est aussi celle de la cloche.

Les armes représentées dans le bas-relief sont l'arc, la fronde, la masse d'armes, l'épée et le bouclier. Le bouclier est commun aux Égyptiens et aux Indiens; celui des Indiens est tout à fait rond, celui des Égyptiens est un rectangle arrondi par en haut. L'épée appartient aux Indiens qui n'ont pas la flèche, ce qui suffirait pour expliquer leur défaite. Ayant cargué leurs voiles et rentré leurs rames pour attendre l'abordage, jusqu'au moment où l'Égyptien les devait approcher, ils restèrent, mal couverts par leurs pavesades, exposés aux traits de l'ennemi, que la fronde de leurs gabiers pouvait seul retarder dans son impétueuse attaque.

De quel bois se servaient les Égyptiens pour la construction de leurs navires de guerre? Hérodote (livre II, § 96), parlant des baris ou navires de charge (*) qui flottaient en grand nombre

(*) Le père Fournier qui ne cite pas son autorité, dit, p. 812 de son *Hydrographie :* « Les Égyptiens avoient un navire nommé *baris*, tant honoré et si sacré, que la plus grande menace et le plus grand déplaisir qu'on leur pût faire, c'estoit de dire, *Sistam barim*, j'arresteray le grand vaisseau. Plusieurs tiennent que c'estoit le vaisseau dans lequel on portoit les

sur le Nil, s'exprime ainsi : « Leurs vaisseaux de charge sont construits avec du bois d'épine, très-semblable au lotos de Cyrène ; il en sort des larmes de gomme. Ils tirent de cette épine » (la *spina nigra* de Pline, livre XIII, § 9) « des planches de deux coudées environ, qu'ils arrangent les unes à côté et au-dessus des autres, comme des briques (*). Ils les lient avec de longues et fortes chevilles. Sur la surface, ainsi préparée, ils placent des solives, sans se servir de courbes ni de varangues, et, en dedans, ils affermissent cet assemblage avec des cordes de byblos. Ils font ensuite un gouvernail qu'ils passent au travers de la carène. Le mât est d'épine ; les voiles sont de byblos ».

On voit, planche 18, A, vol. V, de la Description de l'Égypte, une barque en construction, tirée des peintures appartenant aux pyramides de Memphis ; elle répond très-bien aux indications d'Hérodote. Trois hommes sont dans ce baris, qui est assez long, a une poupe étroite et relevée comme celle de beaucoup de nos bateaux de rivière, et une proue longue, élancée, bien moins haute que la proue. Ces hommes sont dans l'action de tirer sur des liens de papyrus, à l'aide desquels ils consolident l'assemblage des planches d'acacia avec les solives dont la carcasse, très-simple, est formée. Deux hommes arrivent vers le chantier, portant sur leur dos des paniers pleins de joncs, qui vont être transformés en liens. La superposition des planches par leurs bords est assez facile à reconnaître dans cette figure, qui se voit de profil, et laisse deviner qu'à toutes ses arêtes devaient se trouver les solives dont parle l'historien grec. J'ai quelque peine à me rendre compte de la manière dont se faisaient, au moyen des cordes de byblos, la réunion de ces arêtes avec les bordages, qu'il eût été, ce semble, plus simple de faire par des chevilles.

Quoi qu'il en soit, voilà l'acacia ou épine noire rangé parmi

---

corps morts à la sépulture. » Il est plus probable que ce baris sacré était une grande barque du Nil sur laquelle on portait dans les cérémonies religieuses les images des dieux.

(*) On voit, n° 1, pl. 44 de M. Rosellini, entre les mains des ouvriers constructeurs, une barque dont les bordages paraissent être appliqués l'un au-dessus de l'autre, suivant ce principe.

les bois de construction. Pline en recommandait l'usage aux charpentiers de navires, parce qu'il n'est pas sujet à la carie : « quoniam incorrupta etiam in aquis durat »; il le regardait, à cause de cette incorruptibilité, comme très-bon pour les varangues et les courbes : « ob id utilissima navium costis ». Ézéchiel, comparant Tyr à un vaisseau, lui dit : « Tes voisins te construisirent avec des planches du sapin de Sanir, propre à la mer; ils apportèrent du Liban le cèdre pour te faire un mât; ils amincirent le chêne de Basan pour te faire des rames; ils firent les bancs de tes rameurs d'un ivoire emprunté à l'Inde, et les chambres de tes préteurs de bois tiré des îles italiques..... » L'ivoire n'étant qu'une décoration dont les navires fastueux des riches pouvaient seuls user, je n'en tiendrai aucun compte. Le chêne, le cèdre et le sapin sont les matériaux sur la valeur desquels je dois m'arrêter. L'Égypte, comme Tyr, employait beaucoup le sapin dans ses constructions navales; les montagnes de la Syrie le lui fournissaient en abondance. Cependant, quand le sapin était rare, dit Pline, livre XVI, § 41, on employait le cèdre pour la construction des vaisseaux, en Égypte et en Syrie. La légèreté du sapin, la longueur de ses planches qui se courbent aisément en bordages, le devaient rendre très-précieux pour la construction des galères; aussi j'incline à croire que les vaisseaux longs étaient le plus ordinairement faits de ce bois. La membrure, les madiers du fond et les côtes, pouvaient très-bien être d'acacia ou de cèdre, bois qui partagent, avec l'épine noire, l'heureuse propriété de ne point redouter la pourriture. Quant au chêne, on l'employait peu, à cause de son poids, et je m'étonne même qu'Ézéchiel ait pu dire : « Quercus de Basan dolaverunt in remos tuos ». Le prophète, qui était sur les lieux ne put pas se tromper cependant, et je dois le croire; mais l'induction que je suis en droit de tirer de sa phrase, c'est que les rames des Tyriens devaient être courtes pour n'être pas trop lourdes, et qu'elles devaient se rompre fréquemment, ne pouvant pas avoir une flexibilité suffisante. Le hêtre devint chez tous les peuples navigateurs le bois employé pour la fabrication des rames, quand on eut renoncé au chêne et au sapin; il fut reconnu qu'il satisfaisait le mieux à la condition que Claudien (liv. III de l'Enlèvement de Proserpine) reconnaissait, avec les marins, être indispensable au bois dont la rame était faite :

> Quæ lenta favebit
> Remigio.....

Les grands vaisseaux égyptiens qui naviguaient au bas du Nil, portaient de lourds fardeaux, et faisaient, sur la côte à l'est ou à l'ouest des bouches du fleuve, quelques voyages dans un intérêt commercial, devaient être construits aussi solidement que les galères. Les meilleurs matériaux entraient dans ces navires marchands, dont le *large boat* de M. Wilkinson doit être un exemple ; car, sa carène n'est pas plate sur les côtés, mais légèrement renflée, comme un bâtiment à qui la fréquentation de la mer rend cette courbure des flancs nécessaire.

Il y avait peu de rapport entre ces navires, fortement établis, et les barques de papyrus ou d'osier (*), qui servaient à la

---

(*) César raconte que les Bretons faisaient d'un bois léger les quilles et les courbes de quelques-uns de leurs navires, et qu'ils construisaient les murailles d'osiers tressés recouverts de cuirs. « Carinæ primum ac statumina ex levi materia fiunt, reliquum corpus viminibus contextum coriis integitur. » COMMENTAIRES. — Lucain, liv. IV, vers 134, parle de navires analogues à ceux-là :

> « Primum cana salix madefacto vimine parvam
> Texitur in puppim, cæsoque inducta juvenco
> Vectoribus patiens tumidum supernatat amnem. »

Hérodote, liv. Ier, § 194, détaille en ces termes la construction de certains bateaux qui naviguaient sur l'Euphrate : « Les bateaux qui servent au voyage de Babylone sont faits avec des peaux et de figure ronde. Or les fabrique dans la partie de l'Arménie qui est au-dessus de l'Assyrie, avec des saules dont on fait la carène et les varangues que l'on revêt de peaux à l'intérieur. On donne à ces peaux la forme des bordages. On arrondit ces navires comme un bouclier, sans aucune distinction de poupe ni de proue; on remplit le fond de paille. Ces bateaux sont abandonnés au courant du fleuve, chargés de marchandises et surtout de vin de palmier. Deux hommes debout les gouvernent, chacun avec un pieu que l'un tire en dedans et l'autre en dehors. Ces bateaux ne sont point égaux ; il y en a de petits et de grands. Les plus grands portent jusqu'à cinq mille talents pesant (257,162 livres, 7 onces, 1 gros, 5 deniers. — Larcher). On transporte un âne dans chaque bateau; les plus grands en ont plusieurs. Lorsque les marchands sont arrivés à Babylone, ils vendent leurs cargaisons, puis les carcasses de leurs bateaux et la paille. Ils chargent ensuite les peaux

pêche, ou qu'on employait comme canots de passage et bateaux de transport pour les marchandises légères. Cependant le papyrus était employé à la fabrication de bateaux assez forts pour aller à la mer, si nous en croyons ce passage du xviie chapitre d'Isaïe : « Qui mittit in mare legatos et in vasis papyri super aquas ». Ces vaisseaux étaient-ils, en effet, une réunion de faisceaux de papyrus tressés, comme le dit Pline (livre III, chap. II) : « Ex ipso quidem papyro navigia texunt, » ou bien n'avaient-ils que des voiles d'écorce de papyrus? Le doute semble permis, malgré l'autorité du traducteur d'Isaïe, et même malgré l'expression formelle du prophète, en admettant que le traducteur l'ait bien exactement rendue.

Si l'on peut concevoir Moïse exposé sur le fleuve dans une sorte de barquette, faite comme une corbeille de jonc, que garantissait de l'invasion des eaux une couche intérieure de limon et de poix (Exode, liv. II) ; si l'on peut suivre avec Plutarque Isis cherchant le corps d'Osiris dans un pays maréca-

---

sur leurs ânes, et retournent en Arménie, chassant ces bêtes de somme devant eux ; car ce fleuve est si rapide qu'il n'est pas possible de le remonter. C'est pour cette raison qu'ils ne font pas leurs bateaux de bois, mais de peaux. »

Il est assez curieux de trouver en Arménie et sur la côte occidentale de la Gaule des navires composés des mêmes éléments. Ce n'est pas le seul rapprochement de ce genre que je pourrais faire. Ne savons-nous pas que les sauvages de l'Amérique, les Indiens et les Scandinaves, creusaient des troncs d'arbres (voir Mémoire n° 2) pour se faire des canots, des *hulks*? Ces troncs creusés, les Égyptiens les connaissaient aussi, et l'on voit dans une des planches de l'ouvrage de Champollion, les charpentiers faisant avec l'herminette ce qu'Héliodore, liv. Ier, chap. III, appelle *scaphè*, et qu'il définit : « un tronc d'arbre grossièrement creusé. » Xénophon, livre VI, parle de monoxyles qui pouvaient porter trois hommes. Polyenus, livre V, cite des scaphes ou monoxyles, dont chacun n'avait qu'un seul homme. — Les commencements de la navigation furent les mêmes partout ; les mêmes besoins firent inventer des instruments ou semblables ou fort analogues ; les mêmes intérêts les perfectionnèrent, dans des circonstances données. Ces Études montreront que les progrès furent presque toujours simultanés. L'émulation fut le fruit des rivalités politiques ou commerciales ; la décadence tint quelquefois aux invasions des peuples barbares, plus souvent au déplacement des intérêts, ou à une politique inintelligente. Les résurrections de l'art ne furent pas de timides essais, mais des progrès immenses. Le peuple, qui recommençait une

geux, et, pour ce voyage, montée sur un bateau de papyrus : « en baridi papyrinê » (de Iside, 18), on concevra moins aisément un navire d'une certaine consistance, ayant un fond et des murailles faits en bottes ou en nattes de papyrus, et allant à la mer, porteur d'un certain nombre d'hommes. Je n'ai pas d'inquiétude pour le voyage d'Isis, qui est sans doute purement emblématique; d'ailleurs la déesse sauvera la barque, si quelque danger menace ce frêle canot de jonc. Moïse est dans un berceau de papyrus; s'il était dans un grand navire, je ne tremblerais pas pour lui, et il faut que la situation de cet enfant me fasse trembler; mais, je l'avoue, je ne voudrais pas être avec les envoyés dont parle Isaïe.

Car, comment pouvait être établi ce tissu de papyrus, si la barque dont il était l'élément devait être assez forte pour résister au choc des lames d'une mer agitée? Dois-je croire que c'était un simple radeau sans carcasse de bois, formé de tiges de papyrus jointes ensemble par des liens d'écorce, muni d'un rebord

marine, prenait à son voisin le navire tout fait, c'est-à-dire, qu'il lui empruntait des ouvriers et lui achetait des matériaux.

Il y a quelques observations à faire sur le passage d'Hérodote, que j'ai rapporté plus haut. Quand l'historien dit que les bateaux arméniens étaient de forme ronde, sans distinction de poupe et de proue, et arrondis comme un bouclier, il ne veut pas dire que ces barques étaient semblables à une demi-boule ou à cet instrument de musique qu'on nomme timbale; faites ainsi, elles auraient suivi le fil de l'eau en tournant sans cesse autour du rayon vertical, et les hommes qui les guidaient n'auraient pas pu les gouverner à leur gré. Elles avaient une certaine longueur de carène; et si Hérodote fait remarquer que leurs poupes et leurs proues ne différaient pas dans leur conformation et s'arrondissaient comme le périmètre d'un écu, il veut que l'on comprenne bien que cette construction était grossière et très-différente de celle des Grecs, qui avaient senti que les formes de l'avant ne devaient pas être semblables à celles de l'arrière. Je ne saurais voir dans ces deux pieux, à l'aide desquels on gouvernait les bateaux de l'Euphrate, et dont l'usage est décrit par Hérodote d'une manière si obscure, que deux perches, avec lesquelles on poussait alternativement de fond, une allant sonder quand l'autre remontait, l'une retirée en dedans quand l'autre était poussée dehors. C'était deux *conti* faisant à la fois l'office de la *pertica* et du *remus*. Beaucoup de bateaux sont encore menés aujourd'hui sur les rivières de la même façon; beaucoup de bateaux aussi ne remontent pas les fleuves, et, construits légèrement, sinon en osier recouvert de cuir, sont démolis quand ils arrivent à leurs destinations.

fait de quelques bottes de ce jonc, et crépi à l'intérieur d'un mortier de limon et de résine? Quelle solidité présentera un tel assemblage, et comment le dirigera-t-on? J'entends bien que cette masse flottante, si informe qu'elle soit, pourra descendre le Nil; mais à moins qu'on ne la tire du rivage comme les bateaux qu'Hérodote vit haler à la cordelle, au-dessus d'Éléphantine (liv II, § 29), ou comme les baris construits en planches d'épine, pourra-t-on lui faire remonter le fleuve? comment surtout la fera-t-on aller à la voile et sur la mer?

Il fallait nécessairement qu'une quille servît de point d'appui à quelques varangues de bois; que des côtes, ou droites ou un peu arrondies, s'entassent sur ces varangues; qu'à la tête de ces courbes passât une lisse à laquelle toutes s'attachaient, soit qu'elles y entrassent au moyen de mortaises ou qu'elles y adhérassent au moyen de chevilles(*); enfin, que sur les extrémités de ces lisses s'élevassent, dans une obliquité qui mesurait la hauteur de la proue et celle de la poupe, deux autres lisses allant se rejoindre à angles aigus, ou portant leurs têtes dans une lisse parallèle aux varangues, faisant avec ces deux rebords de proue et de poupe des trapèzes pareils à ceux qui forment les pointes de la plupart de nos modernes bateaux de rivière. Qu'ensuite, sur cette carcasse, d'une certaine solidité, on étendît, on liât fortement un tissu épais et serré, une natte industrieusement faite, présentant à l'extérieur sa surface assez unie pour que des inégalités successives ne nuisissent pas trop à la marche du navire; que l'on renforçât par des tissus de papyrus, placés en ceintures, cette construction munie à l'intérieur d'un crépi de limon et d'un enduit de poix : je crois qu'il pouvait en être ainsi; il me semble même que l'on ne peut entendre autrement le : « papyro navigia texunt » du XIII livre de Pline, et le :

Conseritur bibula Memphitis cymba papyro

du IV⁰ livre de Lucain, vers 138.

(*) Cette lisse est évidente dans la représentation de presque toutes les barques papyracées, mais surtout dans celle de la barque à la chasse de l'hippopotame, fig. 4, pl. 44. — M. Rosellini.

Les barques où le papyrus entrait comme élément principal de construction ne pouvaient être que fort petites; elles ne devaient être employées que pour porter des marchandises légères, faire de courts trajets sur les endroits que le Nil, en se retirant, avait laissés couverts de marais, ou naviguer dans les parties du fleuve les plus étroites et les plus faciles. Pline a cru trop légèrement à des récits inexacts quand il a écrit (liv. VI, chap. XXII), « que des vaisseaux de papyrus allaient à l'île de Taprobane (Ceilan) : « papyraceis navibus armamentisque Nili peteretur ». Cela est impossible, plus impossible encore que le: « mittit in mare legatos et in vasis papyri » du prophète Isaïe, parce qu'au moins ces envoyés allaient le long des côtes et n'avaient pas à s'aventurer dans des barques fragiles, sur une mer périlleuse comme le vaste golfe de l'Inde.

Quant aux *armamenti papyracei*, c'est-à-dire aux voiles et aux cordages faits avec l'écorce du papyrus, c'est autre chose; rien n'est plus sûr que cela. Des voiles de jonc natté servent encore aujourd'hui aux Chinois pour leurs jonques; elles se carguent et se déploient comme se lèvent et se baissent les jalousies de nos fenêtres. Le *large boat* de Kom-el-Ahmar est entraîné par une voile papyracée de cette espèce; on la voit partagée en plusieurs lés horizontaux ou volets flexibles, attachés, dans leur largeur, l'un au-dessous de l'autre, et composant une voile rectangulaire d'environ 40 pieds de large (12^m·99^c·) et de 60 pieds de haut (19^m·49^c·), admettant neuf lés ou paillassons de 6 pieds de hauteur à peu près. Les ris se pouvaient prendre très-facilement à des voiles dont, en pesant les cargues, on soulevait à volonté un, deux, trois, ou plusieurs feuillets suivant l'occurrence, comme, d'une jalousie, on relève les feuilles inférieures au besoin. Seulement, il fallait que les cargues qui faisaient l'office de ralingues fussent assez grosses pour résister aux efforts du vent. Elles étaient probablement l'écorce de papyrus effilée et commise, aussi bien que les écoutes, les bras, les étais et les haubans.

Quand l'industrie manufacturière des Égyptiens fut assez développée pour que la toile ne fût plus d'un prix trop élevé, et que le chanvre abondant fut travaillé par les cordiers, comme longtemps ils avaient travaillé les filaments de l'écorce du papyrus, les voiles de lin remplacèrent les nattes de jonc; les gréements plus forts, plus fins et plus légers, faits avec le fil de chanvre ou avec le cuir de bœuf coupé en lanières et tressé, se substituèrent aux gréements papyracés. Les manœuvres courantes furent probablement les premières que l'on remplaça; quant au reste des cordes de jonc, il dut arriver ce qui arrive aujourd'hui encore dans quelques parties de l'Inde et dans la Méditerranée : par économie la marine les conserva. Je n'ai aucune raison pour affirmer que les vaisseaux de guerre n'étaient pas gréés avec des cordages de papyrus; mais je crois que le chanvre, plus solide, et facile à réduire par la torsion à un volume moins considérable que l'écorce du byblos, jouait à leur bord le plus grand rôle. Quant aux voiles, la manière dont elles sont représentées dans le bas-relief de Thèbes ne laisse pas douter qu'elles ne fussent de toile.

Certains bateaux du Nil, — par exemple, celui qui est représenté dans les peintures d'El-Kab, et qu'ont reproduit la Description de l'Égypte (A, vol. I, pl. 70), les *Monumenti* de M. Rosellini (fig. 2, pl. 9) et l'ouvrage de M. Champollion-Figeac (pl. 44), — avaient une voile enverguée à deux antennes, l'une à laquelle se laçait la voile par sa ralingue de têtière, l'autre qui s'amarrait à la ralingue de fond. Cette vergue basse était lourde et difficile à manier; aussi avait-on imaginé de faciliter ses évolutions en lui prêtant l'appui d'une roue. Le moyeu de cette roue était traversé par un essieu fixé à l'antenne vers son milieu, c'est-à-dire à l'endroit où les deux pièces de bois composant la vergue étaient réunies par des ligatures. La roue, tournant sur le plancher de la chambre, au milieu de laquelle s'implantait le mât, aidait au déplacement de l'antenne basse, et, par conséquent, à celui de tout le système de la voile qui faisait corps au moyen des deux ralingues de chute tenues immédiatement aux deux vergues. La vergue ainsi soutenue glissait par l'effet de la roue sur une surface unie, peut-être même dans une rainure d'où elle ne pouvait pas être enlevée quand la voile était très-gonflée par le vent; elle passait donc avec facilité d'une position à l'autre. Des bras à la seule vergue d'en bas pouvaient suffire à lui imprimer le mouvement : ces bras ne manquaient pas aux voiles de cette espèce, comme nous le verrons plus bas.

M. Wilkinson, dont je regrette de ne pouvoir pas toujours partager le sentiment, n'est pas plus heureux que M. Costaz; il n'admet point l'explication que je donne de la roue représentée dans la peinture d'El-Kab, et qui est si visiblement attachée à l'antenne basse de la voile. A propos du même navire, qu'il a donné, pag. 196, chap. ix (*wood-cut*, n° 370), il s'exprime ainsi : « On s'est trompé fréquemment au sujet de la roue qui est sur le plancher de la cabine, en supposant qu'elle est jointe à la voile pour aider la vergue à traverser avec une grande facilité, ou pour faire quelque chose de semblable. Par un examen attentif du sujet, on reconnaît que cette roue est une partie d'un chariot très-effacé par le temps, et difficile à distinguer à une première vue. Les chevaux qui lui appartiennent peuvent s'apercevoir au bas et en avant de la cabine ». L'argument tiré de la présence des chevaux, et c'est le seul dont M. Wilkinson s'autorise, n'est pas solide. Le bateau porte des chevaux, comme un de ceux qu'il a donnés, page 195 (*wood-cut*, n° 369), porte des bœufs; c'est un baris ayant à bord de la marchandise sur pied au lieu d'avoir de la marchandise en ballot et sur rayon, voilà tout. Ce baris fait pour le moment l'office d'hippagogue, et si, dans l'explication écrite qui accompagne le sujet, on cherchait l'histoire du voyage des deux bateaux, je suis convaincu qu'on ne trouverait rien qui démentît cette conjecture. M. Wilkinson avoue que le chariot, supposé par lui, est trop effacé pour être reconnu à la première vue : « Too much defaced by time to be easily perceived at first sight », pag. 197. Pourquoi donc vouloir lire dans le brouillard sous lequel se cachent des lignes qu'on ne saurait restituer sans s'exposer à tomber dans une erreur analogue à celle que nous commettons quand nous poursuivons d'un œil fasciné quelque figure imaginaire dans les veines capricieuses du marbre, dans les jeux bizarres des nœuds de la racine du buis, ou dans les formes mobiles des nuages? J'ai vu en Italie bien des fresques profondément altérées par l'humidité, ou tombant en poussière sous le doigt du temps qui les efface, et je sais le plaisir qu'il y a à faire ingénieusement par la pensée, avec quelques-unes de leurs lignes rompues, une composition que, jusqu'à démonstration contraire, on tient pour celle du maître dont il reste maintenant si peu de chose; mais ce plaisir, doit-on se le permettre quand il s'agit de tenter une restitution qui intéresse la science? Le bateau contigu à celui que le savant anglais a publié est assez bien conservé pour qu'on puisse l'interroger avec fruit sur la difficulté présentée par la roue. M. Wilkinson, qui le cite, reconnaît dans sa roue le chariot qu'il a vu sur le plancher de la chambre de l'autre baris : « The other board represented in this subject has the sail up, and the same chariot on board ». Il ne fait pas attention que la roue est placée sur le navire voilé, de la même manière qu'elle l'est sur l'autre, à l'avant du plancher de la cabine, c'est-à-dire justement à l'endroit où l'antenne basse évoluait ; il ne remarque pas que la figure du char, complaisamment tracée par lui dans la conviction où il était qu'il l'apercevait sous l'obscurité des dégradations de la peinture, manque tout à fait au-dessus de cette roue ; et elle doit manquer, car, si le char y était, il serait là plus qu'un non-sens, il serait un embarras ; il gênerait la manœuvre de la voile qui veut le plancher absolument libre. Un char embarqué, s'il n'avait pu tenir tout monté dans le fond du navire, ou sur le pont, n'aurait pris place sur le plancher de la chambre que démonté, ses roues à plat, et non debout ; son coffre rangé à l'arrière du mât pour ne pas nuire au mouvement de rotation de la vergue, qui se faisait à l'avant; enfin, son timon, couché comme les roues, et non pas redressé, comme l'a imaginé M. Wilkinson. Ce timon lui-même me semble un témoignage contre l'hypothèse que je combats. L'antiquaire anglais lui a donné une forme qu'aucun monument ne consacre ; il l'a fait double, en lui prêtant une flèche droite, et, dans le même plan vertical, une flèche recourbée : ces deux flèches, il leur a donné un point d'attache commun au char, et il a lié leurs têtes par une courroie. Cette combinaison ne se trouve nulle part dans ce que nous connaissons des chars égyptiens; elle diffère même complétement de celle que M. Wilkinson a fait connaître dans son *wood-cut*, n° 366, page 179, qui représente une princesse éthiopienne voyageant dans un char à bœufs. Je ne parle pas des rais de la roue qui fait l'objet de cette discussion ; ils sont seulement au nombre de quatre, quand M. Wilkinson, d'accord avec la grande majorité des monuments, remarque que les roues des chariots égyptiens en ont six : « The wheels had six spokes ». Il suffit qu'il y ait un exemple d'une roue de char à quatre rais pour que M. Wilkinson ait pu prendre la roue de l'antenne pour celle d'un char; et cet exemple, qui n'est pas unique, à la vérité, je le trouve (A, vol. III—Thèbes; Descript. de l'Égypte) sur le premier pylone du tombeau d'Osymandias. Je n'insiste donc pas sur ce détail, qui cependant a de l'importance, car il montre que la roue de l'antenne n'était pas d'un aussi grand diamètre que celle des chariots, ce qui est très-raisonnable.

Quand on voulait serrer la voile de ces baris à doubles antennes, on amenait l'antenne supérieure sur celle d'en bas, et l'on rangeait par plis, dans lesquels on faisait entrer les balancines de la vergue basse, toute la voile entre les deux vergues qu'on liait ensuite l'une à l'autre par un raban de ferlage. Le mât, qu'on pouvait abattre avec facilité, peut-être parce qu'il était articulé au niveau du plancher de la chambre, était joint sur ce pont au faisceau des deux antennes. Le bateau d'El-Kab ou Elethyia paraît autoriser cette supposition. Il est possible cependant que le mât ait tout à fait disparu avec la couche de peinture sur laquelle il avait pu être tracé.

Les bâtiments à voiles enverguées par la têtière et par la ralingue de fond, n'avaient pas tous des roues pour faciliter leur manœuvre; le bateau du Nil, que M. Wilkinson a tiré d'un monument de Thèbes, et que j'ai reproduit d'après l'antiquaire anglais, page 73 de ce Mémoire, présente une autre organisation qui vaut la peine d'être analysée. Au lieu d'un collier de pommes de racage entourant le mât et lié à la vergue supérieure, un billot de bois, percé d'un trou, un peu plus grand que le diamètre du mât, et que je pourrais comparer à un chouque mobile, pouvant descendre et monter facilement, était passé en anneau à cet arbre cylindrique. La vergue haute s'y liait fortement. Un billot pareil, passé à l'arbre, au-dessous de celui-ci, servait également de point d'attache à l'antenne basse. On conçoit que tenues ainsi, les deux vergues devaient être toujours dans le même plan, et tourner avec assez d'aisance, quand le système était mis en mouvement par les bras de la vergue inférieure.

Ce qui, de l'organisation de la voile à deux vergues, se laisse mal deviner dans la peinture d'El-Kab,— parce que le baris ayant le cap à gauche relativement au spectateur, et naviguant grand largue, le vent par la hanche de tribord, c'est la rotondité de sa voile qui est visible, — les balancines de la vergue basse, sont fort bien indiquées dans la figure du long bateau (*wood-cut* n° 373 de M. Wilkinson). Le navire d'El-Kab montre, à chaque extrémité de son antenne inférieure, deux balancines qui partent du sommet du mât, ainsi que les balancines doubles par lesquelles est supportée la vergue supérieure. Ces deux balancines pouvaient suffire à une antenne qui s'appuyait par son milieu sur une roue; mais on conçoit très-bien que, grosse et lourde, cette antenne, manquant du point d'appui de la roue, et pesant d'ailleurs beaucoup sur le collier de bois auquel elle était attachée, avait besoin d'un plus grand nombre de soutiens. Les Égyptiens lui en donnaient huit, à peu près également espacés entre eux, sur la longueur de chacune des *cornes* de la vergue (*). Les balancines n'allaient point du sommet du mât à la vergue basse, comme dans la combinaison de la voile à roue, mais du collier de bois attaché à la vergue haute, à l'antenne inférieure; de sorte que tout tournait à la fois, comme les chevaux d'un jeu de bague tournent autour de l'axe vertical qui les supporte. (Voir ci-dessus la figure, page 74). Les balancines de la vergue supérieure manquent au bateau n° 373 de M. Wilkinson. Les bras de la vergue basse, sans lesquels il n'y a cependant aucune direction possible pour la voile, ont été négligés aussi par le peintre de Thèbes, qui a suspendu en festons, du collier de bois à différentes distances de chacune des cornes de la vergue haute, trois cordes assez grosses. Ces cordes, que M. Wilkinson paraît prendre pour des rabans d'envergure, me semblent être les rabans avec lesquels on liait ensemble les deux antennes, la voile et les balancines de l'antenne inférieure, quand on amenait la voile. La manière dont elles sont attachées à la vergue haute, les distances de leurs points d'attache, et,

— Veloque superba capaci
Cum rapidum hauriret Boream, et cornibus omnes
Colligeret flatus. — SILIUS ITALICUS. Lib. XIV.

autant que cela, la distance de la place extérieure de ces cordes de chaque côté, à l'empointure, distance qui paraît être en rapport avec la longueur de chaque corde, m'affermissent dans ma conjecture. Quant à celle de M. Wilkinson, elle est tout à fait inadmissible, si, comme j'ai lieu de le supposer, « if it was bound to it with the many lacings represented in some of the paintings, » fait allusion à la figure n° 373.

Deux cordages très-forts, venant à l'arrière, sur le côté du bateau et en travers du support vertical donné au gouvernail, semblent être des drisses de la voile que l'on écartait à ce point du pied du mât pour qu'elles remplissent la fonction de haubans. On comprend très-bien, pour un système aussi pesant, qu'il fallût une drisse de chaque bord; ce que l'on comprend moins bien, c'est que le mât pût être suffisamment consolidé contre l'effort de la voile par ces deux drisses-haubans. Je crois que le peintre négligea les haubans, de peur de multiplier les détails;—cette crainte qui semble avoir généralement préoccupé les artistes égyptiens, réduisit à une expression si simple le gréement du baris représenté à Thèbes, qu'on est obligé de restituer à cette figure beaucoup de choses sans lesquelles il est impossible que le bateau, imité par l'artiste, ait pu naviguer sur le Nil avec le secours de sa voile. — Je ferai remarquer en passant que le graveur, à qui l'ouvrage de M. Wilkinson doit ses illustrations en bois, n'a bien placé ni le point d'amarrage de la drisse de babord, qu'il a placée à tribord à côté de l'autre, ni le passage des drisses dans les poulies à la tête du mât. Il a passé dans le collier de bois le courant des drisses, ce qui rendrait impossible l'abaissement de la vergue. C'était au-dessus du collier qu'il fallait indiquer ce passage.

On voit (figure n° 1 pl. 133) dans l'ouvrage de M. Rosellini un bateau analogue à celui que je viens d'analyser, qui mérite d'être étudié avec soin. Il a une chambre sur le pont; mais cette chambre n'occupe pas le milieu du navire; elle est placée entre le mât et le support du gouvernail, n'est pas très-grande, et sert d'abri à deux ou trois passagers de distinction. Le mât planté au centre de longueur du bâtiment est soutenu par deux étais, l'un allant à la proue, l'autre allant à la poupe, et par un assemblage d'autres étais, parallèles entre eux, allant à l'arrière; comme je l'ai remarqué dans une note de ce Mémoire, p. 79. La voile de ce grand bateau est enverguée à deux antennes (*), et voici son gréement que les dessinateurs toscans paraissent avoir rendu avec une très-grande exactitude: La vergue supérieure a six drisses, trois de chaque côté; ces drisses sont frappées sur la vergue, deux tout à fait au milieu, comme cela se pratique aujourd'hui; deux à dix-huit pouces environ de ces premières, l'une d'un côté, l'autre de l'autre; les deux dernières à deux pieds à peu près des secondes de chaque côté : si bien que, vues de faces, ces six drisses, quand la voile n'était pas hissée encore, avaient l'air, par rapport au mât, de deux parallèles au mât, et de quatre obliques s'écartant du pied d'une perpendiculaire, de 2 et de 4 pieds environ. Ces six drisses passent dans six poulies, et, ici, le doute ne me semble plus permis, quant aux poulies; le peintre a trop bien indiqué ces instruments, il les a distribués avec trop d'intelligence, il a trop exactement rendu la pantomime des matelots qui halent sur les cordes passant autour des *trochleæ*, pour que je ne me croie pas en droit d'affirmer que les anciens Égyptiens faisaient usage de la poulie. Donc, six poulies servent à ces drisses; elles sont amarrées au mât, à droite et à gauche près de son sommet, celles des deux drisses du milieu de la vergue, assez près de l'endroit où la vergue s'appuie, la voile étant hissée; celles des deux premières obliques au-dessus de celles-ci; enfin celles des deux drisses les plus écartées du mât au-dessus encore de ces dernières. Ces drisses multipliées prouvent que l'appareil de la voile à deux antennes est fort lourd; leur distribution le long de la vergue haute, à droite et à gauche, supplée à la balancine, qui, dans le système d'une drisse simple, aurait été nécessaire, comme elle l'est dans les navires d'Éle-

---

(*) La voile carrée enverguée sur deux vergues survécut à la marine égyptienne. Au dix-septième siècle, elle était en usage à bord de certains bateaux de Bayonne appelés *Thilloles*. On voit un de ces bateaux dans un volume manuscrit, avec dessins originaux, intitulé : *Dessins de vaisseaux*. Ce volume exécuté, en 1679, pour Colbert, dont les armes sont imprimées sur le maroquin de la couverture, appartient à la bibliothèque du dépôt de la marine; il est coté, dans le catalogue des bibliothèques de la marine : n° 2962.

thyia. Au reste, ces six drisses ne supportent pas seules l'appareil de la voile et des deux antennes. L'antenne inférieure a également des drisses, quatre de chaque côté, toutes obliques relativement au mât; les deux premières attachées à 4 pieds environ du milieu de la vergue, les suivantes à 2 pieds de celles-ci, les plus extérieures à 2 pieds des troisièmes. Elles passent par huit poulies aiguilletées au-dessous des poulies des drisses hautes, et disposées comme celles de la vergue supérieure. Ces drisses servent de balancines à l'antenne basse; leurs courants, ainsi que ceux des autres, sont aux mains des mariniers qui pèsent dessus pour hisser la voile. Car ce baris qui donne la remorque à une barque funéraire est en appareillage. Le peintre a exprimé très-bien cela, autant par l'action des personnages que par le soin intelligent qu'il a mis à faire faseïer la voile qui n'est pas encore pleine de vent. Les vergues haute et basse ont chacune un bras simple à leurs extrémités. La disposition des quatorze poulies de drisses, latérales au mât, n'empêche pas les vergues d'avoir des espèces de racages; aussi le peintre a-t-il indiqué deux croisures de corde à l'antenne inférieure. Les vergues se hissaient en avant du mât contre lequel elles glissaient; elles en approchaient par l'effet de cette croisée et des bras. On a pu voir que le bateau publié par M. Rosellini diffère, dans l'organisation de la voilure et de son gréement, d'une manière assez sensible de celui que M. Wilkinson a emprunté à un monument de Thèbes (*wood-cut* n° 373). — Le bateau dont je viens de détailler le gréement très-bien entendu, est un des plus curieux et des plus complets que nous aient fait connaître les monuments égyptiens. Je suis, pour ma part, très-reconnaissant à M. Rosellini de l'avoir fait dessiner et de nous l'avoir donné dans ses plus petits détails, dont aucun n'est indifférent à l'archéologie maritime.

Quelques bateaux symboliques, quelques bateaux de plaisance, et entre autres un de ceux qui sont peints dans le tombeau de Rhamsès III à Thèbes, ont la voile aux deux vergues, que la chambre construite au milieu de ces navires, comme elle l'est au milieu des baris d'une plus grande proportion, rend très-naturelle, et que l'on ne remarque point sur les bateaux privés de cette construction. Ceux-ci ont la voile haute, bordant sur le pont, et retrouvant, par sa hauteur, ce que la voile à deux antennes a de surface en largeur, la hauteur étant interdite à cette dernière, dont la chambre qu'elle surmonte aurait empêché la manœuvre. Les voiles de ces petites barques sont représentées sans gréement, conformément au principe de l'art égyptien, qui sacrifie, comme je l'ai fait remarquer, les accessoires aux choses qu'il tient pour importantes et principales. De ces barques religieuses ou royales, quand ce n'était pas une cérémonie sacrée qui devait attirer l'attention, ce que les peintres ont voulu rendre surtout, c'est le luxe, c'est la recherche des ornements. L'éclat et la variété des peintures du navire; l'imitation soigneuse des dessins coloriés que le tisserand jetait sur le fond blanc du lin dont est faite la voile; la représentation de quelques scènes esquissées sur les parois intérieures des diverses constructions portées par la barque, à sa proue, à son arrière et à son milieu; les images des dieux et les symboles sous lesquels les cachait la religion : voilà ce qui parait avoir absorbé toute l'attention des peintres. Le reste étant chose matérielle, sans portée morale, religieuse ou sociale, ne valait pas qu'ils se donnassent la peine de le reproduire. De là cette complète absence des cordages qui devaient étayer le mât et faire tourner la vergue; de là cette négligence qui plaçait deux gouvernails l'un au-dessus de l'autre d'un même côté de la poupe, quand il lui était si facile de réserver sur le plan du gouvernail le plus éloigné l'épaisseur de la poupe.

J'ai dit, en parlant des galères, qu'elles étaient pontées ; il paraît que, hors les plus petites barques, tous les baris avaient aussi un pont au-dessus de la cale. Les barques symboliques elles-mêmes, qu'on voit en assez grand nombre dans les sculptures coloriées des appartements de granit à Karnak, et dans les décorations des styles et des murs de ces mêmes appartements (A, vol. III, pl. 34); la pirogue, si longue et si plate que la Description de l'Égypte a publiée (A, vol. II, pl. 75) d'après un manuscrit colorié sur papyrus; la barque emblématique qui se remarque sur le portique du grand temple de l'île de Philæ (A, vol. II, pl. 11), sont pontées de bout en bout, ou, au moins, à l'avant et à l'arrière. Sur le pont, quand il était entier, était établie une construction assez grande, occupant non pas toute la largeur du navire, car de chaque bord était une coursive où siégeaient les rameurs, mais assez vaste cependant pour contenir des passagers quelquefois nombreux. Cette chambre, dans sa longueur, pouvait avoir, sur les baris à 6 et 7 rames par bande, de 25 à 30 pieds (8^m). Elle était moins grande sur les embarcations de plaisance. Quelquefois, à l'avant et à l'arrière, on élevait de petites cages ouvertes par le haut, ouvertes aussi sur l'intérieur du navire, et semblables à des tribunes. Celle de l'avant était le poste du marinier qui maniait la longue perche avec laquelle il évitait les abordages que son navire pouvait faire, emporté par le courant, contre d'autres navires ou contre le rivage; avec laquelle aussi il poussait de fond et sondait pour annoncer les bancs de sable. On voit cette tribune ou galerie à l'arrière et à l'avant dans le bateau du Nil (n° 373 de M. Wilkinson). La tribune de l'avant, occupée par un des parents du mort que transporte la barque, et non par le brigadier(*) de l'embarcation, se voit sur le bateau n° 1 du convoi funèbre représenté dans un tombeau de Kourna, et gravé pl. 172 de l'ouvrage de Champollion jeune. A l'avant et à la poupe des baris d'El-Kab (*wood-cut* n° 370 de M. Wilkinson; pl. 44 de l'Égypte de

---

(*) C'est de ce nom qu'on appelle le marin qui, dans les embarcations françaises, manie la gaffe, à l'avant du canot. M. l'amiral Willaumez dit que *brigadier* vient de *brigade*, qui est le nom qu'on donne encore quelquefois à cette longue perche ferrée et à croc qu'on appelle la gaffe. Dans aucun dictionnaire, hors celui de l'honorable amiral, on ne trouve le mot brigade pris dans le sens de gaffe. Je crois, quant à moi, que la gaffe prit son nom du brigadier dont elle est l'instrument habituel, et que le brigadier fut nommé ainsi parce qu'il était le chef de la brigade de canotiers d'une embarcation. Le brigadier était le patron du canot quand le quartier-maître qui avait le titre de maître de chaloupe ne pouvait prendre le gouvernail. Si, comme le croit M. Willaumez, *brigade* était en effet un des noms de la gaffe, ce mot serait une corruption de deux mots : *brecken* (all.), *breack* (angl.), *breechen* (holl.), signifiant : bris; et *acht* (all.), *aandacht* (holl.), signifiant : attention. Attention au bris! serait un commandement, un avertissement qui pourrait très-bien être adressé au matelot chargé, quand une embarcation accoste un quai, un navire, de la défendre des chocs avec la perche ferrée dont il est armé. Dans cette hypothèse, *brech-acht* aurait fait successivement *brecat*, *bregate* et *brigade*. Cela n'est pas impossible, mais il n'y a rien de moins démontré, et je persiste à croire que le brigadier nomma la brigade, et non la brigade le brigadier.

M. Champollion-Figeac; A, vol. I, pl. 70, Description de l'Égypte), s'élèvent, parallèlement à la largeur de la chambre, des espèces de barrières, composées de quatre montants et d'une traverse qui devaient être solidement établis, car c'était sur la traverse qu'on tournait les étais du mât pour les roidir. Ces barrières étaient à hauteur d'appui; leurs pieds s'implantaient probablement dans une forte traverse où ils se chevillaient; et cette traverse, liée avec la quille par une épontille verticale, avait ses extrémités engagées dans un des membres à la hauteur du pont. Les montants extérieurs pouvaient servir à l'amarrage des câbles qui, des bateaux, allaient se tourner à une forte cheville coudée, plantée sur le rivage. (Boats for carrying cattle. *Thèbes. Wood-cut* n° 369 de M. Wilkinson.)

Aucune des figures navales égyptiennes qui sont venues à ma connaissance ne m'a montré un objet que j'aie pu prendre pour une ancre. Il est cependant impossible de supposer que les galères qui couraient la mer Rouge et allaient porter la terreur parmi les peuples de l'Inde, n'avaient pas un moyen de se tenir mouillées un peu au large de la côte, qu'il ne leur était pas toujours facile d'approcher à cause du ressac de la mer, ou parce que des écueils et des barres défendaient le rivage, ou parce que l'ennemi, bordant la terre et ne pouvant pas être immédiatement combattu, il fallait se tenir hors de la portée de ses projectiles. Probablement que de grosses pierres ou des masses de métal faisaient l'office que, depuis, a rempli l'ancre à une et à deux pattes. Ce qui me porte à le croire, c'est le passage suivant du II° livre, § 95, d'Hérodote : « Voici comment on les conduit (les vaisseaux de charge) en descendant le Nil; on a une claie de joncs et de bruyères tressés, et une pierre percée, pesant deux talents environ (*). La claie est attachée avec une corde en avant du navire qu'on laisse aller au cours de l'eau. On amarre la pierre à l'arrière avec une autre corde. La claie, emportée par le courant rapide, entraîne le baris, — car c'est ainsi qu'on nomme cette espèce de navire; — la pierre qui est à l'arrière drague le fond de l'eau et sert à diriger sa route. » Cette

---

(*) Larcher estime le talent : 51 liv. 6 onces, 7 gros, 24 grains. La pierre dont il est question pesait donc près de 103 livres (51 kil. et demi).

pierre n'est pas tout à fait une ancre, mais donnez-lui un poids assez considérable, un câble assez long, et le baris, au lieu de descendre tout doucement le Nil, emporté par la claie qui le remorque, restera immobile au milieu du fleuve.

Celui qui imagina de jeter une pierre au fond d'une rivière, et de s'en servir comme d'un modérateur pour diriger et tempérer la course d'une embarcation, celui-là fut le véritable inventeur de l'ancre. Que Pausanias fasse honneur de l'invention de cet instrument nautique si important à Midas, fils de Gordius; que Pline l'attribue aux riverains de la mer de Tyrrhène, toujours est-il que la pierre fut la première ancre, et que si, du temps de Sésostris, un autre moyen d'arrêter le navire à la mer et sur le Nil n'était pas connu, certainement celui-là devait l'être.

Arrien, dans son Périple du Pont-Euxin, raconte que, dans le temple d'une déesse du Phase, on lui montra l'ancre du navire Argo; que cette ancre était en fer, et que cette circonstance, autant que la ressemblance de l'instrument qu'on lui montrait avec les ancres dont se servaient les Grecs contemporains d'Arrien (deuxième siècle de l'ère chrétienne) la lui faisaient regarder comme postérieure à l'expédition des Argonautes. Il ajoute que, dans le même temple, on voyait de très-vieux fragments d'une ancre de pierre qui, plus vraisemblablement, était l'ancre du navire Argo.

Athénée, parlant du navire célèbre de Ptolémée Philopator, dit qu'il avait quatre ancres de bois et huit de fer. Ces dernières n'avaient probablement pas de pattes et de becs; car comment supposer que les autres en eussent? De quelle résistance sérieuse auraient été capables des ancres de bois pour tenir contre le vent une masse comme celle que fait supposer la fabuleuse description d'Athénée? Ces ancres de fer ne pouvaient être que des lingots d'un poids considérable; quant aux ancres de bois, c'étaient de grands tubes remplis de plomb. On lit, en effet, dans le v° livre des Antiquités de Diodore, que les Phéniciens, après avoir chargé d'argent leurs vaisseaux en Sicile, en remplirent leurs ancres, dont ils avaient extrait le plomb. Quand on n'employait pas une masse de pierre ou un lingot de fer, on se servait de paniers remplis de pierres ou de sacs pleins de sable.

L'historien des expéditions d'Alexandre, ce même Arrien que je citais tout à l'heure, dit quelque part que Cratès fit mettre sur l'avant de chacun des navires des ouvrages de vannerie, ayant la forme pyramidale, et remplis de quartiers de roche et de cailloux. Iphicrate, pour remplacer ses ancres, dit Polyenus, fit jeter à la mer des sacs de sable attachés aux câbles de ses vaisseaux. L'empereur Léon recommande, chap. xx de sa Naumachie, de ne pas négliger, dans les lieux où le sable est commun, et quand il faut mouiller souvent, d'avoir toujours prêts à être jetés à la mer, en guise d'ancres, des sacs pleins de sable et de gravier.

Ces exemples, que j'ai multipliés à dessein, prouvent que l'ancre fut longtemps une masse agissant seulement par son poids, et que même quand le fer se couda, pour mordre la terre, d'une dent aiguë,—ce fut alors que les Grecs purent l'appeler *ancura*, d'*ancuros* : crochu,—on ne négligea pas l'emploi de l'ancre primitive. Je persiste à penser que l'ancre des anciens Égyptiens n'était pas autre chose qu'une pierre informe, d'un volume proportionné à l'effort que pouvait faire le navire dans des circonstances données. Si la marine contemporaine de Rhamsès III avait connu l'ancre à pattes, sans doute nous la trouverions indiquée dans quelqu'une des représentations navales qu'on a tirées des monuments antiques. Sa forme n'est pas de celles que l'art égyptien aurait négligées; l'importance de son rôle était telle d'ailleurs que l'artiste l'aurait représentée, au moins quelquefois, comme toujours il représentait la perche de sonde, l'arme du brigadier.

L'œil qu'on voit dans la décoration extérieure des côtés de la proue, à certaines barques, n'était pour rien dans le service des ancres; ce n'était pas le passage pour le câble; rien du moins n'autorise à le croire. C'était plutôt un emblème, peut-être la tutelle du navire, l'œil du dieu qui guidait le bâtiment à travers les dangers de la navigation. Cet œil devint traditionnel; on le retrouve à l'avant de plus d'une galère, sur la colonne Trajane; les proues peintes que les fouilles de Pompéi ont données au musée Bourbon de Naples, où elles sont cataloguées sous le n° MCLXXI-P[1], ont les yeux des bâtiments de mer de l'antique Égypte, non pas sur la joue des galères, mais au-dessus de l'éperon : ici ce sont des ouvertures pour le passage des câbles, faites dans ce retranchement de la proue, au-dessus du rostre, que la marine moderne a appelé la *gatte*. Les chebeks calabrois que j'ai vus à Naples ont les deux yeux comme ceux des galères de Pompéi (V. pag. 24), et, pour le dire en passant, ce n'est pas le seul rapport qui m'ait frappé entre les bâtiments légers de la Calabre et les galères romaines. L'œil, trou orné servant au passage du câble, a nommé notre écubier, — *ocubie*, *oculus* — (*). Les Indiens ont conservé l'œil à la proue de leurs barques ; les Maltais ne l'ont pas abandonné. Tous les navires égyptiens qui me sont connus ne portent pas l'œil à leur avant ; les galères du bas-relief de Thèbes ne présentent point ce détail de décoration, et je ne m'en étonne pas. Les baris publiés par M. Wilkinson et par la Description de l'Égypte ne sont pas ornés non plus de cet emblème. Les peintures du tombeau de Rhamsès III, à Thèbes, montrent une barque emblématique ayant un œil à sa proue, et, derrière cette barque, une autre qui manque de cet ornement. Même chose se remarque dans les peintures des tombeaux de Kourna : une des barques funéraires n'a pas l'œil ; on ne l'a pas oublié à l'autre (pl. 172, tome II de l'ouvrage de Champollion jeune). L'œil se voit à une barque funèbre, fig. n° 3, pl. 127, de l'ouvrage de M. Rosellini ; à une autre barque, n° 1, pl. 128 ; enfin, à un baris remorqué par le bateau à voile dont j'ai parlé ci-dessus, pag. 79, baris portant un mort (pl. 133, n° 1). Une particularité que je ne dois pas omettre, c'est que ce navire a l'œil non-seulement à la proue, mais encore à la poupe et sur les pales de ses deux gouvernails. Dans ce signe, qui figure généralement sur l'avant des petits navires employés aux cérémonies mortuaires, et qu'on ne trouve pas sur les bateaux ordinaires du Nil, ne faut-il pas voir un emblème religieux ? L'emblème religieux sera devenu un ornement, puis enfin un trou pour le passage du câble.

La décoration extérieure des navires égyptiens admettait les couleurs brillantes ; le jaune, le vert, le rouge, le noir, étaient

---

(*) Le vieux catalan avait *escoe* (Consulat de la mer, chap. XXI) ; l'espagnol en a fait *escobene*, et le portugais *escoven*, qui est la même chose que l'ancien provençal *escoubier*. Les Italiens ont gardé le mot *occhio*, l'œil.

les tons les plus généralement usités pour la peinture du corps des bâtiments de toutes grandeurs, et de leurs mâtures. Quant au style des ornements, il ne différait en rien de celui que l'architecture civile avait adopté dans ses choses les plus simples. Une ligne de rectangles, espacés à peu près comme les sabords d'une batterie de canons, et tracés d'un ton vigoureux sur les flancs du navire, se dessine le long de la plupart des bâtiments. Quelquefois, comme dans le *Boat* (*wood-cut* n° 373 de M. Wilk.), elle part de la pointe de la poupe et va jusqu'à celle de la proue ; le plus souvent, comme dans l'une des barques du tombeau de Rhamsès III (pl. 16 de M. Wilkinson), et dans une des embarcations des tombeaux de Kourna (n° 1, pl. 172, Champollion jeune), cette ligne suit seulement la tonture des bâtiments entre les redressements des deux caps. Ces rectangles ne sont point, comme on pourrait le croire, les encadrements de fenêtres donnant du jour dans l'entre-pont, ou ceux de fenêtres simulées ; c'était un agrément, un jeu de peinture. Le jour arrivait dans l'entre-pont par des écoutilles ouvertes sur le pont, peut-être par quelques hublots, ou petites fenêtres à volets de bois, dont les peintres auront très-bien pu ne pas indiquer la place, d'autant plus qu'ils devaient être du ton général des flancs du navire. Le système du sculpteur thébain, que j'ai développé plus haut, ne devait pas permettre à cet artiste de tracer sur les figures des galères qu'il taillait dans le grès, les zigzags, les bandes longitudinales, les bordures, les lignes de rectangles, et autres capricieux ornements que l'art du décorateur multipliait sur les navires ; il s'en abstint donc complétement.

Les cabines, ou chambres d'un baris, ornées quelquefois à leurs angles de colonnes ou de pilastres, avaient un peu la forme sévère d'un temple. Leurs bases étaient plus larges en général que leurs sommets ; au-dessus des chapiteaux de leurs colonnes régnait un attique couronné par une corniche saillante. L'appartement que renfermait cette loge était éclairé, sur les barques de plaisance, par un vitrage de couleur (tombeaux de Kourna ; tombeau de Rhamsès III) ; dans les baris vulgaires, deux fenêtres au-dessous de l'attique, à l'arrière et sur chaque bord, éclairaient la chambre.

La proue et la poupe des navires de charge n'étaient décorées d'aucune figure sculptée. Ce luxe appartenait aux bâtiments de plaisance, aux barques emblématiques. Une barque symbolique de l'île d'Éléphantine, publiée dans la Description de l'Égypte (A, vol. I, planche 35), porte à l'arrière la tête d'un bélier, qui se retrouve à l'avant et à l'arrière de plusieurs des barques religieuses sculptées sur le temple de Karnak (A, vol. III, pl. 34). A l'arrière d'une barque qui figure parmi d'autres détails dessinés sur les murs de ce temple (même vol., pl. 22), est une tête de reine coiffée d'ornements symboliques. Ces images des dieux, ces attributs de la religion et de la royauté, faisaient souvent place à une sculpture coloriée et taillée dans le bois, représentant la fleur du lotus. Cette fleur sacrée, qui se mêle à tout dans la décoration architecturale chez les anciens Égyptiens, et qu'on trouve souvent peinte sur le gouvernail, termine très-gracieusement, en se recourbant à l'intérieur, les deux barques de Kourna (pl. 172), déjà citées plusieurs fois. Elle continue au contraire, extérieurement, les extrémités arquées des barques de Thèbes, sur lesquelles sont montés un chasseur aux canards sauvages et un pêcheur à la foëne (p. 41, chap. VIII, de M. Wilkinson). Dans plusieurs des barquettes représentées au plafond du temple de Dendérah (A, vol. III, pl. 34, Descript. de l'Égypte), on voit le lotus terminer à angle aigu les poupes et les proues. Cette disposition se fait remarquer aux extrémités d'une barque longue, fine, à deux gouvernails, gravée sur un sarcophage trouvé dans la mosquée de Saint-Anastase, à Alexandrie (A, vol. V, pl. 41); on la voit aussi sur un bateau religieux, aux rameurs nageant debout avec des pagaies, que les auteurs de la Description de l'Égypte durent à un manuscrit colorié sur papyrus (A, vol. II, pl. 75).

Les navires de plaisance portaient quelquefois, attachées à la tige des lotus qui couronnaient leurs extrémités, ou aux hampes de leurs gouvernails, des banderoles d'étoffe, dont les barques du tombeau de Rhamsès nous font connaître les couleurs : bleu et rouge. Ce bleu, joint au rouge, pourrait bien avoir été les livrées du roi Rhamsès III; la barque qui porte le trône de ce prince a en effet une voile quadrillée de ces deux couleurs, dont le rapprochement se fait voir encore dans la broderie de la voile aux deux antennes de l'autre barque (pl. 16 de M. Wilkinson) (*).

Sans doute, les navires de guerre portaient un pavillon national ou aux couleurs royales; si je ne suis point étonné que l'auteur du bas-relief de Thèbes se soit dispensé de charger les galères de Sésostris de gréements et de décorations extérieures, j'avoue que je ne comprends guère pourquoi il s'est abstenu d'arborer au mât ou à un bâton du pavillon l'enseigne égyptienne ou la figure du dieu sous la protection duquel le roi ne manqua certainement pas de mettre sa flotte quand elle partit pour cette grande et périlleuse expédition de l'Inde. C'était là un détail d'une haute importance et qui semble ne pas avoir dû échapper à l'attention soutenue de l'artiste. Il faut qu'une circonstance dont il est impossible aujourd'hui de trouver la cause, ait déterminé le sculpteur à priver les galères de l'honneur de marcher sous la bannière royale. Ce ne peut être un oubli, voilà tout ce que l'on peut dire; un oubli d'une telle nature eût été trop grave pour être supposable; à défaut du roi, le premier passant l'aurait signalé, et il eût été bien vite réparé.

Pour apprécier les qualités des vaisseaux égyptiens, au temps de Rhamsès IV, il faudrait avoir des éléments qui nous manquent et auxquels ne sauraient suppléer les hypothèses que nous pourrions fonder sur la connaissance, au degré où nous l'avons, des constructions navales de cette époque. Hérodote nous dit

(*) Je ne sais si le coloriste des planches de l'ouvrage anglais s'est trompé, mais, dans les *Monumenti dell' Egitto*, je trouve la barque du tombeau de Rhamsès III (pl. 108) portant une voile dont les carreaux, au lieu d'être alternativement bleus et rouges, sont bleus, blancs et rouges. Cette disposition de nos trois couleurs françaises, qui se remarque dans quelques autres peintures du même tombeau, et notamment sur une voile carguée d'une barque démâtée, serait plus frappante encore si la bannière n'admettait pas seulement le rouge et le bleu. Nous pouvons penser que le fond de la voile de lin était blanc, et que les dessins aux couleurs de Sésostris se jouaient sur ce fond de manière à valoir d'autant plus que le blanc les bordait et les faisait ressortir plus brillantes. Il serait curieux de reconnaître dans les livrées de Rhamsès III celles que les Valois adoptèrent, et qui, après avoir été portées par les pages et les officiers de Henri II, composèrent le pavillon national français au moment de la révolution de 1780 (voir un *Mémoire sur le pavillon tricolore*, que j'ai publié dans le 1ᵉʳ vol. de *la France maritime*, p. 113).

(liv. IV, § 96) : « Dans les longs jours, un vaisseau fait en tout 70,000 orgyies de chemin, et 60,000 par nuit. » Vingt-quatre heures d'une marche continue, dans les circonstances ordinaires, mais favorables, représentaient donc 130,000 orgyies. La marche moyenne d'un navire était, à ce compte, de 5,417 orgyies environ par heure. Or, d'après les calculs de Larcher, l'orgyie avait 5 pieds 8 pouces (1^m. 84^c.); le vaisseau faisait donc à l'heure 30,697 pieds 4 pouces (9,678^m.). La lieue marine, de 20 au degré, vaut 2,850 toises 41 pieds (5$^{kil.}$ 5556); il y a 5,116 toises dans les 30,697 pieds représentant la route d'une heure; le vaisseau faisait donc, par heure, une lieue, plus 2,307 pieds, ou 1 lieue ¾ environ (9$^{kil.}$ 72$^{déc.}$).

Avant d'en finir avec les navires des anciens Égyptiens, dois-je parler de quelques vaisseaux qui ont occupé les studieuses veilles de tous les savants dont les travaux ont eu pour but la connaissance des marines de l'antiquité? Et pourquoi le ferais-je? Ai-je l'espérance de résoudre des difficultés insolubles? Certainement non.

Qu'étaient ces deux vaisseaux à trente ordres de rames, construits par Ptolémée Philadelphe, au rapport d'Athénée? et le navire à vingt ordres qui figurait dans sa flotte, avec quatre de treize ordres, dix de douze, quatorze de onze, trente de neuf, trente-sept de sept, cinq de six, et dix-sept de cinq? J'avoue tout naturellement que je l'ignore. J'ai essayé toutes les combinaisons que l'art des constructions navales peut admettre, et aucune ne m'a donné un résultat qui ne répugnât pas à la raison. J'ai étudié tous les systèmes qu'imagina la savante critique des Baïf, des Scheffer, des Gyraldi, des Bechi, des la Cerda, des Meibomius, des le Roi, des Howell, et je n'ai pu y trouver aucune véritable lumière sur la question de la superposition des rames. Chacun soumet les textes à une idée fixe, chacun fait dire aux mots ce qu'il a besoin qu'ils disent (*); tous arrivent à des impossibilités plus ou moins ingénieusement dissimulées. On ne sait plus ce que voulaient dire, il a deux mille ans : triacontère, trieremiolias, heptères, pentères, hexères, etc.; on ne sait pas

(*) Pour donner quelques exemples de l'incertitude où les textes anciens

davantage si la version des anciens manuscrits qui nous a transmis ces mots inentendus était correcte, et si ces mots nous sont arrivés avec leurs conformations véritables. Tout ce que la

peuvent jeter la critique, voyons Lucain parler de la fuite de Cléopâtre dans une birème (liv. x, vers 56) :

— In parvâ Cleopatra biremi
Corrupto custode Phari, laxare catenas
Intulit Emathis, ignaro Cæsare, tectis.

Scheffer croit que cette petite birème, appelée ailleurs par Lucain : *non longa*, était seulement un canot à deux avirons, comme la *scapha biremis* de l'ode 29 d'Horace. Cela est probable ; mais enfin voilà *biremis* qui désigne ici un navire fort différent de la birème ou *dicrota* qui avait deux ordres de rames. Un même mot pour désigner deux bâtiments, dont l'un pouvait avoir 120 pieds de long, quand l'autre pouvait en avoir 15 ou 20 ! Plutarque, dans la Vie de Thésée, rapporte que le conseil des Grecs décréta tout d'une voix qu'à l'avenir aucune *trière* ne pourrait naviguer avec plus de cinq hommes. Quel rapport y a-t-il entre cette *trière* et celles qu'au rapport de Polybe, Antiochus trouva à Tyr, et celles dont Diodore de Sicile montre les éperons allant porter à des navires des coups que ceux-ci avaient l'adresse d'éviter? Les premières étaient certainement de celles que Plutarque appelle ailleurs : *triscalmon*, à trois scalmes, à trois rames ; les autres étaient de grands navires de guerre. Pourquoi un seul mot pour nommer des choses si dissemblables ? Le scoliaste de Thucydide veut que l'historien, parlant de la marine de Troie, dise : « Les Troyens n'avaient pas de navires pontés (*cataphracta ploïa*), mais des barques ouvertes comme celles des corsaires. » Je crois qu'il a raison. Mais un navire *cataphracté* était-il la même chose qu'un navire *catastromaté*? Scheffer le prétend, et je crois qu'il se trompe. Quand Pollux (liv. 1er, chap. IX) dit : « Ceux qui sont dans la catastromate sont les combattants, » il me paraît clair qu'il veut dire qu'ils sont dans la partie fortifiée, dans le château, derrière la pavesade qui s'élevait verticalement sur le côté, ou à la proue et à la poupe, comme le pont s'étendait horizontalement. Je crois cela d'autant plus que je vois chez Polybe (liv. 1er) des hommes prêts au combat dans les catastromates, comme chez Thucydide ; et que je trouve chez Plutarque, Thémistocle tenant conseil dans la catastromate, « qui est la partie la plus élevée du navire, » dit le biographe. J'ai contre moi Scheffer et plusieurs autres ; mais il me semble que j'ai pour moi Hésychius, qui définit : catastromata, la partie du navire où se tiennent les soldats et où ils combattent. Voilà un faible échantillon des difficultés dont est entouré tout ce qui touche à la marine des anciens dans les textes les plus respectables ; voilà ce qui explique comment on a pu écrire vingt traités sur une question qui n'est pas moins obscure aujourd'hui que si elle sortait vierge encore des textes et des monuments plastiques.

haute intelligence des premiers éditeurs aura pu faire, c'est de conférer ensemble des copies plus ou moins exactes, et de donner des variantes qui malheureusement n'éclaircissent rien dans une question de cette nature. En admettant que, du temps d'Athénée, et même du temps de Callixène, à qui Athénée emprunta les détails du navire de Ptolémée Philopator, les mots que j'ai cités et tous les autres de cette espèce fussent bien ceux que nous connaissons aujourd'hui, notre embarras ne serait pas moindre. Qui nous assure, en effet, que, depuis leur première formation, ils n'avaient pas changé, qu'aucune corruption ne les avait rendus méconnaissables, qu'ils signifièrent, à deux ou trois siècles de distance, absolument la même chose, qu'ils désignèrent la même espèce de navire ? N'arriva-t-il pas au bâtiment connu sous le nom de Trière ou Trirème ce qui est arrivé au Chat, à la Frégate, au Chaland (voir Mémoire n° 4) ? Les autres navires ne subirent-ils pas des modifications analogues ? Et puis, tenons-nous les mots des marins eux-mêmes, des hommes spéciaux à l'art ? Non ; ce sont les poëtes, les historiens qui nous les ont transmis, et nous savons, par une expérience de tous les jours, ce que les poëtes et les écrivains les plus érudits entendent à la marine ! Athénée, Callixène, Plutarque, Diodore de Sicile, Tite-Live, Tacite, Silius Italicus, etc., étaient-ils plus versés dans la connaissance des choses navales que le poëte célèbre à qui nous devons les odes intitulées : *Canaris* et *Navarin* ? qu'un autre poëte, qui dit de la frégate *la Sérieuse* :

> Sa quille mince, longue et plate,
> Portait deux bandes d'écarlate
> Sur vingt-quatre canons cachés.
>   (ALF. DE VIGNY) (*) ?

(*) Il est difficile de renfermer plus de non-sens dans trois lignes. On conçoit qu'une quille soit mince, longue et plate, bien qu'une frégate, si légère qu'on la suppose, fût très-mal établie sur une pareille base de construction ; mais on ne comprend guère le caprice du capitaine qui fit mettre deux bandes de peinture écarlate sur une quille que personne ne pouvait voir, enfoncée qu'elle devait être dans l'eau, de 10 pieds environ. Ce luxe pourrait se comparer à celui d'un homme qui, par une vaniteuse folie, mettrait à ses bottes des clous à têtes de pierres précieuses. Ce qui est moins intelligible encore que ces deux bandes d'écarlate, c'est

Probablement non, et il serait facile d'appuyer ce jugement de nombreuses citations, qui prouveraient ce qu'il y avait de vague et d'obscur dans l'idée que ces hommes célèbres se faisaient, non-seulement de la marine et des navires anciens, mais en-

la quille placée *sur* vingt-quatre canons cachés. Cela veut dire que les vingt-quatre canons de la frégate étaient sous la quille, ce qui est possible et raisonnable à peu près comme le serait l'établissement d'une batterie sous les fondations d'une demi-lune. Il est impossible que M. Alfred de Vigny ait voulu exprimer des idées aussi contraires au plus simple bon sens; ce qu'il a voulu dire, sans doute, c'est que la frégate *la Sérieuse* était longue, fine, délicate, et que ses flancs peu renflés étaient peints d'une double raie rouge passant sur les sabords qui cachaient une batterie de vingt-quatre canons. Que, dans deux mille ans, un antiquaire prenne au pied de la lettre les trois vers de M. Alfred de Vigny, il fera ce que la critique a fait des trirèmes, des quinquerèmes, et de la galère à quarante étages de rames de Ptolémée Philopator. Le même embarras attend celui qui, les odes de mon ami M. Victor Hugo à la main, voudra recomposer l'armée turco-égyptienne écrasée à Navarin (20 oct. 1827). L'ode intitulée *Navarin*, écrite quelques jours après l'événement, à Paris, ville où l'auteur pouvait avoir des renseignements authentiques en s'adressant au ministère de la marine, lui paraîtra sans doute un document précieux. Il y trouvera beaucoup de détails qui lui feront connaître les espèces de navires que le sultan de Constantinople et le pacha d'Égypte avaient réunis pour une dernière expédition contre les Grecs; et voici comment il pourra raisonner :
« La flotte chrétienne ou la flotte ottomane avait des vaisseaux à trois ponts, car une des strophes dit :

« Ici court le brûlot frêle
Qui... ronge un navire à trois ponts. »

Or, il n'y avait pas à Navarin de vaisseaux de cette grandeur. Le plus gros vaisseau de ligne portait quatre-vingt-dix canons en deux batteries, et non cent dix ou cent vingt en trois batteries.

« On alla à l'abordage; témoin ces vers :

« L'abordage! l'abordage!
On se suspend au cordage,
On s'élance des haubans,
La poupe heurte la proue... »

On n'alla cependant point à l'abordage. La flotte chrétienne se mouilla très-près de la flotte ottomane, ancrée au fond de la baie de Navarin. On combattit donc à l'ancre, quelques-uns à petite portée de fusil, d'autres à demi-portée de pistolet; mais il n'y eut pas d'abordage.

« Il y avait des galères, des caïques, des tartanes, des nefs, des yachts, dans l'armée du sultan, car Hugo dit :

core des vaisseaux de leurs époques. Trois d'entre eux, par la manière dont ils parlent du navire géant de Philopator, montrent assez qu'ils n'avaient aucune notion de ce qui touchait à la construction des bâtiments à rames. Callixène accueillit une

> « Sur les mers irritées
> Dérivent, démâtées,
> Nefs, par les nefs heurtées,
> Yachts aux mille couleurs,
> Galères capitanes,
> Caïques et tartanes, etc. »

Eh bien, non, il n'y avait rien de tout cela. Passons sur les *nefs* ; nef n'est qu'une conformation poétique, et j'espère que dans deux mille ans l'archéologue marin ne s'y laissera pas prendre. Il saura qu'au dix-septième siècle cette dénomination avait disparu du vocabulaire des gens de mer. Qu'auraient fait des yachts à la suite d'une armée ? Les yachts sont des barques de plaisance, des *naves lusoriæ*, comme disaient les riches patriciens de Rome, qui avaient de ces petits bâtiments pour leurs promenades voluptueuses sur les eaux tièdes du golfe de Baïa ; les Turcs n'en avaient point à Navarin. Ils n'avaient pas davantage de caïques, qui ne servent qu'aux petites navigations de la mer Noire. Ils pouvaient avoir des tartanes ; mais assurément ce n'était point parmi leurs bâtiments de guerre. Quant aux galères, ils en auraient donc fait faire exprès pour justifier ce vers :

> Rameurs courbés sur leurs bancs.

La marine des galères a fini avec le dix-huitième siècle. Gênes a encore dans sa darse, au lieu même où Flesque se noya le jour de sa levée de boucliers contre André d'Oria, deux vieilles demi-galères qui ont servi dans la dernière guerre de la Sardaigne contre Tunis. C'est tout ce qui reste de cette célèbre famille des galères qui a eu une si grande importance pendant plus de trois mille ans. Ces demi-galères génoises sont désarmées et ne serviront probablement plus. Si les Turcs avaient eu des galères à Navarin, ils n'auraient pas eu *des galères capitanes* ; car il n'y avait qu'une capitane, montée par le capitan-pacha ou amiral de la flotte. Nous ne dirons rien *des mers irritées* du poëte ; le 20 oct. 1827, la baie de Navarin était parfaitement calme ; il ventait une très-légère brise.

L'archéologue reprendra : « Il y avait à Navarin des sloops, des jonques, des barcarolles ; le poëte dit en effet :

> Adieu, sloops intrépides,
> Adieu, jonques rapides...
> Adieu, la barcarolle... »

Il pouvait y avoir des sloops, et j'accorde qu'ils aient pu être intrépides, bien que mouillés en seconde ou en troisième ligne derrière les bâtiments

fable populaire qui avait tout l'attrait du merveilleux, et, pour rehausser la gloire d'un roi magnifique, il se plut à amplifier cette fable en décrivant le navire fastueux construit par les soins de ce monarque, comme un auteur arabe aurait décrit le palais

de guerre ; mais il n'y avait certainement pas de jonques et surtout de jonques rapides ; et cela par deux raisons fort simples : 1° la jonque est un bâtiment chinois et non pas turc ou égyptien ; 2° la jonque est le plus lourd, le plus lent des navires imparfaits qu'une vieille tradition ait conservés dans la mer chinoise. Pour ce qui est des barcarolles, difficulté plus grande encore. La barcarolle est la chanson du *barcaruolo*, le batelier italien ; la barquerole est un petit canot des lagunes de l'Adriatique, qui n'avait rien à faire dans une armée navale.

« Il y avait des caravelles, des dogres, des brigantines, des balancelles, des lougres, des galéasses, des yoles, des mahones, des prames, des felouques, des polacres, des chaloupes canonnières, des lanches, des bombardes, des caraques, des gabarres, enfin des galères *chenues*, comme le prouvent cinq strophes où ces noms sont rassemblés. »

Eh bien, non encore. Tout ce qu'il pouvait y avoir, ce sont des gabarres, des felouques et des polacres, parmi les bâtiments de transport ; mais des caravelles, point. La caravelle qui eut l'honneur d'aller avec Colomb à la recherche d'une terre nouvelle n'est plus en usage depuis bien longtemps. Le dogre existe, mais il n'est pas turc. Il y a en France des brigantins ou petits brigs, en Angleterre des brigantines ; mais le brigantin n'a pas la voile latine, comme le dit M. Hugo pour la rime. C'est maintenant un navire carré. (Voir Mémoire n° 4, et Rapport au ministre, p. 7.) La balancelle ou *paranzello*, ainsi que l'appellent les Napolitains, est une embarcation pointue par les deux bouts, gréée à la latine, propre à la pêche (voir le *Guida pel golfo di Napoli* (1828), page 18), propre aux petites navigations et aux explorations des côtes, mais qui ne peut avoir sa place ni dans une armée ni dans un convoi de bâtiments de transport. Nous avons deux balancelles armées, à la Calle, pour la protection de la pêche du corail. Le sultan n'avait pas de lougres ; le lougre (*lugger*, angl.) est un bâtiment du Nord qui va rarement dans la Méditerranée. Ce petit navire de guerre est assez élégant, et je ne sais pas trop pourquoi M. Hugo l'a déshonoré de l'épithète : *difforme* ; à moins que ce ne soit pour rimer à énorme : *galéasses énormes*. Les galéasses ont fini avant les galères. Pas plus de yoles comme navires de guerre que de yachts. Les yoles sont des canots très-fins et très-légers dont se servent les capitaines des bâtiments anglais et français. Les mahones ont été abandonnées vers le milieu du dix-septième siècle (voir Mémoire n° 6). Il n'y avait point de prames à Navarin. Quant aux felouques et aux polacres, s'il y en avait, les premières n'étaient pas à *six rames*, ce qui les ferait trop petites pour figurer parmi les bâtiments de transport ; les autres n'avaient pas deux mâts, parce

imaginaire d'un prince des Esprits. Plutarque et Athénée n'hésitèrent pas à reproduire les imaginations de Callixène; ils les adoptèrent sans les examiner du point de vue maritime, et le navire de Ptolémée Philopator, présenté au monde savant par

que la polacre à trait carré ou à voiles latines a trois mâts. Il n'y avait pas de chaloupes canonnières; pas de bombardes; pas de lanches, qu'il aurait fallu emprunter à l'Amérique; pas de carraques, abandonnées à peu près en même temps que les caravelles, les mahones et les galéasses, surtout pas de galères chenues. Que pouvaient être des galères chenues? pourquoi chenues? Hors la réale de France, il n'y avait peut-être pas une galère blanche sur les eaux des deux mers. *Chenues* ne vaut pas mieux que *bizarres*, appliqué aux carraques et aux gabarres. Ces navires n'avaient rien de bizarre, pas même leurs noms (voir Mémoire n° 7).

Au vrai, la flotte turco-égyptienne consistait en trois vaisseaux de ligne, un vaisseau rasé, seize frégates, vingt-sept grandes corvettes, vingt-sept brigs de guerre, quarante bâtiments de transport portant des canons de gros calibre, quelques petites goëlettes-avisos et six brûlots. (Correspondance officielle de l'amiral de Rigny.)

Sans doute, M. Victor Hugo n'était pas forcé de savoir cela; il n'était pas obligé de parler le langage des marins; mais pourquoi affecter ce langage quand on l'ignore? La *couleur locale* n'est qu'à la condition de la vérité. L'école dont M. Victor Hugo est le chef justement célèbre, a voulu remplacer toutes les conventions anciennes de l'art par la réalité; on ne peut donc lui pardonner l'emploi de noms qui ne figurent plus qu'au dictionnaire des antiquités maritimes, quand dans une œuvre à la fois historique et lyrique, elle raconte un fait contemporain. M. Hugo aura ouvert un dictionnaire de Romme ou de Lescalier, et, en feuilletant les planches, il aura trouvé les noms et les figures de bâtiments qu'il aura jetés ensuite dans sa nomenclature poétique, comme fit Rabelais (voir Mémoire n° 9), sans s'informer de la convenance de l'emploi de ces noms sonores. Ce n'est pas un bien grand malheur, assurément; mais l'ode eut valu beaucoup mieux, si ces non-sens n'en avaient pas gâté quelques parties.

J'ai insisté sur ce point pour montrer avec quelle défiance il faut lire les poëtes quand ils parlent de la marine. Virgile et Wace sont des exceptions que je me plais à signaler. — J'ai appris à ne pas me fier, sans un long examen, aux textes anciens et aux monuments où se trouvent des figures navales, et je suis convaincu que la grande majorité des historiens — et des plus estimés — sont aussi peu croyables, quand ils relatent des faits maritimes, que MM. Victor Hugo et Alfred de Vigny. (Voir ce que j'ai dit de M. Eugène Sue dans une note du Rapport au ministre de la marine, page 7 de ce volume.)

deux écrivains de cette autorité, devint une espèce d'arche devant laquelle tout le monde s'inclina (*).

Baïf (p. 39 et 40 des *Annotationes*) accepte respectueusement la tradition accréditée par Plutarque et Athénée ; il cite les deux textes, sans se permettre une observation. J. Scheffer est plus hardi ; il cherche à se rendre compte de l'arrangement des rames (p. 89, *de Militia navali veterum*) ; il discute ensuite l'hypothèse de l'Anglais Thomas Rive et celle de Henri Sauli ; et il conclut en proposant une combinaison non moins impossible que celle de Sauli et de Rive. Depuis ces deux critiques, les plus savants et les plus ingénieux qui aient traité jusqu'à présent la question des navires à rames de l'antiquité, tout le monde a touché au navire de Philopator, et personne n'a trouvé un système qui puisse rendre intelligible ce qui, j'en suis convaincu, ne saurait l'être. Pour moi, venu après tant d'érudits, humble écolier, après des maîtres si habiles, je ne chercherai point, par un examen des suppositions émises sur cette matière, à montrer qu'aucun des auteurs de ces suppositions n'a entendu la question ; ce serait perdre un temps que je puis plus utilement employer. Je dirai nettement que je ne crois pas au navire de Ptolémée Philopator, tel qu'Athénée nous l'a peint avec complaisance. Ce navire me paraît impossible. Ma raison se refuse à prendre au sérieux un conte qu'il faut ranger parmi tant d'autres inventions dont l'histoire abonde. Je ne crois pas plus à la galère « quadraginta ordinum, » longue de 280 coudées (420 pieds — 136^m·43^c·), large de 38 coudées (47 pieds — 15^m·27^c·), haute au-dessus de l'eau de 48 coudées (72 pieds — 23^m·38^c·),

---

(*) Plutarque était du premier siècle de l'ère chrétienne ; Athénée était de la fin du deuxième ; il y avait donc entre eux et les Ptolémée Philadelphe et Philopator trois ou quatre cents ans d'intervalle. A une telle distance de l'événement, quel moyen de vérification pouvaient avoir des hommes dont l'étude spéciale n'était pas la marine ? Un Archimède, un Vitruve, traitant des choses navales seraient peut-être dignes de foi ; ils en parleraient scientifiquement ; mais Callixène, Plutarque, Athénée, que leur importe l'exactitude sur des faits de cette nature ? Ils recueillent une tradition, ils répètent des mots techniques dont le véritable sens les touche assez peu ; et pourvu que la chose qu'ils racontent paraisse surprenante, ils ont atteint le but qu'ils se proposaient : intéresser par la grandeur de l'image, frapper par le merveilleux.

que je ne crois au long cheval qui portait les quatre fils Aimon.

Je ne crois pas à ses quatre gouvernails, dont l'action simultanée me semble si difficile de la part des timoniers, que je la dis impossible.

Je ne crois pas à ses deux proues dont l'angle rentrant devait présenter une telle résistance à l'eau pendant la navigation, qu'il ne pouvait y avoir qu'un art voisin de la barbarie capable de construire un bâtiment armé de cette double proue, et l'art égyptien était bien loin de son enfance, douze cents ans après les grands armements maritimes de Rhamsès IV.

Je ne crois pas à sa double proue, parce qu'au lieu d'être un avantage, elle eût été un obstacle, les deux corps distincts qui la devaient composer présentant un ensemble peu solide, mal lié et toujours violemment ébranlé par le remous très-grand qui, dans l'angle de leur réunion, devait faire un effort d'écartement très-considérable.

Les sept rostres, dont un était plus saillant que tous les autres, plus petits que lui, ne me semblent pas un armement sérieux; — car à quoi auraient pu servir les six petits quand le plus grand les devançait? — et je n'y crois pas.

Je ne crois pas surtout à ces rames des thranites, les plus longues des rames de ce navire à quarante étages, et qui n'avaient que 38 coudées de longueur (57 pieds — 18^m. 51^c.) quand le navire était de 48 coudées (23^m. 38^c.)!

Je ne crois pas à ses quatre mille rameurs qui auraient été trop faibles pour manier des rames de cinquante-sept pieds, même plombées à la poignée, comme Athénée veut qu'elles l'aient été, et qui n'auraient pu armer quarante ordres ou files en longueur, ainsi que l'on est convenu d'entendre le mot *ordo*; car, en n'en mettant qu'un à chaque rame, ce qui est absurde, il n'y aurait à chaque étage que cinquante bancs, dans une longueur de près de 400 pieds, autre absurdité.

Je ne crois pas davantage à ses deux mille huit cent cinquante combattants répartis dans ses châteaux et derrière ses pavesades; parce que, suivant l'observation de Plutarque lui-même, cette galère ressemblait beaucoup plus à un édifice immobile qu'à un vaisseau, et qu'incapable de naviguer, il était ridicule qu'on le chargeât d'une garnison si considérable.

Quant à ses peintures éclatantes et variées, aux figures terribles et bizarres d'animaux qui décoraient ses proues et ses poupes, et que le reproducteur de Callixène dit n'avoir pas été moins grandes que 12 coudées (18 pieds — 5^m 84^c·); quant aux galeries de feuillages d'où sortaient ses rames, et à l'immense charge de grains qu'elle pouvait porter dans sa cale, qu'importe ?

Je n'admets donc, sous aucun rapport, cette fable si accréditée de la galère de Philopator. Un navire à quarante étages de rames, quelque combinaison que l'on imagine pour leur distribution, est impossible. — Si l'on avait été assez insensé pour le construire, on n'aurait certainement pas été assez heureux pour le faire naviguer. — Des auteurs accrédités ont dit qu'il fallait à une galère de vingt-six avirons par bande, et de 135 pieds de long, un quart d'heure pour virer de bord ; il aurait fallu à ce compte environ une heure à la galère de Philopator pour faire cette évolution. Quel résultat de tant de peines prises par les constructeurs, de tant d'argent dépensé par un roi qui avait beaucoup de vanité, sans doute, mais qui n'était pas insensé.

Si je rejette le navire de Ptolémée Philopator, je n'admettrai ni celui que Diodore de Sicile prête à Sésostris, et qui, long de 280 coudées et construit de bois de cèdre, était dédié au dieu de Thèbes ; ni celui du tyran Hiéron, qui le cédait un peu en grandeur à celui de Ptolémée ; ni quelques autres dont les historiens trop faciles font mention. Après la galère à deux rangs de rames superposées que j'admets, et dont j'ai dit ailleurs quelle pouvait être la forme (Mémoire n° 4), je ne connais aucun vaisseau long que l'on puisse raisonnablement expliquer, et qui s'établisse sur la foi des monuments auxquels la critique peut avoir une confiance entière ; aucun qui ne trouve contre lui un texte aussi respectable que celui à l'aide duquel on l'a voulu restituer ; aucun dont le nom ne me fasse croire à une de ces erreurs d'interprétations que j'ai signalées plus haut.

Je crois fermement que jusqu'au jour où un helléniste habile aura, par une étude spéciale, fixé, dois-je dire deviné? le sens des mots de la langue maritime grecque, tout à fait inconnu aujourd'hui, la question des galères grecques et romaines restera insoluble. Je ne serai pas cet homme heureux. Ce n'est pas au moins que le courage me manquât : j'ai prouvé par douze années de patientes études sur les langues maritimes modernes et du moyen âge, que rien de ce qui peut m'être accessible ne rebute ma persévérance ; mais il me faudrait une connaissance approfondie du grec que je suis bien loin d'avoir ; car je ne suis pas grec du tout, et je n'ai guère espérance de le devenir.

Les éléments que l'on possède sont si incertains qu'ils se sont prêtés à toutes les conjectures de la critique ; c'est sur des bases plus solides que je veux asseoir mes travaux. Je ne m'occuperai donc point des questions qui, au seizième siècle et depuis, mirent à de rudes épreuves la sagacité d'une douzaine d'érudits, dont le tort fut, selon moi, de prendre pour sincères des marbres et des médailles que l'on ne doit pas interroger sans crainte, et de croire à des textes de poëtes ou d'historiens, ou à l'interprétation de ces textes faite par des scoliastes qui, ignorant les choses maritimes, ont prêté aux termes spéciaux des sens qu'ils n'ont pu avoir sur les chantiers d'Athènes.

Le Mémoire qu'on vient de lire est tout ce que ces Études sur les antiquités navales présenteront touchant les navires des âges antérieurs à l'ère chrétienne ; ne contînt-il que la démonstration de ce fait : la galère subtile du dix-huitième siècle est une tradition assez fidèle de la galère égyptienne du quinzième siècle avant Jésus-Christ, — je crois qu'il ne serait pas tout à fait sans valeur aux yeux des hommes de la science.

MÉMOIRE N° 2.

SUR LES NAVIRES DES NORMANDS (*).

Examen d'un passage de Tacite sur les navires des Suiones. — Citation de deux autres passages du même auteur à l'appui de l'explication du premier. — La Chatte du Croisic. — Le Prao-volant. — L'Amphisdrome de M. l'amiral Willaumez. — Curach. — Le *Holker* scandinave. — Une pirogue brésilienne. — Monoxile de Missolonghi. — Hui, Heu, Hulke, Hulec, Hourque. — Le Drakar. — Les Haraha du calife Amin. — Le Snekkar. — La Trane. — Les Durcons. — *Brant.* — Dispositions intérieures des navires scandinaves. — *Fyrir.* — *Ser.* — Luxe de quelques vaisseaux normands. — La tête sur le *Brant.* — Gouvernail. — Mâture. — Gréement. — Girouette. — Voilure. — Emblèmes sur les voiles. — Garniture des vergues et des voiles : écoutes, bras, cargues, boulines, itagues, bandes et garcettes de ris. — Étendard. — Ancres. — Armements. — Tactique navale. — Ordre de bataille. — Le *Stafnliar.* — Navigation. — APPENDICE : *De nave et partibus ejus.*

FORME. — Tacite, dans sa *Germanie*, en parlant des Suiones, aïeux antiques des Danois, décrit leurs vaisseaux qui « diffèrent, dit-il, des vaisseaux romains, en ce qu'ayant une proue à chaque extrémité, ils ont un front, — un éperon, — toujours prêt à l'abordage (*quod utrimque prora paratam semper appulsui frontem agit*). Les Suiones ne vont pas à la voile, et n'attachent point leurs rames en ordre régulier sur les côtés de leurs navires, (*nec remos in ordinem lateribus adjungunt*), mais ils ont des rames (*remigium*) libres (*solutum*), et comme on en voit sur

---

(*) En 1836, l'auteur lut ce mémoire à l'Académie des inscriptions et belles-lettres (Institut royal de France).

quelques rivières, pouvant agir d'un côté ou de l'autre au besoin (*mutabile, ut res poscit, hinc vel illinc*) (*). »

Ce passage a peu occupé les commentateurs qui, ne l'ayant pas compris tout d'abord, l'ont négligé; il a inspiré à un homme d'un grand savoir et d'une admirable patience dans l'étude, cette seule phrase qui prouve qu'il n'en avait pas bien pénétré le sens : « Ces vaisseaux *dont la forme singulière* a été décrite par Tacite. » Si M. Pardessus a renoncé à expliquer cette *forme* qu'il appelle *singulière*, il semble qu'on puisse désespérer de l'expliquer jamais; il faut essayer cependant.

Ce vaisseau, qui a une proue à chacune de ses extrémités (*utrimque*), pour être toujours prêt à donner ou à recevoir l'abordage, soit que l'ennemi vienne devant ou derrière lui, relativement à sa direction du moment, ne se peut-il pas aisément comprendre? Il n'a point d'arrière, proprement dit, point de poupe; il a deux proues au contraire, poupes chacune à son tour; il a des façons égales à ses deux bouts; il n'a pas besoin de virer de bord, opération longue quelquefois, difficile, où l'on casse des avirons quand la mer est mauvaise;—et, quoique dise Tacite de « la mer dormante et presque immobile » des Germains, l'Océan septentrional est dur, souvent irrité, révolté contre l'homme, le navire et la rame. — Il ne perd donc pas de temps pour l'attaque, il est toujours prêt et armé pour la défense. S'il est gagné de vitesse par son ennemi, il ne peut être surpris; car l'agresseur vient-il par derrière, il lui fait front tout de suite, sans se déranger (*frontem agit*); lui vient-il par côté, il n'a qu'un demi-tour à faire pour présenter son éperon. Et c'est pour cela qu'il a besoin d'avoir les rames dont l'arrangement paraît étonner Tacite.

Ces rames ne sont point attachées, les unes à côté des autres, régulièrement, sur le bord du navire; elles sont libres, et peu-

---

(*) M. C. L. P. Panckoucke a traduit ainsi (*la Germanie*, 1824) : « Les rameurs ne sont pas *engagés par rangs dans les flancs du navire*, mais ils sont libres; et l'on peut, selon l'occasion, les placer et les déplacer, ainsi qu'il est d'usage sur quelques-uns de nos fleuves. » On va reconnaître tout à l'heure, par l'examen que je ferai de ce passage, que M. Panckoucke n'a pas saisi le sens de Tacite, et qu'il a eu tort de transporter aux rameurs ce que l'auteur latin dit des rames.

vent fonctionner de çà et de là. Les avirons de la gondole vénitienne ont, dans leur action si ingénieuse et si complexe, deux mouvements qui peuvent donner idée de ceux des rames des Suiones. Ils ont pour point de résistance sur le bord du canot — et je dis *résistance*, parce que l'aviron est un levier de deuxième espèce dont le point d'appui est dans l'eau, la résistance à l'endroit du navire où il s'attache, et la force à la poignée que dirige le rameur, — ils ont une fourche (*forca* ou *forcola*), entaillée à sa tête, au milieu et à son pied. Si la gondole veut aller en avant, c'est dans l'entaille de la tête que l'aviron est placé, de l'arrière à l'avant, parce que le rameur pousse la barque devant lui, et qu'en même temps il la gouverne en lui donnant l'impulsion directe; si elle doit rétrograder, l'aviron descend dans l'entaille du pied qui est du côté de l'avant, et l'impulsion a lieu en arrière. Les rames suioniennes, agents d'un navire qui pouvait aller également en avant et en arrière, devaient pouvoir être transportées en arrière et en avant de la broche de fer ou de bois, — le *scalmus* antique, le *tolet* moderne, — où elles s'appliquaient pour fonctionner.

Ceci ne suffit-il pas à expliquer le *mutabile* de Tacite? Faut-il voir des rames passer à droite ou à gauche quand le navire a à se soutenir contre le vent et la lame qui le battent de côté? faut-il voir de ces rames quitter leur poste en avant pour aller à l'arrière, afin de donner plus de place aux combattants qui vont à l'abordage, ou pour soulager la proue quand la mer est grosse et que le navire a de la peine à monter sur les vagues enflées? Cela complète-t-il mieux les suppositions que fait naître l'expression : *mutabile, ut res poscit, hinc vel illinc remigium*? Je crois, pour moi, que toutes ces manœuvres des avirons pouvaient se faire; je crois même qu'elles se faisaient. La raison n'y répugne point; et nous voyons qu'aujourd'hui on agit d'une manière analogue dans de certaines circonstances (*).

(*) Quand une embarcation marchant à l'aviron reçoit par le travers (de côté) un vent assez fort pour la faire dériver beaucoup, s'il y a des tolets de reste à la bande sous le vent, on borde quelques avirons de plus de ce côté-là. Leur effet est de soutenir le navire et de le faire remonter dans le vent. C'est un point d'appui solide et dont l'efficacité est si bien appréciée sur les navires, qu'elle a donné lieu à un proverbe très-signifi-

Quant au navire à deux proues, il était plus avancé que la galère romaine, obligée de virer de bord. Je ne sais si la *Chatte*, ce petit bâtiment de transport qui a un gouvernail à chaque bout, un gréement et une voilure dont la pondération est telle que tout, devant, soit comme derrière; qui louvoie sans changer de côté, est une descendante des navires suioniens; mais on la trouve dans les baies du Morbihan et de la Vendée, sur cette côte fréquentée par les Danois au temps de leurs expéditions de piraterie, et qui a gardé un long souvenir de ces conquérants du Nord. Le *Praovolant* des Carolines a aussi deux avants pour ne pas virer de bord. Dans une pensée de progrès, M. l'amiral Willaumez, praticien habile et ingénieux, imagina une corvette qui n'aurait pas eu besoin de virer de bord et qu'il appela *Amphisdrome;* ce bâtiment ne fut pas adopté, ce qui ne veut pas dire qu'il ne fût pas bon. Est-ce le navire germain de Tacite qui a grandi sous la main de M. Villaumez? Est-ce le Prao-Volant ou la Chatte du Croisic qui a donné l'idée de l'*Amphisdrome?* Je l'ignore. Ce qu'il y a de certain, c'est qu'à deux mille ans de distance, je retrouve des navires faits d'après un même principe; et que le vaisseau du Suione, pour différer de la *navis longua* des Romains et de notre vaisseau, n'est ni bien singulier, ni incompréhensible surtout. (*) Si je considère le vaisseau dont parle

catif. D'un homme qui a dans le monde un bon protecteur, les gens de mer disent : *Il a un bon aviron sous le vent!*

(*) A l'appui de l'explication que j'ai donnée du navire décrit par Tacite, voici un passage du deuxième livre des *Annales* qui me paraît trop intéressant pour que je ne le cite pas. Germanicus étant au pays des *Cauchi* (les Frisons), entre l'Ems et le Weser, et ne pouvant, à cause des obstacles de tous genres qui se multipliaient sous ses pas, aller par terre à l'endroit où il voulait attaquer l'ennemi, résolut de s'y rendre par eau. Il confia à Silius, Anteius et Cœrina le soin de faire construire des navires devant naviguer sur les rivières, et propres au transport du personnel et du matériel de son armée : « Mille naves sufficere visæ, pro-
« peratæque, dit Tacite. Aliæ breves, angustâ puppi proraque, et lato
« utero, quò facilius fluctus tolerarent : quædam, planæ carinis, ut sine
« noxâ siderent : plures appositis utrimque gubernaculis, converso ut
« repentè remigio hinc vel illinc adpellerent..... » On voit encore ici des navires à deux poupes ou à deux proues, comme on voudra; car la proue et la poupe sont également étroites, et ces deux extrémités sont munies d'un gouvernail, afin, comme l'historien le fait remarquer judicieuse-

Tacite, qui malheureusement ne l'avait pas vu et n'a donné que bien peu de détails sur sa forme, comme le point de départ de la marine danoise, je dois avouer qu'il y a loin de ce navire, tel que je me le représente, à ces barques d'osier tressé recouvertes de cuir, dont Pline dit (*Hist. Naturelle*, chap. XXX, liv. 4) qu'elles allaient, en six journées, de la côte de Bretagne à l'île de Mistis. Mais ces barques d'osier ont-elles fait de pareils voyages? Pline n'a-t-il pas cru trop légèrement des traditions exagérées? Il est quelquefois un peu hasardeux, Pline! Je me figure bien les Bretons allant courageusement dans leurs petits navires, le long des côtes, à la pêche, comme les Groënlandais vont dans leurs pirogues de cuir à la chasse du veau marin; mais qu'ils fissent six jours de traversée dans ces navires au corps si fragile, à l'épiderme de cheval ou de phoque graissé, à la voile de cuir aminci, j'en doute, malgré le témoignage de Pline et de l'historien Timée. Les vaisseaux des Vénètes étaient recouverts de cuir aussi (*), mais ils étaient solides,

ment, que les bâtiments fussent poussés d'ici ou de là (en aval ou en amont) avec les rames soudainement retournées ou changées dans leur action. Ces navires ne devaient donc pas virer de bord; ils servaient dans les canaux, dans les cours d'eaux étroits, partout enfin où des bâtiments à larges poupes et faits pour n'aller que d'un bout, n'auraient pu évoluer. Germanicus profita-t-il, pour la construction de ses bateaux, du navire suionien qui courait toute la mer où l'Ems et le Rhin viennent se jeter? Je le suppose, et il me semble que c'est bien gratuitement que, dans son *Historia navalis media* (1640), l'avocat anglais Thomas Rives fait honneur de cette invention au général romain. Au temps de Sévère, les Bysantins eurent des navires semblables à ceux dont je viens de parler, et les Romains ne leur en opposèrent point de la même espèce, sans doute parce que, malgré l'expérience de Germanicus, Rome ne crut pas que cette machine navale pût lui être ordinairement utile. Il serait difficile de décider aujourd'hui si elle eut tort ou raison. Au reste, Rome n'avait pas le génie très-marin. Le passage du livre 3 des histoires de Tacite, où il est question des *camares* du Pont, dont je parlerai dans le Mémoire n° 8 (deuxième vol. de l'*Archéologie navale*), me paraît justifier complétement l'explication que je viens de donner du *Remigium solutum* et *mutabile* de la Germanie : « Sic inter undas volvuntur, pari utrimque prora, et mutabili remigio, quando hinc vel illinc adpellere indiscretum et innoxium est. »

(*) On verra (Appendice au Mémoire n° 6) qu'au quatorzième siècle les vaisseaux catalans devaient être couverts de cuir comme les historiens

larges, capables de lutter contre la mer et les navires de César ; ils pouvaient faire de longues navigations, et ils n'avaient rien de commun avec les *curach's* que la tradition du Nord donne aux Celtes, pirogues allant de crique en crique, enfants de la famille navale mentionnée par Pline, qui pêchaient dans les anses, sur les bancs, ou faisaient un petit commerce de vivres et d'échange.

Ces *curach's* auxquels Walter Scott fait allusion dans son *Histoire d'Écosse* (*) — *curach's* (irlandais) barque couverte de cuir; en anglais *coragl*; de *curr*, cuir. — *cwche* (gallois), barque, bateau, chaloupe, esquif. BULLET, *Mémoires sur la langue celtique*; — ces curach's, dis-je, différaient des *holkers*, lesquels étaient faits comme les pirogues de quelques sauvages, d'un tronc d'arbre creusé (**); ce qu'atteste le glossaire de Ihre, qui

---

rapportent qu'au treizième l'étaient les murs du château de Bélesme. (M. de Villeneuve-Trans, *Hist. de saint Louis*, t. I, p. 105.)

(*) M. le chevalier de la Poix de Fréminville, officier de marine, dans un *Essai sur l'installation, la construction et le gréement des vaisseaux de guerre depuis les premiers temps de la monarchie*, travail estimable, mais trop concis, publié par les ANNALES MARITIMES (2ᵉ partie de l'année 1819), a mentionné ces embarcations de cuir et d'osier.

(**) Sur un des bassins de sa belle maison de campagne, à Sèvres, madame veuve Delisle a une pirogue brésilienne creusée dans un tronc d'arbre, dont voici les mesures, que j'ai prises avec le plus grand soin. Longueur totale : 19 pieds 10 pouces 6 lignes (6 ᵐ 79 ᶜ). La plus grande largeur à l'ouverture est de 1 pied 3 pouces (0 ᵐ 40 ᶜ); mais comme les bords de la pirogue se rapprochent par le haut, à 1 pouce 1/2 au-dessous de la tranche du bord, la cavité est large de 1 pied 4 pouces 6 lignes (0 ᵐ 49 ᶜ). L'épaisseur du bord est, en haut, de 11 lignes (24 ᵐⁱˡˡⁱᵐ·); un peu au-dessous de la plus grande largeur, l'épaisseur augmente, et peut être, au fond, de 1 pouce 1/2 (0 ᵐ 02 ᶜ). Si la plus grande largeur est de 0,40 ᶜ au milieu, la largeur est, aux extrémités, de 11 pouces 10 lignes seulement (0 ᵐ 30 ᶜ). La hauteur totale est de 11 pouces (0 ᵐ 29 ᶜ). Le tirant d'eau, quand la pirogue est chargée de deux hommes, est de 7 pouces 3 lignes (0 ᵐ 19 ᶜ). La pirogue a deux bancs; le plus rapproché de l'arrière en est éloigné de 4 pieds (1 ᵐ 29 ᶜ); le second banc est éloigné du premier de 6 pieds 3 pouces. Au-dessous de ce deuxième banc, qui est placé un peu en avant du milieu de la longueur totale, la pirogue est profonde de 9 pouces 7 lignes (0 ᵐ 19 ᶜ). Les bancs ont environ 11 pouces (0 ᵐ 32 ᶜ) de largeur, et 6 lignes à peu près (0 ᵐ 0,013 ᵐⁱˡˡⁱᵐ·) d'épaisseur. La pirogue a 2 pouces 1/2 (0 ᵐ 07 ᶜ) de tonture au milieu. Cette embarcation n'a point de quille, mais une façon à l'avant et à l'arrière; façon telle, qu'aux deux extrémités, la coupe verticale faite dans le bois de la

veut que *holk* signifie : tronc (*) creusé. — Je retrouve, dans les langues modernes qui procèdent de la vieille langue des

pirogue aurait plutôt la forme du V que celle de l'U. Derrière, sous la poupe, qui est coupée carrément quand l'avant est pointu, est une *quête* de 1 pied environ (0^{m.} 32^c). La hauteur de la poupe, au-dessus de ce qu'on peut regarder comme la quille, est de 9 pouces 6 lignes (0^m 24^c). L'*élancement* de l'avant est de 2 pieds 3 pouces 6 lignes (0^m 73^c). La pirogue ne peut porter que deux hommes maniant chacun une pagaie. La pagaie est longue de 7 pieds 4 pouces 6 lignes (2^{m.} 38^c) ; la *pale*, qui a la forme d'un ovale allongé, large de 4 pouces 8 lignes (0^{m.} 11^c), et épaisse de 8 lignes environ (18^{millim.}), est longue de 2 pieds 10 pouces 6 lignes (0^{m.} 92^c). Le diamètre du manche de la pagaie est d'à peu près 1 pouce 3 lignes (0^{m.} 02^c). — C'est d'embarcations de cette espèce que parlait Christophe Colomb dans le journal de son *Primer viage*, quand il disait : « Son navetas de un madero adonde no llevan vela. Estas son « las canoas..... Almadias que son hechas del pie de un arbol, como un « barco luengo, y todo de un pedazo. » Seulement les almadies de Cuba et des autres îles découvertes par Colomb étaient plus grandes que la pirogue du Brésil dont je viens de donner les dimensions. — Sur le lac de Lucerne, il y a des bateaux de pêche qui sont faits d'un tronc d'arbre creusé. Il y en a aussi en Grèce, à Missolonghi ; ceux-là sont larges d'environ 3 pieds (0^{m.} 97^c), et longs d'environ 25 à 26 pieds (8^m 44^c). Ils portent le nom de *monoxila*, et sont peut-être la dernière tradition nautique de l'antiquité grecque.

(*) En creusant le fond de la Seine pour établir une des culées du pont que l'on allait construire près de l'île des Cygnes (le pont d'Iéna), les ouvriers trouvèrent une embarcation qu'ils retirèrent avec soin, et qui attira bientôt l'attention des antiquaires. M. Mongès composa un mémoire sur ce petit navire, et, sans hésitation, il annonça que c'était un des bâtiments venus avec les Normands au fameux siége de Paris, à la fin du neuvième siècle. Je n'ai aucune raison pour nier *à priori* que le savant M. Mongès eût deviné l'origine du bateau dont il est question ; mais je dois dire que les raisons sur lesquelles il se fonde sont peu solides. Ainsi, l'épaisseur de la couche de terre qui recouvrait le canot lui paraît une preuve manifeste que l'envasement de cette nacelle date de 885 ; et quelle est cette épaisseur ? 1 pied 10 pouces et quelques lignes ! Comment en 921 années, — car la découverte est de 1806, — le lit d'une rivière qui charrie les vases de la Marne, les sables de l'Aube, de l'Yonne, de Loing et de plusieurs autres petits affluents, qui reçoit les innombrables détritus que Paris lui jette chaque jour depuis qu'il a une grande population ; le lit de cette rivière n'aura monté que d'environ deux pieds ? Quand les vieilles constructions, qui dominaient autrefois de beaucoup la rivière, et qui baignent aujourd'hui leurs bases dans les eaux de la Seine, tout le long de son cours, de Melun seulement à Pont-de-l'Arche, ne diraient pas

Suiones, *hohl* (all.) signifiant creux, *hole* (angl.) et *hol* (hollandais), ayant la même signification.

le contraire, il serait évident que M. Mongès a trop complaisamment arrangé pour son hypothèse un argument trop peu réfléchi. Le canot conquis sur la vase était d'un seul chêne creusé, garni à l'intérieur de demi-courbes alternatives, tenues au fond de l'embarcation par des chevilles de bois. M. Mongès tire de ceci une conséquence qui n'est pas tellement rigoureuse qu'on ne puisse la contredire. Parce qu'en effet les Normands avaient des canots creusés dans le chêne, — les *holkers* dont je parle, qui ne sont point des *scaphæ* ni des *barcæ*, comme les appelle Mongès dans sa préoccupation d'antiquaire, un peu entêté de latin et de grec, — notre savant voit nécessairement un navire creusé par les Scandinaves dans ce tronc de chêne dégrossi, au fond plat, aux flancs arrondis, aux courbes fixées par des clous de bois! Pour moi, j'ai contre cette opinion une objection qui me semble assez fondée. La barquette longue de 25 pieds environ, large de 3, très-rase sur l'eau, à peine relevée à ses extrémités, ne saurait être un navire des mers du Nord. Qu'auraient fait d'une embarcation semblable les Scandinaves, presque toujours obligés de lutter contre une mer irritée? Est-ce que, par hasard, les Normands avaient, pour naviguer sur les rivières où leurs flottes dévastatrices entraient si souvent, des barquettes d'une construction spéciale? Mais combien il aurait fallu de ces petits holkers! et où les auraient-ils mis dans leurs grands navires? Il leur fallait indispensablement des chaloupes capables de leur servir à la mer, et ces chaloupes étaient sans doute leur moyen de transport et de battelage sur les rivières. Le canot sur lequel M. Mongès a disserté fut trouvé près de l'île des Cygnes; il était fait d'un tronc d'arbre, garni de petites courbes de peur que le bois ne se fendît; il était terminé à l'avant et à l'arrière par une proue et une poupe dont le profil est semblable à celui d'un bec de clarinette, forme qui appartient à beaucoup des bateaux traditionnels de nos rivières, et qu'on retrouve jusque dans les barques fluviales de la colonne Trajane; pourquoi ne le ferait-on pas tout simplement parisien? pourquoi ne serait-ce pas la barque modeste et grossière d'un passeur dont toute la navigation consistait à aller du rivage à l'île Maquerelles? Est-ce l'arbre creusé qui vous arrête? Mais cet arbre n'était-il pas un don fait par un abbé ou un seigneur au pauvre passeur; et n'était-il pas moins coûteux et moins long de creuser avec le feu et le fer ce tronc de chêne, que de le débiter en planches, et de construire ensuite une barque? Acceptons toujours les choses les plus simples comme les plus vraisemblables, et ne forçons pas tous les débris que nous trouvons à avoir une valeur monumentale. Un malheureux prisonnier, fou de musique et surtout avide de distractions, arrangea un sabot avec une planchette, un manche et des cordelettes; si l'on retrouve dans neuf siècles cet instrument barbare, faudra-t-il qu'il date de l'origine des violons?

Le *holker*, d'abord simple petit bateau côtier et fluvial, grandit, en conservant le nom qui rappelait sa modeste origine, et il devint ce *hulk*, que P. Marin, dans son *Groot nederduitsch en frensch woorden-boek* (1752), désigne ainsi : « Vieille façon de navire, de vaisseau marchand, telle qu'on en voit dans les églises et dans les anciennes armes d'Amsterdam. » Ce *hulk* de Marin, c'est le *hui* du quatorzième siècle, appelé par les Français *heu*, *hulke* par les Anglais, et par les Allemands *hulec*. Au dix-septième siècle, le hulk était gréé et mâté à peu près comme les sloops modernes ; il avait le fond plat, tirait peu d'eau, et faisait le cabotage. Il appartenait à cette espèce de navires flamands, dont la hourque, mais non le *hoëker*, *hoek-boot*, — les hocquebots dont parle Froissard (voir Mémoire n° 6), — était la plus parfaite expression, la plus grande du moins ; car il y avait des hourques de trois cents tonneaux, qui faisaient le voyage des grandes Indes. Le tronc d'arbre creusé, devenu le heu et la hourque, dont je viens de parler, n'a point été oublié des Anglais ; ils ont gardé les mots *hull* et *hulk*, pour désigner le corps du navire et l'état du vieux vaisseau flottant sans voiles ; ils ont aussi *hold* pour désigner la cale du bâtiment : c'est bien le *holk* scandinave, la base du vaisseau.

Au neuvième siècle, le holker était déjà loin de son origine ; c'était une petite barque légère, que de plus grands navires embarquaient sans doute, parce que le service de ce canot était toujours nécessaire pour aller du vaisseau à terre, et pour la piraterie, que les hommes du Nord exerçaient sur tous les rivages, dans tous les fleuves, partout où il y avait un cours d'eau, tant fût-il étroit et peu profond, qui pût les conduire à une riche terre.

Maintenant, quels étaient les grands navires auxquels les *holkers* servaient d'instruments, de barques pour la découverte, d'explorateurs, ou, comme nous disons aujourd'hui, d'avisos ?

On trouve quelques noms dans les historiens Tormodus Torféus et Saxo Grammaticus, qui les ont pris aux chroniques, aux sagas des Scandinaves ; voici ces noms : *drakar*, *snekkar*, *trane*. Le drakar était un dragon comme la *pristis* des anciens était une baleine ; c'est-à-dire qu'au sommet de sa proue était une figure de dragon, et que quelque chose, dans sa forme allongéo, prêtait à la comparaison qu'un peuple poëte pouvait faire de ce navire de guerre avec un grand serpent. *Drakar* (en danois moderne : *drage*, dragon, *kar*, vaisseau) est défini par Ihre : « Une espèce de navire ayant la figure d'un dragon, d'une très-longue structure, et imité par des ornements de toutes sortes, se rapportant au dragon ». S'il n'y a rien là qui puisse nous fixer absolument sur sa construction, nous pouvons cependant induire de cette définition que le vaisseau était fort long; que son extérieur, recouvert probablement d'écailles peintes, montrait sur ses côtés des ailes dessinées; sur son avant, et à fleur d'eau, des pattes garnies de griffes, à l'extrémité de son étrave une terrible tête de dragon, et, à sa poupe redressée, une manière de queue, ou tordue ou droite, selon que l'art du charpentier était assez grand pour arranger avec goût les extrémités des bordages de l'arrière, qui venaient de toute nécessité s'attacher à une pièce principale, montée sur la quille, comme notre moderne étambot (*). Si le : *forma draconis, longioris structuræ, genere aliisque ornamentis qualitercumque adumbrati* ne veut pas faire entendre cela, que veut-il dire?

Au reste, il n'est pas difficile de se figurer cette apparence de dragon flottant. Si, aujourd'hui, on voulait déguiser nos corvettes, ou nos brigs, en cygnes, en serpents, en baleines, en éléphants, on y arriverait aisément par des peintures et des sculptures extérieures, sans changer rien à la carène. Les œuvres mortes de l'arrière et de l'avant se façonneraient au gré de l'artiste, sans que l'ingénieur dût renoncer à ses données principales. Les poupes et les poulaines qui se sont prêtées si complaisamment aux caprices de la mode, dans les derniers siècles, se transformeraient comme on voudrait, et nous reverrions quelque chose d'analogue aux dragons des Scandinaves (**).

(*) Les Chinois ont à la proue et à la poupe de leurs navires l'image du dragon, que certaines peintures nous montrent, à fleur d'eau, sur les côtés de l'avant de quelques bateaux.

(**) Pour montrer que je ne me laisse pas emporter trop loin dans la voie des conjectures, je citerai le fait suivant à l'appui de mon opinion sur la possibilité de donner des formes fantastiques aux navires. Abulfedah, dans ses *Annales* (tom. II, pag. 105 et 107, de l'édition arabe et

MÉMOIRE N° 2.

(Restitution hypothétique d'un *drakar*.)

Les hommes qui donnaient à leurs épées des noms capables d'inspirer l'effroi (Mallet, chap. IX, *Hist. du Danemark*), qui appelaient leurs navires *ognar brandur*, par exemple (horrible épée) (Torféus, chap. LXVII, *Hist. rerum norvegicarum*), devaient vouloir que la figure de leurs vaisseaux fût terrible, comme certains sauvages veulent se rendre épouvantables dans le combat avec leurs visages hideusement couverts de lignes bizarres et de couleurs éclatantes. L'anonyme auteur de l'*Encomium* d'Emma, parlant de la flotte du roi Kanut, dit que « sur les poupes des vaisseaux on voyait différentes figures de métal ornées d'or et d'argent. Il y avait sur l'une la statue d'un homme, sur une autre un lion d'or, sur une troisième un dragon de

latine), parlant d'Amin, calife de Bagdad, qui mourut l'an 813 de l'ère chrétienne, à l'âge de vingt-huit ans, après un règne de quatre ans et huit mois, fait de ce souverain le portrait que voici : « Il avait une chevelure épaisse et également longue tout autour de la tête, excepté vers les tempes, qui étaient rasées ; ses yeux étaient petits, son nez était aquilin, sa peau était blanche et belle, sa taille était haute. L'abus des voluptés l'avait usé de bonne heure. Il buvait effrontément du vin ; il faisait venir des bouffons et des musiciens de toutes les parties de la terre ; il vivait séparé de ses frères et de ses parents ; et les trésors qu'il amassait, les meubles précieux, les deniers publics, il se plaisait à en enrichir les compagnons et les pourvoyeurs de ses débauches, les femmes qu'il affectionnait le plus, et les plus chers de ses eunuques. Un seul exemple suffira à prouver combien il était prodigue et fastueux. Il avait sur le Tigre, pour ses promenades et ses fêtes, cinq *haraha*, dont la construction avait coûté des sommes attestant son extravagance (*insano structuræ impendio*). De ces cinq navires, l'un représentait un Lion,

bronze poli, sur une quatrième un taureau furieux, avec des cornes dorées. Ces figures terribles, jointes au reflet éblouissant des boucliers des soldats, et de leurs armes qui étaient polies, répandaient la terreur dans l'âme de celui qui les regardait. » (Voir aussi les navires brodés de la tapisserie de Bayeux.)

Tous les dragons n'étaient pas de la même grandeur, comme tous les navires n'étaient pas dragons. Sturlæson, cité par Ihre et par Torfée, parle du dragon d'Olaf Tryggvason comme du géant des vaisseaux scandinaves. On n'en avait jamais vu de plus grand, de plus beau, de plus imposant, par sa masse et sa décoration ; il était d'une longueur remarquable (*longitudinem insignem*), large et haut en proportion, et plus grand encore *longè tamen major*) que celui que le roi avait ramené d'Halogandie. Celui-ci, dépouillé de l'airain dont il était orné, prit le nom du *Petit Dragon*, par comparaison avec le *Grand Dragon*, fait par le charpentier Thorberg.

Le Grand Dragon avait trente-quatre rames de chaque côté (Torfeus, chap. XXXIII). Si la tradition, qui, au reste, peut bien avoir exagéré un peu, parce que c'est assez le propre de ces rumeurs qui passent de bouche en bouche, de se grossir en courant ; si, dis-je, la tradition est fidèle, ce navire pouvait être long comme les grandes galères du seizième siècle, dont

l'autre un Éléphant, le troisième un Aigle, le quatrième un Serpent..... (je prie de remarquer le serpent d'Amin à propos des drakars et des snekkars scandinaves), enfin le cinquième un Cheval. »

Abu-Navas Hasan, célèbre poëte, dit Abulfedah, qui mourut trois ans avant Amin, parlant de ces bâtiments de plaisance, s'exprime ainsi : « Dieu complaisant soumit à Amin des juments qu'il n'avait pas soumises « même à Salomon ! En effet, quand la cavalerie de celui-ci galope sur le « continent, lui chevauche sur les eaux, porté par un lion farouche. Ceux « qui t'admirent, ô Amin, sur un tel coursier, combien ne t'admireraient- « ils pas davantage s'ils te voyaient emporté par cet aigle rapide, qui menace « de son bec, et qui, à l'aide de ses ailes déployées, divise sans se lasser la « masse résistante des eaux. » La dernière phrase du traducteur latin est assurément bien meilleure, plus expressive, et surtout plus capable que la mienne de faire comprendre le navire transformé en aigle ; la voici : « *Aquila impetuosa illa, rostrata, utrinque alis instructa, quibus jugiter* « *obstantes undarum moles dividit.* »

Bartol. Crescentio, dans sa *Nautica Mediterranea*, nous a conservé les dimensions. C'était là un bâtiment d'une assez grande importance; car les galères à vingt-six avirons seulement avaient 58 gouës de longueur, c'est-à-dire 130 pieds $\frac{1}{2}$, au rapport de J. Hobier, l'auteur du traité : *De la construction d'une gallaire*, Paris, 1622 (voir Mémoire n° 4).

Que les rames des dragons fussent espacées justement comme celles des galères du moyen âge; que les profondeurs des navires fussent les mêmes, que les longueurs de quilles fussent égales, c'est ce qu'il n'est pas possible d'affirmer; mais je crois qu'on n'est pas bien loin de la vérité en avançant que le grand dragon d'Olaf et la ducale de Venise, au temps de S° Veniero, étaient des vaisseaux de guerre à peu près de la même grandeur. Quant à leurs constructions, je pense qu'elles devaient différer beaucoup. Les dragons étaient faits pour résister à une mer plus difficile, plus rude que la Méditerranée, et il leur fallait des flancs plus larges, de plus larges épaules, une croupe plus vaste pour prendre une assiette solide sur l'eau. Quelque idée qu'on ait des Normands, qui n'avaient peut-être pas oublié tout à fait les traditions des navires suioniens, mentionnés par Tacite, il faut dire que si leurs vaisseaux n'avaient pas été bien conformés pour le service qu'ils avaient à rendre, ils n'auraient pu réussir dans des entreprises aussi hasardeuses que celles dont on a conservé le souvenir.

Sans doute, il n'y a pas de comparaison à établir entre l'art grossier de Thorberg, qui fit, à la satisfaction du roi Olaf, le Grand Dragon, si célébré par les Scaldes, et celui de l'ingénieur Sané, qui composa le charmant vaisseau de 74 canons, dont je ne sais pas si les beaux vaisseaux plus modernes sont un bien véritable perfectionnement; mais ce ne devait pas être une pratique si misérable que celle-là! L'art n'avait ni la grâce, ni la noble simplicité des formes qu'il sait allier aujourd'hui à des exigences sans la satisfaction desquelles le vaisseau évoluerait mal, serait une mauvaise machine de guerre, et un logement incommode pour les gens de mer; mais il ne faut pas croire qu'il fût tout à fait barbare. La nécessité avait dû l'amener à de certains perfectionnements. Des nations de pirates, dont la vie presque entière se passait sur des bois flottants, avaient certainement cherché à rendre le meilleur possible cette maison qu'ils ne quittaient guère, ce cheval qui les portait rapidement d'un point d'une côte à un autre, ce poisson, avec lequel ils traversaient la mer d'Irlande, et parcouraient tout l'océan scandinave.

On a dit que les vaisseaux normands n'étaient que de faibles barques (*)! je ne crois pas cela. Le dragon d'Olaf n'était pas une faible barque; c'était quelque chose de plus qu'une barque que ce navire peut-être comparable à une galère de vingt-six avirons! Ragnar-Lodbrog, après et avant tant d'autres, fit la course pendant trente ans avec des navires très-petits, des bateaux légers; mais, pour la bataille de Bravalla, étaient-ce des barques seulement qui avaient porté le char du vieux roi Harald et les chevaux des deux armées? Il faut des navires d'une certaine grandeur pour porter des chevaux, et avec eux des gens d'armes! A la vérité, je sais que le nombre peut faire une sorte de compensation à la grandeur, et que les deux mille cinquante navires qui, selon les Scaldes, furent menés par le Suédois Sigurd-Ring à la journée de Bravalla, pouvaient transporter plus de deux mille chevaux, en supposant ces navires grands seulement comme les petits chasse-marées bretons ou les bateaux-bœufs de la Méditerranée.

Que les petits navires fussent plus en usage que les grands, je

---

(*) « Jusqu'au huitième siècle, dit Lingard (*Histoire d'Angleterre*), les rois de mer bornèrent leurs déprédations aux mers du Nord; mais ils entendirent parler des riches provinces du Sud, et le succès de leurs premières entreprises les engagea dans des expéditions plus éloignées et plus importantes. Plusieurs chefs s'associèrent sous la bannière d'un capitaine renommé et expérimenté..... Leurs premières attaques furent dirigées contre les îles britanniques; ensuite ils ravagèrent les côtes de France et d'Espagne; et enfin ils traversèrent le détroit qui sépare l'Europe de l'Afrique, et apprirent aux habitants des côtes de la Méditerranée à trembler au nom des Danois et des Normands. » Supposera-t-on que les Normands faisaient ces longs voyages et traversaient le golfe de Gascogne avec de petites barques? Je ne puis le croire, quant à moi; et je suis convaincu que, longtemps avant le grand vaisseau d'Olaf, les peuples navigateurs du Nord eurent des navires forts et vastes pour leurs expéditions de pirates et de conquérants. (Voir, à ce sujet, t. II, Mémoire n° 6, aux mots: *colons*, *clas*, vaisseaux éperonnés.)

le pense. Le pirate avait besoin d'aller toucher à terre, et des bâtiments un peu profonds étaient toujours obligés de mouiller un peu au large, ou bien ils risquaient de s'échouer, comme il arriva aux deux grands vaisseaux que Ragnar, malgré les conseils de sa femme Aslanga, fit construire quand il ne trouva plus ses bateaux assez nobles, assez imposants, ou assez capables du butin qu'il espérait faire. Ils échouèrent, et se brisèrent sur des bas-fonds (M. A. Thierry, *Hist. de la conquête*, Ier vol., pag. 131); ce qui prouve que Ragnar, habile à mener une barque, ne savait pas conduire un navire d'une certaine grandeur, et qu'il eut tort de ne pas croire aux pressentiments prophétiques d'Aslanga. Mais cela prouve aussi que les Danois ne faisaient pas seulement des bateaux, et qu'ils construisaient quelquefois des vaisseaux importants. Les barques scandinaves firent de grandes expéditions sur les côtes; ce n'est pas nous qui pouvons en être surpris : n'avons-nous pas vu nos corsaires montés sur des péniches et de petits lougres, être aussi hasardeux, aller enlever des navires mouillés sous le canon des Anglais, ou, avec leurs frêles embarcations, assez faiblement armées, courir au large, attaquer de grands navires et les prendre à l'abordage? Cela veut-il dire que nos corsaires ne se sont jamais servis que de bateaux, de lougres, de faibles péniches? Non, assurément.

Les Scandinaves avaient donc de grands et de petits navires, des drakars et des holkers, selon l'entreprise qu'ils voulaient mener à fin. Nous avions, pour la conquête d'Alger (1830), des vaisseaux de ligne et des chalands, des frégates et des bateaux-bœufs. Les navires du commerce et les bâtiments de guerre portèrent l'armée, l'artillerie, les vivres, les chevaux; les chalands, les bateaux, les canots mirent à terre le matériel et les hommes. Ainsi agirent, sans doute, les Normands, en 845, quand ils vinrent, avec cent vingt navires, selon l'expression de la *Chronologia anschariana*, pour remonter la Seine jusqu'à Paris, dévastant tout sur les deux rives, de l'embouchure du fleuve à la *Loticia Parisiorum*. Leurs plus grands vaisseaux restèrent sans doute dans les eaux de Harfleur ou de Rouen, et leurs bateaux, avec des navires d'une certaine grandeur, remontèrent le fleuve. Quand Guillaume eut résolu de se rendre maître de l'Angleterre, prit-il des bateaux de rivière pour traverser la Manche, emporter armes, chevaux, hommes et vivres? Non; il fit ce que la raison lui prescrivait : il fit construire dans les ports de mer des navires importants, et puis des barques et des bateaux; nous en avons pour garant le poëte normand Wace, qui tenait ces détails de son père, comme il le dit dans le *Roman de Rou* :

> Mais jo oï dire à mon père,
> Bien m'en sovint, mais varlet ère (quoique je fusse enfant)
> Ke ses cenz nés, quatre moins furent (700 moins 4),
> Ke *nés*, ke *batels*, ke *esquefs* (navires, bateaux, esquifs),
> A porter armes é harneis.

Les esquifs, les bateaux furent embarqués, sans doute, dans les nefs, afin que la forte navie seule eût à lutter contre la mer. De toute cette flotte, il n'y eut que deux navires de perlus, peut-être parce qu'ils avaient été trop chargés. Or, c'étaient deux *nefs*, et non deux *batels*; le rimeur le dit expressément :

> Ni out ke dui nés perillies
> Ne sai s'el furent trop chargies.

estitution d'un navire normand du onzième siècle, d'après la tapisserie de Bayeux et les indications techniques puisées dans le *Roman de Rou* et le *Roman de Brut*, poëmes de Wace).

Ces nefs, toutefois, étaient à fond plat et tiraient peu d'eau ; car Wace, après avoir dit :

> Li nés sunt à un port turnées ;
> Tutes sunt ensemble arivées (mises près du rivage),
> Tutes sunt ensemble acostées (mises côte à côte),
> Tutes sunt ensemble aanchrées (mouillées à la fois)
> Et tutes ensemble asechièrent (restèrent à sec à la marée basse),

raconte que Guillaume, pour que les timides ne pussent retourner en Normandie et fussent contraints par la nécessité de prendre part au combat qui allait se livrer, sans doute terrible et fatal à plus d'un, ordonna aux mariniers :

> Ke li nés fussent despêcies (dépécées),
> A terre traites et percies (tirées à terre et percées, sabordées).

Mais faut-il conclure de ce qu'on tirait ces nefs à terre, qu'elles avaient sur les mers l'importance de petits bateaux? Assurément, non. Dans la Méditerranée on voit, debout sur le rivage, et appuyés sur leurs béquilles, des navires d'un tonnage assez considérable, et l'on sait qu'au moyen âge on put tirer à terre, avec des rouleaux, des bâtiments d'une grandeur qui n'avait rien de commun avec celle des barques chétives que l'on veut être les vaisseaux des Normands. On monte maintenant, de la mer où ils flottaient, sur les chantiers, des vaisseaux de tous les rangs, pour les radouber ; si les Normands n'avaient pas les moyens mécaniques simples et puissants qui font glisser sur une cale inclinée des masses aussi pesantes, ils avaient des rouleaux, des cordes, des bras nerveux, et leurs navires étaient d'un volume et d'un poids qui, malgré leur grandeur, ne devaient pas opposer une bien longue résistance à des efforts énergiques appliqués par des hommes intelligents.

Avec le drakar, les Scandinaves avaient le *snekkar* (vaisseau serpent ; *Kar-snog*, en danois moderne). Ihre n'a pas pour le *snekkar* une définition précise comme pour le dragon ; il dit tout simplement : « Espèce de navire, dont il est fait souvent mention dans les écrivains du moyen âge. » Le *snekkar*, bâtiment à rames, était probablement une variété de l'espèce dragon. « Il avait vingt bancs de rameurs, » dit M. Depping, d'après Snorro ; je puis donc le comparer à une galiote ordinaire des seizième et dix-septième siècles. Quant à sa forme, elle devait peu différer de celle du dragon ; il était moins long, moins large, moins haut ; il était décoré à peu près comme son supérieur en force et en grandeur ; enfin, dans cette famille, on pourrait dire qu'il était comme est, dans la famille de nos trois-mâts de guerre, la corvette à côté de la frégate.

Qu'était-ce que la *Trane*? Ihre n'en parle pas ; MM. Thierry et Depping ne l'ont point mentionnée, non plus que J. Strutt, dans ses *Antiquités normandes*. Torféus en fait figurer une dans ses chap. XLII et XLIII : « *Hæ capitatæ naves*, etc., De ces vaisseaux à tête (nous verrons tout à l'heure ce que signifie cette expression), la Trane marchait la première, et le Petit Dragon ensuite. » (Chap. XLII.) « Le roi se mit au milieu avec son vaisseau (le Grand Dragon), ayant à l'un de ses côtés la Trane, à l'autre le Petit Dragon, et plaçant de chaque côté de ces deux vaisseaux tous les autres à la suite. » (Chap. XLIII) Olaf, car je crois que c'est de lui qu'il s'agit, se plaçant au centre de l'armée pour porter des coups mortels à son ennemi, s'entoure, comme on voit, des plus grands vaisseaux ; il se flanque du petit dragon d'un côté, et de la trane de l'autre ; la trane est donc un grand bâtiment, à peu près de la force du petit dragon, c'est-à-dire, ayant environ de vingt à vingt-quatre bancs de rameurs, comme un snekkar ou comme le petit dragon.

La trane était-elle un bâtiment d'une espèce particulière ? Rien ne m'autorise à l'affirmer ou à le nier. Ce qui me fait penser qu'elle était un individu de la famille des dragons, c'est sa place en bataille. Pourquoi s'appelait-elle *Tran*? Torféus ayant négligé de le dire, parce que sans doute la saga où le nom de la trane se trouve écrit, n'entre dans aucune explication à cet égard, Ihre s'est abstenu tout à fait. Je devrais peut-être agir avec la même réserve ; mais je demande la permission de présenter une conjecture qui me semble assez raisonnable. « Trana, dit Ihre dans son Glossaire, c'est *grus*, la grue. » Pourquoi ne serait-ce pas seulement le nom du navire, indépendamment de son espèce? Il se nommait *la Grue*, comme une goëlette se nomme *la Colombe* ou *la Cigogne*, sans cesser d'être goëlette. On voit que certains dragons ont eu des noms particuliers, et cela était nécessaire pour que l'on ne confondît point l'un avec l'autre; ainsi, un pirate, vaincu par Rolf, avait un dragon nommé *Grimsnoth* (M. Depping), et le roi dont parle Torféus (chap. XLIV) avait donné à son grand dragon bardé de fer le nom de *Jarnbardan,* que je n'ose pas traduire, bien que je soupçonne sa signification, parce que je sais qu'en irlandais *jarnaidhe* veut dire : « de fer. » Selon moi, *Tran* est nom propre et non pas nom d'espèce ou de variété; Thorkell-Dyrdill commandait *la Grue* comme un autre montait *l'Épée sanglante : Ognar brandur.*

Faut-il croire que les Normands avaient des *Durcons*, parce que le moine Abbon, dans son poëme sur Paris assiégé (*Lutecia obsessa*), dit :

Anteque durçones *multi repetunt morientes.*

Qu'était-ce que ces durcons, que l'on ne trouve que chez Abbon, chez Isidore et dans le Glossaire du vieux Papias, vocabuliste du onzième siècle, qui copiait souvent Isidore (manuscrit Fonds St.-Germain, n° 7657, bibl. roy.)? Y eut-il jamais des *durcons ?* Isidore et Papias ne se sont-ils pas trompés, quand ils ont appelé les trières grecques de ce nom que ne prononce point Isaïe, cité par Papias comme autorité : « *Durconem Græci vocant, quæ alio nomine* TRIERIS *appellatur, de qua in Isaia : Non transibit per eam trieris magna.* » Pourquoi Isaïe n'aurait-il pas dit *Durco*, comme il aurait dit *Trieris ?*

Mais Abbon a-t-il inventé le durcon? Je ne le suppose pas; et je soupçonne que *durcones* est une faute des premiers copistes du manuscrit d'Abbon. C'est *dracones* qu'il fallait dire, selon moi, à moins que durco ne fût une corruption parisienne du *draco* scandinave, et qu'Abbon, Parisien, n'ait voulu constater cet usage, comme il a constaté que certains navires, venus avec d'autres devant Paris, s'appelaient des barques :

Exstat eas moris vulgò barcas *resonare.*

Me fera-t-on une difficulté pour *dracones*, parce que la syllabe *dra* est brève et qu'elle blesserait la mesure du vers? Mais Abbon n'y regarde pas de bien près quand il s'agit de quantité; ne le voyons-nous pas terminer deux vers par *respondit?* Il aurait fait *dra* long, comme il avait fait *res* bref; au neuvième siècle, on n'était pas trop délicat sur l'harmonie et le rhythme; la versification du chantre de *Paris assiégé* en est une preuve assez claire. Je pense donc qu'il faut restituer, au texte d'Abbon, *dracones*; je pense aussi qu'il ne faut attacher aucune importance à la définition d'Isidore, parce qu'elle ne s'appuie sur aucun texte précis; je pense enfin qu'il n'y a jamais eu de *durcons*, parce qu'on n'en voit de trace ni chez les auteurs de l'antiquité, ni chez Constantin Porphyrogénète, ni chez Lazare Baïf, Jean Scheffer, Godescal Stewech, et d'autres, qui ont traité fort savamment de la marine des anciens. Quant à l'objection qu'on pourrait faire en faveur des *durcones* d'Abbon, que peut-être en effet il y avait une espèce de navire normand appelé Durcon, au neuvième siècle, je répondrai que les sagas qui ont conservé les noms des drakars, des snekkars et des holkers, auraient probablement gardé aussi celui de ces durcons, qui ont échappé à Teugstrœm, l'auteur d'une dissertation sur les navires suédois des temps anciens, comme à tous les patients érudits qui se sont occupés de la question avec tant d'intelligence: Saxo, Torféus, Mallet, Holberg, MM. Depping et Augustin Thierry. Le glossateur, qui, en interligne du manuscrit de la *Lutecia Parisiorum obsessa*, n° 1633, bibl. roy., écrivit des interprétations que M. Taranne, le dernier éditeur et traducteur d'Abbon, croit du dixième siècle, mit: *naves* au-dessus de *durcones* (vers 123 du 1er livre), et, sur *naves* (vers 29), il reporta le *durcones* qu'il avait vu ailleurs, et il ajouta: *naviculas*, pour établir son opinion sur ces navires. Eh bien, évidemment le glossateur se trompa; les *juniores quamplures naves*, appelés *barcas*, sont des navires petits comme il en faut pour toute descente, à la suite d'une flotte de gros vaisseaux; et les *durcones*, que les Danois rejoignent mourants, après une attaque dangereuse contre la tour, sont leurs vaisseaux les plus importants, ceux qu'au commencement du poëme, Abbon appelle *aerias* (s'élevant dans l'air). Je n'en veux pour preuve que les vers:

Dulce quibus flamen danx spirantibus aiunt, etc.

Certainement ce n'était pas dans des nacelles (*naviculas*) que les femmes danoises étaient établies, mais dans les plus grands navires, où il y avait de l'espace pour elles et leurs enfants. Or, ces navires, c'étaient les *durcones* dont parle Abbon, immédiatement avant *dulce quibus*.... Et maintenant, que ces grands navires fussent des dragons, je n'en doute point, malgré l'autorité d'Isidore, de Papias, et celle de du Cange, qui appelle les durcons « des navires de rivière (*navigia fluviatilia*). » Les navires qui viennent de l'Inde dans la Tamise ou à Bordeaux sont-ils donc des bateaux de rivière?

« Toujours et partout, dit J. Strutt, les vaisseaux des Normands sont semblables par l'avant et par l'arrière; » en effet, les navires qu'il grave d'après les manuscrits et qu'il donne dans ses planches 32 et 64, ont la proue et la poupe à peu près également larges à la flottaison; ils sont assis sur l'eau comme le canard, le cygne, et les autres gros oiseaux aquatiques, dont la conformation dut être prise pour modèle par les premiers navigateurs de tous les pays. Les navires d'Harold et de Guillaume, qu'on voit sur la tapisserie de Bayeux, ont aussi l'arrière semblable à l'avant, assez large, rond, et se liant à des côtés bombés qui ont, comme nous disons aujourd'hui, de la *rentrée*. Dans quelques manuscrits de Froissard, notamment dans celui que possède la bibliothèque du roi, et qui est si connu par ses belles vignettes (n° 8320), on voit les vaisseaux ronds devant, ronds derrière, et continuant cette tradition des larges flancs qui se rétrécissaient un peu en haut. Aujourd'hui encore, les galiotes de Hollande, les hourques, les bâtiments que la Suède expédie chargés de bois, ont l'arrière à peu près pareil à l'avant, une large assiette et un fond presque plat. En eux, je reconnais leurs ancêtres, les dragons et les serpents, qui étaient un peu moins larges peut-être, et plus légers, parce qu'ils avaient besoin d'être rapides et d'évoluer facilement à la voile et à l'aviron.

Quelques navires de guerre avaient, sur la poupe, des châteaux, supportés par une charpente dont Strutt donne la figure, planche 32. Ces châteaux étaient des plates-formes crénelées, où se plaçaient des archers et des frondeurs; ils s'appelaient *Kastal*, selon M. Depping. La poupe avait pris le nom de la forteresse, en suédois *Skants*, *Schanze* all. et *Schantsi* flamand.

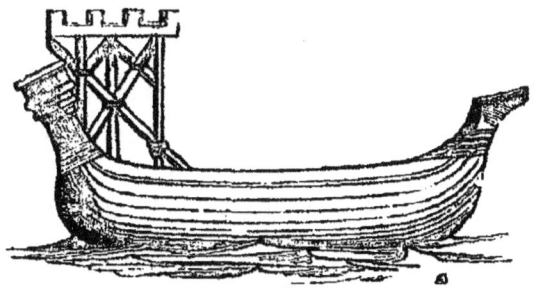

(Navire accastillé, d'après J. Strutt.)

D'autres vaisseaux avaient des ceintures de fer, terminées à l'avant par un éperon ; Strutt en a donné un d'après un monument antique. J'ai déjà mentionné, p. 139, celui dont parle Torfée, et qui s'appelait *Jarnbardan* (garni de fer?). Quelquefois

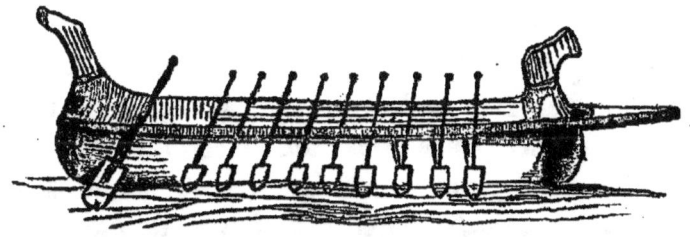

(Navire garni d'une ceinture de fer, d'après J. Strutt.)

c'était d'airain qu'on les garnissait ; témoin ce passage de Torfée, chap. XXXIII : « On appela le Petit Dragon, celui que le roi Olaf avait ramené et qu'on avait dégarni de son airain (*quæ rando adempta erat*). Des boucliers, rangés sur l'un et l'autre bord, faisaient un rempart aux rameurs et aux combattants ; c'est ce que plus tard on appela en France la pavesade ou garniture de pavois (boucliers) ; c'est ce qui est devenu le bastingage quand les boucliers ont cessé d'être au nombre des armes de guerre. On voit plusieurs navires des Normands ainsi pavesés, dans la tapisserie de Bayeux, ce monument naïf, si digne d'être étudié, mais auquel il ne faut cependant pas croire aveuglément. Les Scandinaves devaient-ils à d'anciens rapports avec les bâtiments de guerre romains, ceux de César, par exemple, l'habitude de se paveser ? Je l'ignore : au reste, c'était une pensée si naturelle, qu'elle dut venir en même temps aux combattants du Nord et du Midi, aussitôt qu'ils eurent adopté le bouclier comme rempart portatif.

Les œuvres mortes de la proue et de la poupe, relevées comme je l'ai dit, étaient terminées dans les navires de guerre par des figures. J'ai cité l'Éloge de la reine Emma (*reginæ Emmæ Encomium*, page 66); je puis citer maintenant la vie d'Elfège dans l'*Anglia sacra*, tome II, p. 146, où il est parlé du vaisseau du roi Kanut, garni à sa proue de dragons dorés (*aureis rostrata draconibus*). Wace, décrivant le vaisseau de Guillaume le Conquérant, dit :

> Sor li chief de la nef devant
> (Le marinier apelent *brant*)
> Ont de cuivre fet un enfant
> Saëte et arc tendu portant, etc.

Cette figure d'un petit sagittaire remplaçait, sur le vaisseau de Guillaume, les dragons de Kanut; c'est qu'en 1066 les navires normands ne s'appelaient plus drakar ni snekkar; s'ils avaient gardé ces noms antiques Wace nous l'aurait certainement dit, lui qui prend le soin de nous avertir que les marins du douzième siècle appelaient *brant* le sommet de l'avant du navire où se plaçait la figure. La tapisserie de Bayeux a mis l'enfant de cuivre à la poupe, quand Wace le montre à la proue. Je crois que Wace a raison contre la princesse Mathilde; il était tout naturel que ce génie menaçant, prêt à frapper avec sa flèche la terre anglaise où l'on allait descendre,

> (Ki kel part que la nef coreit)
> Semblant de traire avant faiseit),

fût assis sur l'avant, et non sur l'arrière du vaisseau.

Il serait difficile de dire quelles étaient les dispositions intérieures des navires scandinaves; probablement les plus petits n'étaient point pontés, et avaient, comme nos canots et nos chaloupes, un petit tillac devant pour l'abordage, des bancs pour les rameurs, et un certain espace derrière pour les guerriers, le pilote, le chef et les provisions. Le butin se mettait dans le fond avec les captifs qui n'y restaient pas longtemps. Les plus grands vaisseaux avaient sans doute un pont comme les galères, et sous ce pont une cale partagée, suivant les besoins, en chambres, en magasins, en écuries pour les chevaux. Il y a grande apparence que des navires somptueux comme ceux dont parlent les chroniques, avaient quelques chambres ornées et disposées à la manière des logements à terre, surtout quand le roi de mer emmenait sa femme ou ses femmes. La reine Thyra, qui se trouvait à bord d'un vaisseau au combat dont parle Torfée, chap. XLVII, avait certainement un lieu retiré où elle pût mettre sa dignité et sa pudeur à l'abri des regards du wiking et du soldat. L'historien dit qu'après la bataille, quand on eut débarrassé le navire des cadavres qui l'encombraient, la reine fut conduite sur le pont où elle s'assit à côté du comte (*regina Thyra ex inferioribus partibus deducta*).

Il y avait une partie du navire qui s'appelait *fyrir*, celle qui était comprise de l'avant au milieu (*in loco ante mediam navem* (fyrirum) *durante bello et deinceps jacuit*); c'est de Vigi, le chien du roi, que Torfée parle ainsi, chap. XLVII. Les parties qui avoisinaient la proue se nommaient *ser*, mot dont la signification m'est inconnue, et que je lis dans le chap. XLIII de Torfée (*nos certe, qui proram partesque ei proximas* (ser *vocant*) *tenemus*. Le *ser* était probablement ce que nous nommons le gaillard d'avant, ce qu'on appelait le château de proue au quatorzième siècle, et les deux bords voisins du château.

Luxe. Le roi Kanut qui, au dire d'Éricus Olaus (livre second), avait un dragon d'une grandeur prodigieuse (*magnitudinis admirandæ*), parait ses vaisseaux de figures de métal d'argent et d'or (*Encomium* d'Emma). Torfée parle, chap. XLII, d'un dragon tout brillant d'or, d'une grandeur incomparable, appartenant à un roi dont tout le monde exaltait la magnificence. Il décrit ensuite le dernier de quatre vaisseaux, « qui avait l'air d'être d'or (*velut aurea*), éclatant des rayons splendides du soleil dont il répercutait la lumière par tout l'océan. » Godwin, dit Guillaume de Malmesbury, donna au roi Harde Kanut un vaisseau orné de métal doré. Un autre chef était encore plus extravagant dans les dépenses qu'il faisait pour ses vaisseaux, qui avaient, selon Saxo, liv. VI, des voiles dorées hissées à des mâts dorés aussi, avec des cordages de pourpre.

Une des choses qui paraissent avoir surtout distingué les vaisseaux des navigateurs riches et puissants, c'est la tête, ce *chief de la nef devant*, qu'on appelait peut-être *brant* (*brand*, flamme ; Ihre, Gloss. suiogoth.) à cause de l'éclat de la figure dorée ou argentée qui brillait à la proue. Le Grand Dragon d'Olaf était surtout remarquable par sa tête (*capite*) (Torfée, chap. XXXIII). « Entre trois grands vaisseaux qui approchaient, un se faisait remarquer par sa tête (*una, capite insignis*) (Torf. chap. XLIII). Ils ont plusieurs grands vaisseaux, et parmi ceux-là quelques-uns ornés de têtes (*capitibus præditas*)... Quatre grands vaisseaux apparurent, et au milieu d'eux, un se distinguait par sa tête de dragon (*draconis capite eminebat*) » (Torf. chap. XLII). On distinguait les vaisseaux à chefs (portant figures) de ceux qui avaient le brant nu et sans effigie. « Le cinquième vaisseau était beaucoup plus grand que les autres, mais n'avait point d'effigie à son chef (*sed sine effigiato capite*) (Torf. chap. XLII). Ceci, pour le dire en passant, prouve que les grands vaisseaux seuls portaient des figures à leur cap ; en effet, on n'en voit point aux petits navires gravés chez Strutt. Les plus importants, entre ceux de la tapisserie de Bayeux, en sont décorés. Les belles sculptures, les ornements éclatants étaient l'attribut des commandants, et cela est resté dans les marines jusqu'à la fin du dix-huitième siècle. Aujourd'hui, extérieurement, tous les vaisseaux se ressemblent à peu près par la décoration ; une peinture noire et blanche les recouvre tous également : c'est plus militaire, dit-on, plus simple, plus grave et moins coûteux ; mais c'est une chose de mode qui passera comme tout ce qui est de mode.

GOUVERNAIL. Les petits navires de Strutt ont à l'arrière, de côté et à droite, une pelle, un aviron à manche de béquille, ou *helm* (timon), qui leur sert de gouvernail. (Voy. Mémoire sur les principaux passages maritimes de quelques poëtes français des douzième et treizième siècles, n° 3). Les vaisseaux de la tapisserie de Bayeux, et ceux de quelques-uns des sceaux maritimes que j'ai mentionnés ailleurs (Rapport au ministre, p. 41, et Mémoire n° 7), se gouvernent de même. La manœuvre de ces gouvernails, qui, de l'antiquité où nous les trouvons, se sont perpétués jusqu'à nous, et se montrent encore au côté, vers

(Gouvernail de la *navicella* de Giotto) (*).

l'arrière, des *burchii* de Vérone, est fort bien indiquée dans ces vers d'un passage du Roman de Brut, que j'expliquerai dans le Mémoire n° 3 :

Aval le hel si curt senestre (*helm*, timon (anglais),
Ensus le hel pur curt à destre.

MATURE. Les navires scandinaves n'avaient qu'un mât; c'est bien démontré par les monuments que rapporte Strutt, et par la tapisserie de Bayeux, quoique Lancelot, copié par tout le monde, ait écrit dans sa savante interprétation du poëme historique, brodé, dit-on, par Mathilde : « On voit un vaisseau sans voiles et dont on abat *les mâts*. » Ce vaisseau n'a évidemment qu'un mât, comme tous les navires; et Lancelot n'a pas distingué le mât, des haubans qui s'abaissent en même temps. Cette mâture simple, composée d'un arbre ou mât, fut longtemps en usage dans les marines du Nord; les miniatures des *Chroniques d'Angleterre*, manuscrit n° 6761 de la bibliothèque royale, et celles de Froissard, n° 8320, en font foi, aussi bien que les sceaux d'Yarmouth, Sandwich, Dunwich, Douvres et Dam.

(*) J'aurais pu choisir dans les monuments une autre représentation de gouvernail que celle-ci; mais j'ai donné la préférence à celle qu'exécuta, en 1296, à Rome, un peintre justement célèbre, parce que je la regarde comme une des plus certaines. Voir au reste sur le gouvernail de côté, les Mémoires n°ˢ 3, 5 et 7, les sceaux de Yarmouth, Dunwich, Niewport, Douvres, et celui de Sandwich, plus loin, pag. 153.

Wace, parlant du navire de Guillaume le Conquérant, dit :

> Une lanterne fit li dus (le duc)
> Mettre en sa nef el mast desus (au sommet du mât de sa nef).

L'art. 9 des *Rooles d'Oleron* dit : « Il avient que le meistre d'une neef coupe *son mast* par force de tempête. » L'art. 32 du Droit maritime de Wisby, prévoyant le même cas, dit : « *Houwet* (*haven*, allemand moderne) *den mast* — coupe *le mât*. » Il n'est pas besoin d'insister davantage sur un point aussi évident. Aussitôt qu'un navire avait abordé un quai, une terre, il abattait son mât : témoin le vaisseau de la tapisserie de Bayeux qui porte Harold, celui qui démâte pendant que débarquent les chevaux qu'il a apportés, et tous ceux qui sont déjà aux rivages, vides de leurs passagers.

Gréement. Le gréement était simple comme la mâture; quatre ou six haubans(*) de côté, un étai devant, un étai derrière, simple ou double, étaient probablement tout ce qui composait le système d'appui du mât. L'étai de l'avant et celui de l'arrière, établis contre le tangage, comme les haubans contre le roulis, sont très-visibles dans les navires donnés par Strutt, dans ceux des sceaux maritimes cités plus haut, et dans ceux de la tapisserie de Bayeux. La maladresse des artistes, très-peu habiles alors à rendre les effets de la perspective, a induit Strutt dans une étrange erreur, quand, parlant des *ships* du temps de Richard II, pour les comparer à ceux des Normands d'une époque antérieure, il dit : « Les haubans du *large sailing ship* sont placés et roidis sur les côtés du vaisseau, tandis que ceux de la précédente époque, partant de la tête du mât, vont à l'avant et à la poupe. » Il suffit d'examiner avec un peu d'attention les navires des planches 32 et 64 que Strutt a copiés sur les manuscrits, et ceux que la princesse Mathilde a peints à l'aiguille, —plaçant quelquefois le point d'attache supérieur des haubans sur la vergue, et non à la tête du mât, et ne tenant pas compte de la perspective, ou ne sachant trop que faire de ces cordages

---

(*) Dunc vaissiés ancres lever,
Estrens traire, hobens fermer.
(Roman de Brut. Voyez Mémoire n° 3.)

dont il lui était bien permis d'ignorer la fonction, — pour voir que l'observation de Strutt est sans fondement, et que, si savant qu'il fût sur d'autres questions, il ne l'était guère sur les conditions d'un gréement de navire. Les miniaturistes et la brodeuse royale avaient vu des cordages soutenant le mât, une vergue portant la voile, et, embarrassés d'ajuster cela selon les règles de l'art naval, qu'ils ne connaissaient point, ils exprimèrent par des à peu près ces détails auxquels je viens de rendre leur place véritable (Voir ci-dessus, page 136, la restitution que j'ai faite d'un des navires de la tapisserie de Bayeux). La plupart des artistes de l'antiquité et des temps modernes ont agi de même ; c'est ce qui rend les monuments si difficiles à interpréter pour les marins, et si dangereux pour les savants qui ne connaissent pas la marine. J'ai parlé, plus haut, de vaisseaux ayant leurs voiles soutenues par des cordages de pourpre (*purpureis restibus*); les navires qui n'avaient pas l'honneur de porter des rois avaient un gréement de cuir tressé (M. Depping, d'après la relation du norvégien Other). C'était peut-être, au reste, la peau des phoques pêchés sur la côte de Norvége qu'Ingellus faisait teindre en rouge, après les avoir fait travailler pour les employer en haubans, en étais et en drisses. Le cuir tressé est d'un si bon usage pour les manœuvres qui demandent une grande solidité, qu'aujourd'hui la drosse du gouvernail, cette corde si importante qui s'enroule sur la roue pour mouvoir le gouvernail, dont elle sollicite la barre à droite et à gauche, est un grelin de cuir.

GIROUETTE. A la tête du mât, comme ornement et comme indicateur du vent, les hommes du Nord plaçaient une girouette. On la voit au navire que Strutt appelle *a Royal ship*, pl. 32, à plusieurs de ceux que la princesse Mathilde représenta sur la tapisserie de Bayeux, et à tous les mâts des bâtiments gravés sur les sceaux maritimes d'Angleterre. Wace, qui heureusement abonde en détails minutieux, raconte que, sur le mât du vaisseau de Guillaume,

> Une wire-wire dorée
> Ont de cuivre en sommet levée.

Et cette wire-wire, pourrait-ce être autre chose qu'une vire-

vire ou gire-gire, ou girouette? (de *gyrare*, qui nous a donné aussi aviron, *girone* (italien), *ciron* (vénitien) : *ad gyrandum*, pour tourner, ancien devoir de l'aviron qui était gouvernail de côté).

Voilure. Les navires scandinaves n'avaient qu'une seule voile; les monuments les plus croyables l'attestent, et cela est évident par l'inspection de la tapisserie de Bayeux, des sceaux maritimes et des Antiquités de Strutt. Cependant, M. A. Thierry dit : « En trois jours de traversée par le vent d'est, les flottes de barques *à deux voiles* des Danois et des Norvégiens arrivaient au sud de la Bretagne. » Et ce savant écrivain s'appuie sur un passage des *Scriptores rerum Danicarum*, ainsi conçu : « *Itaque mille navibus armatis Kanutus Oceanum transilivit Britannicum, per quem, sicut Dani referunt, a Dania in Angliam, flantibus euris, triduo vela panduntur.* » J'avoue que dans : *vela panduntur* il m'est impossible de voir pour chaque navire *deux* ou plusieurs voiles; j'y reconnais les voiles des mille bâtiments de Kanut, mais pas autre chose. Quand Torfée, chap. XLIII de son *Hist. Norveg.*, dit que « Thorkell Dyrdill, le capitaine de la trane, ayant vu le comte Sigvald s'approcher d'une île, après avoir serré ses voiles (*collectis velis*), alla le rejoindre à l'aviron avec les capitaines des autres navires, lui-même ayant fait amener ses voiles *(suis deductis)*, » il n'entend point par là que Sigvald et Thorkell avaient des navires à plusieurs voiles, mais il signale la manœuvre des vaisseaux que commandaient chacun de ces deux chefs, qui, en effet, dans la flotte étaient ce que nous appelons aujourd'hui commandants de divisions, ayant un groupe, une escadre de bâtiments sous leurs ordres. Le récit de Torfée ne laisse aucun doute à cet égard(*).

—Les voiles des navires appartenant aux chefs, aux rois de mer, aux pirates illustres et riches, n'étaient pas un simple tissu de toile, ou un simple assemblage de peaux amincies, elles étaient quelquefois couvertes d'or comme celles d'Ingell, ou de pein-

---

(*) Ajoutons que dans le treizième livre de Saxo, on trouve cette phrase : « Les Sclavons ne pouvant pas lutter avec leurs rames contre la fureur des ondes, et ayant voulu se confier à leur voile (*veloque sibi consulere vellent*), leurs navires furent renversés par la violence de la tempête, et ils se noyèrent (*eversis navigiis mergebantur*).

tures et de couleurs variées. « Ce n'est pas le vaisseau du roi, dit Torfée, chap. XLIII; car celui-ci, pour l'avoir vu souvent, je le reconnais à sa voile de plusieurs couleurs (*velo discolori*). » On remarquera qu'il y a *velo* et non *velis*. Dans les langues du Nord, *stafat segel* signifiait une voile couverte de dessins coloriés, et *bastofud segel*, une voile portant des dessins bleus. (Ihre, *Gloss. suiogoth*). Harold, roi de Norvége, avait donné au roi Athelstan un vaisseau dont la voile était de pourpre (Guillaume de Malmesb). Sur leurs voiles, les chefs scandinaves faisaient peindre des emblèmes qu'ils adoptaient comme armoiries. On voit dans Strutt trois lions sur les voiles normandes. (Voir, Mémoire n° 1, p. 48, ce qui regarde les voiles coloriées des navires égyptiens. Voir aussi les sceaux des amiraux d'Angleterre, la gravure représentant l'embarquement de Henri VIII se rendant au camp du Drap d'or, etc.)

La voile était carrée, attachée à une vergue, garnie d'écoutes à ses angles inférieurs (les points), et gouvernée par deux bras qui s'amarraient à l'arrière; cela est évident. Si la tapisserie de Bayeux et les planches de Strutt ne montrent point de bras, le sceau de Douvres ne laisse pas de doute sur l'ancienne et nécessaire application de ce cordage à la vergue.

La voile se repliait vers la vergue par des cargues (voir Mémoire n° 3, au mot *Gardinge*); quelques-unes des maladroites lignes de la princesse Mathilde se rapportent assez aux cargues, pour qu'on puisse affirmer qu'en effet ces cordages indispensables ne manquaient pas à l'appareil de la voile normande. Il est bien entendu que la vergue avait une drisse, passant à la tête du mât dans un trou ou dans un clan garni d'un rouet.

Je ne sais si, aux premières époques de leur navigation, les hommes du Nord avaient appliqué la bouline à la voile pour la mieux orienter; mais je trouve ce cordage nommé dans le *Roman de Brut* :

Buelines sachent et halent.

Dans les vignettes du Froissard manuscrit de la bibl. roy., n° 8320, je ne trouve pas d'apparence de boulines, quoiqu'au douzième siècle, comme je viens de le faire remarquer, elles fussent en usage; mais j'y vois des bras avec poulies, ce qui est déjà un perfectionnement considérable et une preuve que la vergue était grosse et sa manœuvre difficile et fatigante; je vois une drisse de voile avec l'*itaque,* manœuvre qui datait au moins du douzième siècle, puisque je lis dans le Roman de Brut :

Hutagues laschent, trefs avalent.

J'y vois encore les haubans garnis d'enfléchures, et la voile garnie de bandes de ris (*). Aux extrémités des vergues sont des crochets, espèces de grappins pour l'abordage, ou de faucilles pour couper les gréements de l'ennemi.

ÉTENDARD. Jean Loccen, dans ses *Antiquitatum Sveo-Gothicarum libri tres*, dit que, chez les Goths, le dragon était l'étendard de guerre, et l'agneau celui de la paix. Au onzième siècle, les Danois avaient un étendard sacré, ouvrage enchanté des trois sœurs du roi Sven, brodé par elles en une nuit, sur lequel se détachait un noir corbeau, le bec ouvert et agitant ses ailes. (*Encomium* d'Emma, p. 170). A bord des navires, les étendards se plaçaient sur le côté droit, si j'en crois ce passage de Torfée, chap. XLIV : « *Vexillis autem ad dexteram erectis*, les étendards ayant été dressés à droite. » La droite était apparemment déjà le côté noble. Je ne sais si l'étendard était planté sur le bord pendant le combat, mais je vois que Ulf-Ruf, qui était prorète (commandant de l'avant) sur le vaisseau du roi, était en même temps porte-enseigne (*signiferque regius*) (Torfée, chap. XLIII). Le *signifer* portait et défendait l'étendard en combattant sur l'avant, qui était son poste, comme on le verra tout à l'heure, page 155.

ANCRES. Les ancres des Normands, à peu près faites comme les nôtres, n'avaient pas toutes cette traverse de bois ou de fer qu'on nomme le jas (de *jacio,* peut-être, parce qu'il établit l'ancre au fond, sur son bec); on en voit une sans jas dans la

---

(*) Au douzième siècle on pouvait prendre deux ou trois ris dans les voiles, ce que démontre ce vers de Wace, dans le Roman de Brut :

A tous ris curent u a trois.
(deux)   (trois)
(Voir Mémoire n° 3.)

tapisserie de Bayeux ; elles sont ainsi dans les vignettes du Froissard 8320. Dans le dessin qui précède le roman d'Eustache Le Moine, publié par M. Francisque Michel, on voit une ancre servant de grappin d'abordage (elle est traversée d'un jas) ; ce qu'on trouve aussi dans le chapitre XLIV de Torfée : « *Cum rostralis ancoris in illas injici*, etc., avec des ancres à bec ». Quelquefois les ancres étaient portées dans le navire même, sur la poupe, ainsi que le montre un navire de Strutt, planche 64 de son recueil. Quelquefois elles pendaient à une verge de fer sortant d'une espèce d'écubier placé à l'arrière du navire, ainsi qu'on peut le remarquer dans les miniatures du Froissard. L'ancre accrochée de cette façon devait blesser le bâtiment à la mer, quand il y avait de la houle, du tangage ou du roulis. Peut-être on ne la mettait ainsi que lorsqu'on voulait s'embosser, ou qu'on venait de se désembosser. Toujours il y avait des ancres ou une ancre par devant, et les vaisseaux avaient, ou deux écubiers, comme dans les miniatures de la Chronique d'Angleterre, Ms. de la bibl. roy., n° 6761, ou un seul, comme dans quelques-unes de ces miniatures et dans celles du Froissard. Les navires, au moins vers le onzième siècle, avaient plusieurs ancres, témoin ce passage de l'art. 9 des *Rooles d'Oleron* : « Et ascunes foiz avient que l'en coupast gables et lesse *ancres* pour saufver la neef et les darrées ». Pour les petits navires qui côtoyaient sans cesse le rivage, et pouvaient toujours aller se jeter à terre avec leurs rames, plusieurs ancres étaient à peu près inutiles ; mais elles étaient indispensables pour les vaisseaux tirant beaucoup d'eau, et obligés de mouiller à quelque distance des côtes. Aussitôt que les hommes du Nord construisirent des bâtiments d'une certaine grandeur, ils durent nécessairement munir ces vaisseaux de plusieurs ancres. (Voir sur le grand nombre d'ancres dont on se servait dans la Méditerranée au treizième siècle, Mémoire n° 6).

ARMEMENT. Les grands navires de guerre, comme nous l'avons vu plus haut, étaient quelquefois armés extérieurement d'une ceinture de fer, d'un éperon, et de bandes de fer ou d'airain, qui lui composaient une sorte de cuirasse. Attaquer le vaisseau, le blesser, le briser, le désemparer de son gouvernail, de ses voiles, de ses avirons, lui faire au flanc ou à la proue un de ces larges trous qui le mettaient en danger de couler bas, telle paraît avoir été la tactique des Normands, comme celle des Carthaginois et des Grecs, aussitôt que la marine grandissant transforma le radeau ou le tronc d'arbre creusé en un navire allant porter ou attendre le combat. La chevalerie du moyen âge, quand elle combattait sur terre, ne s'attaquait qu'à l'homme; elle aurait méprisé quiconque eût cherché à tuer le cheval du guerrier à qui il ne pouvait faire vider l'arçon avec la lance: l'histoire a conservé le souvenir de la déloyauté de Charles d'Anjou, qui, dans son combat contre Manfred, en 1266, donna ordre à la gendarmerie française de *frapper aux chevaux*, et dut la victoire à cet ordre félon. (M. Michelet, *Hist. de Fr.*, tom. II). Sur mer, il n'en fut jamais ainsi. De tous temps on frappa aux vaisseaux pour abattre l'homme; aussi le vaisseau fut-il renforcé, cuirassé, défendu par des tours autant qu'on le put; il devint une sorte de place forte flottante, bastionnée, pavesée, défendue par des archers, des frondeurs, des soldats armés de lances, d'épées, de haches, de masses, enfin de toutes les armes qui servaient au camp, en campagne ou dans les villes assiégées. Abbon peint les Danois blessés, revenant

(Sceau de la ville de Sandwich, pris à une charte de 1238. Collect. Depaulis.)

à leurs navires, avant d'avoir pu se servir de leurs frondes contre la troupe ennemie :

Ante
Quàm lapides jaciant, illamque gravant lapidando.

La fronde paraît n'avoir pas toujours été chez les Normands un petit sac, tenu par deux cordes égales faisant tourner la pierre et la lançant, une des cordes étant lâchée. Dans la pl. 32 des Antiquités de Strutt, on voit, sur le château d'un navire, des guerriers jetant des pierres ou des balles de plomb (*plumbea mille volant..... mala.* Abbon) à une tour qu'ils assiégent par mer, avec un instrument composé d'un bâton à l'extrémité duquel est une petite poche propre à recevoir le projectile. A l'avant de ce même navire, on voit un homme attaquant avec un fléau les archers de la tour assiégée. Ordinairement, avec des bâtons garnis d'une poche à leur extrémité, on lançait à l'ennemi des vases remplis de cendre fine ou de chaux pilée, qui l'aveuglait; la vignette du roman d'Eustache le Moine ne laisse aucun doute à cet égard, pas plus que les vers suivants de ce poëme du treizième siècle :

> Dont commenchièrent à ruer
> Caus bien molue en grands pos
> K'il dépéchoient à lor bors.
> La pourrière molt gran leva :
> Che fu chou que plus les greva
> Dont ne se porent plus desfendre ;
> Car lor oel furent plain de cendre.
> Cil estoient desor le vent
> Ki lor faisoient le torment.

Ordre de bataille. J'ai rapporté, page 138, le curieux passage de Torfée, qui commence au chapitre XLIII : *de ordinatione classis regiæ ad pugnam;* on a vu le vaisseau royal (le grand dragon) au centre ; à l'un de ses côtés la trane, à l'autre le petit dragon, et puis, de chaque côté de ces deux navires, tous les autres, rangés apparemment en ligne droite. Ainsi l'on se battait de front, serrés les uns contre les autres pour résister mieux ou pour faire plus de mal par sa masse. Il paraît qu'on attachait les proues de quelques navires ensemble pour former des groupes qui ne se pussent pas désunir, et fussent, dans le combat, comme des villes mouvantes, allant à l'aviron ou à la voile, attaquer les vaisseaux ennemis, ou manœuvrant pour repousser leurs attaques. Cela me semble résulter clairement du même chapitre de Torfée, où je lis : « *ut autem proras*, *etc*. ; « mais, comme on commençait à lier ensemble la proue du pe- « tit dragon et celle du grand, le roi ordonna à haute voix que « l'on conduisît en avant le navire royal, parce qu'il ne voulait « pas rester le dernier dans une si grande mêlée ; à quoi Ulf- « Ruf, prorète et porte-étendard du roi, objecta : Si le dragon « est en avant des autres vaisseaux, de toute sa longueur, nous « qui sommes à la proue et dans les lieux qui l'avoisinent, nous « serons attaqués de tous les côtés par les ennemis. Le roi ré- « pliqua : Si j'ai voulu que mon dragon fût plus grand que les « autres navires, c'est pour qu'on le vît de loin dans les com- « bats comme dans la navigation ».

Après le premier choc, l'ordre de bataille devait être rompu, et, au tir éloigné des flèches, au jet des pierres, succédait l'a-bordage. Les navires s'accrochaient avec des grappins : « les pro-rètes et les combattants de l'avant du grand et du petit dragon et de la trane, jetèrent des mains de fer (*ferreis manibus in-jectis*) au vaisseau du roi Sven. » (Torfée, ch. XLIV.) Ce n'est pas tout ; quand on lançait les grappins, les ancres à bec (*rostratæ anchoræ*), on lançait aussi des poutres liées ensemble avec des crochets de fer (*asseres ferreo unco præfixi*). Cette espèce de bélier rappelle tout à fait l'*asser*, défini par Végèce, suspendu à la tête du mât, ferré des deux bouts, se balançant à droite et à gauche, et fait autant pour ouvrir le vaisseau par les coups qu'il lui portait, que pour lui tuer beaucoup de monde : Torfée l'appelle *staf-nliar*. Ihre, n'ayant point donné la signification de ce terme spécial, je me hasarde à le traduire en le décompo-sant. *Staf*, en anglo-saxon, voulait dire : bâton, *lia* signifiait : faux, en irlandais ; il me semble que cette poutre suspendue, agissant sur le navire pour renverser, faucher tout ce qu'elle trouvait, pouvait bien être appelée le bâton-faux.

NAVIGATION. La connaissance des vents régnants dans les pa-rages qu'ils fréquentaient, l'observation des courants, des ma-rées, et celle des astres, quand ils devaient perdre de vue une côte qu'ils ne quittèrent d'abord pas du tout, et dont ils s'éloi-gnèrent ensuite un peu, une pratique habile du pilotage, cette prudence qu'ils savaient allier à l'audace, tels étaient, pour les hommes du Nord, les éléments de l'art de la navigation. En général, les expéditions des pirates n'avaient lieu que pendant la belle saison. C'était bien assez que leurs navires eussent à lutter contre la mer et les vents, trop souvent furieux dans les mers septentrionales, même au printemps ou dans l'été; d'ailleurs ils ne pouvaient espérer de rencontrer des navires marchands, à qui la loi, d'accord avec la raison, interdisait la navigation pendant l'hiver (Art. III du *Droit maritime de Hambourg*); et puis, pour les entreprises faites contre les bourgs et les villes riverains de la mer, il fallait, en cas de malheur, pouvoir reprendre la mer sans trop de danger; il est vrai que les périls ne les effrayaient guère et qu'ils se vantaient d'avoir pour auxiliaire la tempête : « *Marinæ tempestatis procella nostris servit remigiis*, la fureur de la tempête aide nos rameurs »(ABBO FLOVIACENSIS, Script. rer. norm.).

Quand une nécessité pressante ou la satisfaction d'une violente passion l'exigeait, on naviguait en hiver, comme fit Éric, au douzième siècle, pour aller enlever son frère, la femme et les enfants de celui-ci, et les faire mourir dans les tortures. Il brava un très-grand froid et une mer dangereuse, au rapport d'un chroniqueur danois (*Anonymus Rosckildensis*).

Pour un motif plus noble, pour une plus grande entreprise, Guillaume le Bâtard mit à la mer le 27 septembre 1066. Il n'avait, à la vérité, que la Manche à traverser, mais un coup de vent de sud-ouest, qui avait duré plusieurs jours, était pour lui un avertissement que le passage pouvait être dangereux. Il attendit à Saint-Valery, faisant des vœux, et interrogeant sans cesse la girouette de l'église :

Inspicis et templi gallus quâ vertitur aurâ,

dit le manuscrit de Bruxelles, cité par M. Aug. Thierry. Quand il vit le ciel clair, le vent favorable, il quitta le mouillage de l'embouchure de la Somme, et entraîna derrière lui une flotte immense, qui devait, pendant la nuit, lui donner tant d'inquiétude par la lenteur de sa marche. Que lui serait-il arrivé, si, le matin, quand la vigie de son vaisseau lui signalait enfin cette forêt d'arbres portant voiles (*arborum veliferarum nemus*, Guillaume de Poitiers), qu'il attendait si impatiemment, il eût éprouvé le contre-temps fâcheux qui frappa le navire d'Yseult?

> Del séust lur salt un vent (du sud leur saute un vent)
> E fert devan en mi cel tref (masque la voile)
> Refrener fait tute la nef (et fait culer bien loin le navire).
> (*Roman de Tristan.*)

Quelle confusion par cette saute de vent! quel désordre dans cette flotte de navires lourdement chargés! que de vaisseaux brisés par les abordages ou violemment jetés à la côte! combien serait-il rentré à Saint-Valery ou dans la Dive, de ces nefs, qui, heureusement, s'ancrèrent à quelques milles d'Hastings, le 28 septembre, avant la fin de la journée? Guillaume avait eu *bon oré et bon vent*, selon l'expression familière à Wace; s'il avait, au milieu du détroit, rencontré la *turmente*, le poëte normand, au lieu d'avoir à chanter son débarquement à Pevensey, aurait pu dire de ses vaisseaux ce qu'il dit, dans le Roman de Brut, de ceux d'Ursule :

> En mult po d'ore nés traversent (viennent en travers)
> Maintenant afondrent et versent (chavirent et vont au fond).

Il n'est pas nécessaire, je pense, que je fasse ici un résumé du Mémoire qu'on vient de lire. Ce qui me paraît convenir le mieux pour faire bien comprendre mon opinion sur la forme, le gréement, la mâture et la voilure des vaisseaux normands des premiers siècles au douzième, ce sont des dessins. Je les ai joints à un travail que je livre avec quelque confiance aux hommes qui se sont occupés d'archéologie maritime, parce qu'il est le fruit de longues et sérieuses études. Je ne me flatte pas d'avoir débrouillé tout ce qu'il y a d'obscur dans la question, mais j'espère l'avoir un peu éclairci. Les figures que je présente comme explications matérielles des choses analysées, décrites ou critiquées dans ce Mémoire, sont inspirées par les monuments et les textes que j'ai cités. J'ai cherché à rendre aux navires de la princesse Mathilde, et à ceux des manuscrits copiés par le docteur J. Strutt, ce que l'œil peu marin des artistes naïfs des douzième et treizième siècles ne vit pas dans les modèles qu'ils cherchèrent à copier, et qu'ils rendirent bien plus dans leur ensemble que dans leurs détails techno-nautiques.

APPENDICE.

DE NAVE ET PARTIBUS EJUS (*).

(Extrait d'un glossaire latin et anglo-saxon du dixième siècle, manuscrit, et actuellement à Bruxelles. Je dois la communication de ce document, auquel je trouve des rapports très-intimes avec le glossaire saxon d'Ælfricus, au savant M. Thomas Wrigth de Londres. J'annote chaque article).

NAUTA — *Rothra* (**). (Ce mot, anglo-saxon, est devenu *rower* en anglais moderne, *ruderer* en allemand, *roeyer* en hollandais, *roer* et *roerkal* en danois, *ror* et *roder* en suédois; c'est proprement notre : *rameur*).

NAVIS — *Scip*. (*Ship*, anglais; *schiff*, allemand; *schip*, hollandais; *skip*, danois; *skepp*, suédois).

ARCHIROMACHUS — *Swift scip*. (Bâtiment léger. Voir du Cange voce : *Anchiromacus*).

SCAPHA — *OErend-scip*.

BARCA — *Flot-scip*.

LIBURNA — *Hulc*. (Voir ce que j'ai dit des *holks* dans le Mémoire précédent, p. 129). Je ferai remarquer qu'il ne s'ensuit pas de ce que *liburna* et *hulk* sont rapprochés ici, que le *holk*

(*) On verra qu'il n'y a pas que les parties du navire nommées et définies dans ce glossaire.

(**) Dans l'original, le *th* est remplacé par un caractère ressemblant un peu à la lettre *p*, et le *dh* par un caractère qu'on peut prendre pour un *d* barré par en haut.

scandinave fût fait comme la *liburne* mentionnée au quatrième siècle par Végèce. Ce rapprochement nous enseigne une seule chose, c'est que, dans le dixième siècle, les hommes du Nord tenaient les liburnes antiques pour de petits navires unirèmes, puisqu'ils les comparaient à leurs *holks*).

Dromo — *Æsc* (rapide; en allemand *geschwind*).

Pontonium — *Flyte*. (Il serait singulier que le *fly-boat* moderne, le canot qui vole, le bateau-mouche, fût désigné par le mot dont les Anglo-Saxons se seraient servis pour caractériser ce flotteur lourd et lent, porte-charges sans qualités nautiques, que nous appelons ponton, d'après les Latins, et flûte, d'après les Allemands et les Hollandais. *Fly* aurait étrangement changé de sens en passant du saxon dans l'anglais, si en effet le *flyte* anglo-saxon est de la même famille que le *to fly* anglais).

Trabaria vel caudex (*pontonium*) — *Punt*. (Le mot *pontonium*, mis entre parenthèses, après *caudex* et *trabaria*, qui veulent dire : canot léger, nous fait connaître que *flyte* et *punt* avaient entre eux une grande analogie dans la pensée de l'auteur du Glossaire, et que l'idée attachée par les Anglo-Saxons au mot *ponton* n'avait rien de commun avec celle qui nous fait voir dans le *ponto* ou *pontonium* un bâtiment de transport ou de servitude, une vieille carcasse navale. Cet article explique le précédent).

Puppis — *Se æften-stemn*. (Le *stamm* de l'arrière : *after*; voir plus bas : *prora*).

Cumba — *Thurruc*. (*Thurruc* me semble être le *thorough* anglais; dans ce cas, la barque légère (*cymba* ou *cumba*) serait un bateau de passage, fait pour traverser une rivière).

Carina — *Bycme*. (La poutre, *baum*, allemand, aujourd'hui en anglais *beam*, a le sens de poutre ou solive en général, et la carène ou quille du navire est appelée *keel*. Les Anglo-Saxons, en nommant abstractivement la quille du navire : la poutre, se servaient d'une figure analogue à celle dont usaient les Italiens, qui nommaient cette pièce : *il primo*. Voir Mémoire n° 4).

Fori vel tabulata navium — *Scipes flor*. (Ce que les Anglais appellent aujourd'hui *floor*, c'est le fond du vaisseau formé par les varangues. Si les Anglo-Saxons voulaient, comme il y a lieu de le croire, désigner par le mot *flor* ce fond de la cale, les *fori*, au dixième siècle, étaient loin d'être ce que nous les voyons chez Aulu-Gelle, quand, dans sa fable d'Arion, il dit : « Stans in summo puppis foro carmen voce sublatissima cantavit. » Le *forum* dont il s'agit ici était évidemment le tillac de la poupe. Observons toutefois que, dans ces vers de Lucain :

> At postquam ruptis pelagus compagibus hausit,
> Ad summos repleta foros, descendit in undas.

foros peut très-bien exprimer ce qu'on appelle les fleurs (*floor*) de varangue, et que le poëte n'a pas même usé de son droit d'exagération en se servant de l'épithète *summos*, parce qu'elle ne veut pas dire : élevés, mais, jusqu'au haut des.... Le navire coula, parce que sa carène s'étant brisée contre les rochers, sa cale se remplit jusqu'au haut de ses varangues. Seulement ses varangues étaient fort arrondies et non pas plates. Scheffer n'a pas compris dans ce sens le passage de Lucain.) (De militia navali, p. 48.)

COLUMBARIA — *Ar-locu*. (Bois (*log* — angl.) sur lequel s'appuient les rames. Notons en passant que le *columbarium* et la *columba* italienne, signifiant quille, ont la même étymologie, bien que le *columban* grec (plonger) s'applique dans *columba* et dans *columbarium* à deux choses fort différentes. J'ai dit ailleurs que la quille étant sous l'eau, plongeant profondément, avait pris à bon droit le nom de colombe. Quant au *columbarium*, il était assez bien nommé aussi, car c'était de sa hauteur que plongeaient les rames. On doit s'étonner que du Cange, qui cite Isidore, Papias et Gaufredus Grossus, à propos du *columbarium*, puisse, dans la définition qu'il donne du mot, le confondre avec la *columba* des Italiens. Les textes qu'il rapporte sont cependant bien clairs.)

REMI — *Ar*. (Anglais moderne, *oar*.)

TRANSTRA — *Thoftan*. (Anglais, *twart*, et plus anciennement *thwart*. L'allemand a *duft* ou *doft*, dont le rapport avec l'anglosaxon *thoftan* n'est pas moins grand que celui du *toft* danois et du *toftar* suédois. Le hollandais a *doft*, comme l'allemand, qui a aussi *ducht*).

PALMULA — *Ar-bled*. (La *pale*, ou *plat* de l'aviron. En anglais *blade*, en allemand *blat* ou *blatt*; *blad* en hollandais, suédois et danois).

ANTENNA — *Segl-gyrd*. (Anglais *sail-yard*, ou simplement *yard*. Le hollandais a *gyk* ou *gyp*, pour désigner certaines vergues. L'allemand a *geip*, le danois *gib*, le suédois *gipa*).

CORNUA — *Tha ytemestau endas thare segl-gyrde*. (Ces cordes attachées aux extrémités de l'antenne, dit le traducteur saxon. Il y a erreur. Les cornes de la vergue n'avaient rien de commun, chez les anciens, avec les cordes simples ou doubles que nous appelons les *bras*, et qui servent à faire mouvoir la vergue dans le sens horizontal. Ausonne, prêtant la parole à la vergue, qui, alors, n'était pas encore à la latine, ou porte-voile triangulaire, lui a fait dire :

> Malus ut antennam fert vertice sic ego sum T.

Les deux bras du T sont les *cornua*, et ces deux potences sont, comme on voit, tout autre chose que les manœuvres qu'on attacherait à leurs extrémités. Les critiques n'ont jamais entendu *cornua* dans un autre sens ; comment en effet expliquer autrement le vers 549, liv. III, de l'Énéide :

> Haud mora, continuò perfectis ordine votis,
> Cornua velatarum obvertimus antennarum.

Obvertimus ne laisse aucun doute. Les vers de Silius Italicus, liv. XIV, que j'ai cités dans le Mémoire n° 1 :

> Veloque superba capaci
> Cum rapidum hauriret boream, et cornibus omnes
> Colligeret flatus...

ne sont pas moins positifs).

MALUS — *Mast*. (*Mast*, anglais, hollandais, allemand, danois et suédois ; français *mât*, et autrefois *mast*).

MODIUS — *Mast-cyst*. (L'emplanture du mât, son étambrai sur la carlingue. Le *cyst* anglo-saxon me paraît être le *site* anglais, l'assiette, et le mot allemand signifiant le siége, la place, la demeure de....).

Carchesia — *Hun-thyrlu*. (La hune. Je ne sais ce que signifie *thyrlu*, mais il est probable que ce mot exprime l'idée de châtelet, de panier, ou de quelque chose d'analogue, suspendu en l'air. *Hun* n'est-ce pas le *hung* anglais, venant de *to hang*, pendre, suspendre? La gabie était un châtelet, une boîte plus ou moins grande, mais carrée, ou pour mieux dire cubique, comme la montrent les navires des sceaux de Douvres, d'Yarmouth, de Sandwich, de Dam; elle se hissait à la tête du mât. Notre mot *hune* vient évidemment du mot composé anglo-saxon, dont je reconnais bien la première moitié, et qui, pour l'autre moitié, aurait peut-être quelque rapport avec le *taerling* ou *teerling* hollandais, signifiant un cube. La corde qui se nommait *hune* aux treizième et quatorzième siècles (voir le *Livre des métiers*, titre XIII, et l'ordonnance de Charles VI (1315), a la même étymologie que la hune-gabie, *hung* signifiant *tendu* aussi bien que *pendu*).

Parastates — *Mœstwist*. (Les épontilles, les supports des ponts ou couvertes).

Clavis — *Helma*. (Anglais, *helm*. Voir Mémoire n° 3 : *aval le hel*, etc. — la barre du gouvernail).

Gubernaculum — *Steor-rothur*. (Rudder (gouvernail), *steer*, (gouverner) anglais; *stuur*, *roer*, hollandais; *steuer*, *ruder*, allemand; *styre*, *roer*, danois; *styr*, *ror* ou *roder*, suédois, d'où *stribord* et *tribord*; voir Mémoire n° 3).

Pons — *Scip-hlœder*. (La planche pour sortir d'un navire ou pour y entrer; *ladder*, anglais, échelle.)

Vela — *Seglu*. (Anglais, *sails*; allemand, *segels*; hollandais, *zeilen*; danois, *sejls*; suédois, *segels* — les voiles).

Prora — *Frum-stemn*. (Stern-frame, qu'il n'est guère possible de méconnaître dans *frum-stemn*, bien que *stern* soit une transcription moderne du *steorn* saxon *(arrière)*, signifie aujourd'hui en anglais l'*arcasse* le couple principal de l'arrière, et non l'avant. Il est à présumer que l'auteur de notre glossaire anglo-saxon s'est trompé. Quant au mot *stemn*, devenu *stern* en anglais et *steven* en allemand *(hintersteven)*, je présume qu'il faut chercher sa signification dans le *stammen* allemand, appuyer. Le *stamn* était, à l'avant et à l'arrière, ce que nous nommons l'*étrave* et l'*étambot*; ce que les constructeurs de la Méditerranée appelaient les *rotes* (V. Mémoire n° 4.) C'est sur ces pièces que s'appuie toute la construction du navire à l'avant et à l'arrière. Si dans *étrave* nous reconnaissons *trabs* ou *trabes* (la poutre), il nous est facile de reconnaitre dans *étambot* ou *estambord*, comme on l'écrivait autrefois, *bord*, la planche, la poutre, et *stemm*, l'appui. L'estain, nom des deux courbes d'appui de l'arcasse, n'a pas d'autre étymologie. L'*estamenaire* français et le *stamenale* italien (voir Mémoire n° 4) qui désignaient les côtes, les courbes du navire, appuis latéraux de la construction, sont les mêmes qu'*estain* et *estam-bord* : cela me paraît évident).

Funes, restes — *Rapas*. (Aujourd'hui en anglais, *ropes*; en allemand, en hollandais, *reeps*; en danois, *reebs*, et *reps* en suédois.)

Spiræ — *Linan*. — (Les glènes de filain ou de tout cordage; ce que les Italiens du moyen âge nommaient *corcoma* (voir Mémoires n°^s 6 et 7.) *Linan* est devenu *line* en danois et en anglais, *ligne* en français, *lien* ou *linie* en allemand. En suédois, *lina* est resté très-près du radical saxon).

Propes — *Sceat-line*. (Le *propes* était une corde simple ou une espèce de petit palan qu'on frappait au point d'écoute (*pes*) de la voile, pour la carguer. C'était la cargue proprement dite, comme on le voit dans le Marchand de Plaute. Le Saxon appelle ce cordage : la corde (*lina*) allant à l'écoute (*sceat*).

Pes veli — *sceata*. (Le pied de la voile, le point d'écoute, l'angle des deux ralingues de chute et de fond; par extension, la corde frappée à cet angle, l'écoute. *Sceata*, signifiant en saxon l'écoute, est devenu *sheet* en anglais, *schooten* en allemand et en hollandais, *schiöd* en danois, *skota* en suédois, *scotta* en italien, *escota* en espagnol et en portugais, *escoute* et maintenant *écoute* en français).

Safo — *Stæch*. (Le rivage. Ce *safo* est le *safon* du glossaire d'Ælfricus. Je n'ai vu ce mot latin dans aucun document du moyen âge. *Stæch* n'est plus dans l'anglais, qui a *shore* et *strand*).

Opisfera — *Stediuline*. (« Opiferæ funes, dit Isidore, qui cornibus antennæ dextra sinistraque tenduntur retroversum » Ce sont les bras (voir plus haut au mot cornua). Scheffer confond à tort (pag. 145) les *opiferæ* avec les *hiperæ* de Suidas, qui étaient les drisses de la vergue. *Stediuline* me semble vouloir dire : le cordage *(line)* tenant ferme *(steady)* la vergue).

PROSNESIUM — *Marels*. (*Prosnesium* ou *pronexium*, mal à propos désigné par quelques dictionnaires comme un câble attaché à une ancre. C'est ce que dans la plupart des documents latins et italiens du moyen âge on trouve sous le nom de *proese*, *prodese*, *prodexe* (voir Mémoires n°s 5 et 7.) Papias définit à merveille ce cordage quand il l'appelle : « funis, quo navis religatur ad palum. » Il aurait pu compléter sa définition en disant que cette corde qui partait de la proue, comme les câbles des ancres, allait s'amarrer à une boucle, à un rocher, comme à un pieu. C'était le *cap de poste* des nomenclatures italienne, espagnole et française des seizième, dix-septième et dix-huitième siècles. Les *Statuta Massiliæ* ordonnaient, chap. XVI, liv. III, que les cordiers de Marseille seraient tenus par un serment spécial de ne faire faire, ou de ne faire eux-mêmes les gomènes et les *prouiers* (gumenas vel *prohisios*) que de chanvre femelle et de fin filain *(filo subtili.)* Le *marel* saxon est-il le radical étymologique de notre *amarre* ? Il est permis de le croire. On trouve dans le vieux catalan *marra* (Chronique de Muntaner) ; mais le mot n'était-il pas descendu du Nord au Midi avec tant d'autres ? C'est une question à laquelle une réponse positive est bien difficile à faire).

ANGUINA — *Racca*. (Les anquis (voir Mémoire n° 7). *Anguina* est défini par Papias : « la corde qui serre l'antenne au mât. » C'est notre raccage dont on voit l'étymologie dans le saxon *racca*, qui est resté dans l'anglais moderne sous la forme *racking*, signifiant une genope, petite corde servant à serrer deux autres cordes l'une contre l'autre.

REMULCUM — *Tohline*. (Notre remorque, notre touliné. Anglais moderne *tow-line* (corde pour tirer, touer. — *Tow* venant du saxon *teohan*, *teon* ou *tohn*).

STRUPIAR (FRÆNA.) — *Midlu*. (*Strupiar* n'est pas latin ; c'est une mauvaise leçon de manuscrit ; *struppus*, ou mieux *stropus* et *strophus*, désigne le lien de corde ou le cercle de fer qui retient l'aviron au scalme ou tollet (*thole*, anglais); c'est donc *struppus* qu'il faut lire. Quant à *midlu*, ou *midla*, comme le porte le Glossaire d'Ælfricus, je ne sais s'il faut le reconnaître dans l'anglais *middle*, signifiant milieu. Dans ce cas l'estrope aurait été nommée ainsi, parce que l'aviron tournait dans son milieu).

CATAPRORATES (BOLIS) — *Sund-line*. (*Cataprorates* est un mot composé comme *catascopus*, et les autres mots de cette forme gréco-latine; je ne l'ai vu dans aucun document. Il désigne la ligne de sonde (anglais *sound-line* ou simplement *sounding*.) L'allemand et les autres langues maritimes du Nord n'ont pas conservé le saxon *sund*, que nous avons adopté ainsi que les Italiens, les Espagnols et les Portugais. Les Italiens ont eu longtemps *scandaglio*, pour nommer la sonde. Voir Mémoires n°s 5 et 9).

BOLIS — *Sund-gyrd*. (Le plomb de sonde. *Bolide*, en français du seizième siècle (voir Mémoire n° 9). L'anglais dit aujourd'hui *lead*, le plomb; l'allemand *loth*, le suédois *lod*, comme le danois; le hollandais *lood*).

APLUSTRA — *Geredru*. (L'aplustre, ornement de la poupe des navires antiques, espèce de panache fait de rinceaux de planches qui se recourbaient au-dessus du *thrônus* ou guérite, ayant disparu, les modernes n'ont plus de mots pour le désigner. Quant à *geredru*, je ne sais le trouver sous aucune des conformations analogues du Nord. *Gerade*, signifiant: droit, est le seul mot allemand qui me semble avoir quelque analogie par le sens avec le *geredru*, qui se dressait sur la poupe, comme la queue du coq.)

ÆSTUARIA — *Fleotas*. (Le détroit.)

GLAREA — *Ceosel-stân*. (La grève. Aujourd'hui, en anglais: *sandy-strand*; en allemand *strand* (voir plus haut : SAFO).

ONERARIA NAVIS — *Scip-læst*. (Aujourd'hui *last* et *ballast* en anglais, *ballast* en hollandais, *baglast* en danois, *barlast* et *ballast* en suédois, *lastre* en espagnol, *lastro* en portugais. On voit que notre *lest* est tout à fait saxon).

SYRTIS — *Sand-gewurth*. (Les syrtes. En anglais *quick-sand*, sable mouvant).

JUNCETUM — *Risc-thyfel*. (Jonchaie, marais à joncs. *Risc*, jonc: aujourd'hui *rush* en anglais, et *rusch* en allemand).

LEDO — *Nep-flod*. (La marée, le flot, le flux. *Flod* est encore aujourd'hui dans la langue suédoise et danoise. L'anglais a *flood*, le hollandais *vloed*, et l'allemand *fluth*).

Proceris — *Gearu-fang*. (Je ne sais ce que peuvent signifier ce *proceris* et les deux mots saxons *gearu-fang*. *Fang* signifiant griffe et prendre, en allemand et en anglais, me ferait croire qu'il s'agit d'une espèce de croc ou grapin. C'est la première fois que je vois le mot *proceris*. Serait-ce par hasard *procellis*? Mais pourquoi *procellis* au lieu de *procellæ* ou *procella*?)

Arula — *Heordh*. (Arula est un mot qui n'appartient point au vocabulaire de la marine antique; il est venu mal à propos sous la plume du copiste).

Remex — *Rothra*. (Rameur: le même que *nauta*. Voir ce mot ci-dessus).

Reuma — *Gylestream*. (La marée haute *(rheuma)*, la mer pleine. *Stream* veut encore dire en anglais le courant, l'eau courante. Quant à *gyle*, je ne lui vois d'analogie avec aucun mot allemand ou anglais).

Scalmus — *Tholl*. (Aujourd'hui en anglais *thole*, notre *tollet*. Voir plus haut strupiar).

Tabula — *Bord*. (Planche; et par extension, dans le français, le côté du navire et le navire lui-même).

Unci — *Hocas*. (Ongles, crocs, grapins. *Hoca*, saxon, est aujourd'hui *hook* en anglais, *haken* en allemand, *haak* en hollandais, *hake* en suédois, et *hage* en danois).

Trieris — *Scægdh*. (Trière. Voir Mémoire n° 8. Je ne connais pas, dans les langues modernes du Nord, de mots qui puissent m'aider à interpréter le mot anglo-saxon *scægdh*, qui est peut-être une faute de copiste.)

Musculus — *Sceort-scip*. (Le rat, petit navire. *Sceort*, aujourd'hui en anglais *short*).

Carabus — *Scip-incel*. (Le Glossaire d'Ælfricus dit *scipinel*: *navicula*.)

Littoraria navis — *troh-scip*.

Trudes — *Sprestas*. (Croc emmanché, gaffe (Voir du Cange, voce: *trudio*). *Sprestas* est sans doute une mauvaise leçon du manuscrit. Je soupçonne qu'il faut lire *spryttan*, d'où l'anglais a fait *sprit* et l'allemand *spried*: un long bâton, une fourche. *Bowsprit*, le mât de l'avant).

Una serca — *An gerif fisca. Ohdhe an snæs fisca. Odhhe odhdra thinga*. (Le mot *serca* ne m'est pas connu, et ses définitions anglo-saxonnes échappent à mon intelligence de traducteur, trop peu familiarisé avec les difficultés des langues du Nord).

Les mots PUPPIS, PRORA et TRANSTRA, se retrouvent à la fin de ce Glossaire avec les significations de *steor-setl*, *ancer-setl*, *scip-setl* : siége de l'arrière, siége de l'avant, bancs des navires. Ce sont de mauvaises définitions, au moins quant à la proue et à la poupe. (Voir ci-dessus, *puppis* et *prora*.)

MÉMOIRE N° 5.

SUR LES PRINCIPAUX PASSAGES MARITIMES DE QUELQUES POËTES FRANÇAIS DES DOUZIÈME ET TREIZIÈME SIÈCLES (*).

Passage du roman de Brut relatif à l'embarquement d'Arthur. — Traduction de ce passage. — Explication détaillée des mots techniques contenus dans les vingt-neuf vers du poëte Wace. — Orthographe étymologique du mot *orienter* appliqué aux voiles. — Sur la voile appelée *tref*; étymologie de ce mot. — Sur le mot *festo* et le commandement : *à Dieu va!* — Réfutation d'un article du *glossaire* de Roquefort. — Étymologie du mot *tribord*. — Barque romaine tirée de la collection du palais Borghèse. — Le *clavus*, l'*espadilla*, le *helm*. — Le gouvernail des navires normands était à droite. — Étymologie du mot *itague*. — Passage du *Dit des cordiers* à propos de l'*itague*. — Wace ne fait aucune allusion à l'aiguille aimantée. — Tempêtes décrites par Wace et par l'auteur du *Roman de Tristan*. — Saute de vent. — Arrivée de Guillaume le Conquérant à Hastings. — Passage du *lai d'Avelock le Danois*. — Rapprochement entre un passage du roman d'*Eustache le Moine* et une phrase de *Pantagruel*. — Vers de Guiot de Provins sur l'aiguille aimantée. — Des mots : *manière*, *manette* et *marinette*. — Chanson sur l'aiguille aimantée. — Un passage de *la Thoison d'or*. — Rimes toscanes de Francesco Barberino sur la *calamite*. — *Aire*, *sillage*; leurs étymologies. — Passages de *la chronique des ducs de Normandie*, par Benoît. — *Drenc*. — Le poëme de Johan Pujol sur la bataille de Lépante. — Les mots *flotte* et *stoire*. — Citation de Guillaume Guiard. — Témoignages tirés des sceaux de Sandwich, de Dam et de Douvres. — Enceinte de navires décrite par Benoît. — Rapprochement entre le poëte normand et Tacite. — Étymologie du mot *équiper*. — La langue maritime.

Le roman de *Brut*, le roman de *Rou*, le roman de *Tristan*, le lai d'*Havelok le Danois*, le roman d'*Eustache le Moine*, la

(*) L'Académie des Inscriptions et belles-lettres mentionna très-honorablement ce Mémoire à son concours des *Antiquités nationales*, en 1838.

Chronique des ducs de Normandie, contiennent des passages purement maritimes qui n'ont jamais été expliqués, et dont l'interprétation m'a paru devoir entrer dans cette suite d'*Études*.

La langue spéciale des gens de mer, et l'art naval, sont intéressés à l'interprétation de ces textes curieux dont on peut tirer de précieuses inductions; je vais donc consacrer quelques pages à un commentaire qui pourra faciliter l'intelligence de ces passages, que de savants éditeurs n'ont pas compris, faute d'avoir eu des notions assez précises sur la marine. Parmi les choses d'antiquité maritime qui m'ont longtemps occupé, ces monuments ne sont pas les moins remarquables. Trente-six vers de Guiot de Provins, qu'on a souvent cités, trouveront place ici, ainsi que trois couplets d'une chanson, extraite par M. Francisque Michel, d'un manuscrit du quatorzième siècle, appartenant aujourd'hui à M. Barrois. Ces trois couplets reproduisent, en d'autres termes, la description de la boussole donnée à la fin du douzième siècle par le satirique auteur de la *Bible*.

Entre tous les passages qui méritent de fixer notre attention, le plus important, le plus difficile à traduire aussi, est tiré du *roman de Brut*. M. Michel (Francisque), dans la belle édition qu'il a donnée des *poëmes de Tristan*, l'a cité à propos du mot *lof*, d'après deux manuscrits de la chronique rimée de Wace qui sont en Angleterre. Ces manuscrits sont : *mst. Cott. Vitellius* A. X ; et *mst. du roi, musée Britannique*, 13 A. XXI. J'ai examiné le texte, publié par M. Michel (Francisque), qui l'a accompagné de variantes, puisées dans les manuscrits de Paris, et l'ai comparé avec une des copies d'après lesquelles M. Leroux de Lincy a donné son édition du *roman de Brut*, et je me suis convaincu que les manuscrits de Londres contiennent une faute grave rectifiée par la copie de la bibliothèque royale numérotée 27, *Cangé*. Ils portent *avant* pour *aval*, ce qui change, en le faussant, le sens des vers les plus heureusement techniques.

Voici le texte publié par M. Francisque Michel, avec la correction, sans laquelle il serait inintelligible (il s'agit de l'embarquement d'Arthur à Southampton ; vers 11, 484 et suivants de la chronique) :

« Quant es nefs furent tuit entré
E tide orent e bon orré

MÉMOIRE N° 3.

> Dunc vaissiés ancres lever,
> Estrems traire, hobens fermer,
> Mariners sailler par ces nefs
> Deherneschier veiles et trefs
> Li un se efforcent al wyndas
> Li altre al loef e al betas
> Detres sunt li governur,
> Li meistre esterman li meilleur,
> Chascon de governer s'apeine
> Al governaille ke la nef meine;
> *Aval* le hel si curt senestre
> Ensus le hel pur curt à destre.
> Pur le vent as trefs coillir
> Funt les lisproz avant tenir
> E bien fermer as raalinges.
> Tels i ad traient les gardinges
> E alquant abaissent les trefs
> Pour les nefs faire cure plus suefs;
> Estroins ferment e escutes
> E funt tendre les cordes tutes,
> Hutagues laschent, trefs avalent
> Buelines sachent et halent.
> Al vent gardent e as esteiles,
> Solunc l'orré portent les veiles.
> Les brails funt lier al mast
> Ke li venz par desuz ne past,
> A tous ris curent u à treis... (*) »

Je traduis :

« Quand ils furent tous entrés dans les navires, et qu'ils eurent la marée et le bon vent, vous eussiez vu lever les ancres, tirer sur les étais, raffermir (rider) les haubans; les mariniers courir dans ces navires, déployer les voiles et les trefs. Les uns

---

(*) Les variantes données par M. F. Michel, avec sa religieuse attention d'éditeur consciencieux, sont ou tout à fait insignifiantes ou mauvaises; ainsi *deslier vails* pour *deherneschier veiles* est une nouvelle leçon sans intérêt; *as batal*, qui ne signifie rien, pour *al betas* qui a un sens très-positif et rime au moins avec *wyndas*; *hell*, qui ne vaut pas mieux que *hel*, puisque c'est *helm* qu'il faudrait lire; *llpries*, au lieu de *lisproz*, beaucoup plus près de la vérité; *rarelingues*, qui n'a jamais été employé, à la place de *raalinges* qui est bon, à sa terminaison près; *estuives* pour *estroins*, moins éloigné qu'*estuives* de la vérité; *hutages halent*, qui est un contre-sens, à la place de *hutagues laschent*, qui est excellent; *bouelincs* qui vaut un peu mieux que *buelines*, à cause de l'o qui le rapproche de

font effort aux ɡindeaux, les autres au lof et aux drisses ; derrière sont les s, les meilleurs maîtres timoniers. Chacun s'applique à er le gouvernail qui mène le navire ; en bas la barre du gouvernail pour courir à gauche, en haut cette barre pour aller à droite. Pour mieux recueillir le vent dans les trefs, on fait venir à l'avant les lés de proue en tirant bien sur les ralingues. Ceux-ci pèsent sur les cargues-fonds, et abaissent quelque peu les voiles, afin que les navires courent plus doucement ; on affermit les étais et les écoutes, on fait tendre toutes les cordes ; on lâche les itagues, et les trefs viennent en bas. On hale et saille les boulines ; on regarde au vent et aux étoiles ; les nefs portent des voiles en proportion de la force du vent ; on fait lier les cargues au mât pour que le vent n'ait pas de prise sur elles ; les nefs courent à deux ou à trois ris... »

Au premier coup d'œil, il y a un grand désordre dans ces détails de l'appareillage ; mais quand on cherche avec attention le sens de chacune de ces manœuvres, très-bien indiquées, il faut le dire, on y voit clair au travers de cette confusion apparente.

Wace peint le départ d'une flotte et sa navigation ; il ne veut pas faire un long récit, parce que trop d'événements l'attendent encore pour le mener à la fin de son poëme ; il s'applique seulement à tracer vivement un tableau, que sa spécialité et l'emploi des termes de la marine doivent rendre nouveau, et agréable aux lecteurs normands, tous marins ou fils de marins, pour qui le roman de Brut est écrit. Il se hâte donc comme les matelots qu'il nous montre *saillant par les nefs* ; il va de l'ancre au gou-

---

son étymologie ; *braiol*, au lieu de *bralls* qui est bon *; enfin, *à dous ris cutent*, qui est un non-sens, à la place de *à tous ris curent*, qui est fort clair. — Je ne parle pas de la version de ce passage, imprimée par M. Leroux de Lincy dans son texte du *Brut* ; elle est détestable, et je ne sais pas quel avantage peut avoir la publication de vers, si horriblement défigurés, qu'ils ne présentent aucun sens. M. de Lincy a bien voulu profiter d'une note que je lui ai offerte sur les termes techniques contenus dans les lignes rimées que je vais expliquer ; je regrette qu'un grand nombre de fautes d'impression ait fait de ces éclaircissements quelque chose de très-ridiculement prétentieux. J'appelle de la note de M. Leroux de Lincy au Mémoire qu'on va lire.

* Brseil est une des conformations de braïl, c'est le mot catalan *brioie* qui est devenu espagnol et portugais.

vernail ; gouverne avec les pilotes, ou s'approche des vergues abaissées pour prendre deux ou trois ris, selon que le vent est fort ; et s'il s'arrête peu à chaque endroit, c'est qu'il lui faut quitter bien vite les navires pour mener ses héros sur terre à quelque bataille. Au reste, Wace, dans son pêle-mêle poétique, est bien plus suivi, bien plus marinier que notre bon curé de Meudon, quand il décrit la tempête où se trouva engagée la nauf de Pantagruel. Rabelais et le poëte normand ont accumulé les termes de marine pour donner plus de caractère à leurs tableaux ; tous deux ont employé les mots d'une langue de métier qu'on ne leur aurait pas reproché d'ignorer tout à fait ; mais l'avantage est à l'intelligent chroniqueur du douzième siècle. Nous retrouverons Rabelais ailleurs (Mémoire n° 9) ; restons auprès de Wace, et remercions la muse qui lui inspira la bonne pensée de nous transmettre quelques-uns des principaux termes du vocabulaire nautique de son époque, desquels nous pouvons induire, avec quelques manœuvres du navire, la forme elle-même du vaisseau.

Mais avant d'aller plus loin, je dois justifier ma traduction. Personne, jusqu'à présent, n'avait sérieusement cherché à comprendre les vingt-neuf vers que je viens de transcrire ; je n'ai, du moins, trouvé aucune trace d'un travail de traducteur. Les diverses leçons des manuscrits qui ont fourni des variantes à M. Francisque Michel, prouvent que les copistes des quatorzième et quinzième siècles ne savaient pas du tout la portée des mots qu'ils avaient à reproduire ; et pour leur donner un sens, ils les ont maladroitement changés. J'ai vu MM. Michel et Leroux de Lincy, j'ai vu M. Raynouard lui-même, arrêtés devant les termes techniques que le *Glossaire de la Langue romane* de Roquefort n'a point expliqués, et qui, pour la plupart, ont échappé au savoir si vaste de du Cange ; j'ai vu plusieurs officiers de marine fort distingués, à qui j'ai montré le passage de Wace, renoncer absolument à le comprendre : il faut donc croire que ces vers étaient malaisés à expliquer. Ils l'étaient beaucoup en effet. Je vais dire comment je suis arrivé à une traduction complète ; cette analyse ne sera, j'espère, sans intérêt ni pour les marins ni pour les savants antiquaires, que les détails de la marine rebutent toujours, quand ceux, non moins embarrassants de l'art militaire, des costumes, des usages, de l'architecture et du langage des époques anciennes, trouvent chez eux des explications faciles et ingénieuses.

Le premier vers est tout simple; il n'a pas un mot qui puisse nous arrêter.

Orré, qu'on trouve dans le second, c'est : vent, de *ora*, conformation abusive, mais fort commune au moyen âge, du latin *aura;* le vieux Duez, dans son *Dictionnario italiano et francese* de 1664, le dit expressément. *Ora* a fait ore, orez, orré, orage. — Qu'on me permette de rappeler ici un fait. Quand, dans les *Scènes de la vie maritime*, en donnant l'étymologie du mot *orienter*, dans le sens de tourner une voile au vent pour lui faire remplir ses fonctions d'une certaine façon, j'ai dit qu'on devrait écrire *aurienter*, on m'a contesté cette restitution de la véritable orthographe; on a dit qu'*orienter* avait toujours signifié « se tourner vers l'orient, » sans se mettre en peine de savoir si les voiles qu'on *auriente*, on les tourne, en effet, de ce côté. La chicane, on le voit ici, est d'une portée assez médiocre. Aurienter une voile, c'est la placer de manière qu'elle tienne le vent (*auram tenere*). Ce n'est que la transformation romane *ora* qui a fait *oram tenere*, et plus tard *orienter*. Il ne faut pas être bien savant pour voir cela ; mais peut-être fallait-il être un peu marin pour en faire la remarque. Cette remarque aurait-elle dû trouver des critiques parmi les savants?

Tide, c'est la marée. Ce mot est encore dans l'anglais avec cette signification. En hollandais *ty;* en suédois *tid*, comme en danois.

Vaissiés : vous eussiez vu ancres lever. On voit que l'expression : lever l'ancre, est bien anciennement française.

Estrems traire. Les mots *estrems* et *estroins*, qui se rencontrent dans ces vers, sont les seuls qui m'aient arrêté sérieusement. *Estroin*, pas plus qu'*estrem*, n'est catalan; ce sont des mots défigurés par le poëte anglo-normand, ou par les mariniers de l'époque, qui ne se piquaient probablement pas de parler avec plus de pureté que nos matelots. *Estrem* ne peut avoir aucun rapport avec le *stream* (angl.), signifiant : courant; peut-être le voudrait-on voir dans : *estrenque* (qui lui-même pourrait être le vieux *streng* : câble, en suédois du treizième siècle). Je trouve *estrengue* dans l'ancien castillan, avec la signification de : gros câble de jonc. Mais je rejette ce sens, parce qu'on ne se servait pas de joncs pour la fabrication des cordages dans la marine de l'Océan, et puis, parce que si : « câbles tirés » en dedans du navire, après : « ancres levées », est chose raisonnable, câbles ne va plus à côté d'*écoutes* au vingt et unième vers. *Estroin*, *estrem*, sont des corruptions d'*estrives*, qui vient d'*estribar* et d'*estribo*, que César Oudin donne dans son *Trésor des deux langues espagnole et franç.*, 1645, avec les significations : estayer, estay. Ce sens est complétement satisfaisant; car, en appareillant, les mariniers de Wace roidissent (*traient*) les étais de leurs navires, en même temps qu'ils rident leurs haubans; et puis, tout à l'heure, quand le vent va les tourmenter, ils courront assurer leurs écoutes, et roidir encore les étais, pour que les mâts soient mieux appuyés *estribadi*).

Hobens fermer : « tenir ferme les haubans », qui soutenaient les mâts à droite et à gauche contre le roulis, comme les étais (il y en avait deux, un allant à l'avant et l'autre à l'arrière, voir Mémoire n° 2, pag. 147) les assuraient contre le tangage. Quant à *hauban*, et à son étymologie, que confirme si bien l'orthographe de Wace : *ho*, voir les *Scènes de la vie maritime*, par l'auteur de ces Mémoires, Ier vol., pag. 93.

Mariners sailler par ces nefs; très-intelligible. *Sailler*, du latin *salire*. Pour : *mariners* voir l'index des mots techniques, à la fin du IIe volume.

Deherneschier ; désharnacher, ôter les harnais. Les cordes qui serraient les voiles contre les vergues étaient leur harnais; comme les rênes étaient le harnais du cheval, et l'ensemble de l'armement celui de l'homme. Peut-être, à cette époque, les voiles étaient-elles recouvertes d'une toile pour les préserver quand elles étaient serrées, comme le sont aujourd'hui celles de beaucoup de caboteurs bretons. A bord des bâtiments de guerre, pour que les voiles soient plus promptement serrées, on a des triangles de toile sous lesquels on cache les fonds des voiles pliées sur les vergues. La voile d'artimon a une enveloppe; les étais des bonnettes, ainsi que cette enveloppe, et le triangle appelé naguère *couillard*, sont de vrais harnais pour les voiles. Il faut s'en débarrasser d'abord quand on veut appareiller ; il faut *deshernechier*, comme le dit fort expressivement le poëte.

Veilles et trefs : veilles de *velum* (latin). Le *tref* était une voile particulière ; tous les poëtes anciens, tous les historiens, en parlant de la voilure des navires, ne manquent pas de dire : « les voiles et les trefs ». Quelques-uns se servent indifféremment de l'un ou de l'autre mot ; mais ceux qui ont, comme Wace, l'intelligence parfaite de la chose dont ils parlent, ne confondent point ces deux termes. Le tref était une voile de mauvais temps et de médiocre grandeur ; on le préparait toujours quand on mettait à la mer, afin de pouvoir le donner pour remplaçant à la voile majeure, si le vent grossissait, si le *fortunal* s'élevait. On voit par le passage de Wace dont nous nous occupons, qu'au moment où le vent prend une certaine force menaçante, ce sont les trefs que l'on amure ; et puis la brise augmente, et l'on abaisse un peu les trefs, pour que les navires aillent moins vite ; enfin on lâche les itagues et les trefs descendent. Tref va toujours avec l'idée de vent dangereux, de forte brise. Dans le roman de *Tristan* on lit :

> « Li venz est en la mer levé
> E fert sei en miliu del tref
> A terre fait venir la nef. »

Tref, qui doit peut-être un peu à son bonheur de rimer avec *nef* l'emploi qu'en fait ici le poëte me confirme pourtant dans la pensée où je suis, que le tref était une voile de tourmente. Ysolt venait, en effet, vers la terre avec son navire ; elle était au moment d'aborder ce rivage où l'attendait l'impatience amoureuse du beau Tristan ; mais tout à coup le vent change et frappe avec violence :

> Devan en mi cel tref (dans et par-dessus la voile)

et

> Refrener fait tute la nef.

Cependant cette tempête, subitement élevée, pendant laquelle le navire a été obligé d'*abattre tref* et d'aller *ridant* (voy. plus loin), s'apaise un peu. On hisse de nouveau le tref ; enfin, le vent du large frappant au milieu de cette voile (*fert sei en miliu del tref*), le navire aborde. — Je crois mon opinion sur le tref tout à fait fondée, et la courte analyse que je viens de donner me semble la confirmer pleinement. D'ailleurs, je trouve dans Duez : « *trevo*, tref ; *une voile carrée dont on se sert en temps de bourrasque*. » Ce *trevo* est resté dans la marine sous le nom de *tréou*. Rabelais dit : « Fit mettre voiles bas : mejane, contre mejane, *triou*, etc. » Chavirer(*) sous voile se disait au commencement du dix-septième siècle : *trevirer*, parce qu'on avait ordinairement le tref dehors, quand ce malheur arrivait. Tref n'était plus depuis longtemps dans le vocabulaire maritime, qu'on avait encore *trevier*. Le *trévier* était l'ouvrier qui taillait et cousait les voiles. *Trevier* est suranné maintenant, comme tous les termes de la marine des galères, morte avec le dix-huitième siècle.

Je ne doute pas que le mot *tref* ne soit le même que *trew* (voy. du Cange, au mot *treva*), signifiant : paix, sécurité, trêve. La voile que l'on hissait pendant la tempête était en effet une voile de trêve, une voile à l'abri de laquelle on attendait, en priant, que Dieu fît trêve à son courroux, qu'il rendît le calme à la mer, la paix au navire, la sécurité aux mariniers. Il n'y a, comme on voit, rien de commun entre le *tref* marin et le *tref*, pavillon, tente, que l'on fait venir de *trabes*, la poutre, le mât qui soutenait la tente plantée en terre. Quelques étymologistes ont donné la *trabs* pour origine commune aux deux *trefs*; mais quel rapport peut-il y avoir entre la solive, la planche et une voile ? Est-il donc si difficile de trouver dans la langue française deux mots ayant des significations tout à fait étrangères l'une à l'autre, et gardant, dans les deux cas, la même orthographe ?... Pour ne pas sortir de la marine, au commencement du quinzième siècle, il y avait une espèce de cordage appelé *feste* (voir tome X des *Ordonnances des rois de France*, lettres de Charles VI, Paris, 1415) : croit-on qu'il y ait, malgré l'identité apparente des deux mots, un rapprochement possible entre cette *feste* que l'ordonnance de Charles VI prescrit à chaque pontonnier d'avoir, et la *feste* (fête), *festum* ? Non, ces mots sont à cent lieues

---

(*) *Cara virare* ou *gyrare*, changer de visage, tomber sens dessus dessous ; par extension : changer de parti, tourner casaque. (Voir du Cange).

l'un de l'autre. La fête (*feste*) est latine ; la *fest*, corde, est anglaise, et c'est la configuration française du mot *fast*, prononcé par une bouche habituée à transformer l'*a* en *e*. *Fast*, dans toutes les anciennes langues du Nord, signifiait : ferme, stable, immobile. De là le verbe anglais *to fasten* : lier, amarrer. (Du Cange s'est étrangement mépris sur l'origine du mot *feste*). Nous avons encore le mot *hune* ; il désigne aujourd'hui le plancher placé sur les bâtiments d'une certaine grandeur, au sommet des bas mâts ; au quatorzième siècle, il désignait une corde que l'on voit nommée dans l'ordonnance de Charles VI dont je parlais à l'instant. Je tiens pour *tref* venant du germain *trew*, et non du latin *trabes*. Tous ceux qui ont quelques notions de la langue maritime m'accorderont aisément l'étymologie que je propose. Cette langue admet les tropes les plus hardis, les plus détournés ; elle dit : *Défie la barre !* par exemple, pour dire : « Timonier, veille à la lame qui te menace, et, avec la barre, mets le bâtiment en défiance contre elle ; » et cette langue n'aurait pas osé nommer *tref* la petite voile qu'on déployait quand le temps était assez mauvais pour que l'équipage, effrayé, criât : « Trêve, trêve, oh ! mon Dieu ! trêve à ta colère » ! et de cette exclamation, il ne sera pas resté : « Tref ! tref ! mettez le tref ! » Qu'y a-t-il donc là d'impossible ? Naguère encore, dans les virements de bord vent devant, quand on mettait la barre dessous, on criait : « A Dieu, va ! » Que signifiait ce cri, sinon : « Va, je te donne à Dieu, pauvre navire en danger ! que Dieu te garde de malheur ! » *A Dieu, va*, était resté en Bretagne comme tref, et par la même raison ; *Tref* était poétique comme le commandement : « A Dieu, va ! »

Li un se efforcent al wyndas. — Wyndas, de *wind*, en vieux suédois (glossaire de Ihre : *winda, torquere*), et de *winda*, islandais, devenus *windaas* et *winde*, dans l'allemand et le flamand, *windas* dans le hollandais, *windlass* dans l'anglais, et *guinde*, *guindal* ou *guindeau* dans le français. Le winde ou guindeau est un treuil ou cabestan horizontal placé, d'ordinaire, sur l'avant du navire pour lever l'ancre. Les seuls petits bâtiments s'en servent aujourd'hui.

Li altre al loef e al betas. — Le lof, c'était et c'est encore le point de la voile (l'angle inférieur) du côté du vent. Nous disons, dans les virements de bord : *Lève le lof!* Le *lof* est aussi le côté du vaisseau sur lequel le vent souffle. Le breton a *loff*, d'où il a fait *loffi* (louvoyer). L'anglais, qui a maintenant *loof*, avait autrefois *luff*, comme on le voit par ce vers de Lindesay :

On steirburde! how! alluff!, fy, fy!

(Sur tribord! viens du lof! défie! défie!), et par ce passage de *the Complaynt of Scotland* (voir Mémoire n° 9, 2° vol.) : « *Lufe, harde a burde! — Lof*, hardiment la barre à bord! » *Lof* est un trope; c'est le côté d'où vient le vent, le bord que le vent frappe, pour le vent lui-même; il vient sans difficulté du vieux mot saxon *luft*, signifiant : air, qui était *lyft* en anglo-saxon, *loft* en islandais, *lupht* et *luft* en germain.

Betas. — Je trouve : « *Betas.* T. de marine. Bosses, morceaux de corde qui servent à différents usages. » *Nouv. Dict. esp.-français-latin*, par de Séjournant, 1775. En portugais, *beta* est une corde, comme le dit le dictionnaire de Rafaël Bluteau, 1789. Le grand Dictionnaire *del la lengua castellana, por la academia española*, Madrid, 1822, est très-précis : « *Beta*, s. f. naut. En los navios, cualquiera de las cuerdas empleadas en los aparejos, como no sea *Guindaleta* u otra cuerda que por su grueso y hechura tenga su nombre particular : tambien se da este nombre con generalidad a tota cuerda de esparto. *Funis.* » *Beta*, c'est donc une corde; mais quelle corde veut désigner le poëte? Après avoir ridé les haubans et roidi les étais, après avoir préparé le *lof* de la voile qui va être donnée au vent, que doivent faire les matelots? hisser la voile. Les *betas* sont donc les drisses; et, en effet, je lis dans la *Nautica mediterranea*, ouvrage très-spécial de Bartholomeo Crescentio (*Roma*, 1607), pag. 39 : *Betta, con che s'izza l'antenna;* je vois dans la nomenclature de Pantero-Pantera, et dans celle que le chevalier de Passebon fit imprimer au dix-septième siècle, à la marge d'une gravure représentant *la coupe d'une galère : Vette* et *vestes* (corruptions de *bette* et de *beta*), qui sont les drisses de l'antenne. Les *betas*, entendues comme *drisses*, vont très-bien au sens du vers. Le mot *vette* du vocabulaire des galères est donc au moins du douzième siècle, avec la signification de *drisse*: cela vaut la peine d'être remarqué.

Detres sunt li governur. — *Detres*, derrière; encore aujourd'hui, dans l'italien, sous la forme *dietro*, et dans le portugais, sous celle de *detraz*. Les *gouverneurs*, ou hommes du gouvernail, se tiennent en effet à l'arrière du navire, ou *derrière*, comme on dit adverbialement dans la marine actuelle. Je fais, en passant, la remarque que : *derrière*, fort usité aujourd'hui, et que nous voyons employé tout à fait dans le même sens par un poëte du douzième siècle, ne le fut ni au dix-septième siècle ni au dix-huitième : on ne le trouve ni dans Desroches, ni dans Aubin, ni dans Romme. La marine moderne, quand elle a adopté ce mot, ne se doutait pas qu'elle rajeunissait un terme énergique vieux de sept cents ans environ.

Li meistre esterman li meillur. — *Esterman* ou *sterman*, timonier. C'est un mot assez singulier que celui-là. Il est d'origine et de composition normandes; il court tout le Nord; il descend ensuite au Midi; le roman s'en empare, y accole cet E qu'il a mis devant une foule d'S initiales; et avec ce faible déguisement, il n'est plus reconnu par les hommes qui ont l'habitude de ne chercher leurs étymologies que dans les langues d'une certaine contrée. Ainsi Roquefort, dans son *Glossaire de la langue romane*, dit : « *Esturmens*, vaisseaux, navires, » et à l'appui de sa traduction, il cite ces deux vers du discours de Guillaume le Bâtard, dans le *Roman de Rou* :

> N'i trouverez ne nef, ne pont,
> E esturmens et nefs faudront;

qui veulent dire si évidemment : « Vous n'y trouverez ni navires ni ponts (pour repasser d'Angleterre en Normandie), et les timoniers vous manqueront comme les nefs. » L'erreur est étrange de la part d'un homme aussi savant que M. de Roquefort, qui avait dû lire dans le même *Roman de Rou* :

> Li eveske ki fu del Mans
> Od mariniers, od esturmans
> Fit trente nés appareillier.

Put-il donc prendre ces *esturmans* pour des navires? L'évêque du Mans fit appareiller, armer, trente navires, de matelots et de timoniers, et non pas, assurément, de matelots et de vaisseaux. *Sterman*, ou *sturman*, c'est l'homme : *man*, du gouvernail : *stuur* (hollandais), *steer* (anglais), *stier* (flamand). Dans tous les dictionnaires anglais, on trouve : *steersman*; dans les dictionnaires flamands : *stuerman* et *stierman*; dans les hollandais : *stuurman*; dans les allemands : *stuermann*. Pourquoi s'obstiner à n'ouvrir que des dictionnaires latins? Le latin n'a pas tout. Dans le droit maritime de la Norvége (loi de Berghen, de 1274), on trouve *styrimadr, styrimanne*; les mêmes mots se lisent dans les *lois maritimes de l'Islande*, publiées par M. Pardessus, et dans les anciens codes maritimes de la Suède. *Styr, stuur, steer* et les autres, combinés avec *bord*, ont donné *stribord* ou *tribord*, ce que j'ai établi dans les *Scènes de la Vie maritime*, contre l'opinion des savants qui s'obstinent à le faire venir de *dextribord*, parce qu'il veut dire aujourd'hui : côté droit. Pourquoi stribord veut dire : le côté droit du navire, je l'expliquerai tout à l'heure ; je n'ai plus qu'un mot à dire à propos d'*esterman*. Dans le *Roman d'Eustache le Moine*, vers 2179, on lit : *dist l'estrumiaus* (le pilote dit); cette corruption du mot *sturmann* ne doit pas étonner sous la plume d'Adam le Roi, dont la langue, bien que postérieure d'un siècle environ à celle de Wace, lui est très-inférieure pour la pureté, l'harmonie et l'heureuse conformation des mots.

Chascon de governer s'apeine al governaille ke la nef meine — Ici pas de difficulté. Je remarquerai seulement que ces deux vers constatent l'ancienneté des mots *gouvernail* et *gouverner*, admis dans le vocabulaire maritime, au moins dès le douzième siècle ; *governaille* va me mener à une autre induction plus importante :

Aval le hel si curt senestre, en sus le hel pur cur à destre. — *Hel*, c'est *helm*, timon, barre du gouvernail ; encore aujourd'hui, dans l'anglais, et que je retrouve dans le *Gazophilage de la langue françoise et flamande* de Gasparus vanden Ende, avec cette forme et cette explication du professeur de Rotterdam : « *Helm stok*, le bois avec lequel se remue le gouvernail de la navire. » (Au dix-septième siècle, les caboteurs français de la Manche appelaient encore *heaume* la barre du gouvernail). Ainsi, le poëte dit que « s'il veut courir à gauche, le timonier pousse en bas le helm, et qu'il le porte en haut pour aller à droite. » Le poëte a raison, et il exprime parfaitement ce qu'il a très-bien observé. En effet, le gouvernail était une sorte de large aviron placé sur le côté de la poupe (voir Mémoire n° 2, et Rapport au ministre, p. 21); cet aviron avait un *helm*, ou bâton planté perpendiculairement au plan de sa *pale* (la partie large, aplatie, qui plonge dans l'eau); le helm venait dans le bâtiment, sur le pont, perpendiculairement à la direction de la quille. Le gouvernail, attaché à l'extérieur, était un peu incliné de l'avant à l'arrière (*). Tous ceux qui savent quel effet produit le gouvernail sur le navire, et qui ont remarqué que sa fonction est de transmettre à ce navire, auquel il est lié, le mouvement de rotation qu'il reçoit lui-même de l'eau environnante, comprendront que si le helm du gouvernail (placé à droite, comme je l'établis) descend vers le pont, c'est-à-dire est poussé en bas, *aval*, la pale du gouvernail tendra à éloigner son

(*) Cette disposition du *helm* emmanché au *styr* se voit très-clairement dans le navire gravé sur le sceau de la communauté de Gravelines (1244). Je l'ai remarquée aussi à Rome, dans deux barques manœuvrées par des enfants, qui font le sujet principal du bas-relief, ornement d'un bain antique appartenant à la riche collection de la villa Borghese. (Voir le Rapport au ministre, pag. 21). Le *helm* (le *clavus* romain) est implanté en haut du *gubernaculum* (le *styr* du Nord). Il y a deux gouvernails à chacun de ces petits navires. Le timonier tient dans l'une et l'autre de ses mains un des deux *clavi*. Les barques ont deux voiles, l'une, grande et hissée à un mât debout, planté au tiers environ de la longueur du navire à partir de l'avant; l'autre, petite et attachée à un mât (beaupré) penché sur la proue. — Les Castillans du treizième siècle appelaient le *helm* ou barre du gouvernail : *espadilla*, comme le prouve ce passage de la 8° loi, titre 28, seconde *partida*, d'Alphonse le Savant : « E la espadilla fizieron ssemejança al freno del cavallo : por que assi con sse puede mover a diestro nin a ssiniestro ssin ell : assi el navio, non sse puede enderescar (aller droit, redresser) nin rebolver (virer de bord, se retourner) ssin esta, contra la parte que le quiere levar. » *Espadilla* (la petite épée) est tellement la barre du gouvernail, que, dans un autre passage de la même loi, Alphonse, parlant des navires à rames et à voiles, dit : « E por esso les pusieron velas, e mastes, como a los otros... e remos, e espezes, e tymones... » Le soin que le législateur prend de nommer les gouvernails (tymones) ne laisse aucun doute, surtout quand on trouve ces *tymones* à côté de *espezes*, qui est une autre dénomination des espadillas. (*Espeze*, espata, espaerius). Voir, Mém. n°ˢ 1 et 2, ce que j'ai dit des gouvernails.

bord inférieur du navire, en rapprochant de la poupe son bord supérieur, et qu'alors l'action de l'eau aura lieu essentiellement sur la moitié du gouvernail la plus près de la poupe. Cette action forcera le navire à venir sur la gauche; c'est ce qui arrive, aujourd'hui que le gouvernail est tout à fait à l'arrière du vaisseau, quand on porte la barre à droite : car, pousser en dessous la barre, qui est perpendiculaire au plan du gouvernail, c'est la même chose que pousser à droite la barre, qui est dans le plan même du gouvernail ainsi qu'elle est à présent. Pousser cette barre en haut, c'est mettre, comme on dit, la barre à bâbord, et faire venir le navire à droite, *pur cur à destre*, comme le dit très-bien Wace. On voit combien ce passage du poëte normand présente d'intérêt! Voilà deux vers qui disent parfaitement la double action du gouvernail sur le navire, qui démontrent que le gouvernail était à droite dans les bâtiments que Wace veut désigner (et probablement il parle des navires du Nord, en général, qu'il avait sous les yeux); enfin, qui nomment ces deux parties principales de la machine ingénieuse *ke la nef meine* : le *governaille* et le *helm*. (Dans la loi de Berghen, de 1274, commentée par M. Pardessus : *Collection des lois maritimes*, le gouvernail et le timon, ou barre, sont bien distinctement désignés, chap. XVIII : « *Une hialmur völ eda blad af styri*, ou le timon qui sert à diriger le gouvernail). » Il y a peu de textes aussi clairs que celui de Wace, et l'on peut regretter qu'il n'y ait, dans les auteurs de l'antiquité, sur ce qui est spécial à la marine, pas une ligne aussi précise comme description et explication de manœuvre. Maintenant, est-ce par hasard que Wace a placé le gouvernail à droite? on ne décrit pas si justement au hasard. Wace, toutes les fois qu'il entre dans un détail naval, est d'une précision presque rigoureuse, et l'on peut le croire. Mais nous avons dans les monuments un moyen de contrôle facile. Tous les navires gravés par J. Strutt, d'après les manuscrits les plus anciens des riches collections anglaises, montrent le gouvernail à droite. *La tapisserie de Bayeux* le place toujours à ce côté du navire; les sceaux de Yarmouth, Niewport, Sandwich, Douvres, et Dunwich (collection Depaulis) sont timbrés de navires des onzième et douzième siècles, ayant tous le gouvernail à droite. Faut-il donc s'étonner,

— et ici je reviens à mon étymologie du mot *tribord*, pour en démontrer la vérité, — faut-il s'étonner que le côté droit du navire, le bord auquel est attaché le *styr*, cet instrument si important pour la navigation, soit appelé *stirbord* ou *tribord*? Quand je disais, en 1832, que cela était, je ne connaissais pas encore le passage de Wace, si positif, et à l'autorité duquel viennent ajouter les monuments dont je viens d'invoquer le témoignage. Dois-je surabondamment citer aussi la *Navicella* de Giotto, peinte en mosaïque sur la porte de Saint-Pierre, à Rome, et les navires d'un manuscrit du quatorzième siècle, que j'ai vu à la Ricardienne de Florence, et qui traite de *la guerre de César dans les Gaules?* — Je continue mon analyse :

Pur le vent as trefs coillir, faut les lisproz avant tenir, e bien fermer as raalinges. — Lisproz, c'est *leeches-prow's* ; raalinges, c'est *ralingues*. Pour ralingues, il n'y a pas de doute ; Wace est assez près de l'orthographe saxonne *raaleik*, qui, en passant du Nord dans le français du douzième siècle, se transforma un peu, comme il est arrivé toujours. Le *raaleik* allemand est techniquement la corde qui borde l'ourlet extérieur de la voile carrée. Quant à *lisproz*, c'est, à n'en pas douter, la peinture du son des mots *leeches-prow's*, prononcés par les Anglais; c'est une orthographe auriculaire, si je puis dire ainsi. On voudra peut-être me contester cette explication ; voyons donc si je ne suis pas dans le vrai. Que vont faire les matelots dont notre auteur veut peindre l'action présente? Ils vont ouvrir les trefs, afin de prendre le plus de vent possible : *pur le vent as trefs coillir*; ils vont amurer les trefs. Dans cette opération, il faut tirer ferme sur les ralingues qui bordent les voiles. Or, la voile est composée de bandes verticales de toile appelées en France *lés*(*); ces bandes verticales, qui touchent tout à fait à l'ourlet ou ra-

---

(*) C'est le vieux mot français : *lé* (large) qu'on trouve si souvent chez les écrivains des premiers siècles de la langue; chez Guillaume de Machaut, par exemple, ce poëte contemporain du roi Charles V, qui écrivit en vers une relation du siége d'Alexandrie d'Égypte, où je trouve :

Quaraques longues et lées,

vers 34, colonne 2, p. 218, du manuscrit de la bibliothèque du roi, Supplément français n° 43.

lingue de chute, s'appellent en anglais *leeches*. Quand une voile est orientée, il y a les *leeches* sous le vent ou en arrière, et les *leeches* du vent ou de proue, *prow's*; — voilà les *leeches-prow's*. Amurer le tref, c'est donc haler sur les ralingues qui entraînent à l'avant les leeches de la proue; et encore ici je trouve Wace un très-excellent explicateur de la manœuvre, quand il fait voir les mariniers *fermant bien as raalinges*, et *tirant en avant les lisproz* pour amurer les trefs.

Tels i ad traient les gardinges. — Les *gardinges* sont les cargues-fonds et les cargues-boulines; en danois, *gaardinger*, et en suédois, *gardingar*. Dans la traduction suédoise de *l'Exercice en général de toutes les manœuvres qui se font à la mer*, etc., par M. le chevalier de Tourville, etc. (Havre de Grace, 1693), traduction imprimée à Stockholm en 1698, sous le titre: *General exercitier* (un vol. in-12 de 125 pages), je lis : « *Loos buuk-och nockgardingar: lâchez les cargues-fonds et les cargues-boulines*. » *Gardingar*, *gaardinger* et la vieille francisation *gardinge*, sont dans le hollandais *gordingue*, qui est un trope; c'est le rideau pour la corde qui fait plisser la toile et la relève en courtine, la voile plissée pour la cargue. Peser sur les gardinges afin d'abaisser un peu les trefs, c'est ce qui se fait encore aujourd'hui quand on

pèse sur les cargues pour aider le hunier à descendre. Il est assez curieux de voir quelle est l'ancienneté de ce procédé. Ce passage démontre donc qu'il y avait aux larges voiles carrées du douzième siècle, des cargues-fonds, des cargues-boulines, indépendamment des cargues-points, et que ces manœuvres passaient dans des poulies ou dans des cosses sur ou sous la vergue.

Et alquant abaissent les trefs, pur les nefs faire cure plus suefs.
— *Alquant, aliquantò* (latin), quelque peu. Voilà que le vent nécessite une diminution dans la surface des voiles, et que, pour faire courir les navires plus doucement (plus suefs, *suavis*), ils abaissent les trefs, en pesant sur les cargues.

Le vent augmente, et, le tref amené (abaissé), si l'on n'abraque pas les écoutes, la voile va battre et faire tapage; on y pourvoit, et les matelots *ferment escutes* (affermissent les écoutes, — *schoot* (holland., flamand et allemand), *scotta* (italien), *escota* (espagnol et portugais), *skiot* (suédois), *scheit* (écossais : *the Complaynt of Scotland*). (Voir l'appendice au Mémoire n° 2, au mot *pes*). Ils raffermissent aussi les étais (estroins), et font tendre toutes les cordes, pour que le système, dans son entier, emprunte de chacune de ses parties une solidité nécessaire. Ainsi, tout ce qui, dans chaque navire, concourt à maintenir le mât, à soutenir aussi les deux extrémités du bâtiment où vont les étais de proue et de poupe, en partant de la tête de la mâture, est roidi de nouveau.

Hutagues laschent, trefs avalent. — *Hutague*, c'est l'itague, qu'au dix-septième siècle encore on appelait *étague, itacle, itagle,* ou *étagle* (*ostaga*, en portugais et en espagnol; *taga*, en italien moderne). Dans le dictionnaire de Desroches (Paris, 1687), on trouve : « *Hutter les vergues.* C'est les amener à my du mast, et les mettre en croix de Saint-André. Cela se fait pour qu'elles occupent moins de vent dans un gros temps. » Qui méconnaîtrait dans ce verbe *hutter*, le *hutague* de Wace? Mais d'où vient hutter, et que signifie-t-il réellement? le voici. *Huter* ou *uter*, c'est *unter*, adverbe des langues anglaise, danoise, hollandaise, saxonne, suédoise et allemande, qui s'écrit *under, onder, untar, undar* ou *unter*. *Unter* signifie : en bas, dessous. *Unter segel!* en bas la voile! Que ce commandement ait donné *utter* ou *hutter*, il n'y a rien de plus naturel. Du verbe hutter, on a fait *huttage*, corrompu ensuite en *huttague*, *étague*, etc. L'espagnol et le portugais ont pris le mot du Nord, et, l'accommodant à leurs formes, ils en ont fait *ostaga*, qui est le même que *ottaga* ou *outtaga*. L'italien, abrégeant le terme français, n'a gardé que *taga*. Si j'avais dit crûment et sans le démontrer que la *taga* italienne vient de l'allemand *unter*, qui aurait voulu me croire? et qui en doute maintenant? L'*utague* (*) soutient la vergue, la monte et la descend. La drisse (les *bettes* ou *betas* du 8e vers) est à son extrémité, passant par une poulie tenant à l'itague; si donc on lâche les itagues, on fait descendre les voiles (*trefs avalent*). C'est ce que font les matelots de Wace qui, tout à l'heure, avaient déjà abaissé les trefs, et qui sont forcés de les amener davantage, de les mettre plus bas (*unter*), de les *hutter* encore. Amenés ainsi, ces trefs vont être orientés de nouveau, et voici les matelots qui :

Buelines sachent et halent. — Tout le monde sait maintenant ce que c'est que haler sur une corde (tirer): *to hale*, anglais, *hail* écossais, *hualen* (hollandais); la *sacher*, c'est la même chose. *Sacher* vient de *saccare* (bas latin); il nous en est resté *sailler*, pour dire, pousser, et *souquer* pour dire : serrer en tirant sur la corde qui serre. Les *boulines* sont des cordes qui, d'un certain point de l'avant où elles glissent dans une poulie, vont s'attacher aux ralingues des voiles, comme je l'ai dit plus haut. L'anglais a *bow-line* (*line*, corde; *bow*, avant); le hollandais a *boelyn*; le suédois, *boglijnor*.

(*) A propos de l'itague, il est peut-être bon de citer quelques vers d'un poëte du treizième siècle qui ne nomme pas ce cordage, mais le désigne clairement pour nous. Ces vers sont extraits d'un *dit* en cent neuf lignes rimées, intitulé : *Des Cordiers*, qui se lit dans le manuscrit n° 354 de la bibliothèque de Berne, et que M. Achille Jubinal a publié avec plusieurs autres pièces tirées du même manuscrit (Paris, 1838, chez Édouard Pannier, rue de Seine Saint-Germain, 23) :

> Or est bien droiz que je vos die
> A coi la corde r'a mestier.
> Sans corde monter, n'avaler,
> Ne jamais nef par aute mer
> Se sachiez bien, nul jor n'iroit
> Se la corde ni li faisoit
> A quoi la voille est attechiez.

Al vent gardent e as esteiles, selon l'orré, portent les veiles. — Une fois orientés, ils se dirigent (gardent, en italien *guardare*, avoir égard à...) avec les étoiles ; et, selon qu'il vente plus ou moins fort, ils portent leurs voiles plus grandes, plus petites, plus hautes ou plus abaissées, ce qui est très-naturel. Remarquons en passant que Wace ne mentionne pas l'aiguille aimantée. Est-ce une raison pour croire que, si l'on avait observé déjà que le fer aimanté cherche le nord, l'application à la marine, du principe qui en découlait, n'était pas encore générale ?

Les brails font lier al mast, ke li venz par desuz ne past. — *Brails* (anglais), cargues. Longtemps en Picardie et en Normandie on a dit les *breuils* ; quelques marins de ces côtes le disent encore. On *brouillait* ou *breuillait* les voiles, c'est-à-dire, on les pliait, on les troussait, on les rapprochait de leurs vergues avec les brails. *Breuils* est dans nos vieux dictionnaires de marine français ; il est dans l'italien sous la forme d'*imbrogli*, dans l'espagnol sous la forme de *brioles*, et dans le portugais sous celle de *brioes*. La précaution de faire lier les cargues au mât, pour que le vent n'ait pas de prise sur ces cordages, prouve qu'alors tout ce qui présentait une certaine surface au vent était soigneusement dissimulé pendant l'*orré*, la tempête. On agit de même aujourd'hui, quand on en est réduit à naviguer à sec de voiles, à mâts et à cordes, comme on dit.

A tous ris curent u a treis. — *Tous*, c'est le *two* anglais, deux. *Ris*, ce mot est encore dans le Vocabulaire maritime français, avec sa conformation du douzième siècle. Prendre des *ris*, c'est diminuer la surface de la voile, en la plissant et en attachant les plis *rizze* (italien), *reef* (hollandais, allemand et anglais), *rizo* (espagnol), *rizes* (portugais). Ce vers prouve, outre l'ancienneté de l'usage de riser les voiles, — on a dit, au dix-septième siècle, *rider les voiles* —, que les voiles avaient jusqu'à trois bandes de ris. Mathilde, dans sa tapisserie, a négligé ces détails, qui auraient trop surchargé les figures de ses vaisseaux brodés ; heureusement que Wace est là pour compléter le monument de Bayeux autant que pour le confirmer (*).

(*) Dans ma restitution d'une des nefs de la tapisserie de Bayeux (ci-dessus, p. 136 et 185), j'ai indiqué les cargues (*brails* et *gardinges*), les

Je demande pardon pour la longueur de cette explication; mais on ne saurait trop prouver, quand il s'agit de démontrer des faits sur lesquels il n'y a rien d'antérieurement établi. J'espère, au reste, que les détails dans lesquels je suis entré ne seront pas sans utilité pour toutes les classes de lecteurs auxquels j'adresse ce livre. — Qu'on me permette encore de récapituler les choses que le fragment du *Roman de Brut*, sur lequel je crois avoir jeté quelque lumière, enseigne aux marins et aux hommes curieux de tout ce qui a rapport aux arts et à l'antiquité. Sous le rapport de la langue maritime et de ses origines, ce fragment a une valeur réelle; car il montre que déjà au douzième siècle les mots *ancres, hobens, lof, gouverner, gouvernail, ralingues, écoutes, itagues, haler, boulines, breuil, mât* et *ris*, avaient cours dans le langage des marins; il donne aussi quelques termes que nous n'avons pas gardés, nous, mais que les autres peuples conservent : *windas, estribo, betas, mariner, steersman, helm, gardinges, leeches* et *brails;* il nous apprend ce qu'était la voile appelée *tref*. Sous le rapport de l'organisation du navire, il établit parfaitement la forme et la place du gouvernail; la fonction de la bouline et sa place; l'usage des ris; le devoir de l'itague et de la drisse, des haubans et de l'étai. Sous le rapport de la manœuvre, il fait voir comment on procédait à l'appareillage des navires en dépliant et préparant les voiles, ridant les haubans et les étais, pendant qu'on virait au guindeau pour lever l'ancre; comment, avec le gouvernail, on allait à droite ou à gauche; enfin, quelles précautions on prenait quand le vent était fort.

Ainsi, manœuvre, forme et langue, tout est bien clairement donné dans ces vers dont le sens est fort complet. J'avais donc raison d'attacher beaucoup d'importance à ce passage du poëme de Wace. Je suis heureux d'avoir pu l'expliquer, quand tant de savants ont reculé devant l'étrangeté des mots spéciaux, et la difficulté didactique présentée par chaque vers.

Le *Roman de Brut* contient d'autres passages maritimes

---

boulines, les écoutes, les trois bandes de ris, l'itague, les bettes, en même temps que j'ai remis à leurs places naturelles les étais de côté du mât (*hobens*).

moins curieux que celui dont je me suis occupé d'abord, mais qui valent pourtant qu'on les cite. Je choisirai; et d'abord, voici la tempête qui jette Gurlac dans les États de Bélin :

« Li tans mua, li vens torna,
Li ciel noirci, li airs troubla,
Li mers enfla, onde levèrent,
Wage crurent et reversèrent;
Nef commencent à périllier,
Bort et kiévilles à froissier,
Rompent closture et bort froissent,
Voile dépiecent et mast croissent.
Nus n'i osoit lever la teste
Tant estoit fort cele tempeste.
Les nés furent tost départies
Et en plusiors tères fuïes.
Cinq jors ont issi enduré
Al fort vent et al gros oré.
N'i a si hardi n'ait paor. »

Traduisons : « Le temps changea, le vent tourna, le ciel noircit, l'air se troubla, la mer s'enfla, les ondes se soulevèrent, les vagues grossirent et retombèrent l'une sur l'autre avec fracas. Les nefs commencèrent à se trouver en péril, les bordages et les chevilles à souffrir du choc des vagues; les clous se rompent, les planches s'entr'ouvrent, les voiles se déchirent, les mâts craquent. Nul n'osait lever la tête, tant la tempête était violente. Bientôt les navires furent séparés et obligés d'aller chercher un abri en diverses terres. Ainsi ils endurèrent pendant cinq jours ce fort vent et ce gros ouragan; et les plus hardis eurent peur. »

J'ai peu d'observations à faire sur ces vers, qui décrivent assez bien l'état du ciel, de la mer, du vent et des malheureux vaisseaux de Gurlac, assailli par la tourmente. Dans *wage* se trouve l'origine de notre mot *vague* (en anglais moderne : *wave*. *To waver* signifie balancer, vaciller, comme *to vag* signifie branler, remuer. En allemand, *wagen* signifie balancer. *Vellen*, qui veut dire : flot, onde, vague, est le même mot que *wallen*, dont la signification est : bouillonnement. *Vague* est donc un trope exprimant l'idée du balancement de l'eau de la mer, et de ce balancement qui se communique au navire). *Bort*, qui dans les langues du Nord signifie planche, rebord, ourlet, est l'origine de bordage, et, par trope, de navire. *Kiéville*, c'est *cheville* (en espagnol *clavija*, et *caviglia* en italien, du latin *clavicula*). Je traduis *closture* par : les *clous*, parce que clôture ne signifierait rien, et que *clouture* est bon après *kiéville*. En effet, Wace, montrant la progression de la tempête, dit que les planches et les chevilles commencent à être ébranlées ; puis que les clous se rompent, et que les bordages se froissent ; je ne saurais admettre un autre sens, et la transformation de *closture* en *clouture* ne me paraît pas le moins du monde hardie. *Clouture* a disparu du dictionnaire, mais clouter, clouterie et cloutier y sont restés. (Voir le mot *cloderia* dans mon travail *sur les vaisseaux ronds de saint Louis* ; Mémoire n° 7).

Oré n'est pas seulement le vent, dans l'avant-dernier vers, c'est l'orage violent, la tempête.

C'était une nef assez solide que celle de Gurlac, qui pouvait résister cinq jours aux fureurs de l'ouragan décrit par le poëte.

Ursule et ses compagnes, ces vierges célèbres que les chrétiens vénèrent, sont victimes comme Gurlac, dans le poëme de Wace, d'un de ces événements de mer qui mettent passagers et navires en péril de mort :

> « Par celle mer parfont sigloient
> Lièce et bien trover quidoient
> Es vous tempeste mervillose (*vous*, venu)
> Et une nue vint pluose
> Qui fist le vent desor torner,
> L'air noircir, le ciel oscurer,
> Onques n'oï tant sodement
> Venir tempeste, ne torment :
> Li ciels trobla, li airs noirci
> Et la mers enfla et fermi (frémit).
> Ondes commencent à enfler
> Et sor l'une l'altre monter.
> En mult po d'ore nés traversent
> Maintenant afondrent et versent. »

Je ne crois pas qu'il soit besoin de traduire ce passage, extrêmement facile à comprendre, surtout après celui qu'on vient de lire. On retrouve ici les mêmes traits descriptifs, à peu près les mêmes hémistiches. Remarquons seulement que le mot *tourmente* est vieux dans la langue maritime, puisque le voilà ici dans *torment*, qui est une figure; c'est le *tormentum* latin, le chagrin, la peine, la douleur, pris pour la tempête qui cause cette émotion pénible, cette fatigue corporelle, cette angoisse de l'âme. *Sigloient*, c'est : faisaient voile, *cinglaient*, comme on l'écrit maintenant. Sigler vient de *sigla*, mot de la basse latinité, qui signifie voile, et qui n'est que la transformation latine du mot scandinave *segel*, devenu *zeil* chez les Hollandais, *sail* chez les Anglais, et resté chez les Allemands avec son antique forme *segel*, gardée aussi par les Suédois. Les Danois en ont fait *seil*. L'art. 6. des Rooles d'Oleron dit : « Un navire fluctuans et seiglans par la mer... » Au seizième siècle on appelait *cinglage* ou *siglage* (voir Aubin et Clairac) la route que faisait le vaisseau pendant vingt-quatre heures, et la paye du matelot. — *Traversent* ne veut pas dire ici, vont d'un endroit à un autre, ou vont de travers, mais, passent par tous les caprices du vent, que le vieil italien appelle *traversia*. « *Traversia*, dit Duez, traverse de vent, quand le vent et la marée poussent le vaisseau à bord (à terre) où il n'y a point de port. » Les vieux dictionnaires français donnent *travade*, qui se retrouve dans l'anglais en *travado*, et dans le flamand du seizième siècle en *travaade*. Un ancien Trésor de la langue hollandaise définit la *travaade*: « Un vent si inconstant, qu'il fait en une heure les 32 pointes du compas, et qui est accompagné d'éclairs, tonnerre, etc. »

Pour les descriptions de tempêtes, il y avait chez les poëtes de l'époque où vivait le Normand Wace de certaines formes données, une sorte de moule, où des idées, toujours à peu près les mêmes, s'arrangeaient avec les mêmes mots. Nous allons retrouver dans un des romans de Tristan presque toutes les images que nous avons remarquées dans le Roman de Brut. Cependant, il faut reconnaître que Wace est moins abondant et moins gracieux, s'il est aussi énergique que le chantre des amours de Tristan et d'Yseult. Je cite le texte publié par M. Francisque Michel.

« Là ù Tristan atent Ysolt,
E la dame venir i volt,
Après de l'areine est venue;

E issi ke la terre unt vue
Balt sunt et siglent léement.
Del séust lur salt un vent
E fert devan en mi cel tref,
Refrener fait tute la nef.
Curent al lof, le sigle turnent,
Quel talent qu'aient s'en returnent.
Li venz s'efforce e leve l'unde,
La mer se mue qui est parfunde,
Truble li tems, l'air epessist,
Levent wages, la mer nercist,
Plue e grisille e creist li tenz,
Rumpent bolines e hobens,
Abatent tref e vunt ridant
Od l'unde e od le vent wacrant.
Leur batel orent en mer mis
Car près furent de leur païs
A maléur l'unt ublié
Une wage l'ad dépescé...
Itant cum dure la turmente
Ysolt se plaint, si se demente,
Plus de cinq jours en la mer dure
Li orages et la laidure,
Puis chet li venz (*) e belz tens fait.
Le blanc sigle unt amunt traït,
E siglent amunt grand espleit
Que Kaherdin Bretaine veit.
Dunc sunt jolus e lé e balt,
E traient le sigle ben halt
Que luin se puisse apercever
Quel si seit, le blanc u le neir...
A co qu'ils siglent léement
Lève li chlaz e fait le vent
Eissi qu'il ne poent sigler.
Mult suef (**) e pleint est la mer,

(*) *Le vent tombe :* cette expression, fort en usage aujourd'hui, est très-ancienne, comme le démontre cet hémistiche. Joinville l'a quelquefois employée : « Landemain de la Penthacouste le vent fu cheu. »

(**) *Suef* n'a pas ici le même sens que dans le vers de *Wace* :

Pur les nefs faire cure plus suefs.

C'est de *sævus*, cruel, et non de *suavis* qu'il vient, dans le cas présent ; il est permis de croire que *suef* est une mauvaise leçon de manuscrit, et que le trouvère écrivit :

Mult *sefve* et pleine est la mer.

> Ne çà ne là leur nef ne vait
> Fors itant cum l'unde la trait,
> Ne lur batel ne unt il mie :
> Or i est grant l'anguserie.
> Devant eus près veient la terre
> N'unt vent dunt la nuisse requerre ;
> Amunt, aval vunt dunc wacrant
> Ore arère e puis avant ;
> Ne poent lur eire avancer :
> Mult l'ur avent grant encumbrer.
> . . . .
> Terre desirent en la nef
> Mais il lur vente trop suef.
> . . . .
> Li venz est en la mer levé
> E fert sei en mi liu del tref
> A terre fait venir la nef. »

Toutes les alternatives d'une navigation, contrariée par le calme et la tempête, sont fort bien rendues dans ce tableau, tracé avec un soin minutieux et une vérité très-grande. Yseult vient en Bretagne, où l'attend Tristan. Elle est près de toucher la terre, quand le vent passe subitement au sud (saute du sud) et la repousse vers la côte d'Angleterre. En vain le navire veut lutter, en vain on oriente la voile pour prendre le vent par le travers ; la tempête est si violente, que la nef est bientôt désemparée des appuis de ses mâts et de ses boulines. Il faut céder, et s'abandonner au vent et à la mer. Après cinq jours, le temps devient beau cependant, et l'on se remet en route ; mais la tempête s'élève de nouveau, qui contrarie une seconde fois le navire, et le livre encore aux caprices de l'onde et du vent. A la fin, le vent repasse au côté du large (au nord ou aux rumbs qui l'avoisinent), et le navire est poussé heureusement vers la terre.—Le capitaine du vaisseau qui portait la dolente Yseult aurait pu raconter avec plus de détails sa malencontreuse traversée du détroit ; mais il n'aurait pu mieux dire les circonstances principales de la tempête, la manœuvre qu'il eut à faire pour fuir devant l'ouragan, et ensuite l'état du navire.

Si le fragment du *Roman de Tristan*, que je viens de traduire, n'était qu'un ingénieux et mélancolique récit d'une aventure ordinaire ; si j'y avais seulement retrouvé le poëte qui rassemble des images plus ou moins vraies, pour produire un effet saisissant, je ne me serais pas attaché à ce morceau ; mais j'y vois une manœuvre bien suivie, bien décrite, bien raisonnable ; j'y rencontre quelques termes de marine que je n'ai pas vus dans les poëmes de Wace, et qui sont précieux ; d'autres que Wace a employés et qui se présentent ici dans un sens tout à fait analogue à celui que j'ai dû leur attribuer déjà, et je m'empare de ce passage comme d'un monument maritime plein d'intérêt.

Del séust lur salt un vent, montre combien est ancienne, dans la langue de la mer, la *saute de vent*, qui y est encore pour exprimer un changement subit dans la direction du vent.

Fert devan en mi cel tref: « Le vent frappe dans ce tref, et par devant ; » on n'expliquerait pas mieux aujourd'hui l'effet de la *saute de vent*, sur les voiles qui *masquent*, comme on dit, avant de *coiffer le mât* et de *faire faire chapel au navire*. (Voir à l'*index*, fin du 2° vol., le mot *chapel*). Le vent fait culer la nef ; *refrener*, dit le poëte. Je regrette que *refrener* ne soit pas resté dans le vocabulaire marin ; il est aussi bon que joli. Culer, marcher par l'arrière, par le cul, est significatif, sans doute ; mais il est bien loin de l'élégance et de la force poétique de ce *refrener*, qui montre le vaisseau reporté en arrière, comme le cheval l'est par son frein.

Le *lof*, auquel les matelots du vaisseau d'Yseult courent, c'est le point de la voile ; ils vont *lever le lof*, pour tourner la voile, le sigle.

Boulines, que nous avons trouvé dans Wace écrit : *buelines*, se présente ici avec la conformation *bolines*, plus étymologique.

Vunt ridant. J'ai été un peu embarrassé pour traduire le mot *ridant*. En anglais, *to ride away* veut dire *se sauver* ; *rid* signifie *déchargé* ; ces deux sens sont également bons ; car la voile étant abattue, le navire se trouve déchargé du poids du vent qui s'engouffrait dans le tref ; et puis, il va se sauvant, fuyant, parce que la tempête le pousse. D'un autre côté, je trouve *riddare* dans le vieil italien, qui signifie : danser en rond ; et le navire, en proie au vent et à la lame qui le font tourner sur lui-même, courir devant lui, reculer, danse en effet. Je crois avoir saisi le sens, si je dis : « Le navire, déchargé de sa voile, va dansant. »

Wacrant est encore dans l'anglais en *vagrant*. C'est le même mot que *vaguant*, de *vagare* (latin), vaguer, aller de côté et d'autre.

Turmente, tourmente, que nous avons vu dans le *Roman de Brut*, sous la forme *torment* (voir ci-dessus, pag. 192).

Les vers : *Le blanc sigle uni amunt trait*, etc., nous apprennent qu'on faisait au douzième siècle des signaux avec des voiles de couleur, et, surabondamment, qu'on peignait les voiles de couleurs différentes.

Amunt, dans le vers : *E siglent amunt grand espleit*, indique le vent d'est. Au bas des rivières qui se déchargent à l'Océan, sur la côte occidentale de la France, le vent d'amont, d'en haut, de la montagne, vient toujours de l'est. Le vent d'aval, ou d'en bas, du vallon, de la mer, c'est le vent d'ouest. Les mariniers et les marins des côtes disent : vent d'aval, vent d'amont, comme l'auteur du Roman de Tristan, comme Froissard.

« *Chlaz*, c'est l'ouragan, » dit sans plus d'explications M. Francisque Michel, dans une note au vers : *Lève li chlaz e fait le vent*. *Clash* est dans l'anglais pour signifier : froissement, cliquetis, choc, bruit ; *klatsch* est dans l'allemand avec la signification de claque. *Chlaz*, qui est évidemment le même mot que *clash* et *klatsch*, est une onomatopée, comme *clapotis*, cliquet, claquette, etc. La langue maritime n'a plus *chlaz*, qu'elle peut regretter, car il exprimait d'une manière imitative le bruit du vent froissant les cordages, les faisant battre l'un contre l'autre, et causant les chocs de la mer contre le navire.

Fer sei en mi liu del tref, rapproché de *Fert devan en mi cel tref*, prouve l'attention du poëte à rendre bien juste l'effet qu'il a observé. Le vent qui s'élève en la mer,—ce doit être le vent du nord,—frappe au milieu du tref, tout orienté, parce que déjà il vente *suef*. Plus haut, il frappait sur la voile et par devant, parce que le vent avait sauté au sud. Un auteur didactique ne saurait être plus précis, et nous ne trouverions pas, dans tout le long poëme d'Esmenard sur *la navigation*, à louer un trait aussi fin d'observation, une expression aussi catégorique.

Deux passages du *Roman de Brut* et un vers du *Roman de*

Rou contiennent le mot *accoster*, dans le sens où la marine française l'emploie encore tous les jours :

> « Les nés fit à tère acoster...
> Le long de la mer ont siglé
> Et le païs ont acosté. »
> (R. DE BRUT.)
>
> « Li nés sunt à un port turnées
> Tutes sunt ensemble arivées,
> Tutes sunt ensemble acostées...
> L'une nef à l'altre acostèrent. »
> (R. DE ROU.)

Dans les deux premiers exemples, *acoster* c'est approcher de la côte ; dans les deux autres, c'est mettre côte à côte les navires, *ad costas costas*. Pline dit : *costæ navium*, comparant les courbes du vaisseau aux côtes d'un animal, d'un poisson. Les quatre vers du *Roman de Rou*, que je viens de transcrire, présentent le mot *arrivé* dans le sens de venir au rivage : *ad rivum* ; je le remarque avec la même signification dans ces deux vers du *Roman de Tristan* :

> « Estoient iloc trois navées
> Ensamblement arrivées. »

et dans ces deux vers du *Roman de Brut* :

> « Bientost corurent et siglèrent,
> Al port vinrent, si arivèrent. »

Wace, que je vois partout peintre très-fidèle, et très-intelligemment soigneux des moindres détails, fait ainsi le tableau rapide et naïf de l'arrivée de Guillaume le Bâtard en Angleterre :

> « Li nés sunt à un port turnées,
> Tutes sunt ensemble arivées,
> Tutes sunt ensemble acostées,
> Tutes sunt ensemble aanchrées ;
> E tutes ensemble asséchièrent
> E ensemble les deschargièrent.
> Près de Hastingues arrivèrent,

L'une nef à l'altre acostèrent.
Donc véissiez bons mariniers
Bons serjanz e bons esquiers
Saillir fors, e nés deschargier
Anchres geter, cordes sachier
Escus a seles fors porter
Destriez e palefrois tirer... »

« Les navires sont rangés autour du port ; tous ensemble touchent le rivage, tous sont accostés l'un à l'autre, tous sont ancrés en même temps et sur la même ligne ; tous restèrent à sec ensemble (à la marée basse), et ensemble furent déchargés ».

De peur d'avoir oublié quelque chose, le poëte, qui fait un peu parade de son abondante facilité, se répète, en ajoutant quelques traits nouveaux :

« Ils arrivèrent près d'Hastings, firent accoster leurs nefs, et alors vous eussiez vu les bons matelots, les bons sergents, les bons écuyers s'élancer hors des navires, et les décharger, jeter l'ancre, haler sur les cordes, porter dehors les écus qu'ils attachaient à la selle des chevaux, et débarquer les destriers et les palefrois ».

La rédondance est habituelle aux poëtes de l'époque où écrivait Wace ; quelquefois elle est fatigante : je n'ai pas le courage de m'en plaindre, quand elle me redit des choses qui ont besoin d'être beaucoup éclaircies pour être bien entendues. Dans les six premiers vers, les idées se suivent logiquement ; elles se croisent un peu ensuite, en se reproduisant ; mais c'est avec intention que le trouvère jette un peu de confusion dans son tableau, pour lui donner plus de vie et de mouvement. Il est d'abord seulement technique, il se fait ensuite poëte, et ne procède plus comme ont procédé les marins, en tournant l'avant de leurs navires vers le port, en s'approchant du rivage, en jetant l'ancre, en se halant sur leurs câbles, en s'accostant les uns les autres, enfin en débarquant les chevaux, les passagers, les armes, sur la côte d'Hastings, où la mer les a laissés à sec. Les deux points de vue de son tableau sont également curieux ; la poésie aimera mieux le second, l'archéologie maritime s'accommode mieux du premier.

Les préparatifs de l'expédition de Guillaume sont vivement décrits par le chroniqueur, qui sait renfermer, quand il veut bien, des faits en peu de mots :

> « Fevres et charpentiers manda.
> Dunc veissiez à grans esforz
> Par Normandie à toz li porz
> Mairrien attraire e fust porter
> Cheviles faire e bois doler,
> Nés et esquis appareillier
> Veiles estendre, mast drecier
> A grant entente et à grant cost.
> Tot un été et un aost
> Mistrent al navie atorner
> Et as mesnies asembler. »

« Il mande forgerons et charpentiers ; vous eussiez vu alors, promptement et à grand'peine, dans tous les ports de Normandie, voiturer les bois de charpente (merrain), porter le bois débité en planche (*fusta*, mot catalan), faire des chevilles, doler, amenuiser le bois, préparer navires et esquifs, étendre les voiles sur le sol (pour leur donner la coupe convenable et les coudre facilement), dresser, préparer les mâts ; le tout avec beaucoup d'habileté et une énorme dépense. Ils mirent tout un été et le mois d'août avec, pour préparer la flotte, et rassembler toutes les maisons des seigneurs. »

Un tableau à peu près semblable à celui-ci se trouve aussi dans le *Roman de Rou* ; il s'agit des préparatifs faits par les hommes du Nord pour une incursion sur les côtes de Normandie :

> « Mult veissiez viandes atraire
> Nés é bastiax é chalans faire
> Apareillir esculz et armes
> Esmoldre haches et gisarmes
> Espées et healmes forbir
> Habers roller, espiez brunir
> Saetes et dars aguiser
> Fleches doler, haintes drecier... »

« Vous eussiez vu transporter les vivres (*viandes*, de *vivenda*, qui nous a laissé *vivandier*, *re*) ; faire navire, bateaux et chalans (du bas latin : *chalonium, calannus* ou *chalanus*), préparer armes et écus, passer sur la meule les fers des lances et des haches, frotter les épées et les heaumes, dérouiller les hauberts, polir les épieus, aiguiser les dards et les traits, doler les bois des flèches, et rendre droits ceux des piques (*haintes*, du latin *hastæ*). »

L'auteur du *Lai d'Avelok le Danois*, ayant à peindre la fuite de Grim, d'Havelok et de la reine, la rencontre qu'ils firent de pirates, leur combat et leur salut après ce malheur, s'exprime ainsi :

« Grim fet niefs apparailler
Et de viande bien charger ;
Fors del païs s'en vont fuir
Por le droit heir de mort garrir ;
La reyne merra od soi
Pur la doute del felon roi
Qui occis avoit son seignur :
Tost feroit à li deshonur.
Quand la nief fut apparaillée
Dedans fist entrer sa meisnée,
Ses chevaliers et ses serjanz
Sa femme de même et ses enfanz,
La reyne mist el batel,
Haveloc tint sous son mantel ;
Il meismes après entra
A Dieu del ciel se commanda.
Del havene sont désancré
Car il eurent bonne orré ;
Le travers eurent de la mier
Mès ne sievent qu'en part aler,
Où garder pussent lur seignur.
Malement lur avint le jur ;
Car les outlages les encontrèrent
Qui hautement les escrièrent.
Mult durement les assaillirent
Et cil forment se défendirent ;
Mès il éurent poi d'esforz,
Les outlage les ont touz morz.
N'i remist nul petit ne grant
Fors Grim, qui est lur connaissant,
Sa femme et ses enfanz petiz
Et Haveloc i est garriz.
Puis que d'eus furent eschapé

Tant ont nagé et tant siglé
Qu'en une havene sont parvenu
Et de la nief à terre issu..
Quand Grim primes i ariva
En .ij. moitiés sa nief trancha
Les chiefs en ad amont drescé
Illoec dedans s'est herbergé. »

« Grim fait préparer un navire, et le charge de vivres ; il veut fuir le pays pour sauver de la mort l'héritier légitime (*garrir*, garantir, gurer). Il emmènera la reine avec lui, parce qu'elle redoute le roi félon qui a tué son seigneur, et pourrait bien lui faire quelque indigne traitement. Quand le navire fut prêt (*appareiller*, *apparare* [latin], *aparejar* [catalan]), il y fit entrer tout son monde (*mennée*, famille, maison ; *Carpentier*, Suppl. à du Cange. De là : *mesnil*), ses sergents et ses chevaliers, sa femme et ses enfants. Il mit la reine dans un petit bateau (pour la transporter à bord de la nef); Havelok la cacha sous son manteau ; Grim entra dans l'esquif après elle, et se recommanda au Dieu du ciel. Ils levèrent l'ancre du havre (*désancré*, qui a été longtemps dans la langue, n'y est plus depuis le dix-septième siècle; *ancré* y est resté. On peut regretter ce mot, qui était très-bon, et qui avait le grand avantage d'équivaloir à deux autres : lever l'ancre); car ils avaient bon vent. La mer leur fut douce (*travers*, c'est trêve ; la mer leur fit trêve), mais ils ne savaient où aller pour être à l'abri des poursuites du roi. Le jour leur vint malheureusement ; car ils rencontrèrent les pirates (*outlages*, de l'anglais *out-law*, hors la loi), qui les appelèrent à haute voix, puis les assaillirent très-rudement ; ils se défendirent avec courage ; mais, malgré leurs efforts, les pirates les tuèrent tous. Il ne resta ni petit ni grand, excepté Grim, qui les connaissait ; sa femme, ses petits enfants, et Havelok aussi, furent préservés de la mort. Lorsqu'ils eurent échappé à ces ennemis, ils cinglèrent et naviguèrent (*nager*, abréviat. de *naviger*), jusqu'à ce qu'ils fussent parvenus à un havre (*havene*, de *haven* [angl.], havre, port), où ils prirent terre... Aussitôt que Grim fut arrivé, il coupa sa nef en deux parties, dressa en l'air les deux caps (*chiefs*, chefs, extrémités relevées du navire, poupe et proue), et se logea dedans. »

La nef de Grim devait être d'une certaine grandeur, puisqu'elle avait un *batel* pour son service, et, surtout, puisqu'elle pouvait porter tant de monde. Cependant, voilà Grim qui la coupe par son milieu, et, des deux bouts rapprochés, fait pour lui et sa famille un abri; et Grim est presque seul dans cette opération, qui doit être pénible, difficile, quand même son navire n'aurait pas la grandeur d'une chaloupe de frégate de premier rang d'aujourd'hui! Il y a, dans ce récit, quelque chose d'incomplet, et je ne retrouve pas chez le trouvère qui chante le Danois Havelok, la scrupuleuse attention que Wace apporte quand il raconte des faits importants, quand il décrit des choses techniques. *Outlages*, qu'on vient de voir dans le *Lai d'Avelok*, est aussi dans le *Roman de Brut* :

> « N'osoit nus homs maindre as rivages
> Por ullages et por evages. »

« Personne n'osait rester (maindre, *manere*) sur les bords de la mer à cause des pirates (*out-law*) et des écumeurs de mer » (*evage*, qui me paraît venir de *to hew* : couper, et *wage*, la vague, la mer. La composition du mot *hewage* est fort poétique, et bien conforme au génie de la langue maritime, qui, au nord comme au midi, eut toujours un caractère de poésie qui la distingue entre tous les langages de métiers.

Dans le vers : *tant ont nagé et ont siglé*, nager n'est pas pris dans l'un des deux sens qui nous sont familiers aujourd'hui : aller dans l'eau en faisant effort avec les bras pour avancer ; faire aller une embarcation avec des avirons ; c'est comme *voguer* qu'il est employé. Dans le *Roman de Brut*, on lit :

> « Par devant Gênnes trespassèrent (passèrent au delà, *trans*)
> Tant nagièrent e tant siglèrent. »

Dans la *branche aux royaux lignages*, Guillaume Guyart d'Orléans dit :

> « Ou leur ost s'en alla nagent. »

Froissart, Joinville et leurs contemporains emploient souvent *nager* dans le même sens ; ainsi : « Ils entrèrent tantôt ès plus appareillés vaisseaux qu'ils trouvèrent, et dressèrent leurs voiles, et nagèrent tant qu'ils purent après le dit messire Louis. » (Froissart). Quelquefois ils lui donnent la signification d'aller à la rame ; témoin cet autre passage de Froissart : « Au dernier jour, avint que messire Henry de Beaumont.... entra en une barge, et aussi avec lui autres compagnons, et se fit nager devers eux ; et nagèrent tant et si fort que oncques les mariniers du roi ne purent tant fuir devant que finalement ils ne fussent atteints et pris à tout leur batel. » *Nager* ici, c'est évidemment *avironer*, mot que je trouve dans le Roman de Brut.

Avironer signifiait aussi au douzième siècle, et a signifié jusqu'au seizième : aller autour, contourner une terre :

> Mainte terre a avironnée
> (R. DE BRUT.)
> Normandie est avironnée...
> Tote avironnèrent Espaigne.
> (R. DE ROU.)

« Le dimanche 25ᵉ, nous environames l'isle, pour voir s'il y avait lieu pour avoir de l'eau. » (Journal du voy. de J. Parmentier, 1529).

Le mot *aviron* était donc déjà usité. Adam le Roi, dans son roman d'*Eustache le Moine*, dit :

> « Wistace maint en craventoit
> D'un naviron que il tenoit. »

La liaison de l'*n*, écrite par le copiste, est une chose assez curieuse ; je ne la fais remarquer au lecteur que pour l'empêcher de tomber dans une erreur où le mot : *naviron* pourrait l'entraîner. *Naviron* n'a rien de commun avec *navire* ; c'est une rame, un aviron dont se sert Wistace (Eustache) pour se défendre ; avec cette arme, il fait tout le carnage décrit par le poëte :

> « Ki brise bras, ki brise teste,
> Chelui occist et chelui verse,
> Chelui abat, cet autre foule,
> Et au tierch brise la sanole (*). »

(*) La cheville du pied ; voir Duez aux mots : *Cannuolle delle gambe*.

Naviron se trouve dans cette phrase : « et alèrent à veles et à navirons, tant qu'ils vindrent à escalonne. » (Du Cange, au mos *Saëttia*). Naviron est évidemment la corruption d'*aviron* (*ad gyrandum*, pour tourner).

Je ne sais si Rabelais a connu le roman d'Eustache le Moine, mais au chap. VIII du livre IV de *Pantagruel*, nous voyons Panurge non se défendre comme le pirate Wistace, mais attaquer les compagnons de Dindenaut, entraînés à la mer par leurs moutons : « à cousté du fougon » (de l'ital. *fogone*; *fogon*, espag. La cuisine des galères et des petits bâtiments de la Méditerranée était appelée *fougon*; racine latine : *focus* [feu]), « tenant ung aviron en main; non pour ayder aux moutonniers, mais pour les enguarder de grimper sur la nef et évader le naufraige. »

Adam le Roy a quelquefois des expressions heureuses, et qui, d'un seul trait, rendent poétiquement ce qu'il veut peindre; ainsi, on lit vers 2123 de son *Roman* :

« Cudos s'en retourna arrière
Car la mer li estoit trop fière. »

Trop fière (*fiera*, ital., cruel, ou latin, *fera*), me semble une belle chose, et je regrette que la marine n'ait pas gardé cette épithète, que rappelle une autre énergique expression de Joinville : « la mer étoit *fellonesse* » (ital., *fellonesco*, cruel; *felness* [angl.], cruauté; *fel* [holl.]; *fellijk* [flam.], dur, féroce). Nous n'avons plus : fière ni fellonesse, mais nous avons quelques adjectifs fortement caractéristiques. L'amiral Duperré disait, dans son rapport sur le coup de vent du 19 juin 1830, à la côte d'Alger : « La mer était monstrueuse. » Une métaphore vigoureuse est souvent employée par les marins pour exprimer cette idée que, dans la tempête, la mer, semblable au requin vorace, emporte du navire tout ce que ses dents peuvent lui ravir; ils disent : « La mer nous mange! »

Adam le Roy est toujours inférieur à Wace, et son langage du treizième siècle le cède de beaucoup à celui du rimeur normand, une des gloires de la poésie française du siècle précédent. Wace avait sérieusement étudié la marine pour en parler; Adam le Roy se donna moins de peine. Dans le *Roman* où toutes la vie d'un pirate est racontée, il n'y a guère de maritime que le combat cité plus haut, et ces vers fort médiocres, qui ont plutôt l'air de l'enregistrement d'un fait de chronique que d'une peinture tracée par un poëte :

« Wistaces son voile drecha,
Devant Cronfant r'ateinte a
Une très bonne riche nef
Qui devant lui sigloit souef.
Wistace est en la nef saillis
Chiaus de la nef a assaillis. » (Ceux)

Les vers de Guiot de Provins sur la boussole ont été réimprimés souvent, quelquefois d'après des textes altérés ; je vais les reproduire en les empruntant à l'édition que Méon a donnée de la *Bible de Guiot*, dans ses *Fabliaux*. Je me dispenserai toutefois de présenter les variantes que Méon trouva dans le manuscrit 2707 — la Vallière, et qui sont si ridicules, qu'on peut s'étonner de les rencontrer dans le travail d'un homme qui avait le goût et l'instruction de l'éditeur des *Fabliaux* :

« De notre père l'apostoile (le pape)
Volsisse qu'il semblast l'étoile
Qui ne se muet. Molt bien la voient
Li marinier qui s'i avoient ;
Par cele estoile vont et viennent
Et lor sen, et lor voie tiennent :
Il l'apelent la tresmontaigne.
Icile estaiche est molt certaine
Toutes les autres se removent
Et rechangent lor lieus et tornent ;
Mès cele estoile ne se muet.
Un art font qui mentir ne puet
Par la vertu de la manière :
Une pierre laide et brunière,
Où li fers volontiers se joint
Ont ; si esgardent le droit point,
Puis c'une aguile i ont touchié
Et en un festu l'ont couchié
En l'eve la metant sans plus,
Et li festuz la tient desus ;
Puis se torne la pointe toute
Contre l'estoile si sanz doute

> Que jà nus hom n'en doutera
> Ne jà por rien ne fausera.
> Quand la mer est obscure et brune,
> C'on ne voit estoile ne lune
> Dont font à l'aguille alumer
> Puis n'ont il garde d'esgarer :
> Contre l'estoile va la pointe
> Por ce sont li marinier cointe
> De la droite voie tenir.
> C'est un ars qui ne peut faillir
> Là prenne lor forme et lor moule
> Que cele estoile ne se croule.
> Molt est l'estoile et belle et clere
> Tiex devroit être notre père, etc. »

Cette longue opposition du pape avec l'aiguille aimantée, qui allant toujours de sa pointe chercher la trémontane, est un guide sûr, une *estaiche certaine* (du bas latin : *estecha*, poteaux plantés sur une route pour avertir le voyageur), est un des morceaux les plus piquants et assurément les plus curieux de la satire qu'un *ménétrier* du douzième siècle, comme Legrand d'Aussy appelle Guiot de Provins, chantait aux moines de Clairvaux quand il se fut fait religieux, et qu'il se fut érigé en censeur sévère de Rome et des princes de l'Église. Elle établit aussi invinciblement cette opinion que la boussole était connue et d'un usage général dès le douzième siècle; et, à ce propos, je citerai les paroles judicieuses de M. Amaury Duval, que j'extrairai d'un savant article sur Guiot de Provins et Hugues de Bersil, imprimé dans le tome XVIII de l'*Histoire littéraire de France* : « Nous observerons seulement qu'il n'est plus permis
« d'attribuer l'importation de la boussole en Europe au Vénitien
« Marco-Paolo, qui ne voyageait qu'au treizième siècle, ni son
« invention au Napolitain Gioia, qui ne naquit qu'en 1300. Sans
« doute, cette machine, telle que la décrit le poëte Guiot, était
« de son temps bien grossière et imparfaite; elle ne pouvait
« même être employée que très-rarement; car il fallait que la
« mer fût bien calme, le bâtiment bien tranquille, pour qu'une
« aiguille, soutenue sur l'eau d'un vase par un brin de paille,
« ne fût pas détournée de sa direction naturelle vers le pôle. Ce
« n'était donc qu'une invention naissante. Mais le plus grand

« pas était fait : il n'était plus dès lors très-difficile de trouver
« un moyen de suspendre l'aiguille aimantée sur un pivot solide,
« de la renfermer dans une boîte : et c'est là tout au plus la part
« que peuvent s'attribuer, dans cette grande découverte, les Ita-
« liens qui répètent sans cesse que la boussole (*bossola*, boîte)
« porte un nom qui a été pris de leur langue, et qu'elle leur
« doit conséquemment son origine. »

Les vers de Guiot de Provins sont d'une facile intelligence, et je ne pense pas qu'il soit nécessaire d'expliquer quelques mots qui seuls auront pu arrêter le lecteur un moment. Je n'ai qu'une remarque à faire ; elle porte sur le vers :

Un art font qui mentir ne puet

et sur les quatre suivants. De toutes les leçons connues, celle qu'adopta Méon est la moins claire, et il lui fallut de bonnes raisons pour la préférer à celle du manuscrit de la Vallière, par exemple, qui porte :

Par la vertu de la manette ;
Une pierre laide et brunette
Ont, etc.

La *manette*, qui serait mieux écrit : *magnete* (de *magnes*, aimant), dit nettement ce que Guiot voulait faire comprendre ; *manière* laisse douter si le poëte a entendu expressément nommer la pierre d'aimant, ou s'il n'a voulu que la désigner par son vers : une *pierre laide et brunette*. Peut-être est-ce de cette façon qu'a procédé l'auteur de *la Bible* ; peut-être sa phrase doit-elle être interprétée ainsi : « Les mariniers emploient un artifice qui ne peut les tromper, en vertu du procédé (la manière) que voici : ils ont une pierre laide et brune, à laquelle le fer va s'attacher volontiers, etc. » Dans le doute où je suis sur la véritable intention de Guiot de Provins ; supposant d'ailleurs qu'en adoptant le texte de Méon, MM. Daunou et Amaury Duval l'ont compris ainsi, j'ai conservé une leçon qui, si inférieure qu'elle soit en un sens à celle du manuscrit de la Vallière, me paraît cependant fort admissible. M. Rey, dans sa dissertation sur l'*origine française de la boussole* (Paris, 1836), donne, sans hésitation, au mot *manière* la signification d'*aimant*. Certainement, il n'est pas impossible de voir dans : *manière* une corruption de *magnere* ou *magnete*; mais il est peut-être hardi de l'affirmer. Le manuscrit que possédait le président Fauchet, et d'après lequel ce savant donna un extrait de la *Bible* de Guiot, dans son *Origine de la langue et poésie françoises*, portait :

> Par vertu de la marinette
> Une pierre laide et noirette.

La *marinette* me semble une variante très-postérieure à l'époque où Guiot fit connaître sa satire, variante assez ingénieuse donnée par un copiste, qui faisait essentiellement maritime la pierre laide et brunière, que, selon lui, le moine de Clairvaux n'avait pas nommée dans : la *manière*. Fauchet expliqua : *marinette* par *marinière*, qui rimait avec *noirière* ou *brunière*, et n'avait pas d'autre mérite ; et la leçon de Fauchet fut adoptée par Pasquier. *Marinière* et *marinette* me semblent trop spirituelles ; *magnete* ou *manette* me semble plus savante ; je ne rejette pas *manière*, parce que ce mot me paraît appartenir à un tour de phrase naïf, assez bien dans les formes du style de l'époque où écrivait Guiot de Provins.

Voici maintenant les trois couplets de la chanson dont j'ai parlé au commencement de ce Mémoire :

> « La tresmontaine est de tel guise
> Qu'ele est el firmament assise
> Où elle luist et reflambie.
> Li maronier qui vont en frise
> En Gresse, en Acre ou en Venisse
> Sevent par li toute la voie :
> Pour nule riens ne se desvoie,
> Tout jours se tient en une moie
> Tant est de li grans li servisse,
> Se la mers est enflée ou koie
> Jà ne sera c'on ne le voie
> Ne pour galerne ne pour bise.
>
> Pour bise ne pour autre afaire
> Ne laist sen dout servise à faire
> La tresmontaigne clere et pure :

Les maroniers par son esclaire
Jete souvent hors de contraire
Et de chemin les asséure;
Et quant la nuis est trop oscure
S'est ele encor de tel nature
C'à l'aimant fait le fer traire,
Si que par forche et par droiture
Et par ruille qui toujours dure
Sevent le liu de son repaire.

Son repaire sevent à route
Quant li tans n'a de clarté goute
Tout chil qui font ceste maistrise,
Qui une aguille de fer boute
Si qu'ele pert presque toute
En .j. poi de liège et l'atise
A la pierre d'aimant bise,
S'en .j. vaissel plain d'yaue est mise,
Si que nus hors ne la déboute,
Si tost comme l'iaue s'aerise (se déplisse; *rizze* (ital.),
       plis);
Car dous quel part la pointe vise
La tresmontaigne est là sans doute. »

On sera frappé, je pense, des rapports qui existent entre ces couplets et les vers de Guiot : je ne sais à qui les hommes, versés plus que je ne le suis dans les antiquités littéraires, pourront les attribuer ; mais je crois qu'ils sont d'un contemporain de l'auteur de la *Bible*, qui ne s'est fait aucun scrupule de copier le poëte de Provins. Le *poi de liège*, où il *pert* presque tout entière l'aiguille *atisée* sur la pierre d'aimant, est à peine une variante ; car, que l'aiguille flotte en l'*eve* sur un *festu*, ou qu'on la mette en un vase plein d'*yaue*, après l'avoir entrée dans un morceau de liége, c'est à peu près la même chose. Chez les deux poëtes, les mariniers qui voient la tramontane (*transmontane*, au delà des monts ; c'est ainsi que, dans la Méditerranée, on appelle le vent du nord, qui vient de l'autre côté des monts placés au nord de Rome. *Perdre la tramontane*, c'était perdre de vue l'étoile polaire, et ne savoir plus comment diriger sa course(*), ceux-là vont et viennent, et tiennent leur voie et

---

(*) « Et pour ce que la transmontaigne et les autres estoilles septentrio-

leur droit sens, et jamais ne se dévoient. Elle *reflambie*, elle est *clère et pure* chez le chansonnier; elle est belle et *clère* chez Guiot. Que la mer soit enflée ou calme (*koie*, tranquille), qu'il vente du nord-est (bise), ou du nord-ouest (galerne), le chansonnier dit qu'on verra toujours l'étoile qui se tient en une *moie* (au milieu du ciel; *moiety* [angl.], la moitié); cette étoile ne se meut point, quand toutes les autres tournent et changent de lieu, dit Guiot. Quand la mer est obscure et noire, quand lune ni étoiles ne paraissent, ajoute la Bible, ils font allumer l'aiguille, et ils ont soin de ne pas la perdre de vue; c'est aussi à peu près ce que dit la chanson dans le second couplet. Elle ajoute seulement, comme détail, que les mariniers savent toujours la cachette (le repaire) de l'étoile polaire, que l'aiguille soit rouillée, qu'elle soit droite ou pliée en fourche (*).

nalles sont celles sur quoi les mariniers prenent reigle et advis, quand la nuit fresche et humide avoit amené les ombres sur la face de la terre, Philothetes le maistre de la nef, à Jazon et à ses compaignons faisoit passer temps en devisant d'icelles estoilles que la gentillite rusticque ont nommé le grand curre et le petit. » (*La Thoizon d'or et la destruction de Troye*, histoire poétique comprise dans le volume intitulé : *Plusieurs histoires et fables*, manuscrit in-folio du quinzième siècle, appartenant à la bibliothèque de l'arsenal, et coté : Belles-lettres françaises, n° 228). On voit, par les derniers mots du passage cité, que les dénominations vulgaires de *grand* et de *petit chariot* données à la grande et à la petite ourse datent au moins du quinzième siècle. Les gens de campagne, ceux que le vieil historien appelle *la gentillite rusticque*, ont gardé traditionnellement ces désignations; seulement *curre* est devenu *chariot*, quand, dans la langue des gens de la ville, la conformation italienne *carro* a prévalu sur la conformation latine *currus*.

(*) Les vers suivants de M. Francesco Barberino (*Documenti d'amore*, *Docum. nono*, p. 257) :

« Nocchier buono et usato,
Ponnese accompagnato
Da quanti adottrinati
Di calamita stati.
E quella è ben perfetta
Che in fallo non getta; »

ces vers, les deux derniers surtout, prouvent qu'au temps où écrivait Barberino (— Francesco Barberino naquit en 1264, selon son éditeur Ubaldini —), l'usage de la calamite était très-répandu, et qu'on regardait comme excellent un instrument qui ne pouvait induire en erreur les no-

Il est inutile de pousser plus loin des rapprochements qui auront frappé, sans doute, le lecteur à la première vue. Je n'ai plus qu'une remarque à faire sur ces deux morceaux, c'est que l'un et l'autre nous donnent pour : chemin sur mer, le mot : *voie* et non pas *erre* qui, au douzième siècle, était usité dans la langue maritime, comme le prouvent ce vers du *Roman de Tristan*, qu'on a lu plus haut :

« Ne poent leur eire avancer; »

et ceux-ci du *Roman de Rou* :

« En mer se sunt à bon vent miz
Leur erre ont vers France priz; »

et ceux-ci de la Chronique des ducs de Normandie :

« Mais orrible nos fu la mer
E perriluse et de mal aire. »

Aire est resté dans notre vocabulaire marin, mais non pas tout à fait pour signifier la route proprement dite. Dès le dix-septième siècle, ce mot exprimait le train, la vitesse du vaisseau; aujourd'hui, d'un navire qui vient prendre son mouillage, et qui a cargué trop tôt ses voiles pour aller jusqu'à ses câbles, laissés sur une chaloupe ou une bouée de *corps-mort*, on dit qu'il n'a pas assez d'*aire*; de celui qui dépasse, par trop de vitesse, un point où il voulait s'arrêter, on dit qu'il a trop d'aire. *Romme* (*Dict. de la marine française*, Paris, 1788) suppose qu'*aire* peut venir d'*area*, espace : c'est possible; mais j'inclinerais à croire qu'il vient plutôt d'*aro*, je laboure. Virgile a dit :

chers, tant il était parfait. Puisque j'ai cité des vers où se trouve un mot de marine peu connu : *ponnese*, il faut que je dise ce qu'il signifie. *Ponnese* ou *peunese* était le nom du remplaçant du nocher, du marinier qui faisait le quart quand celui-ci allait dormir. « Et si aliquam magagnam scivero in arboribus ipsius navis, timonariis, vel timonibus, ipsam magagnam nauclerio et penasio... dicam et manifestabo. » Capitulaire nautique de Venise (1255), chap. LI, *Sacramentum quod faciunt marinarii.*

Longa tibi exilia, et vastum maris æquor arandum.
(Énéide, liv. II, vers 780).
Vobis parta quies, nullum maris æquor arandum.
(Liv. III, vers 495).

Aire, pris dans ce sens, me paraîtrait plus poétique, et, par cela même, plus conforme au génie du langage des gens de mer. D'ailleurs, nous avons un trope qui a un grand rapport avec celui que je reconnais dans le mot *aire*; nous disons : le *sillage* du vaisseau, et ce *sillage*, c'est sa vitesse ; c'est aussi la trace qu'il laisse derrière lui, le sillon qu'il a creusé dans l'eau avec sa carène, comparée au soc d'une charrue. Clairac, dans les Explications des termes de marine, qu'il donna en 1639, à la suite des *Us et coutumes de la mer*, dit : « *Seiller* ou *sillonner* ; *seilleure* ou *acquade*, c'est l'erre ou la voie du navire. » *Seiller* et *seilleure* sont de la même origine que *sillage*; *seiller*, comme l'écrivaient Aubin et Clairac, ce n'est point le *to sail* (anglais), faire voile, courir sur mer, naviguer, c'est le verbe venu du substantif *sellon*, vieux mot français qui a donné *selio* et *sillon*. (Voir du Cange, qui cite au mot *selio* [signifiant une portion de champ labouré], un passage d'Edward Cok, où on lit : « SELIO *is derived of the french word* SELLON, *for a ridge*). Sillonner la mer est une figure, dès l'antiquité en usage chez les poëtes ; Ovide a dit : *Æquora sulcare*, et Virgile :

Longâ sulcat maria alta carinâ.
(Énéid., liv. X, vers 197).

Je citais tout à l'heure la *Chronique des ducs de Normandie*, en lui empruntant deux vers ; je dois dire pourquoi jusqu'ici je n'ai pas mis à contribution cette longue histoire rimée. Quelque estime que mérite le « *Maistre Benoît*, » dont Wace parle dans son *Roman de Rou*, à propos de l'ordre que le roi Henri II avait donné à ce poëte de composer sa *Chronique*, je ne puis reconnaître en Benoît un homme aussi habile à peindre les choses de la marine que l'auteur du *Roman de Brut*. Sans doute, il n'y manque pas d'intelligence; il y est même, en général, exact et vrai ; mais je ne trouve pas dans tout son poëme un passage ayant la moitié de l'importance technique de celui qui est expliqué au commencement de ce Mémoire. Benoît, un peu postérieur, dans la publication de son livre, à Wace, son contemporain, emploie quelques-unes des expressions dont celui-ci avait probablement appris la valeur à l'école des mariniers, compagnons de son père pendant l'expédition de Guillaume le Conquérant ; mais si les tableaux où il les fait entrer ont de l'énergie, s'ils sont assez riches de couleur poétique, la précision maritime que j'aime à signaler chez Wace n'est pas toujours ce qui les recommande.

Il est cependant une description de tempête où Benoît me semble excellent, et que je dois recueillir, parce qu'elle m'offre certains mots sur lesquels j'aurai quelques observations à faire. Je vais citer d'après l'édition donnée par M. Francisque Michel, dans la collection des *Documents inédits sur l'histoire de France*. Pag. 152 du 1er volume se trouve un chapitre dont voici le titre rédigé en deux grands vers :

« D'Engleterre part Rous, vers France volt sigler,
Mais diable le veut neier et tormenter. »

Le mot *sigler* se trouve aussi fréquemment chez Benoît que chez Wace, toujours avec la signification : *se diriger vers un lieu* à l'aide de la voile. Ainsi, pag. 68, 1er vol., vers 1859 :

Vers France tindrent lur curs dreit (*cursus*, course)
Cele part siglent à espleit...

Pag. 53, 1er vol., vers 1427 :

Là quidames joius sigler, etc.

Neïer est resté dans la prononciation du peuple de Paris, qui ne dit jamais *noyer*.

De très-jolis vers commencent le chapitre auquel je m'attache en ce moment :

Quant li ivers fu trespassez
Vint li dulz tems e li estez (*dulcis*, doux)
Venta l'aure sueve et quoie (*aura*, vent ; devenu *ore*)
Chanta li merles e la treie

> Bois reverdirent e prael
> E gent florirent li ramel
> Parut la rose buen olanz (*bene olens*, sentant bon)
> E altres flors de maint semblanz...

Rollon se rappelle alors une vision qu'il a eue, et qui lui a inspiré le désir d'aller en France :

> Tost furent ses nefs aturnées.

Toutes les nefs furent armées, équipées (*atournées*, de *atornare* (bas lat.); *adornare* (latin), signifiant garnies d'agrès, d'atours. Atourner était un synonyme d'*appareiller*).

> Parmi la mer s'en vunt à nage.

Ici *nage* est dans le sens de navigation; ailleurs il désigne essentiellement le travail des rameurs :

> Contremunt Seigne vont à nage (vers 188).
> Amont Seigne s'en vunt à nage (vers 193).

Ils remontent la Seine à l'aviron. L'instrument à l'aide duquel les navires normands descendent la Seine après l'assaut de Paris, est nommé par Benoît, vers 4487, pag. 238, 1er vol. de la *Chronique* :

> Destendent trés e pavillons (trefs, tentes),
> Puis se pernent as avirons.

C'est donc en s'aidant des rames, en se pernant (pour *premant*, peut-être; de *premere*, hâter) aux avirons, que les gens de Rollon font aller les navires à nage. Ils vont joyeusement avec un vent doux, et qui les porte dans une bonne direction :

> Od vent suef e bien portant (vers 2034).

Ils perdent bien vite la terre de vue; mais voici que le malin esprit appelle à lui mille diables et soulève la mer :

> Li quatre venz eissent d'abisme (vers 2055),
> Commencèrent entre el, tel cisme (*schisma*, schisme, tapage)

>   Tel mêlée, tel contençon (de *contendere*, disputer)
>   Que foildres volent e arson (éclair, de *ardere*, brûler) :
>   Ceo semble qu'ardeir volt le munde.
>   Delà ù mers est plus parfunde
>   S'en sort, e emfle e lieve sus
>   Si cum uns ars trait haut e plus...

Cette image est heureusement rendue : « Du plus profond de la mer, la vague s'élève, s'enfle, s'élance, et monte plus haut que la flèche lancée par un arc. » Le poëte, pour compléter son tableau, dit que, dans ce grand désordre, les nefs sont loin d'être en paix ; elles sont portées au ciel par la mer furieuse :

>   Vers les esteiles vunt tot dreit...
>   Puis redevalent plus isnel (redescendent)
>   Que ne vole faucs n'arondel
>   Vers abisme, ceo lur est vis.
>   Sovent se claiment las, chaitis.
>   Foudres cheent e feus ardanz,
>   Après vient l'oscurté si granz
>   E les tenebres, la nerçors
>   L'olurs de mer e la puors :
>   Par poi que li quor ne lor fendent
>   Parmi les nefs pasmez s'estendent.

La terreur à laquelle sont en proie les mariniers de Rollon est peinte ici avec une énergie remarquable: « Souvent ils crient, hélas! les malheureux (*chaitis*, *cativo* (espagnol), chétif. Dans le Bourbonnais, *chétif* est encore employé avec la signification de *petit*, mais dans le sens du mépris ou de la pitié); la foudre tombe, l'éclair brille, et à ses feux ardents succèdent la plus profonde obscurité, la noirceur des ténèbres, le mal de mer (*olur*, l'odeur de la mer, qui cause les nausées), et enfin la peur. Il s'en faut de peu que le cœur ne leur fende; ils se couchent sur le pont des nefs, tout pâmés de mal et d'effroi. » Voici maintenant, après l'effet moral de la tourmente sur les hommes, son effet physique sur les navires :

>   Bruizent lur masz, lur governail ;
>   Nul d'eus n'endure le travail :
>   N'i a ne veile ne hobenc
>   Utage, n'escote, ne drenc.

Nous retrouvons ici le mât, le gouvernail, la voile, l'écoute, l'itague, le hauban, comme dans les vers de Wace et dans le roman de Tristan. Si l'orthographe *hobenc* est nouvelle pour nous, elle ne doit pas nous étonner; le c est dû au besoin de rimer avec *drenc*. Quant à ce mot *drenc*, que je n'ai vu nulle part ailleurs que chez Benoît, il doit désigner une corde dont la fonction était de serrer, de presser deux objets, deux corps, l'un contre l'autre. *Drangen* en allemand, *drukken* en flammand et en hollandais, *to throng* en anglais, signifient presser; et *drenc* me paraît bien être une altération de *drang*, qui, en hollandais, en flamand et en allemand, exprime substantivement l'action de presser. Quel serait donc le cordage auquel ce nom de *drang* conviendrait, par une de ces catachrèses que j'ai eu déjà plus d'une fois l'occasion de signaler? La drosse qui tient la vergue étroitement rapprochée du mât est de ce nombre, et j'incline à croire que c'est elle que le chroniqueur a voulu désigner. Ce qui confirme ma supposition, c'est une indication que je trouve dans l'*Encyclopédie méthodique* et dans le *Französich-deutscher Index* (3ᵉ vol. de l'*Allgemeines Wörterbuch der Marine*), de Roding : » *dran*, drosse de basse vergue. » *Dran* ne se lit ni dans Aubin ni dans Desroches; c'était, sans doute, au dix-septième siècle, un vieux mot resté traditionnellement en usage chez les marins normands, et que les auteurs de l'*Encyclopédie* ont recueilli par un heureux hasard, en fixant sa dernière signification. *Drosse* convient fort bien au sens des vers de Benoît : « Leur mât et leur gouvernail se brisent; personne n'a le courage de travailler; rien ne résiste, ni la voile, ni les haubans, ni l'itague, ni l'écoute, ni la drosse. » Tout se casse, le désarroi est complet, les nefs sont désemparées; demi-morts, couchés, n'osant ni se remuer, ni lever la tête, les gens de Rollon, et Rollon lui-même

> Unt mais tut mis au convenir
> Qu'ils n'attendent mais le mourir.

Rou a enfin recours au Dieu *autisme* (*altissimus*, très-haut); il lui adresse une longue prière, qu'il termine ainsi :

> Fac cez undes e ceste mer
> Queie e paisible demener,

> E remaigne ceste tormente
> Qui sodée mort nos represente.

Dieu se laisse fléchir par Rollon qui

> De lermes se fu lavez
> Moilliez, fonduz e arusez.

Alors

> Cessa l'orage et le temper
> Si commenca à esclairier;
> Paisible et queie fut la mer... (Quoie, calme).

Cette tempête (ce *temper*, comme dit le poëte quand il est pressé par la rime, comme il l'est lorsqu'il peint l'exil des jeunes Scandinaves obligés de s'expatrier :

> Si erent mis
> En eixil fors de lur païs
> Pur guerre al fer e al acer,
> Od forz orez e od temper);

cette tempête n'est pas la seule que Benoît ait décrite. Dans le récit que les envoyés d'Hasting font à l'évêque, auprès de qui ils vont remplir une mission de la part du *prince des Danois*, nous trouvons (vers 1427 et suivants) :

> Là quidames joius sigler;
> Mais orrible nos fu la mer
> E perilluse e de mal aire
> Tuit nos furent li vent contraire;
> Tant nos unt enpeinz e sachiez
> Par poi ne sumes perilliez :
> Jamais des qu'à la fin del mund
> Genz de si fort n'eschaperunt;
> Ne nos est remis quirs ès mains
> Del angoisse de traire as reins,
> Liez od cordes, od funeiaus.
> Od l'ajue de nos bateaus
> Non volentiers qui d'ire espris,
> Avum ici lez vos porz pris...

Ce passage contient quelques traits qui font très-bien comprendre l'état affreux où la tempête avait réduit l'équipage du vaisseau d'Hasting. Il pensait cingler joyeusement; mais une mer horrible et dangereuse, et le vent qui lui était contraire, nuisirent à sa route. Peu s'en fallut *(par poi)* que la nef ne pérît, tant la lame et le vent les poussèrent d'un côté et de l'autre, les tiraillèrent *(unt sachiez)* et les mirent en peine *(unt enpeinz)*. « Jamais, disent les narrateurs, d'ici à la fin du monde personne n'échappera à un tel danger. Il ne nous est pas resté de peau dans les mains *(remis : remanere ; quirs : cuir — corium)*, et il nous a fallu supporter la douleur de manœuvrer avec nos mains déchirées » *(traire as reins* : tirer les cordages avec nos déchirures (*reins*, corruption du mot anglais *rents ; riss*, all.).

J'ai hésité sur le sens à donner au mot *reins*. J'ai cru un instant que c'était une mauvaise orthographe française de *ring*, qui désigne dans la marine anglaise toutes les boucles d'amarrage ; les gens d'Hasting pouvaient en effet avoir usé le cuir de leurs mains contre les fers des anneaux auxquels ils se seraient retenus fortement pendant la tempête, pour n'être pas emportés par la vague déferlant sur le navire ; mais quelque apparence de vérité qu'eût cette traduction, je lui ai préféré celle qui fait de *reins* le représentant du pluriel de *rent ; rents* se prononce en effet en anglais comme le *reins* écrit par le poëte normand du douzième siècle. D'ailleurs, Benoît ajoute que les mariniers d'Hasting s'étaient attachés au plat-bord de la nef avec des cordes *(liez od cordes, od funeiaus*, — de *funis*, qui a laissé longtemps dans la marine française *funin*, aujourd'hui abandonné et remplacé par le mot *filin*, cordage composé d'un certain nombre de *fils* (*filum* (latin) cordelette). Si donc les Danois avaient pris la précaution de se lier au mât, ou aux côtés de la nef, après avoir lutté contre la tourmente jusqu'à s'enlever la peau des mains en halant sur les manœuvres, ils n'avaient pas eu besoin, ce qui eût été, au reste, et plus pénible et moins sûr, de s'accrocher au *rings*.

Liés ainsi, les pirates se sont laissé aller à l'aventure, et c'est le hasard de cette navigation *(od l'ajue,* l'aide ; *ayuda* en catalan, et *aiuda* en bas latin), non leur volonté, disent-ils, qui a jeté dans le port leurs bateaux, appelés nefs et barges dans le vers 1330 :

> Cil virent la flote el rivage
> Et tante nef et tante barge
> Dunt mult furent espoentez.

Le vers 1329 nous montre le mot *flote*, plus rarement employé par les écrivains des douzième et treizième siècles que les mots *estoire, estole, estorée, stoire, istoire*, venant du grec *stolos*, qui donna au latin du moyen âge : *stolus, stolum, stolium, stoleum, storium, extolium*, et *estol*; cette dernière dérivation de *stolos*, qui se lit dans la *Chronique catalane des rois d'Aragon* par Ramond Muntaner est, en effet, toute catalane, et je la trouve plusieurs fois dans le *Poëme sur la bataille de Lépante* par Johan Pujol, prêtre, ouvrage très-curieux, encore inédit, et dont le manuscrit autographe appartient à M. Joseph Tastu. Ainsi, strophe 43 (le poëme est divisé en 184 strophes de 8 vers) :

> L'estol de nostra liga.

Strophe 64 : « de tant estol, » qui a un si grand rapport avec : « tante nef et tante barge. » Strophe 74 :

> ... L'estol vila no mayna
> Mas navegant, caminen ab temps bell.

Johan Pujol n'emploie jamais le mot *flota*, bien qu'en 1605, et peut-être depuis plus longtemps, le mot fût devenu espagnol ; mais *flota* n'était point dans le viel idiome de la Catalogne, et le chantre de Lépante écrivait en catalan. Chez lui c'est presque toujours *estol* :

> La hun estol al altre s'acostava (strophe 117).

Quelquefois, mais rarement, c'est l'*armada* :

> ... Lo nostre don Johan
> Volent saber de l'armada turquina
> Lo tramete... (Le chemin ; *trames*, latin) (strophe 82).
> ... Ab la potent armada (strophe 74).

Je viens de dire que *flota* était espagnol au commencement du dix-septième siècle, époque où vivait le prêtre Pujol qui rima longuement la *Chronique de Lépante*; en voici la preuve. Dans la *Relacion de los capitanes Nodales* (Madrid 1621), on lit, pag. 62 *verso* : « *Y con ellos hizieron una buena flota de quaranta navios grandes y pequeños.* » A la même époque, à peu près, *frota* était dans le portugais; ainsi, on lit dans le *Roteiro de dom Joham de Castro* : « *Principaes pillotos da frota.* » *Flotte* vient du saxon *flota*, devenu *fleet* en anglais, *flotta* en suédois et en italien, *vloot* en flamand et en hollandais. Le mot *flotte*, par extension, a signifié quelquefois une réunion de troupes à terre, comme il signifiait une armée flottante. Dans les *Chroniques de Jean d'Auton* on lit : « Et pre-
« mier que les Espagnols fussent armés et montés à cheval,
« lui et ses gens tous en *flotte* donnèrent des éperons et cou-
« rurent tant roidement que le camp percèrent malgré leurs
« ennemis » (v° partie, chap. XXIII (an. 1504). Les Italiens ont employé le mot *stuolo* pour désigner une réunion de navires, comme une réunion de gens de guerre; ainsi dans la *Chronique de Fossa-Nova* (année 1185), citée par du Cange, on voit Guillaume de Sicile faire un très-grand armement (*stolium maximum*) par mer et par terre, et donner à Tancrède le commandement du *stolium maris*, tandis qu'il plaçait à la tête du *stolium terræ* les comtes Ardouin et Richard de Cerra.

Le mot *flote* se trouve quelquefois dans *la Branche aux royaux lignages* de Guillaume Guiart :

> Leur flote des autres s'eloingne... (vers 9485).
> ... Par la force du vent qui vente
> Emmi leur flote les adente... (vers 9579).
> ... La flote espandue s'aüne (vers 9502).

Avant de quitter Benoît, je dois citer quelques-uns de ses vers qui ont une certaine importance, parce qu'ils se rapportent aux coutumes guerrières des navigateurs normands.

Rollon s'est décidé à aller à Meulan pour attaquer les Danois; il part avec ses nefs :

> Droit à Meullent tirent à nage (vers 3613).
> Li bort des nefs e li estage

> Sunt gent garni e li chastel.
> Maint enseigne, maint penuncel
> E maint escu d'or e vermeil
> I resplent contre le soleil.

Plus bas, le poëte raconte le retour de Rollon :

> Après se redesaancrerent (vers 3914);
> Les rives de Meullent laisserent
> Très par mi seigne s'adrecerent;
> Dreit à Paris tenent lur curs.
> Set cenz enseigne de colours
> Parut ès nefs sus ès chasteaux.

Ces deux passages nous montrent que pour aller attaquer, les Normands couvraient leurs navires d'enseignes aux couleurs éclatantes; ils en mettaient partout, sur le bord, sur les *étages* (les dunettes où étaient les chambres) et les châteaux (châteaux d'avant et d'arrière, châteaux de mât). Le sceau de la ville de Sandwich (collect. Depaulis) est timbré d'un navire, sur le château d'arrière duquel il y a deux enseignes; son châtel de proue n'en a qu'une ; si son châtel de mât n'en a point, sur le pont il y a un soldat portant une bannière. Cette bannière est large, attachée à la lance par son guindant, et sur son étoffe brillent deux larges étoiles (voir ci-dessus pag. 153). Le navire du sceau de la ville de Dam est remarquable par deux grandes enseignes sur lesquelles figure un chien. Il y a des enseignes aux châteaux d'avant et d'arrière, et au sommet du mât du vaisseau dont les habitants de Dunwich avaient timbré leur sceau au treizième siècle. Le sceau de Douvres, à peu près de la même époque que celui de Dunwich, ne montre qu'une bannière sur les châteaux de poupe de son vaisseau; cette bannière est fort grande et porte les images de trois lions. Au sommet du mât, au lieu d'une girouette ordinaire, est arborée une large flamme à trois pointes, ou pennonceau.

Outre les étendards dont ils paraient leurs nefs, les Normands entouraient le bord supérieur des navires et les créneaux de leurs châtels d'écus d'or, de boucliers peints en rouge resplendissant au soleil. C'était faire le pavois, la pavesade. La princesse Mathilde, dans sa tapisserie, n'oublia point ce détail ; on voit sur les navires une rangée longitudinale de boucliers, et derrière, accrochés, comme de respectables insignes, les écus armoriés des plus illustres passagers portés par chaque nef. M. Achille Jubinal, trompé par la place que ces écus occupent, les a pris pour des gouvernails, dans l'explication qu'il a publiée de la tapisserie de Bayeux. Cette erreur, au reste, n'est qu'une faible tache dans le travail, si remarquable d'ailleurs, du jeune érudit que je viens de nommer.

Voici un ordre de défense que je ne pouvais pas omettre de citer parmi les choses maritimes dont le poëte Benoît nous a transmis la tradition :

A Saint-Florent du Mont-Glonne (Saint-Florent le Vieux, au-dessous de Saumur), les Normands ne se trouvant pas en sûreté songèrent à se fortifier, et, pour cela, ils imaginèrent de faire une sorte de camp retranché, derrière lequel ils pussent se défendre au besoin :

> En une isle suz l'abrie (vers 1015)
> Traistrent ensemble lur navie
> Tut ordenée en roundesce
> E s'in firent grant fortelesce
> Li mast dunt numbre n'est petiz
> Ne ressemblout mais plaissiz (palissade ; *plassatum*).
> Avis esteit que fust un bruilz (bois ; *bruilium, broilo*).

Dans cet arrangement des nefs, tirées sur le rivage de l'île, mises près l'une de l'autre (ensemble), ordonnées en rond pour en faire une espèce de forteresse, il y a quelque chose de ces *castra nautica* dont parlent Tite-Live, chap. IX, liv. XXX, et Cornelius Nepos (Vies d'Annibal et d'Alcibiade). Benoît nous donne peu de détails sur cette *grande fortelesce*, mais il est fort probable que les pirates du Nord firent à peu près ce qu'au rapport de Tite-Live fit Scipion: « *Onerariarum quadruplicem ordinem pro muro adversus hostem opposuit* (Hasting n'avait probablement pas assez de navires pour faire un quadruple rang à son enceinte navale), *easque ipsas malis antennisque de nave in navem trajectis, ac validis funibus velut uno inter se vinculo illigatis comprehendit, tabulasque superstravit, ut pervius in totum navium ordo esset.* » Hasting dut agir à peu près de même; seulement Scipion était à l'ancre, et le chef des Normands avait tiré ses nefs à terre; il les avait fait haler par la poupe, afin qu'elles présentassent à l'ennemi l'éperon dont elles étaient munies comme les galères antiques (voir Mémoire n° 2). Hasting ne dut pas démâter ses navires, il avait intérêt à garder les châteaux de défense qui se hissaient au sommet des mâts (*hunes*. Voir Appendice au Mémoire n° 2, le mot *Carchesia*), et qui, par leur élevation au-dessus de l'île, devaient donner à ses archers, à ses jeteurs de pierres et de chaux pilée, un grand avantage sur les assaillants de sa forteresse. Le texte de Benoît justifie fort bien cette hypothèse: « On eût dit, à voir ces mâts nombreux, que c'était une forêt. » Que les vergues des navires danois, comme les antennes des vaisseaux romains, eussent été jetées d'un navire à l'autre, et attachées aux parties relevées des proues qui présentaient des points d'appui naturels, fort solides, pour en faire l'espèce de *plaissiz* dont parle le chroniqueur normand, je n'en doute pas. Pour garnir les espaces laissés vides dans cette palissade, toutes les planches des emménagements intérieurs des navires et les écus avaient dû être placés autour de l'enceinte pontée, dont la base était une large et solide couronne de proues.

Il n'était pas, je crois, sans intérêt de rapprocher le passage de Tite-Live de celui de Benoît, pour montrer que, dans le Nord comme dans la Méditerranée, les hommes de mer, sans se communiquer, furent toujours, dans des circonstances analogues, également ingénieux à se servir des moyens que leur offrait le matériel naval.

J'ai dit, en commençant cet examen des fragments maritimes de la *Chronique des ducs de Normandie*, que Benoît emploie quelques-unes des expressions nautiques de Wace; j'ajouterai ici qu'il leur donne toujours la même signification. J'ai cité déjà *sigler*, *aturné*, *nage*, *avirons*; je vais ajouter quelques exemples encore.

> Les veiles *drescoent* al vent (vers 605)
> E traeient as avirons...
> E les veiles furent *drescées* (vers 1280).
> ... Ses nefs fait tost *apareiller* (vers 1059),

> Vivre, vitaille i fait charger
> E armes bones.
> ... Là *ariverent* lur chalans... (vers 195).
> Là prirent port, là *arivèrent* (vers 756).

Un mot que je n'ai remarqué chez aucun des poëtes que j'ai eu occasion de citer, c'est : *voiler;* le voici dans les deux vers 1139 et 1279 du poëme de Benoît :

> Qu'il volsist estre es nefs veilez...
> Quant les nés sunt en mer veilées...

Veilées, c'est faisant voile, courant sous leurs voiles, *velantes*, comme dit Édouard III dans une lettre datée de 1337 : « *Nonnullas naves regni nostri, tam velantes supra mare, quam ancoratas in littore.* »

Puisque je suis en quête des mots anciens que la marine a gardés, je puis citer *équiper*, qui se trouve dans l'histoire rimée de Guillaume Guiart :

> « Chacun d'eus la crois sur lui mise
> En mer s'esquipent à Venise. »

Esquiper vient du verbe *skipa*, qui, lui-même, procède de *skip*, navire. *Ihre*, dans son glossaire suio-gothique, ne laisse aucun doute à cet égard. Du Cange fait venir ce mot d'*esquif* (voir *voce: eschiparé*); il dit, pour appuyer son étymologie : « *Naves enim bene adornatæ dicuntur, quæ suis* SCAPHIS *instructæ sunt.* » *Esquif* vient en effet de *skip;* mais au moment où il écrivait les articles : *eschipare* et *esquipare*, du Cange, bien qu'il citât la leçon de Duchesne *eskipare*, ne se doutait pas de la véritable origine du mot *équiper*. Cette origine n'est mentionnée que dans les *additamenta* de l'édition de 1783, à l'article *skipiamentum*. C'est la langue maritime qui a donné à la langue vulgaire équipement, équipage, équiper, où, malgré les apparences, le cheval, *equus*, n'est pour rien. C'est donc à tort que dans les *Scènes de la vie maritime* je donnai *equum parare* comme l'étymologie possible d'*équiper*.

Convoyer est un mot très-ancien; mais lui, c'est la langue vulgaire qui l'a donné à la marine. Il est dans le *Roman de Tristan* :

« Par la curt le vunt convaiant, »

et dans les *Chroniques de Normandie* : « lui donna de beaux dons, puis les convoya jusques à la mer. » Il est inutile de dire que *convoyer* vient du bas latin *conviare : viare cum*. Un navire *convoyeur* est celui qui accompagne, pour le protéger, un autre navire ou une réunion de navires rangés sous son *convoi* (*conviatico*).

Le mot radouber est vieux dans le Vocabulaire maritime français; le voici, vers 10,112 du Roman de Brut :

Et com Wavains fu adoubés
Au roi Artus s'en est alés.

Je crois catalan le mot *adobar*, malgré l'autorité de Ménage qui fait venir *adouber* du saxon *dubba*; quoi qu'il en soit, le mot est, au treizième siècle, dans les *Statuta Massiliæ* avec la signification de préparer. C'est dans ce sens et dans celui de réparer qu'il a été employé par les mariniers et les charpentiers de nefs au moyen âge. On lit, art. IV des *Rooles d'Oleron* : « Si le mestre vult, il poet bien adobler sa neef, si ele soit en ce cas. » Chapitre XLVI, cinquième partie de ses *Chroniques*, Jean d'Auton dit : « Espérant là ravitailler leurs vaisseaux et radouber. »

Je m'arrête. Ce Mémoire est peut-être bien long; cependant je l'ai abrégé, comptant sur l'intelligence des lecteurs qui suppléeront à une foule d'explications de détail que j'aurais pu ajouter pour le rendre tout à fait complet. Ce que je voulais, c'était donner une interprétation, solidement appuyée, des passages maritimes les plus importants, contenus dans les ouvrages de quelques-uns des poëtes français des douzième et treizième siècles, qui sont entre les mains de tous les hommes d'étude; c'était faciliter aux savants et aux marins l'intelligence de ces précieux textes, jusqu'alors comme perdus pour eux ; c'était, enfin, montrer que la langue nautique, si profondément ignorée de ceux qui la parlent dans toute l'Europe maritime, est belle, colorée, essentiellement poétique, qu'elle a des origines dont l'antiquité remonte aux sources pures des vieilles langues du Nord et du Midi, et que, sous des corruptions qui la rendent presque effrayante pour les gens du monde, et en font une sorte de patois barbare dans la bouche des marins, on peut retrouver des racines très-nobles, d'excellentes conformations de mots, de brillantes images, une langue enfin, une langue bien faite, logique, large, puissante, dont presque tous les termes sont des tropes énergiques. Je ne sais si je suis parvenu au but que je me proposais ; mais, je l'avoue, j'espère que l'on aura remarqué dans cette étude d'archéologie, des choses nouvelles et assez intéressantes sur une question dont les antiquaires ne se sont point occupés, parce qu'il leur a manqué une connaissance sans laquelle on marchera toujours au hasard dans l'exploration des antiquités maritimes, je veux dire une certaine pratique navale, des notions sur la construction des navires, et surtout la connaissance du matelotage.

MÉMOIRE N° 4.

SUR LES BATIMENTS A RAMES DU MOYEN AGE.

Le *Dromon*. — Doutes sur la signification du nom de ce navire. — Lettres de Cassiodore à Abundantius. — Note sur les bois de construction au moyen âge. — Remarque sur le mot *triremis* employé par Cassiodore. — Ordre de l'empereur Maurice, relatif à l'emploi des dromons. — Le *Buccinator*. — Passages de la Naumachie de l'empereur Léon. — Du mot *triremis* employé par Meursius. — Le dromon du neuvième siècle avait deux étages de rameurs superposés l'un à l'autre dans toute la longueur du navire. — Passage du *Richardi regis iter*, par G. de Winesalf. — Observations sur ce passage. — La galée du douzième siècle. — Son *calcar* ou éperon. — L'ordre de bataille des galères, au douzième siècle, est une tradition du neuvième. — Autre passage de Galfrid de Winesalf. — Conséquences à en tirer. — Rapport entre les galères des treizième et dix-huitième siècles. — L'introduction de l'artillerie à poudre, à bord des galères, ne change presque rien à la construction de ces bâtiments. — Rapport entre le nombre des rames des dromons et celui des rames de la galère du dix-huitième siècle. — Citations de Pantero-Pantera, de Picheroni della Mirandola, du chevalier de Passebon. — Le *Pamphile*. — Citations de Constantin Porphyrogénète. — Équipages des pamphiles et dromons. — Distribution des rameurs et des soldats sur les petits pamphiles. — Étrange erreur de don Antonio de Capmany. — Parapet en arrière de l'éperon, ou *Rambate* des dromons. — Tours ou châtelets hissés au moment du combat, à la moitié de la hauteur du mât du dromon. — Giacomo Filiasi et Antonio Marin se sont trompés sur la valeur du mot *catartion*, que latinisa Meursius au lieu de le traduire. — Médaille de Pietro Candiano Primo. — Différence présumée entre les pamphiles et les dromons. — Du mot *pamphile*. — Longueur approximative des dromons et pamphiles. — Mesures des galères subtiles de Romanie et de Syrie, d'après un statut génois du 22 janvier 1333. — Traduction de ce document. — Détails d'un statut de 1344 sur le même sujet. — Ce qu'était la mesure appelée *goda*. — Ce qu'on doit entendre par *galee aviate ad popam et ad proram*. — Le sénéchal, ou *petentarius*. — Le *scandolar*. — Ridicule étymologie de ce mot donnée par Barras de la Penne. — Ce que c'était que la « *serra ubi imbanchatur.* » — Du mot *empature*. — Du mot *amoriata*. — Des mots *feminella* et *maschio*. — Ferrements des galères. — Passages de statuts de 1334 et de 1441 à cet égard. — Ce que c'était que le *mentum contis*. — Des mots *contovalo* et *pontovalo*. — Les *tria ferra* de la galère commerçante au quatorzième siècle. — Ce que c'était que le *mentum trencharini*. — Statuts génois de 1340. — *Andar a la trinca*, locution maritime espagnole. — La *trinquette*. — Le *taillevent*. — Le *trincadour*. — Le *trinquard*. — Statut de 1339 — Digression sur la mesure des coques. — Ce que c'était que la *croix* sur les navires vénitiens du milieu du treizième siècle. — Quatre documents vénitiens sur les mesures des galères. — Comparaison de ces documents. — Coupe d'une galère génoise du commencement du quatorzième siècle. — Dimensions des galères subtiles du dixième siècle. — Plan d'une *galia sotil*, par Picheroni della Mirandola. — Galère subtile à vingt-six bancs, de Crescentio. — Longueur de la coudée napolitaine au seizième siècle. — La gouë marseillaise à la même époque. — Tracé des rotes. — Différence entre la hauteur des poupes de la galère française et des galères romaine et napolitaine. — Les *matere* et les *stamenali*. — La largeur *in bocha*. — Les *madiers-radiers*. — Chambres de la galère. — Le *porteau*, ou écoutille. — Le *telaro*. — L'*apostis*. — Les *baccalats*. — Les *arbres*, ou mâts de la galère. — Les *antennes*. — Le *spigon*. — Les *rambates*. — L'*espale*. — L'*éperon*. — Extrait des Mémoires de Jean Marteilhe. — Gozzone. — Les *pédagues*. — *Parasguardi*. — Compagne ; étymologie de ce mot. — *Paillat*; étymologie de ce mot. — *Taverne*. — Bancs, banquettes. — Le *ramier*. — L'*arbalestrière*. — Encore l'*apostis* ; étymologie de ce mot. — Rames. — Palamante. — Astroq. — Escome. — Tolet. — Manivelle, giron. — Comite. — Son sifflet. — Sous-comite. — Travail des rameurs d'une galère. — Passage de l'*Armata navale* sur la chiourme. — Forçats, esclaves, *bonevoglies*. — Leurs devoirs, leurs costumes, leur nourriture. — La *maistrance* de la galère. — L'*argouzin*. — Les *espaliers*. — Le *tabernacle*. — *Conille* ; étymologie de ce mot. — Scie. — Différents commandements propres aux galères. — Les *vogue-avant*. — Le *posticcio*, le *terzarolo*, etc. — Le quartier du milieu. — La vogue par tiers, selon Capmany. — Observation à cet égard. — Trompettes. — Le *portunato*. — Service des hommes de la chiourme. — L'*écrivain*. — Le *scalco*. — Le *barberot*. — Analyse d'un passage de Pantero-Pantera sur le nombre des rameurs convenable à chaque espèce de navires. — Passage du même sur les galiotes, les brigantins, les frégates, les felouques, et les castadelles — Armement des galères à *Zenzile*. — Ce que c'était. — La rame *scaloccio*. — Courte digression sur les auteurs de l'antiquité qui ont parlé de la marine. — Galère d'Othon, par Dominique Tintoret. — Une galère, par Carpaccio. — Observations sur les navires gravés dans le *de Re navali* de Baïf. — Opinion de Charles Étienne à cet égard. — J. Scheffer réfuté. — *Interscalme*. — Calculs pour l'emplacement des rames des galères à 2, 3, 4 et 5 rames par banc. — Passage d'Olaus Magnus relatif à des galères à 2, 3 et 4 rames par banc, faites par des charpentiers vénitiens pour Gustave, roi de Suède, en 1540. — Emploi abusif fait par les historiens des mots *biremis*, *triremis*, etc. — Pantero-Pantera critiqué. — Galères à 180 rameurs. — Citation d'un passage de Constantin Porphyrogénète sur les dromons à 230 rameurs. — Galères à 100 rames, de don Enrique (1370). — Galère de 1354, à 29 bancs et 170 rameurs. — Galère génoise à 3 rames par banc et à 100 rames. — *Reme* et *terzolli*. — La *sencilla* de Capmany. — Une galère de Breugel. — Galères à 116 avirons, nolisées en 1335 au nom de Philippe de Valois. — Passage de Geronimo Zurita, sur six galères à 29 et 30 bancs, armées en 1356 à Barcelone. — Remarque de Capmany à ce sujet, et critique de cette remarque. — Qu'était-ce que le *lignum* ? — Réfutation d'une opinion de Carlo Marin. — *Ligna de tertis*. — Qu'était-ce ? — Dissertation sur cette espèce de navire. — Du Cange réfuté à propos d'un passage des annales de Gênes. — Sur le petit navire appelé *floz*. — Sur les *lins*. — Erreur de Capmany à propos des *leny*. — Du mot *leria*. — Cautions exigées à Gênes, aux treizième et quatorzième siècles,

MÉMOIRE N° 4.

des bâtiments armés dans les ports de la république. — Armement des galères génoises allant à Aigues-Mortes. — Armement des *ligna de teriis*. — De la conserve (*conservaticho*). — Le *pamphile* du quatorzième siècle. — Observation sur un passage de Jacob d'Oria. — Des grosses galères. — Des navires de bandes ou à la navaresque. — La *gallia grossa* de Picheroni della Mirandola. — Prix des rames à *scaloccio*. — Quadrirème de Picheroni. — Observation sur une note qui se lit à la couverture du manuscrit de cet ingénieur. — La *quinquérème* de Vittore Fausto (1529). — Histoire de ce navire célèbre. — Passage de la *Legatio babylonica* de Pierre-Martyr d'Anghiari. — Galéasses ou grosses galères vénitiennes, en 1500. — Passage de Paolo Paruta à leur sujet. — La galère d'Ucchiali (1572). — Passage d'Abraham Peritzol sur la navigation des galères marchandes de Venise. — Galère du quinzième siècle à trente-cinq rames, à quatre hommes par rame, et à trinquet carré. — Décret du sénat relatif à l'armement de la quinquérème de Fausto. — Calcul pour déterminer la longueur probable et les autres dimensions de la quinquérème. — Erreur de Natal Conti et de Rannusio. — Construction de galères adjugées à l'encan. — Erreur de Pantero-Pantera. — Les galéasses de Francesco Bressan. — Celles de l'invincible *Armada* (1588). — Définition de la galéasse du seizième siècle, par Pantero-Pantera. — Calculs pour la construction de ce bâtiment. — Miniatures des *Voyages de Magius*. — Estampe représentant la bataille de Lépante. — Deux galères peintes par Raphaël, dans la *Duomo* de Sienne. — Galéasses peintes dans le palais d'Oria à Gênes. — Les *gatti* ou chats des onzième et douzième siècles. — Analyse d'un passage de Laurenti de Vérone. — Passage de Guillaume de Tyr. — Chat à cent rames et deux cents rameurs. — Les deux *gouvernaux* du chat. — Pourquoi le *chat* était-il nommé ainsi? — Étymologie nouvelle du mot *galaia* (galère). — La *cetea* de Carlo Antonio Marin. — Les *bucentaures*. — Origine du bucentaure, navire ducal de Venise. — La *Nuova regia su' l'acque* de Antonio-Maria Luchini (1729). — Le bucentaure, au commencement du dix-huitième siècle. — La galère du pape Alexandre III. — Décret de 1337 pour l'armement de quatre galères *de mensuris bucentariorum*. — Examen d'une objection de Zanetti à Filippo Camarario. — Loi du 12 mars 1293, relative au bucentaure. — La fête des Maries. — Le mot *regatta*. — Les petits navires appelés *plats*. — Étymologies du mot *bucentaure*. — Les *chelandes* ou *selandes*. — Opinion de Zanetti sur l'origine du mot *galandria*. — Discussion des opinions de Hugot et Guibert. — Passages de Ditmar et Constantin Porphyrogénète. — Les *huissiers*. — La *tafurea*. — Interprétation d'un passage de Godefroi, moine de Saint-Pantaléon. — Passages de Diodore et de Polybe sur les *hippagoges*. — Les *palandries* turques. — Passages de la *Naumachie* de l'empereur Léon. — Encore la *chelande*. — Ses rames, ses rameurs, son armement. — L'armement et le nombre de rames du *dromon*. — Rapprochement entre le *dromon* du neuvième siècle et la *galia grossa* de Picheroni. — Variétés de la famille *dromon*. — Variétés de la famille *galère*. — Passage du Roman de Blanchandin relatif à un *dromont* ou *chalant*. — Origine du mot *chalan*. — *Broche* signifiant *arbre* ou *mât*. — Le *beaupré*. — Les nefs de la tour de Pise citées. — Fortification du dromon. — Bannières aux sommets de ses mâts. — La pomme du mât. — Passage de Mathieu Paris, relatif au *dromonde* combattu par les galères de Richard, en juin 1191. — Passage de Gaifrid de Winesalf, relatif au même combat. — Comparaison de ces deux passages; conséquences à en tirer. — Le *calcar* ou éperon des galères. — Version de Mathieu Paris rejetée. — *Urinatores*. — Les plongeurs turcs au siége de Malte, en 1565. — Dimensions présumables du dromon coulé par Richard. — Sa mâture. — Un *uxel* du quinzième siècle. — L'*uxer* de l'atlas catalan.

de 1375. — Extrait d'une lettre de Philippe le Bel, où sont nommés des *uxorios*. — Proportions de l'*axel* mentionné par la chronique de don Pedro de Castille. — La galie du comte de Japhe. — Passage de Joinville. — Les trois cents rameurs de la galie. — Rapprochement d'un passage du *Richardi regis iter* avec celui de Joinville, au sujet des pennonceaux et de la musique sur les galères. — Les ramberges. — Étymologie du mot *ramberge*. — Pinasse. — Les *galiotes*. — Galiote armée de deux cents hommes. — Le *brigantin*. — Le *vice-patro*. — Le *capitaneus*. — Analyse de deux statuts de 1340, en ce qui concerne le capitaine ou chef d'escadre. — Chrysobole de 1188. — Galères à cent quarante rameurs. — Officiers des galères au douzième siècle. — Étymologie du mot *brigantin*. — La *frégate*. — Étymologie de son nom. — La *castaldella*. — La *felouque*. — La *saéttie*. — Le *fregaton*. — Le *speronier*. — La *grottolino*. — L'*esquif*. — La *gondole*. — La barque de *paliscalmes*. — Le *caïque*. — Le *pcatto*. — La *fisolière*. — Étymologie de ce mot. — Le *scorciapino*. — Le *carabus*. — Le *monère*. — Réfutation d'une opinion de J. Scheffer, à l'égard de cette espèce de navire. — Le *carib*. — Note sur quelques navires arabes, égyptiens et turcs. — La *fuste*. — Passages de Baïf, don Joam de Castro et du *Guidon de la mer*. — Étymologie du mot *fuste*. — Armement des galères catalanes, en 1354. — Équipage de la galère de Jean-André d'Oria, en 1572 (extrait d'un manuscrit espagnol de la Casa d'Oria, à Gênes). — Voilure des bâtiments à rames. — Ornements extérieurs des bâtiments à rames. — Passage des *Dietari trienni*, journal catalan inédit du seizième siècle. — Les galères noires de François Iᵉʳ, prisonnier. — Deuil de la capitane des chevaliers de Saint-Étienne. — Ordre de bataille des galères. — Les *traverse* ou *bastions*. — Galères transformées en batterie flottante par don Garcia de Toledo. — Le siége de Coron. — Singulière disposition des galères d'André d'Oria pour cette attaque, en 1533.

Il y a deux opinions fort contradictoires sur la signification du mot *dromon*. Peringskiæld, dans son édition de la *Vie de Théodoric*, par Cochleus, parlant des navires de charge qu'on appelait *dromons*, dit qu'ils étaient ainsi nommés à cause de leur lenteur, du mot gothique *droma*, qui signifiait aller lentement. Du Cange regarde cette étymologie comme peu vraisemblable. Je ne puis dire si Peringskiæld, l'un des plus savants antiquaires suédois du dix-septième siècle, connaissait ou non les véritables radicaux de la langue parlée par les Ostrogoths au cinquième et au sixième siècle; je me récuse donc, et me borne à mentionner le doute de du Cange, appuyé de respectables autorités.

Isidore, liv. xix de ses *Origines*, dit affirmativement : *Dromon a currendo dicitur.*

Hugotius appelle le dromon un navire long et rapide.

Procope pense que ce vaisseau fut nommé *dromon* à cause de la légèreté de sa course. Du Cange ajoute que, certainement, la première application que l'on fit des dromons, fut pour les transports rapides des dépêches qui intéressaient l'État, ce que nous appelons la poste : *ad cursum publicum*.

Cette opinion de Procope, d'Hugot et d'Isidore, que maint fait historique vient appuyer, semble plus probable que celle de Peringskiæld, et Scheffer l'a adoptée comme du Cange.

Au reste, que le navire rapide, léger à la course, ait donné son nom au navire de charge, si celui-ci, avec de plus lourdes proportions, des flancs plus vastes, une plus large assiette, avait conservé du dromon, ses rames, son aspect général, sa mâture, faudrait-il s'en étonner beaucoup? Au dix-septième siècle la marine avait deux espèces de navires, fort différents sans doute : l'un, très-petit et de la famille des galères, l'autre, grand déjà et de la famille des vaisseaux ronds. Tous deux s'appelaient *frégate*, et ils n'avaient de commun que leur nom antique *aphracta*. Nous verrons ailleurs que même chose arriva à d'autres navires, aux *chalands*, par exemple, et aux *pataches*.

La *Vie de Théodoric*, par Cochleus, nous apprend qu'il y avait des dromons, bâtiments de guerre et de charge, au cinquième siècle (*). L'empereur Maurice, qui écrivit au sixième

---

(*) Cochleus fait allusion à deux lettres écrites par Cassiodore à Abundantius, capitaine des gardes de Théodoric, au nom de ce souverain. La première est la seizième du cinquième livre (*Variarum*, p. 84) ; la seconde suit immédiatement celle-là. Voici ce que Théodoric mandait à son délégué : « Cum nostrum igitur animum, etc. — Nous étant souvent demandé pourquoi l'Italie, qui a du bois, en si grande quantité qu'elle peut en envoyer aux autres provinces de l'empire quand elles en ont besoin, n'a pas de navires ; par l'inspiration de Dieu, nous avons décidé que mille dromons seraient construits tout de suite, dromons propres à transporter du blé, et à combattre, si l'occasion se présente. Nous croyons pouvoir nous en remettre de l'exécution d'un projet si important à ton zèle, dont nous connaissons la grandeur. Envoie donc sans tarder, dans toute l'Italie, des ouvriers qui rechercheront les bois propres à l'œuvre que nous entreprenons. Si, dans le voisinage de la mer, tu trouves des cyprès ou des pins, offres-en un prix convenable aux propriétaires... »

Ce passage, qui nous fixe sur la qualité des bois employés alors dans

siècle un traité de *l'Art militaire*, publié par J. Scheffer à Upsal en 1664, parle des dromons comme de navires légers et essentiellement faits pour le combat. Voici ce qu'il prescrit à leur égard, à propos du passage d'une rivière :

« Si les dromons sont nombreux, il faut les partager en trois corps (*escadres*) ayant chacun un porteur d'ordres et un trom-

la construction des navires auxquels, avec la capacité, on voulait donner la légèreté, a beaucoup d'intérêt dans la question qui fait l'objet de ce Mémoire. Le moyen âge continua assez longtemps l'emploi des bois blancs pour la presque totalité des parties des bâtiments de la famille : galères ; ensuite il appliqua, à l'établissement du squelette et au bordage, le chêne et le rouvre. L'orme, le sapin, le hêtre, le noyer, avaient chacun son emploi ; ainsi on faisait d'orme le dragant (l'arcasse), les baccalas, les bancs des rameurs, les batayoles et les calcets, — renflements à la tête des mâts où étaient établies les poulies de drisses des antennes. Ces antennes, les mâts ou arbres, les apostis, les filarets ou garde-fous, étaient de sapin. Le hêtre était essentiellement consacré aux rames, dont la garniture aux tolets, appelée en français galverne (italien *calaverna*), était de rouvre. Tout le pouliage et les œuvres de la poupe admettaient le bois de noyer. Ce ne fut, au reste, qu'assez tard que le chêne vint fortifier des bois moins pesants ; quand les premières applications des armes à feu furent faites sur les navires de guerre, on dut s'apercevoir bien vite que les ébranlements causés par le tir des bombardes tendaient à la désunion du bâtiment et amenaient la rupture des membres, lattes, etc. On y pourvut en employant des courbes de chêne, en plaçant sous la couverte des épontilles (*pontali*) du même bois, en ceignant le navire de préceintes et de bordages (*cente, quairate, filari, contovali, contra quairate, bancaccie*, enfin ce qu'en France, où ces noms italiens n'étaient pas tous passés, on appela la *rombaillerie* et la *fourrure*), bordages et préceintes de chêne. Bien entendu que la quille et les lattes ne furent plus de sapin ou de cyprès. Ces deux bois que nous voyons cités par Cassiodore, Végèce nous apprend que les Romains les employaient dans la construction des liburnes : « Que la liburne soit faite surtout (*præcipuè contexitur.* — *Præcipuè* prouve que d'autres bois encore pouvaient être employés à la construction des navires de guerre) de cyprès, de pin domestique, de sapin et de larix (*de Re militari*, lib. 4, cap. XXXIV). » Pline recommandait le larix et le sapin aux charpentiers de navires, parce que ces deux bois ne se fendent point et ne sont pas exposés à la carie (liv. 16, chap. X).

« Le sapin doit être préféré aux autres arbres hauts et droits pour la fabrication des mâts et des antennes (Pline, liv. 16, chap. XXXVI). » Au dix-huitième siècle, ce précepte du naturaliste, préfet de la flotte de Misène, était encore suivi dans tous les chantiers de galères ; la Méditerranée le garde encore, et l'applique à l'armement de tous ses bâtiments

pette. »(La version latine dit *buccinator*. Nous savons par l'art. XLI, chap. XIX des *Tactiques* de Léon, que dès ce temps-là les sonneries de la trompette étaient appliquées aux signaux pendant la nuit, pendant la brume, ou même pendant le jour, quand le vent n'était pas trop fort pour lutter contre le son de l'instrument, et quand les divisions marchaient, leurs bâtiments un peu écartés.

légers. L'Océan, où ce précepte est de toute antiquité, voit ses navires mâtés de bois de pin, et munis de vergues de sapin. — Je reviens aux lettres de Théodoric ou plutôt de Cassiodore.

Peu de temps après que Théodoric eut donné ordre à Abundantius de faire construire les mille dromons dont il voulait pourvoir son royaume d'Italie, ce souverain adressa une seconde lettre à son préfet, pour le féliciter d'avoir rempli ses intentions de manière à justifier la confiance qu'il avait mise en lui. « Tu as achevé tout de suite une œuvre, qu'on pouvait croire à peine ébauchée encore ; si bien que la promptitude apportée dans la construction de ces navires ne pourrait être comparée qu'à la rapidité de leur course (*ut penè quantâ velocitate navigari solet, constructio navium tantâ sit celeritate completa*). Et ce ne sont pas seulement des paroles vaines que ce qui m'a été rapporté à ce sujet par mon envoyé ; tu as montré en un instant à nos yeux une forêt navale remplie d'hommes (*classeam sylvam hominum*), des maisons flottantes, des transports pour les armées, qui supporteront les plus dures fatigues à la mer, et mèneront à leurs destinations des hommes courageux et inébranlables : galères qui montrent un grand nombre de rames et cachent avec soin les figures des hommes (*trireme vehiculum remorum tantum numerum prodens, sed hominum facies diligenter abscondens*)..... Maintenant il te faut pourvoir à terminer l'armement ; procure-toi donc tout ce qui est nécessaire, et surtout cette âme des carènes rapides, la toile qui vole en l'air, la toile dont on fait aux vaisseaux des ailes, soulagement pour les rameurs, et messagères du commerce. Alors nos dromons, au prix desquels tous les autres vaisseaux seront comme de lentes et paresseuses machines, feront ce que pourraient faire à peine les oiseaux les plus vites..... Que le Pô envoie à la mer nos navires italiens ; et que le sapin, qui s'élevait sur les rives nourricières du fleuve, apprenne à franchir les vagues marines. » Cette épître, dont le style, d'une élégance prétentieuse, offre au traducteur plus d'une difficulté, nous montre, — en admettant même sous sa forme antithétique une constante habitude de l'hyperbole, — que les dromons devaient être fort légers à la course. Je ne pense pas qu'il faille prendre à la lettre le : *trireme vehiculum* ; les dromons de Théodoric, bien qu'ils eussent un grand nombre de rames (*tantum numerum*), n'étaient pas à trois étages de rameurs. Au reste, Cassiodore n'entre dans aucun détail qui puisse contredire mon sentiment à cet égard. Il ne donne pas le nombre des rames, et prend sans doute le

tés les uns des autres. La trompette dans ce cas-là était un véritable porte-voix). « Tous, ou du moins le plus grand nombre des dromons, doivent être armés de petites balistes couvertes par des mantelets fabriqués d'un tissu de cordes ou de crin ; ces armes sont destinées à repousser l'ennemi qui approcherait des dromons pendant la navigation. On les renforce par des châteaux que défend un nombre convenable d'archers... Quand on arrive au lieu où l'on doit stationner, on fait

mot *triremis* dans l'acception générale sous laquelle se classait tout ce qui était grand dans l'espèce des bâtiments de guerre. Je suis fort porté à croire que si les dromons construits près des bouches du Pô (*per utramque ripam Podi*, comme dit Cassiodore à Alvif (lettre xx, liv. 5), avaient eu trois rangs de rames superposés, le secrétaire de Théodoric, qui aimait tant la pompe des images, ne s'en serait pas tenu à cette comparaison : *domos aquatiles*, mais aurait fait une description détaillée des trirèmes. Les dromons étaient donc probablement hauts, longs, et à un seul rang de rames, comptant de vingt-cinq à trente avirons de chaque côté ; autrement auraient-ils pu justifier la comparaison que le rhéteur en fait avec les oiseaux les plus rapides ? Une haute pavesade servait de rempart aux marins et aux soldats, comme le prouve la phrase : *hominum facies diligenter abscondens*, que nous devons au plaisir si vivement senti par l'écrivain d'opposer *abscondens* à *prodens*. Il est fâcheux qu'au risque de multiplier de puériles antithèses, Cassiodore n'ait parlé ni des mâts, ni des antennes, ni des rames, pour fixer le nombre de chacun de ces objets. — Comme les lettres de Théodoric à Abundantius sont sans date, il est difficile de juger de cette rapidité dans la construction que le roi admire. Quelque désir que le monarque eût de voir des *indigenas naves* glisser du Pô dans l'Adriatique, il est à présumer que, voulant avoir des dromons capables d'une certaine durée, il ne négligea pas les précautions qui étaient fort recommandées pour la coupe des bois de la quinzième à la vingt-deuxième lune (Végèce, chap. xxxv, liv. 4). On avait alors remarqué que les navires faits avec du bois vert marchaient moins bien que les autres, et se fendaient souvent (César, *de Bello civili*, liv. 1er). Rien ne pressait Théodoric ; il n'avait point de guerre imminente ; il n'était pas forcé, comme César, de mettre à la mer des navires construits avec du bois coupé depuis trente jours (*id.*) ; ou comme Duilius, de monter des vaisseaux qui, quarante jours avant leur appareillage, verdoyaient encore dans les forêts. Il faut donc croire que l'activité d'Abundantius ne fut pas comparable à celle qui, en quarante-cinq jours, fit armer et construire deux cent vingt navires contre Hiéron ; ou à celle de Scipion, qui, au rapport de Pline, pendant la seconde guerre punique, emmena à la mer des arbres devenus vaisseaux, qui, quarante jours auparavant, attendaient encore la hache.

un appel de tous les bâtiments de la flotte, pour voir s'il n'en manque aucun; lorsqu'on se remet en mouvement, les dromons voguent les premiers, et les bâtiments de charge derrière eux. Mais comme ceux-ci sont lourds, et ont peine à suivre, il faut laisser quelques dromons pour les escorter (*). Les navires de charge, séparés en divisions, ainsi que le bagage de terre, suivront le même ordre en naviguant. La place de leur camp doit être assez près de celui des dromons. On aura soin de l'entourer de fossés, pour le mettre à l'abri des tentatives nocturnes de l'ennemi. Si une flotte ennemie survient, et s'il faut combattre, les dromons se rangeront en ligne, gardant entre eux assez de distance pour que, voguant à leur aise, les rames ne s'embarrassent point les unes dans les autres. Ils tiendront ainsi, s'ils le peuvent sans risque, toute la largeur du fleuve; si leur nombre est plus grand qu'il ne le faut pour une seule ligne, à distance d'un jet de flèche, en arrière, on formera une seconde ligne, et, au besoin, une troisième. »

Ce passage, important d'ailleurs sous le rapport de la tactique, ne nous enseigne malheureusement rien sur la construction des dromons. L'empereur Léon qui, trois cents ans après Maurice, recueillit, dans un traité devenu célèbre, les préceptes de l'art de la guerre, est un peu plus explicite sur la question des navires militaires. Son chap. XIX : *De Naumachia*, est pour nous du plus haut intérêt, bien qu'il nous laisse à désirer des renseignements de détail, qui seraient aujourd'hui fort précieux à l'archéologue marin, au patient investigateur qui s'impose comme moi la tâche si difficile de tenter, à l'aide de quelques débris de monuments et de quelques fragments de textes, des restaurations d'architecture navale. Léon n'a dit ni les longueurs, ni les largeurs, ni les hauteurs, ni la mâture, ni la voilure, ni le gréement, ni les dimensions par lesquelles on peut connaître la largeur de la sentine et celle du bâtiment *in ore*, ce qui sert à déterminer très-approximativement la courbure des flancs du navire; cependant, il y a dans ses instructions des règles générales qui vont m'être d'un grand secours.

(*) On voit cet ordre suivi dans toutes les armées navales du moyen âge, et notamment dans l'armée de la ligue, en 1571, pendant la navigation de Messine aux îles cursolaires.

« L'échantillon des dromons, — Meursius dit *trirèmes*, afin de rendre dromon plus intelligible, comme s'il connaissait les trirèmes, comme s'il était sûr qu'en effet les dromons et les trirèmes eussent d'autres analogies que leur destination commune de navires de guerre, longs et à rames! — l'épaisseur de la muraille (*confectio*) des dromons, dit Léon, art. IV, ne doit pas être trop lourde, de peur qu'ils ne soient lents à la course; elle ne doit pas non plus être trop mince (trop *faible d'échantillon*, comme on dit aujourd'hui en termes de chantiers), de peur que le choc des navires ennemis ne brise facilement cette coque fragile et sans résistance. Mais il faut que leur construction soit d'une force raisonnable, afin que, légers à la course, faciles à emporter avec la rame (*incitatus celerque ad cursum*), ils soient, en même temps, solides et capables de repousser l'ennemi. »

Ce principe de construction fut toujours observé pour les galères dans l'antiquité et dans le moyen âge; au dix-huitième siècle il était encore appliqué dans nos arsenaux des galères, bien que les navires fussent devenus plus solides de l'avant, depuis qu'ils portaient à la proue quelques pièces de canon rangées sous leur rambate.

« Que tout dromon, continue l'empereur, art. VII et VIII, soit long, large en proportion de sa longueur, et porte deux rangs de rames, l'un supérieur, l'autre inférieur. Que chaque rangée ait au moins vingt-cinq bancs pour asseoir les rameurs, l'un à droite, l'autre à gauche; que le nombre des soldats et des rameurs, rameurs et soldats tout à la fois, soit de cent, en comprenant les deux rangs. »

Il est fâcheux que Léon n'ait pas cru devoir dire quelle était la longueur réputée la plus convenable dans son temps pour les dromons, et la largeur à la plus grande latte (*), en proportion avec la quille; mais du nombre des rameurs de chaque rang nous pouvons induire assez raisonnablement la longueur: quant à la largeur, quelques documents d'une époque plus rapprochée de nous, nous feront connaître d'une manière à peu près satisfaisante son rapport avec la longueur.

(*) Pour les *lattes*, voir plus loin.

Les rameurs étaient assis par étage, l'un couvrant l'autre; cela n'est pas douteux; l'art. XIX des Tactiques dit formellement : « Mets, autant que tu le pourras, les soldats les plus braves, les plus robustes, les plus actifs, dans la partie supérieure du dromon; car ce sont eux qui doivent en venir aux mains avec les ennemis. Si, parmi tes soldats, tu découvres quelques hommes sans force et sans courage, rejette-les dans le rang inférieur des rameurs. Si tes soldats d'en haut sont mis hors de combat par des blessures, remplace-les par des matelots du rang d'en bas. » Il est bien clair d'après cela, que le premier rang des rameurs, celui qui était le plus voisin de la mer, était dans toute sa longueur au-dessous du deuxième qui le couvrait, comme la seconde batterie d'un vaisseau de ligne couvre la batterie basse. On renvoyait en bas les mauvais soldats, parce qu'à l'abri du rempart que leur faisaient le côté du dromon et le pont supérieur, ils pouvaient lancer sans crainte des flèches par les petits sabords où se mouvaient les rames.

Il n'y a pas moyen d'équivoquer sur la disposition des rames dans les dromons du neuvième siècle, et il faut accepter comme un fait ces deux rangs superposés. Nous voyons par le passage suivant du chap. XXXIV du *Richardi regis iter*, par Winesalf, qu'il en était encore de même au douzième siècle: « Chez les anciens, les galères recevaient un bien plus grand nombre de rangs de rames, qui, s'élevant en étages, et séparées par des planchers, les unes très-longues, les autres plus courtes, agitaient les ondes par le mouvement d'impulsion qu'elles donnaient au navire (*quibus gradatim per tabulata distincta surgentibus, undas alii longissimo, alii breviore vexabant impulsu*). Le plus souvent les galères avaient trois ou quatre rangs de rameurs, quelquefois aussi six, et même sept.... Les bâtiments de guerre, qui autrefois étaient emportés sur l'eau par six rangées de rameurs, rarement aujourd'hui en ont plus de deux : *Classis bellica, quæ senis olim decurrebat ordinibus, nunc binos raro excedit* (*). »

(*) Comme il importe de ne laisser aucun doute dans une question de cette gravité, je vais continuer la traduction du chap. XXXIV de Winesalf : « Ce que les anciens appelaient *liburne*, les modernes le nomment

Ces dernières paroles sont fort curieuses. Dans les phrases qui précèdent celle-ci nous voyons ce que les savants et les mariniers du douzième siècle avaient recueilli traditionnellement, et comprenaient de l'arrangement des rames dans les galères des anciens. De cette dernière nous pouvons conclure que la galère à deux rangs était ordinaire au temps du roi Richard, et qu'il y avait quelques rares galères à trois rangs au moins. Mais comment était disposé ce troisième rang?...

Pour le neuvième siècle, Léon est très-croyable : son texte est si formel qu'il faut se rendre ; pour le douzième siècle, Galfrid de Winesalf est une autorité non moins compétente. Le poëte suivit Richard à la terre sainte, il examina attentivement tout ce qui se passait autour de lui ; il nota jusqu'aux

galée. C'est un navire long, peu large, peu élevé (*longa, gracilis et parum eminens*), ayant à la proue un morceau de bois immobile qu'on nomme vulgairement *calcar*, instrument avec lequel la galée perce les navires ennemis qu'elle en a frappés. Les galions (*galiones*, petites galères, appelées aussi *galeidæ*) n'ayant qu'un seul rang de rames, plus mobiles à cause de leur peu de longueur, sont plus légers à la course, évoluent plus facilement, sont plus propres à lancer le feu grégeois. » Dans ces galions, galéides ou galiots de la fin du douzième siècle, il est facile de reconnaître les *galias* du neuvième, comme dans les galées on reconnaît les dromons à deux étages. Pour la superposition des rameurs, voici qui appuie l'art. 3 de la Naumachie de l'empereur Léon, en l'expliquant ; Winesalf continue : « Comme de l'un et de l'autre côté, on se prépare au combat, les nôtres disposent nos batailles, non en lignes droites, mais en lignes courbes, afin de renfermer l'ennemi s'il tente de fuir. Ils établissent les cornes (les ailes de la flotte) en demi-lune, et mettent les galées les plus fortes au front de bataille ; ce sont celles qui soutiendront le choc le plus rude et repousseront plus vigoureusement l'ennemi. Sur les ponts élevés et autour des galées, on arrange les boucliers l'un recouvrant l'autre en partie (*in superioribus vero tabulatis, clypei per gyrum disponuntur conserti*). Les rameurs d'un seul étage (à l'étage inférieur) restent à leur poste, afin que les hommes auxquels on laisse libre l'étage supérieur puissent combattre plus à leur aise (*et in uno (tabulato) considunt remiges ut spacio liberiore dimicent qui ad pugnam in supremo consistunt*). » Voilà bien la tactique du neuvième siècle, telle qu'elle est exposée par l'auteur de la Naumachie. La disposition des escadres en corps de bataille et en ailes, *in speciem lunæ productæ*, est au douzième siècle ce qu'elle était aux temps de Léon et de Constantin Porphyrogénète ; ce qu'elle restera jusqu'à la fin du seizième siècle, ce que nous la verrons à la bataille de Lépante.

plus petits événements, peignit de couleurs un peu trop splendides peut-être les actions intéressantes, et apporta sans doute à l'observation des choses de la marine cette attention intelligente qu'il mettait à voir et à étudier tout le reste.

Winesalf ne donne pas sur les dromons les détails qui manquent aux Tactiques de Léon ; voici en quels termes il en parle dans son chap. LX : *Tres majores naves subsequuntur, quas vulgò dromones appellant, galeæ verò leviores et ad quælibet aptanda agiliores præcedunt.* De ceci, nous n'avons à tirer qu'une seule induction ; c'est que les galées, ou galères proprement dites, étaient plus légères, plus faciles à manœuvrer, que ces autres grands navires que les Grecs appelaient dromons. Ce renseignement vient à l'appui de l'opinion qu'on verra souvent émise dans ces Mémoires, à savoir que les progrès de la marine ont été lents, et qu'on retrouve les mêmes navires, la même organisation navale, les mêmes choses enfin, à quelques détails près, à des époques assez éloignées l'une de l'autre. Voilà qu'au douzième siècle, les galées sont inférieures aux dromons ; au seizième, les galères subtiles-communes sont inférieures aux grosses galères, et du temps de Léon, les dromons ordinaires sont plus gros, plus forts, que ces « dromons petits, essentiellement propres à la course, ayant un seul rang de rames, agiles, dont on se servait pour les découvertes et pour les autres expéditions qui demandent de la célérité, et que l'on nomme galées » (art. X des *Tactiques*). Et les dromons, à moins qu'ils ne fussent *permaximas*, ainsi que nous voyons Mathieu Pâris appeler celui que fit couler à fond le roi Richard, n'étaient pas le dernier terme de la progression ascendante de cette famille des bâtiments à rames faits pour la guerre. Le seizième siècle eut ses galéasses, que nous trouverons à Lépante et dans la mer du Nord avec l'invincible *Armada* ; le douzième eut des dromons gigantesques, à trois mâts, semblables à celui que dépeint, avec une sorte d'étonnement admiratif, notre poëte Galfrid de Winesalf ; et nous voyons qu'au neuvième siècle, où se conservaient beaucoup de traditions antiques, outre le très-grand dromon que l'empereur (art. XXXVIII) conseille à son successeur de monter quand il commandera une flotte, il y avait des dromons plus grands que les dromons ordinaires à deux rangs de rames, navires portant deux cents hommes, plus ou moins, selon l'opportunité des temps et des lieux (art. ix), ayant cinquante hommes dans le rang inférieur, et cent cinquante sur le pont, tous vaillants et armés pour le combat. Les temps modernes ont gardé ces différences dans les bâtiments de guerre d'une même famille : les frégates, les vaisseaux de soixante-quatorze, ceux de quatre-vingts, et les grands vaisseaux de cent à cent vingt canons.

Demandons-nous si les galères à deux rangs de rames du douzième siècle différaient beaucoup des dromons du neuvième.

Nous ne pouvons, pour répondre à cette question, apporter aucun de ces témoignages affirmatifs devant lesquels le doute est impossible. Nous sommes obligés d'aller péniblement d'inductions en inductions pour nous fixer sur ce point; mais qu'importe la longueur du chemin et ses difficultés, si nous arrivons au but que nous nous proposons! Marchons donc avec constance dans une voie sur laquelle nous trouverons quelques jalons, plus sûrs pour nous que les plus ingénieuses hypothèses.

Par l'étude des monuments auxquels une saine critique nous apprend à ajouter foi, nous voyons que les galères, du treizième au dix-huitième siècle, subirent fort peu de modifications importantes; car l'application de l'artillerie à ces navires de guerre n'affecta pas sensiblement leur forme et leurs dispositions intérieures. L'avant des galères porte-canons se renforça un peu; une embrasure ou sabord, et un chemin pour le recul, furent disposés de telle sorte que le *coursier*, ce canon principal qu'on manœuvrait sur la *coursie* où il courait, fut placé le plus convenablement possible. Longtemps sans château d'avant, la galère, vers le seizième siècle, reçut un plancher élevé, une rambate sous laquelle se rangèrent les canons, et sur laquelle se placèrent les mousquetaires et les soldats pour l'abordage. Mais cela modifia à peine la construction de la galère; ce fut tout au plus un changement notable dans les emménagements de la proue, et une addition de quelques supports verticaux pour la rambate. Du reste, presque rien. On pourrait croire que l'artillerie se plaçant à la proue de la galère, celle-ci renfla son avant, s'assit sur de plus larges épaules, s'alourdit enfin dans toute la partie antérieure à l'arbre de maistre; on se tromperait, car nous voyons les galères des dix-septième et dix-huitième siècles, armées de cinq canons à la proue, toujours fines de l'avant, légères et peu chargées de bois, amincir encore les façons qu'avaient eues les galères du moyen âge. Il n'en devait pas être, et il n'en fut pas ainsi pour les vaisseaux qui portèrent l'artillerie sur leurs deux flancs; ils se fortifièrent beaucoup à mesure que leurs canons grandirent en nombre et en calibres. Mais il ne s'agit pas ici des vaisseaux; revenons aux galères.

Remarquons d'abord le rapport frappant qu'il y a entre le nombre des rames des dromons dont l'empereur Léon recommande l'usage à son successeur comme dromons ordinaires, et celui des rames des dernières galères communes, celles du dix-huitième siècle; et, de ce fait, nous tirerons une première induction en faveur de l'opinion que j'émettais à l'instant sur les grandes similitudes qu'eurent entre elles les galères à toutes les époques. *Pantero-Pantera*, dans son traité de l'*Armata navale*, dit p. 45 : « *Sonno ordinariamente piu usate le galee di ventisei banchi; ma se ne usano anco assai di vent'otto, et anco di trenta et piu, che servono per capitane delle squadre....* »

Que dit l'auteur des Tactiques? « Que chaque rang de rameurs ait pour le moins vingt-cinq bancs, sur lesquels les rameurs s'assoiront l'un à droite, l'autre à gauche. » Le dromon à vingt-cinq bancs était donc, au neuvième siècle, le vaisseau long ordinaire, armé pour le combat, comme au seizième siècle la galère à vingt-six bancs. Au reste, ce nombre de vingt-six ne fut pas invariable au temps même de Pantero-Pantera; j'ai vu en effet, dans le manuscrit de Picheroni della Mirandola (Venise, Saint-Marc, classe VII, *codex* CCCLXXIX), recueil intéressant dont j'ai parlé autre part (*), j'ai vu le plan d'une *galia sotil communa* (galère subtile—fine et légère—commune—ou des dimensions les plus généralement adoptées); cette galère a vingt-cinq *scalmi* (tolets) sur le bord de sa *postisa* (l'apostis); et là se retrouve la règle prescrite par l'empereur Léon. Je la retrouve encore dans la *coupe d'une galère* donnée par le chevalier de Passebon, au dix-septième siècle. (Voir l'œuvre de Passebon à la bibliothèque

---

(*) Voir : *De Paris à Naples*, 2ᵉ vol., p. 197; et Rapport au ministre, p. 16 de ce volume.

du roi, département des estampes, dans le vol. in-folio, relié en rouge, et coté I c-6). L'Encyclopédie méthodique (1786) dit que les galères *du premier rang* avaient vingt-six rames ; ce qui met celles d'un rang inférieur, c'est-à-dire les communes, à vingt-cinq avirons.

Au-dessus des dromons à vingt-cinq avirons par bande et par rang, il y avait des navires à rames, plus grands, comme je l'ai dit, d'après l'auteur des Tactiques, pag. 239.

Il paraît que ceux-là, qui étaient aussi à deux rangs de rameurs, étaient également à vingt-cinq avirons. Léon se tait sur cet article ; il ne prescrit rien que le nombre d'hommes ainsi répartis : cinquante dans l'étage inférieur, cent cinquante, plus ou moins, jusqu'à deux cents et au-dessus, à l'étage supérieur. Mais ce nombre *cinquante* montre qu'en effet ces galères, plus fortes, avaient vingt-cinq rameurs de chaque bord. Le nombre de cent cinquante à deux cents et plus, tend à prouver pour nous que ces galères avaient, en avant du premier aviron de la proue, un espace fortifié et réservé aux combattants, plus grand que celui des galères ordinaires, et probablement aussi une coursive plus large sur les apostis.

Outre ces grands dromons, Léon veut (art. XXXVIII) que le chef de l'expédition navale, l'empereur ou celui qui le remplacera, ait un dromon choisi, portant des soldats d'élite, et supérieur à tous les autres par sa grandeur, sa vitesse et la force de sa construction (*crassitudine*, dit Meursius, ce qui est, à proprement parler, l'épaisseur du bois, qu'on nomme aujourd'hui *l'échantillon*). « Ce dromon sera la tête de toute la flotte.... Fais-toi faire un dromon, ajoute l'empereur Léon, de l'espèce de ceux qu'on nomme *pamphile*.» Quel nombre d'avirons bordait ce pamphile exceptionnel ? L'article ne le dit pas, et je n'ose pas tirer de ce silence l'induction qu'il n'avait que vingt-cinq avirons, comme les autres dromons d'un ordre inférieur, car il est certain qu'il y avait des navires à rames, portant plus de vingt-cinq avirons par rang, puisque Léon dit expressément, des dromons ordinaires, qu'ils auront *au moins* vingt-cinq bancs de chaque côté.

Au reste, quant aux grands dromons et aux pamphiles, on trouve dans le liv. II, chap. XLIV, *de Ceremoniis aulæ byzantinæ*, par Constantin Porphyrogénète, quelques indications que je ne dois pas négliger : « Le dromon doit avoir trois cents hommes, dont soixante-dix soient seulement soldats... et les autres deux cent trente essentiellement rameurs, mais pouvant se battre, ou soldats volontaires. »

Après ce passage qui nous montre que, du neuvième au dixième siècle, les dromons de la grande espèce n'avaient pas changé d'une manière sensible, au moins quant à l'armement de guerre et au nombre des avirons, je puis citer le suivant : « La flotte impériale comptait soixante dromons ; chacun desquels portait deux cent trente rameurs, et soixante et dix soldats ; ce qui faisait en tout dix-huit mille hommes. Outre les dromons, elle avait quarante pamphiles, vingt desquels portaient cent soixante hommes, tandis que les vingt autres n'en portaient que cent trente. »

Une autre phrase relative aux pamphiles confirme ce que celle-ci vient de nous apprendre sur les équipages de ces navires; elle se trouve dans le chapitre intitulé par Meursius : *de Themate Sami* : « Douze pamphiles, dont quatre ayant chacun cent soixante rameurs, et les huit autres n'en ayant que cent trente. « Dans le chapitre intitulé : *Expeditio adversus Cretam* (anno 949), on voit six pamphiles portant chacun cent vingt hommes.

De ces renseignements, il résulte deux choses :

1° Que les dromons étaient, en général, au temps du fils de Léon le Philosophe, plus grands que les pamphiles ;

2° Qu'il y avait, sinon trois espèces de pamphiles, du moins trois armements différents pour ces bâtiments à rames. Le plus petit n'avait que cent vingt hommes, le moyen cent trente, le plus grand cent soixante. Le pamphile à cent vingt hommes était certainement à deux rangs de rames comme le dromon. S'il en eût été autrement, si le pamphile n'avait eu qu'un rang de rameurs ainsi que les *galaias* (*) dont l'empereur Léon parle, art.

(*) Je m'étonne qu'un homme aussi savant et aussi intelligent que l'était don Antonio de Capmany n'ait pas compris les art. 8, 9 et 10 de la *Naumachie* de l'empereur Léon. Dans le tome III, pag. 110, de ses *Memorias historicas sobre la marina, comercio, y artes..... de Barcelonna*, il s'exprime ainsi : « ..... Se podian construir dromonas mayores

10, de *Naumachia*, l'auteur des Tactiques, et son fils Constantin n'auraient pas manqué de le dire. Sans doute le pamphile, plus grand que la galée, et, par sa construction, plus fort, plus élevé sur l'eau, car il avait deux étages de rameurs, appartenait à la famille des dromons, comme aujourd'hui la frégate, plus grande que la corvette, appartient à la famille des vaisseaux de ligne. Il n'est pas difficile de faire la distribution des cent vingt hommes que portaient les pamphiles employés à l'expédition contre la Crète; en admettant les deux rangs superposés de rames, qu'il n'est pas possible de rejeter(*), le rang d'en bas recevait cinquante rameurs, et celui d'en haut, outre les cinquante hommes des avirons, avait vingt soldats pour soutenir le premier choc, lancer les premiers traits ou les premières pierres, sauter les premiers à l'abordage. L'équipage ainsi partagé l'est confor-

« llamadas *galeas* que empleasem hasta docientos hombres, muy ligeras « para dar caza, para la guardia, las descubiertas y otros usos que piden « celeridad. » Il n'est guère possible de se tromper plus grossièrement; le texte de Léon dit expressément : « Dromones *minores* fabricabis ad cur- « sum celerrimas, unum remorum ordinem habentes, etc. » Quant aux deux cents hommes que Capmany transporte sur les galées, Léon les veut sur les grands dromons dont il parle, art. 9 : « Aliæ dromones iis « majores fiant, *ducentos viros*, aut plures vel minores, pro opportunitate « locorum capientes... » Capmany n'a pas mieux entendu le passage où l'empereur dit, art. 8 : « Ordo unusquisque habeat ad minimum juga « vigintiquinque in quibus remiges considebunt, *unus ad dextram*, « *alter ad sinistram*... » Le savant catalan voit là deux hommes par avi- ron, et il se demande comment chaque *banda* ayant *dos ordenes de remos de veinte y cinco cada uno*, il y a cent hommes d'équipage sur le dromon et non pas deux cents? il trouve mille difficultés dans ce passage; et tout cela, parce qu'il a lu trop légèrement quelques phrases sur le sens desquelles il n'y a pas lieu à discussion, tant elles sont positives et claires. Si tous les textes anciens étaient aussi facilement explicables que celui-ci, nous serions trop heureux !

(*) On ne peut pas équivoquer, en effet, quand on est en présence d'un texte comme celui-ci : « Unusquisque dromon oblongus sit et moderatus, « duos habens ordines remorum, alium superiorem, alium inferiorem « (art. 7 DE NAUMACHIA); » et de cet autre : « Milites strenuos robustos- « que et alacres in summa dromonis parte potissimum constitue, qui « consertis manibus cum hostibus dimicent. Sin quos ex militibus igna- « viores esse deprehenderis, eos in inferiorem ordinem remorum depelle. « Et si quam plagam superiores milites acceperint, eorum loca inferioribus « nautis supplebis (art. 19). »

mément aux termes exprès de l'art. IX des Tactiques sur les grands dromons. D'après cet arrangement des hommes pour les petits pamphiles, on voit que les pamphiles moyens devaient avoir quarante soldats derrière le parapet dominant l'éperon, ou sur l'éperon lui-même. Les plus grands avaient aux mêmes postes de combat, et dans l'espèce de tour qui s'appuyait au mât, à la moitié de sa hauteur (*), soixante hommes,

(*) « Celsè supra siphonem, pseudoparium ex asseribus confectum et asseribus circumtectum, in quo viri ad bellandum instructi sunt qui adversum hostes ex prora pugnent, vel in hostilem navem tela aut alia ad vastandos hostes spectantia injiciant (art. 6 des Tactiques). » « Sed et lignea castra, quæ in medio catartii sunt, maximis in dromonibus asseribus exædificantur, à quibus milites in medium hostilem navem conjicient, vel lapides molares, vel grave ferrum, ut mazas cuspidatas, quibus vel navem confringent, vel subjectos in nave contundent, vel alia in illos profundent, aut hostium navem incendent, aut hostes ipsos in navi interficient (art. 7). » Le *pseudoparion* de Léon et ses *castra lignea*, qui sont au milieu du *catartion*, sont, le premier un faux plancher construit au-dessus du siphon, comme plus tard on a construit la rambate sur le *coursier*. On l'élevait sur des solives verticales dont les pieds allaient probablement, en passant à travers le tillac, s'appuyer dans des emplantures placées dans la cale du dromon, tout près de la *rota* de proue. Ce parapet, garni tout autour de solives ou de planches épaisses (*asseribus*), devait ressembler aux châteaux d'avant qu'on voit sur les navires des

(Navire du sceau de la ville de Dam; Collect. Depaulis.)

cent matelots étant aux avirons jusqu'au moment de l'abordage.

Que ces pamphiles, à cent soixante ou cent vingt hommes de chiourme et de guerre, différassent entre eux par la construction, je ne le crois pas; non que je veuille dire qu'ils fussent

sceaux de Douvres, de Sandwich, d'Yarmouth, et de Dam, dont j'ai parlé dans mes précédents Mémoires.

Quant aux *lignea castra*, c'était un château mobile, une sorte de plancher établi sur des poutres, et garni, tout autour, d'un parapet de planches. Ce petit château se hissait au moyen de drisses solides, probablement faites de chaînes, à la moitié de la hauteur du mât. Il ne peut y avoir de doutes à l'égard du lieu où ces retranchements de bois se plaçaient sur le navire, quoique Giacomo Filiasi et son compatriote Marin s'y soient trompés l'un et l'autre. Filiasi, t. VI, p. 163 de ses *Memorie storiche de' Veneti*, dit, d'après Marin, que les soldats des dromons étaient : « *Coperti da certi ripari alla* META *del naviglio, mentre altri stavano* « *verso la prora.* » Marin avait été induit à une aussi étrange interprétation du passage de Léon, ou plutôt de la traduction de Meursius, par une incroyable faute d'attention. Au lieu de lire : *in medio catartii*, il avait lu : *in medio cartarii*; et là-dessus il avait bâti l'hypothèse que voici : « Un gran « ricinto di legno a riparo de' combattenti, che si prestavano alla difesa, « o all' offesa, con un quartiere od alloggio nel mezzo, detto *cartario o* « *quartario*, perchè occupava forse la quarta parte di quel ricinto, s'in- « nalzava nella gran nave, cred' io dal mezzo alla prora. » Marin, comme on voit, n'a pas hésité; il a imaginé un quartier au milieu d'une fortification de bois, sans faire attention que ce quartier, s'il n'était pas élevé en forme de tour, était un moyen d'attaque nul et un mauvais moyen de défense. Ne pouvant pas s'expliquer le *catartion* du texte grec, il a supposé dans la traduction de Meursius une faute d'impression qui le mettait plus à son aise. Mais cette correction maladroite l'a conduit à un sens vicieux dont Filiasi ne s'est pas garanti ; au moins celui-ci n'a-t-il pas cherché à le justifier! Catartion, c'est le mât du navire ; du Cange le dit dans son glossaire grec ; et probablement Meursius le savait, quoiqu'il ait latinisé le mot grec au lieu de le traduire, ce qui a embarrassé Filiasi et Marin. Le sens de la phrase de Léon est celui-ci : « Dans les plus « grands dromons, on placera ce qu'on appelle des retranchements de « bois (*castra*), autour du mât et au milieu de sa hauteur, lesquels retran- « chements seront garnis tout autour d'un parapet de planches. » Il est très-aisé de se figurer cette espèce de hune, ayant le mât pour centre, et bastinguée à l'entour, comme un échafaud rond ou carré, garni d'un parapet, et élevé à la hauteur de la moitié d'une colonne. Au reste, la hune ronde du moyen âge, placée à la tête du mât et pavesée, n'était guère autre chose que les *castra lignea* du *catartion*.

Les remparts, les tours élevées sur les navires pour la défense des villes ou des ports, différaient beaucoup de ces châteaux, ou hunes concen-

absolument de la même grandeur. Celui dont l'équipage était le plus nombreux était probablement un peu plus long et plus haut sur l'eau que celui qui, au lieu de cent soixante hommes, n'en avait à nourrir, à coucher, à porter, que cent vingt : qua-

triques avec les mâts. M. Casoni m'a communiqué à Venise une médaille, coulée en bronze, sur la face de laquelle on voit un navire à rames portant, au milieu de sa longueur, une tour large et haute, dont la circonférence de la base est beaucoup plus grande que celle du sommet. Autour de cette représentation navale sont écrits ces mots : PETRVS CAND. DVX CHELANDIA †, et au-dessus du navire : PORTIS. Sous le navire, on lit : C. FECIT. Le revers de la médaille porte, dans un quadrilatère inscrit à la circonférence de la pièce : SECVRITAS VENETIÆ.

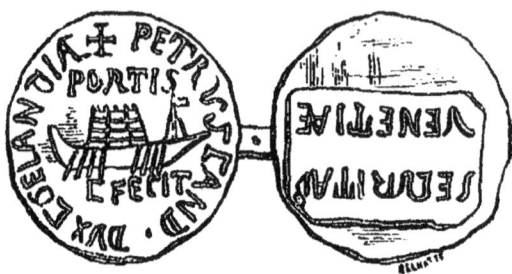

(Médaille de Pietro Candiano I.)

Je ne crois pas me tromper en traduisant ainsi l'inscription que je viens de rapporter : « Pierre Candiano, doge, fit placer (*constituere*, ou *componere*) des chelandes aux entrées (*portis* — les goulets) des lagunes. — Sécurité de Venise. » La médaille n'est pas datée, et M. Casoni pense qu'elle se rapporte au dogat de Pietro Candiano IV. Je dois dire que Marin, dans sa *Storia civile et politica del commercio de' Veneziani*, ne fait aucune mention de cet acte de Pierre Candiano IV ; et que, parlant du doge Pierre Candiano III, le père du quatrième Candiano, il dit : « Nous ne pouvons oublier de mentionner cette espèce de navires dont se servit le doge, en 942, contre les Narentains, et que Sagornino appelle des *gumbaries*. » Peut-être, cependant, ceci se rapporte-t-il à une expédition navale faite contre cette race *infestissima sempre* des Slaves de Narente, qui se rendirent si longtemps redoutables à Venise, et auxquels le premier des Pierre Candiani alla livrer la bataille célèbre et malheureuse dans laquelle ce doge, *di martiale spirito*, perdit glorieusement la vie en 886 (Marin, t. II, p. 71). Les gumbaries (nous en parlerons Mém. n° 6) et les chelandes étaient deux espèces distinctes de navires. Sagornino, qui était à peu près contemporain de Pierre Candiano III, et qui écrivait sa chronique sur les actes officiels, n'aurait pas confondu le nom d'une de ces espèces avec celui de l'autre. La médaille pourrait donc bien

rante hommes sur un bâtiment de l'espèce des galères n'étaient pas un supplément d'équipage que le navire pût recevoir impunément, surtout si l'on considère que ces hommes avaient un matériel d'armement qui tenait beaucoup de place.

Les pamphiles différaient des dromons : c'est évident par le passage de l'art. 38 *de Naumachia*, que Meursius traduisit ainsi : « *Tibi talem triremem*(*) *facias, qualem* Pamphilon *nominant;* » mais ils n'en devaient pas différer bien essentiellement, puisque Léon les appelle des espèces de dromons. Par quoi étaient-ils donc distingués de ces navires qui avaient un autre nom qu'eux? Était-ce par la voilure, le gréement, les formes extérieures? Il m'est impossible de le dire; je ne trouve rien qui puisse m'aider à résoudre cette difficulté. Peut-être, — et je n'émets cette supposition qu'avec défiance, bien qu'elle me paraisse très-raisonnable, — peut-être le pamphile était-il plus fin, plus léger, plus rapide dans ses évolutions, tant à la voile qu'à la rame, que le dromon le plus rapide, le plus fin de construction et le plus léger. Ce qui me le fait penser, c'est que dans les nomenclatures de bâtiments où les pamphiles figurent

---

ne pas se rapporter à Candiano III. Nous voyons qu'elle consacre la mémoire d'un fait que les historiens n'attribuent ni au deuxième ni au quatrième des Candiani ; il serait peut-être raisonnable alors de l'attribuer à Pietro Candiano primo. Le premier soin de ce doge, en faveur de qui Jean II Participazio venait d'abdiquer, fut en effet de mettre Venise à l'abri des entreprises des pirates de Narente. Or, ce qu'il dut faire d'abord, ce fut de mettre en état de défense ses entrées, ce que la médaille appelle les portes des lagunes ; et pour cela, il dut mouiller à la tête de ces goulets des bâtiments forts et bien armés. L'histoire de Venise nous montre qu'en semblable rencontre, en usèrent ainsi les doges Pietro et Giovanni Tradonico. Ils firent armer, pour la défense des lagunes, deux navires de guerre, d'une force et d'une grandeur jusque-là inusitées à Venise, et qu'en langue grecque, dit Sagornino, on appelait des galandries (Marin ; Filiasi, t. VI, p. 160; Zanetti, *Arti Veneziani*, p. 42). Ici nous retrouvons les chelandes de la médaille qui fait l'objet de cette note ; car *chelandia* et *galandria* sont un même nom, comme nous l'établirons plus tard. La nécessité de défendre Venise en fortifiant l'entrée des lagunes s'est fait sentir à toutes les époques ; aussi l'empire français fit-il raser le dernier bucentaure pour le transformer en un ponton-batterie que l'on mouilla au Lido.

(*) J'ai fait remarquer plus haut que Meursius eut tort de traduire *dromona* par *triremis*.

avec les dromons et les galères, les pamphiles sont cités presque toujours après les autres navires, comme, à des époques plus rapprochées de nous, on voit les galiotes nommées après les galères, et les brigantins et les frégates après les galiotes. Ainsi Jacob d'Oria (*Annales de Gênes*) dit : *Commune januæ armavit galeas* XXIII *et panfilos* XII ; et l'on se souvient du passage de Constantin Porphyrogénète, rapporté pag. 243, où les pamphiles sont énumérés après les dromons de la flotte impériale. Une fois, cependant, le pamphile paraît avoir une importance plus grande que le dromon, *magnitudine, strenuitate, et crassitudine*; c'est à l'occasion du choix que doit faire l'empereur d'un navire *eximia* quand il commande la flotte : « Que ce soit un dromon, dit Léon le Philosophe, mais de l'espèce de ceux qu'on appelle pamphiles. » Remarquons, au reste, que ceci n'empêche pas le pamphile d'être de sa nature plus vif, plus rapide, que le dromon, et d'être cependant de la famille qui s'appelait du nom générique : *Dromon*. Pour me servir d'une comparaison qui fera comprendre toute ma pensée, que l'on se figure une grande frégate de notre temps montée par le chef d'une division composée de flûtes, de gabares et de corvettes de charge; cette frégate, qui sera bien de la même famille que les bâtiments auxquels elle commandera, sera en même temps plus grande, plus forte et plus agile, que les autres navires de sa division, parce qu'elle sera essentiellement *frégate*.

Le pamphile devait-il son origine à la Pamphylie, comme l'ont cru plusieurs érudits, et comme l'affirme Capmany, dans la note 15, page 89, de son tome III; ou bien, ce bâtiment, d'une construction supérieure à celle des dromons, et adopté par tous les peuples navigants, à cause de ses bonnes qualités, fut-il appelé pamphile, parce qu'il était aimé de tous : *pamphilos*? C'est ce que je ne me hasarderai point à dire. La solution de cette difficulté est d'un intérêt si minime, que je ne vois pas pourquoi je perdrais quelques instants à la chercher. A quelle époque commença-t-on à se servir des pamphiles? Je ne sais. Végèce ne parle que des liburnes; mais ce n'est pas une raison pour que la marine du quatrième siècle ne connût point d'autres bâtiments que ceux dont l'usage devint général chez les Romains, après la bataille d'Actium. Ce qu'il y a de certain, c'est qu'au neuvième siècle, quand Léon le Philosophe écrivit son précieux livre des Tactiques, les pamphiles n'étaient pas des navires nouveaux : le texte de l'art. 38, chap. ix, le fait comprendre assez clairement. Que, du neuvième au treizième siècle, le pamphile ait continué à se montrer sur la Méditerranée, toujours navire de guerre, à voiles et à rames, cela me paraît évident; à moins qu'on ne suppose qu'après Constantin Porphyrogénète, le pamphile ne fut abandonné, et qu'on le renouvela à la fin du treizième siècle, quand les Génois envoyèrent contre les Pisans (1284) huit pamphiles avec des caravelles et des rampines. (*Annales de Caffaro*). Au milieu du quatorzième siècle, on voit le pamphile en usage dans la marine génoise, mais non pas comme bâtiment essentiellement militaire. Le statut de Gazarie, du 17 mars 1340, mentionne, avec les galères, les pamphiles parmi les navires commerçants, à une couverte. Le grand statut du 21 juin 1441 ne fait aucune mention de ces navires, que Capmany assure cependant (pag. 36, 1er vol. des *Memorias*), n'avoir disparu qu'au commencement du seizième siècle.

Est-il possible de déterminer d'une manière un peu précise les proportions du dromon et celles du pamphile?

Si l'on ne peut donner des chiffres incontestables, en l'absence des renseignements que nous regrettons de ne pas trouver dans Léon, Constantin Porphyrogénète, Winesalf, et les statuts génois, qui, au quatorzième siècle encore, parlaient de l'un seulement de ces deux navires, on a l'espérance d'arriver, par le calcul et le raisonnement, à une solution satisfaisante. Le nombre des rames, et leur écartement nécessaire, doit nous aider à déterminer la longueur présumable du dromon. De tout temps il fallut entre chaque rame la distance de 3 pieds et demi (1^m· 13^c·) à 4 pieds (1^m· 29^c·). Au seizième siècle, les constructeurs faisaient l'interscalme (*inter scalmos*, entre les escaumes ou tollets) de cinq palmes et $\frac{2}{3}$, ou 4 pieds (Voir Crescentio, *Nautica mediterranea*, p. 24 : Per banchear, etc.). En appliquant cette donnée au dromon, c'est-à-dire en multipliant par 4 le nombre des rames attachées à chacune des quatre files égales qui armaient le dromon à deux rangs, on aura pour produit 100. La seule vogue prendra donc 100 pieds (32^m· 48^c·) sur la longueur totale du navire. Il faut bien ajouter 30 ou 35 pieds pour la poupe et la proue : on aura donc un navire à rames de 135 pieds environ (43ᵐ· 85ᶜ·). C'est la longueur que, dans ses projets de restitutions des bâtiments à rames des anciens, l'ingénieur Picheroni della Mirandola donnait à sa *galia grossa*, à deux étages. Connaissant la longueur probable des dromons, il n'est pas difficile de fixer celle des pamphiles que nous avons vu être un peu inférieurs aux dromons.

Quant aux largeurs de ces bâtiments, la difficulté est plus grande. Ai-je quelque moyen de connaître les largeurs au milieu, aux deux extrémités de l'emplacement des rames, et à différentes hauteurs du creux, pour obtenir les courbures des membres ? Le *moderatus* (proportionné) de l'art. 7, chap. xix des Tactiques, en dit trop peu ; par bonheur, j'ai les statuts de Gazarie, le manuscrit de Picheroni, et la *Nautica mediterranea* de Crescentio, où je puis trouver d'utiles renseignements.

Le statut génois du 22 janvier 1333, intitulé : *Ordo factus super mensuris galearum de Romanià et Syrià*, qui n'est, comme le dit son préambule (pag. 15 du manuscrit de l'*Imposicio officii Gazariæ*, appartenant au dépôt de la marine), qu'une révision des statuts anciens sur la construction des galères (*), prescrit les mesures des galères subtiles qui doivent naviguer dans les mers de la Grèce et de la Syrie, au delà de la Sicile et à l'occident. Bien que les dromons différassent par la force et la grandeur des *galères subtiles*, voyons cependant quelles étaient les proportions de ces navires ; et, en les comparant avec celles des *galie* (**) *sottile commune* du seizième siècle, puis celles-ci aux proportions de la *galia grossa* de Picheroni, nous arriverons à un résultat, qui, pour n'être peut-être pas rigoureusement exact, pourra cependant être regardé comme une hypothèse très-probable. Transcrivons toute la partie technique et réglementaire du statut :

(*) Les règles contenues dans ce statut avaient été appliquées dès le 14 octobre 1316 aux galères génoises faisant la navigation d'Aigues-Mortes, ainsi que le fait observer M. Pardessus, t. ɪv, p. 445 de sa *Collection des lois maritimes*.

(**) Le grand statut d'Ancône, de 1397, écrit le mot *galea* avec une *h*, à la différence de presque tous les documents italiens : « E questo etiandio abbio luochò in barche et ghalei, e in qualunqua altro navilio fosse. » Rubrique 33.

« Primo in longitudine de roda in rodam cubitis sive bra-
« chiis quinquaginta quatuor; in longitudine per carenam cu-
« bitis sive brachiis quadraginta quinque; in plano, et in
« altitudine de palmo medio, palmis undecim et quarte tres
« unius palmi.

« In altitudine de parmis tribus in medio palmi sexdecim et
« tertia unius palmi.

« In altitudine de palmis sex in medio palmi decem et novem.

« Item alta in medio ad lenciam rectam palmi octo et tertia.

« Item aperiat in illo loco parmi viginti et quarta.

« Item de popa veniendo versus prodam cubitis novem in al-
« titudine de parmis tribus parmi novem et dimidia.

« Item a cubitis decem et octo in altitudine de palmis tribus
« aperiat palmi quindecim.

« Item de proda veniendo versus popam in altitudine de pal-
« mis tribus aperiat palmi novem et quarta.

« Item a cubitis decem et octo in altitudine de palmis tribus
« aperiat palmi quatuor decem et quarte tres ».

Ceci n'est pas très-intelligible à une première lecture, mais, en étudiant avec soin ce précieux document, on parvient à en saisir parfaitement le sens. Traduisons :

« Les galères doivent être des mesures suivantes (*esse debeant*
« *de mensuris infrascriptis*) :

« D'abord, elles doivent être, en longueur, d'une rote à l'autre,
« de cinquante-quatre coudées ou bras ; leur quille doit être de
« quarante-cinq coudées ou bras ; en plan, et à la hauteur d'un
« demi-palme, elles doivent être larges de onze palmes et trois
« quarts de palme ;

« A la hauteur de trois palmes, au milieu, elles doivent
« avoir seize palmes un tiers de large ;

« A la hauteur de six palmes, au milieu, elles doivent avoir
« dix-neuf palmes ;

« La galère subtile doit être haute, à son milieu et vertica-
« lement, de huit palmes et un tiers ;

« A cet endroit, elle s'ouvrira de vingt palmes et quart.

« De la poupe en allant vers la proue, à la distance de neuf
« coudées, et à la hauteur de trois palmes, la galère aura neuf
« palmes et demi de large ;

« A dix-huit coudées, dans le même sens, et à la hauteur de
« trois palmes, elle s'ouvrira de quinze palmes ;

« De la proue en allant vers la poupe, à la distance de neuf
« coudées, et à la hauteur de trois palmes, elle s'ouvrira de
« neuf palmes un quart (*).

« A dix-huit coudées, dans le même sens, et à la hauteur
« de trois palmes, elle s'ouvrira de quatorze palmes et trois
« quarts ».

Avant de dresser le plan d'une galère subtile ordinaire d'après les indications que l'on vient de lire, — si l'on veut fixer par des lignes le sens très-clair de chacune des phrases de ce document, — il est bon de remarquer que, le 16 septembre 1344, c'est-à-dire onze ans après la promulgation du statut qui remettait en vigueur d'anciennes ordonnances sur la construction des galères subtiles, propres à faire les voyages de Syrie et de Romanie, un statut nouveau fut publié par l'office de Gazarie, pour la modification de mesures longtemps jugées excellentes. Une récente expérience faite par un certain Spinola de Saint-Luc (*dominus Spinula de Sancto Luccha*), d'après les ordres de l'office (*secundum quod dictum officium mandavit*, dit le préambule du statut, pag. 245 du manuscrit de l'*Imposicio*), avait démontré que la galère qu'avait fait construire cet armateur était de belles et bonnes proportions (*gallea videtur esse de mensuris bonis pulcris et habere pulcrum et tutum modum pro navigando*). On décréta donc qu'à l'avenir, toute galère qui naviguerait armée en Romanie, en Syrie, au delà de la Sicile, et à l'occident de ce pays, serait des mesures suivantes (je traduis tout de suite) :

« A savoir : longueur, d'une rote à l'autre, 54 goues (*de godis*)(**)

(*) Dans le manuscrit, après : *versus popam*, il manque évidemment le : *cubitis novem* qui se trouve deux paragraphes plus haut.

(**) *Goda*, que nous trouvons plus bas, dans le même document, écrit *goa*, et qui, d'après les citations de du Cange, rapportées dans mon travail sur *les vaisseaux ronds de saint Louis* (Mémoire n° 7), s'écrivit au moyen âge : *groa* et même *grioa* ; c'était la Goue. Il est évident, par les termes du texte de notre statut génois, que la goue, le bras et la coudée étaient trois mesures de longueur égales entre elles. Or, la coudée avait dix-huit pouces. La goue changea au seizième siècle ; à Marseille elle fut alors de vingt-sept pouces et non plus de dix-huit, ainsi qu'on le voit pag. 5 du petit traité de J. Hobier : *Construction d'une gallaire* : « Goue,

« ou bras. — Longueur de quille, 45 bras ou coudées. — En plan,
« à un palme et demi de hauteur verticale » (*ad lenzam rectam*,
— la *lenza* était ce que nous nommons : le fil à plomb), « la
« galère s'ouvrira de 11 palmes $\frac{1}{4}$. — A la hauteur de 3 palmes,
« au milieu, elle sera large de 16 palmes $\frac{1}{2}$. — A la hauteur
« de 6 palmes, au milieu, elle s'ouvrira de 18 palmes. — Sa hau-
« teur verticale, au milieu » (ce qu'on appelle aujourd'hui le
creux), « sera de 8 palmes $\frac{1}{3}$. — Elle sera large *in bocha* de
« 21 palmes » (un statut du 23 septembre 1334 dit : de 21 palmes $\frac{1}{2}$). « — De la poupe, en allant vers la proue, à la distance
« de 9 goues et à la hauteur de 3 palmes, elle s'ouvrira de
« 9 palmes $\frac{1}{2}$. » (Ce passage est inexactement donné page 446,
tome IV de la collection de M. Pardessus. Une faute de copiste rend la phrase tout à fait inintelligible.) « — A 18 goues,
« de la poupe allant à la proue, et à la hauteur de 3 palmes,
« elle s'ouvrira de 15 palmes. — A 4 goues $\frac{1}{2}$ de la rote de
« proue, et à la hauteur de 3 palmes, elle sera large de 5 pal-
« mes $\frac{3}{4}$. — De la proue, en allant vers la poupe, à la distance
« de 9 goues » (*in godis novem* manque au manuscrit page 246,
comme à l'édition de M. Pardessus), « et à la hauteur de 3 pal-
« mes, elle sera large de 9 palmes $\frac{1}{4}$. — A 18 goues et à la
« hauteur de 3 palmes, elle s'ouvrira de 14 palmes $\frac{3}{4}$. »

« Nous ordonnons et entendons qu'à la proue et à la poupe les
galères soient rendues inaccessibles. » (*Fieri debeant ad popam
et ad prodam aviate* (*). *Aviate* de *à viâ*, sans voie. Les galères
devaient être bien fermées par des bastingages ou parapets, ne
laissant aucune voie à l'ennemi. Ce passage ne me paraît pas

composée de trois pans vallans chacun neuf poulces, desquels pans en
faut huict pour la cane qui est de la même longueur que la toise divisée
en six pieds, à douze poulces pour chacun. »

(*) Dans le statut de 1441, pag. 78 du manuscrit de l'*Officium Gazariæ*, on lit : « *Fieri debebunt ad popam et ad prodam bene armate.* »
Elles devront être bien armées à la poupe et à la proue. *Aviate* est-il
une faute du copiste de l'*Imposicio*, et en 1334 le législateur écrivit-il
armate? C'est ce qu'il serait difficile de décider aujourd'hui. Quoi qu'il
en soit, l'*armate* que je trouve dans la rédaction de 1441, me prouve
que j'ai bien entendu le sens du mot *aviate*. C'était en effet en la gar-
nissant de parapets, en la fermant bien, en l'armant de pavois et de
petits remparts, que la galère était *aviata*, par rapport à l'ennemi.

susceptible d'un autre sens. En italien, en espagnol et en portugais, *aviare* veut dire : acheminer, hâter, achalander, et il vient de *ad viam*; en admettant que l'*aviate* de notre texte procédât de ce verbe, il voudrait dire : libres. Les galères devront être libres à la proue et à la poupe, de telle sorte que leur pont soit une voie dégagée. Ce sens me semble mauvais et je m'arrête à l'autre).

« — Lesdites galères, » continue le statut réformateur de septembre 1344, « auront l'écoutille de la chambre du sénéchal » (le commis aux vivres, le pitancier, le distributeur de portions que, dans le statut de 1333, chap. III, nous voyons appelé *petentarius*. Le *petentarius* n'est autre chose que le *pitensarius* de la basse latinité [voy. du Cange, au mot *Pictantia*], et le *pitencero* espagnol) « de la maîtresse latte à la dix-« septième latte, en comptant de la poupe à la proue. Le scando-« lar s'étendra de la poupe jusqu'à cette écoutille (*).

(*) Le chap. III, Statut de Gazarie du 22 janvier 1333, intitulé : *Quod quilibet ex dictis galeis habeat portam petentarii ut infra*, s'exprime en ces termes : « Et habeat quelibet ex dictis galeis subtillibus portam « petentarii a latis decem et septem versus popam nitidis, incipiendo « a lata mastra de versus popam, ita quod schandolarium sit et esse « debeat usque ad portam dicti petentarii comprehendendo dictam por-« tam. » Le *scandolar* était une chambre qui, dans les galères des treizième et quatorzième siècles, occupait un assez grand espace sous le tillac, puisqu'elle allait de la poupe au porteau, ou écoutille de la maîtresse latte. Le chap. 34 du statut génois de 1441 défendait qu'on mît dans le scandolar des marchandises, des vivres, des cordages, ou des parties du gréement de la galère (*sartia, vel arnisia galee*). Il désigne ainsi l'emplacement de cette chambre : « *A porta senescalchi versus popam, sive in scandolario* (pag. 53 du manuscrit de l'*Officium Gazariæ*). » Il permettait seulement qu'on plaçât sous ou sur le banc qui régnait autour de cette chambre (*sub vel supra banchum*), l'or, l'argent, les perles, les cuirasses des mariniers, les casques, les collerettes de fer, les balistes, les viretons garnis de leurs fers (*veretoni cum suo furnimento* (même page du manuscrit), et les autres armes de la galère et les harnois des marchands, à l'exception des armes qu'on emportait pour être vendues. Au seizième siècle, à l'arrière du scandolar il y avait une chambre à laquelle attenait un petit cabinet (*scannello ò scagnetto*, dit Pantero-Pantera); cette chambre était appelée chambre de poupe, et servait au capitaine, aux gentilshommes de poupe, aux passagers et autres personnes de distinction, et recevait leurs armes et leurs effets. Le scandolar lui était contigu, et n'était plus qu'une portion de ce qu'il

« Il est ordonné aussi qu'entre les serres d'empature et la
« serre sur laquelle s'appuient les bancs, soit appliquée, dans
« toute la longueur de la galère, de la proue à la poupe, et au
« milieu de la hauteur de la dite galère, une serre adentée. »
(La phrase que je viens de traduire était assez difficile à

était en 1333, de ce qu'était en 1255 ce que le *Capitulare nauticum* de Venise appelait la *glava*, dont la partie la plus rapprochée de la rote de poupe était appelée par les Provençaux, au dix-septième siècle, le *gavon*, chambre du capitaine, ainsi qu'on l'apprend par le plan de la galère de Passebon, et par le manuscrit n° 662 du dépôt de la marine. Le scandolar du seizième siècle, selon Pantero-Pantera, servait à fermer une partie des armes et des autres effets des gens de la poupe; au besoin, on y mettait quelques bottes de vin, à la manière des galères de Malte. Sur le plan de Passebon, le scandolar ou *escandola* est la chambre aux provisions du capitaine; elle comprend en longueur l'espace de huit lattes, ou environ quinze pieds (4 m. 87 c.); on y voit le *banchum* mentionné par le statut de 1333. Crescentio dit que le scandolar était long de douze palmes (2 m. 92 c.); le manuscrit de Dortières, que je citais à l'instant (n° 662) donne sept pieds 9 pouces (2 m. 51 c.) à cette chambre, qu'il appelle l'*escandolat*. Quant au nom de *scandolare*, il vient évidemment, comme *scandalio* (sonde), de *scandere*: monter, grimper, mesurer; on avait appelé ainsi cette chambre, parce que, placée sous la couverte, il fallait monter par une *scala* pour en sortir. Quand l'italien disait *scandolare*, l'espagnol disait *escandelare* et *escandelarete* (Oudin); le français disait *escandola*, au dix-septième siècle (Houbier, Dortières et Passebon). J. Antoine Barras de la Penne, dans son très-curieux ouvrage manuscrit sur les galères (4 vol., grand in-folio), appelle *scandalar* l'*escandola* provençal. « Quelques auteurs pensent, dit ce chef d'escadre des
« galères, que cette chambre a pris son nom d'une partie toujours néces-
« saire pour tenir table, c'est-à-dire du *lard* qu'on enferme dans le
« *scandalard*; *scanda* étant un mot dérivé de l'italien et du provençal, qui
« veut dire caché; or, *scandalard* peut signifier le lieu ou l'on cache le
« lard. » Comment un homme sérieux comme Barras de la Penne a-t-il pu répéter des sottises aussi étranges ? Lui qui habitait souvent Marseille, devait savoir que *scanda*, en provençal, ne signifiait pas plus caché, qu'en italien. En italien, *ascondere*, et par corruption *scondere*, signifiait : cacher; c'était, en provençal comme en espagnol, *asconder*. Il supposait donc gratuitement une corruption d'*ascondere*, pour arranger son étymologie, plus digne d'un cuisinier de navire que d'un chef d'escadre. Le scandolar, qui était devenu l'office du capitaine, était au seizième siècle, comme je l'ai dit d'après Pantero-Pantera, une salle d'armes; au commencement du quinzième, elle était si peu une soute au lard, que le statut de 1441 défendait qu'on y mît des vivres (*panatica*).

comprendre ; la voici : « *Apponatur et apponi debeat* a serris » (le manuscrit de l'*Imposicio* porte, par une faute de copiste, *ferris*; l'édition de M. Pardessus, faite sur un texte donné par M. Sauli de Turin, corrige cette erreur) « *de pede usque ad serram ubi « imbanchatur in medio per longitudinem de popa usque ad pro- « dam dicte galee in medio unam serram amoriatam.* » Après avoir cité le texte, je crois qu'il convient de justifier ma traduction, qui pourrait bien laisser quelques doutes aux savants peu familiarisés avec les choses spéciales à la marine. Il y a d'ailleurs dans ce passage des termes qu'il faut éclaircir et sur lesquels je serais obligé de revenir ailleurs. La première difficulté qui se présentait, c'était de déterminer ce qu'était la *serra*. *Serra* n'est donné par du Cange qu'avec les significations de : serrure, armoire et cloison ; aucun de ces sens ne pouvait me satisfaire : car il était évident que la disposition de notre statut devait s'appliquer à un point de construction navale plus important qu'une simple question d'emménagement. *Serra ubi imbanchatur*, la serre où l'on embanque, où entrent les bancs, m'a fait comprendre qu'il s'agissait ici de la liaison du navire et des pièces qui le consolident à l'intérieur, comme les *ceintes* le consolident à l'extérieur. Cette serre est en effet la *serrebanquière* (*serra-banchiera* : ubi imbanchatur), celle qui, aujourd'hui que les bancs ont disparu, et que les lattes ont pris le nom de *baux*(*), s'appelle la *serrebauquerre*. Serre (de *serrare*, serrer, retenir) est un terme générique appliqué par les charpentiers marins du Midi à toutes les pièces que dans le Nord on nomme *vaigres* (en hollandais *weger*). Les serres sont des planches, plus ou moins épaisses, qu'on applique à l'intérieur du navire, au-dessus des membres, pour lier ses membres entre eux, et faire le revêtement interne du bâtiment. Les serres *à pede* de notre document ne sont pas les vaigres de fond, mais celles qui les suivent immédiatement en remontant le creux, les vaigres d'*empature*, ainsi nommées parce qu'elles passent par l'extrémité de chaque varangue empatée(**) avec un genou correspondant. Il y avait plu-

---

(*) En hollandais *balk*, en allemand *balken*, et *beam* en anglais, signifiant : poutre, solive. Lescalier fait venir *beam* du gothique *bom*, arbre. C'est possible ; je ne sais pas le goth.

(**) Un morceau de bois est dit empaté avec un autre, quand il est réuni

sieurs serres d'empature en 1333, puisque le document dit *serris*, et non pas *serrâ*; au dix-septième siècle on en mettait, selon Aubin, trois l'une sur l'autre, étroites et réunies comme si elles n'en formaient qu'une seule. La tradition ancienne s'était conservée. Quant à la serre que le statut appelle *amoriatam* et qui était faite pour ajouter à la solidité de la liaison, qu'on avait éprouvée n'être pas assez grande seulement avec la serre-banquière et les serres d'empature, c'était sans doute une forte ceinture intérieure adentée, et retenant puissamment toutes les côtes, à la moitié de la hauteur de la galère, entre la serre-banquière et les serres basses. Son office était de serrer en dedans les *stamenali*, ainsi que Crescentio appelle les côtes entées sur les *matere* (les varangues), comme au dehors les pressaient les deux ceintes, les *contovali* ou *pontovali*, et les bordages forts, inférieurs aux ceintes, qu'on appelait les *quairate*. J'ai dit que la serre dont la pose était prescrite par le Statut était adentée; outre qu'il me paraît impossible que, dans cette pièce, ne s'encastrassent pas les *stamenali*, puisqu'elle devait apporter sa force de cohésion à tout le système de la membrure de la galère, *amoriatam* me semble être le même qu'*amoliatam* ou *amolitam*. Or, de ce mot ancien il est resté dans le vocabulaire du dix-septième siècle *amolette* (transformé aujourd'hui en *amelotte*), signifiant entaille, et spécialement appliqué à la désignation de ces trous quadrangulaires qui sont percés dans la tête du gouvernail et du cabestan pour l'usage des barres. Une pièce de bois percée d'amolettes était *amolita*, c'est-à-dire qu'on avait tiré de sa masse (*à mole*) des morceaux pour y faire des vides. Ceci ne serait peut-être qu'in-

à cet autre par son extrémité, son pied, son *impedatura*, comme disait le bas latin. *Impedatura*, qu'on trouve dans du Cange, a fait *impadatura*, *empadature* et *empature*. L'orthographe qui admet l'accent circonflexe sur l'*a* d'*empature*, comme si ce mot venait d'*impastare*, empâter, mettre dans la pâte, est donc mauvaise ; Romme a eu tort de l'adopter. L'ancienne orthographe *empatture*, que je remarque dans le vieux dictionnaire de Desroches, par le redoublement du *t*, confirme mon opinion sur l'étymologie d'*empature*; le second *t* me paraît être la dernière trace de la syllabe *da*, qui s'effaçait. Ce que j'ai dit des vaigres ou *serres d'empature*, prouve que je ne me trompe pas quand je les reconnais dans les *serras de pede*.

génieux, si nous ne trouvions pas dans Virgile le verbe *molire* employé dans un sens analogue : « *incurvo terram molitur aratro*, creusant la terre avec un soc recourbé. » Cependant, comme au chapitre des étymologies il faut être sincère autant que réservé, je ne veux pas affirmer ce que je crois vrai, sans épuiser toutes les conjectures. Si l'on niait qu'*amolette* et *amoriata* procèdent de *molire*, peut-être voudrait-on le faire venir du latin *amoliri*, qui veut dire éloigner, écarter. Mais à quoi servirait une serre écartée, éloignée des membres qu'elle doit maintenir ? Ce serait un contre-sens ridicule. *Amoliri* rejeté, il reste *ammogliare* italien, signifiant marier. Une *serre mariée aux courbes* présenterait un sens raisonnable et justement le même, par figure, qu'une serre adentée. Ce trope serait assez dans le génie de la langue maritime du moyen âge, qui ne se faisait pas faute d'images et d'expressions grossières, et nommait : *feminella* la penture du gouvernail qui recevait le gond qu'elle appelait *il maschio*, le mâle(*). Mais quand un sens positif se présente,

(*) Au dix-septième siècle, la gent matelote appelait, en France, ces ferrures, les *vittes du gouvernail*, *le mâle* et *la femelle*. Encore en 1814, on se servait, sur le gaillard d'avant, des termes : vitonière et conassière ; mais une réaction du gaillard d'arrière s'est faite contre ces termes ignobles, et l'on en est revenu à *aiguillots* et *femelots*, que le dix-huitième siècle (voir Lescalier et Romme) tenait par succession du seizième, et qui, il faut bien le dire, ne sont pas très-décents non plus, car le second est la femelle, et l'autre le mâle, cette *aiguillette* que de prétendus maléfices pouvaient nouer. Dans le vocabulaire de Pantero-Pantera, on trouve *aguglietto* et *feminella*, dont l'un des analogues français, *femelle*, se lit dans Aubin et Desroches. Rabelais fait seulement dire à Panurge, liv. 4, chap. 18 : « Je oy l'agnevillot fremir. » On voit qu'agnevillot est une faute de la première édition ; il faut aguevillot ou aguillot — *aguglietto*. (Voir *Mémoire sur la marine dans Rabelais*, n° 9). A ce que je viens de dire sur le *maschio* et la *feminella*, j'ajouterai la phrase suivante, extraite de la *Relacion diaria de los capitanes Nodales* (Madrid, 1621), qui fera voir que toutes les marines avaient adopté la même figure pour nommer le même objet. Le journal dit, p. 17 : « Nous trouvâmes une nef perdue, et nous arrachâmes de sa poupe : una hembra del timon de las de arriba de la cruz, que tiene una braça, con sus clavos. » Cette *hembra*, ou femme du gouvernail, c'était la *feminella* italienne, la conassière des matelots français. — Le passage que je viens de rapporter nous fait voir que la *croix*, cette marque dont les anciennes lois voulaient que les flancs des navires fussent toujours por-

quand on voit la serre creusée, adentée pour recevoir la côte, pourquoi préférer un sens figuré? pourquoi s'attacher au mot *ammogliata*, qui pourrait s'appliquer beaucoup mieux à la pièce qui s'encastre qu'à celle où sont pratiquées les entailles, les *amolettes*? Je tiens pour *amolita*, venant de *à mole*.

Les dernières prescriptions du satut de 1334 sont relatives au chargement des navires; les voici : « Les huit sages établis pour « le fait de la navigation ont décidé, décrété et ordonné que « chaque galère (subtile) sera ferrée à deux cent soixante-quinze « balles ou mille cantares. » Ceci veut être expliqué. Au moyen âge, les navigateurs n'étaient pas libres de construire et de charger leurs navires comme ils l'entendaient. Des lois très-sages, faites autant dans l'intérêt des mariniers que dans celui des marchands, réglaient les formes des bâtiments et leurs proportions, en raison des voyages qu'ils devaient faire et des charges qu'ils devaient porter. Le *Capitulare nauticum* de Venise (1255) contient à cet égard des dispositions moins détaillées que les *Statuts de Gazarie*, mais non moins formelles. Le *Consulat de la mer*, dans ses chapitres CCXLIII et CCXLIV (édition de M. Pardessus), prouve que les Catalans, comme les Génois et les Vénitiens, n'avaient pas entendu laisser au libre arbitre du constructeur ou du *senyor de nau ò leny* (propriétaire de nef ou de tout autre navire) ce qui regardait les dimensions des bâtiments. Quant au chargement des navires et à la détermination d'un tirant d'eau, le *Consulat* est loin d'être aussi explicite que les statuts génois et vénitiens; ceux-ci sont très-impératifs. Le chap. v du statut de 1441 ordonne « que toute nef ou navire « capable de naviguer (*navis et navigium navigabile*) ait les fers « qu'on est dans la coutume de placer sur cesdits navires, au « menton du contaut, c'est à savoir, à la partie inférieure de ce « contaut; de telle sorte que cette partie inférieure du contaut

teurs, et qui était la limite extrême des chargements, existait encore au commencement du dix-septième siècle. Il en va être question à l'instant, dans le présent Mémoire. — Un statut de Pesaro, de 1532, appelle les ferrures des gouvernails : *temonali*; il ordonne aux patrons de tous navires entrés dans le port de Pesaro de démonter leurs gouvernails et de les tenir hors de leurs gonds ou ferrures : « Temones de eorum nauigiis et extrahere et extractos tenere de *temonalis*. »

« soit regardée comme la place des fers qu'on avait l'habitude
« de mettre auxdits navires (*). En outre, les navires doivent

(*) Le texte porte : « *Ad mentum contis... videlicet, ad partem infe-
« riorem contis.* » J'ai cru assez longtemps que *contis* était une faute, et
qu'il fallait *centis* : « Au menton de la ceinte, c'est-à-dire, à la partie inférieure de cette ceinte; » mais j'ai reconnu, depuis, l'exactitude de la
copie du manuscrit. Le *conto*, que je ne trouve dans aucun glossaire,
était bien une des ceintures du bâtiment, mais ce n'était pas celle qui
prenait essentiellement le nom de *centa*, et dont Crescentio dit, page 29 :
« Si mette di fuori la centa al suo logo, dentata et confitta ne gli stame-
« nali. — On met en dehors la ceinte à sa place, adentée et clouée aux sta-
« menales (les côtes)..... Au-dessus de la ceinte se plaçaient les *contovali*
« (d'autres disent *pontovali*) qui sont adentés, mais de la grosseur des
« quairates, ou un peu plus. » Ces *contovali* dont parle Crescentio, et
que Pantero-Pantera définit au mot *pontuali*, ce sont évidemment nos
conti. Dans le *contovalo* du seizième siècle, comment méconnaître le
conto des galères de 1330 et de 1441 ? Je traduis le mot *conto* par *contaut*, parce que c'est le terme qui, dans la marine des galères, en
France, avait prévalu au dix-septième siècle. L'*Encyclopédie méthodique*, qui le nomme mal à propos *contaur*, ce qui était une mauvaise prononciation, le définit ainsi : « Pièce de bois dont l'épaisseur est de trois
« pouces, sans la fourrure, et la largeur de treize ou quatorze, qui va en
« diminuant du milieu vers les extrémités de la proue à la poupe, et qui
« est placée dans la galère au-dessus de l'enceinte ou cordon » (pag. 562,
tome 1er). D'après ce que je viens de dire, le *mentum contis* serait la
ceinte elle-même, le menton ou la partie saillante du *conto*. Si l'on se
figure, en effet, le profil de la galère, on voit le *conto* être moins épais que
la ceinte, qui lui est inférieure, et celle-ci saillir en menton, en rebord
ou en larmier, comme on dit en architecture ; et c'est dans ce sens que
Vitruve emploie le mot *mentum*. — Il n'est pas sans intérêt de rechercher comment sont formés les mots *contovali*, *pontovali* ou *pontuali*, et
contaut. *Contovalo* est évidemment formé de *conto* et de *vallo*, *conto*
ne signifiant pas la perche, la lance (du latin *contus*), mais étant l'abréviation de *contorium*, contour (V. du Cange, *hâc voce*), et *vallo* étant
la muraille forte, l'enceinte (de *vallum* ou *vallus*). Le *contovallo* était,
en effet, l'enceinte contournant le bâtiment au-dessus de la préceinte.
Le *contaut* françois, où l'on reconnaît le *conto* italien, a disparu de
notre vocabulaire (il se trouve encore, pag. 121, *Index* du *Allgemeines
Wörterbuch der Marine* de Röding, Hambourg, 1798); *vallo* est resté
dans l'anglais. *Waal*, *wale*, signifient, en effet, la préceinte, et viennent, comme le hollandais *wal*, l'allemand *wale*, et l'italien *vallo*, du
vallum latin. *Pontovalo* est une corruption de *contovalo*, déjà usitée au
seizième siècle, ainsi qu'on le voit par les passages de Crescentio et de
Pantero-Pantera que j'ai cités. Comme *contovalo* nous avait laissé *con-*

« toujours naviguer pendant tout leur voyage avec la partie in-
« férieure du contaut hors de l'eau, et cela sous peine d'une
« amende de 100 à 1,000 florins, à la volonté des juges de l'Office
« de Gazarie. »

De ce passage fort confus dans le texte latin, et dont, pour l'éclaircir un peu, j'ai supprimé les répétitions que les rédacteurs de la loi se permirent de multiplier, de peur qu'à la faveur de l'ambiguïté d'une rédaction on n'échappât aux prévisions de statuts aussi importants pour le commerce et la marine, il résulte quatre choses :

1° Que tout navire portait (et c'était une ancienne coutume) (*quæ solita sunt apponi*) des fers pour marquer un tirant d'eau absolu ;

2° Que ces fers étaient placés immédiatement au-dessous du contaut ;

3° Que la limite inférieure du contaut était tenue pour les fers eux-mêmes dans le cas où ils seraient venus à manquer ;

4° Et enfin, que le tirant d'eau ne devait jamais dépasser le dessous du contaut.

Comment les fers étaient-ils placés? c'est ce que nous apprennent un statut du 17 mars 1340, intitulé *ordo ferrandi ligna*, les chap. v et xxxiii du statut de 1441, et un statut du 24 septembre 1330 (p. 46 du manuscrit de l'*Imposicio*) dont voici la teneur : « Comme on ne suit ni l'esprit ni la lettre de l'ancien
« chapitre qui ordonnait que la préceinte des galères subtiles
« (*incenta gallearum*) fût toujours complétement au-dessus de

---

taut, *pontovalo* nous laissa *ponteau*, qu'on trouve dans le dictionnaire de Duez, au mot *pontovali*. Ponteau se corrompit à son tour, et fit *ponton*, ainsi qu'on le verra dans la note suivante. *Contoval* est un mot fort ancien : il est du treizième siècle au moins ; on le lit en effet art. 5 de l'Ordonnance sur la police de la navigation, rendue par Jacques, roi d'Aragon et de Mallorca, en 1258 : « Ordinamus quod aliqua barcha
« de viagio non carriget, nec mittat aliquos merces de vivo en sus (au-des-
« sus du vif, au-dessus de la ligne de charge), et si carricabit de mercibus
« de penso (marchandises pesantes), non audeat carricare nisi quousque ad
« mediam tabulam de contoval. » Cette injonction a beaucoup de rapport avec celle du statut de 1441 ; cependant elle permet que la moitié du *contaut* soit submergée, quand l'autre exige que le menton de ce contaut soit hors de l'eau.

« l'eau (*simper nitida ab aquâ*)... il est ordonné que toute ga-
« lère subtile ne pourra aller de Gênes en Sicile ou revenir de
« Sicile à Gênes complétement chargée, ou ne portant qu'une
« certaine charge (*honerata sive cum honere aliquo*), sans avoir
« trois fers marqués (*tria ferra marchata*) fixés en dehors à
« chaque côté de la galère (*affixa de foris*) » (le manuscrit porte
de formis, par une de ces fautes de copiste qui abondent dans
le document que je traduis); « à savoir, un au milieu, l'autre
« à la maîtresse latte, du côté de la poupe, et le troisième à la
« latte du joug, du côté de la proue » (*ad latam jugi*, et non
juvi, comme le porte fautivement le manuscrit). « Ces trois fers
« seront placés en ligne droite, cette ligne passant sur le fer
« du milieu (*rectâ lineâ, habendo respectum ad dictum ferrum
« medium*). Ces fers seront apposés à la galère par les deux
« officiers chargés de la mesure des galères. Le fer du milieu
« devra être placé à la distance de trois palmes et un sixième
« de palme au-dessous du menton inférieur du trenquarin (*à
« mento subtano trencharini*) (*). » Le statut de 1441, p. 52 du

(*) On sait, par les éclaircissements que j'ai donnés dans la note précédente, ce que c'était que le *mentum*; voyons maintenant quelle partie
de la galère on appelait *trencharinus* ou *trencaïnus*. Je trouve dans le
dictionnaire de Duez : « *Trincarini*, pièces de bois qu'on met sur les
pontons (les pontons de Duez sont les *pontovali* ou *contovali*, les con-
tauts dont j'ai parlé). » Dans l'Encyclopédie et dans le vocabulaire de
Lescalier, je lis : « *Trinquerin*, terme de galère, synonyme de gouttière. »
Cette définition est beaucoup plus explicite que celle de Duez, et se rapporte fort bien à ce que prescrit Crescentio, pag. 31 de sa *Mediterranea
nautica* : « On met sur le plan de la tranche qui est sur les pontovali et
« les lattes, et sur les têtes des stamenali (les côtes) qui sont coupés à la
« hauteur de ce plan, les *trincarine*, que l'on cloue sur les contovali et les
« lattes, et qui sont adentés pour recevoir les cols des lattes (*dentate
« dando luogo a colli delle late*). » Les *coudelattes*, comme on les appelait
en France, étaient, selon Pantero-Pantera, la partie renversée des lattes
qui se joignaient aux flancs (*sponde*) du navire. De ces définitions il
résulte que les trencharini étaient placés, relativement aux contovali,
comme aujourd'hui la gouttière l'est par rapport à la préceinte. Le *mentum subtanum* (*subtanus*, inférieur, V. du Cange; *sottano*, italien, et
sotano, espagnol : inférieur, cave, etc.) des *trencharini* est donc la même
chose que le *mentum contis*, le contaut étant limité en haut par le trinquenin. L'étymologie de *trencharini* (*trincanizes*, portugais, *trinchera*,
espagnol) est facile à déterminer. Les trenquerins formaient la tranche de

manuscrit de l'*Officium Gazariæ* porte : *a noto*, qui est une faute, et *trencaïni*, qui est le même que *trencharini*, et a donné au vocabulaire des galères françaises : *trinquenins*. « Tout ca-
« pitaine devra veiller avec soin (*sollicite curet*) que sa galère
« ne soit pas tellement chargée pendant tout son voyage, soit
« en allant, soit en revenant, que tous ses fers ne soient pas
« en dehors de l'eau bien visibles et apparents. »

Les dispositions de ce statut étaient considérées par l'Office de Gazarie comme si importantes dans l'intérêt des bonnes navigations ; l'avarice des armateurs et des capitaines qui surchargeaient les navires pour rendre leurs voyages plus profitables, au risque de ce que le mauvais temps et les corsaires, qui avaient

la muraille et du pont de la galère; or, tranche, en bas latin, c'était : *trencatum*, *trencata*, *trencheia*, ou *trenchis* (voir du Cange), qui ont donné à l'italien *trinca* et ses dérivés. Ce n'est pas seulement dans ce vieux mot *trencharino* que l'on retrouve trancher, couper, appliqués à la marine. Les Espagnols ont le terme *andar a la trinca*, pour exprimer ce que nous appelons *faser*, mettre une voile dans le lit du vent. « *Estuvose a quella noche con trinquete y mesana trincando la buelta*
« *del susueste mucho viento.* — On resta cette nuit avec le trinquet et
« l'artimon, trincant, et ayant le cap au S.-S.-E., grand vent. » (*Relacion diaria de los capitanes Nodales*, p. 38. Madrid, 1621). Nodal ne voulait pas faire de route pendant cette nuit, pour ne pas trop s'éloigner de la côte qu'il explorait ; il prit donc le parti de mettre presque en ralingue, de *chicaner le vent*, de le trancher avec son artimon, la *mezana* de sa caravelle, — car il montait une caravelle, — et son trinquet, ce que nous appelons la misaine. — Le *trinchetto* était, dans l'origine, une voile latine, suspendue au mât de l'avant ; par abus, la voile carrée qui occupait sa place dans le bâtiment à voiles quadrangulaires prit le nom de *trinquet*. Le petit foc s'appelle encore la trinquette ; placé tout à fait à l'avant, comme l'ancien *trinchetto*, il est bien nommé, car, au plus près, il va *trincando il vento*. La voile à bourcet d'un chasse-marée, voile de gros temps, est appelée *taille-vent*, parce qu'avec elle on taille, on tranche le vent. Il est presque inutile de dire que le *trincadour* est un bâtiment fait pour *trincar*, et aller très-près du vent. Quant au *trinquard* de la Manche, c'est un bateau qui fait la pêche avec un filet appelé *trink* en anglais. Ce *trink* n'a rien de commun avec *trinca* ; il est de la famille du verbe allemand *trinken*, signifiant : prendre, et du hollandais *trekken*, signifiant : tirer à soi. Un coup de filet s'appelle *trek*, en hollandais. *Trekken*, *trinken* et *trink* semblent être des transformations du latin *tricare* (empêcher, entraver), qui n'a plus d'analogue en français, et qui nous a laissé seulement l'adjectif : inextricable.

toujours de l'avantage sur des bâtiments trop pesamment chargés, pouvaient causer de dommages aux marchands et aux mariniers embarqués; cette avarice était telle, malgré la vigilance de la commune de Gênes pour la réprimer, qu'un statut intervint, en 1340, dans l'intention d'intimider les patrons de galères et de les contraindre à exécuter la loi. On exigea d'eux, sous peine de 1,000 livres génoises d'amende, le dépôt dans une banque connue (*in bono et sufficienti bancho*) de 200 livres de Gênes, qui pouvaient être confisquées si les Huit de l'Office de Gazarie acquéraient la preuve que les patrons avaient méconnu les prohibitions des statuts. (Voir page 56 du manuscrit de l'*Imposicio*, le chapitre commençant par ces mots : « *Ut patroni « gallearum timidiores sint et melius observent et que observari « debent secundum formam presencium tractatuum....* »). Le dépôt des 200 livres était confisqué, dit expressément le chapitre : *De navigando cum ferris nitidis ab aquâ* (ibid.), si le patron n'avait pas navigué les fers hors de l'eau; on n'en confisquait que la moitié s'il avait observé cette règle, mais si, en même temps, il n'avait pas laissé libres les places de la galère où la loi défendait de placer des marchandises.

Au mois de juin 1340, un statut renouvela les statuts anciens sur les mesures et le ferrement des galères, et porta la distance de 3 palmes $\frac{1}{6}$ *a mento subtano trencharini* pour la place du fer du milieu, à 4 palmes $\frac{1}{3}$. Un mois après, parut un statut réformant en partie celui-là, et ordonnant qu'au lieu de 4 palmes $\frac{1}{3}$ on ne gardât plus que 4 palmes seulement de distance du fer au menton de la ceinte, parce qu'on avait reconnu que les galères ferrées selon les prescriptions du statut de juin 1340, n'avaient pas un bon tirant d'eau. Le statut nouveau laissait au patron la faculté de charger sa galère un peu plus sur l'avant ou sur l'arrière, suivant le besoin de sa marche ou de son assiette dans l'eau, pourvu que le fer du milieu restât toujours au-dessus de l'eau (*dummodo dictum ferrum medianum semper stet nitidum;* page 101 du manuscrit).

Un statut du 10 décembre 1339 avait défendu qu'aucune coque, nave, galère ou autre navire, quel que fût son chargement, pût sortir d'un des ports génois, sans que les *ferratores* y eussent apposé les trois fers; un statut du 17 mars 1340 (page 238 du manuscrit que j'ai sous les yeux) renouvela cet ordre, et, pour le rendre plus redoutable, il prononça de fortes amendes contre les patrons qui ne lui obéiraient pas. Ainsi, toute coque de trois couvertes qui, avant de partir, n'aurait pas été ferrée, devait payer 1,000 livres d'amende; toute coque de deux couvertes, 500 livres; tout navire d'une seule couverte, *panfile*, galère, excepté pourtant les galères de Romanie, de Syrie et de Flandre, 200 livres.

Ces statuts contiennent quelques dispositions qui doivent être analysées et expliquées ici : j'ai fait observer souvent dans ces Mémoires quels rapports intimes de construction il y avait entre les vaisseaux d'une certaine forme à des époques assez éloignées, et je penche à croire que ce qui se pratiquait en 1340 pour la mesure et le ferrement des navires, pouvait avoir été pratiqué entre 1100 et 1200. Au reste, il ne peut être inutile de multiplier les renseignements qui tendent à faire connaître les bâtiments et les usages maritimes du moyen âge; et quand même les détails dans lesquels je vais entrer m'éloigneraient un peu de mon but, j'espère qu'on me le pardonnera en faveur de l'instruction qui doit en résulter.

« Chaque coque, dit le statut du 17 mars 1340 (page 239 du manuscrit de l'*Imposicio*), chaque coque de trois couvertes sera mesurée dans sa hauteur, la pavesade comprise (*computato orlo*. Pour l'*orlo*, voir *Mémoire* n° 7), et il sera donné à l'orlo de cette coque 6 palmes de hauteur; et cette coque devra être mesurée et ferrée ainsi qu'il suit : au-dessus de l'eau restera le tiers de la hauteur totale du navire, auquel on ajoutera un tiers de palme par dizaine de palmes (*tercia pars tocius dicte altitudinis et tercia pars unius palmi cujuslibet decene remaneat super aquam*); à cette limite seront fixés deux fers, un à chaque côté du navire au milieu de ladite coque. » On voit qu'ici la rigueur des trois fers, donnant une ligne de charge invariable, avait disparu, parce que, pour les bâtiments ronds comme pour les galères, on avait senti qu'il était bon de laisser au patron la faculté de se faire des différences de tirant d'eau, selon qu'elles étaient nécessaires. Un fer suffit, placé à un peu moins des deux tiers de la hauteur totale de la coque, prise de la quille. Il est bon de se fixer par un exemple sur cette ligne de charge prescrite par le statut génois. Supposons donc, d'après ce que je ferai connaître des navires génois mentionnés dans les marchés passés avec le roi de France, en 1268 (V. *Mém.* n° 7, *sur les vaisseaux ronds de saint Louis*), que la coque à trois couvertes de 1340 fût un peu plus grande qu'une des nefs fournies par la commune de Gênes soixante-douze ans auparavant, ce qui est vrai, puisque nous voyons l'*orlo* porté à 6 palmes de hauteur, quand il ne l'est qu'à 5 dans la pièce n° 1 des marchés de 1268 ; nous pourrons avoir un navire ayant, de la quille au rebord de la pavesade, une hauteur de 42 palmes ou 31 pieds $\frac{1}{2}$ ($10^{m.}$ $23^{c.}$). Son fer de tirant d'eau devant être placé au tiers de 42 palmes, hauteur à laquelle il faut ajouter un tiers de palme par dizaine, c'est-à-dire : 1 palme $\frac{1}{3}$, sera *affixum*, comme dit le statut, sur le flanc du navire, de manière à laisser hors de l'eau 15 palmes $\frac{1}{3}$ jusqu'au rebord, ou 11 pieds 6 pouces ($3^{m.}$ $73^{c.}$). La coque aurait donc 20 pieds ($6^{m.}$ $49^{c.}$) de carène immergée.

« Chaque coque de deux couvertes sera ferrée et mesurée, comme il vient d'être dit, en donnant à cette coque 5 palmes de pavesade.

« Tous les autres navires à rames à senziles, et à pavesades (*ligna de teriis et de orlo*) (voir plus loin pour les *ligna de teriis*), seront ferrés au cinquième, de telle sorte que la cinquième partie de l'œuvre vive (*de vivo*) reste sur l'eau. Les galères de Romanie, de Syrie et de Flandre, ne sont pas comprises dans ces prescriptions (*). »

(*) Le texte de ce passage, que je ne rapporterai point, à propos des *ligna de teriis*, vient à l'appui de l'opinion que je développerai plus loin sur ces navires : « Item, ferrantur alia ligna de teriis et de orlo ad « quintam partem, ita quod quinta pars de vivo remanerit supra aquam, « non computatis in ipsis galeis de Romania, Syria, vel Flandria. » Les mots ALIA *ligna de teriis et de orlo* venant après ce qui est relatif aux coques à trois et à deux couvertes, prouvent bien que ces *ligna* étaient couverts et pavesadés; *non computatis in ipsis, galeis de*, etc., prouvent également que les *ligna de teriis* étaient de la famille des galères. On lit dans le premier article du statut : « *Pro quolibet ligno navigabilli untus* « *coperte, panfilo, galea, exceptis de Syria*, etc. ; » ce paragraphe, qui répond à l'article que je viens de traduire, appuiera ce que j'avancerai sur le mot *teria*. D'ailleurs, et je cite ceci comme une dernière preuve, voici le préambule du statut qui dit expressément : « Cocham, lignum vel « galeam, vel aliquod aliud vax navigabile *copertum*. » — Il est difficile

Un statut du 8 août 1340 renouvela les dispositions du statut de mars que l'on éludait sans doute. La législation de 1441 ne pouvait oublier le ferrement des navires, mesure si nécessaire que dans le préambule du statut d'août 1340, l'Office de Gazarie crut devoir s'exprimer en ces termes : « *Volens officium indempnitati civium et mercatorum, et omnium quorumcumque navigancium salubriter providere, statuit,* etc. » Les chapitres V et XXXIII du statut du 22 juin rappelèrent donc les dispositions anciennes des lois sur les *ferra marchata*.

Venise avait pris pour la charge de ses vaisseaux des précautions analogues à celles que nous trouvons dans la législation maritime de Gênes. Le capitulaire nautique de 1255 défend (chapitre XLIX) de rien mettre sur la croix. Cette croix était placée sans doute sur le flanc du navire à sa flottaison ; la loi ne s'explique pas expressément à cet égard ; mais de ces expressions : « *Patroni... non ponent... neque etiam poni permittent aliquid super crucem, quod possit facere aliquod impedimentum ad rectam mensuracionem faciendam illius navis...* » il est facile de conclure que la croix devait être extérieure. C'était probablement une croix gravée dans le bordage, ou bien encore un fer en forme de croix. Toute surcharge au-dessus de la croix était punie d'une amende égale au double de la valeur estimée de la marchandise qui faisait surcharge. Par une apparente contradiction, les chapitres LXII et LXV du même capitulaire

---

de deviner la raison pour laquelle les galères de Flandre, de Syrie et de Romanie étaient exceptées de la mesure qui ferrait au cinquième les autres galères, les pamphiles, et tous les *ligna de tertiis;* sans doute l'importance de leurs navigations leur avait fait imposer une ligne de charge qui leur mettait un peu plus du vif hors de l'eau. — *De vivo*, que nous lisons dans ce document, montre que notre terme d'*œuvre vive* est fort ancien. Il est au reste très-expressif ; le vif du navire, c'est sa quille, sa membrure recouverte des bordages, ses préceintes, enfin tout ce qui constitue son corps ; l'œuvre morte est ce que l'on ajoute à cela au-dessus de l'eau : les parapets, les châteaux, etc., enfin tout ce qui ne serait pas le vaisseau, sans la carène ; ce qui serait mort, en effet, sans l'appui que donne le corps. Le corps, sans l'œuvre morte, vit déjà ; c'est le navire lui-même, et c'est le vif, comme le fût de la colonne est le vif de la colonne dont le chapiteau ne serait rien sans ce fût. On aura pu remarquer déjà, dans une des notes précédentes, l'expression : *de vivo* dans un document de 1258.

dérogeaient à cette règle si sage. Ils permettaient au navire de deux cents milliers et au-dessus, de charger seulement de 2 pieds ¼ au-dessus de la croix qui est le plus sous l'eau (*super crucem que plus est sub aquâ*), et cela du premier jour qu'il faisait voile jusqu'à la cinquième année de son âge; de cinq à sept ans il ne pouvait charger que de 2 pieds; à sept ans et au-dessus, de 1 pied ½ seulement. La progression descendante des surcharges en raison de l'avancement de l'âge, était fort raisonnable; le bâtiment pouvait sans doute porter moins quand il avait vieilli, que lorsqu'il était encore dans toute la force d'une constitution que les fatigues de la mer n'avaient pas encore altérée. L'expression : *que plus est sub aquâ*, ne doit pas être négligée; elle indique clairement qu'il y avait sur le flanc du navire plusieurs croix placées l'une au-dessus de l'autre, comme aujourd'hui, sur l'étambot et l'étrave des navires, sont gravés les chiffres romains d'une échelle de tirants d'eau, comme sur les piles des ponts sont marqués les degrés d'une échelle de crue des eaux. *La croix qui est plus sous l'eau*, des chap. LXII et LXV, me fait croire que le : *crucem* du chap. IX, employé par les rédacteurs du capitulaire d'une manière absolue, désignait la croix supérieure, celle qu'en aucun cas on ne pouvait dépasser; et que, de cette marque, appelée par excellence *la croix*, à la croix qui était *magis sub aquâ* (chap. LXV), il y avait la distance de 2 pieds ¼, hauteur de la plus forte surcharge permise.

Ancône, comme Gênes et Venise, avait jugé dangereuse la surcharge des navires. Son grand statut maritime de 1397 contenait une rubrique — la 45ᵉ — qui défendait aux patrons, sous peine de 25 livres, « de anconitanj picciolj, » de charger sur la couverte vive du navire (*choverta viva*) aucune marchandise. Ils ne pouvaient laisser sur le pont, pendant la navigation, que les agrès ou objets nécessaires au navire, « armamento e li choredj, » les outils des charpentiers et calfats, les petites caisses renfermant les armes de défense, les caisses grandes et petites appartenant aux mariniers et aux marchands et contenant leurs effets; et les tonneaux d'eau, si le navire avait un faux tillac (*choverta morta*), allant d'une muraille à l'autre. Si le navire n'avait pas cette couverte morte, tillac qui se plaçait entre ! les deux châteaux et se montait au besoin pour faire un abri aux marchandises placées sur le pont vif ou tenant aux œuvres vives, le tiers de l'eau devait être chargé sous la couverte vive. Les bâtiments qui chargeaient du bois, n'étaient point menacés par la pénalité qu'avait établie la rubrique 45; ils pouvaient charger sur le pont, pourvu toutefois que la charge ne submergeât pas les fers, « non passando li ferrj. » Ce n'étaient ni trois bandes de fer, ni une croix que mettaient les Sardes à leurs navires pour en marquer la ligne de charge; c'était un anneau. Le chap. 37 du bref de Cagliari (1319) portait : « E in della dicta naue e legno ponere l'anella al saluamento del carico... Consuli debbiano — inanti che cominci a caricare — uedere la dicta naue o legno, e mettere l'anella come dicto e. Esse poi lo padrone... caricasse oltra la dicta anella, li dicti consuli siano tenuti di fare quello soperchio (excédant, surcharge) scaricare... » Au seizième siècle, les Vénitiens ne marquaient plus la ligne d'eau avec une croix, mais avec une bande de fer ou broche; c'est ce que fait connaître la loi rendue par les *pregadi* en juin 1598 : « L'amiral de l'arsenal ou d'autres doivent aller, aussitôt qu'un navire est arrivé, le visiter et s'assurer s'il n'a pas chargé au-dessus de la broche ou marque qu'il est défendu de dépasser dans le chargement. — Passato la broca, o segnal, dove è deputato il cargar. — » Pour avoir mal lu cette loi, j'avais cru d'abord que la *broca* sur laquelle il était défendu de charger était le triangle extérieur à la proue qu'ont encore quelques bâtiments latins, et que les Provençaux appellent l'*échelle*. C'est moi qui ai donné l'explication fautive que M. Pardessus a publiée du mot *broca*, pag. 81, tom. V de sa Collection des lois maritimes; j'avais été abusé par le rapprochement des mots : « Caricata sopra *broca* et sopra la *tolda*. »

La digression qu'on vient de lire sur le ferrement des navires, et les explications que j'ai données sur quelques passages difficiles du statut de septembre 1334, ont retardé pour un moment le travail de restitution en plan d'une galère subtile que j'allais faire d'après les données du statut génois du 22 janvier 1333. J'y reviendrai bientôt, en rappelant que le statut remettait en vigueur, sauf quelques modifications actuelles, des statuts anciens sur la construction des galères. Mais avant de prendre le compas, je dois rappeler quatre documents vénitiens qui, par leur objet et leur forme, ont un grand rapport avec les prescriptions des statuts de Gazarie sur les mesures des galères. J'emprunte deux de ces documents à Carlo Antonio Marin, qui les copia, dit-il, dans le 1ᵉʳ livre *de Commemoriali*. Le premier se rapporte au mesurage qui fut fait le 22 septembre 1318 d'une galée appartenant à un certain Francesco Barbo; en voici le texte :

« Quæ galea est de super passibus viginti tribus pederno (*sic* pour : pede uno) et quarto : et est (*) in coperta in medio pedibus septem et duobus digitis grossis. Et est aperta in bocca in medio pedibus 15 et unum quartum et digito uno. Est larga in fundo in medio pedibus 9 ; et est aperta in suo tertio de proda pedibus 11 et dimidio et digito (**) 1. Et est aperta in suo

(*) Le mot *alta* est évidemment oublié. Il s'agit de la hauteur du *pontal*, ou *creux* de la galère.

(**) Le *doigt* vénitien était à peu près grand comme le pouce français, le pied vénitien étant plus grand que le pied français de 10 lignes environ. Voici, sur les mesures vénitiennes au seizième siècle, un détail intéressant :

« Quattro *dita* fã una *mano* (main),
Quattro mani fanno un *piede* (pied),
Cinque piedi fanno un *passo* (pas),
Mille passa fanno un *miglio* (mille),
Quatro miglia fanno una *lega* (lieue),
Leghe .xvij. e meza fanno un *grado* (degré) che sono miglia. LXX. secondo naviganti. Gradi CCCLX fanno tutta la rotondezza della navigatione, ouero di mare è di terra, che li due fanno uno corpo rotondo. »

J'extrais ce détail d'un traité manuscrit intitulé : *L'arte del navigare, con il regimento della tramontana è del solè ; e la vera regola, et osseruanza del flusso è reflusso delle acque sotto breue compendio nuouamente ridotta per* BERNARDO ACCIOAÏOLO. — M.D.LXXX. Ce manuscrit appartient à la bibliothèque de Sainte-Geneviève, où il est coté A—I.—7 ; il est du format grand in-8°, et contient 146 pages, sur papier de Hollande, d'une assez belle écriture cursive. Il est orné de 10 figures peu importantes, dont quelques-unes sont mobiles comme celles du manuscrit des *Premières œuvres de* JACQUES DEVAULX, dont il sera parlé, Mémoire n° 6, à propos des *caravelles*. Accioaïolo était Vénitien, ainsi que le prouvent et son style, et les mesures que je viens de rapporter, et une phrase sur les marées (pag. 94), où il dit : Notre principal objet et notre intention est de donner un travail sur le flux et le reflux, non-seulement pour une partie du monde, mais pour le plus grand nombre possible de localités, *è specialmente della serenissima città di Vinegia.* » — Dans un passage, p. 61, sur les marées, on lit cette phrase : « L'altra marea

tertio de poppe pedibus 13 et digitis duobus. Et est aperta in suo quarto de poppe pedibus 11 et digitis grossis 2. »

Le second document donne la mesure décrétée par le conseil des *pregadi*, le 19 janvier 1320, pour une des quatre galères appartenant à Marin Zeno, Andreazzo Morosini, Pangrazio Cappello et Marin Cappello. L'auteur de l'Histoire civile et politique du commerce de Venise n'avertit pas s'il traduit le passage des *Commemoriali*; je crois qu'il cite textuellement, parce que les lignes qu'on va lire sont écrites dans l'idiome vénitien :

« La prima passi 23 piè 1. » (La *prima*, sous-entendu : *lunghezza*, la principale longueur de la galère).

« Alta in coverta pè 7 deda 2 (*deda*, doigts);
« Averta in bocca pè 16 men deda 1;
« Ha de fondi pè 9 e $\frac{1}{2}$;
« Averta in lo terzo de proda pè 14;
« Averta in lo quarto de proda pè 12 una quarta;
« Averta in lo terzo de poppe pè 13 e terza;
« Averta in lo quarto de poppe pè 11 e terza. »

Un manuscrit vénitien que possède la bibliothèque de Magliabecchi, à Florence, manuscrit coté : Classe XIX, palcho 7, dont on trouvera le texte tout entier dans le Mémoire n° 5, fait connaître quelles étaient, au commencement du quinzième siècle, les mesures des galères de Flandre et de Romanie, construites à Venise. La galère de Flandre est, dit le manuscrit :

« ... Longa da alto, passa 23 pedi 3 $\frac{1}{2}$. Haverà de piano la dita pedi 10.... In alto pedi 12 meno $\frac{2}{3}$ de pede. Et aurè pede 1 in alto pedi 12$\frac{1}{2}$; et aurè pedi 2 in alto pedi 14 deta 2; et aurè pedi 3 in alto pedi 15 deta 2; et aurè pedi 4 in alto pedi

---

« di *giosana* dopò la piena, tardara à fare bassa mare hore vj. et un quinto, etc. » Le *giosana*, c'est notre *jusant*. Jusant et non *jussant*, comme on l'écrivait abusivement au dix-septième siècle, est formé du vieux mot français *jus*, signifiant : bas. Le latin du moyen âge avait *jusum* et *josum*; les Italiens avaient *giuso* (Duez) et *juso*; les Languedociens, *joutz*, et les Espagnols, *yuzo*. Du Cange *voce*: *Jusum*, a donné plusieurs exemples qui prouvent que *josum* ou *jusum* était l'opposé de *susum* ou *sursum*, en haut; mais il n'a pas fait remarquer que notre vieux mot *jus* était le radical de *jusant*, comme le *giuso* italien est le radical du *giosana* de Bernardo Accioaiolo.

16 meno deta 2 ; et aurè pedi 5 in alto pedi 16 $\frac{1}{3}$; et aurè pedi 6 in alto pedi 17 meno $\frac{1}{4}$; et aurè pedi 7 in alto pedi 17 deta 2. Et ha de bocha questra nostra galea pedi 17 $\frac{1}{2}$. Alta in choverta pedi 8 meno deta 2... »

La galère subtile ou de Romanie décrite par le manuscrit de la Magliabecchiane avait les proportions suivantes :

« ... Vol esser longa de alto passa 23 et pedi 3. Et haverà de piano pedi 10 meno deta 2 ; et aurè pede 1 in alto pedi 11 et deti 2 grossa ; et aurè pedi 2 in alto pedi 13 men deta 2 ; et aurè in lato pedi 3 pedi 14 men deta 2 ; et aurè pedi 4 in alto pedi 15 et un deto meno un terzo ; et aurè pedi 5 in alto pedi 15 $\frac{1}{2}$ terzo de pe ; et aurè pedi 6 in alto pedi 16 men $\frac{1}{4}$ de pe. Alta in choverta pedi 7 $\frac{1}{3}$. »

Maintenant, il est bon de comparer entre elles, d'abord les galères dont les mesures sont données par le manuscrit magliabecchien, et celles de 1318 et 1321 du 1er livre des *Commemoriali*; ensuite, ces galères vénitiennes avec les galères génoises, dont l'une me fournira les éléments d'une restitution en plan.

La galère de Francesco Barbo, qui était longue *de super* (sur couverte) *passibus viginti tribus pede uno*(*) *et quarto*, différait de 2 pieds, quant à la longueur, des galères de Flandre et du Levant, décrites dans le manuscrit de Florence. Il y avait, entre elle et la galère de Marin Zeno, 3 pouces de différence, ce qui est à peine appréciable sur 116 pieds. 116 pieds de longueur (37^m· 68^c·) ne supposent que 24 avirons de chaque bord ; car nous savons que les galères du Levant à 118 pieds *da alto* (sur couverte) n'en bordaient pas 25. Quant à la plus grande largeur de la galère de Barbo, qui était de 15 pieds 3 pouces et 1 doigt, elle le cédait, à la largeur de la galère de Zeno, de 8 pouces; les galères du manuscrit de Florence étaient larges de 17 pieds $\frac{1}{2}$, ce qui les faisait plus larges que celle de Zeno, de 1 pied 6 pouces environ à la maîtresse latte. Au fond, dans le plan de la cale, la galère de Zeno était plus large, de 6 pouces, que la galère de

---

(*) Il est assez étonnant que Carlo Antonio Marin ait copié *pederno* dans les *Commemoriali*, quand la restitution de *pede uno*, qui lui était donnée d'ailleurs par la seconde *misuratione*, était si facile. *Pederno* n'a aucun sens, et il est trop évident que Marin n'a pas cherché à comprendre ce mot.

Barbo, qui avait neuf pieds. 9 pieds $\frac{1}{2}$ étaient beaucoup, si on compare cette largeur de fond à celle de la galère subtile de Picheroni qui, plus longue de 6 pieds, n'était large, *fondi*, que de 7 pieds $\frac{1}{2}$; toutefois, la galère du Levant, décrite par le manuscrit vénitien de la bibliothèque Magliabecchi, était plus large encore que celle de Zeno; elle avait 10 pieds *de piano*. La différence de 2 pieds $\frac{1}{2}$ entre le fond de la galère du Levant et le fond de la galère *sotil comuna* de Picheroni est très-facile à expliquer. Fait essentiellement pour porter des marchandises, le premier de ces deux navires à rames devait avoir une capacité abdominale qui aurait nui à la marche de l'autre, appelé à aller rapidement, à évoluer vite, à courir sus à l'ennemi ou à l'éviter le plus promptement possible. Plus de finesse dans les fonds était donc nécessaire à celui-ci. Des galères porte-marchandises devaient avoir, dans leurs parties submergées, quelque rapport avec les vaisseaux ronds, au moins quant aux plus grandes largeurs.

Les galères vénitiennes que nous venons de comparer entre elles, et qui ont tant de points de similitude, comparons-les à celles que Gênes destinait aux mêmes navigations, et nous trouverons ces dernières peu inférieures aux autres, pour ce qui est de la longueur. Ainsi, quand Venise envoie en Flandre ou en Romanie des galies longues de 116 à 118 pieds, Gênes ordonne que les galères de Romanie ou de Flandre seront longues seulement de 54 coudées, ou 81 pieds, *de rodâ in rodum*, c'est-à-dire que leur quille aura 81 pieds de longueur jusqu'à l'attache des roddes. A cette longueur de quille, il faut ajouter, pour avoir la longueur en haut, tout ce que donne l'élancement des deux roddes; or, nous voyons, pages 10 et 12 du traité de Crescentio, que cet élancement est pour chaque rodde de 21 palmes ou 15 pieds 9 pouces. Ajoutons donc, à 81, le double de 15 $\frac{3}{4}$, ou 31 pieds 6 pouces, nous aurons pour longueur totale *ab alto* de la galère génoise (statut de Gazarie du 22 janvier 1333), 112 pieds 6 pouces seulement. Plus courtes que les galères vénitiennes, les galées génoises n'étaient guère moins larges *in bocca*; ainsi, quand la galère de Barbo a de largeur 15 pieds 3 pouces et 1 doigt, celle de Gênes a 20 palmes $\frac{1}{4}$, ou 15 pieds 2 pouces 3 lignes : la différence est donc d'un pouce. En plan, *in fondo*, la galère de Gênes a 8 pieds 9 pouces de largeur; celle de Barbo a 9 pieds. Les largeurs diffèrent donc de 3 pouces; pourquoi les longueurs diffèrent-elles de la quantité : 2 ou 4 pieds? Ceci dit, passons à la restitution en plan de la galée décrite par le statut du 22 janvier 1333.

D'abord, *de rodâ in rodam* (*), la *galea subtilis* ou *de subtilibus* devait avoir en longueur 54 coudées, ou bras, qui représentent 81 pieds français (26^m· 31^c·), le bras ou la coudée étant de 18 pouces, ou 0^m· 48^c·.

La longueur *per carenam* était de 45 coudées ou 67 pieds 6 pouces (21^m· 92^c·) (*carena* ne peut être ici la quille, mais une contre-quille placée au-dessus du *primo*, et plus courte que lui de 15 pieds, ce qui me semble considérable, mais ce qu'il faut bien accepter, parce que le texte ne présente aucune ambiguïté.)

En plan, à la hauteur d'un demi-palme, ou 4 pouces 6 lignes (0^m· 12^c·), la galère était large de 11 palmes $\frac{3}{4}$, ou 8 pieds 10 pouces (2^m· 86^c·).

A la hauteur de 3 palmes, ou 2 pieds 3 pouces (0^m· 73^c·), elle était large de 16 palmes $\frac{1}{2}$, ou 12 pieds 3 pouces (3^m· 89^c·).

A la hauteur de 6 palmes, ou 4 pieds 6 pouces (1^m· 46^c·), elle était large de 19 palmes, ou 14 pieds 3 pouces (4^m· 54^c·).

Enfin, à la hauteur de 8 palmes $\frac{1}{3}$, ou 6 pieds 3 po. (2^m· 03^c·), elle était large de 20 palmes $\frac{1}{4}$ ou 15 pieds 2 pouces (4^m· 92^c·).

Si, maintenant, au milieu d'une ligne imaginaire AB, au point C, nous élevons une perpendiculaire dont la longueur représente la largeur KL de la galère, à la hauteur de 3 palmes (0^m· 73^c·); et si, d'un point B, que nous supposons être le point externe de la poupe, à cette hauteur, nous prenons sur la ligne AB une longueur BS égale à 9 coudées ou 13 pieds 6 pouces (4^m· 38^c·), nous élèverons une perpendiculaire TSV, à laquelle nous donnerons la longueur de 9 palmes $\frac{1}{2}$, ou 7 pieds 1 pouce 6 lignes (2^m· 30^c·), conformément aux prescriptions du 9e paragraphe de notre statut.

Puis, de B en X, si nous prenons une longueur de 18 cou-

(*) Voir, pour l'explication de ce mot, l'*Index* des termes techniques placé à la fin du 2e volume.

dées, ou 27 pieds (8ᵐ· 76ᶜ·), et si nous traçons une perpendiculaire, nous prendrons sur cette ligne une longueur Z'XY' égale à 15 palmes, ou 11 pieds 3 pouces (3ᵐ· 65ᶜ·), comme le veut le 10° paragraphe.

Faisant du point A, qui représente l'extrémité, ou rodde de la proue, ce que nous avons fait du point B, nous aurons au point Y, distant de 4ᵐ· 38ᶜ·, et au point Z, distant du point A, de 8ᵐ· 77ᶜ·, deux perpendiculaires sur lesquelles nous prendrons T'V' égal à 9 palmes $\frac{1}{4}$ ou 6 pieds 11 pouces 3 lignes (2ᵐ· 24ᶜ·), et K'L' égal à 14 palmes $\frac{3}{4}$ ou 10 pieds 9 lignes (3ᵐ· 25ᶜ·), conformément aux indications des deux derniers paragraphes du statut de 1333.

La ligne passant par les points T'K'KZ'TBVY'LZV' représentera une partie du contour de la galère, donné par une section horizontale faite dans la carène, à la hauteur de 3 palmes, ou 0ᵐ· 73ᶜ· (*).

Voyons maintenant quelle modification apporta à ces navires le statut du 16 septembre 1344, que j'appellerai le statut Spinola :

Les longueurs totale et de contre-quille sont les mêmes dans le statut Spinola et dans celui qu'il réforme.

En plan, à la hauteur de 0ᵐ· 12ᶜ·, au lieu de s'ouvrir de 11 palmes $\frac{3}{4}$, ou 2ᵐ· 86ᶜ·, la galère dut s'ouvrir de 11 palmes $\frac{1}{4}$ seulement, ou 2ᵐ· 73ᶜ·.

A la hauteur de 3 palmes (0ᵐ· 73ᶜ·), elle conserva sa largeur de 3ᵐ· 89ᶜ· ; à la hauteur de 6 palmes, elle ne fut plus large que de 18 palmes (4ᵐ· 38ᶜ·), au lieu de 19 palmes (4ᵐ· 54ᶜ·).

A la hauteur de 8 palmes $\frac{1}{3}$ (2ᵐ· 03ᶜ·), elle s'ouvrit de 21 palmes $\frac{1}{4}$ (5ᵐ· 17ᶜ·), au lieu de 20 palmes $\frac{1}{4}$ (4ᵐ· 92ᶜ·).

A la hauteur de 3 palmes (0ᵐ· 73ᶜ·), et à la distance de 9 goues ou coudées (4ᵐ· 38ᶜ·), en allant de la poupe vers la proue, la galère continua à s'ouvrir de 9 palmes $\frac{1}{2}$ (2ᵐ· 30ᶜ·).

(*) Je n'ai pas cru qu'il fût nécessaire de faire graver le plan dont je viens de donner les détails ; il est si facile à tracer d'après les éléments que j'ai fait connaître, qu'une dépense de gravure pour un objet si peu important m'a semblé complètement inutile. Je dirai en deux mots que la figure obtenue par moi est tout à fait semblable à une navette, très-pointue par ses deux bouts.

A la même hauteur (0ᵐ· 73ᶜ·) et à la distance de 18 goues (8ᵐ· 76ᶜ·), en allant de la poupe vers la proue, la galère conserva sa largeur de 15 palmes (3ᵐ· 65ᶜ·).

Encore à la même hauteur (0ᵐ· 73ᶜ·) et à la distance de 9 goues (4ᵐ· 38ᶜ·), en allant de la proue vers la poupe, comme à la distance de 18 goues (8ᵐ· 76ᶜ·), dans le même sens, la galère conserva ses anciennes largeurs.

Une indication qui manque au statut de janvier 1333 et au statut du 15 février 1340, page 99 du manuscrit de l'*Imposicio*, se lit dans le statut Spinola, page 246 dudit manuscrit, et dans celui de 1441, page 78 du manuscrit de l'*Officium Gazariæ*, complément de l'*Imposicio*. Cette addition porte qu'à la hauteur de 3 palmes (0ᵐ· 73ᶜ·), et à la distance de 4 goues ½ (*de proda in goha 4 et medium*, statut de 1441), c'est-à-dire, à 5 pieds 4 pouces (1ᵐ· 73ᶜ·) de la rodde de proue, la galère sera large de 5 palmes ¾, ou 3 pieds 11 pouces 3 lignes (1ᵐ· 27ᶜ·).

Si donc, dans le plan que j'ai tracé de la coupe horizontale de la galère subtile, à la hauteur de 0ᵐ· 73ᶜ·, je prends de A en F une distance AF égale à 1ᵐ· 73ᶜ·, et si, sur la ligne perpendiculaire à AB, je prends une longueur ED égale à la largeur prescrite : 1ᵐ· 29ᶜ·, la courbe EAD représentera la coupe de l'avant de la galère, à 27 pouces au-dessus de la quille.

La comparaison que je viens de faire entre les mesures fixées par les deux statuts de 1333 et 1344 montre comme assez peu importantes en apparence les modifications introduites par l'expérience de Spinola de Saint-Luc. En effet, la galère, dans le plan un peu au-dessus de sa quille, devint moins large de près de 5 pouces (0ᵐ· 13ᶜ·) ; en conservant sa largeur, à la hauteur de 3 palmes, elle se rétrécit de 0ᵐ· 16ᶜ· (5 pouces 6 lignes) à la hauteur de 6 palmes ; à sa plus grande hauteur, elle s'élargit de 0ᵐ· 25ᶜ· (9 pouces 2 lignes) ; du reste, elle ne subit aucun changement dans ses rapports de largeur à l'avant et à l'arrière, à la hauteur de 0ᵐ· 73ᶜ·. Si ces modifications furent adoptées par les hommes qui avaient à Gênes la charge de la construction et de l'armement des galères, c'est, sans doute, qu'elles leur parurent avoir une utilité majeure. Sans discuter cette utilité, qui nous frapperait probablement beaucoup moins qu'elle ne frappa l'office des Huit Sages, préposés aux choses de la navigation (*officium octo sapientum constitutorum super factis navigandi*, préambule du statut du 6 septembre 1341), reconnaissons que la publication d'une ordonnance réformant des usages longtemps suivis dans la construction des navires fins et légers (*subtiles*), qui faisaient en grande partie le commerce de Gênes, prouve et le haut intérêt qui s'attachait aux questions de détail quand il s'agissait de construction navale, et le soin qu'au moyen âge, chez les peuples vraiment navigateurs, on apportait à perfectionner la machine que notre longue ignorance de ce qui fut, du neuvième au seizième siècle, nous représentait comme informe, débile et impropre à un service pénible et rapide.

Cette remarque me conduit naturellement à chercher quelle différence deux ou trois siècles amenèrent dans les galères. Je vais dire ce que fut la galère du seizième siècle, comparée à celles du treizième et du quatorzième; mais auparavant, il faut que je montre, par une coupe verticale faite dans la galère subtile de 1333, au point milieu de la quille, quelle était sa plus grande capacité et quelle courbe limitait cette capacité à l'extérieur.

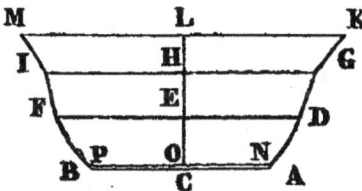

(Coupe verticale d'une galère génoise de 1333, faite à la plus grande largeur de ce navire.)

Soit donc AB la largeur du fond de la galère, largeur qui est d'environ (*) 3 pieds 9 pouces (2ᵐ· 84ᶜ·), la largeur NP, prise au point O, à 4 pouces 6 lignes (0ᵐ· 12ᶜ·) au-dessus de la quille, étant de 8 pieds 10 pouces (2ᵐ· 86ᶜ·); au point C, milieu de la ligne AB, j'élèverai une perpendiculaire CL égale à 8 palmes $\frac{1}{3}$, ou 6 pieds 3 pouces (2ᵐ· 03ᶜ·); sur cette perpendiculaire, au point E, éloigné du point C de 3 palmes (0ᵐ· 73ᶜ·), je tracerai une ligne DF parallèle à AB et longue de 16 palmes

---

(*) Les statuts de Gazarie ne donnent point la largeur *in fondo* de la galère.

½, ou 12 pieds 3 pouces (3^m· 97^c·), conformément à l'indication du second paragraphe du statut, d'après lequel je restitue en plan les galères subtiles du commencement du quatorzième siècle.

A la hauteur de 6 palmes ou 4 pieds 6 pouces (1^m· 46^c·), comme le veut le paragraphe suivant, au point H, je trace la ligne GI parallèle à DF, et longue de 19 palmes, ou 14 pieds 3 pouces (4^m· 62^c·).

Au point L, qui détermine la plus grande hauteur de la galère, je mènerai la ligne KM, parallèle aux lignes GI, DF et AB, et je lui donnerai, conformément à la volonté du cinquième paragraphe de notre statut, 21 palmes ¼, ou 15 pieds 2 pouces 3 lignes (4^m· 92^c·), exprimant la largeur *in bocca*.

La ligne passant par les points KGDACBFIM marquera donc la limite extérieure de la coupe verticale, au milieu de la galère.

Voyons, à présent, quelles étaient, au seizième siècle, les dimensions des galères subtiles. Le manuscrit de Picheroni della Mirandola, le traité de Bartolomeo Crescentio, l'*Armata navale* del capitan Pantero-Pantera, vont m'aider à en déterminer les mesures. Crescentio et Picheroni, tous deux ingénieurs, l'un Romain, et, sauf les modifications que lui suggérait son génie, donnant tous les procédés des constructeurs des États romains et napolitains; l'autre, praticien et érudit, adressant ses plans au sénat de Venise, ne peuvent être que de bons guides pour moi. Pantero, capitaine de galère, m'inspire la même confiance. Au chap. III du Ier livre de sa *Nautica mediterranea*, intitulé : *Delle misure et compartimento della galea et come le sui parti si squadrano*, Crescentio fait, le compas à la main, la description d'une galère, dont une gravure, placée à la page 39, donne la figure, *grosso modo*. Picheroni nous présente, de son côté, le *sesto* d'une *galia sotil comuna*; ce sesto je l'ai calqué, et l'on en trouve ici la réduction.

La galère subtile de Picheroni est longue : *passa* 24, *piè* 2; ses deux *zovi* (jougs) sont distants l'un de l'autre de 102 pieds, et il reste sur la longueur totale 20 pieds pour les deux palmettes ou quartiers de l'avant et de l'arrière. La *palmeta da proua* est longue de 8 pieds, celle *da popè* est longue de 12. Sur ces 12 pieds, 2 pieds sont pris tout à fait à l'arrière pour la timonerie ; le reste est attribué au carrosse, ce gaillard recouvert d'une tente où se plaçaient le capitaine et les officiers. Par

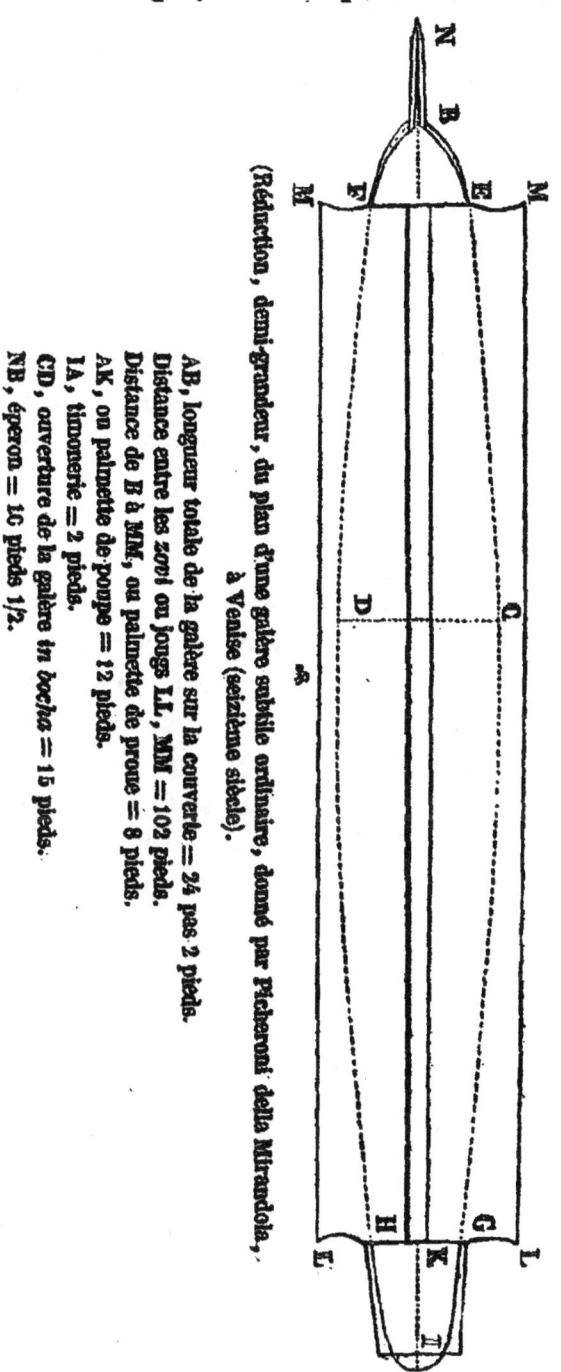

(Réduction, demi-grandeur, du plan d'une galère subtile ordinaire, donné par Picheroni della Mirandola, à Venise (seizième siècle).

AB, longueur totale de la galère sur la couverte = 24 pas 2 pieds.
Distance entre les zovi ou jougs LL, MM = 102 pieds.
Distance de B à MM, ou palmette de proue = 8 pieds.
AK, ou palmette de poupe = 12 pieds.
IA, timonerie = 2 pieds.
CD, ouverture de la galère in bocha = 15 pieds.
NB, éperon = 16 pieds 1/2.

la coupe verticale jointe, dans le manuscrit de Picheroni, au plan horizontal de la galère, nous apprenons que la largeur *in bocha* est de 15 pieds. Le fond est large de 7 pieds $\frac{1}{2}$. A la hauteur de 3 pieds au-dessus de la quille, la galère est large de 11 pieds $\frac{3}{4}$; à la hauteur de 6 pieds, elle est large de 14 pieds. Au joug de l'avant, cette limite que le document vénitien de la Magliabecchiane appelle le *posselexe del choltro*, la galère de Picheroni a 11 pieds de large; elle n'a que 9 pieds $\frac{3}{4}$ au *posselexe* de l'arrière, au banc des rameurs qu'on appelait *espaliers*, parce qu'ils siégeaient près de l'espale. La *quête*, ou inclinaison des roddes, par rapport à la quille, est exprimée, dans les notes qui accompagnent le plan de Picheroni, par le mot *slanzo* (élancement). Le *slanzo* à *l'asta de proua* est de 9 pieds, celui de poupe est de 5. La somme de ces deux *slanzi*, c'est-à-dire 14 pieds, étant ôtée de 122, longueur totale de la galère, en haut, le nombre 108, résultat de la soustraction, marquera la longueur de la quille *de rodâ in rodam*, moins grande de 6 pieds, que la distance d'un joug à l'autre. A ces renseignements déjà nombreux, le manuscrit de Picheroni ajoute encore que la galère, haute de 3 pieds au-dessus de l'eau, au milieu, avec son apostis (*con la sua postiza*), doit être, à la poupe, de 3 pieds $\frac{1}{2}$, à la proue, de 3 pieds $\frac{3}{4}$, et au sommet de son éperon (*alta in spiro*), de 6 pieds $\frac{3}{4}$. Ce redressement de l'éperon est fort considérable et me fait supposer une faute dans le manuscrit; il aurait gêné beaucoup le tir du canon de coursie (*). La coursie, ouverte

---

(*) A l'occasion de cette faute évidente, je dirai que les galères turques, au seizième siècle, étaient plus hautes de la proue et de la poupe que les galères chrétiennes. Elles avaient aussi l'éperon plus long et plus relevé que les galères d'Espagne, de France, de Venise, de Gênes, de Toscane, et des États de l'Église. Cette différence de hauteur et ce redressement de l'éperon nuisirent à l'artillerie des Turcs à la bataille de Lépante. Voici à ce sujet ce que disent deux historiens très-fidèles et très-précis : Vander Hamen, dans son *Don Juan de Austria* (in-4°, Madrid, 1627), et M. Gio. Pietro Contarini, dans sa *Historia delle cose successe*, etc. (in-4°, Venise, 1645) : « Procurò el enemigo bolver aponerse en orden lo « mejor que pudo, y presentose con gran impeta; mas aunque disparò su « artilleria dánò poco, porque sus vasos eran mas altos de ruedas (*roddes*) « y de trigante (*dragant*) que los de poniente » (Vander Hamen, pag. 179, verso). « Tenia la galera de Don Juan cortado el espolon (*éperon*), y la « de Ali era mas alta, y assi entrò, y cargo mucho sobre ella » (le même,

dans toute la longueur des bancs et au milieu de la galère, passage pour la manœuvre et la promenade, avait 2 pieds de large à la proue (« la corsia averse (*aprire*) in luse (*luce*) a proua pie 2 ») ; à la poupe, elle s'ouvrait seulement de 18 pouces. Elle était haute de 2 pieds. Le dragant était haut, au-dessus de la quille, de 9 pieds ¾. On va voir, p. 285, la hauteur ND, égaler justement 13 pal. ou 9 p. 9 pouces. Les courbes, les membres, sont au nombre de quatre-vingt-onze en tout : quarante « à pope », quarante « à proua », et onze au milieu, du même gabarit, *de un ponto*, d'un même point, comme dit Picheroni.

Onze courbes égales au milieu : cinq en avant, cinq en arrière de la *corba della mezania*, quand nous voyons la galère de Crescentio n'en avoir que trois, la *galea de Flandra* du document vénitien conservé à Florence, n'en avoir que quatre, et la *galea di levante* en avoir cinq seulement, constituent une assez notable différence de construction entre la *galea sotil* de Picheroni et les autres galères. Étroites presque également à l'arrière et à l'avant, mais un peu plus à l'avant qu'à l'arrière, les galées marchandes des treizième et quatorzième siècles avaient la figure d'une navette, comme je l'ai dit, p. 276 ; la galère militaire du seizième siècle n'avait point ses extrémités également façonnées ; plus large de 2 pieds, à 8 pieds de la rote de proue, qu'elle ne l'était à la même distance de la rote de poupe, elle devait être plus sensible à l'action de son gouvernail, plus habile aux évolutions, et plus propre, en conséquence, au devoir de navire de guerre qu'elle avait à remplir.

Crescentio, très-abondant en détails circonstanciés, lorsque Picheroni devait être bref dans les notes dont il accompagna ses plans, traite, non pas seulement des galères subtiles, mais *della galea* en général. La galée qu'il édifie comme exemple, est de l'espèce des *subtiles* à vingt-six rames de chaque bord. Il dit, en effet, p. 24 : « Per Banchear, cioè metter i banchi, à una
« Galea di banchi 26 di lunghezza, s'hanno da lasciar da un
« banco all' altro, di dentro à dentro, palmi cinque, et poi la

page 178). — « Molti non fecero danno a christiani perche le proue
« delle galee turchesche erano tant' alte più delle christiane, che le bocche
« abbassate fin su i speroni portavano ancora tant' alto che cimavano di
« sopra la pavesate delle galee christiane » (Contarini, pag. 51, verso).

« largezza del banco che è palmi $\frac{2}{5}$. » Pag. 13, donnant la figure de la *Carena, ouero primo* (la quille, ici, et non la contre-quille), il dit : « *la carena di ruota à ruota, contiene cubiti qua-* « *rantauno.* » Ces coudées sont des coudées de Naples, Crescentio prend le soin d'en avertir ; si la coudée napolitaine n'avait différé que peu de la coudée antique, de la *coudée*, du *bras*, de la *goue*, usités à Gênes au quatorzième siècle, c'est-à-dire, si elle avait été de 2 palmes ou 18 pouces, la quille aurait dû avoir 61 pieds $\frac{1}{2}$. Il est clair que cela est impossible, et que la coudée de Naples au seizième siècle était plus longue que celle de Gênes au quatorzième. En voici une seconde preuve. Notre auteur dit, page 23 : « *Però tutta la lunghezza della Galea di rota* « *à rota è cubiti cinquanta otto.* » 58 coudées ou 87 pieds de longueur totale *de super*, appartiendraient à une galère qui, en ne laissant pour les quartiers d'avant et d'arrière, en dehors des rames, que 14 pieds, aurait pu armer 18 avirons seulement. C'était l'armement d'une petite galiote et non celui d'une galère ; car nous lisons, page 48 de *l'Armata navale* del capitan Pantero-Pantera : « Le minori (galeotte) sono di diecesette ban- « chi ; le maggiori non passano vintitre. » Nous avons encore une manière infaillible de nous convaincre : 26 avirons voulaient une longueur d'apostis égale à quatre fois le nombre 26, puisque entre chaque rame il fallait 4 pieds d'intervalle ; pour le seul emplacement des rames, la galère avait donc besoin de 104 pieds, et, en longueur totale, le texte de la page 23 n'en donnerait que 87 !

Il est donc bien évident que la coudée napolitaine n'était pas de 18 pouces. Mais quelle était sa longueur? Nous allons le savoir en rapprochant du traité de Crescentio, imprimé en 1607, celui de J. Hobier (*De la construction d'une gallaire*), imprimé en 1622. Nous avons vu tout à l'heure que la longueur totale de la galère de Crescentio *di rota à rota è cubiti cinquanta otto* ; nous voyons, p. 7 d'Hobier, que la longueur de la galère *de capion à capion* (de tête en tête ; *capo* ital. *caput*, latin) est de 58 goues. Voilà le même chiffre désignant la même chose ; ne sommes-nous pas en droit de conclure que la goue marseillaise est égale à la coudée de Naples? Calculons. La goue de Marseille, au commencement du dix-septième siècle, était de 3 pans ou 27 pouces (p. 5 d'Hobier); 58 goues faisaient donc 1,566 pouces ou 130 pieds 6 pouces. Cette longueur totale convient parfaitement à la galère de 26 avirons par bande que construisent Crescentio et Hobier, si on compare ce navire à la galère de 25 avirons dont Picheroni a donné le *sesto*, et qui a de longueur totale 122 pieds. Que la coudée napolitaine et la goue de Marseille fussent la même mesure, j'en suis certain maintenant, et s'il pouvait me rester quelque doute, je m'en référerais à ces mots que je lis, p. 110 du traité de Crescentio : « *palmi 42, cioè gubiti 14.* » 42 palmes à 9 pouces font, en effet, 14 coudées à 27 pouces l'une.

Puisque je cite la page 110 de la *Nautica mediterranea*, je dois faire une observation : l'auteur ne donne dans cet endroit, à la *lunghezza di tutta la galea*, que *cubiti* 55, au lieu de 58 qu'il lui donne p. 23. Je ne devine pas pourquoi cette différence, à moins que dans le passage où il établit la formule à l'aide de laquelle on mettait la galère en *stive* (en équilibre, de : *stare*), il n'ait voulu opérer sur une galère de 25 avirons, ce qu'il n'a pas pris la précaution de dire.

Dans la suite de l'analyse que je vais faire de ce qui regarde la construction de la galère, chez Crescentio, je présenterai, comme points de comparaison, les données recueillies par Hobier.

Quand l'ingénieur romain donne à la quille de *ruota a ruota* 41 coudées ou 92 pieds 3 pouces, le trésorier général de la marine du Levant, J. Hobier, lui assigne, en longueur : 45 goues, 1 pan, ou 102 pieds (p. 10).

Les deux longueurs, *per carenam* et *in super*, étant établies, suivons Crescentio dans son travail. — D'abord il trace le galbe des roddes de poupe et de proue. Les contours de ces deux pièces importantes ne sont pas tout à fait les mêmes, bien que trois des principales données du tracé : le pied de la *squadra* (l'équerre figurée dans la salle où se dessinaient les galbes), le *sgarramento* (la ligne qui partage en deux l'angle de l'équerre, et dont l'extrémité supérieure détermine un des points par où doit passer la courbe de la rodde) et le *calcagnuolo* (le petit talon, ligne perpendiculaire au pied de la squadra, et dont l'extrémité supérieure, comme celle du sgarramento, détermine un des quatre points principaux par lesquels passe la courbe figurant la rodde), bien, dis-je, que ces principales données soient les mêmes. La rodde de poupe, après avoir touché le sgarramento, se redresse jusqu'à aller couper le *lato de la squadra* (le côté de l'équerre perpendiculaire au pied) à 14 palmes, ou 10 pieds 6 pouces, quand la rodde de proue, plus inclinée, ne le coupe qu'à 10 palmes, ou 7 pieds 6 pouces.

Le pied de la squadra a 21 palmes, ou 15 pieds 9 pouces; le *sgarramento* a 7 palmes, ou 5 pieds 3 pouces; le *calcagnuolo* a 2 palmes, ou 1 pied $\frac{1}{2}$; il est élevé, sur le pied de la squadra, à 11 palmes, ou 8 pieds 3 pouces de l'angle de la squadra. Avec ces éléments, et en ayant soin de donner au *lato* de la squadra de la rodde de poupe 10 pieds 6 pouces, quand on ne donnera que 7 pieds et 6 pouces à celui de la squadra de proue, les figures seront très-faciles à tracer(*). Au reste, voici une réduction à moitié des deux roddes qui sont tracées, p. 11 et 12 de la *Nautica mediterranea*.

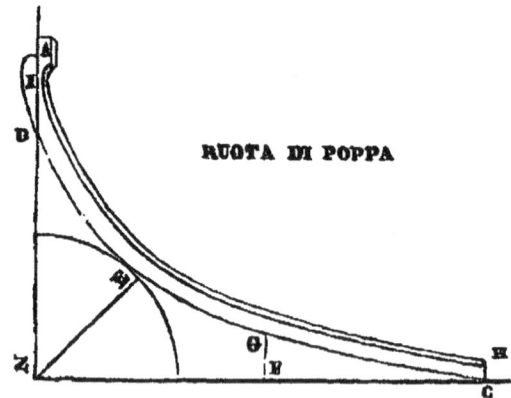

(Tracé de la rodde de poupe d'une galère, d'après Bartholomeo Crescentio. — AN, *lato de la squadra* = 16 *pal.* — NC, *piè de la squadra* = 21 *pal.* — ND = *palmi* 13. — DA = *pal.* 3. — A, *draganti*. — I, *loco della centa*. — HC, *altezza della carena* = 2/3 *di palmo*. — NE, *sgarramento* = *palmi* 7. — NF = *palmi* 11. — FC = *palmi* 10. — FG, *calcagnuolo* = *palmi* 2. — AH, DC, *ruota delineata*.)

(*) En France, ce que Crescentio appelle le pied de la squadra s'appelait *la ligne de terre*; la *squadra* s'appelait le *trait quarré*, la *rota* ou *ruota*, qu'ailleurs nous avons vue nommée la *roda*, s'appelait *rodde*; la hauteur de la rodde de poupe est de 18 pans, ou 13 pieds 6 pouces; celle de la rodde de proue, 10 pans, ou 7 pieds 6 pouces, comme celle de la ruota de Crescentio. On voit que l'arrière de la galère française était plus haut de 3 pieds que celui de la galère romaine ou napolitaine. La confi-

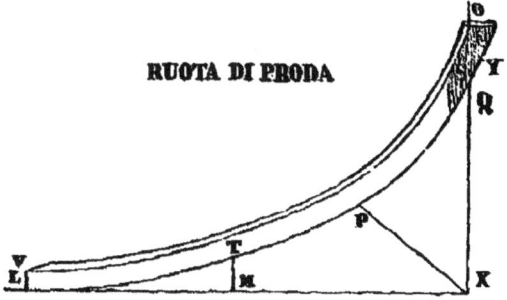

RUOTA DI PRODA

(Tracé de la rodde de proue de la même galère.—LX, *piè de la squadra* = *pal.* 21. — LM = *pal.* 10. — MX = *pal.* 11. — XP, *sgarramento* = 7 *pal.* — Q, *loco della centa.* — XQ = *palmi* 10 e 2/3. — QR, *larghezza del contouale* = 2/3 *pal.* — MT, *calcagnuolo* = *pal.* 2. — LV, *altezza della carena* = 2/3 *di pal.* — OV, QL, *ruota delineata.*)

Après avoir tracé les rotes, l'ingénieur romain trace les galbes des *matere* et *stamenali*, les madiers et les estemenaires, membres et allonges de la galère. Leurs contours sont déterminés par la squadra comme ceux des roddes. Le pied de la squadra, pour la *matèra della mezania* (la courbe du milieu, la plus grande, celle qui répond à la maîtresse latte, ce que, dans la construction des vaisseaux, on appelle aujourd'hui le *maître couple*) est de 11 palmes, ou 8 pieds 3 pouces; le *lato* est de 5 palmes $\frac{3}{4}$, ou 4 pieds 1 pouce; le *sgarramento* est de 3 palmes, ou 2 pieds 3 pouces; la *scosa* (qui n'est autre chose que le calcagnuolo de la *matèra*) est de $\frac{1}{3}$ de palme ou 3 pouces; elle s'élève sur le pied de la squadra à 5 palmes $\frac{1}{3}$ ou 4 pieds 1 pouce 6 lignes de l'angle de l'équerre. Si l'on trace la figure avec les quatre données de la courbe que je viens de rapporter, on aura une ligne qui sera la moitié de la matère du milieu, surmontée de son stamenale. En doublant le pied de la squadra, sur laquelle a été tracée la matère, on aura la largeur de la galère à la hauteur de la *centa, o cordone* (la ceinture, le cordon, ce qu'on appelle aujourd'hui la préceinte), cela donnera 20 palmes ou 15 pieds (*).

guration de la rodde de poupe était assez différente de celle que Crescentio attribuait à la même rodde. En France, la ligne de terre et le *lato de la squadra* avaient également 18 pans, ce qui faisait la rodde beaucoup plus droite qu'en Italie; quant aux roddes de proue, elles étaient tracées à peu près de la même manière.

(*) Tout l'ensemble des *madiers*, estemenaires (*matere*, *stamenali*) et *fourcats*, était appelé, en France, du nom général de *courban*, où nous

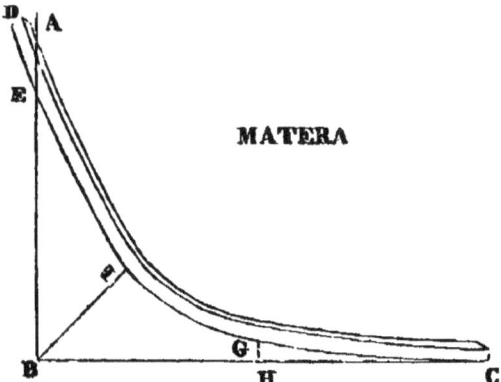

(Tracé de la *matèra della mezania* d'une galère, donné par Crescentio. [L'échelle sur laquelle cette figure a été faite est double de celle qui a servi à tracer les figures des deux *ruote* ci-dessus.] — BC, *piè de la squadra* = *palmi* 11. — EB, *lato de la squadra* = *pal.* 5 e 3/4. — E, *loco della centa, o cordone*. — ED, *altezza del contouale* = 1 e 1/2 *pal.* — HC (pris sur BC) = *pal.* 5 e 1/2. — HG, *scosa* = 1/3 *pal.* — BI, *sgarramento* = *pal.* 3. — DC, *matèra delineata*.)

On voit que, *in bocha*, c'est-à-dire, sur le pont, la galère devait être large d'un peu plus de 16 pieds. La galère de Crescentio avait donc presque 1 pied de plus en largeur que celle de Picheroni, moins large que celle de Barbo de 3 pouces et 1 doigt. Les galères décrites par le manuscrit de la Magliabecchiane avaient (voir Mémoire n° 5) 17 pieds $\frac{1}{2}$ de largeur *in bocca*, ce qui les faisait plus larges de 19 pouces que celles dont Crescentio a donné le galbe.

Ces différences n'étonneront personne. La galère de Crescentio avait vingt-six bancs de rameurs, celle de Picheroni vingt-cinq seulement ; et quant aux galères dont nous trouvons les proportions dans les statuts de Gazarie, dans le manuscrit de la Magliabecchiane, dans le livre des *Commemoriali*, c'étaient des galères marchandes, dont le rapport de la largeur à la longueur devait différer de celui qui était gardé dans la construction des galères de guerre. Le rapport moyen, entre les galères marchandes qui nous ont occupé, est de 15 pieds 10 pouces de largeur, pour 115 pieds 6 pouces de longueur totale ; c'est-à-dire qu'elles avaient en longueur un peu plus de sept fois leur largeur. Le

retrouvons nos *courbes* et les *chorbe* de Venise. La plus grande ouverture des côtes, c'est-à-dire, la plus grande largeur de la galère d'Hobier, *in bocca*, était de 7 goues $\frac{1}{2}$ environ, ou 16 pieds 10 pouces (p. 13). Ce chiffre diffère très-peu de celui de Crescentio.

rapport moyen, entre les galères de Crescentio et de Picheroni, est de 15 pieds 4 pouces à 123 pieds 6 pouces.

Ce n'est pas seulement la *matèra della mezania* que dessine Crescentio ; il enseigne (page 16) un moyen pratique pour déterminer la grandeur de toutes les courbes jusqu'aux quarante-cinquièmes de l'avant et de l'arrière. Il établit ensuite la latte maîtresse dont la longueur est de 21 palmes. Ces 21 palmes ou 15 pieds 9 pouces sont la plus grande largeur de la galère *in bocha*. Les détails dans lesquels il entre immédiatement tendent à faire connaître l'élévation de la proue et de la poupe, ou tonture du bâtiment ; puis le placement de la ceinte et celui des *matere del dente*, *a poppa* et *a proda* (*). La « matèra del dente » de la poupe est placée à 45 palmes de la rodde, celle de la proue à 27.

La division de l'intérieur de la galère en chambres est donnée par Crescentio, page 23 ; la voici : « *Chambre du milieu* qui, du mât (*dell' albero*) jusqu'à l'endroit où ce mât s'abat, contient une ouverture de 15 palmes (11 pieds 3 pouces), ou *canale dell' albero*. — *Pagliolo*, long de 22 palmes (16 pieds 6 pouces). — *Compagna*, ou dépense, 16 palmes (12 pieds). — *Scandolaro*, 12 palmes (9 pieds). Le reste en arrière se donne à la chambre de poupe. De l'arbre en allant à la proue, est la chambre où sont rangées les voiles, qui a 18 palmes (13 pieds 6 pouces). — La chambre aux poudres (*camera delle polvere*), 12 palmes (9 pieds). — La chambre aux cordages (*delle gumene* ; notre *fosse aux liens*, appelée par corruption fosse aux *lions*), 11 palmes (8 pieds 3 pouces). — La chambre du chirurgien (*del barbiero*, que, dans les galères françaises, où la plus grande partie des dénominations étaient empruntées à l'italien et à l'espagnol, on appelait le *barbier*, comme on appelait son

---

(*) Ces madiers étaient nommés en France, en Provence, du moins, *madiers-radiers*; « Ils limitent, dit Hobier, ce qui s'appelle, en général, « *quartiers* ou *anches de la gallaire*, et, en particulier, *intrade de proue* « et *laissade de pouppe*, qui sont les endroits où elle commence à s'estre- « cir. » Hobier fixe à 88 le nombre des costes, « 44 de chacun costé ; » il donne leur épaisseur, qui était d'environ 4 pouces en carré, et leur distribution le long de la carène, où elles étaient fixées à égale distance les unes des autres.

valet le *barberot*). — Le gavon (*il gavone* : voir Mémoire n° 7) suit la chambre du chirurgien, et va jusqu'au remplissage de proue : « (Gli empitori di proda. — Sono gl' empitori certi « legni, che empiscono quell' angolo di dentro alla rota di proda « per fare quella più forte. Pantero-Pantera.) »

La coupe de la galère publiée par Passebon dans son œuvre, montre des dispositions intérieures à peu près semblables à celles que Crescentio a pris soin de détailler. Cependant, outre le gavon qui, aux galères d'Italie, était tout à fait à l'avant, il y en avait un autre, à l'extrémité opposée, dans les galères de France; il était suivi de la chambre du conseil, de l'escandola, de la compagne, du payol, de la soute aux poudres, de la taverne, de la chambre des voiles, de la chambre de proue, de la chambre au coffre du médecin, enfin du *tollar* des malades (*).

Crescentio, poursuivant la description de sa galère, dit que la largeur du *telaro* est de 28 palmes (21 pieds). « Le *telaro* », ajoute-t-il, « est l'espace compris entre les deux apostis, moins « la largeur des apostis eux-mêmes et celle de la coursie; ce qui

---

(*) Dans le détail qu'il fait des chambres, Hobier dit qu'elles « se dé- « partent à la discrétion du capitaine, et diffèrent toutefois peu d'une « gallaire à austre de mesme grandeur; » il en compte six se communiquant entre elles par-dessous, et ayant, en outre, chacune un *porteau* (petite porte ou écoutille) ouvert sur le pont. Le gavon recevait son jour de deux petites ouvertures rondes qui s'appelaient *cantanettes*. C'était le nom italien. La chambre de poupe et le gavon réunis étaient longs de 9 goues (20 pieds 4 pouces); on y descendait par un porteau ouvert à côté du tabernacle. On descendait à l'escandola, où logeait l'argousin avec les armes, par un porteau, au sixième banc de droite; la compagne, chambre du majordome, avait son porteau au dixième banc de gauche; le paillo, où se tenait l'écrivain avec le pain et le biscuit, avait sa descente au douzième banc de droite; la cinquième chambre, nommée « *miege* ou *mezance*, où se met le comite avec toutes les voiles, » avait son échelle au seizième banc à gauche, proche l'arbre. « La chambre « de proue, au bout de laquelle est aussi un gavon où se mettent le soubs- « comite et quelques autres, avec les cordages, médicaments, et autres « menues nécessitez de la gallaire, » avait son porteau au vingt-troisième banc à droite. Remarquons en passant le nom de *tollar*, donné par le chevalier de Passebon au petit hôpital de la galère; il venait du latin *tolerare*, souffrir. C'était là que souffraient les malades.

« fait par chaque bande, qu'on appelle *ciglione* ou *manoella*,
« 14 palmes (10 pieds 6 pouces). »

(Je dois dire que le *telaro* était ainsi nommé de la tente, *tela*, qui recouvrait toute la surface occupée par la chiourme. L'espace où s'élevaient les bancs de chaque côté, plus bas que la coursie et les apostis, avait en effet l'air d'un sillon (*ciglione*), et avait pu prendre le nom de *manoella*, l'emplacement des leviers à mains, ou rames).

« La hauteur ou épaisseur de l'apostis est d'un palme. »

Les apostis sont définis ainsi par Pantero-Pantera dans son *Vocabolario nautico* : « Posticci sono legni che vanno da un capo « all' altro della galea sopra i quali si posano i remi. » Ces longues et fortes tringles de bois, sur lesquelles étaient plantés les scalmes ou tolets, étaient portées par les baccalats, que Pantero-Pantera définit ainsi : « *Baccalari*, sono i legni confic- « cati sopra la coperta della galea, che si porgono fuori sopra il « mare. » Pantero n'est pas moins exact que Crescentio qui, après avoir dit du baccalaro : « Nascono da' contovali di fuori » (pour les *contovali*, voir page 261 de ce Mémoire), dit, page 33 : « vanno inchiodati sopra la coperta. » (V. *infrà* : D, N, p. 297.)

« En arrière des bancs (*per la poppa*), on laisse, — ajoute Crescentio, — 15 palmes (11 pieds 3 pouces). » Nous avons vu, page 279, que Picheroni donnait 12 pieds à la palmette de poupe (*).

(*) Ce qui est appelé *palmeta* par Picheroni était nommé *col* par les charpentiers français. « Le col de la proue, dit Hobier, pag. 19, prend 4 « goues et 1 pan, et se forme d'un isocèle dont la base est d'environ 5 goues, « qui est la largeur du corps à l'endroict où se met le joug qui se dit de proue. » Picheroni ne laissait que 8 pieds à la palmette de proue dont la base était de 11 pieds à l'emplacement du joug ; sa galère n'était que de vingt-cinq avirons. Hobier donnait 9 pieds 9 pouces de hauteur au triangle isocèle, ou col de proue de sa galère à vingt-six avirons, large au joug de proue de 11 pieds 3 pouces. Le *col de poupe* était long de 5 goues 2 pans (12 pieds 9 pouces), et avait pour base la largeur de la galère au joug de proue, c'est-à-dire, 3 goues 1/2 (7 pieds 10 pouces 6 lignes). Quant au *telaro* dont parle Crescentio, voici ce qu'en dit Hobier : « Se voit que ces deux jougs qui « desbordent de côté et d'autre hors le corps, jusques à la valeur de 11 goues « en tout, qui est toute la largeur de l'œuvre morte, enferment 48 goues « de long ; et tirant deux lignes droites des extrémités de l'un à l'autre, par « conséquent seront parallèles, se trouve une figure à peu près plane que

Dans le détail qu'il a donné des chambres de la galère, Crescentio n'a parlé que d'un mât; il y en avait ordinairement deux cependant, mais un seul allait s'implanter sur la quille; c'était l'*albero maestro*, le seul dont en effet dût parler Crescentio en décrivant l'intérieur du navire, puisqu'il ne devait point rencontrer l'autre sous la couverte. Deux forts morceaux de bois rapprochés l'un de l'autre, cloués sur la couverte et appelés *maimoni*, servaient de point d'appui au *trinquetto*, le mât de l'avant, beaucoup plus court que le maestro. Les *maimoni* (en français du dix-septième siècle, *mamelets*, — voir le manuscrit n° 662, dépôt de la Marine) étaient placés à 13 palmes $\frac{1}{2}$ (12 pieds) de la rodde de proue. Quant à l'arbre maître, on le plaçait au tiers de la longueur de la galère, à partir de la rodde de proue (page 25 de Crescentio, page 47 de Pantero-Pantera). Lorsqu'on arborait un troisième mât, qui prenait le nom de mât de meze (*arbore della mezana*, Pant.-Pant.), on le plaçait entre le maestro et la poupe. L'arbre-maître avait 27 coudées (60 pieds 9 pouces — $19^m\ 73^c$) de long. Son antenne, faite de deux pièces, liées ensemble par cet amarrage qu'on nomme aujourd'hui une *rousture*, une *liure*, et qu'en italien on appelait alors *inghinatura* (*), était longue comme la galère, moins 15 pieds qui étaient donnés à une espèce d'allonge appelée *spigone*, qu'on liait à l'antenne (**). J'ai dit ailleurs les noms des deux pièces principales de l'antenne : le *carro*, qui

---

« les mathématiciens appellent parallélogramme dont le contour est de 528
« goues qui sont un peu plus de 74 canes ou toises carrées.» La plus grande largeur d'un apostis à l'autre était donc de 24 pieds 9 pouces. Si l'on retranche la largeur de la coursie, qui était de 2 pans ou 18 pouces près du tabernacle, et de 23 pouces près des rambates (Hobier, pag. 27), on aura pour les sillons : 22 pieds et quelques pouces, mesure, à très-peu de chose près, égale à celle que donne Crescentio.

(*) Notre vieux mot français *engeigner* n'était autre que l'*inghinare*: lier, des Italiens.

(**) Les voiles enverguées sur ces antennes étaient communément triangulaires ou à *la latine*. J'ai cependant vu des représentations de galères où les voiles étaient carrées; d'autres où le trinquet seul n'était pas triangulaire. Les galères peintes dans la bibliothèque de la cathédrale de Sienne, par Raphaël et Pinturicchio (Vie du pape Pie II; huit tableaux à fresque), ont des voiles carrées, au nombre de trois, dont celle de proue

descendait à la proue ; la *penna*, qui se balançait au-dessus de la poupe (*). (Voir Mémoire n° 7).

(le trinquet) est à peine le tiers de celle de poupe. Celle-ci est hissée à un mât qui a de l'inclinaison à l'avant.

(Galère peinte par Raphaël, dans la bibliothèque du *duomo* de Sienne.)

L'inclinaison dont je viens de parler n'est pas moins sensible aux mâts de la galère peinte par Pietro Laurati. Cette galère a deux mâts : le plus grand planté au premier tiers de la longueur du navire, à partir de la proue; l'autre au premier tiers environ, à partir de la poupe.

(Galère peinte par Pietro Laurati, artiste du quatorzième siècle, dans un tableau qui est aux *Uffizi* de Florence.)

Sur quelle autorité Raphaël se fonda-t-il pour faire carrées les voiles de ses galères de Sienne? Je l'ignore; mais je ne puis croire qu'il ait, sans de bons renseignements, donné un pareil détail. Ce qui me confirme dans cette opinion, c'est que les voiles des petites galères qu'il dessina à peu près vers la même époque, et qui figurent dans la précieuse collection de dessins de l'Académie des beaux-arts, à Venise, où je les ai copiées, sont triangulaires. — J'ai dit plus haut qu'il y avait des galères dont le trinquet était carré, quand la maestra était triangulaire; on en voit dix de cette espèce dans l'estampe publiée par Guillaume Jansson, représentant l'attaque contre l'Écluse, par l'escadre de Frédéric Spinola. Je citerai plus tard un texte qui confirme ce document gravé, qu'on peut voir au cabinet des estampes de la bibliothèque royale, vol. I c.—6.

(*) « Pour les *arbres*, qui s'appellent *mâts* aux navires et bateaux

L'*arrobata* de Crescentio, les *rembate* de Pantero-Pantera, *rambates* en français, étaient, à la proue, deux élévations égales, parallèles, jointes l'une à l'autre, et sur lesquelles, pendant la navigation, montaient les mariniers pour le service du trinquet. Au moment du combat, les rambates, qui remplaçaient les tours des galères antiques, étaient le poste des soldats(*). L'artillerie

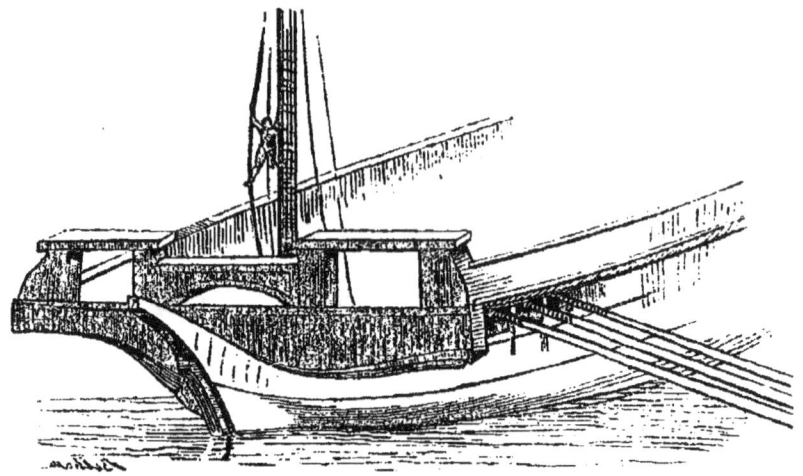

(Proue et rambates d'une galère peinte par Dominique Tintoret, dans un tableau représentant l'assaut donné à Constantinople par Dandolo. Ce tableau est dans la salle du grand conseil, au palais des doges, à Venise.)

« c'est chose rare d'en voir plus ou moins de deux, sinon à celles de Tur-
« quie, qui ne portent ordinairement que le plus grand, qui s'appelle *arbre*
« *de maistre*, qui a environ 2 pans de diamètre par le bas, et s'amenuise
« par proportion jusques en haut; oultre lequel les chrestiens en ont un
« autre qui se nomme le *trinquet*. Le premier, pour se dresser, descend
« le long de la *canau*, qui sert pour l'appuyer de costé et d'autre, et tombe
« sur une grosse pièce de bois qui s'appelle l'*escasse*, posée sur la contre-
« carene, vers le dix-septième bancq. » (La *canau* est ce que nous avons
vu Crescentio appeler *canale dell'.arbero* ; c'était en effet un conduit de
bois ou espèce d'étui où s'implantait l'arbre dont le pied allait s'introduire
dans l'escasse). « Le trinquet, qui est bas de plus d'un quart, et menu
« à proportion, se met au bout de la rambade joignant le biton de la bande
« gauche, afin de laisser le canon de coursie libre (Hobier, pag. 35). »
« Celle de maistre (l'*entene*) avec le *pigon* qui se met au bout, est presque
« aussi longue que toute la gallaire; et celle du trinquet à proportion
« (pag. 36). »

(*) Hobier donne 6 pans environ de hauteur aux deux « rambades qui
« sont comme deux commandements, sur chacun desquels peut tenir qua-
« torze ou quinze hommes, tant pour combattre avec advantage que pour in-
« vestir, c'est-à-dire, joindre les vaisseaux ronds qui sont hauts (p. 26). »

était placée sous ces constructions dans une espèce de petit rempart, appelé *tamorletto* par Crescentio, et *tamburetto* (le petit tambour) par Pantero. Le tambour des rambates recevait aussi les ancres et les câbles ou gomènes ; il avait douze pieds de long ou à peu près.

Au quinzième siècle, les galères n'avaient pas encore de rambates. L'artillerie était à découvert. Le gros canon, celui qu'on appelait le coursier, était établi sur le plancher de la coursie, probablement sur des roues hautes et fortes, comme celles qu'on voit à un canon placé sur le pont supérieur et au milieu de la longueur d'un vaisseau à trois mâts, gravé d'après F. H. Breugel, vaisseau qui, pour le dire en passant, avait neuf canons ou moyennes en retraite à la poupe ; quatre moyennes en retraite sur l'arrière du château d'avant ; seize canons ou moyennes coulevrines à l'étage supérieur, la seconde batterie ; et huit canons à la première. Quatre fauconneaux étaient en batterie à l'arrière de la grande hune. Les quatre pièces, moyennes ou faucons, qui, sur les galères, accompagnaient la coursie, avaient pour point d'appui de fortes pièces de bois verticales faisant l'office que les chandeliers font pour le service de nos espingoles modernes. Les figures de galères gravées par F. Hviis, dans une estampe représentant le Détroit de Messine (départe-

(Détails de proues de galères sans rambates, d'après F. Hviis.)

ment des estampes, bibl. royale, vol. 1 c—6), font connaître cette disposition.

Les galères du Virgile de la Ricardienne, pas plus que celles du tableau de Pietro Laurati, qui est aux *Uffizi* de Florence, n'ont ces châteaux, dont les noms : « rembata, arrobata (ital.), arrumbada (esp.) », me semblent venir de l'italien *rombare*, qui signifie faire du bruit. L'artillerie détonant sous les châteaux, devait, en effet, y faire un bruit assez grand.

En dehors du *joug* de poupe, cette limite en arrière de l'espace occupé par les rameurs, Crescentio prescrit de laisser libres pour la *spalla* six palmes (4 pieds 6 pouces — $1^{m}\cdot 46^{c}$). Pantero définit la *spalla* : « Un espace (*una piazza*) compris « entre la poupe et les bancs des premiers rameurs de l'arrière, « allant de l'un à l'autre bord de la galère, où se trouvent les « petits escaliers par lesquels on monte sur le navire (*). »

Selon l'auteur de la *Nautica mediterranea*, l'éperon (*sperone*) devait avoir en longueur autant de palmes que la galère avait de bancs, ou, mieux encore, deux palmes de moins qu'elle n'avait de bancs de rameurs. Le manuscrit n° 662 de la Marine donne à l'éperon 18 pieds de long, 1 pied de large, $8\frac{1}{2}$ pouces d'épaisseur. Quant au nombre de lattes ou baux soutenant le pont sur lequel sont établis les bancs, voici comment Crescentio les répartit : « Du joug de proue jusqu'à la latte où se plante l'arbre maître, 22 ; de cette latte à celle sur laquelle s'appuie le mât quand on le désarbore, 5, ayant une ouverture, ou plutôt, brisées à leur milieu pour laisser un passage à l'arbre ; enfin, de la *lata di desarborar* jusqu'au joug de poupe 26 ; en tout 53 lattes. » Le manuscrit n° 662 porte « 64 lattes, ou baux. » La distance d'une latte à l'autre est de deux palmes et demi (près de deux pieds). L'écartement des bancs des rameurs étant de quatre pieds, cet intervalle comprend trois lattes.

Je ne suivrai pas Crescentio dans le travail de son IV° chapitre, intitulé : « *Come si mettono in opera le predette parti.* » Si je voulais faire un modèle en relief d'une galère du seizième siècle, une partie de son précieux traité me serait du plus grand

---

(*) « Cette espale prend de la longueur environ 3 gouës, » dit Hobier ; ce qui fait l'espale de la galère française de moitié moins grande que celle de la galère romaine.

secours; mais cette espèce de restitution qu'il appartiendrait de faire à l'ingénieur maritime, conservateur du Musée naval, — restitution que je voudrais voir exécuter, aussi bien que celle d'une galéasse et celle d'un vaisseau rond (*nave o galeone*, chap. IX de Crescentio), — n'est pas de mon ressort. Je laisse donc la *Nautica mediterranea*, et je passe à un document qui fera connaître ce qu'étaient, à la fin du dix-septième siècle, les galères françaises(*). Une description d'une de ces galères se trouve dans les *Mémoires* d'un protestant condamné aux galères de France en

---

(*) La bibliothèque du dépôt de la Marine possède, sur les galères contemporaines de Louis XIV, des documents très-précieux. D'abord, un recueil de plans, coupes, élévations et détails d'une galère bâtarde. Ces *dessins*, comme dit le titre du volume, d'un très-grand format in-folio, reliés en un volume d'atlas, sont une histoire graphique de la galère, depuis le moment où, mise en chantier, elle n'existe encore que dans ses premiers membres, jusqu'à celui où, fatiguée d'une campagne, elle est abattue en carène et espalmée. Le texte n'a jamais été écrit à côté des planches. Le nom du dessinateur de cet atlas manque au recueil; à en juger par l'exécution des plans et des accessoires, comme figures, culs-de-lampe, etc., je crois qu'on doit attribuer cet ouvrage à Jean Jouve, de Marseille, dont la bibliothèque du roi (fonds des belles reliures, et cabinet des estampes), compte deux volumes-atlas, où sont représentés tous les bâtiments de la Méditerranée. Un de ces volumes fort intéressants appartint, sa couverture en témoigne, au cabinet particulier de Louis XIV.

Outre ce recueil, la bibliothèque du dépôt a un volume in-folio beaucoup moins grand que celui dont il vient d'être question; c'est un manuscrit avec dessins, intitulé: *Démonstrations* de toutes les pièces d'une galère. Ce volume est coté n° 2961, au catalogue des bibliothèques de la Marine. Le volume grand atlas intitulé: *Desseins* (sic) de galères, est coté n° 2963. Trois volumes manuscrits, intitulés: *Traité de la construction des galères* (n° 2960); *Mémoire* sur les manœuvres d'une galère (n° 2958); et *Figures* de la 1re et 2e partie de la construction et du Mémoire des agrez d'une galère senzille (n° 2959), sont, ensuite, parmi les documents inédits sur les galères que possède le dépôt. Ces différents ouvrages peuvent très-bien tenir lieu du grand traité manuscrit de Barras de la Penne, qui appartient à la bibliothèque du roi, et que la Marine n'a pu acquérir.

Si l'on avait besoin de quelques autres renseignements, on les trouverait dans le grand volume manuscrit de Dortières, intitulé: *Traité de marine* (tom. 1er), coté n° 662 du Catalogue général des bibliothèques de la Marine.

1701 (2 vol. in-8o) (*). Je n'ai pas sous les yeux le texte, mais j'en trouve une traduction, page 17 de l'opuscule de M. John Howel, intitulé : *An essay on the war-galleys of the ancients*, Edinburgh and London, 1826.

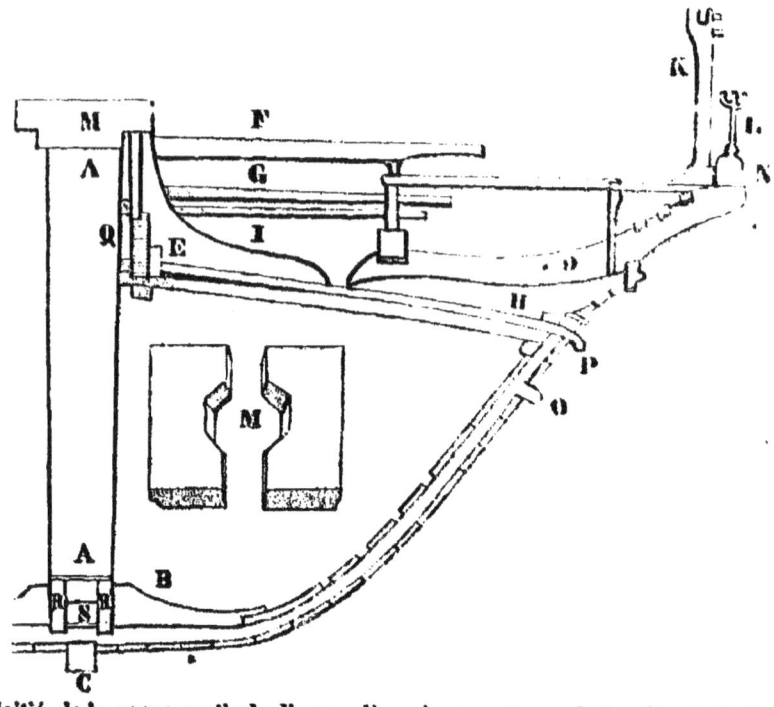

(Moitié de la coupe verticale d'une galère, à sa maîtresse latte, d'après le dessin du vol. manusc. n° 2961 (dépôt de la Marine). — AA, appui de l'arbre maistre, appelé *chalamide*. — B, coquet d'escasse pour fortifier le tenon du pied du mât. — C, quille. — D, baccalas. — E, courbe pour fortifier la coursie, ou coursière, à l'endroit du grand mât. — F, banc. — G, pédague. — I, banquette. — H, coudelatte. — L. batayolle de fer plantée sur l'apostis — K, batayolle de bois portant la lisse de pavesade. — M, clef de l'arbre de maistre. — N, apostis. — O, ceinte, ou cordon. — OP, contaut. — P, tranquerin. — Q, rays, racines (*radicale*, ital.) de coursier et sur coursier. — RR., escasses servant à arrêter et à tenir le *michon*, ou pied de l'arbre de maistre. — S, contre-quille.)

« Une galère a ordinairement 150 pieds de long et 50 de large (**). Cela s'entend du pont qui couvre le creux du navire.

(*) Ces Mémoires sont de Jean Marteilhe, de Bergerac, mort à Cuilenbourg, en 1777, à l'âge de quatre-vingt-quinze ans. L'ouvrage fut imprimé en 1757 à Rotterdam. (Barbier, *Dictionnaire des anonymes*).

(**) 50 est évidemment une faute; c'est probablement 30 qu'il faut lire, d'après ce que j'ai dit, pag. 290, note *, de la largeur du *telaro* des galères, Hobier et d'après Crescentio. Au dix-huitième siècle, quand les plus

Ce creux a, au milieu, sept pieds de profondeur (*) ; mais au flanc de la galère cette hauteur n'est que de six pieds » (la différence entre ces deux hauteurs est ce que Crescentio appelle *gozzone*, pag. 22. *Gozzone* signifie renflement, gros goitre ; c'est une figure pour exprimer la voûte de la couverte). « Par ceci on pourra comprendre que le pont s'élève environ d'un pied au milieu, et que les bords ayant de l'inclinaison facilitent l'écoulement de l'eau que la mer apporte continuellement sur la couverte. Le coursier est un long conduit en planches, fixé au milieu ou sur la partie la plus élevée du pont de la galère, courant d'un bout à l'autre, et faisant un chemin découvert dans le corps du navire, chemin dont la hauteur est celle du coursier....... Cette description superficielle suffira sans doute pour faire entendre au lecteur que les esclaves et le reste de l'équipage devraient toujours avoir les pieds dans l'eau ; mais il en arrive autrement. A chaque banc est une traverse de bois, élevée d'un pied au-dessus du pont et servant de marchepied aux rameurs ; l'eau passe dessous. » (Ce marchepied s'appelait *pédague* (voir pag. précéd., lettre G). « Pour les soldats et matelots, à chaque côté du navire et le long du plat-bord, qu'on appelle la *bande*, est un banc à peu près de la même hauteur que le coursier et de deux pieds de largeur. Les soldats ne s'y peuvent coucher, mais ils s'appuient chacun sur son sac dans une posture assez incommode. Les officiers eux-mêmes ne sont guère plus commodément ; car les chambres dans le corps du navire sont essentiellement destinées aux provisions ou aux objets nécessaires au service naval de la galère.

grandes galères avaient 166 pieds de longueur, elles avaient de 32 à 35 pieds de large (voir Lescalier) ; comment des galères de 150 pieds de long auraient-elles pu avoir 50 pieds de large ? L'imprimeur hollandais du livre de Marteilhe se sera trompé, et M. John Howel aura oublié de faire remarquer la faute.

(*) La hauteur au milieu est d'environ une toise, dit Hobier, pag. 6. *Altezza della galea palmi* 7 $\frac{1}{2}$ (5 pieds 6 pouces), dit Crescentio. *Puntal, alto piè* 6 (*Sesto* de Picheroni). *Alta in medio ad lenciam rectam*, 8 palmes $\frac{1}{2}$ (6 pieds 3 pouces). statuts de Gazarie, 1333. *Alta in choverta* piedi 8 meno deta 2 (manuscrit de la Magliabecchiane). *Alta in coverta* piè 7 deda 2. — Et *Alta in coperta in medio pedibus* 7 et 2 *digitis* (*Commemoriali* cités par Marin).

« L'intérieur du bâtiment est partagé en six chambres. »

(Nous apprenons par Duez que les cloisons qui séparaient ces chambres s'appelaient *parasguardi* (pare-regards), mot très-expressif de la famille de *parasol*, *paravent*, *parapet*, *paratonnerre*, etc., et d'une autre composition que le *paraschuxula*, dont il sera question dans le Mémoire n° 5).

« 1° Le gavon, petite chambre à la poupe, seulement assez large pour recevoir le lit du capitaine.

« 2° L'escandolat, où sont gardées et rangées les provisions du capitaine.

« 3° La campagne » (corruption de compagne, qui vient de l'italien *companatico*(*), signifiant : provisions qu'on mange avec le pain, *con pane*), « où l'on enferme l'eau, la bière, les salaisons, etc.

« 4° Le paillat » (paillol ou payol, de : *pagliolo*, pailler, l'endroit où l'on enferme la paille, et, par extension, le magasin où l'on garde le grain, le pain, le biscuit, etc.) « réservé aux provisions de vivres secs.

« 5° La taverne. Cette chambre occupe le milieu de la galère. C'est là que le comite débite du vin. La taverne ouvre dans la chambre aux poudres, dont le canonnier garde la clef. Dans cette chambre aussi (la taverne) sont emmagasinées les voiles et les tentes.

« 6° La chambre de proue, dans laquelle on enferme les cordages, et où est déposé le coffre du chirurgien. Pendant le voyage, elle sert d'hôpital aux malades et aux blessés.

« La galère a cinquante bancs de rameurs, vingt-cinq de chaque bande. Le banc est long de dix pieds ; un des bouts est fixé dans le coursier, l'autre est engagé de l'épaisseur d'un demi-pied dans la muraille de la galère. Les bancs sont placés entre eux à la distance de quatre pieds (**) : ils sont couverts

---

(*) En vénitien : *companadego*. Dans les *Statuta veneta*, in-4°, sans date, pag. 14, on lit : « Pro companadego eorum (Scudieriorum ducis) « expendantur ducati 300, in anno. »

(**) « Joignant et au niveau de la coursie, sont les *bancqs*, et au-dessous
« la *banquette*, puis la *pédague* un peu plus haute, sur laquelle en voguant
« demeure toujours le pied qui est enchaîné, à sçavoir le gauche à la bande
« droicte, et le droict à la bande gauche. Il y en a 26 de chacun costé estoi-

d'un sac bourré de laine, sur lequel est jetée une basane, qui descendant jusque sur la banquette ou marchepied, donne au banc l'air d'un coffre. Tous les esclaves sont enchaînés, six par banc. Le long de la bande court un large listeau de bois de sapin d'environ un pied d'épaisseur, formant le plat-bord de la galère. On l'appelle l'apostis; les rames y sont fixées. » (Il est presque inutile de faire remarquer que l'*a* parasite placé devant *postis* n'est autre chose qu'une trace de l'article italien *la*. Les constructeurs et marins d'Italie ont dit d'abord *la posticcia* (la série des places (*post.*) pour les rames), puis par corruption ils ont dit *aposticcio*, que nous avons pris et francisé, comme nous avons fait de tant d'autres mots.)

« Les rames ont 50 pieds de long, et sont équilibrées sur la pièce de bois dont nous venons de parler, de telle sorte que les 13 pieds de la rame qui sont dans la galère pèsent autant que les 37 pieds qui vont à la mer(*). » (La partie intérieure de la

« gnez l'un de l'autre de 5 pans, reservé que de gauche le 8ᵉ sert de *fougon*
« qui est la cuisine, duquel néantmoins on peut voguer en cas de nécessité.
« Par ce que j'ai remarqué ci-devant se peut voir qu'ils ont jusques au bord
« de la couverte 10 pans et demy de long (7 pieds 10 pouces 6 lignes), et
« de plus ont encores 2 pans (1 pied 6 pouces), et le dessous de l'arbalestiere
« qui regarde dans la mer pour la commodité des forçats qui appellent cet
« endroit le *ramier*. Ainsi, reste de toute la largeur de chacun costé 3 pans
« (2 pieds 3 pouces) qui sont pour cette *arbalestie*, ainsi nommée à cause
« des arbalestes, dont on usoit anciennement, où se met partie de la sol-
« datesque, avec mousquetaires... » HOBIER, p. 28.

(*) L'ensemble des rames s'appelait en France, au seizième et au dix-septième siècle, la *palamante*, de la partie principale de la rame, la *pala* ou *pale* qui, de l'aviron, était ce que, à Venise, on nommait *fuora*, le dehors. La pale ou pelle était généralement deux fois longue comme le giron. « Les rames sont de 54 pans, » dit Hobier. Ce sont seulement 40 pieds 6 pouces, au lieu de 50 que leur donne Marteilhe. Les rames de la galère, dont les plans composent le volume-atlas du dépôt de la Marine sur lequel j'ai appelé l'attention dans une note précédente (pag. 296), avaient 34 pieds 9 pouces; dont 23 pieds 9 pouces de pale et 11 de giron. « Elles « sont attachées par une grosse corde qui s'appelle *astroq* à une grosse che-« ville de bois qui se nomme *escome*. » Hobier, p. 23. *Astroq*, corruption de *strope* ou *estrope*, que le *strophus* latin donna à l'italien et au français. Quant à *escome* qu'on trouve quelquefois écrit *escaume* et *eschaume*, il est facile d'y reconnaître le *scalmus* antique, notre *tolet* moderne, de l'anglais *tholes*. Ce qu'Hobier appelait giron au dix-septième siècle s'appela dans

rame appelée dans les galères de France *genou* et *manivelle*, était nommée *ciron* ou *ziron* par les Vénitiens, comme le montre le manuscrit de Picheroni. *Ciron* c'est *giron*; et *giron* vient de *gyrare*, girer, virer, tourner. Le *giron* ne diffère pas de l'*aviron*; et, nommer giron la partie du levier où s'applique la force, dont l'effet doit être de faire tourner le navire si une force égale ne soutient pas le navire de l'autre côté, c'est agir très-logiquement. Picheroni donne 10 pieds au *ciron* des rames de la *galia sotil*; Crescentio veut que cette partie *di dentro d'ogni remo* soit de 14 palmes, ce qui est à peu près la longueur donnée par notre malheureux protestant de 1701. La rame de Crescentio n'a pas 50 pieds, comme les rames des galères françaises de la fin du dix-septième siècle, mais seulement 45 palmes$\frac{1}{2}$).

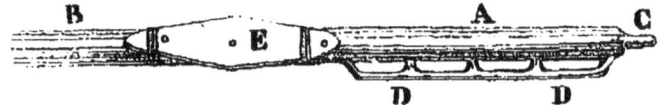

(Rame de galère. — A, giron, ou genou. — C, poignée pour le rameur appelé : vogue-avant. — DD, manettes. — E, garniture de la rame au tolet, ou scalme, appelée : galaverne, ou galverne.— B, la rame, le *fuora*, qui se termine par la pale.)

« Comme il serait impossible de manœuvrer les rames en y appliquant immédiatement les mains, à cause de leur grosseur, on y met des manettes de bois à l'aide desquelles elles sont maniées par les esclaves. »

Le galérien protestant, pour faire comprendre toute l'horreur de la situation à laquelle un arrêt fanatique avait réduit lui et un grand nombre de ses coreligionnaires, décrit en ces termes (je répète que je traduis une traduction) le travail des rameurs des galères :

nos ports au dix-huitième : *genou*. (Voir *Essai sur la marine des anciens* par Deslandes, p. 88, — et le manuscrit de Barras de la Penne.) — Puisque je viens d'écrire le mot *scalmus*, je dois dire que les Italiens en avaient fait *scalmo*. Ce mot signifiait quelquefois par métonymie la rame ou le banc du rameur; ainsi on lit, art. 2 des Priviléges du grand amiral de Sicile (1399) : « Item quod qualibet galea, seu lignum, piraticam exer-
« centia, præfato admirato, seu ejus locum tenenti, pro eo solveri tenean-
« tur terenum (espèce de monnaie en or valant 20 grains) unum pro quolibet
« scalmo (par chaque scalme, banc ou rame). »

= « Le comite, qui est le maître de la chiourme (*), maître ou plutôt tyran bien redouté, à cause des mauvais traitements qu'il peut imposer aux misérables esclaves, se tient toujours debout à l'arrière, près du capitaine pour recevoir ses ordres. Deux sous-comites sont, l'un au milieu, l'autre près de la proue. Chacun d'eux, armé d'un fouet qu'il exerce sur le corps tout à fait nu des esclaves, est incessamment attentif aux ordres du comite.

« Lorsque le capitaine ordonne que l'on nage, le comite donne le signal avec un sifflet d'argent qu'il porte suspendu à son cou. Ce signal est répété par les sous-comites, et aussitôt les esclaves, qui promptement ont pris leurs rames, battent tous ensemble. La mesure est donnée si exactement qu'il semble que les cinquante rames n'en fassent qu'une. La vogue continue ainsi sans nouveaux commandements, jusqu'à ce qu'un autre signal du sifflet fasse suspendre subitement la manœuvre. La précision dans l'ensemble des rameurs est d'une nécessité absolue, car si une rame se levait ou tombait trop vite, les rameurs qui la manient iraient frapper le dos des rameurs placés devant eux, et recevraient eux-mêmes derrière la tête un coup de la rame des nageurs placés derrière eux.

« Le travail du galérien est passé en proverbe, et ce n'est pas sans raison, car il doit être considéré comme le plus fatigant qu'on puisse infliger à des malheureux. Imaginez six hommes enchaînés à un banc, nus comme s'ils venaient de naître, assis un pied sur la traverse » (pédague) « et l'autre levé et placé sur le banc qui est devant eux, tenant dans leurs mains une rame d'un poids énorme; voyez-les allongeant leurs corps » (vers l'arrière de la galère), « et les bras étendus pour pousser la rame au-dessus du dos de ceux qui sont devant eux et qui prennent la même attitude. Leurs rames ainsi avancées, ils lèvent le bout qu'ils tiennent en main pour plonger le bout opposé dans la mer ; cela fait, ils se jettent eux-mêmes en arrière, et retombent sur leur siège qui ploie en les recevant.

« Aucun homme libre ne pourrait ramer ainsi une heure sans repos; eh bien, il faut quelquefois que le galérien esclave prolonge son travail 10, 12 et même 20 heures sans le moindre re-

---

(*) « E comitres ay, en toda galea qū sson como cabdillos (chefs). » 2ᵉ loi, titre XXIII, *segunda partida*, d'ALFONSO el Sablo.

lâche. En ces occasions, le comite ou quelques-uns des autres mariniers mettent dans la bouche des pauvres rameurs un morceau de pain trempé dans du vin, pour prévenir la défaillance que pourrait causer l'excès de fatigue ou la faim ; alors le capitaine crie au comite de redoubler ses coups, et si un des esclaves tombe pâmé sur son aviron, ce qui arrive fréquemment, il est fouetté jusqu'à ce qu'il soit tenu pour mort, puis on le jette à la mer sans cérémonie. » =

D'aussi rigoureux traitements, infligés par des Français catholiques à des Français dont le seul crime était d'avoir sur la religion et peut-être aussi sur la politique des idées que la cour, l'Église et le roi condamnaient, sont de ces barbaries que notre époque tolérante a de la peine à comprendre. Ce régime de violences et de coups qui allaient quelquefois jusqu'à la mort, était celui auquel on condamnait non-seulement ses ennemis politiques et les dissidents en matière de religion, mais aussi les prisonniers de guerre, qu'ils fussent marchands ou corsaires, Turcs, Espagnols ou Italiens. Sans vouloir affaiblir l'effet d'une peinture dont la position personnelle de l'auteur pourrait faire excuser l'exagération, si en effet l'écrivain protestant s'était laissé entraîner par un ressentiment bien pardonnable, à outrer les couleurs horribles de son tableau, disons que l'intérêt des capitaines, comme celui des possesseurs d'habitations aux colonies, fut toujours de traiter avec quelque humanité les esclaves enchaînés aux bancs des galères. Le fanatisme de certains hommes put se faire un jeu des douleurs et de la vie des calvinistes ; mais le fouet des comites ne fut pas toujours la dernière raison des officiers, qui sentaient bien qu'ils ne pouvaient rien pour la gloire du pavillon sans le secours de la chiourme. Nous allons voir cette idée exprimée par un homme qui ne se piquait pas de philanthropie. Le capitaine Pantero-Pantera, dans son chapitre XIII, *della ciurma*, développant, avec toute l'autorité d'une expérience personnelle, ce que Crescentio avait publié en 1607 sur cette matière (pages 95 et 96 de la *Nautica mediterranea*), s'exprime ainsi (je traduis et j'annote à mesure) :

« ... La chiourme est composée de trois classes d'individus : forçats, esclaves, bonevoglies, distingués par des signes particuliers auxquels on les peut reconnaître.

« Les forçats sont ceux qu'un tribunal criminel a condamnés à voguer sur les galères, pendant un certain temps ou pendant leur vie entière. On ne les laisse jamais sortir de la galère, on ne leur ôte jamais leur chaîne, jusqu'à ce qu'ils aient fini le temps de leur peine. Leur devoir est de ramer, de coudre les voiles, les tentes et les habits de la chiourme, de faire enfin plusieurs autres choses dont il sera parlé plus bas. Parmi les forçats, ceux qui ont de courtes condamnations à subir ne rendent pas de bien bons services, mais ceux qui sont condamnés pour un long temps ou pour leur vie, réussissent très-bien, tant à la rame qu'aux autres travaux auxquels on les emploie ; aussi doit-on les prendre par la douceur et les bien traiter (*deveno esser accarezzatti, et ben trattati*), surtout dans le principe. La première année passée, ils sont accoutumés aux fatigues et incommodités de la galère, et ils vivent ensuite assez longtemps (*durano poi assai*). Les forçats sont distingués du reste de la chiourme par ce signe : tête et barbe entièrement rasées. Ils ont pour nourriture trois onces de biscuit par jour, de l'eau pour boisson ; outre cela, de la soupe de deux jours l'un, quand ils sont à la mer, et tous les jours quand ils sont dans le port. La soupe est de trois onces de fèves, cuites avec un quart d'once d'huile par tête ; on ne la donne pas tous les jours à la mer, parce qu'elle alourdit la chiourme qui a besoin d'une grande agilité ; d'ailleurs, pendant la navigation, on ne peut aisément faire la cuisine à bord d'une galère. Les forçats ont la ration de viande et de vin quatre fois par an : à Noël, à Pâques, à la Pentecôte, et au carnaval. C'est la cour, c'est-à-dire le trésor du prince qui les habille, comme nous le dirons tout à l'heure.

« Les esclaves sont les Turcs qu'on fait prisonniers ou qu'on achète ; il y en a de trois races : les Maures, les Turcs et les nègres.

« Les Maures sont les meilleurs, et les meilleurs d'entre ceux-ci sont ceux qu'on prend sur les fustes, les brigantins, les galiotes, les galères, ou tout autre navire de course. Habitués aux fatigues, aux privations et au maniement de la rame, ils sont d'excellents nageurs dans la galère ; mais étant par nature fiers, grossiers, portés à la trahison et à la sédition, il faut les surveiller beaucoup, car il n'est par rare qu'ils complotent la mort des capitaines.

« Les Turcs proprement dits ne sont ni si bons rameurs, ni si capables de supporter la fatigue que les Maures. Les meilleurs d'entre eux sont aussi ceux qu'on prend à la mer sur des bâtiments à rames. Ceux qu'on prend à terre ou sur les vaisseaux ronds, marchands ou passagers, habitués à toutes les commodités de la vie, ne sont bons à rien. Ce sont d'ailleurs des hommes assez doux et dociles.

« Les noirs » (que Crescentio appelle *Morlacchi*) « sont la pire espèce d'esclaves. La plupart meurent de mélancolie. » (Crescentio ajoute : « *e di ostinatione.* » Le mot est curieux !)

« Les esclaves, outre le service de la rame, sont chargés d'aller chercher l'eau, le bois, et tout ce qui, de terre, doit être transporté à bord des galères ; ils aident aussi la maistrance dans ses travaux. » (La *maestranza* dont nous avons conservé le nom était composé ainsi : « *il falegname* (le faiseur d'ouvrages en bois), *che qua si dice mastrodascia* (maître de hache) ; *calafatto* (le calfat) ; *remorario* (ou *remolario*, appelé *remolat* sur les galères françaises ; le faiseur de rames) ; *barilaro* (le barillar) ; *bombardieri due con altri tanti aïutanti.* » Crescentio, p. 95).

« Les esclaves se reconnaissent entre les autres gens de la chiourme par la touffe de cheveux qu'ils portent au sommet de la tête, d'ailleurs entièrement rasée. Ils sont vêtus et nourris comme les forçats.

« Les bonevoglies » (hommes de bonne volonté, galériens volontaires), « sont ou des forçats qui, après avoir fini leur temps, restent encore à la chaîne, quand ils n'ont pu payer à l'État les amendes auxquelles ils avaient été condamnés, amendes qu'ils acquittent par un certain temps de galère ; ou des vagabonds aventuriers, qui vendent leur liberté pour vivre, ou afin d'avoir de l'argent pour le jeu qu'ils aiment. Les plus nombreux et les meilleurs sont Espagnols et Napolitains. Les bonevoglies, outre qu'ils font un bon service, portent encore bénéfice à la chiourme en répandant dans la galère l'argent de la solde qu'ils reçoivent. A terre, ils partagent le service des esclaves. Quand vient le combat, on les déferre quelquefois, on les arme et on les fait combattre. On a souvent tiré à l'occasion de grands services de cette espèce d'hommes. C'est pour cela que les capitaines cherchent à avoir le plus qu'ils peuvent de bonevoglies, et qu'ils les traitent bien pour les retenir. On les déferre le jour et on les laisse aller dans la galère avec une seule manille ou jambette au pied (*maniglio o gambetto*). Mais on ne les laisse descendre du navire que sous bonne garde, et le soir on les remet à la chaîne. Les bonevoglies sont distingués des autres galériens par la moustache qu'ils portent entière ; du reste ils sont rasés.

« Deux bonevoglies ou deux esclaves servent de valets » (*mozzi*, mousses) « à l'argousin. » (*Aguzino* dit Pantero, *Agozino* dit Crescentio. L'argousin ou alguazil était le gardien de la chiourme.— « Il doit être sévère, dit l'auteur de *l'Armata navale*, p. 124, mais désintéressé. Car la rapacité des méchants argousins est cause de la fuite de beaucoup de galériens qui se sauvent, ne pouvant acheter à prix d'argent la douceur de ces hommes qui, dans l'espérance d'un gain odieux, les battent, les accablent de besogne, leur font mettre sans raison des contre-chaînes, et les châtient horriblement pendant leurs travaux.—L'argousin était l'officier de police sur la galère ; il faisait des rondes, veillait au ferrement des galériens, s'assurait que les gardes de nuit étaient bien faites par les matelots, faisait allumer les lanternes et fanaux quand la cloche sonnait l'*Ave Maria*, renouvelait les approvisionnements de bois et d'eau, exécutait les sentences criminelles, etc. Sa place était sur le banc du scandolar, dans lequel étaient enfermés tous les fers de rechange. Il avait deux rations par jour, et trois écus de paye par mois. Chaque escadre avait un argousin major ou royal, qui avait autorité sur tous les argousins des galères. L'argousin royal comme signe de son commandement portait une canne. Il avait de gros émoluments et des profits [*regalie*]).

« Les mousses de l'argousin ferrent et déferrent la chiourme. Ils ont une ration de matelot par jour, et deux écus de solde par mois, mais non pas dans toutes les escadres.

« Pour que la chiourme des galères, hors cependant les mousses de poupe, présente un plus beau coup d'œil, on a l'habitude de la vêtir d'une manière uniforme, et à la même époque. Quant aux bonevoglies, ils économisent sur leur solde pour se vêtir comme le reste des galériens. On donne à chaque homme deux chemises, deux paires de caleçons de toile, une camisole de drap rouge ou d'une autre couleur — on a soin que sur une galère la couleur de ces camisoles ne varie pas » (cette veste descend jusqu'au genou), « un bonnet (*berretino*) rouge, et un caban (*gabbano*) ou capote de gros drap brun descendant jusqu'aux pieds (*). L'hiver, on leur donne une paire de caleçons

(*) « De deux en deux ans, un *capot* de gros drap, entre gris et mi-« nime, qui leur descend jusqu'aux talons, et au-dessus un capuchon « pour se couvrir entièrement (Hobier, pag. 55). » — L'Ordonnance du 15 mars 1548, rendue par Henri II, porte ce qui suit, relativement à la chiourme des galères : « Seront tenus lesdicts capitaines d'entretenir en tout temps » (c'est-à-dire, dans le port comme à la mer), « sur chacune desdites galleres le nombre de 150 forçats » (ce qui faisait six hommes par rame, dans les galères à vingt-cinq avirons), « lesquels seront entretenus, vestus et nourris ainsi qu'il s'ensuit : A sçauoir chacun un caban d'erbage » (*caban*, veste ou robe à capuchon, dont on se servait depuis bien longtemps dans la marine, comme on le voit par les sceaux de Dam et de Dunwich (1200). — *Erbage*, étoffe de laine, grossière et de

(Sceau de la ville de Dam.)

couleur brune. Le mot propre serait *arbase*. (Voir du Cange, aux mots *arbasus* et *arbaseus*). L'orthographe *herbage*, admise par les auteurs du dix-septième siècle, est donc très-vicieuse), « une camisole de drap, deux chemises et deux paires de chausses de thoille, des chausses d'erbage et un bonnet : le tout, neuf chacun an, et des souilliers de cuyr à ceux

étroits du même drap que la capote (*arbascio*). Quand les galériens vont travailler à terre, on doit leur donner des souliers et des chaussettes. Par banc, on donne au moins deux couvertures (*schiavine*, esclavones) pendant la saison du froid.

« Des trois classes de galériens on choisit sur chaque galère deux hommes grands de taille, bien portants, robustes et meilleurs rameurs que tous les autres ; ils se placent au banc de l'arrière le plus rapproché de la spalla » (voir plus haut, page 295), « et sont à cause de cela appelés espaliers (*spallieri*). Le meilleur des deux s'asseoit au côté droit, l'autre à la bande gauche ; ils règlent le mouvement de la vogue, chose importante pour la marche de la galère. Aussi les capitaines ont-ils soin des espaliers et les favorisent-ils d'une ration de bonevoglie. Les autres galériens qui servent au banc de l'espale font le service de la poupe, c'est-à-dire, qu'ils hissent ou amènent le *mezanino*, cette corde qui soutient la tente » (et qui, placée au milieu de sa longueur, où elle s'attachait avec des pattes d'araignée, s'appelait pour cela *mezanino*) » quand on fait ou abat la tente ; ils halent et mollissent les câbles de poste (*capi*) ou les gomènes avec lesquels on amarre la galère ; ils mettent sur ces câbles les paillets lardés » (*manteletti*, petits manteaux, faits d'un tissu de cordages et garnis de houpes d'un vieux filain détordu) « dont on a coutume de les couvrir ; ils tiennent le suif toujours couvert et baigné d'eau, afin qu'au moment où l'on veut s'en servir pour l'espalmage, il soit frais et non détérioré par le soleil ; ils balayent et nettoient les espales, les échelles et le tabernacle » (*tabernacolo*, lieu un peu plus élevé que la coursie, à la poupe, où le capitaine avait un siége sous un tentelet d'étoffe. En France, on l'appelait le *carrosse*; à Venise, *ziare* (voir Baïf, page 131 *de Re navali*). « Ils sonnent l'*Ave Maria* le matin et le soir ; et quand il meurt quelqu'un à bord, ce sont eux qui le

---

que l'on voudra faire travailler en (à) terre. *Item.* Lesdits forçats seront nourris de biscuit ordinairement, tant qu'il en sera besoin et nécessaire, et auront du potage 3 fois la sepmaine, de febues, ris et autres légumes : et à ceux qui trauailleront en terre sera donné durant ledit trauail un quarteron de vin par iour : et aux malades sera baillé chair et autres choses qui seront ordonnées par le barbier. » (Fontanon, t. IV, pag. 665).

portent en terre. Pendant la manœuvre à la voile, ils sont chargés de l'écoute et de l'orse de poupe.

« On choisit encore dans la chiourme deux autres hommes pour le dernier banc de la proue qui se nomme la conille. » (*Coniglia, cosi detta dal coniglio* (le lapin) *animale vile, perche vi si mettono i più vili, et i più deboli galleoti*. On va voir que cette définition donnée par Pantero-Pantera s'accorde assez mal avec ce qu'il dit des conilliers. Je crois, quant à moi, sauf ce que mon opinion doit de déférence à celle du capitaine de la Sainte-Lucie, je crois que *coniglia* vient de *conio* et non de *coniglio*. Ce banc était en effet la base de la proue qui avait à peu près la figure d'un coin (au temps d'Hobier on appelait ce coin ou triangle : *l'isocelle*), et qui, dans le combat, munie de soldats vigoureux, tête de l'attaque, s'élargissant de l'éperon aux rambates, avait les conditions du *cuneus* de la tactique des anciens).

« Les conilliers donnent le mouvement de scie à la vogue — « *danno la sia all' altra ciurma.* »

(La vogue était le mouvement donné de l'arrière à l'avant par les avirons ; la scie était le mouvement de l'avant à l'arrière pour faire reculer le bâtiment. *Siare*, dit Pantero, dans son vocabulaire, *è vogare in piedi voltando la faccia a prora, mandado la poppa inanzi*. A Venise, quand on voulait faire virer de bord les galères et autres navires à rames, on commandait : *sia-voga!* sur les galères du pape : *sia scorre* (*)! La France avait adopté

(*) Il n'est pas sans utilité de rapporter ici les principaux commandements qui se faisaient dans la manœuvre des bâtiments à rames ; ces termes se rencontrent fréquemment dans les histoires, relations et mémoires qui ont trait aux choses des anciennes marines.

Avanti! et *cala remo!* étaient également employés par les comites pour ordonner aux galériens de nager. *Avant! avant partout!* nous est resté. Plonge la rame (*cala remo*)! n'a point été adopté par les marins français ; ce commandement était trop long. Les comites ne se servaient du *cala remo* et de l'*avanti* que pour la vogue ordinaire ; quand ils voulaient obtenir une nage plus vigoureuse, accélérant davantage la marche de la galère, ils commandaient :

Arranca! arranque! ou encore : *casque en proue!* c'est-à-dire : « en vous rasseyant, portez la tête en arrière, ou vers la proue de la galère. »

Zia ou *sia*, et *sia-scorre*, ont été expliqués plus haut.

Dritto! quand les rameurs de droite doivent nager seuls. Nous disons

le commandement de Venise : scie-vogue! Le terme *scie* a été conservé pour la manœuvre des embarcations).

« Ils ont la charge des fers ou ancres (*ferri o ancore*) quand on les mouille ou qu'on les lève; ils doivent mettre et ôter les bosses (*bozze*) aux câbles et les paillets lardés. Quand on fait la tente ou qu'on l'abat, ils manœuvrent le *mezanino*; ils pèsent sur le *giunco* du trinquet, ou l'affalent, suivant qu'on veut hisser ou amener cette antenne » (*giunco del trinquetto*, drisse de l'antenne du trinquet, voir Mémoire n° 7); « ils changent l'orse d'a-

dans ce cas : *tribord! avant tribord! tribord tout!* on disait : vogue, dextre!

Sinistro! senestre! quand les rameurs de gauche voguaient seuls. Maintenant, en France : *babord! avant-babord!* etc.

Palpa! C'était un commandement auquel les rameurs obéissaient en trempant le bout de leurs avirons dans la mer, pour modérer l'aire du bâtiment, pour le refréner, comme disait Crescentio, d'accord en cela avec les poëtes français du douzième siècle. (Voir Mémoire n° 3, pag. 176, 195). Ce *palpa*, qui voulait dire : touche doucement, flatte, caresse, et qui ne manquait ni de grâce ni de précision, n'a pas d'équivalent expressif dans la marine française actuelle; au dix-septième siècle, on commandait : flatte! aujourd'hui on dit : *scie!*

Leva remo! est exactement notre : *lève rame!* que l'on crie lorsqu'on veut interrompre la nage, les avirons restant en position pour la reprendre bientôt.

Acconiglia! se commandait quand on voulait faire rentrer les avirons de manière à ce que, appuyés sur les apostis, ils fussent en travers dans la galère. Cette opération, que faisait la chiourme tout entière, dans certaines circonstances, outre qu'elle était désignée par le verbe *acconigliare*, était dite encore : *tessere et intrecciare i remi* (Pantero-Pantera). Ces mots : *tessere*, tisser, et *intrecciare*, tresser, peignaient à merveille le pêle-mêle de ses rames, rentrées sans trop d'ordre, le giron en bas, la pale en haut. Quand on rentrait les avirons pour ne pas voguer pendant un certain temps, si l'on était sous voile, par exemple, avec un vent frais (*vento gagliardo*), on les attachait au bas de la coursie en les alignant, et chacun bien parallèle à son banc. Pour obtenir ce résultat, le comite commandait : *affornella!*

Quand les nageurs, la main dans les manettes, le pied sur le banc, attendaient que le comite leur donnât l'ordre de nager, de faire ce qu'on nommait la *palata*, ils tenaient leurs rames horizontales, parallèles à leurs bancs, et ils avaient obéi d'abord au commandement : *palamento inguala!* égalise le palament! Nous disons aujourd'hui : aligne les avirons!

vant du trinquet, toutes choses qui exigent des hommes longtemps exercés aux travaux des galères.

« Quand il arrive qu'un ordre doit être transmis de la poupe (*passi parola dalla poppa*), l'espalier de la bande droite le reçoit et le transmet de vogue-avant en vogue-avant jusqu'au conillier de son côté, qui le passe au conillier de gauche, lequel le fait redescendre la galère jusqu'à l'espalier de la bande gauche.

« Tous les rameurs qui sont assis près de la coursie et ma-

Izza! hisse! appliqué à l'antenne et à tout ce qui était monté par un palan, un cartahu, etc.

Amaina! amène! descends l'antenne! etc.

Arbora! se commandait quand on voulait faire dresser les supports des tentes.

Mola! ou *canoma!* Ce que nous disons : mollis! en douceur! *Mola d'avanti!* se disait quand on voulait faire filer un peu l'orse d'avant; au contraire, quand on voulait faire haler cet orse pour porter le *carro* de l'antenne en arrière et apiquer cette antenne, on commandait : *carica!* charge! pèse dessus!

Cassa! se criait quand on halait sur les écoutes pour border une voile le plus plat possible. Le cri : casse! est encore usité dans ce cas, et dans quelques autres occasions où il faut faire un grand effort sur un cordage.

Aguanta! c'est le *stop!* des Anglais, notre : tiens bon! commandement qui se fait quand on veut arrêter un mouvement commencé, faire tourner une manœuvre sur laquelle on halait, etc.

Fondo! donne fond! jette le fer au fond! ce que nous disons : mouille! L'ancre de la galère, appelée *ferro* par les Italiens, était nommée *risson* en France. Le *risson* ou hérisson (ainsi dit de ses quatre pointes), était un grand grappin à quatre branches. Les marins français de la Méditerranée avaient emprunté aux Italiens leur *fondo*, et ils disaient *la fonde* ou *la fonte*, pour désigner l'état du navire à l'ancre. Dans le recueil des dessins de Jean Jouve qui est à la bibliothèque du roi, on voit une *tartane à la fonde*. S'affonder était le terme dont on usait à Marseille et à Toulon, comme sur toutes les côtes d'Italie on disait : *affondarsi*.

Timo a filo da rota! timon à fil de rodde! c'était le commandement que l'on faisait au timonier pour le faire gouverner droit, le gouvernail dans le plan de la rodde, de l'étrave.

Orsa alla banda! orse tout à la bande! c'est-à-dire, la barre toute dessous, ou loffe!

Vogua sieme! vogue seme! ou ensemble les rames! (*Seme*, corruption de l'*insieme* italien, *insimul* latin.)

nient la poignée de la rame sont appelés vogue-avant » (*voga-vanti*, vogue les premiers); « il faut qu'ils soient les meilleurs rameurs de la galère, parce qu'ils dirigent l'aviron et endurent la plus grande fatigue. Ils commandent à tous les rameurs de leurs bancs pour le service du navire. Ce sont ces vogavanti que les Grecs appelaient *tranites*. » (Cette opinion a été partagée par quelques-uns des auteurs qui ont écrit sur les navires de l'antiquité; ils ont placé dans les galères les tranites à la poignée de la rame, les zugites au milieu, et les thalamites le plus près du scalme. M. John Howell, dont j'ai mentionné plus haut l'Essai sur les galères de guerre des anciens, trouve très-satisfaisante cette interprétation d'une des plus grandes difficultés qui aient partagé les savants commentateurs de Thucydide, Athénée, Plutarque, Végèce, etc. Je me rangerais volontiers à une opinion qui a l'avantage de paraître raisonnable, si je ne savais, — et l'empereur Léon est mon garant, — qu'il y avait des galères à deux rangs de rames superposées, ce qui me rend fort circonspect au chapitre des grands bâtiments à rames de l'antiquité).

« Le rameur assis à côté du vogue-avant s'appelle *posticcio*, l'autre *terzarolo* » (le troisième), « l'autre *quartarolo* » (quatrième), « et ainsi de suite, selon l'ordre de la place qu'ils occupent pour le maniement de la rame. » (En France, on disait vogue-avant, postis, tercerot, quarterot, quinterot, etc.)

« Il est encore deux endroits où il faut placer les meilleurs vogue-avant: le banc du fougon » (*focone*, la cuisine) « et celui des trompettes. Ce sont eux en effet qui donnent la vogue quand on va avec le quartier du milieu. » (*Quando si camina à quartiero alla mezania*. — La galère n'allait pas toujours avec le complet de sa chiourme. Dans les cas pressés, dans les manœuvres qui précédaient le combat, pendant le combat même, tous les avirons nageaient ensemble; mais d'ordinaire les galériens ramaient seulement par tiers. La galère, partagée dans la longueur de son jeu de rames en trois parties ou quartiers, était alternativement nagée par le quartier de poupe, par le quartier de la mezania, par le quartier de proue. Les espaliers conduisaient la nage du premier quartier. — Crescentio fait remarquer que c'est abusivement qu'on appela *quartiero* ce qui aurait dû être nommé *terzo*. — Les vogue-avant du banc des trompettes et du fougon conduisaient la vogue du tiers du milieu; les vogue-avant du banc de l'arbre-maistre celle du quartier de proue. Si la chiourme avait dû ramer sans cesse, les hommes n'auraient pu résister à la continuité de la fatigue. Quelquefois deux des tiers voguaient ensemble et le troisième levait les rames (*). L'équipage était partagé autrement que la chiourme pour son service de nuit (*la gardia*, le guet); on établissait quatre quarts : premier, second, troisième, et quart de diane, qui durait jusqu'au jour. (Crescentio, p. 95).

« Les trompettes sont pris dans la chiourme; ordinairement, ils sont au nombre de huit; on leur donne, outre la ration commune, une demi-ration de bonevoglie, et, à cette condition, ils sonnent volontiers. Comme une bonne musique de trompettes fait beaucoup d'honneur à la galère, récrée l'équipage et le porte à la gaieté, que les instrumentistes soient esclaves ou bonevoglies, les capitaines doivent les avantager et les dispenser des travaux à terre, quand leur concours n'y est pas absolument nécessaire.

« L'homme qui a soin de l'esquif, le nettoie, en est le patron, est aussi pris dans la chiourme. C'est un esclave; on

---

(*) Cette division est très-naturelle, si nous en devons croire Pantero-Pantera. Je ne sais si, en Espagne, un autre *ordre de tiers* avait été adopté; mais, p. 106 du 3ᵉ vol. des Mémorias historicas de Capmany, on lit : « Bogar por *terceroles*, isto es, de cada tres remos uno : como se ha « praticado siempre en las galeras modernas para que descansen dos tercios « de la chusma, que se van remudando en esta faena, quando no anda el « buque en diligencia ò al alcance de enemigos. » Cette manière de voguer par tiers, c'est-à-dire avec une rame sur trois seulement, de telle sorte que, de chaque bande, les rames 1, 4, 7, 10, 13, 16, 19, 22 et 25, ou bien les rames 2, 5, 8, 11, 14, 17, 20 et 23, ou enfin les rames 3, 6, 9, 12, 15, 18, 21 et 24 nageassent à la fois, deux des rôles se reposant pendant que le troisième agissait, n'a rien qui répugne à la raison; toutefois, je dois dire que je ne la trouve mentionnée que par Capmany. Je dois ajouter que l'autre mode de *quartier* devait paraître préférable, car il laissait toujours un ou deux tiers de la longueur de la galère libre, ou pour les exercices, ou pour le nettoyage, et donnait à la surveillance des comites sur les rameurs une plus grande facilité, en la restreignant à des groupes, au lieu de la disséminer sur toute la longueur du navire, de quatre en quatre pieds.

l'appelle le *Portunato* ; il a la ration des espaliers. Les taverniers appartiennent également à la chiourme. Les tavernes sont utiles aux servants qui font quelque gain en aidant celui qui a la charge de la taverne, et commodes aux pauvres passagers qui peuvent y acheter les vivres en détail....

« Il y a beaucoup d'hommes de la chiourme qui travaillent à faire des chaussettes, des chemises, des dés, des cure-dents et autres choses semblables qu'ils peuvent vendre. Ces bénéfices, ils les emploient à se procurer des vivres en supplément au biscuit et à l'eau, leur seule ration, qui ne saurait suffire à soutenir des corps que tant de fatigues accablent.

« La chiourme remplit différents offices quand on est sous voile; ainsi, les hommes du second banc de poupe sont chargés de filer ou de haler les drisses (*vette*. Voir Mémoire n° 3, au mot *betas*); ceux du quatrième banc ont la charge des ostes qu'ils tournent, déroulent, et cueillent suivant les besoins de la manœuvre. Ceux du neuvième banc sont chargés de hisser ou d'amener la *carnara* (Voir Mémoire n° 7, sur les vaisseaux ronds de saint Louis); ils veillent aussi au *cordino* de la voile. » (Le *cordino* était une corde attachée à la partie de la voile enverguée à la penne de l'antenne, partie la plus longue et qui s'appelait le *filo*). Elle servait à rentrer la toile dans la galère, quand on amenait l'antenne).

« Les hommes des dixième et onzième bancs de la bande gauche (babord), manœuvrent les barbettes de l'esquif, quand on l'embarque dans la galère. » (Les barbettes étaient des cordes attachées à l'avant et à l'arrière de l'esquif, à l'aide desquelles on tirait dans l'intérieur de la galère l'embarcation hissée à la hauteur des chevalets sur lesquels on l'asseyait. Ces chevalets, ou, comme on dit aujourd'hui, ces chantiers, étaient ajustés par les galériens des dixième et onzième bancs de droite).

« Ceux du treizième au dix-neuvième banc sont chargés des manœuvres et cordages de l'arbre-maître; ceux du seizième ont les anchis » (voir Mémoire n° 5, au mot : *anco*); « ceux du dix-neuvième manœuvrent l'écoute du trinquet. Ceux du quartier de proue, jusqu'au fougon, manœuvrent le palan du canon de proue, et lient la penne du trinquet avec ses *jonchis* (rabans de ferlage. Voir Mémoire n° 7). Aux hommes du quatrième banc de l'avant appartient la manœuvre des ostes du trinquet; à ceux du cinquième est laissée la manœuvre des bras de la même antenne. Ceux du deuxième banc ont la charge de l'orse d'avant de la maîtresse antenne, et de l'orse de rechange » (*orza d'avanti della maestra* et *orza novella che si tiene di rispetto in caso che si strapasse l'orza d'avanti*).

« Les valets du capitaine, mousses de poupe, sont pris dans la chiourme et dans la classe des esclaves. Le servant du scandolar est toujours un forçat; il est le gardien des effets et armes du capitaine et des passagers.

« L'écrivain (*scrivanello*), qui sert au patron, doit tenir le compte de tout ce qui entre dans la galère et de tout ce qui s'y dépense; il fait les listes des hommes de l'équipage, celles des rations (*cartelle*), le détail des marchandises embarquées et de leur prix; il note les noms des marchands à qui ces objets appartiennent. Ce *scrivanello* » (petit écrivain, terme de mépris donné au galérien, à la différence de *scrivano*, qui désignait le commissaire du vaisseau et de la galère, homme libre et de considération), « ce scrivanello est toujours un forçat.

« Le mousse de la compagne, qui est aussi un forçat, s'appelle *scalco* » (maître d'hôtel, maître valet). « C'est lui qui distribue aux hommes de l'équipage les rations en vin, huile, vinaigre, et le biscuit que d'abord lui a donné le *pagliolero* ou le *scrivanello*. Il a la garde de tous les vivres qui entrent dans la galère.

« Le servant (*mozzo*) de la chambre du milieu est également pris parmi les forçats; il est chargé de soigner, garder et ranger tous les effets du comite, des autres officiers, mariniers et passagers. Il sort et rentre les voiles qui se ferment dans ladite chambre. Le servant de la chambre de proue a soin des effets du sous-comite et des autres gens de mer, des câbles et cordages qui servent à amarrer (*armeggiar*) la galère. Tout ce qui entre dans cette chambre, comme paniers, cabas (*coffe* (*), Mémoire n° 7), menus cordages » (*moscelli*: lignes, bitord, fil de caret), « petit filain » (*sagore, trinelle*), « lui est consigné.

(*) Les *cuffes* des houillères de nos départements du Nord, les *couffes* de la Provence.

« Le valet du chirurgien, appelé *barbierotto* » (le barberot, en français), « est ordinairement un bonevoglie ou un esclave. Il a besoin d'aller souvent à terre pour chercher ce qui est nécessaire aux malades. Il est tout au service des malades, des blessés, et du chirurgien.

« Les coqs de l'équipage et les cuisiniers des capitaine et officiers, sont aussi gens de la chiourme; ils restent à leurs bancs, qui sont des deux côtés du fougon. » —

A ces longs détails sur la composition et la distribution de la chiourme, Pantero-Pantera ajoute des considérations d'une certaine étendue sur le nombre des rameurs qu'il convient de mettre à bord de chaque espèce de bâtiments à rames, suivant la mission qu'ils ont à remplir. Ces considérations sont la matière du chapitre XV de l'*Armata navale*; je vais les analyser, parce qu'une traduction littérale de ce morceau occuperait une trop grande place dans ce Mémoire qui, pour être complet, doit traiter encore de bien des choses. Notre auteur divise en trois espèces les entreprises auxquelles les navires à rames peuvent être employés : 1° le transport d'une armée de siége ou d'occupation; 2° l'attaque sur un point du territoire ennemi, l'armement en course, ou les incursions pour enlever des hommes, piller et saccager le pays; 3° le combat.

Pour la première de ces missions, le capitaine de la *Sainte-Lucie* estime que les galères doivent recevoir seulement trois hommes par rame, parce que ces bâtiments, n'ayant point à chercher et à poursuivre des escadres, n'ont pas besoin d'une rapidité de course et d'évolution que d'autres missions peuvent rendre nécessaire; et que, quant au combat, s'il doit venir les surprendre, le nombre considérable de troupes embarquées leur donne des chances de victoire assez grandes pour que la force de la chiourme soit comptée pour rien. A ce sujet, il cite les escadres de galères que Philippe II entretenait dans la Méditerranée pour transporter, d'un point à l'autre de ses États, les troupes qui devaient garder les forteresses et les mettre en communication entre elles : « Chacune des galères de ces divisions, tant celles qui avaient été armées et entretenues par le roi Catholique, que celles données par S. M. à des armateurs génois *in assiento* » (en société pour l'entretien), « avaient cent soixante-quatre rameurs, à trois par rame, compris les mousses de poupe et les servants des différentes chambres des galères. »

Dans le second cas, lorsqu'il s'agit de faire la course, d'aller surprendre un lieu pour s'en emparer ou pour le ravager, Pantero-Pantera veut que les galères reçoivent une chiourme plus considérable, ces expéditions devant être faites à l'improviste, et plutôt avec un petit nombre de navires rapides qu'avec un grand nombre de bâtiments lents et lourds. « Que les galères subtiles ordinaires, de 25 ou 26 bancs, si leur chiourme est bien composée, aient alors cinq hommes par rame de l'arrière à l'avant; mais ce sera trop peu de ce nombre si la chiourme est neuve en tout ou en grande partie, et il sera bon d'embarquer des galériens pour remplacer ceux que le manque d'habitude et les fatigues de la rame auraient bientôt rendus malades. Les galères bâtardes, plus lourdes et plus larges (*quartierate*) que les subtiles, bien qu'elles aient le même nombre de bancs, doivent être armées de six hommes au moins par rame, de l'espale au milieu, et de cinq, du milieu à la proue. Il convient que les galères capitanes, qui, d'ordinaire, sont plus grandes que les autres, soient armées, dans toute leur longueur, de six hommes au moins par rame. C'est ainsi que les chrétiens en ont usé dans toutes les entreprises qu'ils ont faites de notre temps (*). Les galiotes, aussi estimées des Turcs que peu en

---

(*) Toutes les galères n'avaient pas six hommes par banc; cet armement n'appartenait même qu'aux galères patronnes, capitanes, reales, et à quelques autres de la même importance en France ou à l'étranger. On dit que l'addition du 6° rameur est due au grand André d'Oria qui voulut donner à ses galères un avantage marqué de marche et d'évolution sur les navires de guerre des Génois, des Pisans et des Espagnols. L'armement le plus ordinaire en France, au dix-septième siècle, Hobier et le vol. n° 266, cité p. 296, en font foi, c'était : cinq hommes par rame de la poupe à la proue. Dans les galères un peu moins grandes, on ne mettait que quatre hommes, de l'arbre au joug de proue. 250 galériens étaient donc la chiourme des galères ordinaires à 25 rames par bande. A ce propos, Hobier fait les remarques suivantes : « Sa Majesté ne paye que pour 200, et pour celles qui sont plus grandes, à proportion..... une despense inestimable, qui monte lorsque les gallaires sont en voyage deux fois plus qu'elles ne reçoivent d'appointement, et ne sçauroyent se sauver que sur

usage dans nos marines, si elles sont de 16 à 17 bancs, ont deux hommes par rame, et trois, si elles ont de 17 à 22 bancs. Les fustes et brigantins, grands ou petits, ne reçoivent qu'un homme par banc. »

Au chapitre IV, où il énumère les espèces de navires en usage de son temps, le capitaine Pantera, après avoir dit que les galiotes ne diffèrent point des galères quant à la forme, sinon qu'elles sont plus petites et qu'elles ne sont point munies de rambates, ajoute que les plus petites ont 17 bancs, et les plus grandes 23 au plus. « Elles portent toutes l'arbre maître, mais toutes n'ont pas le trinquet ; elles ont une seule couverte ; ce sont des navires très-rapides et vifs dans leurs mouvements, surtout quand ils sont poussés par la rame. Elles piquent à merveille au vent (*proegiano benissimo*). En Barbarie, on construit beaucoup de galiotes grandes comme des galères ordinaires, et presque entièrement semblables à ces bâtiments, mais n'ayant ni rambates ni trinquet. Les patrons les font faire ainsi pour qu'elles ne soient pas forcées à servir le Grand Seigneur, ce à quoi elles seraient obligées si elles étaient et s'appelaient galères. — Les brigantins (*bergantini*) sont des navires un peu plus petits que les galiotes, mais ayant la même forme, sinon qu'ils n'ont pas la coursie élevée comme elles. Ils ont une couverte, et portent une seule voile, qui est la *maestra* ; ils ont de 8 à 16 bancs à un seul rameur. Les rames du brigantin sont assez longues, et minces, ce qui rend leur maniement facile. Ce sont des bâtiments très-véloces, commodes en ce qu'ils occupent peu de place, et très-propres à la course. Les Turcs s'en servent plus que les chrétiens. »

« Les frégates sont des navires plus petits que les brigantins ;

---

le mesnage qu'elles peuvent faire estant dans le port. Aussi, est-il tout notoire que celles de Malte, qui sont en mer plus qu'aucunes autres, despensent à la Religion plus de 25 mil escus chacune par an, outre deux ou trois mil que le capitaine y met du sien, et pour raison de quoy il obtient une commanderie de grâce. Au lieu qu'il n'est ordonné aux nostres guères plus de neuf mil escus, moyennant quoy les capitaines sont obligez de les tenir prestes et capables de servir, suyvant l'accord qu'ils en ont fait avec les feu roys, en un temps auquel les vivres et autres choses estoyent la moitié moins chères qu'elles ne sont à présent. »

MÉMOIRE N° 4.   319

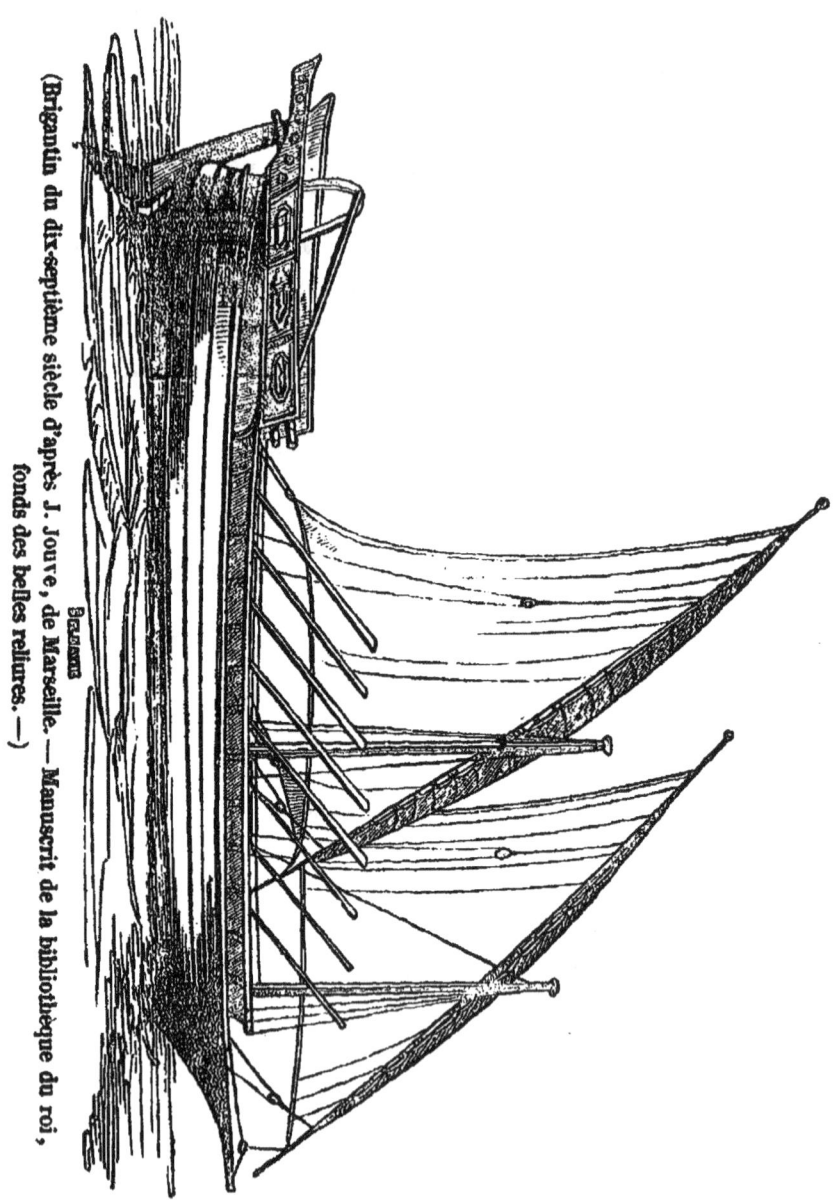

(Brigantin du dix-septième siècle d'après J. Jouve, de Marseille. — Manuscrit de la bibliothèque du roi, fonds des belles reliures. —)

quelques-unes sont pontées, d'autres sont découvertes » (et c'est de là, selon moi, que vient le nom de *frégate*: *afracta, a phracta*, sans couverte). « Elles portent une petite coursie, et ont la poupe plus basse et moins relevée que les brigantins. Elles sont de six à douze rames au plus, à un homme par rame. La rame de la frégate est la même que celle du brigantin. Les frégates portent une seule voile; elles sont vives, rapides, celles surtout que montent les corsaires. Les frégates qui transportent des marchandises, plus grandes que celles-ci, sont par cela même moins rapides. Les navires inférieurs, comme les felouques (*filuche*), les castadelles et autres, ne sont pas pontés, et portent de six à dix avirons, trois, quatre ou cinq à chaque bande; ils ont une seule voile, et sont d'une marche supérieure. »

« Les galères armées pour le combat, » — et je reviens au chap. xv de l'*Armata navale*, — « ne doivent être armées que de quatre hommes par rame. » Les raisons que donne Pantero-Pantera pour cette réduction du nombre des rameurs, sont fort bonnes ; d'abord, dit-il, « si l'on mettait cinq hommes de plus à chaque rame sur les galères d'une flotte, armée essentiellement pour aller chercher l'ennemi, on trouverait difficilement de quoi compléter sa chiourme, si l'*armata* devait être nombreuse ; ensuite, le nombre des soldats de qui la victoire doit dépendre devant être considérable sur chaque galère, ces guerriers ne pourraient agir ni se loger dans le petit espace qui leur resterait par suite de l'encombrement que la chiourme ferait aux deux côtés du navire. Ajoutez à ces considérations que les galères, alourdies par le poids trop considérable des hommes et des armes, marcheraient et manœuvreraient mal, ce qui compromettrait l'entreprise. Quatre hommes par rame sont suffisants ; les galères auront assez de vitesse, grâce à l'impulsion que les avirons, mus par ce nombre de rameurs, leur sauront communiquer ; les soldats seront plus libres pour l'action et mieux établis pour le repos ; enfin, tous les besoins du service seront satisfaits. »

Pantero-Pantera appuie ces observations de quelques faits qui ont beaucoup d'importance et qui méritent notre attention : « Nous pouvons croire, dit-il, que c'est pour cette raison que la république de Venise ne donne pas à ses galères plus de quatre nageurs par rame, et cela depuis qu'on a adopté la grande rame nommée *di scaloccio*; nous devons penser qu'auparavant, *quand les galères s'armaient de trois, quatre et cinq rames par banc, selon l'ancien usage*, au lieu d'une seule rame, comme on fait aujourd'hui en lui donnant quatre rameurs, Venise n'envoyait pas à la mer ses galères avec plus de trois hommes par banc, qui voguaient autant de rames, chacun la sienne. Ce mode d'armer les galères, — comme je l'ai entendu dire à de vieux marins qui ont commandé des navires armés ainsi, — était meilleur que celui qui consiste à les armer avec une rame nagée par trois hommes. En effet, si l'on met quatre hommes sur une seule rame, sans aucun doute on marchera mieux que si, sur un banc, on met quatre rameurs tirant chacun son aviron ; parce que, avec une grande et forte rame, on fera plus de force et l'on poussera le navire plus vigoureusement, et par conséquent on lui donnera plus de vitesse, qu'on ne ferait avec quatre rames légères, quatre hommes pouvant manier mieux, plus vite, et avec moins de fatigue une grosse rame, — ce que l'expérience journalière démontre, — qu'ils ne pourraient faire quatre petites qui encombreraient bien autrement la galère. Mais si on réduisait, sur une rame de scaloccio, le nombre des rameurs à trois, la galère irait certainement moins vite que si elle était voguée par trois rames, chacune d'elles manœuvrée par un homme. En effet, le poids de la grosse rame étant trop lourd pour trois nageurs, ils ne pourront la pousser en avant avec assez de force pour que leur mouvement ait lieu au profit de la vitesse de la galère ; ils se fatigueront promptement, et le navire ira lentement. Au contraire, les trois hommes voguant chacun avec son aviron, comme autrefois (*al modo antico*), et donnant toute sa force en raison de la légèreté de la rame, les trois petites rames feront plus d'effet et pourront agir plus longtemps. En outre, qu'un ou deux des nageurs des trois petits avirons tombe malade, meure ou vienne à manquer pour une raison quelconque, la rame ou les deux rames restantes continueront à nager au grand avantage de la galère, ce qui n'arrivera pas à la grosse rame, parce que deux hommes ou même un homme de moins, elle sera désarmée. D'où il faut conclure que la galère à trois rames par banc marchera mieux que si elle est voguée par trois hommes rangés sur une seule rame ; mais qu'avec quatre hommes maniant une grosse rame elle ira mieux qu'avec quatre avirons ayant chacun son nageur ; de sorte que si vous avez disette de chiourme pour armer une flotte de galères, et si vous ne pouvez armer les avirons *di scaloccio* qu'avec trois hommes, vous ferez mieux, — il y a du moins des gens qui l'affirment, — d'armer vos navires à trois rames par banc *al modo antico*, qu'on appelle à *zenzile* (*) ; cela coûtera beaucoup moins, parce que

(*) Au dix-septième siècle, en France, la galère senzille n'avait, quant

les trois petites rames valent la moitié moins qu'une seule grosse, et puis, parce que vous faites l'économie d'un homme par banc. Mais, *comme je n'ai encore vu aucune galère armée de cette façon*, je ne me hâte pas de donner un jugement à cet égard, et de me prononcer sur le meilleur mode. Je dirai cependant que cette multiplicité des rames me parait être un grand embarras pour les soldats, car je ne vois guère comment ils peuvent se placer aux arbalestrières. Quand on parlerait d'élever un plancher (*tavolato*) au-dessus des apostis, comme on a l'habitude de le faire dans les galéasses pour le service des soldats, la galère en serait plus encombrée, plus lourde et marcherait moins.

« Quoi qu'il en soit, les galères pour le combat devront toujours être armées de quatre hommes par rame. C'est ainsi que le roi Catholique en use dans les occasions de bataille imminente, aimant mieux laisser derrière lui quelques galères désarmées, que d'aller à l'ennemi avec des bâtiments munis d'un moindre nombre de nageurs. »

A la fin de ce chapitre, Pantero-Pantera parle ainsi des galéasses : « Les galéasses, qui sont très-utiles dans les grandes entreprises, étant d'une masse considérable et par conséquent

à l'organisation des rames, aucun rapport avec la galère du quinzième siècle, armée à un certain nombre de rames par banc. Dans l'ouvrage manuscrit (cité p. 296), appartenant au dépôt de la Marine où il est catalogué sous le n° 2960, et ayant pour titre : *Traité de la construction des galères*, on lit : « On appelle senzille une simple galère ou une galère ordinaire, du mot espagnol *senzillo* qui veut dire simple, pour la distinguer d'une réale ou d'une galère patronne. — L'on a déterminé sa longueur à 144 pieds de capion en capion, sur l'espace que doivent occuper 26 bancs dont elle est composée, et sur celui que demandent la poupe, l'espale, la conille et le tambouret; si bien que toute cette longueur se trouve divisée en 5 espaces différents ou 5 parties. — On donne à la plus considérable qui est située entre les quatre autres, et qui est destinée pour chaque banc, 100 pieds, 2 pouces, 6 lignes, prenant pour chaque banc, 3 pieds, 10 pouces, 3 lignes. — On donne à la poupe, ou à l'espace qui est couvert de la *guérite :* 14 pieds, 6 pouces, 6 lignes. — On donne à l'*espale*, ou à l'espace qui est réservé devant la poupe pour l'entrée de l'espalier lorsqu'il vogue : 6 pieds. — On donne à la *conille*, ou à l'espace nécessaire pour placer les *bâtardes* et les *fers* (ancres) à donner fond (mouiller) : 10 pieds, 3 pouces. — Enfin, au *tambouret*, espace pris depuis les bittes jusqu'au *capion de proue :* 13 pieds » (page 4 du *Traité*).

lourdes et lentes, ne doivent pas être armées de moins de huit hommes par rame, et des meilleurs qu'on ait. »

Je reviendrai plus tard aux galéasses ; ce qui doit m'occuper tout de suite ce sont les galères à plusieurs rames par banc ou à *zenzile*, comme les appelle Pantero-Pantera, d'après les vieux mariniers de son temps. Le capitaine de la Sainte-Lucie n'avait jamais vu de galère à *zenzile*, et il en est réduit à des conjectures sur la position de leurs rames. Lui, contemporain de quelques «*huomini vecchi, che hanno governato galee armate in quella maniera,*» comment ne s'est-il pas fait expliquer, ce qui paraît l'embarrasser beaucoup : la place occupée par les soldats pendant le combat, la place des rameurs sur les bancs, celle des rames sur le plat-bord de la galère, enfin ce qui le porte à regarder comme très-encombré le navire dont les avirons auraient été surmontés d'un *tavolato*, plancher, pont ou théâtre pour les combattants ? Comment n'a-t-il pas pu se procurer un plan qui eût éclairci ses doutes ? En vérité, cela est incompréhensible. Il ne pouvait guère y avoir qu'un demi-siècle que la rame *di scaloccio* avait été substituée aux petites rames, et un capitaine de galères, un officier instruit, qui écrit un traité sur la matière, un homme d'expérience qui parle *ex professo* de la flotte et de l'armement des bâtiments à rames, s'il a besoin de comparer un système qu'il recommande, à un système assez récemment abandonné, ne peut avoir que d'incomplètes informations ; comme si les vieillards qu'il interroge n'avaient conservé qu'un souvenir vague des pratiques maritimes de leur jeunesse, toute adonnée aux manœuvres et à l'armement des galères ! Étonnons-nous donc de n'avoir rien que d'obscur sur les navires de Carthage, de la Grèce et de Rome ! Étonnons-nous donc de ne pas comprendre les mots les plus importants pour l'étude des antiquités navales, mots que les scoliastes ont interprétés de tant de manières, et qui, chez Plutarque, Athénée, Diodore de Sicile, Polybe, Végèce, et tant d'autres, n'étaient fort probablement déjà que d'infidèles dénominations, apportées par une tradition lointaine, des temps antiques à ces écrivains ! Végèce, Polybe, Diodore, Athénée, Plutarque, beaucoup plus éloignés des faits dont ils parlaient que Pantero-Pantera ne l'était des galères à zenzile, beaucoup moins spéciaux d'ailleurs que notre capitan, savaient-ils, sur les trirèmes et les autres navires des anciens, quelque chose de plus que ce qu'en général les historiens et les érudits de notre temps savent sur la marine moderne, et, à plus forte raison, sur la marine du moyen âge? Je ne le pense pas. Et cependant on croit aveuglément aux textes de ces auteurs, textes altérés de copistes en copistes, textes chargés de termes spéciaux, ou composés par eux pour exprimer leurs propres idées sur les objets qu'ils voulaient peindre, ou corrompus et défigurés depuis longtemps par les gens de mer, comme nous voyons presque tous les termes en usage aujourd'hui garder à peine quelque apparence de leurs anciennes conformations; textes enfin où les exagérations, les impossibilités, les contradictions abondent, et dont Suidas, Vossius, Meibonius, Baïf, Scheffer, Godescalc Stewechius ne lisent de la même manière aucun des mots les plus importants!....

En regrettant que le capitaine de la *Sainte-Lucie* n'ait pas éclairci un point d'organisation navale qui n'aurait pas dû, ce semble, être obscur pour un presque contemporain des galères à *zenzile*; en gardant d'ailleurs cette circonspection que l'exemple si frappant de Pantero-Pantera, — *non ardisco di darne giudicio*, — me recommanderait ici, quand elle ne serait pas dans mes principes, voyons si je ne pourrai pas expliquer d'une manière satisfaisante le système des galères à plusieurs rames par banc.

En 1834, quand j'étais à Venise, cherchant les documents maritimes dont l'étude devait m'être précieuse et dont j'invoque maintenant l'autorité, je fus frappé de quelques peintures qui ornent le palais ducal et la grande salle de l'académie des beaux-arts. Dans la salle de la bibliothèque, l'ancienne salle du grand conseil, au palais des doges, je remarquai, entre autres représentations navales, le tableau où Dominique Tintoret, le fils de Jacques Robusti, montra Sébastien Zani faisant prisonnier Othon, à la bataille de Capo Salvore, en 1177. La galère du fils de Frédéric, sur laquelle vient de monter le doge Zani, attira particulièrement mon attention; outre qu'elle est, dans la composition vaste et animée de Domenico, le point capital, car c'est le théâtre sur lequel se passe le dénoûment de l'action représentée par l'artiste, la disposition de ses rames me sembla si

MÉMOIRE N° 4.

(Poupe de la galère d'Othon, prise au tableau de Dominique Tintoret représentant la bataille de Capo Salvore (*).

nouvelle, que je n'hésitai pas à en faire un dessin minutieusement exact. Ces rames sont groupées par trois, et chacun des

(*) Le souvenir des galères du douzième siècle était effacé depuis longtemps, quand, vers la fin du seizième, Dominique Tintoret eut à peindre la bataille navale où le fils de Frédéric tomba au pouvoir du doge de Venise. Il était donc difficile au peintre de rendre aux navires d'Othon et de Zani leurs figures véritables. Que fit-il? Au lieu de représenter les galères de son temps avec leurs poupes enhuchées et leurs vogues à rames de scaloccio, il se reporta au quatorzième siècle dont plus d'une peinture lui donnait encore des formes navales, et il fit des galères à poupes plates et à rames zenziles qui, pour le public de son temps et pour les mariniers eux-mêmes, étaient tout aussi bien des galères antiques, qu'aujourd'hui, pour nos marins en général, et pour tous les visiteurs du *Salon* du Louvre, un vaisseau contemporain de Louis XIII est un navire du douzième ou du treizième siècle. Les galères de Carpaccio, de Laurati, du Virgile Riccardien que je vais citer tout à l'heure, sont de l'espèce de celles que Tintoret dut connaître, et dont il put s'inspirer.

groupes sort de la galère par un petit sabord de nage, pratiqué au-dessus de l'apostis, dans l'espèce de pavesade qui sert de rempart extérieur aux rameurs et aux soldats. Une chose dont je fus étonné, c'est du petit intervalle existant entre chaque sabord de nage; mais je dus bientôt attribuer à l'artiste cette faute qu'au reste on serait mal venu à lui reprocher, car il n'était pas tenu à une exactitude géométrique, lui qui, préoccupé de l'effet pittoresque de son tableau, devait s'occuper des masses et regarder chaque galère seulement comme un détail. Que chez lui chacun de ces navires soit bien dans son ensemble, c'est-à-dire, que la forme de la poupe soit celle d'une galère subtile ou d'une bâtarde; que le gouvernail soit bien placé, bien attaché par ses ferrures, garni à sa tête de cordes dont le mouvement, suppléant celui du timon, soit facile à comprendre (*); que l'échelle se montre à l'espale, et la lanterne de poupe sur la *tenaille* qui supporte à l'arrière le dôme du *tendale*, dôme réduit à sa carcasse, car le tendelet de velours a été enlevé pendant le combat; que la bannière flotte au sommet du bâton, planté à l'entrée de l'espale, et support du dôme à l'avant; que le mât soit à peu près au tiers de la longueur du bâtiment; que l'antenne soit hissée près du sommet de cet arbre couronné par une gabie au-dessus de laquelle voltige une bannière; que cette antenne ait ses balancines, ses *ostes* à l'arrière, ses *orses* à l'avant, ses *inghinature* au milieu, ses *amans* munis de leurs *vettes* courantes dans leurs poulies; enfin, que ses flancs portent, si elle est galère à une rame par banc, une longue file d'avirons, et, si elle est à trois rames par banc, une série de groupes de trois rames sortant de sabords ouverts à l'apostis, c'est tout ce qu'on peut demander au peintre. Il ne dessine pas un plan, il n'a pas l'intention de donner un froid portrait de navire ou un modèle rigoureux d'après lequel un maître charpentier de port devra construire une galère; il agit avec liberté; il est le plus vrai qu'il peut dans l'ensemble

---

(*) Tintoret n'a oublié aucun de ces détails. Les deux cordes qu'Hobier nomme les *brides*, et qui, attachées à l'extrémité de la barre du gouvernail, appelée en France, le *lariau* du tymon, faisaient mouvoir, à l'aide de poulies, ce timon ou gouvernail; ces cordes, qui faisaient l'office de la *drosse*, sont très-intelligiblement représentées dans la galère de Dominique Tintoret.

de sa figure, dans les détails principaux, dans la tournure qu'il donne au navire; mais n'attendez pas que son antenne ait juste la longueur de la galère moins celle du *spigone;* que ses *chinali* (les haubans—V. Mémoire n° 5) aient exactement assez de grosseur pour peser les sept cantares génois que leur donne Crescentio, tenu d'être exact, lui; que ses sabords aient d'écartement l'un de l'autre, les quatre pieds exigés entre chaque banc pour la commodité des rameurs. Non, le peintre n'est point astreint à tracer ses lignes avec la règle, à soumettre les mouvements de son pinceau aux rigoureuses prescriptions du compas, à placer toutes les parties du gréement comme un comite ou un maître de manœuvre, à peindre enfin le navire comme un myologue peindrait dans tous leurs muscles les membres du corps humain en mouvement. S'il a oublié la *carnara*, les *anchis*, les *trosses* ou le *cordino*, s'il n'a montré qu'une *écoute* au lieu de deux, il est incomplet sans doute, mais l'image qu'il a faite n'est pas moins fidèle et ne mérite pas moins d'estime qu'un portrait animé auquel manquerait quelque signe, quelque verrue, quelque ride. C'est aux grands traits, aux détails caractéristiques qu'il a dû s'attacher. Domenico Tintoreto, pas plus que Francesco Bassano et Palma le jeune, qui ont peint avec lui des actions navales dans la salle du grand conseil, n'y a manqué, et leurs tableaux sont des monuments qui intéressent autant l'archéologue marin que l'amateur des beaux-arts.

Dans la galère d'Othon, les groupes de rames sont donc trop rapprochés l'un de l'autre. Tintoret, emporté par ce besoin du mouvement qui entraînait l'école coloriste à laquelle il appartenait, ne chercha point une exactitude dont la rigueur eût ôté peut-être à la représentation du côté de la galère, qu'il montrait, se débattant encore dans sa défaite, la vivacité d'action, et, pour ainsi dire, le sentiment intelligent de résistance que la multiplicité des rames, leur désordre, leur pêle-mêle lui ont donnés. Plus froid, élève de l'école ponctuelle du quinzième siècle, Victor Carpaccio, dans la peinture d'une longue galère placée au dernier plan d'un de ses tableaux de la *Vie de sainte Ursule*, — collection pleine d'intérêt, qui décorait autrefois l'église de Saint-Jean et Paul, et qui orne maintenant la pièce principale de l'Académie des beaux-arts, — Victor Carpaccio espaça plus convenablement les groupes de rames, sortant aussi, au nombre de trois, des sabords de nage. Malheureusement, au lieu d'être un objet principal dans la composition, la galère n'est qu'un détail de fond ; et, hors la disposition des rames, elle ne m'apprit rien de positif. C'était beaucoup cependant, parce que je pouvais constater que Tintoret n'avait point cédé à un caprice, et que, s'il avait rappelé un fait déjà loin des habitudes maritimes de la fin du seizième siècle, il avait pu être renseigné par quelque vieux constructeur et s'inspirer de la galère de Carpaccio, peinte en 1515, c'est-à-dire, quand l'armement par rames groupées était encore en usage à Venise.

Mon attention étant éveillée par cette rencontre de deux galères à *zenzile*, je cherchai partout à trouver quelque autre représentation qui pût me faire comprendre la disposition des bancs dans les navires à rames groupées. Le manuscrit de Picheroni della Mirandola fut, à Venise, le seul document qui me présenta un système de rames rapprochées ; mais ce système, confus et réduit à une figure sans explications, me sembla aussi peu intelligible que peu applicable. J'interrogeai les souvenirs de M. l'ingénieur en chef Casoni, qui me dit n'avoir jamais vu d'autres galères à groupes de rames que celles de Carpaccio et de Tintoret. Nous essayâmes ensemble l'application en plan de toutes les hypothèses auxquelles la vue du travers de ces deux galères pouvait donner lieu, et nous nous arrêtâmes à celle-ci, devenue pour nous une conviction : l'obliquité des bancs, par rapport à la longueur de la coursie, devait être en relation avec le nombre de rames qui avaient à trouver leur place dans le sabord de nage. J'expliquerai tout à l'heure ce que j'entends par là, et je dirai les raisons qui me déterminèrent en faveur de cet arrangement (*).

(*) Au moment où je mettais sous presse ce Mémoire, composé en 1838, j'ai reçu de M. Casoni un Mémoire imprimé à Venise (1839), extrait d'un travail plus considérable, et intitulé : *Dei navigli poliremi usati nella marina degli antichi Veneziani, memoria tratta dall'opera MS., sulla marina stessa, dell'ingegnere Giovanni Casoni*. L'auteur de ce mémoire très-intéressant, mais trop succinct, paraît avoir connu, depuis le mois de janvier 1836 que j'eus l'honneur de le voir à Venise, un ouvrage manuscrit de Cristoforo Canale, qui traite de l'arrangement des rames à trois

Un mois après avoir quitté Venise, je trouvai à Florence des peintures qui, sans me donner des lumières nouvelles sur ce point difficile des rames par groupes, me furent pourtant précieuses, car elles me montrèrent Carpaccio peintre fidèle de ce qu'il avait vu, et Dominique Tintoret conservateur scrupuleux de la tradition (*). Les miniatures du magnifique Virgile manuscrit de la Riccardienne, coté : Codex n° 492, dont j'ai fait la description dans mon Rapport au ministre, page 19, me donnèrent la figure de plusieurs galères à deux ou trois rames groupées; celle qui correspond au vers : *Tum breviter Dido vultum*, etc., du II° livre de l'Énéide, représente ces groupes assez largement espacés, et comme je les avais remarqués dans le tableau du Carpaccio.

(Galère du quinzième siècle à trois rames par banc, dessinée d'après une miniature du Virgile Riccardien, n° 492.)

A la galerie des *Uffizi*, je vis un tableau fantastique de Pietro Laurati, où une galère à rames par groupes de deux, se dessine au second plan; et cette figure de navire, exécutée par un peintre qui vivait au milieu du quatorzième siècle, autant que

par banc. Il ne dit point (p. 20) à quelle époque écrivit Canale, mais il est à croire que ce fut au quinzième siècle. Les inductions que M. Casoni tire du texte de Canale l'amènent à des résultats qui diffèrent très-peu de ceux auxquels m'ont conduit des calculs dont on va connaître les éléments et la marche. Je mentionnerai dans les notes qui accompagneront cette partie de mon travail, les opinions du savant M. Casoni, soit que je les partage, soit que je ne puisse pas m'y ranger.

(*) Un des tableaux du Carpaccio porte le millésime MDXV; le peintre devait donc être né dans le dernier tiers du quinzième siècle. Dominique Tintoret, né en 1565, était, d'environ cent ans, postérieur au peintre de la *Vie de sainte Ursule*. Il était contemporain de Crescentio et du capitan Pantero-Pantera. Quant à Pierre Laurati, dont je parlerai tout de suite, il vivait vers 1340, et a travaillé aux peintures du Campo Santo de Pise, comme je l'ai appris à Florence, du célèbre professeur Ciampi.

celles du précieux Virgile, écrit et orné de miniatures au quinzième, fut, dans mon opinion, un bon témoignage en faveur du Carpaccio et du Tintoret.

(Galère peinte par P. Laurati).

(Galères gravées par F. Huiis, dans son Détroit de Messine (*)).

Il n'y avait donc plus de doute pour moi; j'avais une explication matérielle de ces expressions si souvent répétées par les vieux auteurs italiens : *Due, tre, quarto, cinque,* etc., *remi per banco* (**).

(*) Je reproduis ici les figures des galères gravées par Huiis, que j'ai déjà montrées, page 294, pour faire connaître l'arrangement de l'artillerie avant la superposition des rambates à la couille; la galère du second plan ayant des avirons groupés par trois sur chaque banc, j'ai pensé qu'il était bon de la rapprocher de celles de la même espèce que je viens de faire connaître.

(**) Un passage des statuts de Gazarie mentionne les galères à plusieurs rames par banc. Le grand statut de 1441, chap. LXXXVIII, intitulé :

Une chose qui me semble étrange, c'est que de tous les critiques qui, en écrivant sur les navires à rames des anciens, ont multiplié les suppositions ingénieuses, et, par la comparaison des choses qu'ils avaient sous les yeux avec celles que leur faisaient entrevoir les anciens textes, les médailles et les bas-reliefs antiques, ont cherché une solution raisonnable au problème posé par les mots *biremis, trieris, pentecontorus*, etc., pas un seul ne se soit avisé, avant et surtout après Pantero-Pantera, d'examiner si l'arrangement de plusieurs rames sur un seul banc satisfaisait aux données du problème. Lazare Baïf, dans son savant traité *de Re navali* (Paris, 1536), bien qu'il cite souvent les Vénitiens qu'il avait visités, et l'organisation des navires de son temps, ne fait aucune mention des rames groupées sur un seul banc. S'il donne, p. 19, la figure d'une liburne ou birème légère, comme il entendait que ce navire avait pu exister : « Fiebant autem ab antiquis liburnicæ sive biremes celeres ferè « hoc pacto », — figure qui, pour le dire en passant, ne peut avoir été tracée que par un homme tout à fait étranger à l'art de la construction navale ; — s'il accouple, sous une œuvre morte, des rames deux à deux, au milieu de la liburne trop courte, trop haute sur l'eau, trop ronde devant et derrière, sans gouvernail, et sur la proue de laquelle flotte une bannière pendue à la tête d'une espèce de mât implanté au second banc des rameurs, il ne prend pas le soin d'indiquer, dans sa dissertation, les motifs qui l'ont déterminé à grouper ces rames. Peut-être il a trouvé quelque image navale sculptée sur un tombeau des derniers temps de l'empire, par un artiste qui n'en savait pas plus sur les liburnes du temps d'Auguste, que n'en savent sur les modernes vaisseaux de ligne la plupart de nos peintres d'histoire ; et cette image, parce qu'elle provenait de ce qu'on appelle un monument, il l'a adoptée sans se demander si elle

---

Quod leventur sclavi super navigiis, s'exprime ainsi : « Statuimus et « ordinamus quod aliquis patronus alicujus galee de Romania vel Syria « armate ad tres remos ad banchum, cujuscumque conditionis existat.... « etc. » J'aurai occasion bientôt de faire usage de ce texte dont les termes confirment celui de Pantero-Pantera, et justifient Carpaccio, Laurati, Dominique Tintoret et les autres artistes qui ont représenté des galères à zenzile.

pouvait être un portrait à peu près fidèle, ou si elle n'était qu'une fantaisie d'un sculpteur ignorant. Baïf est, à cet égard, d'une grande facilité; il donne, p. 28, la gravure d'une lampe antique qui a la forme grossière d'un navire, et il la recommande par cette note : « Tectæ sive constratæ navis forma, « qualis apud antiquos fuit. » Il emprunte aux bas-reliefs de la colonne Trajane, huit figures de galères à deux et trois rangs de rames superposées; puis à un marbre antique la figure d'un bâtiment ayant vingt et une rames de chaque côté, partagées en trois groupes de sept rames ; et il dit de celui-ci: « Hepteres, « quæ septem ordinum navis erat », sans se mettre autrement en peine de faire accorder systématiquement la liburne de la page 19 avec celles des pages 12, 13, 14 et 15, et la trirème de la page 24 avec l'hepteres des pages 37 et 164. Ici, des rames en file comme aux galères ordinaires ; là, des rames superposées; plus loin des rames accouplées sur le même banc, et pas la moindre explication au sujet de ces images qui surmontent seulement ces mots affirmatifs : « *Talis fuit...* » Charles Étienne, éditeur du livre de Baïf, frappé de ce qu'il y avait de téméraire à s'appuyer sur des monuments d'une vérité si contestable, eut la précaution d'avertir les lecteurs des *Annotationes* que les figures jetées dans le texte du volume avaient été dessinées d'après les plus vieux monuments et les marbres les plus anciens qu'on voyait alors à Rome; mais qu'elles pouvaient bien n'avoir pas été dessinées *ad unguem*. Il ajouta très-sensément : « Id enim non ignoramus, marmora quantumvis antiqua, non- « nihil interdum habere, quod artificis libidini potiùs quàm « veritati respondeat. Undè plurimum deceptos credimus eos « qui certitudinis aliquid in marmorum antiquorum statuis « hactenus posuerunt : cujusmodi quiddam in triremi videre « poterit, quæ certe Bayfii judicio, triremibus antiquorum non « respondet. » Cette remarque était fort sage et digne d'un éditeur savant et circonspect; mais l'on peut s'étonner qu'après une pareille déclaration Charles Étienne n'ait pas cru devoir supprimer le : *talis fuit...* qui accompagne presque toutes les figures.

Girolamo Zanetti (*dell' Origine di alcune arti principali appresso i Veniziani; Venizia*, 1758), pas plus que Godescalc Ste-

wech (*Commentarius ad Flavi Vegeti libros; Lugduni Batavorum*, 1598), ne fait allusion à un ordre de choses que déjà Venise avait à peu près oublié quand Stewech écrivait son commentaire, et que Zanetti pouvait fort bien ignorer, un siècle et demi après que Pantero-Pantera avait déclaré ne guère comprendre comment avait été disposé l'armement des galères à zenzile. Henri Sauli, Thomas Rive, Scaliger, Snell, ne paraissent pas avoir soupçonné cette distribution de rames, dont le Florentin Stanislao Bechi (*Istoria dell' origine, e progressi della Nautica antica; Fierenze* 1795) ne parle point, non plus qu'Onuphre Panvini de Vérone (*Naumachiæ*), Paumier de Grentemesnil (*Exercitationes ad optimos ferè auctores græcos*, 1668), Ch. Arbuthnot (*Dissertation concerning the navigation of the ancients; London* 1727), le père C. F. de Châles (*Art de naviger*), le père Sanadon (*Journal de Trévoux*, septembre 1722), le père Fournier (*Hydrographie, Paris* (1634), Gui Pancirole, Meibomius (*de Fabricà triremium*, 1671), Riccioli, Isaac Vossius, Fabretti (*de Columnà Trajanâ*, 1690), Luchesini (*Annotations sur Démosthène*), Morisot, Briet, Leroy (*Mémoires*), Deslandes (*Essai sur la marine des anciens*, 1768, ouvrage d'une bonne critique et qui présente le plus ingénieux, sinon le plus vrai, des systèmes sur le placement des rames), Joly de Maizeroi (*traduction des Institutions militaires de l'empereur Léon*), Dassié (*Architecture navale*, 1667), J. Selden (*Mare clausum*), Rondelet (*Mémoire sur la marine des anciens*); enfin le dernier venu, je crois, M. John Howel (*An essay on the war-galleys of the ancients, Edinburgh and London*, 1826). Capmany lui-même, qui, dans le chap. VII, IIIe vol. de son *Antiqua marina de Barcelona*, parle des *galeras sencillas*, semble n'avoir aucune idée de l'arrangement des rames sur les galères que les Vénitiens appelaient à *zenzile*. Il dit, en effet, à propos de la grandeur attribuée aux navires de guerre des anciens, et de la facilité que nous leur voyons avoir, au rapport des historiens, à fréquenter des plages, des baies, de petites anses peu profondes : « Operacion que no se puede
« hacer con nuestras galeras actuales, siendo de un sencillo
« orden de remos. Pues, comò los antiquos podian executarlo
« con las suyas de dos, tres, ò quatro ordenes? » Il est bien évident que le « un sencillo orden » opposé aux « dos, tres ò

« quatro ordenes » signifie, chez Capmany, un rang de rames seul. De son temps, à la fin du dix-huitième siècle, les galères avaient une file de rames de chaque côté, et ces rames étaient grandes, lourdes, maniées par cinq ou six hommes, et n'avaient rien de commun avec les rames *zenzile* du quinzième siècle.

J. Scheffer, p. 99 de son traité *de Militia navali* (Upsal 1654), après avoir établi péniblement son système de rangs de rames superposées à de petites distances, système souvent attaqué, et qui n'a pour l'appuyer que les navires informes de la colonne Trajane et quelques passages fort obscurs d'auteurs diversement compris, donne la figure d'une galère du quinzième siècle, en comparaison avec celle de la liburne gravée, p. 19, dans les *Annotationes* de Baïf. Cette galère, ou infidèlement reproduite par le dessinateur, ou peinte avec trop peu de soin par l'artiste auquel elle a été empruntée, Scheffer ne dit point d'où il la tire; elle présente cette singularité que les rames sont divisées en groupes inégaux, de quatre aux deux premiers, de trois aux deux suivants, et de quatre ensuite. Après ce cinquième groupe, les rames paraissent se suivre en files constantes, régulières, et sans aucun intervalle entre les scalmes. Cette disposition, que rien ne justifie, appartient certainement à l'artiste; J. Scheffer la croit excellente; bien plus, il ne se doute point de l'espèce d'armement que cette galère supposerait : galère à zenzile par derrière, et par devant galère à scaloccio; zenzile à trois, quatre et cinq rames par banc, jusqu'à la moitié de sa longueur; ensuite, *scaloccii* manœuvrés par quatre ou cinq rameurs. Qu'un tel navire soit une sorte de monstruosité présentant l'accouplement inusité, j'ose ajouter impossible, de deux systèmes, dont l'un est dans deux de ses applications à la fois, j'en suis certain; mais J. Scheffer est loin d'une telle conviction. Il tient pour bonne l'organisation de la galère qu'il publie, comme pour véritable il tient la liburne de Baïf. « Nunc ecce aliquam ex nostris galeis, » dit avec assurance le savant d'Upsal. Cependant il prend la peine de comparer ce dessin avec les galères de la reine de Suède, cette grande Christine à qui il dédie son livre, et il ajoute :
« Nisi quod nunc frequentius sublatis intervallis remos serie con-
« tinua disponant, et ad unum plures nautas collocent. » Quant

à la raison qui fit diminuer les intervalles des rames (*interscalmia*, Vitruve, lib. I, cap. II) et armer chaque aviron de plusieurs galériens, il ne la connaît pas, et ne cherche point à la deviner.

Le fait que je viens de signaler n'est-il pas remarquable? Conçoit-on que cette circonstance de l'arrangement de plusieurs rames sur un seul banc ait échappé à l'attention d'un critique aussi soigneux et habile que Scheffer, et qu'avant lui, comme depuis, aucun des savants qui ont appliqué toute l'ingéniosité de leur esprit à expliquer le système des navires à rames, grecs et romains, n'ait connu les galères à *zenzile*, ou n'ait fait quelque effort pour chercher à comprendre le passage de Pantero-Pantera qui n'a pu rester ignoré de tous? Il en est cependant ainsi. Pas un mot; rien qui puisse faire penser que les galères du quinzième siècle aient été connues de ces savants. Que Scaliger, Vossius, Meibomius et ceux des auteurs qui étudiaient la marine dans les vieux scoliastes, et n'avaient jamais vu ou ne se souciaient pas de voir des galères modernes, dont l'observation attentive aurait contribué peut-être à redresser leurs opinions, si étranges sur beaucoup de points; que ceux-là, dis-je, n'aient pas imaginé qu'il y eût, dans la marine du moyen âge, des navires d'une organisation particulière, bien dignes d'être étudiés, car ils pouvaient offrir une hypothèse nouvelle après tant d'hypothèses, pour la solution de la difficulté qui les préoccupait, cela se comprend jusqu'à un certain point; mais Baïf qui avait visité Venise, « *Venetiis cum essem* » (Épître dédicatoire à François Ier), mais Scheffer qui possédait la figure d'une galère à rames groupées — représentation, peut-être d'une des galères faites par les Vénitiens pour Gustave Wasa (voir plus loin, p. 48), — mais Antonio Marin, qui eut tant de documents sous les yeux, et qui fut, comme il le dit lui-même, pag. 72, 7e vol. de son Histoire, sur les galères de la république pendant onze ans, comme lieutenant ou capitaine! cela ne se peut comprendre : je ne saurais trop le redire.

Tâchons de combler une lacune si inconcevable; essayons de faire ce que Pantero-Pantera, — dois-je dire qu'il n'osa pas risquer cette restitution ou qu'il négligea volontairement de la tenter? — ce que Pantero-Pantera n'a pas fait, lui, si bien placé pour tout apprendre à ce sujet, et pour nous tout dire!

Dans les galères des seizième, dix-septième et dix-huitième siècles, les bancs des rameurs n'étaient point perpendiculaires à la coursie et à l'apostis; ils leur étaient obliques, et cette obliquité, si j'en crois le plan de la galère d'Hobier et celui que j'ai attribué à J. Jouve, était mesurée par la moitié de l'interscalme. Or, l'interscalme, ou distance entre deux tolets, était de 4 pieds; l'extrémité extérieure du banc était donc de 2 pieds en avant du point d'appui de la rame. Cela est rendu sensible par la figure suivante, où la ligne DE marquant

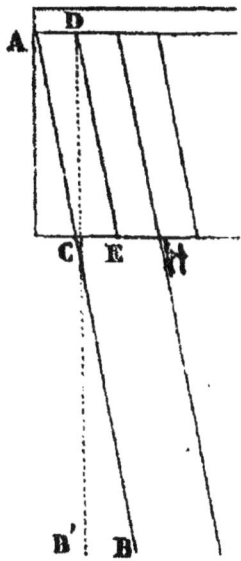

l'emplacement du banc, le point E est éloigné du scalme C de 2 pieds; CH, l'interscalme, ayant 4 pieds (*). Ainsi placé, le banc laissait au vogue-avant qui conduisait la rame à la poignée D, la possibilité d'étendre les bras pour donner à la nage toute la longueur nécessaire, et l'aviron, dont la position était DCB' quand il sortait de l'eau, après avoir donné son coup d'impulsion au navire, était en ACB quand il allait y entrer. Cette disposition, dont l'expérience avait démontré la bonté, était favorable aux mouvements combinés de plusieurs rameurs

---

(*) La lettre H, qui a été oubliée, doit être placée, dans la figure, à droite du point E, à l'intersection du prolongement de la ligne CE avec la grande ligne parallèle à AB. — L'espace entre les deux lignes parallèles où est la lettre D, est la coursie. La lettre A est du côté de la poupe de la galère.

sur un aviron, à plus forte raison devait-elle l'être aux mouvements de plusieurs rameurs sur un même banc, chacun maniant sa rame. Mais l'obliquité, mesurée par 2 pieds, ou un demi-interscalme, pouvait-elle suffire au banc qui devait recevoir deux ou trois rameurs à zenzile? évidemment non. En effet, pour que les hommes eussent un peu de liberté dans leur action, pour qu'ils ne se gênassent pas l'un l'autre, pour qu'ils n'eussent pas d'ailleurs à manier de rames trop lourdes, il fallait donner à chacun sur le banc une place de 2 à 3 pieds; 3 pieds étaient même rigoureusement nécessaires sur la galère à deux rames par banc. Avec l'inclinaison DE, un seul aviron pouvait être placé de C en E; une inclinaison plus grande doit donc être supposée. Au lieu de 2 pieds, donnons-en 3, et nous

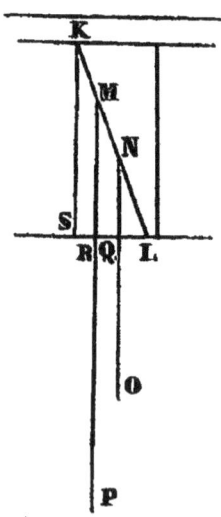

aurons la ligne KL qui marquait l'inclinaison du banc, L étant à 3 pieds de S, le scalme d'un aviron dont le rameur serait placé au point K, qui est contre la coursie. Mais, avec cette inclinaison, je ne saurais mettre que deux rameurs sur le banc, et deux rames sur l'apostis de S en L; et voici pourquoi je ne les multiplierais pas davantage. La rame du nageur placé en K aurait un peu plus de 30 pieds, et quel homme manierait seul pendant quelques heures, pendant une heure seulement, un aviron de cette taille, si mince d'ailleurs qu'on le suppose?

Pour qu'elle ne se brise pas dès le premier effort, pour qu'elle ne se torde pas, une rame a besoin d'une certaine épaisseur.

Crescentio, donnant les proportions d'une rame de galère à vingt-six bancs (rame à *scaloccio*), dit que cet aviron, long de 45 palmes et $\frac{1}{2}$, était divisé en deux parties, dont l'une, le giron, avait 14 palmes, et l'autre, la partie extérieure, 31 palmes $\frac{1}{4}$. Cette rame avait de diamètre, au giron, 1 palme ou 9 pouces ; à l'estrope, renflée par une sorte de jumelle appelée la *galverne* (voir ci-dessus, page 301), elle avait 1 palme $\frac{1}{2}$, ou 13 pouces $\frac{1}{2}$ de diamètre ; la pale était large de 9 pouces, et longue de 10 palmes $\frac{1}{2}$, ou 7 pieds 10 pouces 6 lignes. On conçoit très-bien que cinq ou six hommes pussent, pour le plus grand avantage de la galère, manier un levier de 33 pieds 9 pouces de longueur, épais de 2 pieds 3 pouces, et balancé au tiers environ de sa longueur, ce tiers intérieur faisant contre-poids par ses dimensions aux deux tiers extérieurs ; mais qu'aurait fait de cette rame un seul homme, pour fort d'ailleurs qu'on le veuille supposer ?

Réduire la longueur de la rame, et, avec sa longueur, son poids, dans l'armement à zenzile, est donc d'une nécessité absolue. Je supposerai donc que le premier rameur soit placé en M, c'est-à-dire, à trois pieds du point K, naissance du banc. Sa rame aura son scalme en R ; MR, le giron de cette rame, aura 6 pieds 9 pouces, et la partie extérieure RP : 14 pieds environ. Le levier à manier par un seul sera donc de 20 pieds 9 pouces à peu près. Bien que cette rame puisse n'avoir que 6 pouces de diamètre au giron, elle est encore d'un poids assez grand ; mais il n'était pas impossible qu'un homme, — un de ces rudes hommes des quatorzième et quinzième siècles, qui étaient habitués à de plus durs travaux que les hommes du dix-huitième siècle, qui portaient des armures de fer, maniaient la lourde et difficile arbalète, jouaient avec la lance et l'esponton, — manœuvrât cette rame, surtout si l'on pense que des rameurs supplémentaires étaient toujours aux bancs pour relever ceux qu'un exercice continu aurait écrasés. Quant au second rameur, je le placerai en N, à 3 pieds du rameur M ; celui-là aura le tolet de sa rame en Q, à 1 pied du scalme R. Le giron NQ aura 3 pieds 9 pouces, et la partie extérieure environ 8 pieds. Cette rame sera donc longue de près de 12 pieds.

Pour se bien rendre compte de l'état de choses que constituait l'armement à zenzile, à deux rames par banc, il faut savoir quelle était la hauteur de l'apostis au-dessus de l'eau. Picheroni della Mirandola, dans les notes qui accompagnent son plan de galère subtile à vingt-cinq avirons par bande, s'exprime ainsi : « Alta (la galia) in voga in mezo con la sua postiza pie 3. » La plus grande hauteur de la galère au-dessus de l'eau à l'apostis était donc de 3 pieds vénitiens (*); nous allons voir qu'au quatorzième siècle la rame n'était guère plus élevée au-dessus de la mer. On peut se rappeler qu'un statut génois du 24 septembre 1330 (voir pag. 262 de ce Mémoire) prescrivit aux patrons des galères subtiles d'avoir la ceinte de leurs navires, *semper nitida ab aquâ*, et de ne jamais avoir dans l'eau les fers qui marquaient la flottaison légale. Ces fers étaient placés, selon les prescriptions du statut de juillet 1340, à quatre palmes, « *a mento subtano trencharini*, » ou à quatre palmes de la ceinte. Quatre palmes font trois pieds; si, à cette élévation on ajoute la hauteur de la ceinte, celle du contaut, celle du trinquenin et celle de l'apostis, on aura, — ces trois hauteurs, je les vais emprunter à Hobier et à Crescentio, — on aura : hauteur de la ceinte ou cordon, 3 pouces; hauteur du contaut, 1 pan $\frac{1}{2}$, ou 1 pied 1 pouce 6 lignes; hauteur du trinquenin, 4 pouces; hauteur de l'apostis, 2 palmes et 2 doigts, ou 19 pouces. La somme de ces cinq hauteurs : 6 pieds 3 pouces 6 lignes, est à peu près celle de la galère subtile du quatorzième siècle, au milieu, au-dessus de l'eau. Mais entre cette hauteur et celle que donne Picheroni pour une galère subtile du seizième siècle, la différence est un peu plus de trois pieds. D'où peut venir cela ? De la différence des devoirs qu'avaient à remplir la galère armée en marchandise, au ferrement de laquelle pourvoyaient les statuts de Gazarie, et celle que Picheroni construisait seulement pour la guerre. La galère marchande, malgré les prescriptions si souvent réitérées, avait sa flottaison habituelle fort peu au-dessous de la ceinte, comme le prouvent les termes du statut de

---

(*) Le pied de Venise était un peu plus grand que le pied français; M. Casoni m'a fait connaître le rapport de ces deux mesures, dont la première est de 348 millimètres, quand l'autre est seulement de 324. Dans les calculs suivants je n'ai point tenu compte de cette différence. Il suffira, je pense, que je l'aie fait connaître ici.

1330, qui ordonnait de naviguer la ceinte toujours hors de l'eau. Si nous négligeons les quatre palmes au-dessous de cette ceinte (*a mento subtano trencharini*) que le statut de 1340 rendit obligatoires pour la pose des fers, nous verrons que la hauteur de la vogue aux galères de Flandre et de Syrie était de trois pieds, comme celle des galères subtiles contemporaines de Picheroni, Crescentio et Pantero-Pantera. Cependant il faut tenir compte de ces quatre palmes, parce que certainement quelques galères se soumirent aux rigoureuses exigences des statuts. La hauteur étant double, les avirons changèrent-ils de longueur? Je ne le pense pas. Les bancs des rameurs s'élevèrent un peu, et l'aviron alla chercher son point d'appui dans l'eau un peu moins loin du flanc de la galère. Les hommes eurent un plus de peine sans doute; mais des galères marchandes n'avaient pas besoin d'une nage si allongée, si puissante; elles l'établirent comme les chaloupes de nos ports établissent la leur relativement aux embarcations légères. Presque toujours escortées par des galères guerrières à qui le soin de la défense du convoi était laissé, rarement obligées de combattre seules, une marche rapide ne leur était pas d'une aussi absolue nécessité qu'aux galères de guerre. Quelquefois pourtant elles étaient contraintes de fuir; alors la chiourme redoublait d'efforts pour manœuvrer, et elle n'était pas toujours vaincue par des galères plus fines et plus alertes. Quand la fuite était devenue inutile, la lutte s'engageait les armes à la main; et l'on a vu plus d'une galère marchande soutenir de beaux combats, et sauver sa riche cargaison des dangers dont la menaçait un pirate, ou une galère ennemie.

Prenons donc trois pieds pour la hauteur de la vogue des galères, et traçons, sur les données de l'ingénieur Picheroni, la figure suivante, représentant la coupe verticale de la galère subtile, au milieu de sa plus grande longueur.

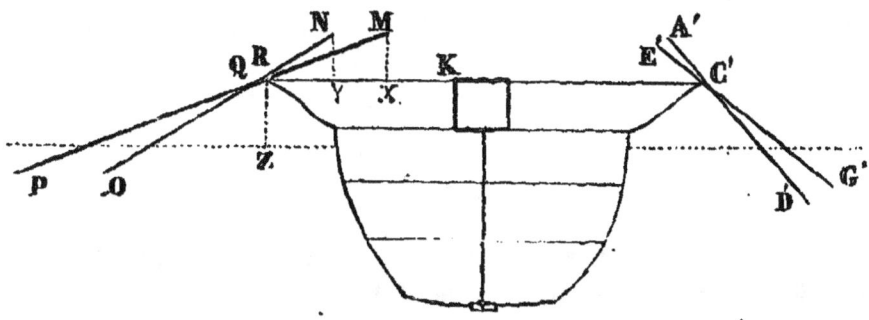

RZ sera la hauteur de l'apostis, du trinquenin, du contaut et de la ceinte que nous savons être 3 pieds. Aux points X et Y (*), distants des scalmes R et Q confondus en un seul par la perspective, le point X de 6 pieds 9 pouces, longueur du giron de la première rame, le point Y de 3 pieds 9 pouces, longueur du giron de la deuxième, élevons deux perpendiculaires XM, YN, hautes de 2 pieds 3 pouces environ, puis des points M et N tirons les lignes MRP et NRO, et nous verrons que le plus grand aviron plonge dans l'eau environ le cinquième de sa longueur, ou un peu plus de 4 pieds, tandis que l'autre plonge 2 pieds $\frac{1}{2}$ seulement, qui sont à peu près le sixième de sa longueur totale. Cette seconde rame, on le voit, ne nagera point parallèlement à l'autre (**), elle n'est point assez longue pour cela ; elle sera cependant d'un très-bon effet, et, bien évidemment, elle servira mieux la marche de la galère, avec son rameur particulier, que ne servirait au navire la première rame manœuvrée par les deux nageurs réunis. Je n'ai pas besoin, je pense, de dire pourquoi j'ai donné aux hauteurs MX, NY, 2 pieds 3 pouces : on aura bien compris que c'est à peu près de cela que devaient s'élever, au-dessus du niveau du banc, les mains du rameur de la galère, quand, la rame étant dans l'eau, l'homme se rejetait en arrière pour faire effort sur le scalme, lancer le navire en avant, et dé-

(*) Les lettres X et Y ont été oubliées par le graveur ; elles doivent se trouver sur la ligne QKC'; la première au-dessous de M, l'autre au-dessous de N. Le lecteur fera bien de tracer ces deux caractères aux places que je viens d'indiquer, pour rendre plus intelligibles les détails dans lesquels je vais entrer.

(**) M. Casoni s'exprime ainsi sur l'inégalité des rames dans les *trireme venetiane* (pag. 24) : Anche sulle lunghezze de' remi, varie erano le opi-« nioni de' nostri padri; alcuni reputavano che i tre remi aver dovessero la « medesima lunghezza nella parte fuori del bordo, ed altri, fra quali Ales-« sandro Contarini, procuratore, amico del Canale, che fosse da preferirsi « il sistema, in cui la stessa lunghezza esteriore fosse disuguale (*Della militia marittima*, Cod. L, classe IV, p. 32, tergo). » Je n'ai point connu à Venise le manuscrit L de la bibliothèque Saint-Marc, ou des archives, M. Casoni ne dit pas lequel ; mais je ne saurais admettre l'égalité des rames dans leurs parties extérieures. Il est trop évident que l'homme placé près de l'apostis devait manier une rame beaucoup plus courte que celui qui nageait le plus près de la coursie. Je m'étonne que le manuscrit de Christophe Canale ne s'explique pas sur cette question.

gager de la mer son levier, qu'il allait aussitôt reporter horizontalement, du côté de la poupe de la galère.

Dans mon arrangement des rames à zenzile pour la galère à deux rames par banc, arrangement que je crois une véritable restitution, le sabord de nage sera large d'environ 6 pouces de plus que l'interscalme RQ (voir p. 337 figure), c'est-à-dire, 1 pied 6 pouces environ. La séparation entre les sabords sera de 3 pieds. La galère aura vingt-cinq bancs et cent rames (*).

Si l'obliquité de 3 pieds suffit au banc qui doit porter deux rameurs, maniant chacun son aviron, elle a besoin de devenir

---

(*) Il y avait des galères à 2 rames par banc, plus grandes que celles dont mon calcul vient de faire connaître les dimensions. Ne sont-ce pas de celles-là que veut désigner P. Bembo dans son *Historiæ venetæ liber tertius* (Paris 1551), lorsque, parlant d'un combat livré par les Florentins à une escadre vénitienne, vers 1489, devant Livourne (*Triturrita*), il dit, p. 94 :
« Naues erant eorum sex, quatuor biremes, una et ipsa longa, sed triremibus multo uastior atque procerior; oneraria magna alia, militibus amplius sexcentis, tormentorum, atque missilium omni genere instructissimæ. Ex iis ad impediendas frumentarias, ne Arni fluminis ostium ingredi possent, biremes miserunt : reliquæ duæ magnæ, ut in triremes impetum facerent, remis uelisque propellebantur. Id præfectus conspicatus, triremem unam cui maximè confidebat, commeatui præsidio reliquit : ipse cum reliquis prouectus, tametsi periculosum esse intelligebat cum tam magnis nauibus confligere; tamen, propterea quòd uidebat omnem eius belli fortunam in eo commeatu supportando consistere; ad eas conuersus citatis remibus suæ nauis proram in longæ hostium latus magno animo imprimit.... de superiore loco hostium milites tela in Venetos adigentes, facilè eos uulnerabant. Tum pilas piceas igne succenso in triremem iaciebant : quæ res magnum incommodum præfecto attulit, transtris compluribus, et maiore uelo igne combustis : ut qui proximi pugnarent milites, remigesque perterrerentur, atque animos, virtutemque remitterent. » Les birèmes que Bembo fait connaître, étaient de deux espèces : les unes n'étaient pas plus grandes que les galères ordinaires à 2 rames par banc, les autres (*reliquæ duæ magnæ*), étaient, l'une surtout, très-longues, bien plus larges et plus hautes (*multo vastior atque procerior*) que les galères à trois rames par banc. Il fallait que leur rebord ou pavesade fût de beaucoup plus élevé que celui des *trirèmes*, pour que l'historien de Venise se pût croire en droit d'employer l'expression : *de superiore loco*. Il y avait probablement entre les grandes fustes florentines (voir plus loin à l'article de la fuste) et la capitane du chef de l'escadre vénitienne, une différence analogue à celle qui existe aujourd'hui entre un vaisseau à trois ponts et un 74, entre une grande frégate et une grande corvette.

plus grande si trois rameurs doivent y trouver place. De combien doit-elle s'accroître? Toutes les tentatives que j'ai faites m'ont amené à fixer cette obliquité à 5 pieds, c'est-à-dire, que le

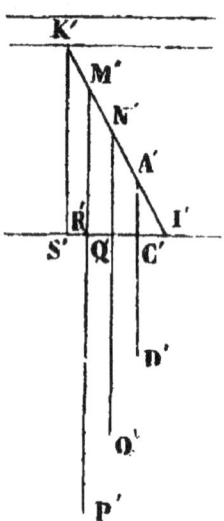

point I', où l'extrémité de la ligne K'I', figurant le banc, rencontrerait la ligne S'I' de l'apostis, serait éloigné de 5 pieds du point S', scalme de l'aviron dont le nageur serait en K', dans l'armement à *scaloccio*. Pour ne pas augmenter la fatigue, déjà grande, du premier rameur, je laisse à son aviron la longueur de 20 pieds 9 pouces environ, et je place l'homme en M', à 3 pieds de K'. Quant aux autres nageurs, je les espace moins entre eux que je n'éloigne le premier du point d'attache du banc à la coursie. Au lieu de 3 pieds entre chaque place, je n'en donne que 2, et cela pour conserver entre les scalmes R', Q', C', la distance de 1 pied que, tout à l'heure, je donnais aux scalmes RQ. Le second rameur, assis en N', aura un aviron N'Q'O' long d'un peu plus de 15 pieds; le troisième, assis à 2 pieds de celui-là, en A', aura une rame A'C'D' de la longueur de 9 pieds 6 pouces environ, qui, placée au tolet C' (figure précéd.), à 3 pieds au-dessus de l'eau, aura dans la mer 2 pieds de pale. Son inclinaison, par rapport à la mer, ne sera pas aussi favorable que celle de la rame NO (fig. précéd.); telle qu'elle est pourtant, elle ne saurait être comparée à celle de la pagaie du sauvage qui a tant d'action sur sa longue pirogue. Avec la disposition que je donne aux trois rames (*) et au banc qui porte les trois rameurs, le sabord de nage de la galère serait de 2 pieds 6 pouces, et l'éloignement d'un sabord à l'autre serait de 5 pieds 6 pouces. En examinant bien les figures de galères à zenzile que m'ont fait connaître Vittore Carpaccio, Pietro Laurati, et l'anonyme auteur des belles miniatures du Virgile, de la Riccardienne de Florence, il me semble que je suis tout à fait dans le vrai avec ces mesures.

Un quatrième rameur n'est pas plus difficile à placer sur le banc où trois nageraient déjà, que ces trois ne l'ont été eux-mêmes. Voici comment le banc et les rameurs doivent être disposés.

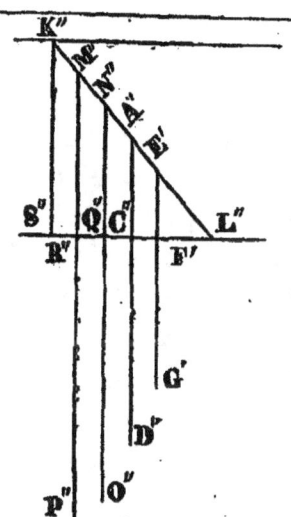

Au lieu de donner au banc une obliquité de 5 pieds seulement, il faut supposer qu'il s'incline à l'avant d'une quantité S″L″, mesurée sur l'apostis, égale à 8 pieds ou deux interscal-

---

(*) Le manuscrit de Christophe Canale dit que les trois rames de la galère à trois par banc étaient appelées, celle qui était maniée par le rameur assis le plus près du milieu de la galère : *piamero*, la seconde : *posticcio*, enfin celle dont le rameur était assis le plus près du bord : *terlicchio*. Nous avons vu plus haut (p. 312) qu'au seizième siècle, dans la marine des galères du pape, et à Naples, le 2ᵉ rameur s'appelait *posticcio*; en France on le nommait l'*apostis*. Le *piamero* vénitien correspond au *primiero* italien, dont il est probablement une corruption. *Terlicchio* diffère beaucoup de *terzarolo*, quoiqu'il signifie la même chose. Tous deux ont pour radical *ter* : trois, troisième.

mes ordinaires. En plaçant les rameurs sur le banc à 2 pieds de distance l'un de l'autre, éloignement suffisant, car aux galères à *scaloccio* des seizième, dix-septième et dix-huitième siècles, ils n'avaient que 18 pouces de siége, on a quatre hommes assis en M'', N'', A'', E'. Le premier maniera un aviron dont le tolet sera en R''; la longueur du giron ou genou M''R'' sera de 8 pieds 3 pouces; la longueur totale de la rame devrait donc être de 25 pieds environ. Mais une rame des dimensions que cette longueur suppose serait trop lourde pour un seul homme; en lui conservant son giron, qui est nécessaire, on peut raccourcir la partie extérieure de manière à la faire égale à celle de la rame du second homme. Le rameur M'' nagera d'autant plus aisément que le bras du levier sur lequel il agira sera relativement plus long de la puissance à la résistance que de la résistance au point d'appui. L'aviron du rameur N'' aura un giron N''Q'' de 6 pieds 9 pouces, qui donnera de longueur totale 20 pieds 3 pouces à cet aviron. Cette rame sera à peu près celle du rameur M' de la galère à trois rames pour banc. La partie extérieure Q''O'', longue de 13 pieds 6 pouces, étant ajoutée au giron M''R'' de l'aviron M''R''P', celui-ci aura 21 pieds 9 pouces. Le troisième rameur A'' maniera une rame A''D' dont le giron A''C'' aura 5 pieds 2 pouces de longueur, et qui sera, par conséquent, long de 15 pieds 6 pouces dans sa totalité. Quant au rameur assis en E', sa rame, longue en tout de 10 pieds 6 pouces, aura 3 pieds 6 pouces de giron. Cet aviron E'G' sera plus long que le troisième aviron de la galère à trois rames par banc; il produira par conséquent plus d'effet, et son inclinaison, au lieu d'être (figure p. 340) mesurée par l'angle A'C'K, le sera par l'angle E'C'K. L'aviron entrera de 2 pieds dans l'eau. — Le sabord de nage de la galère à zenzile, munie de quatre rames par banc, telle que je la conçois, était large de 4 pieds $\frac{1}{3}$ environ; l'intervalle entre chacun de ces sabords devait être de quatre pieds.

La galère à quatre rames par banc, si elle n'était pas plus longue que celle de Picheroni, que j'ai prise pour type, ne pourrait avoir que douze bancs de chaque côté; en tout, elle aurait quatre-vingt-seize rames. Dans la galère à trois rames par banc, il pouvait y avoir dix-neuf bancs de chaque bord et cent quatorze rames en tout. Ceci ne veut pas dire qu'il n'y avait pas des galères plus longues, ayant, par exemple, cent vingt rameurs et vingt bancs (*).

S'il y avait des galères à cinq rames par banc, comme Pantero-Pantera le dit expressément, p. 150, chap. xv (« Quando « s'armavano li galee a tre e quatro e cinque remi per banco), » ce n'était plus de 8 pieds qu'il fallait obliquer, mais de 10.

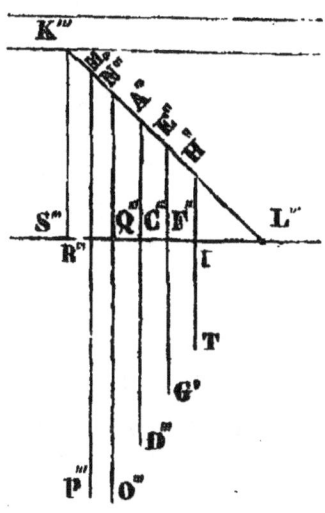

S'''L''' aura donc 10 pieds. Sur la longueur K'''L''' si je prends la place de cinq hommes, occupant chacun 2 pieds, le cinquième rameur sera assis en H'', les autres s'assoiront en M''', N''', A'', E''. Le rameur M''' maniera un aviron qui, ayant 8 pieds de giron, devrait avoir 24 pieds; mais je réduirai sa longueur extérieure de manière que sa pale soit la même que celle de la rame du deuxième homme, et cela pour la raison que je donnais tout à l'heure, relativement à la rame M''P'' de la galère à quatre rames par banc. Cette rame du deuxième homme, fixe au scalme Q''', sera de la même grandeur que la rame N''O'' (fig. précéd.), ou 20 pieds 3 pouces ; en ajoutant donc

---

(*) Dans le statut de Gazarie de 1330, chap. 1er, ou chap. xxviii du statut de 1441, on lit : « Vogerii vero seu marinarii usque ad numerum « concurrentem 176, computatis naucleriis et senescalco... » En supposant cinquante matelots pour les voiles, cinq nochers et pilotes, un sénéchal ou commis aux vivres, la galère dont parle le document génois devait avoir 120 nageurs qui, groupés par 3, devaient s'asseoir sur 40 bancs, 20 de chaque bande.

13 pieds 6 pouc. aux 8 pieds du giron $M'''R'''$ on aura la longueur totale de la rame $M'''P'''=21$ pieds 6 pouces. Le rameur A''' aura une rame dont le giron $A'''C'''$ sera de 5 pieds 3 pouces. La rame en son entier aura donc près de 16 pieds. La rame $E''G''$ aura à peu près 13 pieds; la rame $H''T$ n'aura que 9 pieds 6 pouces comme la rame $A'C'D'$ de la galère à trois rames par banc (p. 343). — Le sabord de nage, pour les cinq rames, sera de 6 pieds $\frac{1}{2}$ environ; l'intervalle entre chaque sabord sera de 4 pieds $\frac{1}{2}$. La galère pourra avoir neuf bancs de chaque côté, ce qui fera une totalité de rames de quatre-vingt-dix.

Je ne sais si jamais il y eut des galères à six rames par banc : je ne connais point de texte qui m'autorise à le croire; mais il me semble qu'un tel armement n'aurait présenté aucun avantage. On voit qu'à cinq rames par banc, la galère est très-inférieure en nombre d'avirons, et par conséquent en vitesse, à ce qu'elle est quand elle n'a que trois rames par banc; à six rames, l'infériorité serait plus grande encore, car la galère ne pourrait avoir que sept bancs de chaque côté, ce qui réduirait à quatre-vingts le nombre total de ses rames. Pour que la galère à six rames zenziles fût possible, il faudrait l'imaginer plus longue, par conséquent plus large et plus haute sur l'eau que la subtile ordinaire du seizième siècle; mais, si le nombre des bancs et des rames augmente dans cette hypothèse, les longueurs des premières rames, augmentant avec la largeur du navire, deviennent trop lourdes pour un seul homme, et, par conséquent, impossibles à supposer. Des quatre organisations de galères à zenzile que je viens de déterminer, celles qui durent être préférées ce sont celles des galères à deux et trois rames par banc. Cent et cent quatorze rames étaient des armements très-favorables, et favorables à ce point qu'il n'est guère concevable qu'on ait pu raisonnablement leur opposer les armements des quatre-vingt-quatre et des quatre-vingt-dix rames. Sans doute ces armements avaient une supériorité marquée sur ceux des très-petites galères et galiotes dont les rames assez courtes n'étaient manœuvrées que par un seul homme; mais qu'étaient les galiotes comme bâtiments de guerre, au quinzième siècle?

L'armement à trois rames par banc était d'usage à Venise au quinzième siècle, et au commencement du seizième. Cela est établi par Pantero-Pantera dans le passage que j'ai rapporté, page 320. Le capitaine de la Sainte-Lucie dit en effet : « Venise « n'envoyait pas à la mer ses galères avec plus de trois hommes « par banc. » Venise devait, par de longues expériences, s'être convaincue que la galère ainsi nagée valait mieux qu'avec tout autre armement ; elle n'avait cependant pas renoncé à la zenzile à quatre rames, qui jouissait apparemment d'un certain renom en Europe, car nous apprenons, d'Olaus Magnus, que Gustave Ier, roi de Suède, en fit construire par des ouvriers vénitiens. Voici les paroles de l'historien ; elles sont assez intéressantes pour être rapportées et commentées : « Præterea idem « rex primus usum biremium, triremium ac quadriremium circa « annum Domini 1540 in mari Gothico ac Suecico manu artificum « venetorum liberali stipendio introduxit. » Je ne saurais méconnaître dans ces birèmes, trirèmes et quadrirèmes de l'écrivain suédois, les galères à zenzile, abandonnées à la fin du seizième siècle, et dont Pantero-Pantera ne savait si peu de chose que parce qu'il avait oublié de demander des renseignements à leur sujet aux « vieillards qui avaient commandé autrefois des galères armées de cette manière. » Carlo-Antonio Marin, qui ne savait pas qu'au quinzième siècle, et au commencement du seizième, il eût existé des bâtiments à rames, ayant plusieurs rames sur un seul banc, ne comprit pas le sens du passage d'Olaus ; aussi, en le rapportant, traduisit-il *biremium* par *galeotte*, *triremium* par *galere*, *quadriremium* par *galeazze* (pag. 161, vol. 7). Les auteurs qui, dans le moyen âge et depuis, eurent l'occasion d'écrire en latin sur les galères, firent un grand abus de ces mots incompris : *biremis*, *triremis*, etc. : souvent il est impossible de savoir dans quelle espèce de navires ils rangent ceux qu'ils décorent de ces noms ; mais ici le doute est impossible. Pour moi, ces birèmes, trirèmes et quadrirèmes introduites dans les mers de Suède et de Gothie, par Gustave Wasa, et construites par des ouvriers venus à grands frais de Venise, dix ans avant l'accomplissement de la première moitié du seizième siècle, sont des galères à deux, trois et quatre rames par banc ; je ne crois pas qu'il puisse y avoir deux opinions à cet égard, maintenant que voilà éclaircie la question des galères à zenzile.

La connaissance vague que Pantero-Pantera avait de l'arrangement des rames par groupes plus ou moins nombreux, lui fit croire que les galères des anciens avaient pu être armées à zenzile. On le voit le déclarer sans hésitation (p. 16, chap. III) quand il parle de ces bâtiments : « V'era la bireme, la trireme, la qua- « drireme, la quinquereme. Ve n'erano di sei, di sette, d'otto, « di nove, di dieci remi per banco, e oltra queste si legge, che « se ne siano vedute di dodici, di quindici, di venti, di trenta, « di quaranta e di cinquanta. » J'avoue que, si je puis me figurer une birème et une quinquérème romaines à peu près semblables aux galères à zenzile du quinzième siècle, je ne saurais m'imaginer la position du banc qui aurait porté quarante et cinquante rameurs, maniant chacun son aviron. Qu'auraient donc été la première et la quarantième de ces rames?.... Le système de Pantera ne vaut pas mieux que tous ceux à l'aide desquels on a prétendu expliquer les galères des anciens ; il présente même des difficultés plus grandes dans l'application que ceux de Deslandes, d'Howen et de Scheffer. Mais ce n'est pas sur cette question d'archéologie navale que je dois m'arrêter ici ; les galères de l'antiquité grecque et romaine sont hors de mon sujet, et je reviens aux navires à rames du moyen âge pour me demander si ce que je viens d'établir, tout à l'heure, relativement à l'armement des galères à zenzile, peut m'aider à déterminer l'espèce et la force de certaines galères, dont l'importance historique appelle nécessairement l'attention de l'antiquaire marin.

Je trouve, par exemple, dans le traité passé entre le célèbre doge de Venise, Andrea Dandolo, et l'empereur de Constantinople, un article stipulant que l'empire latin entretiendra douze galères montées par ses sujets, et entretenues, pour les deux tiers, par la république de Venise. Ces galères devaient avoir cent quatre-vingts rameurs portant cuirasse. De quelle espèce devaient être les galères dont il est question? Sans aucun doute elles n'avaient pas autant de rames que de rameurs ; car en admettant qu'elles eussent eu cent quatre-vingts rames, à deux rames par banc, elles auraient été d'une longueur énorme, puisqu'au lieu de vingt-quatre bancs il leur en aurait fallu quarante-cinq ; et en admettant qu'elles eussent été à trois rames par banc, il leur aurait fallu trente bancs de chaque bord, au lieu de dix-sept (*), ce qui aurait augmenté leur longueur de près de 100 pieds. Tous les rameurs ne devaient pas nager à la fois ; un certain nombre restait en réserve pour suppléer les malades ou ceux qu'un long exercice de l'aviron avait fatigués ; mais quel pouvait être ce nombre ? Si je suppose une galère de vingt-quatre bancs, à deux rames par banc, le nombre des rameurs de supplément sera de quatre-vingt-quatre. Ce supplément diminuera de quatre si on suppose la galère à dix-sept bancs, trois rames fonctionnant sur chacun. Quatre-vingts hommes se reposant quand cent nagent ; quatre-vingts hommes restant pour remplacer les trente-trois rameurs des plus grands avirons et ceux des avirons moyens qu'une longue traite a fatigués ; quatre-vingts hommes toujours prêts à commencer le combat, si le combat devient imminent, cela paraîtra assez raisonnable, surtout en se reportant aux prescriptions de Constantin Porphyrogénète qui, faisant connaître l'armement d'un dromon, liv. II, chap. XLIV, p. 387, *de Ceremoniis aulae Byzantinae*, réserve soixante et dix *milites* sur les trois cents hommes composant l'équipage de la galère à deux étages à qui il fallait deux cent trente « *remiges, qui si velint aut apti sint, conferre in* « *pugnis quoque operam poterunt.* » Je pense donc que les galères mentionnées par le traité *veneto-imperiale* étaient de l'espèce à zenzile, à deux rames par banc. Elles devaient ressembler à ces vingt galères que don Enrique II, roi de Castille, au rapport de don Lopez de Ayala, le chroniqueur du règne de ce monarque, fit armer à Séville en 1370 pour aller combattre la flotte portugaise

---

(*) Si je ne donne aux galères du quatorzième siècle que 24 et 17 bancs au lieu de 25 et 19 que les galères du milieu du seizième siècle pouvaient avoir dans l'arrangement à zenzile, à 2 et 3 rames par banc, c'est que je n'oublie pas la différence existant entre les galères subtiles de Venise et de Gênes, que j'ai analysées page 272 et suivantes, et les galères subtiles de Picheroni et de Crescentio, l'une à 25 bancs, l'autre à 26, et toutes deux postérieures de deux siècles aux galères de Flandre, de Syrie et de Romanie. Les galères du seizième siècle avaient 122 et 130 pieds de longueur totale, les subtiles du quatorzième siècle n'en avaient que 118 et même 112. 112 était la mesure des génoises, même en 1441, comme le prouve le chap. *De mensuris galearum Romaniæ et Syriæ*, p. 78 du manuscrit de l'*Officium Gazariæ* : « in longitudine de roda in rodam, de « goys, seu brachiis, 54. »

qui fermait le Guadalquivir à son embouchure. Chacune d'elles, dit l'auteur de la *Cronica*, avait cent rames, et pour les manier *ciento y ochenta bogadores*. Or ces cent rames ne pouvaient être appuyées sur l'apostis de la galère qu'accouplées deux ou trois par banc; car on ne saurait supposer la galère à deux rangs de rames superposées comme les dromons des neuvième et dixième siècles. Le chroniqueur aurait certainement tenu compte de cet arrangement, auquel d'ailleurs aucun auteur du quatorzième siècle ne fait allusion, et dont je n'ai trouvé les derniers souvenirs que dans le passage de Winesalf cité au commencement de ce Mémoire.

Une ordonnance sur les armements des galères, faite par don Pedro, roi d'Aragon, et promulguée en 1354, porte ceci : « *La galera lleva ciento cincuenta y quatro remeros!.. Si la galera e de veinte y nueve bancos, conta ciento y sesenta remeros.* » Les galères dont parle ce document étaient-elles à zenzile? Il n'en faut pas douter. La première était à vingt-cinq bancs de chaque côté, elle avait cent rames, et il restait cinquante-quatre rameurs de rechange, qui étaient soldats, armés pour le combat quand ils ne maniaient pas l'aviron. Dans la galère à vingt-neuf bancs, il y avait cent seize rames, à deux rames par banc, et il restait quarante-quatre rameurs de réserve. Nous aurons tout à l'heure un exemple qui confirmera pleinement ce qui semble ici n'être qu'une hypothèse hasardée. Un décret de 1333, rendu par le conseil des *Pregadi* de Venise, sur l'armement des galères de Flandre, porte que l'équipage de toute galère doit être de *ducentos homines solutos* (libres) ; cent quatre-vingts desquels étaient inscrits sur le registre du bord comme rameurs. Ce nombre de cent quatre-vingts, qui se trouve ici comme dans le traité d'André Dandolo avec Andronic, et dans la chronique de don Lopez de Ayala, nous démontre qu'il y avait de très-grands rapports entre les galères de toutes les puissances navigantes, au quatorzième siècle. Les statuts de Gazarie nous enseignent cependant qu'à Gênes le nombre des *rogerii* n'était que de cent soixante-seize, « computatis naucleriis, senescalcho et balestre- « riis octo » (statuts du 16 février 1340 et du 21 juin 1441). Les cent soixante-trois rameurs que suppose le nombre cent soixante-seize, dont il faut retirer dix arbalétriers, quatre pilotes et un

sénéchal ou pitancier (*petentarius*), devaient faire voguer une galère, *armata ad tres remos ad banchum* (*), ainsi que s'exprime le chap. LXXXVIII du statut de 1441 que j'ai cité dans la note 2, page 330 de ce Mémoire. Combien cette galère devait-elle avoir de rames? Rappelons-nous qu'elle était longue de cent douze pieds environ; si de ces cent douze pieds nous ôtons dix-sept pieds pour les quartiers de proue et de poupe, il en restera quatre-vingt-quinze pour la vogue. Or, quatre-vingt-quinze pieds divisés par cinq pieds, que nous avons vu (p. 343) être l'intervalle nécessaire entre chaque banc de la galère à zenzile à trois rames par banc, donnent dix-sept au quotient; la galère subtile génoise avait donc dix-sept bancs de chaque côté. Mais dix-sept bancs à trois rames par banc supposeraient cent deux rames, et nous voyons que les galères de Venise et de Séville, auxquelles nous pouvons comparer celles de Gênes, n'en avaient que cent. Cette différence de deux rames n'est pas difficile à expliquer, et nous allons tout de suite réduire à cent ce nombre: cent deux que nous donnent dix-sept bancs par chaque bande. La galère avait ces dix-sept bancs complets, à tribord par exemple, et seize seulement à bâbord. Le banc du fougon, — le huitième aux galères des seizième et dix-septième siècles, comme on le voit chez Hobier, J. Jouve et Passebon, — restait libre, et en cas de nécessité seulement on y bordait un aviron. Ainsi le fougon n'était pas gêné pour les travaux de la cuisine. Je ne pense pas que l'on puisse rejeter ma supposition comme trop commode, si l'on veut lire cette phrase de Houbier, p. 28:
« Il y en a vingt-six de chaque costé, éloignez l'un de l'autre de
« cinq pans, réservé que de gauche le huitième sert de fougon...

(*) Les statuts génois ou de Gazarie, de 1340, 1344 et 1441, sur l'armement des galères de Flandre et de Syrie, parlant des rames dont devaient être pourvus les navires, s'expriment ainsi: « Reme et terzolli semper ad minus in toto viagio centum octuaginta quinque. » Cela nous enseigne qu'il y avait dans les galères à zenzile deux espèces d'avirons; les plus grands qu'on appelait du nom générique: rame, et les plus petits ou troisièmes, ceux qui, dans le plan que j'ai tracé, sont représentés par A'C'D' (V. la figure, p. 343); ceux-là désignés par le nom de *terzolli*. Nous avons vu, p. 312 de ce Mémoire: qu'au seizième siècle, le 3e rameur était appelé tercerol (*terzarolo*); peut-être qu'au treizième il en était déjà ainsi, et que le *terzarolus* nageait avec le *terzollus*.

duquel néantmoins on peut voguer en cas de nécessité. » Et cette autre de Capmany : « La *sencilla*, » — j'ai dit que Capmany appelait ainsi la galère subtile, comme au dix-septième siècle on la nommait en France, — « 26 bancos à estribor, y « 25 à babor, por quitarse siempre un remo para el lugar del « fogon (*). »

Tenons donc pour certain que les galères du quatorzième siècle, génoises, vénitiennes, castillanes, à cent rames, étaient armées à zenzile, et généralement à trois rames par banc. Toutes n'avaient pas le même supplément de rameurs; mais, pour bien apprécier la raison qui ne faisait admettre que soixante-trois hommes à Gênes, quand à Venise, à Constantinople et à Séville on en admettait quatre-vingts, il faudrait savoir si les Génois étaient plus vigoureux que les autres rameurs de la Méditerranée, ou si un urgent besoin d'économie dans l'armement des galères avait motivé la différence que signalent des chiffres authentiques.

Avant de quitter un sujet qui, pour être épuisé, voudrait sans doute de plus nombreux exemples, je citerai un armement projeté, en 1335, par Philippe de Valois, quand il se préparait à une croisade prochaine. Il s'agit de cinq galères, prises à loyer, à des maîtres de navires marseillais et nissards, par l'entremise de Paul Giraud, envoyé du roi de France. Ces galères devaient être commandées par Huë Quieret, chevalier, *admiratus domini regis*, dit la minute manuscrite que j'ai copiée dans le

---

(*) Dans la planche de l'œuvre de Breugel, gravée par F. Huiis, et représentant le Détroit de Messine, entre autres navires très-curieux à étudier,— navires qui appartiennent tous à la fin du quinzième siècle ou aux premières années du seizième, — on voit une galère à rames groupées par trois, comme celles de Vittore Carpaccio, de Dominique Tintoret, du Virgile de la Riccardienne et de l'édition de Scheffer. Elle a 14 groupes de rames, plus, à l'avant, une rame seule, qui est probablement une faute de l'artiste; cela fait 42 rames par bande; c'était donc une galère de 84 rames. Par le travers du mât, et cette galère, fort longue, n'en a qu'un, il y a une coupée, un *aditus* de la largeur d'un interscalme. Là ne pouvait être la cuisine, car on n'aurait pu entrer dans la galère par l'endroit du fougon. La cuisine était peut-être transportée tout à fait à l'avant. — La planche que je viens de citer se trouve au département des estampes de la bibliothèque royale, Vol. Ic — 5.

volume VARIA — 5956 A, Colbert, MS. de la bibliothèque du roi, et dont on trouvera le texte à la suite du Mémoire n° 6. Elles devaient aller à Rhodes, ou au delà, à la volonté de l'amiral, et chacune devait être armée de cent seize rames (*de centum et sexdecim remis*) et porter : « remiges centum ceptuaginta « (sic) quatuor bouos et suficientes. » Pour connaitre la grandeur de chacune de ces galères et leur armement en bancs et rames, on peut diviser cent seize par deux ou par trois; par deux, pour avoir une zenzile à deux rames par banc, et l'on aura ce résultat-ci : vingt-neuf bancs et cinquante-huit rames de chaque côté ; par trois, on aura cet autre résultat : dix-neuf bancs de chaque côté, plus une rame. Si cette fraction n'appartenait qu'à l'un des deux bords, un vingtième banc à droite et l'absence d'un banc à gauche à la place du fougon lèveraient toute difficulté; mais l'excédant d'une rame de chaque côté rend cet arrangement impossible. Heureusement la combinaison par deux est excellente, et nous voyons que les galères nolisées par Philippe de Valois étaient de celles auxquelles faisait allusion l'ordonnance (citée plus haut, p. 351) de don Pèdre d'Aragon (1334), quand elle disait : « *Si la galera e de veinte y nueve bancos...*(*). »

(*) Geronimo Çurita, dans le VIIIe livre de *Los anales de la corona de Aragon* (tome II, pag. 268), règne de Don Pedro el quarto, parlant de l'expédition qui se préparait, en 1356, contre la Sardaigne, dit : « Y echa-« ronse seys galeras nuevas al agua, las dos de veynte y nueve bancos, por-« que fuessen mas girantes y legera para corso, y las otras quatro de treynta « bancos, como era lo mas ordinario. » Capmany, qui rapporte ce fait en analysant le passage de Çurita, sans le citer textuellement, ajoute : « Esto « es, la de treinta remos por vanda. » Cette observation que Capmany a l'air d'attribuer au chroniqueur d'Aragon, ne lui appartient point ; elle est du fait du savant auteur des *Memorias historicas*, qui, n'ayant pas connu le système des galères à groupes de rames par 2 et 3 sur un seul banc, est tombé dans plusieurs erreurs de ce genre. Nous avons établi que les galères à 29 bancs avaient 116 rames; les galères à 30 bancs avaient 120 avirons, et non pas 30 comme l'avança Capmany raisonnant des galères du quatorzième siècle, par analogie avec celles du dix-huitième qu'il avait sous les yeux à Barcelone, quand il composait ses mémoires, d'ailleurs si estimables, publiés en 1779. La galère à 29 bancs, bien qu'elle eût un seul banc de moins que la galère à 30 bancs, devait être, comme le remarque Çurita, plus légère à la course et plus virante (prompte à virer de bord : *mas girantes*). Elle avait, d'abord, de moins en longueur,

Les galères proprement dites, dans les quatorzième et quinzième siècles, n'étaient pas les seuls navires à rames qui reçussent cet armement de cent rames à trois par banc; une espèce de bâtiment que les documents appellent du nom générique de *lignum* portait aussi ce grand nombre de rames. Un décret du sénat vénitien cité par Marin (pag. 208, 5ᵉ vol.) d'après le livre *Mixtorum*, décret du 12 mars 1334, ordonnait d'armer le plus promptement possible : « *duo ligna, unum de remis centum,* « *aliud de octoginta.* » Qu'étaient ces *ligna*? C'est ce que je dois examiner ici pour ne rien laisser, s'il est possible, d'inexpliqué dans tout ce qui se rapporte à l'organisation de cette grande famille des galères du moyen âge. Marin voit, dans ces *ligna* dont il ne devine pas l'armement : « *due galere di smisurata* « *grandezza.* » Cependant l'un était de la grandeur d'une galère subtile ordinaire du quatorzième siècle, armée à la zenzile, à trois rames par banc, c'est-à-dire, qu'il avait 112 pieds de longueur totale; l'autre, plus petit, n'avait que l'importance d'une galiote du seizième siècle, mieux pourvue d'avirons, car elle avait quarante rames de chaque bord sur vingt bancs, mais non pas beaucoup plus grande, sans doute. Qu'aurait donc dit Marin, s'il avait connu le recueil des statuts de Gazarie, et s'il avait lu dans le manuscrit de l'*Imposicio officii Gazariæ* que j'ai sous les yeux : « Pro quolibet ligno navigabili de *teriis*, si fue- « rit de remis sexaginta usque in centum... et si fuerit de remis « viginti usque in sexaginta..... et intelligatur quantum ad pre- « sentem articullum esse galea » (pour une caution à donner) « si « fuerit de remis centum vel ab indè suprà? » Qu'aurait-il pensé de cet : *ab indè suprà*, qui prouve qu'il y avait des *ligna de teriis* armés de plus de cent rames?

Nous savons maintenant très-bien à quoi nous en tenir sur des bâtiments à rames ayant cent seize avirons; le texte du statut de 1313 n'a donc rien qui nous étonne, au moins quant aux cent rames, et « ab indè suprà. » Mais ce texte appelle *ligna de teriis* ce que le décret du sénat de Venise du 12 mars

---

la largeur de l'interscalme de la zenzile à 2 rames par banc, c'est-à-dire, 5 pieds; elle devait ensuite avoir moins de longueur de palmettes, et par conséquent moins de charge de bois, moins de longueur d'antennes, et tout ce qui s'ensuit, proportionnellement.

1334 appelle seulement *ligna*; pourquoi : *de teriis?* et que signifie cette qualification? Du Cange, au mot *theria*, citant un passage des annales de Gênes qui se rapporte à l'an 1242, et qui dit : « Pisani galeas et alia ligna de duabus theriis L numero « muniebant, » se hasarde à dire que peut-être les *theriæ* étaient des ponts, des couvertes. De cette conjecture, il faudrait tirer la conséquence qu'un navire *de duabus theriis* aurait eu deux ponts, c'est-à-dire, que ses rameurs auraient nagé sous couverte, comme ceux des galéasses, comme ceux du rang inférieur, dans les galères de l'empereur Léon; voyons ce que cela a de vraisemblable.

Fixons-nous d'abord sur le véritable sens du mot *lignum*; tâchons ensuite de connaître l'origine du mot *theria* ou *teria*; enfin déterminons ce que pouvaient être les *ligna de teriis* dont il est fait une si fréquente mention dans les statuts de Gazarie.

Quant à *lignum*, du Cange, qui n'avait pas connu un assez grand nombre de textes maritimes, et n'avait pu examiner sérieusement la question que soulève ce mot appliqué aux navires, le définit ainsi : « *Phaselus vel lembus.* » Pour appuyer cette définition, le savant auteur du glossaire de la basse latinité cite quelques exemples, et renvoie à une foule d'auteurs où se trouve le mot *lignum*; et, chose singulière! pas un des exemples cités ne prouve que *lignum* désigne exclusivement un petit navire ou une espèce particulière de navire, comme du Cange paraît le croire! Ainsi le passage de la Vie de saint Willibrold, invoqué en témoignage : « Quidam volentes visitare limina Beati « Willibaldi se conduxerunt in quodam ligno, quod dicitur « floze, » ne signifie rien autre chose, sinon que les fidèles, empressés d'aller visiter la demeure du bienheureux, s'embarquèrent sur un navire appelé *floz*. *Lignum*, c'est ici, comme toujours, un navire en général, et non pas un navire d'une espèce particulière; *lignum* est un trope, et je m'étonne que du Cange ne l'ait pas reconnu. C'est la matière dont est fait l'objet pour l'objet lui-même, comme *trabes*, *pinus*, *abies*, si souvent employés par les poëtes pour désigner métaphoriquement le vaisseau. Si *lignum* avait été une désignation spéciale de navire, barque ou chaloupe, l'auteur de la Vie de saint Willibrold n'aurait pas dit que cette espèce de *bois* s'appellait *floz*. *Floss*, chez les Allemands, ajoute du Cange, pour faire comprendre le sens du mot *floz*, c'est *ratis*. En effet, radeau se dit *floss* en allemand ; mais le *floss*, comme le *float* anglais, c'est aussi tout ce qui flotte. Les peuples navigateurs du Nord ont appliqué ce mot d'une acception générale à différents objets appartenant à la marine ; ainsi, la flottaison du navire, ils l'ont appelée *flosse*, les avirons, *flossfeder*. Ils ont eu aussi une espèce de navire qui se nommait *floz*, et qui n'était point un radeau, comme l'a cru du Cange ; c'est une sorte de barque. On la voit mentionnée chez « Maistre André de La Vigne, secrétaire de la royne et du duc de Savoie », dans son *Vergier d'honneur*, imprimé en 1495, et que j'ai déjà cité ailleurs :

> Par floz marins, carraque et naviculle
> Present sacule es isles de Cecille....

Floz est aussi un trope. Le second exemple de du Cange n'est pas plus concluant que le premier ; Walefrid Strabon, dans sa Vie de saint Gall, dit : « Illi navicula conscensa, totis nisibus « ire festinantes, ligno natatili profondè terram sulcante, nocte « proxima pervenerunt ad ducem. » Là encore, *lignum* est pris dans son acception figurée ; sans doute, il se rapporte à *navicula* ; mais s'il rappelle le petit navire dont il a été question, il n'a pas la prétention de désigner son espèce, sa taille, sa forme. La *navicula* est un bois, et voilà tout ; c'est un bois, un navire, un *lignum*, comme on les désignait très-généralement au moyen âge. Le chap. 1er, livre IV des *statuta Massiliæ*, MSS. 4660 et 4661 B de la bibliothèque du roi, dit : « Ordinamus observan- « dum quod nulla navis vel lignum aliquod, capulus ve, vel barca « aliqua teneatur deinceps vel sustineatur plena in portu. » Du Cange, qui indique, sans le rapporter, ce passage des statuts de Marseille, a-t-il pu penser que *lignum* pût désigner ici le *lembus* ou le *phaselus*, auquel il veut que tout *lignum* se rapporte ? Le rédacteur de l'article nomme expressément les barques, les esquifs (*caupulus*, que les Vénitiens appelaient *copano*), parmi les petits navires qui ne doivent pas garder leur charge dans le port ; mais il ne les nomme qu'après avoir nommé d'abord les nefs (*navis*) et les autres bois de quelque importance (*lignum aliquod*). N'est-il pas évident que « lignum » est là pour désigner tout ce qui, de navires, est entre la grande nef à deux ou trois étages, et l'embarcation ouverte? Dans les statuts de Gazarie, le mot lignum est souvent employé comme il l'est dans les statuts de Marseille ; ainsi, statut du 19 février 1313, pag. 123 du manuscrit de l'*Imposicio officii Gazariæ* : « Pro « quolibet tarida vel alio ligno coperto... » Plus souvent encore, il est employé dans un sens tout à fait général ; ainsi, statut du 21 novembre 1317, pag. 131 du même manuscrit : « Statuunt « et ordinant quod securitates navigandi (les cautions) que date « sive prestite fuerint secundum formam supradicti articuli « sive tractatus pro aliquo ligno quod navigare debeat de Janua « usque ad portum Pissanum vel ab indè citrà, vel usque « Niciam vel ab indè citrà, durent... » Voici qui est plus général encore : statut du 19 février 1313, pag. 130 de l'*Imposicio*, et statut du 22 juin 1441, pag. 66 du manuscrit de l'*Officium Gazariæ* : « Quod aliquis patronus alicuius navis, coche, galee, « ligni de teriis, de bandis seu oneris, vel alicuius ligni seu « vasis navigabilis, etc... » Après de pareilles citations, pourrait-on être admis à soutenir que *lignum* désigne une petite embarcation, chaloupe, esquif ou canot? Assurément non. Le *lignum copertum*, comparé à la taride, par le statut du 19 février 1313, n'était pas un navire de si petite importance. Le statut du 17 mars 1340, intitulé : *Ordo ferrandi ligna*, dans la classification qu'il fait de ces *ligna*, auxquels doivent être mis les fers, comme je l'ai dit pag. 266 de ce Mémoire, cite d'abord : « *Cocha trium copertarum* ; » ensuite : « *Cocha duarum copertarum* ; » enfin : « *Lignum navigabile unius coperte, panfilus, galea.* » Il est donc bien évident que *lignum* est un mot de la nature de ceux-ci : vaisseau, navire, bateau, barque, qui s'entendent d'une manière générale, et que, — comme nous avons des vaisseaux de guerre, des vaisseaux de ligne, des vaisseaux marchands, des vaisseaux de la compagnie des Indes, des navires à trois mâts, à deux mâts, des bateaux appelés chalands, toues, marnois, flamands, des barques de pêche, de passage, etc., — il y avait au moyen âge des *ligna* appartenant à la famille des bâtiments ronds, qu'on appelait : nave, coque, taride, *lignum de bandis*, *lignum de oneris*, *lignum de orlo*, et d'autres *ligna* appartenant à la famille des galères, comme panfiles, galères, *ligna de teriis*.

Maintenant que ce fait est établi, voyons ce qu'il faut entendre par *lignum de teriis*. Revenons aux exemples rapportés par du Cange. Le *lignum* latin entra dans la langue romane avec les conformations *lin* (*) et *line*; c'est ce que du Cange veut dire quand il écrit : « *Lin nostris, olim.* » Dans un vieux compte de Théobald de Chepoy, à la date de 1310, on lit: « Quant Roqueford « fu pris, Messire de Chepoy retint deux galies et un lin, quant « les autres s'en allèrent à Venise, pour ce que cil de Saloni- « que armoient 5 lins pour nous détourner les vivres. » Les lins dont il s'agit ici, qu'ils fussent à rames ou non, — et je crois qu'ils étaient de ceux que les documents génois appellent *ligna de teriis*, — n'étaient pas de très-petits bâtiments, *lembi vel phaseli*. Celui que Messire Théobald de Chepoy retint avec deux galies devait être de taille à aider les deux galères contre les cinq lins de Salonique, s'il les rencontrait; et, quant à ceux-ci, ils avaient une certaine force, puisqu'ils pouvaient, ensemble ou séparément, lutter contre deux galères, et combattre les navires de charge, toujours bien armés, qui apportaient des vivres à l'endroit où restait Messire de Chepoy. Le dernier passage rapporté par du Cange est emprunté à Thomas Walsingham : « Duæ grandes galeiæ, » dit l'écrivain anglais, « et « aliud genus ratis quod vocatur line, et una bargia et 7 ba- « lingariæ periclitatæ sunt ante villam de Colessa. » Au moyen âge, les barges anglaises et, surtout, les balingers n'étaient pas

---

(*)   Or vous vueil les vaissiaux nommer
            Qui flotoient parmy la mer :
            Il y avoit Quoques et Barges
            Panffiles, Naves grands et larges,
            Et Queraques (carraques) longues et lées (larges)
            Lins et Siacres et Galées
            Targi a chevauz et Huissies (huissiers)...

(Guillaume de Machaut : *Siége d'Alexandrie d'Égypte*. Manuscrit de la bibliothèque royale. Supplément français, n° 43, pag. 218 *recto*, colonne 2, vers 29 et suiv.) — Ce Machaut était, comme je l'ai dit plus haut, contemporain de Charles V; c'est lui qui composa la messe pour le sacre de ce roi; on la trouve dans le volume manuscrit auquel j'ai emprunté la nomenclature qu'on vient de lire.

de petites embarcations (voir Mémoire n° 6) ; il serait donc bien étonnant que Thomas Walsingham eût nommé l'espèce de navire appelé *line*, après deux grosses galères, et avant la barge, si ce line avait été plus petit que la barge. Le line était inférieur à la galère, mais il avait une importance presque égale à celle de la galère subtile, comme nous le verrons tout à l'heure. Du Cange a donc eu tort de prétendre que le mot *lignum* ne s'appliquait, pendant le moyen âge, qu'aux petites embarcations, *floz*, *navicula* ou *lembus*. Capmany est tombé dans la même erreur lorsqu'il a dit, note 1, pag. 33, tom. I de ses Memorias historicas, à propos du mot *leñy* : « Esta especie de basti-
« mento, conocido con el nombre de *lignum* ò *lembus* en latin
« baxo » — voilà le *lembus* de du Cange — « y con el de *legno*
« entre los Italianos, parece fué nave propria del Mediterra-
« neo : pues solo en antiguas Cronicas de Cataluña, Genova,
« Pisa, y Venecia se hace mencion de ellos desde el siglo xii. »
Cette dernière observation n'est pas plus heureuse que la première. Nos vieux matelots français disaient de leur navire : C'est un beau bois, c'est un bois fort et léger ; et si le mot était venu du *legno*, du *line* de la Méditerranée, il s'était acclimaté en Bretagne et en Normandie, où il était appliqué généralement, comme *lignum* et *leñy*, à toute espèce de navires (*).

(*) « Lo primer dia de Mag fo el Rey en lo port de Salou e tots los nobles
« ab el e estech aqui entro el comensament de setembre per esperar les
« naus els leyns que encara no eren vengudes e con totes foren ajustadas
« partida tenien los ancores en ves la vile so es assaber davant la vile de
« Cambrils, e partida davant Tarragona, e laltra partida maior era a Salou
« en la plaga que li es al costat. Mas lo nombre fo aquest aqui avia en
« servey del Rey xxv naus grosses, xviii terides e xii galees e dalcuns
« altres leyns grossos dels quals homs no usa ara los noms des quels
« eren trebuces « (ainsi nommés sans doute parce qu'ils étaient armés de *trébuchets*) » e galiotes. Hi avia C. E axi passa lo rey ab CLV leyns grossos
« oltra barques menudes. Mas ans que donassen les veles ordona lo Rey
« de lur orde e volch que anes primera la naus den Nicholau Bovet, en
« laqual era en G. de Monchada e que portas lanterna » (signe du commandement d'une division de l'armée navale. Voir Mémoire n° 6) » encesa,
« per sogue guias totes les altres sequens. Mas que la nau den Carros
« anas derrera aven per semblant manera, e tot laperalement (l'ensemble)
« de les naus en lo mig e les galees a cascun costat e de fore per so que si

Je crois que le *line* de Thomas de Walsingham, comme ceux de Messire de Chepoy, cités les uns et l'autre après des galères, étaient justement de ces *ligna de teriis*, que mentionnent dans vingt passages les statuts de Gazarie, et sur lesquels il est temps de m'expliquer.

Que signifie le mot *teria?* voilà ce que je devrais dire d'abord; mais j'avoue que de nombreuses recherches et mille suppositions d'étymologiste ne m'ont rien appris à cet égard. Il n'est pas un mot qui m'ait occupé plus longtemps, que j'aie examiné avec plus d'attention, auquel j'aie fait subir plus de ces transformations qui m'aident d'ordinaire à me fixer sur la signification réelle d'un terme particulier à la marine; eh bien, malgré tous mes efforts, je n'ai pu reconnaître son origine. La seule chose à laquelle je sois parvenu, c'est à me convaincre que *teria* ne veut pas dire *tillac*, comme je l'avais cru d'abord avec du Cange. Qui me l'avait fait croire? qui m'a désabusé? je vais le dire, pour montrer que cette question n'a pas été étudiée avec moins de soins que toutes les autres par l'auteur de ces Mémoires.

C'est dans les seuls documents génois que se trouve le mot *teria*. On lit cependant, au chapitre IV d'une constitution de Charles Ier d'Anjou, roi des Deux-Siciles, les mots suivants : « *Ammirati et vice ammirati in reparatione navium, galearum, « thericarum, et aliorum vascellorum*, etc. » Cette constitu-

« galees alcues de enamices de calque part sacostassen pustost trebassen « contrast. » (*La vinguda del Rei D. Jaume el conquistador a estas islas* (Mallorca, Minorca), per el P. Pero Marsili dominico, son cronista; manuscrit sur parchemin, écrit en latin (1re partie) et en mallorquin (2e partie). — Chapitre XV : Del nombre e ordonament del navili e de la hoste). Je dois la connaissance de ce passage inédit, qui montre combien Capmany était dans l'erreur sur le sens qu'il donnait au mot *leñy*, à une très-obligeante communication de M. Jos. Tastu.

Le chap. XVI fait connaître que le roi Jacques s'embarqua sur une galère de Montpellier : « En nom de Deu entrassen lo Rey e fo en la galea « de Montpestler. » C'est Montpellier qui avait fourni cette galère à titre de don ou de redevance. — La chronique dont on vient de lire un passage, fut écrite en 1317. Marsili était chroniqueur en titre de Jacques II. M. Tastu se propose de publier en son entier ce précieux document historique.

tion, imprimée par M. Pardessus, pag. 253 de son Ve volume, est de 1282, et se rapporte, je suppose, aux préparatifs que fit Charles d'Anjou pour la flotte que brûla Roger de Loric. Bien que la pragmatique soit napolitaine, le mot *therica*, fait de *theria* ou *teria*, peut appartenir au dialecte particulier de Gênes. Quoi qu'il en soit, j'ai vainement cherché *therica*, *theria*, *lignum de teriis*, dans les lois, les chroniques et les histoires de Venise, de Pise, d'Ancône, de Séville et de Barcelone : les Annales de Caffaro et les Statuts de Gazarie me les ont seuls montrés ; c'est donc au vocabulaire génois que je puis rapporter le mot que je trouve écrit avec et sans *h*, et qui, une fois, dans le manuscrit, d'ailleurs si plein de fautes, de l'*Imposicio* et de l'*Officium Gazariæ*, est écrit *tercia*. (« Item quod pro qualibet « galea et ligno de terciis que et quod fiat de cubitis quadra- « ginta octo et ab inde supra de boda in bodam » — pour *roda* —etc., p. 19). Si *tercia* m'avait présenté un sens précis ou au moins raisonnable, je m'y serais attaché, et j'aurais considéré *teriis* et *theriis* comme des corruptions amenées par le temps et autorisées par l'usage. Mais que pouvaient être des navires *de terciis* et *de duobus terciis*? les tiers et les deux tiers de quoi? de la longueur ordinaire d'une galère? de sa largeur? de son armement? Mais l'armement, la largeur et la longueur des galères varient; d'ailleurs il aurait fallu *de terzo* et non *de terzis*; et puis *terzo* est masculin, et *terzis* ne pouvait aller avec *duabus*. J'ai donc rejeté tout de suite la leçon *lignum de terciis*, pour revenir à *lignum de theriis* ou *teriis*. A les considérer du point de vue italien, *teria* et *theria* ne diffèrent point l'un de l'autre, l'*h* ayant disparu, à une certaine époque, des mots qui la tenaient du latin ; c'est donc à deviner l'origine de l'un de ces deux mots que j'ai dû m'appliquer. Les nombreux passages des Statuts de Gazarie où il est question des navires *de teriis*, m'ayant prouvé que ces navires étaient à rames, j'ai dû me demander si *teriis* était une faute de copiste, et s'il ne faudrait pas lire *seriis*, exprimant l'idée de séries, ordres, rangs de rames? *Seria* fut souvent employé, dans la latinité du moyen âge, pour *series*; on trouve *seriare*, voulant dire : ordonner, mettre en série ; navires à séries, ou rangs de rames, serait un sens d'autant plus satisfaisant en apparence, qu'il y avait des *ligna de duabus theriis*; mais l'*h* était ici pour me faire repousser une interprétation qui, d'ailleurs, avait l'inconvénient de se fonder sur cette supposition que le copiste des Annales de Caffaro, imprimées par Muratori, s'était trompé en même temps que l'ancien copiste des Statuts manuscrits de Gazarie, conservés à Gênes, et que tous deux, par un hasard inexplicable, avaient pu tomber, en écrivant *seriis* avec un *h*, dans une erreur d'orthographe absolument sans exemple. — *Teria* était-il la conformation génoise du *tezza* vénitien, signifiant : couverture de planches? Voilà ce que je me suis demandé, après avoir rejeté *seria*, et après m'être arrêté un moment à l'idée que *teria*, et *tier*, mot anglais signifiant: rangée, pourraient avoir la même origine. Quant à *tier*, dont les Anglais se servent pour désigner une batterie de canons, une rangée de câbles pliés à plis parallèles, quelle apparence y a-t-il que ce terme soit entré, vers le treizième siècle, dans le vocabulaire des marins génois? La langue maritime de la Méditerranée n'était-elle donc pas fixée depuis longtemps, quand le grand mouvement des croisades rendit plus fréquentes les relations entre les marins du Nord et ceux du Midi? Autre chose encore? *Tier*, qui s'applique aux câbles et aux canons, est-il, dans le langage des matelots du Nord, au moins quant à *tier of the cable*, aussi vieux que *theria* dans celui des constructeurs et des rameurs génois? c'est fort douteux; et quel moyen aurait-on de s'en assurer?... Reste donc *teria* comme *tezza*. Que la *tezza* des Vénitiens soit la même que la *tilla* des Espagnols, la *tille*, le *tillac* des Français, c'est très-possible; il ne faudrait peut-être pas de grands efforts d'ingéniosité pour le démontrer, mais ce n'est pas la question. *Teria* peut-il vouloir dire : la couverte du navire? En admettant l'affirmative, pourquoi n'aurait-on pas dit *lignum de teria*, quand on avait à parler d'un navire qui, inférieur à la galère, comme on le verra bientôt, n'avait certainement qu'un pont? On disait toujours *lignum de teriis*, parce qu'il avait des *terias*, et non pas seulement une *teriam*. Si *teria* pouvait être pris pour un pont, un tillac, une couverte, quelle idée faudrait-il se faire du *lignum de duabus teriis* que l'annaliste génois cite après les galères, dans l'armement des Pisans en

1242? Ce *lignum* eût ressemblé au bucentaure de Venise, où les rameurs nageaient sous couverte, comme les canonniers de la batterie d'une frégate combattent sous les gaillards et les passavents; ou bien, semblable aux dromons à deux étages de l'empereur Léon le Philosophe, de Constantin Porphyrogénète et de Winesalf, il aurait eu des rameurs sous couverte et sur couverte, c'est-à-dire, dans un entre-pont et sur le pont, constitué comme un second étage. Or, ces deux arrangements sont également inadmissibles. Les galères à deux étages superposés avaient été abandonnées et remplacées par de grosses galères où les rameurs nageaient sur une couverte et à découvert, comme aux seizième, dix-septième et dix-huitième siècles. Au reste, quand on voudrait admettre que, parce qu'à la fin du douzième siècle Winesalf mentionne des navires à deux rangs de rames, il y en avait encore au milieu du treizième siècle, — et l'exemple des galères à zenzile, inconnues de Pantero-Pantera à la fin du seizième siècle, lorsque, cinquante ans avant lui, elles étaient d'un usage encore général à Venise et en Suède, nous apprendrait à nous défier de cette présomption que rien de positif ne vient appuyer, — les textes des Statuts de Gazarie ne nous permettraient pas de prêter aux *ligna de teriis* cette forme et cette importance. Il suffirait du passage que je citais tout à l'heure (page 362): « Pro qualibet galea et ligno de terciis que et quod fiat de cubitis quadraginta octo », pour nous convaincre que le *lignum de teriis*, — le rédacteur des Statuts aurait écrit : *de teria* s'il avait voulu parler d'un navire ayant un tillac, par opposition aux navires découverts, — ne pouvait être ni à deux étages, ni de la forme qu'au milieu du seizième siècle Crescentio avait voulu donner aux galéasses. Comment concevoir en effet qu'une galère, ou un bâtiment de cette famille des *naves longæ*, ayant seulement 48 coudées ou 72 pieds de longueur totale, eût la hauteur au-dessus de l'eau que supposent deux étages de rameurs, et même un seul rang de rames sous couverte?

S'il y avait des navires *de teriis* de 72 pieds ($23^{m.}38^{c.}$), il y en avait de beaucoup plus longs; les mots : « et ab inde supra » qui suivent le *quadraginta octo* du statut du 22 janvier 1333, le disent clairement. Le passage du statut du 19 février 1313, qui traite des cautions à donner par chaque navire, qu'il soit nef, coque, taride, galère, navire ponté (*lignum cohopertum*) ou navire *de teriis*, porte avec lui une preuve plus convaincante encore : « Pro qualibet galea, de libris mille Janue; et « pro quolibet ligno navigabili de teriis, si fuerit de remis « sexaginta usque in centum de libris sexcentis Janue, et si fuerit « de remis viginti usque in sexaginta de libris trecentis Janue. « Et intelligatur quantum ad presentem articullum esse galea « si fuerit de remis centum vel ab inde supra. » Cent rames et plus demandaient, ainsi que je l'ai démontré plus haut, un navire d'à peu près 120 pieds de long, en les rangeant trois par chaque banc, à zenzile; on voit donc que, du moins pour les proportions, les *ligna de teriis* différaient peu des galères subtiles, et même des grosses galères armées pour les navigations commerciales de la Grèce, de la Syrie, de la Flandre et de l'Angleterre. Ils avaient cependant une certaine infériorité. Si tous les statuts qui règlent ce qui est relatif aux galères, les nomment avec les galères, ce n'est jamais qu'après elles qu'ils sont mentionnés. Le chapitre dont on vient de lire un paragraphe, établit clairement qu'ils n'avaient pas la même importance; on exigeait en effet 1,000 livres génoises de caution (*securitates perpetuas*) de toute galère sortant du port, tandis que le *lignum de teriis*, de vingt à soixante rames, n'en donnait qu'une de 300 livres, et que le *lignum* de soixante à cent rames ne déposait que 600 livres. Il est vrai que le *lignum* qui avait plus de cent rames était compté pour galère, quant à la caution, et qu'il devait 1,000 livres génoises. Mais à cent rames seulement il ne devait que 600 livres, et la différence de 400 livres témoigne de l'infériorité dans la classification.

Le chapitre : *De securitatibus super factis navigandi*, pag. 120 du manuscrit de l'*Imposicio*, établit aussi certaines différences entre les cautions exigées des patrons des navires, qui, dans le golfe de Gênes (« de portu Janue vel de aliqua parte districtûs « januensis, vel de aliquo loco qui sit à Corvo usque Monachum « — le promontoire de Corvo près du golfe de la Spezzia, jus- « qu'à Monaco »), seraient tentés de faire quelque violence aux Vénitiens et aux Pisans, amis actuels de la république de Gênes

(1313, époque de la rédaction du statut). La gradation des sûretés en argent était établie d'après la nature et l'importance des bâtiments ; ainsi une coque ou nef à trois ou deux ponts devait déposer 1,000 livres génoises, qui répondaient du soin que le bâtiment mettrait à éviter toute collision ; une galère armée devait en déposer 3,000 ; une galère non armée 1,000 livres ; une taride, ou un autre bâtiment couvert, d'un seul pont, 300 livres ; enfin un *lignum de teriis* (inférieur à la galère armée), 2,000 livres. Le statut n'ajoute rien pour le *lignum de teriis* plus grand que la galère ; mais il est permis de croire que pour cette caution, comme pour celle que la loi exigeait à la sortie du port, le *lignum* qui avait plus de cent rames était réputé galère. Si l'Office de Gazarie ne le déclare pas expressément, c'est probablement parce qu'il s'en réfère à l'esprit du chapitre : *De securitatibus perpetuis*, qui précède immédiatement celui des sûretés pour les faits de la navigation. Les différents chiffres des cautions s'expliquent à merveille pour qui se fait une idée raisonnable des navires auxquels ces sûretés pécuniaires étaient imposées. Les vaisseaux ronds, moins vites dans leur marche, moins rapides dans leurs évolutions, moins armés que les bâtiments à rames, pouvaient moins nuire, et la caution exigée d'eux, qu'ils ne tenteraient rien contre les alliés de la république, pouvait être moins forte. Celui de tous les navires que sa construction, son organisation, la force de sa chiourme et de ses hommes d'armes, rendaient le plus dangereux, c'était assurément la galère ; aussi le patron qui la montait déposait-il 3,000 livres génoises, quand celui de la plus grosse nef, ou de la coque de vingt mille cantares, — la plus forte des coques dont le chap. II du grand statut de 1441 ait déterminé l'armement (voir Mémoire n° 6), — ne déposait que 1,000 livres. La coque du port de vingt mille cantares (trois millions de livres, à cent cinquante livres le cantare, ou mille cinq cents tonneaux !), armée, en temps de paix, de cent vingt hommes, y compris quatre mousses (*pueri, seu scanagali*), pouvait sans doute se rendre dangereuse, si le vent lui donnait l'avantage sur un navire étranger qu'elle aurait voulu rançonner ; mais sa masse la rendait si lourde, si peu maniable, qu'un capitaine ne devait guère avoir la tentation de faire avec elle le métier de corsaire. La galère, au contraire, rapidement emportée par cent rames, peu élevée au-dessus de l'eau, virant de bord avec facilité, portant à sa proue aiguë l'éperon de bois ferré, qui pouvait ouvrir le flanc d'une nef innocente; la galère, avec ses cent quatre-vingts hommes, parmi lesquels étaient seize bons arbalétriers, était un navire redoutable. Un capitaine brave, avide de butin et d'aventures, pouvait très-bien, sous le plus mince prétexte, et même sans prétexte aucun, courir sus avec elle à la bannière d'une nation ennemie, amie aujourd'hui en vertu d'un traité de paix que des intérêts de commerce ou des rivalités politiques peuvent rompre demain. Écumer la mer était un plaisir que ne se refusaient guère les capitaines des galères, même quand ils avaient de riches cargaisons à rapporter; aussi le gage de sagesse que Gênes exigeait d'eux était-il trois fois plus fort que celui qui répondait de la sagesse des capitaines des nefs et des coques. Si le *lignum de teriis* pouvait causer moins de dommages aux navires attaqués par lui, il paraît cependant, d'après le chiffre : 2,000 livres, imposé, comme garantie de sa conduite loyale, au patron de ce navire à rames, que le *lignum*, plus petit que la galère armée, savait aussi se faire craindre. C'est que le *lignum*, mû par de nombreuses rames, — de quatre-vingts à cent, — avait, sur tous les vaisseaux ronds, un avantage considérable, et pouvait, à la suite d'une chasse sérieusement appuyée à l'aviron, enlever la timide nef marchande qui n'avait pas assez de monde pour défendre sa cargaison, du haut de sa brétèche crénelée et du tour de sa pavesade (*orlo*), contre l'abordage d'un navire assez fortement armé.

Le statut du 14 octobre 1316, intitulé : « *Ordinamentum factum in galeis navigaturis ad aquas mortuas*, » pag. 133 du MS. de l'*Imposicio*, nous donne des notions sur la différence de l'armement des galères allant à Aigues-Mortes, de Gênes ou d'un point quelconque du littoral génois (*de aliqua parte riperie Janue*,—que l'on a nommée la rivière de Gênes—)et des autres *ligna de teriis* faisant la même navigation. La galère devait avoir cent soixante hommes bien propres au métier de la mer (*boni et sufficientes*), en y comprenant le patron, l'écrivain, le maître-valet ou majordome (ce qu'on appelait alors *senescal-*

cus, *petentarius*, le pitancier), et les rameurs. Les quatre cinquièmes de ce nombre d'hommes, c'est-à-dire cent vingt-huit, devaient être Génois ou *de districtu Janue*. Les armes dont la galère devait être pourvue étaient les suivantes : cent vingt cuirasses (*coyracie*), cent vingt casques (*cervelerie*), cent vingt hausse-cols de fer (*collareti*), cent soixante écus (*scuta*), huit croissants propres à couper les cordages de la nef ennemie, espèces de faucilles emmanchées (*roncone*), trente carquois (*carchassij*), trente arbalètes avec leurs deux cordes, outre une grande arbalète, vingt crocs (*crochi*) d'une force convenable, quatre mille carreaux (*quadrelli*), au nombre desquels deux mille de bonne qualité, tels qu'étaient ceux que Gênes faisait fabriquer à la monnaie (*in cecha* pour *zecca*), vingt lances longues, trois douzaines de lances garnies de pointes (*clavarinarum*), six douzaines de viretons. La galère devait être pourvue d'au moins cent trente bonnes rames (*remi*) pour la vogue et de deux grappins avec leurs chaînes (*rampegoli cum catenis*). — Tout *lignum de teriis* devait avoir, tant pour aller à Aigues-Mortes que pour en revenir, outre son armement, « *tot homines quot « erit tercia pars ipsius armamenti* », c'est-à-dire, un armement et tiers; et par armement il faut entendre, sans doute, le nombre de ses rameurs, le patron, l'écrivain et le sénéchal. Ainsi un *lignum* à quatre-vingts rames, par exemple, devait avoir quatre-vingt-trois hommes, plus le tiers de quatre-vingt-trois, c'est-à-dire, cent dix hommes; un lignum à cent rames, cent trente-trois hommes.—Les quatre cinquièmes de cet équipage devaient être composés de Génois ou d'hommes du district de Gênes. Le navire devait avoir en armes de guerre : quatre-vingts cuirasses, quatre-vingts hausse-cols ou collerettes de fer, cent vingt écus, six croissants, vingt arbalètes à deux cordes, outre l'arbalète maîtresse, vingt crocs, vingt carquois, trois mille carreaux, dont quinze cents de ceux que Gênes faisait fabriquer *in cecha*, seize lances longues, deux douzaines de lances garnies de pointes, quatre douzaines de viretons. Les rames dont était pourvu le *lignum* devaient être au nombre d'au moins cent dix. Le lignum avait, comme la galère, deux grappins avec leurs chaînes.

On voit, par le rapprochement de ces prescriptions du statut de 1316, que l'égalité dans le nombre des rames ne constituait pas une égalité de force entre les galères et les autres *ligna de teriis*; une autre disposition de la même ordonnance fait ressortir d'une manière non moins frappante cette inégalité. Il s'agit de l'obligation où les navires à rames, qui faisaient les voyages d'Aigues-Mortes, étaient de ne jamais voyager seuls, mais de naviguer *insimul in conservaticho*, comme le dit un autre statut, p. 63 du MS. de l'*Imposicio*. Une galère subtile ne pouvait aller seule, d'un point quelconque du littoral de Gênes, à Aigues-Mortes; elle devait avoir toujours pour conserve une autre galère ou un *lignum* de quatre-vingts à cent rames. Quant au *lignum*, la conserve d'un autre navire de son espèce lui était interdite; il devait toujours naviguer sous la protection d'une galère (page 135 du MS.). Ainsi, deux *ligna* ensemble n'étaient pas l'un à l'autre d'un secours suffisant; ils pouvaient aider une galère, lui donner la remorque au besoin, lui porter secours contre un ennemi; et ce service, ils ne pouvaient se le rendre entre eux, la réunion de leurs efforts étant d'un effet inférieur à la force que supposait la ligue d'une galère armée et d'un *lignum*, contre un corsaire vif, bien armé, bien manœuvré.

Si le *lignum de teriis*, qui ne s'appelait ni pamphile, ni galère, était dans un état d'infériorité par son armement, c'était sans doute à sa construction qu'était due la différence dont témoignent les statuts de Gazarie. Il m'est impossible de dire précisément si, par une modification quelconque, le navire *de teriis* aurait pu devenir galère. Les données me manquent tout à fait pour constater les longueurs, les largeurs, à différentes hauteurs et à certaines distances des roddes, la hauteur totale, celle de l'apostis au-dessus de l'eau, les élancements de la proue et de la poupe, enfin tout ce qui constituait le corps, le *scafo* du *lignum*; mais je suis porté à penser que la construction du *lignum* était telle que ce navire était plus lourd, qu'il avait à l'avant et à l'arrière des façons moins fines, qu'il évoluait moins bien, et qu'il n'avait pas la même rapidité de marche que la galère; en un mot, et pour me servir de comparaisons qui rendront ma pensée plus complétement, qu'il était, relativement à la galère subtile ce qu'en général une goëlette du commerce est relativement à une goëlette de guerre, ce qu'une corvette de charge est à une corvette construite et armée pour le combat, ce qu'une chaloupe de port est à une fine embarcation de frégate ou de vaisseau de ligne : toutes réserves faites d'ailleurs, quant à ces comparaisons, pour les différences provenant des espèces de navires, et des temps.

Et maintenant que j'ai montré les analogies et les dissemblances qui existaient entre le navire appelé proprement : galère, et celui qu'on désignait par le nom générique : *lignum de teriis*; maintenant que j'ai fait comprendre que la *theria* n'était pas une couverte, un tillac, comme l'a cru du Cange, il ne me reste plus à dire sur cette question qu'une seule chose, c'est que *teria* me parait avoir nommé à Gênes ce qu'à Venise on nommait *zenzile*. Les *terie* étaient la disposition des bancs, des rames et des hommes par groupes pour la vogue du navire; et les *ligna de teriis* étaient les bâtiments dont l'emménagement sur le pont était à la *therique*, comme les galères à zenzile étaient, chez les Vénitiens, emménagées avec les rames *Zenziles*. Cela me parait certain, et je crois l'avoir suffisamment prouvé par les faits. Le champ reste ouvert à toutes les suppositions sur la formation et l'origine du mot *theria*, mais sur l'espèce de navire que désignait ce mot, j'espère qu'il n'y a plus de doutes. S'il en pouvait rester encore, je n'aurais, pour rendre le rapprochement plus intime entre les *ligna de teriis* et les galères, qu'à rappeler la phrase des Annales de Caffaro : « Pisani galeas et alia ligna « de duabus theriis L muniebant. » *Et alia ligna* ne dit-il pas explicitement que la galère à deux rames par banc était aussi un navire *de duabus theriis* (*)? Quelque soin que j'aie mis à la recherche d'un passage où il serait question d'un *lignum de tri-*

(*) Parmi les passages des statuts de Gazarie, il en est un qui mérite d'être remarqué. Dans le statut du 30 août 1316, chapitre intitulé : « Quod « aliquis januensis non armet aliquod lignum per ire in cursum » cette phrase : « *Quod non permitat aliquem Januensem... armare aliquod li-* « *gnum de teriis sive remis* », me parait tout à fait concluante. Le *lignum de teriis* différait donc du *lignum de remis*, ou à rames simples. La *teria* était donc un ordre de rames comme je l'ai établi. En effet, elle ne pourrait être seulement la rame; le : *de duabus theriis* fait assez comprendre que les *ligna* qui avaient ces deux théries ne pouvaient pas être à deux rames, une de chaque bord comme un batelet, mais à deux rames par banc.

bus theriis, je n'ai pu parvenir à en trouver un; mais quand je vois des galères armées *ad tres remos ad banchum* (statut de 1441, récapitulant, reproduisant et corrigeant tous les statuts du treizième siècle); quand je vois des *ligna* à cent rames et plus, cités à côté de ces galères, je ne puis résister à affirmer que ces navires étaient à trois *theriæ*, et qu'ils avaient aussi parmi leurs rames le court *terzol*.

Le pamphile, auquel je reviens pour retourner ensuite au dromon, n'est mentionné qu'une fois dans les statuts de Gazarie. J'ai rapporté, p. 267, le passage du statut de mars 1340, où le pamphile est classé parmi les *ligna* à une couverte. La place que ce navire occupe dans la nomenclature des bâtiments cités par le statut ne saurait être indifférente. Le pamphile est nommé avant la galère, comme dans les documents génois la nef toujours avant la coque, et la galère toujours avant le *lignum de teriis*. Pour qui connaît les habitudes méthodiques des rédacteurs des vieilles lois maritimes, ce n'est point fortuitement que le pamphile est venu se placer ainsi sous la plume du législateur; il est cité avant la galère, parce qu'il avait conservé, au quatorzième siècle, cette prééminence qu'au neuvième il avait sur le dromon, ainsi que le prouvent les paroles de l'empereur Léon, article 38 de la Naumachie. Cela ne peut faire la matière d'un doute. Je sais que l'on pourra m'opposer un passage de Jacob d'Oria (Annales de Gênes, année 1282): « Unde communa Januæ « armavit galeas XXII et panfilos XII ad apodixias de civitate « et potestatis » duquel on semblerait être en droit de conclure que les pamphiles, étant nommés après les galères, devaient, dans mon système, être plus petits qu'elles. Mais accordera-t-on, du moins quant à la rigoureuse exactitude des détails spéciaux, la même confiance à un chroniqueur qu'au rédacteur d'un statut qui fait une nomenclature de navires auxquels, suivant leur grandeur respective, on appliquera les fers du tirant d'eau? Ce serait peu raisonnable. Le pamphile était supérieur à la galère; il l'était de peu sans doute; car si son importance avait été telle qu'elle fût plus grande que celle des grosses galères dont il est souvent parlé dans les statuts génois, probablement il en serait fait mention dans ce recueil d'ordonnances sur la navigation. Tout me porte à croire que le pamphile et la grosse galère étaient, à peu de chose près, le même navire. Je ne veux pas dire qu'il n'y eût dans la forme extérieure, peut-être même dans la mâture, le gréement, les ornements de la proue ou de la poupe, quelques-unes de ces dissemblances qui suffisent pour que deux bâtiments, d'ailleurs égaux en grandeur, en hauteur, en capacité, soient en effet désignés par des noms différents; mais le silence des statuts sur ce qui regarde les pamphiles, leur classement parmi les *ligna navigabilia unius coperte*, le rang qui leur est donné avant la *galea*, le souvenir des pamphiles du neuvième et du dixième siècle, tout m'autorise à compter ces navires parmi les *grosses galères*, à la tête desquelles il faut peut-être les mettre.

Quant à celles-ci, j'ai trouvé peu de renseignements à leur égard dans les documents du moyen âge. Le statut génois du 24 septembre 1330 nous apprend que de grosses galères étaient employées quelquefois aux navigations de Gênes en Flandre : « *Vel grossas navigantes ad partes Flandriæ...,* » pag. 62 du manuscrit de l'*Imposicio*. Mais il ne nous dit pas quelles étaient les dimensions de ces navires. Nous savons, par le 2° paragraphe, chap. xxv, statut du 22 juin 1333, pag. 35 du même manuscrit, que la caution exigée « pro qualibet galea grossa vel « subtili antequam naviget » était de mille livres génoises, ce qui tend à prouver que la différence entre les deux espèces de galères n'était pas bien grande. Qu'il en fût ainsi, les paroles suivantes du statut, *ordo galearum de Flandriâ*, 15 février 1340, pag. 113 du manuscrit cité ci-dessus, ne le disent-elles pas assez clairement? « Galee vero grosse hoc est ille que sunt de « maioribus mensuris que sint mensuri subtillium.. » De cette définition il résulte que toute galère qui avait plus de 54 coudées de longueur totale, 21 palmes $\frac{1}{3}$ de largeur *in bocca*, 8 palmes $\frac{1}{3}$ de creux, était une grosse galère; le moindre accroissement dans ces proportions changeant l'espèce du navire, on conçoit que le statut sur les cautions n'ait pas dû exiger, de la galère qui avait, par exemple, 55 au lieu de 54 coudées, plus qu'il n'exigeait de la subtile. Cependant quand il était défendu aux galères subtiles d'Aigues-Mortes, de Syrie et de Romanie, d'aller sans conserve, il était permis aux grosses galères d'aller seules, soit armées, soit désarmées, à Aigues-Mortes, en Sicile et même jusqu'à Tripoli de Barbarie (pag. 113 du manuscrit); mais elles ne pouvaient pas faire les voyages de Flandre. Comme les galères subtiles, et en s'astreignant aux mêmes règles (pag. 115 du manuscrit), les grosses galères pouvaient aller à Naples, dans les possessions siciliennes et à Tunis. Le chapitre XIV du même statut, sur les galères de Flandre, contient une disposition singulière et que je ne saurais omettre : « Si les grosses « galères doivent naviguer au delà de la Sicile (*versus occidentem*), « elles le peuvent, pourvu qu'elles soient réduites au mode des « navires de bandes ou à la navaresque (*dummodo reducantur ad « modum lignorum de bandis, sive ad navarescham*), et que cet « état soit celui dans lequel elles resteront pendant tout le « voyage, aller et retour. Elles payeront les cautions ordinaires, « et n'auront à bord, pour leur service, que soixante-cinq « hommes, y compris le comite, les pilotes, l'écrivain, le sous- « écrivain, les autres officiers et leurs domestiques. »

Quelles transformations devait subir la grosse galère pour être à la navaresque ou pour devenir *lignum de bandis*? Et d'abord, que veulent dire : *ad navarescham et lignum de bandis*? A la navaresque, à la manière des naves, ou nefs ; c'était du moins ainsi qu'au seizième siècle l'expression était entendue; témoin les passages de Crescentio et de Pantero-Pantera (p. 62 et 44). En parlant du gouvernail de la galéasse, le premier dit : « Il « timone alla navaresca ; » et le second : « Hanno il timone alla « navaresca, cioè ad uso di nave. » Dans le cas des grosses galères du statut de 1340, à la navaresque ne se rapporte pas au timon, mais il indique la suppression des rames et la nouvelle habitude du navire transformé, qui ne devait plus naviguer qu'à la voile. Le nombre d'hommes composant l'équipage de la galère-nave vient à l'appui de mon explication. Il est évident, en effet, que soixante-cinq hommes, réduits à cinquante-huit, par la soustraction des deux écrivains, du comite, des pilotes, etc., n'auraient pu armer les avirons d'une galère à trois rames par banc, plus grande qu'une galère subtile. Ce nombre soixante-cinq est, à peu de chose près, celui que le statut de 1441, p. 25 du manuscrit de l'*Officium Gazariæ*, attribue à « *quælibet « navis seu cocha portatæ cantariorum 11 millium.* » qui « *ha- « bere debeat homines 67 computatis famulis 12.* »

La grosse galère à la navaresque était donc assimilée, quant à l'équipage, à la nef ou à la coque de huit cent vingt-cinq tonneaux. Beaucoup moins haute au-dessus de l'eau, quoiqu'on eût soin d'élever, à la place de son jeu de rames, des bandes ou des murailles qui la défendissent de la mer et lui permissent de s'incliner d'un bord ou de l'autre sous le poids du vent, elle devait porter moins de marchandises, n'ayant qu'un pont sur sa cale et point d'entre-pont comme la nef et la coque. Mais pourquoi la grosse galère, désarmée de ses avirons et réduite à se faire nef ou navire de bandes (de haut bord), avait-elle le droit d'aller plus loin que lorsque, munie de ses rames et d'un équipage trois fois plus fort, elle avait plus de puissance, plus de rapidité, plus de moyens d'échapper aux corsaires et d'achever un voyage dont les lenteurs devaient être funestes au commerce? C'est ce qu'on a de la peine à concevoir, et ce que l'on ne saurait comprendre sans rechercher sous l'influence de quelle situation politique Gênes rédigea le statut du 15 février 1340. Ces recherches sont hors de mon sujet; il suffit que j'aie fait connaître la circonstance assez remarquable d'une transformation imposée dans de certains cas aux grosses galères, qui, avec leur armement à la navaresque ou à bandes, perdant beaucoup de leurs avantages, devaient être encore cependant, par la forme de leurs carènes, très-supérieures à tous les navires de charge, si ronds par devant et par derrière, si hauts et si lourds.

Picheroni della Mirandola, en offrant à la république de Venise le plan d'une *galia grossa*, pensait moins, sans doute, à remplacer les grosses galères des quatorzième et quinzième siècles, abandonnées pour les galéasses au milieu du seizième, qu'il n'espérait peut-être résoudre une des difficultés que plusieurs savants de son temps examinaient avec ardeur. Il construisait une birème ou galère à deux rangs de rames superposées, et il l'offrait : « al serenessimo principe di Venezia intorno alla « fabbricia dei legni marittimi da guerra. » Sans nous attacher à critiquer le plan de Picheroni en le comparant avec ce que les textes grecs et latins nous apprennent des liburnes et des birèmes, voyons ce que l'ingénieur de la Mirandole imagina et ce qu'il offrit comme un perfectionnement des bâtiments usités au seizième siècle, comme une galère qui n'aurait « aucun des incon-

« vénients des galères ordinaires, ne se casserait pas, ne se tor-
« drait point, ne tomberait pas à la bande, ne tanguerait pas
« immodérément, ne chavirerait pas, et porterait bien la voile »
(note du manuscrit des *disegni di biremi, triremi, quadriremi*).

27 pas ou 135 pieds vénitiens sont la longueur totale de la galère. Nous savons que le pied de Venise est plus grand que le pied français; Filiasi le dit expressément tome VI, pag. 164 de ses *Memorie storiche de' Veneti* : « Il piede nostro « cresce alquanto del piede parigino. » M. l'ingénieur Casoni m'a fait connaître à Venise le rapport entre ces mesures ; 24 millimètres ou 10 lignes (*) sont ce dont le pied de Venise est plus grand que le pied français. La longueur totale de la galère, au lieu d'être de 135 pieds français, devait donc être de 144 pieds 9 pouces (46^m 77^c); sa largeur, *de bocha* : de 22 pieds $\frac{1}{2}$ véni- tiens (7^m 87^c); sa largeur, *de fondo* : *piè* 12 (4^m 49^c); sa lar- geur, à 3 pieds au-dessus de la quille : *piè* 18 (6^m 25^c); sa lar- geur, à 6 pieds au-dessus de la quille : *piè* 21 (7^m 29^c); son creux ou *pontal* (hauteur de la quille à la première couverte) : *piè* 9 (3^m 11^c); distance de la première couverte à la seconde (que Picheroni désigne ainsi : « *la coperta de l'ordene de so- pra* ») : *piè* 5 (1^m 73^c). L'espace d'une rame à l'autre devait être : *piè* 4 (1^m 38^c). La chiourme (que dans le statut de Gazarie, 21 juin 1441, je trouve nommée *chiusma*, p. 86 du manuscrit de l'*Officium*) devait être composée de trois cent quatre-vingt- quatorze hommes ainsi répartis : sur la *coperta de sopra* (le deuxième pont), cent vingt-cinq hommes sur vingt-cinq bancs, à cinq hommes par banc; à l'*ordene de sotto* (sur le premier pont), soixante-neuf hommes, à trois par rame, sur vingt-trois bancs (deux bancs restant libres pour la cuisine, et le *barcarizzo*, l'en- droit où s'embarquait l'esquif). Quant aux rames, celles du pre- mier rang, les plus courtes, devaient avoir : *el ciron* (le giron), *piè* 12 (4^m 16^c); *fuora* (la partie extérieure), *piè* 30 (10^m 42^c);

(*) Si je n'ai pas tenu compte, page 339, de la différence entre le pied de Venise et le pied français, quand il s'agit, ici, de faire connaître exac- tement un navire qui, dans l'intention de l'auteur, était peut-être une restitution des liburnes-birèmes antiques, je crois devoir ne pas négliger le rapport de 348 à 324 millimètres qui existe entre le pied de Venise et le nôtre.

celles du rang supérieur devaient avoir : *el ciron*, *piè* 17 (5^m·90^c·); *fuora*, *piè* 40 (13^m· 24^c·).

Des rames de 14^m· 58^c· et de 19^m· 14^c· auraient-elles été facilement maniables par trois et cinq hommes, même avec la précaution fort sage que Picheroni avait prise, de balancer à l'intérieur le poids du *fuora* par un giron plus long que le tiers de la longueur totale du levier? il est permis d'en douter. D'ailleurs, ces avirons auraient coûté fort cher. Si Pantero-Pantera déclare (p. 151) que la rame à *scaloccio*, ou grande rame pour les galères de vingt-cinq à vingt-six bancs, coûtait la moitié plus qu'ensemble n'auraient coûté les trois rames par banc de l'armement à zenzile, de quel prix n'auraient donc pas été des avirons dont le plus court devait avoir, selon Picheroni, 42 pieds vénitiens, c'est-à-dire, 12 pieds français (3^m· 89^c·) environ de plus que la rame à scaloccio! Et puis aurait-on trouvé aisément du bois de frêne assez long pour faire des rames de 57 pieds vénitiens (19^m· 14^c·)? L'ingénieur de la Mirandole ne regardait probablement pas comme de véritables difficultés ces deux circonstances du poids de la rame et de la rareté du bois; car, en même temps qu'il proposait ses birèmes, il offrait aussi ses plans pour des quadrirèmes dont les rames du *quarto ordene*, l'étage supérieur, devaient avoir 34 pas $\frac{1}{2}$ ou 172 pieds $\frac{1}{2}$ vénitiens! Ces rames devaient être maniées par quinze hommes chacune, et il ne fallait pas moins de deux mille hommes par bande pour la chiourme de cette galère dont la plus petite rame avait besoin de dix hommes. Je ne sais quelles raisons le conseil de Venise opposa à la construction des navires proposés par notre ingénieur; le manuscrit ne porte qu'une seule observation faite évidemment par quelqu'un qui n'avait pas bien vu les plans et n'avait pas remarqué que Picheroni plaçait ses avirons sur et non sous les apostis. Voici l'observation : « S'oppone alla invenzione che es-
« sendo li remi de sotto la postissa ogni volta che si rompese
« un mussello (une estrope) il remo cascara in balazza (sans
« retenue). » Ce ne fut pas, sans doute, Picheroni qui répondit; il aurait écrit seulement : « Voyez les plans. » Quelqu'un prit la plume pour foudroyer l'objection, et on lit : « Remedio il Pi-
« cheroni com metterli doi mussilli, un stretto che governo il
« remo, et l'altro un poco più largo, che nel vogar non porti

« fatica, ma che rompendosi, il stretto sostenti il remo, fin che « si torni a racunzare. » Que l'observation ne soit ni d'un constructeur de navires, ni d'un marin, ni d'un des sénateurs qui, provéditeurs de Venise ou capitaines de galères, connaissaient les bâtiments à rames, nul n'en doutera; et cette note ridicule, à laquelle je ne sais quel ami de Picheroni prit la peine de répondre, je ne l'ai transcrite ici, que pour avertir de son inanité les curieux qui auront occasion de parcourir, ou d'étudier après moi, à la bibliothèque de Saint-Marc, le *codex* CCCLXXIX, classe VIII.

Les plans de Picheroni della Mirandola n'obtinrent pas du grand conseil l'accueil que l'auteur en espérait; on n'essaya point de construire les bâtiments à rames superposées dont il avait calculé les proportions; nous ne lisons du moins dans l'histoire de la marine de Venise rien qui puisse nous autoriser à penser que les charpentiers de l'arsenal aient mis la hache en bois pour élever les grands édifices navals qui devaient, selon Picheroni, avoir tant d'avantages sur les galères en usage de son temps. Vittore Fausto avait été plus heureux en 1529. Il est vrai que son projet, si gigantesque qu'il parût aux hommes de l'art, ne choquait pas autant les idées reçues que durent le faire les plans de Picheroni. L'affaire de Fausto fit un grand bruit; celle de Picheroni ne fut point prise au sérieux; et par un hasard aussi déplorable que singulier, les dessins de l'ingénieur de la Mirandole sont venus jusqu'à nous, quand on ne peut plus retrouver, ni un plan fidèle, ni une gravure grossière, ni une description raisonnable, ni un acte officiel fixant les dimensions de la quinquérème et du galion de Fausto.

Ce Fausto était un homme d'un vaste savoir. Successivement professeur de grec, et lecteur public à Venise, il se fit connaître dans le monde des lettres par des discours d'une assez belle latinité, que son ami Paul Ramnusio recueillit et publia à Venise, en 1559, en les faisant précéder d'un éloge de Victor Faust, adressé à Pierre-François Contarini (bibliot. Mazarine, n° 10,307). Dans sa jeunesse, Fausto avait étudié les mathématiques, et avait cherché à faire l'application de cette science à l'art des constructions navales; il y réussit à merveille, dit le biographe des écrivains vénitiens, frère Giovanni (*), paraphrasant un passage de l'éloge de Paolo Ramnusio. Non-seulement il se montra ingénieux en inventant des formes nouvelles et en modifiant celles qui étaient acceptées comme les plus belles et les plus favorables à la navigation, mais encore il s'occupa de retrouver les navires de l'antiquité : « Ac primus omnium, » ajoute Ramnusius, « apud nos intermissum multis « antea seculis usum quinqueremis restituit. » Quand il eut fait le plan de cette galère que tous ses contemporains ont appelée *quinquérème*, fort de sa réputation qui devait le protéger, fort aussi de l'appui de quelques amitiés illustres, il demanda au sénat que, dans les chantiers de l'arsenal, on construisît le navire qu'il présentait comme une restitution de la quinquérème antique. La chose souffrit de grandes difficultés. Soit, comme l'ont imprimé ses partisans, que les passions et l'envie luttassent contre lui au milieu du sénat, soit que les charpentiers, ces *protomastri* habiles dont se vantait la marine vénitienne, jugeassent consciencieusement qu'engager la république dans la construction d'une grande galère, incapable d'un bon service et invalide en naissant, c'était lui faire voter une folle dépense, la discussion fut longue et d'une vivacité qui alla jusqu'à la violence. Ce fut probablement pendant que cette question était agitée, et un jour que la majorité avait semblé se décider contre lui, que Vittore Fausto écrivit à Jean-Baptiste Ramnusio, le secrétaire du sénat, une lettre en latin, dont frère Giovanni degli Agostini nous a conservé un fragment. Cette lettre, où j'aurais mieux aimé trouver une démonstration mathématique de l'excellence de la quinquérème, qu'une amplification de rhéteur dans laquelle interviennent Hercule, Thésée et Cerbère, contient les phrases suivantes, qui ne laissent aucun doute sur la conviction où Faust était que sa galère offrait la solution matérielle de ce problème : Qu'était la quinquérème chez les Romains et les Grecs ? « Hoc est antiqui navigii rationem..... Una è veteribus « navigiis maxime habile quod quinis agitur remis ædificando « ita, ut vetusta illa mensura ad præsentem usum accomodaretur,

---

(*) *Notizie istorico-critiche intorno la vita e le opere degli scrittori viniziani..,* da F. GIOVANNI *degli Agostini de' minori della osservanza. Venezia*, 1754 — 2 vol. in-4°.

« mundo iterum et huic nostræ etati, magno cum decore ac
« emolutento urbis hujus, si sua bona noverit, ostendi. »

Cependant Fausto n'était pas encore vaincu ; s'il avait de puissants adversaires, il avait des défenseurs ardents. Bernardo Navagero, sénateur renommé, qui devint cardinal, était de ces derniers ; il prit la parole quand il vit la cause de Vittore presque désespérée, et dans sa défense des projets de Faust, il fut si éloquent, si persuasif, dit Agostino Valiero, son historien et son neveu, que jamais on n'avait entendu un pareil discours au sénat. L'effet en fut décisif. Les jalousies, les répugnances se turent ; les arguments chaleureux de Bernardo forcèrent le vote d'un décret qui décidait la construction immédiate de la quinquérème, objet d'une aussi grande contention. Faust l'emportait ! Les chantiers s'ouvrirent devant lui, et l'œuvre de l'édification se poursuivit avec activité. Quand la galère fut achevée, mise à l'eau, armée et gréée, il fallut en faire l'essai. C'était là qu'amis et ennemis attendaient Fausto ! Le sénat désigna une galère ordinaire pour lutter avec la quinquérème sur la lagune ; et, le jour pris, en présence du doge Andrea Gritti, des sénateurs, du peuple entier, sur cette lagune où tout ce qu'il y avait de navires était chargé de monde et paré comme pour une fête, la *regatta* eut lieu comme elle avait été annoncée. D'abord, la galère parut avoir l'avantage ; elle dépassa un peu la quinquérème qui ne forçait pas de rames, parce que Fausto modérait l'ardeur de ses nageurs ; mais bientôt la chiourme de la quinquérème redoubla d'efforts, le gros navire dépassa rapidement son concurrent, et arriva au but avant lui. Un applaudissement immense accueillit cette victoire qui devint pour Fausto l'occasion d'un triomphe. Venise se montra aussi enthousiaste qu'elle avait été opposante d'abord ; et ce ne furent pas seulement les bourgeois et le peuple qui donnèrent les signes les plus manifestes de leur admiration, le doge lui-même pleura de joie : « Non ritenne due lagrime dalla molta gioja ch' agli ne senti, » dit le cardinal Bembo, dans une longue lettre, écrite le 29 mai 1529, en réponse à celle que Giambatista Ramnusio lui avait adressée pour lui apprendre le grand événement du jour. Cette lettre, pleine de louanges pour Fausto, charge Ramnusio d'*abbraciarlo piu d'una volta* de la part de Bembo ;

elle nous apprend que Vittore était jeune encore, quand il fit sa quinquérème; et le seul détail important pour les études qui m'occupent, le seul fait que je lui puisse emprunter, c'est celui-ci : « Ha fatto per la prima sua opera la cinquereme, la « quale era già si fuori non solo della usanza, ma ancora della « ricordanza degli huomini, che nessuno era, che pure imaginar « sapesse, come ella si dovesse fare, che ben reggere si potesse, e « halla fatto di maniera, *che' egli non fu mai piu di gran lunga* « *nel nostro arzana fatta galea* nè cosi bene intesa, nè con si « bella forma ordinata, nè cosi utilmente, et maestrevolmente « fabricata, come questa. » Cet éloge, Piero Bembo le répéta dans une lettre latine qu'il écrivit à Victor Faust pour le féliciter de son succès, célébré quelques jours après, le lendemain peut-être, par un poëte qui, se cachant sous le nom de Nicolo Liburnio, publia en vers libres (*druccioli*, glissants, comme les appelle frère Jean, l'Augustin) « *La fame e laude della galea di cinque remi per panco.* » Le second titre de cette pièce, écrite en dialecte vénitien, est assez curieux pour être rapporté : « Giuoco Apollineo di Nicolo Liburnio sopra la felice quin- « quereme con maraviglia dell' universo mondo ritrovata per « lo raro e excellente ingegno del' suo Maestro Vittore Fausto, « archiproto vinitiano, e maestro in ogni luogo di scienza greca « e latina conosciuto senza pari. » Ce titre d'Archiproto Vinitiano, que le poëte populaire donnait à Fausto par forme d'hyperbole, le cardinal Bembo, dans sa lettre au secrétaire du sénat, le demandait sérieusement pour l'heureux auteur de la quinquérème; il exprimait le vœu qu'on le mît à la tête des travaux de l'arsenal, et qu'on lui confiât la direction du matériel de la flotte vénitienne. Ce vœu ne fut point écouté. Fausto fit encore quelques navires, mais non pas comme *maestro-proto*. Quand il mourut, il avait un galion en chantier, galion qui eut de la célébrité aussi au moment de la guerre de 1570, et dont je reparlerai.

Qu'était la quinquérème de Fausto? comment était-elle armée? quelles étaient ses proportions? quel service rendit-elle? c'est ce qu'il faut que je dise. Frère Giovanni écrivait en 1754 : « Nè « pur di questa, benche recente, a paragone delle antiche, si è « conservato disegno alcuno ; e per quante fossero le diligenze da

« noi usate per investigarne la di lei costruzione, ogni fatica fu
« vana. » Je n'ai pas été plus heureux que frère Jean ; j'ai cherché
beaucoup à Venise sans trouver aucune trace linéaire, aucun
croquis dont je puisse m'appuyer ici. L'abbé Betio, ce savant et
zélé préfet de la bibliothèque de Saint-Marc, qui a découvert,
éparses dans un grenier, les feuilles du manuscrit de Picheroni
della Mirandola et les a religieusement réunies en un cahier, n'a
rien connu du travail de Fausto. M. Casoni, parmi les vieux
dessins de plans, encore assez nombreux dans cet arsenal de
Venise, dont il a fait un bon inventaire raisonné (*Guida per
l'arsenale di Venizia*; Venezia, 1829, in-18), n'a rien pu attribuer au constructeur de 1529. Peut-être les plans de Fausto furent-ils anéantis après sa mort par quelque *marangone*, jaloux
de la gloire de cet homme de lettres qui s'était avisé, lui, orateur, lecteur public, *maestro di scienza greca e latina*, de se
mettre en concurrence avec les charpentiers qui ne savaient que
squadrar les *legni*; peut-être aussi sont-ils enfouis dans quelque
carton des archives secrètes de Venise d'où ils ne sortiront jamais, si le régime qui exclut de ce dépôt tous les chercheurs
d'antiquités continue à le tenir muré, au grand détriment de
la science.

Le mot *quinquereme*, dont se servent : le pseudonyme Nicolo
Liburnio, dans son *Jeu apollonien*; Étienne Dolet, dans son
petit traité sur la marine (*apud Gronovium*, t. XI, col. 676);
Pancrazio Giustiniani; Giovanni degli Agostini; le cardinal
Bembo; les décrets du sénat de Venise du 24 juin 1529 et du
22 septembre 1551, que j'aurai occasion de citer tout à l'heure;
le *Codice foscariniano*, à la date du 24 juin 1529; Paul Ramnusio, dans sa lettre à P. F. Contarini; enfin, l'auteur d'une
chronique anonyme qui, à la fin du dix-huitième siècle, faisait
partie de la bibliothèque du sénateur Apostolo Zeno, ce mot
a-t-il désigné en 1529, un navire, à cinq rangs de rames superposés, comme la quinquérème de Picheroni, comme la quinquérème de presque tous les savants qui ont écrit de *re navali*?
ou bien la galère que ce nom désignait, et qui, selon Fausto
lui-même et ses illustres amis, restituait la quinquérème antique, était-elle armée à zenzile, à cinq rames par banc? Je crois
que toute hésitation est impossible sur l'interprétation à donner

à ce terme. Si *quinquérème* est un mot vague quand il s'applique à ce navire carthaginois que le hasard fit connaître aux Romains, le sens qu'il doit avoir ici va se préciser, j'espère. Remarquons d'abord qu'aucun des textes qui nous sont connus ne mentionne les cinq étages nécessaires à la superposition de cinq rames; et certainement si Fausto avait construit le gigantesque édifice que supposent ces cinq ponts montés l'un sur l'autre, l'admiration, l'étonnement auraient trouvé, sous la plume de Bembo, de bien autres expressions que celles-ci : « Sed illud etiam es as-
« sequutus; ut quas omnino naves vastitate corporis, materiaque
« omni esse triremibus longe ponderosiores constabat: itaque exis-
« timabant plurimi etiam cursu tardiores futuras, easdem ipse
« multo velociores ostenderes, victa publico in certamine triremi,
« cum qua cursum, ut ejus rei periculum faceres, instituisti. »
(Lettre du card. Bembo à Vittore Fausto). Que nous apprend cette phrase? Que la quinquérème était beaucoup plus grande qu'une galère à trois rames par banc (*), qu'il semblait qu'elle dût être beaucoup plus lourde et par conséquent plus lente, mais que dans sa lutte publique avec une trirème, elle se montra plus rapide. Si elle avait eu cinq rangs de rames, Ramnusio, qui l'avait vue, l'aurait dit clairement sans doute à Bembo, et celui-ci n'aurait pas manqué, dans la lettre où il se plaît à répéter, en les amplifiant, les éloges du secrétaire du sénat, de remarquer cette circonstance très-notable. Loin de me laisser croire

(*) C'est bien le sens qu'il faut donner au mot *triremis* employé par Bembo. Outre que j'ai établi que les galères subtiles et les grosses galères avaient trois rames par banc, voici un passage du *Codice foscariniano*, cité par le frère Jean des Augustins dans sa *Notizia* sur Vitt. Fausto : « 1529. 24 giugno. Girolamo Canal de Bernardin, governador della quinquerema eletto. Erano le fuste dette biremi perchè havevano due remi al banco, et sono latinamente le galee dette triremi, perchè d'ordinario già ne havevano tre; perciò un' altra sorte di vascello che ha armato già la Republica, il quale ne haveva cinque al banco, era detto quinquereme. »
— Le 24 juin 1529, Jérôme Canal de Bernardin est élu capitaine de la quinquérème. Les fustes étaient appelées birèmes, parce qu'elles avaient deux rames par banc; on appelle en latin *triremes* les galères, parce qu'ordinairement elles en ont trois; c'est parce qu'il avait cinq rames par banc que l'on a appelé quinquérème un bâtiment dernièrement armé par la république. — (Voir ci-après, pag. 384, le passage de l'*Ambassade à Babylone* de Pierre-Martyr d'Anghiari).

que le docte cardinal pût avoir la pensée que la quinquérème de Fausto était autre chose qu'un navire à cinq rames par banc, les mots dont il se sert : « nuova galea da cinque remi havuta in « contesa publica con quella degli altri tre... » me démontrent clairement que J. B. Ramnusio avait formellement détaillé l'armement de la nouvelle galère. Le : « da cinque remi » opposé au « quella degli altri tre, » quand il ne serait pas très-bien expliqué par le passage du *Codice foscariniano* qu'on vient de lire (note * p. 382), et par le titre des vers de Nicolo Liburnio : « La fama e laude della galea di cinque remi per panco » dirait assez que la quinquérème dont il s'agit avait cinq rames par banc. Le : « *quod quinis agitur remis* » de Fausto, dans sa lettre à J. B. Ramnusio, est beaucoup moins clair; mais le poëte populaire qui chanta la gloire de la galère nouvelle nous a laissé un commentaire fort explicite de cette expression qui rappelle un peu trop celle de Lucain :

> Celsior at cunctis Bruti prætoria puppis
> Verberibus senis agitur....

Nicolo Liburnio, émerveillé de ce qu'il vient de voir, s'écrie :

> Felic'età, ch'ascendi a tal fastigio,
> S'ad ogni scanno la galea spalmatasi
> Cinq ali harà congiunte al suo remigio...!

Il importe peu qu'il dise ensuite :

> Ch'in cinque ordin di remi la militia....

« les cinq ailes qu'à chaque banc (scanno) la galère a réunies « pour sa vogue » nous font assez comprendre ce que, par imitation des poëtes antiques et par confiance dans la restitution de Faust, il appelle les cinq ordres de rames.

Voici un fait acquis pour nous : la quinquérème de Victor Fausto était un navire à zenzile, un bâtiment de la famille des galères, ayant cinq rames par banc.

Pouvons-nous espérer de déterminer les dimensions principales de cette galère célèbre? Essayons. Bembo dit que jamais galère d'une aussi grande longueur n'avait été faite dans l'arsenal de Venise (Voir ci-dessus, pag. 380). Fausto avait donc voulu construire un navire beaucoup plus grand que les grosses galères qui dès longtemps faisaient le commerce avec la Flandre et l'Angleterre, ainsi que nous l'avons vu plus haut. Connaissant les galères subtiles, nous aurions pu fixer tout de suite approximativement les longueur, largeur, hauteur, armement, équipage des grosses galères, mais nous avions réservé cette partie de notre travail pour le moment où nous devions faire usage d'un renseignement plein d'intérêt, rapporté par Giovanni degli Agostini dans sa biographie de Fausto. Il s'agit d'un passage de la *Legatio babylonica* de Pierre-Martyr d'Anghiari, ambassadeur de Ferdinand et Isabelle. Pierre-Martyr raconte, pag. 76, liv. 1er, qu'étant arrivé à Venise, le dernier jour de septembre 1501, il eut occasion de s'entretenir avec plusieurs patriciens dont un, fort âgé et éminent par ses fonctions, lui raconta que « dès longtemps Venise avait adopté pour le transport de ses marchandises, comme plus propre à remplir cet office, plus commode et plus sûre dans la navigation que tous les autres navires, cette espèce de bâtiments qu'on appelle grandes galères (*quas nos galeaces appellamus*) (*). » Le vieillard ajouta que dernièrement encore « on avait armé, pour affaire de commerce, neuf de ces galéasses, quatre desquelles avaient été envoyées à Beyruth et cinq à Alexandrie. » Pag. 77, Pierre-Martyr donne l'idée suivante des galéasses qu'il put examiner à Venise : « On dit que chaque galéasse porte sous sa couverte (*sub tegmine*) le poids de cinq cents coupes (*cuparum quingentarum*), et le même chargement sur la couverte (*in detecto*). Or, ils comptent le poids de chaque coupe pour mille livres. — Chaque galéasse, ajoute l'ambassadeur du roi Catholique, a environ deux cents hommes d'équipage, à la solde des marchands qui la conduisent. De ces deux cents hommes, cent cinquante sont chargés du maniement des rames et de la manœuvre des voiles (*ad remorum ac velorum administrationem*). Bien qu'à cause de sa grandeur ce navire se serve peu de rames,

---

(*) « Patroni unius galeasiæ de Neapole, modò existentis in portu, » dit une lettre datée de 1478, que l'on trouve p. 59, tom. XIII, de la collection de Rymer.

cependant il a cent cinquante rames qui ne sont employées que pendant les calmes (*tempore malaciarum*), si la galéasse veut entrer dans un port ou en sortir, ou si elle veut changer de route et tourner une terre (*aut se in aliquam partem mutent et convolvent*). Les galéasses ont trois rames à chaque banc (*quos habent in quolibet transtro ternos remos*); aussi est-ce à bon droit qu'on les appelle trirèmes (*). »

Grâce aux détails fournis par Pierre-Martyr d'Anghiari, sur les grosses galères ou galéasses de Venise (**), au commencement

(*) Aux renseignements que donne notre ambassadeur espagnol sur les grosses galères, il n'est pas inutile d'ajouter ce que Paolo Paruta en dit, page 55, libro III, *Historia venetiana* — 1695 : « On arma de grosses galères (en 1516) qui déjà, depuis quelques années, n'avaient pas navigué. Ces *galee grosse* sont des espèces de navires très-grands, faits à la ressemblance des nefs de charge et pour le même usage, mais différents de celles-ci en ce sens que, par un ingénieux artifice, elles naviguent non-seulement à la voile, mais encore elles vont à l'aviron, comme les galères subtiles. Les Vénitiens ont coutume de s'en servir pour leur trafic maritime avec les nations les plus éloignées. » Pag. 179, Paruta ajoute : « Une foule de jeunes gens des familles nobles avaient l'habitude de naviguer sur les grosses galères, tant pour se former à la pratique de l'art naval, que pour s'exercer au commerce. »

(**) Abraham Farrisol, plus connu sous le nom de Peritsol, rabbin avignonais qui vivait à la fin du quinzième siècle, a donné, dans son *Iggheret orechot olom* ou *Petit traité des chemins du monde*, un curieux aperçu des navigations de ces galères que Venise envoyait trafiquer en Flandre. Je crois devoir le rapporter ici. Je traduirai la version latine de Thomas Hyde (Oxford, 1691). « J'ai entendu dire aux commerçants qui vont de Venise en Flandre avec les galères chargées de leurs marchandises, et j'ai vu moi-même que, souvent, leurs voyages durent 18 mois et quelquefois plus de deux ans. Le chemin qu'ils font est, en effet, long de trois à quatre mille milles. Il y en a pourtant qui, favorisés par de bons vents dans leur course de chaque jour, ne restent pas plus de 8 mois à faire le trajet. Voici quelle est la route ordinaire qu'ils suivent, en raison des lieux où ils doivent aller relâcher. Quoiqu'il leur arrive parfois de toucher à d'autres ports, soit pour déposer ou prendre des marchandises, soit à cause du changement des vents qui les force à errer çà et là et à s'écarter de leur chemin, néanmoins, telle est la voie qu'ils doivent prendre — car la nature des choses, eu égard à la situation des localités du continent où ils ont besoin de se rendre, l'a voulu ainsi : — De Venise ils font voile à l'orient et vont chercher la Dalmatie et la Macédoine (Sclavonie et Albanie), qu'ils côtoient jusqu'à ce que, sortant de la mer Adriatique (la mer de Venise), et prenant le vent à leur droite, ils entrent, par les parages

du seizième siècle (pour mieux dire, au quinzième siècle puisque l'ambassade de Pierre est de 1501), nous pouvons établir que vingt-cinq bancs, à trois rames par banc, garnissaient chacun des côtés de la galéasse. Or, en ne donnant à l'intervalle des bancs que les 5 pieds que nous avons vu, pag. 343 de ce Mémoire, lui être rigoureusement nécessaires dans l'arrangement à zenzile par trois, la galéasse devait avoir 125 pieds (40^m 60^c), d'un joug à l'autre, pour asseoir ses cent cinquante rameurs. A cette longueur si nous ajoutons 24 pieds (7^m 79^c), pour la palmette de proue et la place réservée à la poupe, nous verrons que la grosse galère pouvait avoir 149 pieds (48^m 39^c) de longueur totale. Cette longueur était à peu près celle de la réale de France qui, au dix-septième siècle, avait trente-deux rames à *scaloccio*, occupant une place d'environ 130 pieds (42^m 22^c), auxquels on doit ajouter 24 pieds pour les quartiers de poupe et de proue, ce qui la faisait longue en tout de 154 pieds (50^m 02^c). Je compare la galéasse ou grosse galère vénitienne du quinzième siècle à la réale de France pour ne pas exagérer ses proportions ; peut-être l'aurais-je pu comparer à la capitane que l'amiral de Sélim II, le célèbre corsaire Ucchiali, se fit construire pour la campagne de 1572, après la

de la Calabre, dans la Méditerranée en reconnaissant Otrante, le golfe de Tarente, et en contournant l'Italie. Ils laissent alors Lecci et Montalto sur le continent, toujours à leur droite, jusqu'à ce qu'ils aient le cap à l'occident ; ils entrent enfin dans le détroit de Messine, et font 8 milles entre Messine et le rivage de la Calabre. Puis ils continuent à côtoyer la Méditerranée l'espace de 2,000 milles et plus ; ils vont à Reggio, à Salerne, Naples, Gaëte, Ostie, Piombino, Livourne ; ils voient la Corse à gauche, assez loin du continent ; ils visitent Sarzane, Gênes, Savone, Monaco, Nice, la rive orientale de la Sardaigne, Marseille, les bouches du Rhône, Aigues-Mortes, toute la côte d'Aragon, Perpignan, Valence, Barcelone, les îles Baléares qui restent à leur gauche, et continuent le long de l'Andalousie jusqu'à Grenade et Malaga. Quand les galères sont dans le détroit de Gibraltar, pour gagner la Flandre, elles prennent à droite pour aller au nord. Elles longent la terre jusqu'à ce qu'elles arrivent entre l'île d'Angleterre et le continent de la Flandre par un détroit peu large (la Manche). Telle est la route que tiennent les marchands de Venise, et le long de laquelle ils font leurs relâches. Ils suivent toujours cet itinéraire, sauf les cas de changement de vents, ou quand il leur est nécessaire de le modifier pour leurs affaires ou pour éviter les pirates. »

défaite des Turcs à Lépante ; cette galère avait trente-six bancs de rameurs de chaque bord ; elle pouvait, par conséquent, être longue de 168 pieds (54ᵐ· 57ᶜ·). En m'en tenant à la longueur de 48ᵐ· 39ᶜ·, que je crois être approximativement celle des grosses galères mentionnées par l'envoyé de Ferdinand et d'Isabelle, je ne dois pas oublier, pour déterminer leur hauteur totale et leur plus grande largeur, que Pierre-Martyr leur attribue le poids de mille *cupas* (un million de livres ou cinq cents tonneaux). La capacité qu'un tel poids de marchandises fait supposer au navire qui doit le porter, ne peut guère être mesurée, la plus grande longueur étant de 149 pieds, que par une largeur, *in bocha,* de 24 à 25 pieds, et par une profondeur ou *pontal* de 9 à 10 pieds. On voit par ces proportions auxquelles le calcul nous amène, que Picheroni, quand il traçait le plan de sa *galia-grossa-bireme*, ne s'écartait pas beaucoup des règles de construction admises un siècle avant lui par les charpentiers pour les galéasses ; seulement il élevait un étage sur le *scafo* de la galéasse, et cette addition n'était pas heureuse.

Maintenant que nous sommes fixés sur les dimensions de la galère du quinzième siècle (*), bâtiment à trois rames par banc, nous sera-t-il bien difficile d'assigner à la quinquérème de Fausto des proportions convenables? Il me semble que non.

Le 24 juin 1529, un mois après que la galère nouvelle eut

(*) Le P. Coronelli, dans son *Atlante*, parlant de certaines grosses galères vénitiennes du quinzième siècle, auxquelles fait allusion l'historien Viannoli, dit que ces galères avaient de longueur totale 135 à 140 pieds vénitiens, 23 pieds à leur plus grande largeur, 8 pieds de creux ou *puntale*, 13 pieds de largeur à la cale (*fondo*) et 31 pieds de largeur d'un *apostis* à l'autre (*telaro*). Elles portaient, ajoute-t-il, trente-cinq rames de 35 pieds de longueur, bordées, sur l'apostis, du joug de proue au milieu de la galère. L'arrière, à partir de ce milieu, était sans rames et restait libre pour le service des marchands. Chaque rame était manœuvrée par quatre hommes. Ces galères avaient trois mâts : trinquet, misaine, maistre. Le trinquet portait une voile carrée, les deux autres arbres des voiles latines. — Ce sont des galères de cette espèce, au moins quant à la voilure, qu'on voit dans l'estampe de Guillaume Jansson, représentant le combat de Frédéric Spinola à l'Écluse dont j'ai parlé p. 292. — L'équipage des galères décrites par Coronelli était de cent quatre-vingt-six hommes ; son armement en artillerie était de deux fauconneaux de 6, et de 12 ou 14 pierriers de 14.

remporté sur la lagune de Venise cette victoire qui la recommandait si puissamment à la population tout entière, le sénat, pressé de prendre un parti pour l'armement de ce navire merveilleux, rendit un décret solennel. Je vais le rapporter dans son entier, autant parce qu'il montre l'intérêt qui s'attachait à l'invention de Fausto, que parce qu'il contient quelques détails dont je pourrai tirer parti pour le calcul que j'ai à faire. Voici la pièce officielle : «—Comme il importe de ne pas différer l'armement de la quinquérème, pour retirer le plus tôt possible tout l'avantage que chacun attend d'un navire si extraordinaire (*che ognuno de cosi raro legno si promette*), nous décidons que, par la voie du scrutin (*scortinio*), et par quatre élections (*quatro man d'eletion*), notre grand conseil devra élire un capitaine pour ladite quinquérème. Ce capitaine aura le pas sur tous nos autres capitaines (*sopra comiti*); il commandera toujours. Il recevra vingt-cinq ducats nets de solde par mois; il aura auprès de lui quatre nobles; il devra tenir toujours complet le nombre de rameurs que peut porter la quinquérème, plus vingt hommes. Sur la quinquérème on embarquera, outre le nombre qu'on a l'habitude d'en embarquer à bord des galères subtiles, quarante arquebusiers sous les ordres d'un bon chef. Ces soldats auront la paye et les armes des arquebusiers ordinaires. Un conseiller (*huomo di conseglio*) sera mis sur la quinquérème avec la solde de quarante-cinq livres par mois. On y mettra aussi huit bombardiers; et quant aux rameurs, on en donnera à ce navire autant qu'il en faut pour ses rames, dont le nombre est double de celles d'une galère subtile (*e doi remeri per esser li duplo delli remi di una galia sutil*). Et comme, sur cette quinquérème, on met plus d'hommes que sur les galères, il est juste qu'on augmente les provisions du capitaine, on lui donnera dix ducats par mois pour les potages (*per le menestre*); on augmentera aussi en proportion du nombre d'hommes l'argent ordinairement accordé pour la table et les vivres (*per la mesa e la panatica*). Le capitaine recevra sa solde pour quatre mois. Comme il a été décidé que l'on donnerait cinquante arquebuses à chaque galère subtile, pour ses rameurs, nous voulons qu'à la quinquérème on en donne cent. »

Ce fut en vertu de ce décret que, le même jour, le sénat élut capitaine de la quinquérème, Girolamo Canale de Bernardin, ainsi que nous l'avons vu plus haut (note, p. 382).

Les mots : « e doi remeri per esser li duplo delli remi di una « galia sutil » sont une précieuse indication pour moi. La quinquérème avait donc deux fois autant de rames que la trirème ordinaire ; seulement la trirème avait trois rames par banc, et la quinquérème devait en avoir cinq. Nous avons vu, p. 350 de ce Mémoire, que certaines galères subtiles des quatorzième et quinzième siècles, à trois rames par banc, avaient cent rames sur dix-sept bancs de chaque bord, ces dix-sept bancs étant complets à la bande droite, quand seize seulement l'étaient à la bande gauche, un banc restant libre pour le fougon et ne recevant qu'un seul aviron au besoin. La quinquérème devait avoir, aux termes du décret que je viens de traduire, deux cents rames qui, groupées par cinq sur chaque banc, devaient occuper quarante bancs, vingt de chaque côté. Le banc du fougon était occupé et ne devait sans doute être désarmé que pendant la préparation du repas. J'ai dit que l'arrangement à zenzile à cinq par banc nécessitait un interscalme de 10 pieds (p. 346) ; si nous appliquons ici cette donnée, nous verrons que l'emplacement des rames, dans la quinquérème de Fausto, occupait une longueur de 200 pieds ; longueur à laquelle il faut ajouter au moins 30 pieds pour les quartiers de poupe et de proue. La longueur totale du navire pouvait donc être de 230 pieds ($74^m 71^c$). Quelle gigantesque galère ! Ce n'est pas sans raison que le sénat l'appelle un « cosi raro legno » et que le cardinal Bembo déclare que, dans l'arsenal de Venise, « non fu mai piu di gran lunga fatta galea. » 230 pieds de longueur totale voulaient à peu près 32 pieds ($10^m 39^c$) de largeur *in bocha*, si 116 pieds (la longueur de la galère de Marin Zeno, voir p. 273) voulaient 16 pieds d'ouverture. Dans la même proportion, le pontal de la quinquérème devait être d'environ 16 pieds, qui donnaient de 12 à 13 pieds de tirant d'eau à cette galère. Faust avait-il calculé des courbes nouvelles pour les côtes et les roddes de sa galère ? je n'en sais rien, mais je suis porté à croire qu'il n'adopta pas complétement la *squadratura* que les constructeurs de galères subtiles et de grosses galères tenaient traditionnellement pour la meilleure. S'il garda la forme connue des roddes en grandissant seulement leurs proportions, probablement il modifia les matères les plus rapprochées des fourçats, afin de donner à l'avant et à l'arrière des façons plus fines qui assurassent le résultat, si heureusement obtenu, d'une marche très-rapide: « *Nullum toto mari* « *nostro navigium... ad celeritatem velocius... spectatur,* » dit Paulus Ramnusius dans sa lettre à P. F. Contarini (1559). Ramnusio ajoute qu'au moment où il écrit, la marine n'a pas un bâtiment plus beau, mieux disposé pour le combat, et plus fort : « *Vel ad aspectum pulcheriùs, vel ad pugnam accomodatiùs ac* « *firmiùs.* » Cette quinquérème, si forte et si propre au combat, Pancrazio Giustiani, qui en parle dans une de ses lettres, ne dit pas qu'elle ait pris part à quelque bataille navale : « Nostra « ætate condita est navis quinqueremium rostrata, senatus de- « creto, quæ *galea* appellatur; » rien de plus. Si l'on en croit la chronique anonyme d'un auteur vénitien, citée plus haut, p. 381, la quinquérème de Fausto fut armée pour la campagne de 1571, et servit un moment de capitane au lieutenant général de la ligue, Marc-Antoine Colonne; mais : « fu abbruciata da una saetta, che diè nell' albero epoi nella monizion. » Un décret du sénat (21 septembre 1551), ordonnant la construction de trente galères subtiles « a tre remi a fili morsadi secondo l'or- « dine della Casa », motive cette résolution sur ce qu'un grand nombre de galères, étant cette année à la mer, après le départ de six *arsili* (porte-chevaux) pour Candie, il ne restera dans le port que cinquante-cinq galères, dont trente-sept neuves, neuf qui sont employées pour le moment à une mission de peu de durée (*usade per viazo curto*), quatre à quatre rames par banc, deux bâtardes, et la quinquérème. Ce document nous prouve que la grande galère de Fausto, déjà vieille à la vérité, car elle avait 22 ans, était rarement armée. Peut-être la réservait-on, avec les galères à quatre rames, pour les occasions importantes, parce qu'elle portait beaucoup d'artillerie. Noël Conti, qui a écrit une histoire de son temps (*Natalis Comitis universæ historiæ sui temporis*, in-folio, Venise, 1581), dit, liv. XXI, p. 449, que la quinquérème portait trois cents bouches à feu de différentes espèces (*trecenta bellica tormenta varii generis ad defensionem*); il ne dit pas ce que, outre les cent arquebuses, il y avait de pièces d'artillerie : bombardes, espringales, etc.

Le nombre de huit bombardiers attribué à ce navire par le décret du 24 juin 1529, semble devoir être celui des canons ou des passe-volants.

Noël Conti atteste qu'à Venise on fit des galères semblables à celle de Fausto, forteresse flottante (*instar insignis cujusdam propugnaculi super mare navigantis*, — expression hyperbolique qu'on trouve dans les historiens de tous les siècles quand ils ont à parler d'un grand navire —); il ajoute qu'elles sont aussi bonnes pour le combat que rapides et vives dans leurs mouvements. Conti partage l'erreur de Paul Ramnusio qui, dans son éloge de Vittore Fausto, n'hésite pas à dire : « Toutes les « quinquérèmes d'à présent sont fabriquées d'après ce modèle. » Ramnusio se trompe certainement. Après l'essai de Fausto, quelque succès qu'il eût obtenu, on ne construisit plus de galères à cinq rames par banc; on substitua à cette espèce de navire les galéasses nouvelles, grandes galères à un seul rang de longues et lourdes rames, maniées sous couverte, imaginées, dit-on, par Francesco Bressan, ce *fedelissimo protto di marangoni*, à qui le décret du 21 septembre 1551 laissait le soin de donner à l'encan (*dar all'incanto*), selon l'usage (*), à des charpentiers sous ses ordres, les trente galères subtiles dont le sénat jugeait que Venise pouvait avoir besoin. Aucun auteur vénitien ne fait mention de quinquérèmes au seizième siècle, et l'on peut s'étonner que Ramnusio et Conti, mal informés d'un fait qu'il leur était si facile de vérifier, aient accrédité une erreur matérielle aussi grave. Ce n'est pas qu'après Fausto on ait renoncé à faire de grandes galères à plusieurs rames par banc; nous apprenons qu'en 1567 le roi d'Espagne fit fabriquer à Barcelone une galère à trente-six bancs, — dix-huit de chaque côté sans doute, et non pas trente-six par bande, ce qui ferait un navire immense; — chaque banc avait, dit Pantero-Pantera, d'après Natale Conti, sept rames maniées chacune par un homme. Cet essai ne réus-

---

(*) Quand une construction de galères était décidée par le sénat, le chef des chantiers de Venise réunissait tous les charpentiers entrepreneurs de navires, et il faisait ouvrir un encan où chacun apportait son offre. Les galères faites ainsi par divers maîtres l'étaient sur un type donné, et le *protto* avait le droit de les refuser si elles n'étaient pas conformes aux plans que les constructeurs avaient acceptés.

sit pas; la galère, très-lourde et paresseuse, ne marcha pas du tout à la rame. Ce bâtiment aurait dû être fort grand, plus grand sans doute que la quinquérème de Faust qui avait pu mettre le roi Catholique en goût de raretés navales. J'ai peine à me figurer la possibilité d'une répartition de cent vingt-six rames groupées entre dix-huit bancs; je ne comprends pas plus la septième rame que la première, la première si longue et si lourde qu'un seul homme ne devait pas pouvoir la manœuvrer, la dernière si verticale qu'elle ne devait faire aucun effet. Mais Philippe II fit-il, en effet, construire une pareille galère? Noël Conti ne se laissa-t-il pas abuser? La galère à trente-six bancs n'était-elle pas comme celle que se fit faire Ucchiali, cinq ans après, à trente-six bancs de chaque bord, chacun de ces bancs, siége de sept hommes maniant une rame à *scaloccio ?* Je le crois, et je m'étonne que Pantero ne l'ait pas entendu ainsi. En 1529, Charles-Quint, passant de Barcelone en Italie, montait une galère à vingt-sept bancs, dit l'inventaire de la flotte cité par Capmany, tome III, p. 63 des *Memorias;* cette galère était probablement une bâtarde, dont chaque aviron était manœuvré par deux hommes. Cela se conçoit aisément.

Les galéasses du quatorzième et du quinzième siècle, les grosses galères dont j'ai parlé d'après Pierre-Martyr, et que l'on trouve citées dans le livre *de los quatre senyals*, p. 142, au chapitre : Droits d'entrée et de sortie dans les ports de Catalogne; ces galéasses n'avaient que de lointains rapports avec celles du Vénitien Francesco Bressan, qui eurent leur part dans la gloire de Lépante. Celles-ci n'étaient plus à zenzile. L'arrangement des rames par groupes à deux, trois et quatre sur un banc, avait perdu de la longue faveur dont il avait joui; une seule rame (le *scaloccio* vénitien, qui semble être de la famille du *scarlionus* et du *scalinus*, l'échallas, des documents du moyen âge) avait remplacé les rames légères, et deux, trois, quatre, et même huit hommes, agissant sur ce levier gros et long, s'asseyaient sur le banc, devenu moins oblique, où auparavant chacun d'eux maniait son aviron. Faire des galères plus grandes que les galéasses-birèmes, plus maniables et plus rapides que la nef, en les munissant du scalaccio, c'était un beau projet, et c'est ce que Bressan entreprit. La quinquérème de Fausto existait toujours, rarement armée, comme je le disais tout à l'heure, mais respectée encore, et même encore estimée, puisqu'on la gardait pour les occasions solennelles où Venise devait se mettre tout entière en bataille devant Sélim et ses alliés des États barbaresques; Bressan osa la regarder en face et lui prédire qu'elle serait bientôt oubliée. Il travailla en effet, fit adopter ses galéasses, et se mit à l'œuvre la hache à la main. Tout l'arsenal était à lui; le sénat avait confiance dans sa pratique, à laquelle Venise devait tant de si bons navires; il avait des aides et pas de rivaux; il était constructeur juré, et ne soulevait autour de lui ni haine, ni jalousie : la galéasse fut rapidement menée dans le chantier et promptement lancée sur la lagune. Sans doute, un essai, analogue à celui qu'avait fait en 1529 la quinquérème de Faust, fut ordonné par le sénat; la galère, qui s'était faite presque nave et n'avait pas l'ambition de rivaliser avec les galères subtiles, remplit à souhait son rôle honorable, mais plus modeste; on applaudit Francesco, mais sans enthousiasme. Le succès du charpentier ressembla peu à celui de l'homme de lettres. On n'avait pas douté de lui; on ne lui avait pas demandé de quel droit il faisait une chose que personne n'avait faite avant lui; on ne l'avait point renvoyé au latin et au grec; et comme il n'avait pas eu les tourments de la persécution, il n'eut pas les grandes joies du triomphe. Personne ne fit de sonnets pour chanter la *Galéasse*, ou si quelque poëte fut inspiré par la venue au monde maritime de cette galère géante, personne ne songea à recueillir ses vers improvisés; aucun chroniqueur ne prit la peine de raconter la fête à laquelle dut certainement donner lieu l'apparition de la première galéasse sur la mer de Venise; et c'est à peine si le nom de Francesco Bressan est connu de quelques historiens. Les galéasses survécurent environ un siècle (*) à Bressan, et le nom de Bressan était déjà

(*) Les dernières galéasses, dont l'apparition ait, dans l'histoire navale, une certaine importance, ce sont les galéasses espagnoles commandées par Hugues de Moncade dans la célèbre flotte qui, malgré ses disgrâces, a retenu le nom de l'*invincible armada*. Ferreras dit, tome X de son Histoire d'Espagne, qu'il y avait : « une galéasse montée par le duc de Médina Sydonia, commandant général de l'Armada; une division de 22 galéasses commandée par Antonio de Mendoza, et une autre de 4 galéasses,

oublié depuis longtemps quand les galéasses disparurent. Les progrès de la navigation à voiles et de l'art de construire les vaisseaux firent délaisser tout naturellement les galéasses ; un coup de tonnerre frappa, du moins, la quinquérème, et sa fin répondit à son commencement, entouré de tant de circonstances extraordinaires ! Le nom de Fausto occupe une place aussi grande dans l'histoire de l'art naval de Venise que dans son histoire littéraire ; celui de Bressan se lit dans un décret du sénat et dans la vie de Fausto par Giovanni ! C'est que Bressan avait fait acte de son métier en imaginant de grandir la galère, c'est qu'il avait pour amis de simples charpentiers ; c'est que Faust, au contraire, quittant pour un instant la pédagogie, avait fait une éclatante infidélité à Démosthène et à Cicéron pour se jeter dans les voies d'Archimède ; c'est qu'il avait critiqué, interprété des auteurs anciens, et trouvé, dans une hypothèse nouvelle, une solution d'une des difficultés qui, dès le commen-

commandée par Hugues de Moncade, qui montait la capitane des galéasses. » Il est à croire que Ferreras, quand il parle d'une division de 22 galéasses, ne veut pas faire entendre que les navires qui obéissaient à Antonio de Mendoza fussent de la même grandeur que ceux auxquels commandait Moncade ; c'étaient de grandes galères et non pas réellement des galéasses comme on l'entendait au seizième siècle. Aucune puissance maritime n'eut dans ses arsenaux 27 galéasses proprement dites ; l'armée de la sainte Ligue (1571), où les puissances chrétiennes avaient accumulé tout ce qu'elles avaient d'éléments de victoire, ne comptait que 6 galéasses ; comment, depuis Lépante jusqu'à 1588, l'Espagne aurait-elle fait construire un aussi grand nombre de ces grands bâtiments qui coûtaient fort cher, et qui, ne rendant que des services assez rares, commençaient à être abandonnés ? John Pine, dans le texte explicatif qu'il donna, en 1739, avec une gravure de la tenture de la chambre des lords, représentant la célèbre *Armada* (tenture brûlée au dernier incendie de Westminster), parle seulement de quatre galéasses. Sans doute, il fait allusion à la division de Hugues de Moncade ; il me paraît très-raisonnable et tout à fait dans le vrai. Pourquoi, en effet, une division de 4 galéasses seulement, quand il y en avait une de 22 ? On eût égalisé les nombres, si les bâtiments avaient été d'égale force. John Pine dit que les quatre galéasses avaient en tout 1,200 rameurs, c'est-à-dire, 300 rameurs chacune. Si ce chiffre est exact, et si les galéasses n'avaient que 25 rames par bande, chaque rame n'avait que 6 hommes, au lieu de 7, au moins, qui généralement étaient regardés comme nécessaires au maniement de ce levier immense. (Voir l'*Armata navale*, p. 152).

cement de ce siècle de renaissance, avait été déjà abordée par plus d'un savant ; enfin, c'est qu'il avait pour amis un secrétaire du sénat, des sénateurs illustres, et un écrivain comme Pietro Bembo.

La galéasse est définie en peu de mots par Pantero-Pantera, qui résume en ces quelques phrases un long chapitre de Bartolomeo Crescentio : « Les galéasses sont les plus grands de tous les navires à voiles et à rames ; elles sont longues, et étroites en proportion de leur longueur ; elles ont les mêmes parties et les mêmes membres que la galère. Quant aux rames (*), elles en portent autant qu'une galère ordinaire ; mais ces rames sont plus éloignées l'une de l'autre, la galéasse étant plus longue d'environ un tiers que la galère ordinaire, plus large aussi et plus haute d'un tiers environ. La rame de la galéasse est beaucoup plus grande que celle de la galère ; aussi pour la manier est-il besoin d'au moins sept hommes. La galéasse porte toujours trois arbres : le maître, qui est très-grand et très-gros, le trinquet, et l'arbre de misaine (*mezana*). Comme elle a trois mâts, elle a trois voiles. Elle a le timon à la navaresque, c'est-à-dire à la manière des naves, et aux flancs en arrière, de chaque bord du timon, un grand aviron qui aide à faire virer de bord le navire plus vite (**). La galéasse, étant pesante et d'une grande masse,

(*) Sur la foi d'un recueil d'estampes publié, en 1572 par Gio. Francesco Camocio, intitulé : « *Isole famose, porti, fortezze e terre maritime, etc.* » M. Casoni avance que les galéasses qui combattirent à Lépante (1571) avaient trois rames par banc. C'est une grave erreur. Ni Vander Hamen, dans sa chronique espagnole de D. Juan d'Autriche, ni Gio. Contarini dans son récit italien de la bataille de Lépante, ni J. Pujol dans son poëme catalan sur le même sujet, ni Conti dans l'histoire de son temps, ni Brantôme dans sa Vie de D. Juan, ne font allusion à un ordre de rames à zenzile. Le manuscrit de Magius et une estampe que je citerai plus bas, montrent des galéasses, mais à rames ordinaires, et il n'aurait pu en être autrement. Le graveur des planches 38 et 39 se trompa ; peut-être aussi M. Casoni, qui avertit que les *delineazioni* sont *minute*, n'a-t-il pas pu bien interpréter la pensée de cet artiste. Les galéasses de Lépante que j'ai vu représentées à Gênes, au palais d'Oria (voir p. 13 du Rapport au ministre, qui est en tête de ce volume), sont munies d'avirons comme les galères ordinaires, et satisfont très-bien aux définitions longuement détaillées de Pantero-Pantera et de Bartolomeo Crescentio, tous deux contemporains de ces navires.

(**) Ces deux avirons de côté que nous retrouverons, mais seuls, aux

évolue un peu lentement. Aujourd'hui, on construit à Venise les galéasses avec tant d'art que, bien qu'elles soient grandes autant que celles que l'on construisait il y a longtemps, » — allusion aux grosses galères, — « et qu'elles soient alourdies par une plus grande quantité d'artillerie, elles évoluent et virent, facilement et sans remorque, presque aussi bien que les galères subtiles. La galéasse, à la proue et à la poupe, a deux grandes places où se mettent les soldats et l'artillerie. Elle est toujours entourée de pavesades (*impavesate*) hautes, solides, permanentes et garnies de meurtrières (*feritore*), par lesquelles les soldats tirent leurs mousquets et leurs arquebuses sans être vus de l'ennemi et sans pouvoir être blessés par ses armes. Contre le bord de la galéasse, en dedans, est un chemin, une coursive ou un sentier sur lequel s'établissent les soldats avec une grande commodité, pour combattre comme pour se reposer. Une coursie du milieu, allant de la poupe à la proue, partage la galéasse, qui a une seule couverte au-dessous de laquelle sont réparties un grand nombre de chambres et de petites soutes » (pag. 44). « Les galéasses sont armées d'environ soixante-dix pièces d'artillerie; la plus grosse de ces pièces est le canon de la coursie qui porte de cinquante à quatre-vingts livres de balles de fer. Deux autres canons moins gros sont placés de chaque côté de ce coursier; dix pièces de divers calibres : demi-canons, demi-couleuvrines, moyennes (*moiane*), ou sacres, sont à la proue, sur deux étages de planchers (*sopra et sotto*) » — j'expliquerai cela plus tard; — « la poupe en porte huit des mêmes calibres que ceux de l'avant; ils sont rangés sur la place de la poupe réservée à l'artillerie, et près de l'espale de chaque bord. Entre chaque banc, de la proue à la poupe, la galéasse porte une pièce ou canon pierrier de trente à cinquante livres de balles de pierre ; ces pier-

---

flancs des *chats*, définis par Hugues Plagon, Crescentio ne dit pas qu'on les ajoute toujours au gouvernail de la roude. Il dit que la galéasse porte le timon à la navaresque, et il ajoute : « *Si mette ancora* (aussi) *con due remi a' fianchi del timone.* » Les deux gouvernails de côté ne se retrouvent dans aucune des figures de galéasses que j'ai connues, et que j'aurai occasion de citer tout à l'heure, mais on les voit dans les dessins du manuscrit de la Magliabecchiana (Mémoire, n° 5).

riers étant courts sont fort commodes, et l'on peut les manœuvrer aisément dans l'espace étroit où ils sont placés. On en met de chaque bord autant qu'il y a de rames » (p. 89 de l'*Armata navale*).

Si l'on se rappelle de quelle manière j'ai procédé, d'après Crescentio (pag. 285-287), pour déterminer les courbes des roddes et matères de la galère, on me comprendra tout de suite quand je dirai :

Le pied de la *squadra*, tracée pour la confection de la rodde de poupe d'une galéasse, était long de 22 palmes (16 pieds 6 pouces — 5^m 35^c) ; le *lato* était haut de 24 palmes (18 pieds — 5$^{m.}$ 84^c) ; à la hauteur de 21 palmes $\frac{3}{4}$ (16 pieds 3 pouces 9 lignes — 5$^{m.}$ 28^c) se plaçait la ceinte ; le dragant se mettait à 2 palmes $\frac{1}{4}$ (1 pied 8 pouces 3 lignes — 0$^{m.}$ 56^c) au-dessus de la ceinte. Le *sgarramento* avait 7 palmes $\frac{1}{2}$ (5 pieds 7 pouces 6 lignes — 1$^{m.}$ 81^c) ; le *calcagnuolo*, élevé au milieu du pied de la *squadra*, était haut de 2 palmes (1 pied 6 pouces — 0$^{m.}$ 48^c). Avec ces données, il sera facile de tracer la courbe, galbe de la rodde de poupe. Quant à la rodde de proue, le pied de la squadra, tracée pour la confection de son galbe, devait être de 22 palmes (5$^{m.}$ 35^c) ; le lato était de 26 palmes (19 pieds 6 pouces — 6^m 17^c). La ceinte se plaçait à la hauteur de 17 palmes $\frac{1}{3}$ (13 pieds — 4$^{m.}$ 22^c) (on voit quelle était la tonture de l'arrière à l'avant, la ceinte étant à 5^m 28^c derrière, quand elle était à 4$^{m.}$ 22^c devant : 1^m 6^c — 3 pieds 2 pouces 3 lignes). Le sgarramento était de 8 palmes $\frac{1}{4}$ (6 pieds 2 pouces 3 lignes — 2^m 00^c) ; le calcagnuolo était haut de 2 palmes $\frac{1}{4}$ (1 pied 8 pouces 3 lignes — 0^m 54^c). Au-dessus de la ceinte, pour l'établissement du château de proue, la rodde s'élevait (*il crescimento*) de 8 pieds $\frac{2}{3}$ (6 pieds 6 pouces — 2^m 11^c), et s'éloignait à son point le plus élevé, du *lato* de la squadra : 4 palmes (3 pieds — 0^m 97^c). La ligne qui passait par les cinq points : éloignement du lato, emplacement de la ceinte, extrémités du sgarramento, du calcagnuolo et du pied de la squadra ; cette ligne était celle du galbe de la rodde de proue.

Pour le tracé de la matère et du staménale, la squadra avait à son pied : 15 palmes de longueur (11 pieds 3 pouces — 3^m 65^c), et à son *lato* : 12 palmes de hauteur (9 pieds — 2$^{m.}$ 92^c). Le sgarramento était long de 3 palmes ¾ (2 pieds 9 pouces 9 lignes — 0ᵐ 69ᶜ·); la scosa était d'un demi-palme (4 pouces 6 lignes — 0ᵐ 10ᶜ·). La ceinte était placée à l'endroit où le staménale coupait le lato, ce qui avait lieu à la hauteur de 10 palmes (7 pieds 6 pouces — 2ᵐ 43ᶜ·). Le contovale avait 2 palmes de hauteur (1 pied 6 pouces — 0ᵐ· 48ᶜ·), et le haut de ce revêtement était en dehors du lato de ⅔ de palme (6 pouces — 0ᵐ· 16ᶜ·).

La galéasse avait 80 matères de galbe, indépendamment des fourçats.

La maîtresse latte avait 30 palmes de longueur (22 pieds 6 pouces — 6ᵐ· 65ᶜ·), et son *gozzone* (V. Mém. n°5) 1 palme ½ de haut (1 pied 3 pouces 6 lignes — 0ᵐ· 48ᶜ·). La coursie, large de 3 palmes ½ (2 pieds 7 pouces 6 lignes — 0ᵐ· 84ᶜ·), était haute de 84 centimètres. De l'arbre maître à la proue, la galéasse avait vingt-quatre lattes. De la latte où s'appuyait l'arbre quand on démâtait la galéasse (*la lata di disarborar*) jusqu'à la poupe, elle en avait trente-sept. Les lattes à désarborer, ouvertes par le milieu, étaient au nombre de cinq. Les lattes étaient éloignées l'une de l'autre de 1 palme ¾ (1 pied 3 pouces 9 lignes — 0ᵐ· 40ᶜ·). Chaque latte avait un ½ palme d'épaisseur (4 pouces 6 lignes — 0ᵐ· 11ᶜ·).

La carène avait 62 coudées de longueur (*gumiti* 62, dit Crescentio. — Il ne faut pas perdre de vue que la coudée napolitaine était égale à la goue de Marseille, c'est-à-dire, qu'elle avait 27 pouces (voir pag. 283 de ce Mémoire) (139 pieds 6 pouces — 45ᵐ· 31ᶜ·). — Si l'on ajoute à cette longueur la somme des longueurs des pieds *delle squadre*, de l'une et l'autre roddes, ou 10ᵐ· 70ᶜ·, nous verrons que la longueur totale de la galéasse *in alto* (sur couverte) devait être de 56ᵐ· 01ᶜ· (172 pieds 5 pouces — 73 coudées).

Le château de proue était long de 21 palmes (15 pieds 9 pouces — 5ᵐ· 11ᶜ·), et haut de 6 palmes (4 pieds 6 pouces — 1ᵐ· 46ᶜ·); plus 1 palme de gozzone, ce qui fait de hauteur totale 5 pieds 3 pouces — 1ᵐ· 70ᶜ·, — taille d'un homme, dit Crescentio. Le château de poupe était long de 25 palmes (18 pieds 9 pouces — 6ᵐ· 09ᶜ·), et haut de 6 palmes, plus 1 palme de gozzone : 7 palmes (5 pieds 3 pouces — 1ᵐ· 70ᶜ·).

C'était, sur et sous ces châteaux (*sopra et sotto*, comme dit

Pantero-Pantera), qu'on établissait l'artillerie de la galéasse. Les deux châteaux se comprennent fort bien ; celui de l'avant était une sorte de gaillard semblable à celui de nos gros brigs de guerre, corvettes, etc. ; celui de la poupe, un château ayant de l'analogie avec celui des nefs. Voilà bien ce que les textes de Crescentio et de Pantero donnent à entendre. Les représentations de galéasses que j'ai pu me procurer vont m'aider à déterminer la forme et l'organisation des châteaux. Pag. 62 de sa *Nautica mediterranea*, Crescentio a fait placer la figure d'une galéasse, gravure sur cuivre, à laquelle il renvoie le lecteur. Cette gravure est l'informe apparence d'un navire à rames qui répond assez mal aux données écrites de l'ingénieur romain ; image grossière qu'un artiste inintelligent exécuta, sans se mettre en peine des proportions établies par l'architecte romain, des rapports entre chaque objet, de l'emplacement des pièces principales, et de la logique des détails. Au lieu d'une galère longue, haute, forte, mais non pas massive, il fit une sorte de bâtiment lourd et sans grâce, rond par devant et par derrière, comme une coque du quinzième siècle, sans tournure, tirant beaucoup d'eau, très-haut sur la mer, ayant trente rames de chaque côté, ce qui est énorme ; ayant, hissée à l'arbre de maître une antenne assez grande pour que, l'extrémité de son *carro* aille sur l'éperon ; ayant enfin à l'arrière une aire chargée d'une maison, soutenue par des jambes de force, et constituant un ensemble sans raison et sans possibilité (*).

(*) Il faut faire remarquer, à la décharge du graveur employé par Crescentio, que presque tous les artistes qui représentaient des galéasses exagéraient singulièrement la masse de cette espèce de navire, comme, au reste, la plupart d'entre eux exagéraient la grandeur de tous les vaisseaux. Un fort beau et très-précieux volume de miniatures, que possède le département des estampes (bibliothèque royale, A d—41) : *les Voyages de Magius*, entre autres détails maritimes intéressants, présente trente-quatre galéasses, faites certainement avec plus de sentiment de la vérité que celle dont je viens de parler, cependant trop hautes et trop larges, si on les mesure aux chiffres de Crescentio. Il semble pourtant que toutes les conditions qui peuvent rendre une œuvre peinte digne de foi dussent se réunir dans ces petits tableaux faits en 1578, à Venise, par les ordres et sous les yeux du noble Magius, l'ancien gouverneur de Chypre, l'un des

Cet à peu près, que je suis étonné de trouver dans un ouvrage où tout est rigoureux, ne ressemble guère plus à la galéasse du seizième siècle, que tant de représentations navales, données par les médailles, les bas-reliefs et les peintures antiques, ne ressemblent, sans doute, aux galères,—encore inconnues, — des Romains et des Grecs. Je ne le rejette pas cependant tout entier ; il a tel détail que je dois prendre en considération, sans y ajouter une foi complète. Ainsi le château d'avant, bastion arrondi, placé sur la galéasse, et occupant tout le quartier de la proue

héros malheureux de Famagouste, qui avait longtemps voyagé sur mer, et se connaissait en galères, galéasses, naves, etc.; mais l'artiste n'était pas marin, et Magius ne fut pas plus exigeant qu'il ne devait l'être. Le peintre était Flamand, admirateur, sans doute, de Michel-Ange, et peut-être élève d'un de ces maîtres de Flandre ou d'Allemagne qui préconisaient une certaine ampleur dans le style, dont l'excès menait au gigantesque. Pour peindre les navires qui avaient la plus grande renommée de force entre tous les bâtiments de guerre, il ne dut pas chercher à réformer sa manière ; il garda sa puissance de dessin en l'appliquant à des galéasses en miniature ; et son pinceau, bien qu'il rendît avec finesse quelques détails délicats, se mit à l'aise quant à la forme générale. Au surplus, ces galéasses noires, à la ceinture rouge, aux longs et lourds avirons rouges, — on ne peut guère se fier à leur nombre : quatorze, seize et dix-sept, qui ne saurait être exact dans une représentation de 6 lignes environ de longueur totale, — aux mâts et aux gabies rouges (il n'y a pas de gabie au trinquet), aux trois voiles triangulaires blanches, ont des châteaux d'avant et d'arrière fort bien indiqués. J'ai pu les comparer à ceux des six galéasses servant d'avant-garde à l'armée chrétienne que l'on voit dans la planche, bien curieuse pour l'histoire, publiée par Michele Tramezzino, à Rome, en 1572, et gravée par les soins d'Horatio de Marii Tigrino. Cette planche représente l'ordre de bataille des chrétiens et des Turcs à Lépante, et la mêlée des deux flottes. Elle est dans le vol. I c—5 des estampes, bibliothèque royale. Une estampe du même volume, planche de Giacomo Franco, gravée en 1619, et représentant l'*Armata venetiana*, montre une galéasse trois fois grande comme celles des voyages de Magius, à peu près dans le même style, mais intéressante pour les détails des châteaux. Son château d'arrière projette en dehors de la poupe une petite galerie de défense, au milieu de laquelle se meut la tête du gouvernail, que l'on a peine à reconnaître dans une certaine pièce recourbée des galéasses de la planche représentant Lépante. Dans les galéasses de Magius, la galerie a l'air plutôt d'un éperon, ou poutre carrée, que d'un *bellatorium* ou d'une *pergola*. Mais le peintre maniait les couleurs épaisses de la gouache, et il faisait des choses si petites qu'il lui était vraiment impossible de se rendre tout à fait intelligible.

ou *tabourin* (comme le nomme Hobier), est une chose presque vraie. Je vais m'expliquer. Si je dis : presque vraie, c'est que l'artiste, en copiant l'accastillage de proue, fut un peu plus scrupuleux imitateur de l'objet qu'il avait à rendre, que lorsqu'il copia la galéasse dans son ensemble ; il fit une tour, ouverte du côté de l'arrière, plus large à sa base qu'à son sommet, et assez bien en proportion avec la proue sur laquelle il l'assit. Cette tour, ayant 5 pieds 3 pouces d'élévation, devait avoir autour du plancher qui la couvrait, un parapet auquel on peut supposer 5 pieds 6 pouces de hauteur, et l'on retrouve à peu près ces 10 pieds 9 pouces dans le château du graveur. Le parapet, que Bartolomeo Crescentio n'a pas mentionné, mettait à couvert les artilleurs qui manœuvraient les sacres, moyennes, demi-coulevrines ou demi-canons que la galéasse avait pour l'attaque, sur la couverte du château d'avant. Dans la muraille de ce parapet devaient être ouverts des sabords ou embrasures pour les pièces, comme, dans la muraille du château, étaient pratiquées cinq ouvertures pour le coursier, les deux pièces qui le flanquaient, — immédiatement dirigées de l'arrière en avant, comme pièces de chasse et d'attaque, — et, enfin, deux autres pièces plus petites, faisant feu dans des directions à peu près parallèles aux *arganelli*, ou bossoirs des ancres. Ces deux dernières pièces se trouvent passablement indiquées dans la gravure qui nous occupe, et dans d'autres représentations de galéasses dont je vais parler bientôt. Huit autres pièces étaient placées sur la couverte du château, formant une petite batterie demi-circulaire, dont les bouches à feu étaient à ciel ouvert, ou, comme on dit aujourd'hui, à la barbette. Ces huit pièces, et les deux que j'ai placées à côté des acolytes du coursier, formaient le nombre de dix, attribué par Pantero-Pantera au château de proue, indépendamment des trois canons principaux.

Dans la galéasse gravée, on n'aperçoit pas un seul canon à la poupe ; il n'y a même pas de château proprement dit. Une plate-forme sans parapet couvre l'arrière, et sur cette plateforme, qui n'est ni une galerie ni une place d'armes, puisqu'elle est ouverte et sans défense, on voit s'élever une petite maison n'ayant rien de commun avec la tente de la galère. Cette maisonnette au toit pointu, assez semblable à une habitation de paysan, a une porte qui ouvre sur la coursie; la porte paraît être de la hauteur d'un homme. Au-dessus de cette entrée, se voient deux petites fenêtres; sur le côté de la maison, trois fenêtres ou petits sabords sont pratiqués, assez haut pour faire croire qu'elles éclairent un second étage. Qu'est-ce que cette baraque, d'une architecture toute civile, implantée sur l'arrière d'une grande galère? est-ce un logement pour le capitaine, ou un château de défense? Les fenêtres peuvent être des embrasures, à la rigueur; mais comment aurait-on couvert d'un toit à deux faces inclinées un fort que l'on aurait privé par là d'un de ses avantages les plus signalés, un plateau couronnant l'édifice?

Ce n'est pas la première fois, au reste, que je trouve de ces maisonnettes sur les navires; dans un des curieux tableaux de Victor Carpaccio (1515), j'ai remarqué deux bâtiments sur

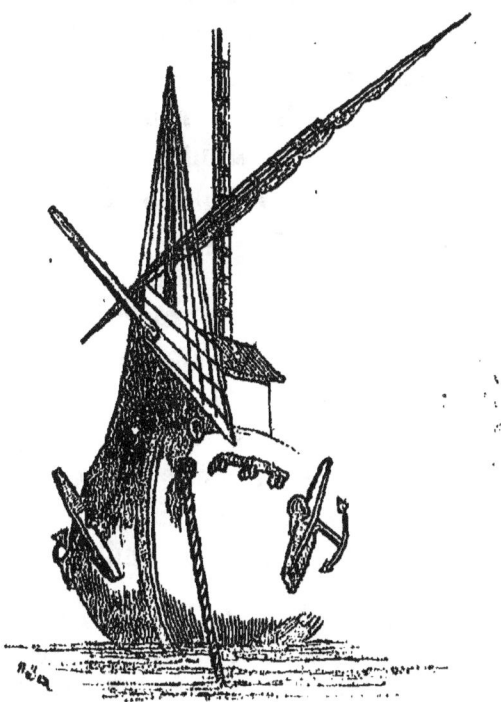

(Avant d'un navire du quinzième siècle, d'après V. Carpaccio.) (*).

(*) Cet avant de navire dont les analogues sont nombreux dans l'œuvre de Breughel, est tout à fait semblable à celui d'un vaisseau que Mantegna de Padoue peignit, au quinzième siècle, dans un tableau représentant l'*enlèvement d'Hélène*, que j'ai vu à la galerie Barbarigo, à Venise, et

l'avant desquels sont des constructions, dont l'une surtout est fort analogue à celle de la galéasse gravée dans la *Nautica mediterranea*. Au-dessus de la rodde de proue est établie une sorte de bec, tout à fait semblable à cette pointe extérieure que les marins des tartanes provençales appellent simplement l'*échelle*, et qui a l'air, en effet, d'une de ces grandes échelles de jardin formées d'un triangle isocèle partagé en deux triangles rectangles par la traverse du milieu, portant les échelons. Ce bec, solidement attaché aux joues du navire par des pièces latérales semblables à celles que l'on mettait tribord et bâbord de l'éperon des galères, pour le consolider, et qu'en France on appelait les *cuisses* (V. Hobier), supportait une construction ayant la forme d'une pyramide tronquée à bases parallèles. C'était un petit logement, un petit château ou *bannum* (voir *Mémoire n° 7, sur les vaisseaux de saint Louis*), en arrière duquel était une maison de bois établie sur le pont du navire, dont elle occupait un espace assez considérable. Les galères peintes par Raphaël dans la sacristie de la cathédrale, à Sienne, m'ont offert deux exemples de ces constructions qui paraissent si étranges, entées sur l'avant ou l'arrière d'un navire. A la proue de la galère qui se trouve dans le premier tableau à droite, contre la fenêtre, — galère à trois mâts qui, pour le dire en passant, est à la voile sous trois voiles carrées, ce qui la rapproche des galéasses espagnoles du seizième siècle, qui n'étaient pas voilées à la latine, ainsi que le fait remarquer Crescentio : « *In Spagna l'habbiano messe alla quadra;* » — à la proue de cette galère, comme à l'avant de la galère (zenzile à trois rames par banc) qui figure dans le troisième tableau à gauche, est, au lieu d'une rambate ou d'un château demi-circulaire, une maisonnette au toit aigu,

dont j'ai parlé page 15, Rapport au ministre. Quelques détails du navire de Carpaccio ont besoin d'être expliqués; ainsi, au-dessus des écubiers où passent les câbles, il y a, de chaque côté de la rodde ou étrave, un écusson sur lequel sont peintes des armoiries, celles peut-être du patron de la nef, ou bien celles de la ville où le bâtiment avait été armé. Ces écussons se retrouvent sur le vaisseau de Mantegna. Entre les écubiers et les jas des ancres sont deux espèces de manettes, appliquées sur les joues du navire; elles servaient aux amarres de quai, et à de faux haubans qui sont très-visibles dans la peinture de Mantegna. — C'est par erreur que dans le Rapport au ministre on a imprimé Montagna pour Mantegna.

dont l'arête est coupée par le mât de trinquet, qui s'implante au travers de la maison. A la poupe même de la galère, au-dessus de la timonerie, est une construction assez élevée, espèce de pyramide quadrangulaire tronquée, à deux étages, couronnée par un autre tronçon de pyramide dont la base supérieure n'est point parallèle à l'autre, et incline singulièrement à l'avant du navire. C'est le logement du capitaine.

Les exemples que je viens de citer ne sont pas les seuls que je me rappelle. L'œuvre gravé de F. Huiis en abonde; la galère de don Juan, dans la représentation de la bataille de Lépante, citée ci-dessus (note de la pag. 400), a aussi un château d'avant à toit aigu, comme celle de Sienne. Voici qui n'est pas moins important :

Dans une visite que je fis, le 2 février 1835, au palais d'Oria, à Gênes, M. Carlo Morfino, intendant du prince Pamphili d'Oria, me fit voir le garde-meuble, salle souterraine où les curieux ne sont point admis, et qui renferme quelques vieux témoignages du luxe de la magnifique maison bâtie par le glorieux André. Cette pièce est garnie de hautes armoires appliquées contre le mur, armoires dont les portes sont couvertes, à l'intérieur, de peintures à la détrempe, exécutées sur papier, si ma mémoire est fidèle. C'était ces peintures que M. Morfino m'avait engagé à examiner. Elles sont curieuses, et retracent des faits maritimes importants : la prise de Coron, en 1533, par exemple; la bataille de Lépante, et d'autres combats également célèbres. J'aurai à citer la *prise de Coron*, quand je parlerai de la tactique adoptée par les galères du moyen âge; je m'arrête à la représentation des galéasses qui figurent dans le tableau de Lépante.

Si la galéasse de Crescentio est sans tonture, celles de la maison d'Oria sont tonturées à l'excès; si la poupe de la galéasse gravée dans la *Naut. medit.* ne présente pas l'apparence de pavesade, de canons, de moyens de défense, les galéasses peintes ne manquent d'aucun de ces accessoires nécessaires; ici peut-être il y a excès, quand là il y a oubli. Le peintre n'a pas été beaucoup plus fidèle que le graveur, mais il a vu d'un œil plus intelligent des navires dont il a grandi la masse, en donnant, toutefois, à son exagération, ce que dans les arts on appelle *le caractère*. On peut le blâmer de n'avoir pas été scrupuleusement exact, mais il a été outré avec sentiment. Il a fait, pour donner la vie et le mouvement aux grands navires à rames qui attaquèrent les premiers à Lépante, sous les ordres de Francesco Dudo, ce que ses contemporains faisaient alors pour donner la force, la grâce et l'expression aux figures humaines qu'ils mettaient en action : il a maniéré la forme, courbé outre mesure les lignes des ceintes et des parapets, et surchargé les poupes des galéasses, afin d'en faire de véritables forteresses à la rame. Il était de son temps, — car ces peintures, qui n'ont pas de date, et qui se cachent maintenant dans des armoires où on les a collées pour ne pas les perdre, furent certainement exécutées au commencement du dix-septième siècle, quand les premiers imitateurs de Michel-Ange eurent mis en faveur ce style contourné dont le Bernin devint le type extrême; — d'ailleurs, il n'était pas obligé à la précision; il faisait au bout du pinceau, avec toute la liberté de l'improvisation et toute la facilité de touche qui distinguait les grands brosseurs de l'école génoise, une décoration pour une fête, sans doute; et le lendemain, cette œuvre de circonstance ne l'occupa plus. Il recherchait chaudement l'effet; il jetait sur le papier quelques épisodes intéressants pour les familles dont les pères avaient été à Lépante avec le prince Jean André d'Oria; et s'il voulait que ses galères, nefs ou galéasses eussent l'air vivement engagées, il ne tenait pas plus à donner bien scrupuleusement à toutes leurs parties la rigueur de leurs formes particulières, qu'il ne tenait à étudier avec soin les bras, les jambes et les têtes des Turcs, représentés fuyant sur le rivage des Cursolaires. Et malgré ses exagérations, le peintre de Gênes vaut beaucoup mieux que le froid graveur de Rome. Ses galéasses, pour ne pas sortir de notre sujet, ne sont pas exactes, sans doute; mais, sous le masque infidèle qui cache leur véritable physionomie, je puis retrouver toutes les parties constitutives du navire de 172 pieds de longueur totale, de 22 pieds ½ de large, ayant un château de proue, long(*) de 15 pieds 9 pouces, haut de 11 pieds environ, et un château de poupe, long de 18 pieds 9 pouces, haut de 12 pieds à peu près. Je rabaisse beaucoup par la pensée cette montagne de l'arrière que couronne la maisonnette au toit aigu; je diminue cette longueur qui, de l'espale au timon, chez le peintre décorateur, prend plus d'un tiers de la longueur totale; j'ouvre, dans la haute pavesade qui surmonte le contovale à l'arrière des rames, quatre sabords seulement, puisque la galéasse n'avait que huit bouches à feu à la poupe; j'ouvre au contraire, au parapet, sur le flanc, autant d'embrasures qu'il y avait de rames, et je les place entre chaque banc de rameurs, ce que le peintre n'a pas fait très-régulièrement, quoique sa batterie de pierriers soit assez bien indiquée; je mets enfin quelques sacres ou moyennes de plus au château de l'avant, qu'il a fait en bastion semi-circulaire, comme le graveur de Crescentio. Une chose remarquable, non indiquée dans les galéasses citées plus haut, c'est un rempart, une sorte de brétèche ouverte, que le peintre a mise en dedans de la pavesade de poupe, et qui paraît placée en arrière du recul des bouches à feu, faisant comme un chemin de ronde autour de la maisonnette, point culminant du château. Cette enceinte intérieure se retrouve sur la poupe des six galéasses de la maison d'Oria, toujours établie de la même manière; elle paraît être un abri pour des arquebusiers, bien que dans sa muraille de bois ne soient pas tracées les meurtrières, que le décorateur a bien pu négliger. Cette seconde fortification, — qui semble plus gê-

---

(*) Le mât de trinquet est implanté sur ce château; il porte une voile carrée, enverguée sur une antenne faite de deux pièces liées ensemble. L'antenne a des bras et des balancines comme la vergue de trinquet de la galère à trois rames par banc de F. Hulis, citée p. 353.

nante qu'avantageuse, sur un château dont la largeur pouvait être de 24 pieds environ (7^m·79^c·), en supposant une assez grande saillie aux œuvres extérieures qui supportaient la pavesade : les *consoles* et les *masserets*, ainsi que les nommaient les charpentiers de Marseille (Hobier, pag. 31) ; — cette seconde fortification admise, voici quel devait être le plan du château d'arrière de la galéasse :

Le château dominait l'emplacement occupé par la chiourme, d'environ la hauteur de la pavesade élevée sur l'apostis ; il était enceint d'une muraille de bois, parapet ou pavesade, à laquelle il faut bien donner 6 pouces d'épaisseur (0^m·16^c·). Cette muraille, que le peintre n'a point dressée sur le couronnement de la galéasse, et qui sans doute était remplacée en cet endroit par une galerie à jour, à hauteur d'appui, laissant aux timoniers la liberté dont ils avaient besoin, devait être haute d'environ 5 pieds 3 pouces (1^m·70^c·) pour couvrir les artilleurs. Une porte, ouverte sur l'espale, servait aux communications du château avec la galéasse : le peintre ne l'a pas oubliée. En arrière de la muraille dont je viens de parler, régnait un chemin, qu'il faut supposer d'environ 5 pieds de large (1^m·62^c·) pour la manœuvre et le recul des pièces, aussi bien que pour le mouvement des hommes qui avaient besoin de se transporter, pendant le combat, du château d'arrière à tel point du navire vivement attaqué, ou d'un point quelconque, de la galéasse, dans la fortification de la poupe. A cette limite des 5 pieds s'élevait une seconde enceinte, dont le sol intérieur devait être plus haut que celui du chemin ; 1 pied et $\frac{1}{4}$ (0^m·48^c) pouvaient être la quantité de cette élévation, qui donnait aux arquebusiers placés derrière la seconde muraille, la possibilité de tirer par-dessus la tête des bombardiers. Cette muraille, épaisse aussi de (0^m·16^c·), devait donc avoir extérieurement, c'est-à-dire, du côté du chemin, 6 pieds 9 pouces de haut (2^m·19^c·), et seulement 5 pieds 3 pouces (1^m·70^c·) en dedans. La coursive, qui devait régner entre la seconde enceinte et la maison, on ne peut guère lui donner moins de 2 pieds (0^m·64^c·) pour la manœuvre de l'arquebuse ou du mousquet. Il reste donc, pour la largeur de la maisonnette, 8 pieds (2^m·59^c), en y comprenant les épaisseurs des deux murs latéraux : 1 pied

(0ᵐ 32ᶜ), à 0ᵐ 16ᶜ l'un. La figure de cette petite habitation, qui pouvait dominer la seconde enceinte, comme celle-ci dominait la première, ce qui élevait son plan de 3 pieds (0ᵐ 97ᶜ) au-dessus du plan de la batterie, devait être une pyramide irrégulière, ayant pour base non pas un rectangle, — parce que la face de la maisonnette regardant l'avant était plus large que celle du couronnement, la poupe étant plus étroite derrière qu'à l'espale, — mais un trapèze, dont la plus grande des bases était de 7 pieds (2ᵐ 27ᶜ), la plus petite, de 5 pieds (1ᵐ 62ᶜ), et le côté, — la longueur totale du château d'arrière étant de 18 pieds 9 pouces, ainsi que nous l'avons vu plus haut, page 406, — et le côté, de 9 pieds 9 pouces (3ᵐ 16ᶜ). Sur cette base s'élevait une logette, aux murailles de 5 pieds 3 pouces, mais dont le faîtage était de 6 pieds 3 pouces au moins au-dessus du sol. Ainsi, le point le plus élevé du château de poupe, si mes suppositions peuvent être admises, comme je le crois, était d'environ 14 pieds 6 pouces (4ᵐ 71ᶜ) au-dessus des apostis. Sans doute le poids que suppose ce château était assez considérable, car il fallait que la fortification fût solidement établie pour l'office auquel elle était destinée, et pour présenter une suffisante résistance au vent. Elle devait être aussi un assez grand obstacle dans la navigation; cependant, si l'on pense à la longueur totale du navire et au peu d'importance relative qu'avait une construction large de 24 pieds, longue de 18 et haute de 14 (en adoptant même, ce qui n'était pas, un solide de ces dimensions), on ne s'étonnera pas que les constructeurs de galéasses fissent à la poupe l'accastillage, dont le peintre de Gênes exagéra les grandeurs, mais dont il conserva les formes, assez bien pour qu'en les faisant rentrer dans les données que m'indiquait la raison, j'aie pu restituer le château comme je viens de l'essayer. On s'en étonnera moins encore, si l'on connaît un peu l'architecture navale du seizième siècle, et si l'on sait de quel fardage étaient surchargées les poupes des vaisseaux ronds de cette époque. (Voir à ce sujet l'œuvre de Callot, la figure du *Great-Henry*, et d'autres pièces gravées qui sont dans les portefeuilles: *Marine*, Id—56, et dans les Vol. in-folio, Ic—5, Ic—6, cabinet des estampes, Bibl. roy.; voir aussi l'embarquement du roi

Henri VIII à Douvres ; les tableaux de Vittore Carpaccio, et le *Vaisseau du Diable*, par Giorgione, qui sont à Venise ; l'*Invention de la croix*, gravure de Liénard, d'après Giorgione, enfin, dans ces *Mémoires*, les n°⁸ 6 et 7).

La maisonnette, le *rannum cohopertum*, ce réduit dont j'ai donné approximativement la forme et les dimensions d'après toutes les figures que je connais, et auquel je ne saurais assigner son nom véritable, que je n'ai trouvé nulle part, était une chambre de conseil ou l'habitation d'un officier, du pilote, par exemple. Le capitaine qui pouvait avoir le gavon au-dessus du château d'arrière, ne lui aurait pas préféré l'étroite cellule qui surmontait la poupe. Quelques fenêtres sur les faces, au-dessus de la seconde enceinte, étaient ouvertes à la défense, comme les meurtrières et les sabords des deux autres parties de la fortification. Un petit nombre d'hommes seulement devaient combattre sous ce toit, déserté quand venait l'abordage, car, s'il pouvait couvrir des arquebusiers tant que le combat avait lieu à distance, il ne pouvait être qu'un asile dangereux si l'ennemi pénétrait dans le château de la galéasse.

Les très-rares galéasses que l'on construisit au commencement du dix-septième siècle perdirent le lourd accastillage de poupe qu'elles avaient eu au seizième. On voit dans l'œuvre dessiné de J. Jouve (Bib. du roi, fonds des belles reliures) une galéasse dont la poupe a encore de grands rapports avec celles des galéasses de la maison d'Oria ; c'est tout naturel. En 1679, Jouve n'avait pas sous les yeux de galéasses modernes, car, depuis soixante ans environ, il n'existait plus guère de bâtiments de cette espèce que dans les salles de modèles des arsenaux ; il copia donc d'anciens dessins et donna la figure d'une galéasse à peu près contemporaine de celles de l'Invincible Armada. Venise fit, je crois, la dernière galéasse, et je puis offrir au lecteur la figure de ce dernier des navires d'une famille entièrement éteinte. Son modèle en relief existe à Venise ; M. l'amiral Pauluci, directeur général de la marine autrichienne, a bien voulu m'en faire exécuter un dessin sur l'échelle d'une ligne pour pied ; ce dessin était trop grand pour que je le donnasse en *fac-simile* ; je l'ai réduit au tiers, et c'est cette réduction à un tiers de ligne pour pied qu'on va trouver, page 410, avec les mesures vénitiennes.

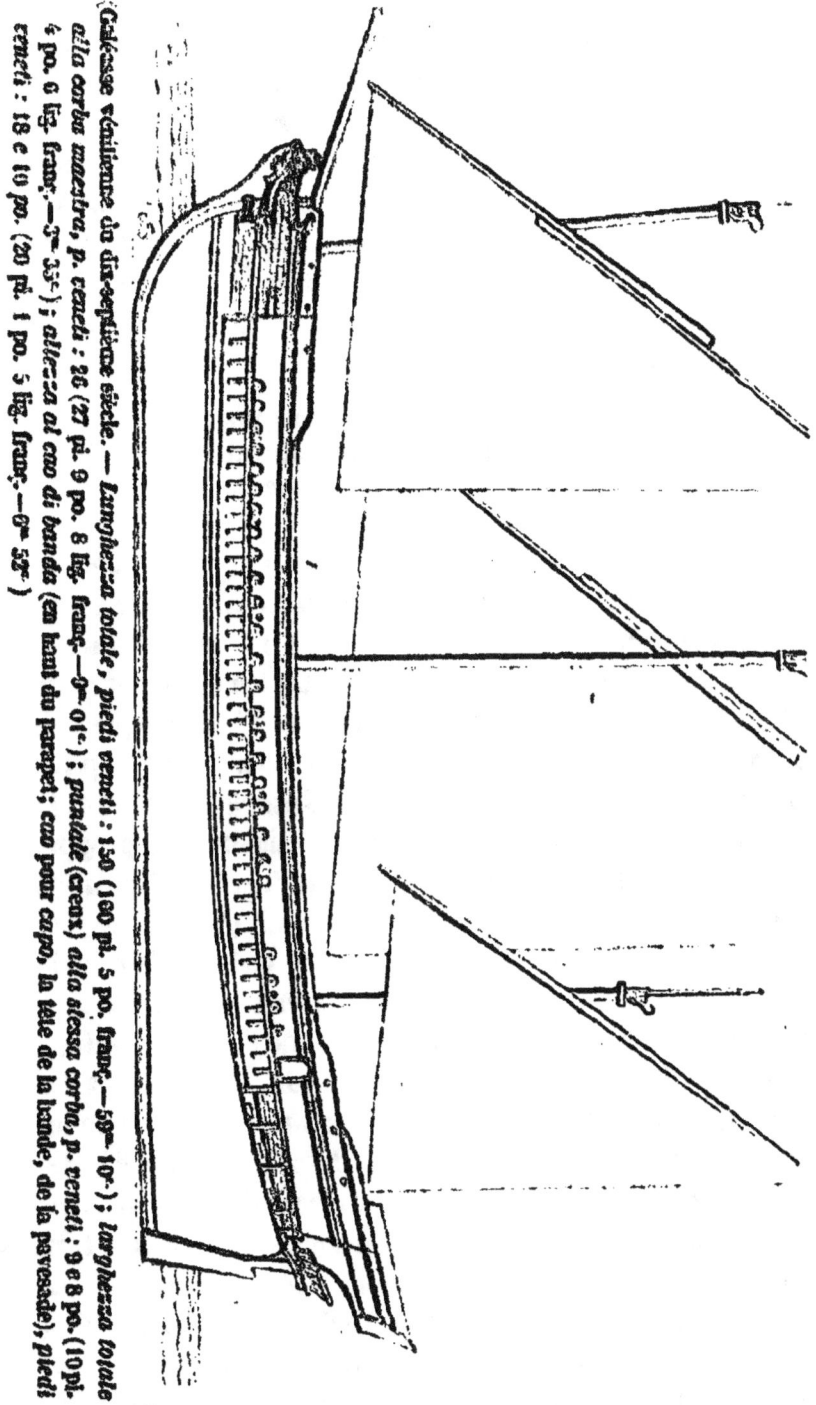

(*Galéasse vénitienne du dix-septième siècle. — Longhezza totale, piedi veneti* : 150 (160 pi. 5 po. franç.—50ᵐ 10ᶜ.) ; *larghezza totale alla corba maestra, p. veneti* : 26 (27 pi. 9 po. 8 lig. franç.—9ᵐ 01ᶜ.) ; *puntale* (creux), *alta alessa corba, p. veneti* : 9 e 8 po. (10 pi. 4 po. 6 lig. franç.—3ᵐ 35ᶜ.) ; *altezza al cao di banda* (en haut du parapet ; *cao pour capo*, la tête de la bande, de la pavesade), *piedi veneti* : 18 e 10 po. (20 pi. 1 po. 5 lig. franç.—0ᵐ 53ᶜ.)

Les grandes galères m'ont conduit à m'occuper de la quinquérème de Fausto, et celle-ci des galéasses ; il faut maintenant que, du seizième siècle, je rétrograde au onzième et au douzième, pour examiner ce que pouvait être une espèce de grande galère appelée *cate* ou *gate*, et mentionnée par Guillaume de Tyr, Albert d'Aix, Laurent de Vérone, l'anonyme de Bar, et Hugues Plagon. C'est fort succinctement que les auteurs parlent du *chat* (*gatus*, *catus*); Laurent de Vérone, dans son poëme: *de Bello balearico*, le fait entrer dans une nomenclature de navires, mais n'accompagne son nom d'aucune épithète qui puisse nous le faire connaître :

> Gatti, dromones, carabi, celeresque galeæ,
> Barcæ, currabii, lintres, grandesque sagittæ,
> Et plures aliæ variantes, nomina naves...

Voilà les gates avant les dromons, les esquifs, les galères rapides ; est-ce une raison pour croire qu'en effet ces navires étaient plus considérables que les dromons et que les saëttes qualifiées de grandes ? Laurenti n'était pas tenu à une rigoureuse exactitude ; il n'écrivait pas une liste analogue à celles que l'on rencontre dans les lois maritimes des différents peuples (*Capitulaire nautique de Venise*, 1255; **Statuts de Gazarie**, 1316 à 1441; **Ordonnance de Barcelone**, 1315) ; listes établissant, en proportion de la grandeur des navires qui y sont inscrits, les droits d'ancrage ou les cautions que chacun d'eux était obligé de payer; il pouvait user de sa liberté de poëte et ne céder qu'aux exigences du mètre et de la quantité : il fit mieux. Conformément à l'ordre de bataille prescrit par la tactique de l'époque, devant les galères il fit marcher, graves et lourds, les gates et les dromons chargés de leurs longs spondées : puis il fit venir les galères, et avec elles les *carabi*, rangés à dessein dans la série des dactyles, mètre coureur, par le redoublement duquel il voulait peindre la vélocité des bâtiments qu'il nommait. S'il avait pu faire son vers autrement; si les deux brèves de *carabi* lui avaient permis de placer ce mot à la fin du second hémistiche ; si *galeæ* avait pu se trouver au premier repos du vers, certainement il aurait nommé la galère avant de plus petits navires à rames ; mais il se pliait aux lois d'une impérieuse nécessité. Plus libre, au commencement de son vers qu'à la fin, pouvant à son aise remuer les syllabes longues qu'il devait mettre en œuvre, s'il a mis *dromones* après *gatti*, Laurent eut un motif qu'on peut aisément deviner, je crois. Le poëte fait un pas avec les gates, et il s'arrête, comme si les gates trop pesants avaient peine à marcher; il suit les dromons, pesants aussi, mais qui ont un élan plus durable que celui des gates; enfin il court avec les carabes et les galères. Dans la pensée du poëte de Vérone, les gates sont donc plus grands, plus forts, moins rapides que les dromons, les grosses galères du temps; il veut bien le faire comprendre à son lecteur. Ai-je tort de prêter une telle intention à Laurenti? Serais-je, par malheur, plus ingénieux que je ne voudrais l'être? j'espère que non. Voici un passage de Guillaume de Tyr (*Gesta Dei per Francos*, p. 828, t. 1ᵉʳ) qui vient à l'appui de mon interprétation; il se rapporte à un événement de l'an 1121 : « Eodem tempore, « auditâ regni orientalis necessitate, dux Venetiæ, dominus Mi- « chaëlis, unà cum majoribus ejusdem provinciæ, compositâ « classe cum quadraginta galeis, gatis viginti octo, quatuor « majoribus ad devehenda onera aptatis navibus, iter in Syriam « arripiunt. »

L'archevêque de Tyr nomme ici les gates après les galères; mais le nombre 20 comparé au nombre 40 qui est celui des galères, nous éclairerait sur la qualité des navires auxquels il s'applique, quand bien même l'historien ne prendrait pas le soin de dire un peu plus bas, ce qu'étaient les *chats* : « Erant sanè in « eâdem classe quædam naves rostratæ quas *gatos* vocant, galeis « majores, habentes singulæ remos centenos quibus singulis « duo erant remiges necessarii. Erant autem et quatuor naves « majores, ut prediximus, ad deportanda onera, machinas, « arma et victui necessaria, deputatæ. Has cum gatis priore « ordinant, eâ intentione, ut si ab hostibus fortè de remoto « conspicerentur, non putaretur hostium exercitus, sed merca- « torum naves. Galeæ verò subsequebantur; » — voilà l'ordre de marche et de bataille dont je parlais tout à l'heure à propos des vers de Laurenti — « sic ergo ordinato exercitu, versus lit- « tora proficiscuntur. »

Ceci est clair. Les gates ou chats étaient des navires à rames, armés de l'éperon, plus grands que les galères, ayant cent rames nagées chacune par deux hommes. Ils marchèrent, dans le cas dont il s'agit, avec les quatre grands bâtiments de charge, en avant des galères ; ils étaient assez hauts et gros, afin que les ennemis les prissent pour des navires commerçants, pour de grosses galères chargées de marchandises, ainsi que les nefs avec lesquelles ils étaient en ligne. Quel ordre tenaient les rames sur le plat-bord du gate ? Étaient-elles trois par chaque banc, deux seulement, ou bien une par banc, mais dans deux étages superposés, comme celles des dromons du neuvième siècle ? Cette dernière hypothèse ne me paraît pas admissible. Si le chat avait eu deux ponts, l'un sur l'autre, et sur ces ponts des bancs de rameurs, Guillaume de Tyr n'aurait pas manqué de nous l'apprendre. Il entre dans tous les détails qui peuvent concourir à la définition claire des gates, opposés aux galères ; et si, après avoir parlé du nombre de rames, il dit seulement que chaque rame avait besoin de deux rameurs, c'est que l'ordre des rames dans les deux navires était le même, et que l'aviron du chat différait de celui de la galère subtile ordinaire, seulement par sa taille et sa grosseur. C'eût été une circonstance trop remarquable que celle de la superposition de deux étages, pour que Guillaume, ordinairement si exact, eût oublié de la mentionner. Le chat était donc armé de deux ou trois rames par banc. L'ordre à trois rames avec deux rameurs par aviron doit être repoussé aussi bien que l'ordre à deux étages. Si l'on se reporte, en effet, à ce que j'ai établi pour l'arrangement à zenzile, à trois rames par banc, on verra que la longueur du banc pour six rameurs aurait dû être double à peu près de ce qu'elle était pour trois, et que cette augmentation dans la largeur en aurait nécessité une telle dans la longueur totale du navire, que le chat aurait dû être long de 240 à 250 pieds. Sans élargir le navire de plus de 1 pied, on peut très-bien placer quatre rameurs sur le banc de la zenzile à deux rames, leur laissant toute la liberté nécessaire pour manier, les premiers, un aviron de 25 pieds, les autres, un aviron de 20 pieds. Le gate ayant deux cents rameurs pouvait donc avoir vingt-cinq bancs de chaque côté et à peu près 140 pieds de longueur totale ; et ces conditions s'accordent très-bien avec le : *galeis majores* de Guillaume de Tyr ; comparatif que n'aurait pas employé l'historien s'il avait voulu désigner un navire presque une fois long comme les galères subtiles. Hugues Plagon, qui, au treizième siècle, traduisit Guillaume de Tyr en français et le continua, rend ainsi le passage du chap. XXII que je viens d'expliquer : « En celle navire « (flotte), si comme je vous ai dit avoit nefs, que l'on claime « *chas*, qui ont bec devant ainsi comme galies ; mais elles sont « greigneurs, et chascune à deux gouvernaux et cent naageurs. » Il y a ici un détail que l'on ne trouve point dans l'histoire du douzième siècle : « Chascune à deux gouvernaux. » Hugues Plagon ne l'ajouta probablement pas légèrement ; il connaissait les chats, et voulut rendre plus précise la définition de Guillaume, qui ne lui paraissait pas complète. Ces deux gouvernails étaient disposés en aviron et de côté, comme ceux de la nef de Marseille, qui ramena le roi, au dire de Joinville ; on les maniait à l'aide d'un manche ou *helm* (voir Mémoires n°s 1, 2, 3, et 7). La phrase de Hugues Plagon vient à l'appui de ce que je disais tout à l'heure relativement à la possibilité d'une superposition d'étages pour les rames. Quand nous voyons le continuateur de Guillaume prendre la peine de relever un oubli de l'auteur qu'il traduisait, et restituer au gate ses deux « gouvernaux », un des signes caractéristiques qui le distinguaient de la galère, munie d'un seul gouvernail, pouvons-nous supposer qu'il eût oublié le double étage des rames, si le chat avait présenté cette particularité de construction, bien autrement importante que l'autre ?

Pourquoi une espèce de navire fut-elle nommée *Chat*, et par qui fut-il nommé ainsi ? Je n'en sais rien. Les documents du moyen âge l'appelant *catus* et *gattus* ou *gatus*, latinisation de *cat*, mot du Nord, et de *gatto*, mot catalan signifiant *chat*, il est difficile de dire à quelle nation navigante le chat et la chatte, — car il y avait aussi la *catta*, — durent leur singulière dénomination. On ne voit pas quel rapport de forme il pouvait y avoir entre une grande galère et un quadrupède de la race *felis* ; aussi, probablement, ce fut à une cause, tout à fait étrangère à sa forme, que le navire aux deux cents rameurs dut son nom. Est-ce une tête de chat, peinte en épouvantail sous l'éperon ou sur la face antérieure du château d'avant, comme une tête de scie était peinte à la proue de la *priste* antique, qui nomma le premier navire de cette espèce ? C'est possible ; mais voici une autre supposition que celle-là me suggère et qui me paraît aussi vraisemblable. *Gattus* ou *cattus* était une dénomination vulgaire que les gens de mer donnaient dans certains pays aux grandes galères, comme en d'autres pays ils les appelaient dromons; on lit en effet, livre II, chap. 27, d'Albert d'Aix (Albertus aquensis): « In galeidis, in biremibus, in triremibus, « dictis vulgariter *cattis*, turritis et bello compositis, etc. — Dans des galiotes, dans des galères subtiles, dans de grosses galères appelées vulgairement *chats*, munies de tours et armées en guerre. »—Voyons donc ce que c'est que *gattus*. Ce n'est pas autre chose qu'une traduction romane du mot grec *galè*, signifiant chat. Quel bâtiment était appelé *galaia* par les Grecs des bas âges, au rapport de l'empereur Léon? « C'était, dit l'auteur des Tactiques (art. 10 de la Naumachia), c'était un petit dromon fait pour la course, ayant un seul rang de rames, agile, rapide, que l'on employait à veiller autour de la flotte et à toutes les autres expéditions qui voulaient de la célérité. » Ce navire qui, leste, l'œil toujours ouvert, rusé, subtile, traître, faisait sentinelle, allait à la découverte, s'appliquait à surprendre l'ennemi et à tomber à l'improviste sur le marchand sans défiance, n'avait-il pas quelque chose du chat, et n'était-ce pas avec raison que les Grecs l'avaient pu doter d'un nom où *galè* entrait comme radical? Celui-là, ils l'appelaient *chat*, comme ils appelaient *dromon* (coureur) un autre navire plus grand, mais rapide aussi malgré sa taille; comme ils nommaient *chelande* ou *tortue* un troisième navire très-grand, bien défendu et lentement emporté par ses rames (*). Que les galères aient pris leur nom d'un casque placé au sommet de leur proue, lequel casque—*galea*—avait sur sa visière ou son cimier l'image d'un chat furieux, ou bien encore était garni d'une peau de chat, tant qu'on n'en donnera pas des preuves meilleures que celles dont on a appuyé cette opinion, il me sera permis d'en douter et de tenir pour bonne mon hypothèse. La *galaia* grecque fut appelée par les Vénitiens et les autres Latins *gala*, *gatta*, *gattus*, *cattus*, et par les hommes du Nord *cat*, cela me paraît très-vraisemblable. Seulement le *Chat* ne fut d'abord qu'une petite galère; mais la galère grandit et garda son nom que nous re-

---

(*) Nous retrouverons plus bas les *zelandes* ou *chelandes*.

trouvons au douzième siècle donné à la galère à cent rames et à deux cents rameurs. Même chose est arrivée à la frégate ; je l'ai dit et le répète ; esquif au quinzième siècle, elle est aujourd'hui un bâtiment de guerre portant de quarante-quatre à soixante bouches à feu en une seule batterie !

Carlo Antonio Marin, en parlant des navires à 80 et 100 rames dont l'armement fut ordonné par décret du sénat, 12 mars 1334 (voir p. 355 de ce Mémoire), dit que les Génois se servaient aussi de grands *legni* de cette espèce : « col nome di *cetea*, qual « balena tra gli altri pesci » (t. V, p. 208). Je m'arrêterai peu à ces baleines génoises dont il n'est fait mention que dans un seul des documents qui ont passé sous mes yeux, et que leur importance n'a point recommandées, chose assez extraordinaire, aux rédacteurs des nombreux statuts de Gazarie. Agostino Giustiniano, parlant dans ses *Annali* (in-4°, Genoa, M.D.XXX.VII), de l'escadre de 25 galères armées à Gênes en 1267, sous le commandement de Luchette de Grimaldi, s'exprime en ces termes sur un des faits de la navigation de cet amiral : « E nauigando l'armata verso Soria piglio due gallere, « e una cetea di Venetiani. » Les baleines étaient-elles bien une espèce particulière de navire ? il n'y a guère moyen d'en douter. Ne devaient-elles pas leur nom à leurs formes un peu renflées par l'avant, à leurs masses volumineuses ? je le croirais volontiers. Il y avait des *cetee* comme il y avait des chats et des bucentaures. Ces Baleines n'étaient pas, à proprement parler, des galères, mais probablement des *ligna* à rames, d'un fort tonnage. Quoi qu'il en soit, la *cetea*, avec ses nombreux avirons, était une de ces grandes galères à zenzile dont j'ai déterminé les proportions ; sans doute elle n'avait pas les 200 rameurs des gates cités par Guillaume de Tyr, car Marin qui s'émerveille des *smisurati bastimenti* auxquels il suppose 80 ou 100 hommes de chiourme, n'aurait pas oublié de citer le texte d'un document où il aurait trouvé une indication si propre à augmenter sa surprise.

Le Chat était un de ces navires à rames dont l'équipage, aux termes d'une loi vénitienne, devait être *ducentorum hominum*; le Bucentaure était-il des galères *ducentorum* comme l'ont avancé quelques étymologistes ? Si je n'ai aucune raison pour l'affirmer, j'avoue qu'il me serait difficile de le nier formellement. Sans doute *bucentoro* peut très-bien avoir été fait par corruption de *ducentorum*. On a très-bien pu dire d'abord : *la galea ducentorum,* puis par abréviation : *la ducentorum,* puis *la ducentor, la bucentor,* et enfin *il bucentoro*, ou *bucintoro*, comme on le trouve souvent écrit au seizième siècle ; mais rien ne le prouve. Quand il y avait des chats *ducentorum*, comment aurait-on nommé une autre espèce de galère : des deux cents?..

Baïf avait vu le Bucentaure pendant l'ambassade qu'il remplissait à Venise au nom de François Ier, et, bien que ce savant français fût très-attentif à noter les rapports existant entre les navires vénitiens qu'il pouvait observer et ceux des anciens dont il cherchait à comprendre la construction, dans son : *de Re navali*, il se contenta de le comparer : « regum Ægypti navibus « thalamegis. » De l'étymologie du mot *bucentaure*, des dimensions de cette galère ducale, de son origine, pas un mot. Ambassadeur d'une grande puissance auprès de la république de Venise, Lazare Baïf pouvait avoir aisément connaissance de ces vieux documents conservés aux archives secrètes du sénat, de ces lois anciennes, de ces décrets des dixième, onzième et douzième siècles dont je n'ai, malheureusement, pu obtenir la communication pendant ma mission à Venise ; il est bien fâcheux qu'il n'ait pas profité des facilités que lui donnait sa position officielle pour éclaircir le mystère qui, de son temps même, entourait l'existence de la *navis aurea,* ainsi que, en latin, tous les poëtes inspirés par quelque grande fête nationale nommaient le Bucentaure.

La planche, assez bien faite, que Antonio Maria Luchini plaça à la tête de son petit traité, en 112 pages *in-12*, intitulé : « *La* « *Nuova regia su' l'acque nel Bucintoro*—Venitia, 1729, » nous apprend que le thalamague du doge et du sénat de Venise était, au dix-huitième siècle, une haute et lourde galère, couverte de bout en bout, pontée, ornée plutôt qu'armée de deux éperons, l'un, plus long, au-dessus d'un autre plus court, et mue sur les eaux de la lagune par 46 rames—23 de chaque bord (*)—sortant

(*) Dans les représentations du Bucentaure, et je dois dire que je n'en connais aucune antérieure à la dernière moitié du seizième siècle, le nombre des rames varie de vingt et une à vingt-quatre. Ce dernier nom-

de larges sabords de nage, et établies sur une préceinte au lieu de l'être sur un apostis. Luchini dit que ce navire avait 100 pieds vénitiens de long, et 21 pieds de large sur le pont. La palmette de proue prenait 12 p. ⅓ en avant des avirons, et la même longueur restait en arrière du 1ᵉʳ aviron de la poupe ; il restait donc 75 p. ⅓ vénitiens ou 80 p. 9 po. français (26ᵐ· 30ᶜ·) pour les rames ; ce qui donnait à peu près 3 p. 10 po. (1ᵐ· 24ᶜ·) d'intervalle, 2 pouces de moins que dans les galères ordinaires. Chaque aviron était manié par quatre hommes, nageant debout sous la couverte, au-dessus de laquelle étaient établis les siéges de la seigneurie. On voit, d'après ces données qui ne peuvent être infidèles, que ce navire, réputé si grand, et qui en effet n'était que très-haut sur l'eau, tant par l'élévation de sa vogue : 10 pieds environ, que par celle des œuvres mortes : 15 pieds, était moins long qu'une galère subtile du treizième siècle, car il n'avait que 100 pieds vénitiens (109 p. 2 po. français) quand la galère de Syrie et de Romanie en avait au moins 112. Il était par conséquent très-inférieur, non-seulement aux capitanes et aux patronnes des différentes nations, aux dix-septième et dix-huitième siècles, mais à toutes les subtiles et bâtardes. Fait seulement pour quelques grandes solennités auxquelles le doge et le sénat prenaient part, on n'avait pas dû s'appliquer à lui donner les qualités qui rendaient marcheuses et faciles aux évolutions les plus grosses galères. On avait dû songer à le bien asseoir sur l'eau, à donner une base solide aux constructions

---

bre se fait remarquer seulement dans l'*aurea navis*, *vulgò Bucintoro*, gravé par J.-B. Brustolon, d'après Antonio Canal (département des estampes, bibliothèque royale. — Volume : VENISE, Q. c—4). Le nombre vingt et une se trouve aux Bucentaures des deux planches suivantes : « Prospetiva et apparato nella piazza di San-Marco, col nobilissimo e gran vascello Bvcintoro nel quale la serenissima dogaressa Morosina Grimani fu condotta dalla illustrissima signoria, dal suo nel ducal palazzo — 1597, 4° maggio ; per Giacomo Franco (département des estampes, bibliothèque royale.—Portefeuille : *Marine*, Id-56). « Il maraviglioso Bucintoro (même portefeuille). » On ne peut compter les rames du Bucentaure dont l'avant seulement est dessiné dans une fort belle pièce représentant la cérémonie du Bucentaure, en 1574 ; gravure en bois dans le style flamand, signée J.-A., et attribuée à Jost Ammon (volume : *Venise*, Q. c—4).

hautes qui devaient former, au-dessus de la chiourme, deux grandes salles, et, à la poupe, le cabinet éminent où était le siége du doge; aussi l'avait-on fait plus large, relativement à sa longueur, que tout autre bâtiment à rames; aussi lui avait-on donné des fonds plats.

Le premier bucentaure ne fut sans doute point un navire construit à dessein pour une *regia*. En 1177, quand le pape Alexandre III, avec les premiers du peuple, alla au Lido attendre Sébastien Ziani ramenant Othon, et revenant vainqueur après la bataille de Capo Salvore (*), ce fut probablement une grande galère qui le porta au-devant du doge, heureux d'avoir humilié l'orgueil de Frédéric Barberousse. Pavoisée de riches tentures, éclatante de couleurs nouvellement ravivées peut-être, portant sur sa poupe un trône, et au sommet de son mât la grande bannière pontificale, cette galère fut parée comme il convenait au navire qui devait recevoir le chef de l'église triomphante: rien n'est moins douteux; mais comment admettre qu'on eût construit un bâtiment de parade pour la circonstance? Alexandre avait pu compter sur la vaillante épée qu'au moment du départ de la flotte il avait remise au doge, après l'avoir bénite; mais le Dieu des batailles ne pouvait-il pas tromper l'espoir de son vicaire, pour ajouter une épreuve nouvelle aux épreuves qu'il avait déjà subies? Venise n'avait donc pas dû faire des préparatifs qui auraient retourné à sa confusion, si le vieux Ziani avait été vaincu. La construction d'un navire pour une pompe religieuse et nationale, destinée à célébrer la victoire qu'aurait remportée Frédéric, l'aurait rendue la fable de l'Allemagne, et surtout de Pise et de Gênes dont les galères avaient été mises sous les ordres d'Othon; elle ne dut donc pas l'ordonner. Qu'en mémoire de ce grand événement, Venise, perpétuant la cérémonie de l'al-

---

(*) Dans la grande salle du palais ducal, deux beaux tableaux rappellent la lutte de Venise contre l'empereur Frédéric. L'un, de Francesco Bassano, représente le doge recevant l'épée des mains du pape, et allant s'embarquer sur sa galère, à la *Piazzetta*; l'autre, de Dominico Tintoreto, le fils de Jacopo, représente Ziani faisant prisonnier Othon. La scène principale se passe sur la capitane du fils de Barberousse, au milieu d'une mêlée de galères dont le mouvement est admirable. J'ai déjà parlé de ce dernier tableau, pag. 325 de ce Mémoire.

liance de la mer avec le doge, ait ordonné qu'un bâtiment de parade serait construit et gardé religieusement dans son arsenal, ne devant servir qu'à cette *funzione* et à quelques autres fêtes populaires, c'est un fait certain; que l'intention ait été, sinon de reproduire absolument la galère d'Alexandre III, du moins de la rappeler le plus possible, c'est ce qui me semble bien positif. Sans cela aurait-on fait un bâtiment à rames, quand il eût été tout simple de construire un vaste ponton orné, que des fustes et des brigantins auraient traîné à la remorque jusqu'au Lido? Tout en défigurant la galère par le haut, en supprimant sa mâture, en l'élargissant, en la couvrant d'un pont sous lequel devait être la chiourme, on lui conserva ses rames, son éperon, et je pense aussi un nom, qui rappelait de quelle espèce, dans la famille des galères, était le navire pontifical de 1177.

Car le Bucentaure ne fut point un navire unique, ainsi que l'ont cru tous les auteurs qui ont parlé de cette royale galère; il y avait des bucentaures comme il y avait des chelandes, des gattes, des pamphiles. *Bucentaure* était le nom d'une variété dans les grandes galères, ainsi que le prouve un décret du 30 décembre 1337, cité page 45 du sixième volume de sa *Storia*, par Marin, qui n'en tire aucune conséquence : « Quod in Christi nomine
« armentur per commune sex galeæ quarum quatuor sint de
« mensuris bucentariorum, et aliæ duæ de minori mensura,
« quibus presidere debeant duo supracomiti. — Qu'au nom du
« Christ la commune (de Venise) arme six galères, dont quatre
« soient de la grandeur des bucentaures et les deux autres moins
« grandes; que deux capitaines commandent les six galères. »

Le but de cet armement était de poursuivre et de combattre les pirates génois qui infestaient l'Adriatique, et, sans l'aveu de la commune de Gênes, capturaient les navires sous la bannière de Saint-Marc. Un certain Francesco de' Marini, capitaine de neuf galères et d'une nef, avait surtout affronté les Vénitiens et leur avait pris six galères mal défendues par Tomaso Viaro. Cet échec peu honorable, joint au malheur que, l'année précédente, le commerce de Venise avait eu de voir deux de ses grosses galères, revenant de Flandre, pillées par les gens de Monaco, décida le sénat, non-seulement à augmenter le nombre des arbalétriers que portaient les galères allant en Flandre, mais encore à armer un plus grand nombre de galères pour les stations de l'Adriatique. Afin de s'opposer à des ennemis qu'on devait travailler à écraser, — car ces bannis qui affectaient les couleurs de Saint-George et que Gênes désavouait, vaincus un jour, réunissaient de nouveau leurs forces et recommençaient leurs déprédations, — il fallait des navires grands et bien armés. A ce que Venise entretenait déjà de galères grosses, et subtiles, on ajouta donc deux petites divisions, composées chacune de deux bucentaures et d'une galère inférieure à celles-là. La petite galère servait d'éclaireur et d'aviso aux deux grandes qui attaquaient les pirates. Venise espérait tirer un avantage signalé de la présence de ces petites divisions sur certains points de son littoral; mais pour qu'il en fût ainsi, pour que trois galères, une de la grandeur des subtiles qui faisaient les navigations du Levant, et deux autres plus considérables, présentassent une certaine force d'attaque ou de résistance aux navires à rames des bannis qui marchaient ordinairement quatre ou six ensemble, comme l'attestent Gio Vicenzo Pinelli et Giustiniani, il fallait que les bucentaures fussent des bâtiments de la plus grande espèce entre les galères.

Il y avait donc des bucentaures (*); le texte du décret est précis. Si le sénat avait voulu parler de galères grandes comme le Bucentaure, il aurait dit : « *de mensuris Bucentarii*, » et non : « *bucentariorum* »; et puis, si le Bucentaure avait été un navire d'exception, un simple navire de parade fait pour flotter seulement, de la Piazzetta à quelque point de la lagune, pour porter le doge au lido, ou la dogaresse au palais ducal, pour aller chercher Catherine Cornaro, revenant de Chypre (1477)(**), ou pour

---

(*) Je pourrais citer encore, pour prouver que les bucentaures étaient une variété dans la famille : *galères*, et que le Bucentoro n'avait été, à l'origine de la fête de l'Assomption, qu'un individu de cette branche, le titre du chapitre x des *Statuta veneta* : « De zoia habenda a dominio et *uno* Bucentauro. » Marin Grimani, qui, en 1596, réunissait en corps de lois tout ce qui était traditionnellement obligatoire pour les doges, rappela que le domaine public devait fournir au duc *un* bucentaure et le bonnet ducal (*zoia*). Il dit *uno* bucentauro, parce que, autrefois, il y avait eu plusieurs navires de ce nom; il ne dit pas *una zoia* (un joyau), parce qu'il n'y eut jamais qu'une couronne ducale. Il écrivait, ne l'oublions pas : « Pro bono regimine et *conservatione status* dominii Venetiarum. »

(**) Un tableau attribué à Carletto et Gabriele, le fils et le neveu de Paul

promener le duc d'Anjou (Henri III)(*), le sénat aurait-il fait construire des galères sur son patron, quand il voulait armer les bâtiments les plus propres à une guerre contre des corsaires forts, légers et rapides?

Les bucentaures étaient de grandes galères; et c'est un bucentaure que monta Alexandre III, quand il alla remercier Ziani de sa victoire; je ne fais aucun doute de cela : aussi suis-je complétement de l'opinion de Filippo Camerario qui affirme (chapitre 27, 11ᵉ centurie de ses œuvres) que le bucentaure est traditionnel à Venise depuis 1177. En vain Zanetti, p. 44 de ses *Origine di alcune arti appresso i Veneziani*, dit-il que Camerario aurait été bien embarrassé de répondre si on lui avait demandé sur quelle bonne raison il fondait son assertion; je crois que Filippo dit vrai. Le Bucentaure, — je ne dis pas les bucentaures, — était une tradition de la fin du douzième siècle : celui que voyait Zanetti en 1758, ne ressemblait pas sans doute à la galère d'Alexandre III, mais il la rappelait, comme je l'ai établi, par ses rames, son éperon et le nom qu'on lui avait conservé. Filippo Camerario n'appuie pas de bons arguments la vraisemblance de son assertion, et c'est un tort que Zanetti aurait été admis à lui reprocher si, pour démontrer positivement l'erreur de Camerario, il avait prouvé avec quelque apparence d'autorité que le Bucentaure remontait au temps de la glorieuse expédition en Dalmatie de Pietro Orseolo II (996).

Orseolo, revenant de la Dalmatie qu'il avait soumise, fut reçu par le peuple vénitien avec des acclamations de joie et

---

Véronèse, représente la reine de Chypre, Catherine Cornaro, arrivant à Venise, et reçue par A. Barberigo. La jeune reine descend du Bucentaure, qui était allé la prendre à l'entrée de la lagune. Ce tableau est à Paris, dans une salle de l'ancien couvent des Petits-Pères, aujourd'hui mairie du troisième arrondissement. Il est très-dégradé, et cependant, sous sa misère, on reconnaît la brillante école des Véronèse.

(*) Dans la salle voisine du cabinet des doges, au palais de Saint-Marc, à Venise, est un curieux tableau représentant le roi de Pologne, futur roi de France, quittant le *Bucintoro* après la cérémonie du mariage de la mer. La galerie du Louvre possède une petite esquisse de ce tableau, que la direction des Musées attribue à Tintoret, et qu'à Venise j'ai entendu donner à Francesco Bassano avec beaucoup plus d'apparence de raison.

de reconnaissance ; on lui fit de grandes fêtes, on le ramena triomphalement à Venise ; peut-être orna-t-on sa galère de fleurs et de banderoles ; peut-être consacra-t-on par des solennités anniversaires le souvenir du service éminent que le doge avait rendu à la patrie ; mais Dandolo, pas plus que Sargonino, ne parlent d'un bucentaure et n'autorisent la supposition de Zanetti.

Le plus ancien document où j'aie trouvé le nom de bucentaure, — et celui-là, je le dois à Zanetti, — est une loi du 12 mars 1293, que l'auteur érudit de l'Origine des arts chez les Vénitiens, dit tenir de la meilleure source. Voyons-en les termes :

« Quod aliquis qui habebit Marias non audeat cum suo plato
« transire columpnas quæ sunt supra canale per medium ec-
« clesiæ Sancti-Marci, nisi prius Dominus dux intraverit *Bu-
« centorum*, sub pena xx soldorum grossorum. » — Défense à toute personne ayant des Maries (*) de dépasser avec son

(*) Pour comprendre le sens de cette ordonnance de police, il faut savoir que chaque année, au mois de février, Venise célébrait une de ses plus anciennes fêtes, appelée *la fête des Maries*. Des *regattes*, ou courses sur l'eau (*riga*, en vénitien, signifiait : ligne ; les embarcations se mettaient *in riga* pour partir ensemble, et voler au but où elles devaient arriver) ; des regattes avaient lieu ce jour-là ; le doge, monté sur le Bucentaure, y présidait, et décernait la couronne au vainqueur. Un poëte du quatorzième siècle, Da Pace de Forli, a peint en ces quatre vers une regatte de deux barques :

Permagnoque pares geminæ tunc æquore puppes
  Percurrunt, positum prævia munus habet,
Ut solet in cursu fieri certamen equorum
  Cum longi cursus præmia victor habet.

Les *plata* dont parle la loi de 1293, dans plusieurs documents, sont nommés *plati* ; dans beaucoup d'autres, *piatti*, *peati*, et quand ils étaient plus grands : *peatoni*. C'étaient des barques légères, plates, et pouvant porter un assez grand nombre de rameurs. Au quatorzième siècle, ainsi que le démontre une loi du 14 septembre 1315, le plat armé pour une regatte avait cinquante hommes : « Quod patroni Arsenatûs debeant fa-
« cere preparari duos platos cum quinquaginta hominibus pro quolibet,
« aptos ad Regattam. » Ces cinquante hommes étaient probablement répartis sur quarante-huit rames légères, vingt-quatre de chaque bord ; le patron était au gouvernail, et à la proue se tenait un joueur de trompette, excitant par la puissance du rhythme l'ardeur de l'équipage. Le plat

plat les colonnes qui sont sur le canal, par le travers de l'église Saint-Marc, avant que le doge soit entré dans le bucentaure, sous peine de 22 sous des gros.

Voilà, en 1293, dans une fête publique, le doge montant le Bucentaure, qu'il vient de prendre vis-à-vis de l'église ducale de Saint-Marc. La loi ne dit pas que ce soit un fait nouveau; loin de là, elle conserve l'ancienneté de l'usage, et pourvoit à ce qu'aucune des embarcations qui doivent prendre part à la solennité nautique, ne vienne gêner la manœuvre du Bucentaure ou passer irrespectueusement devant lui. Sans doute de graves accidents étaient arrivés quelques années auparavant et s'étaient renouvelés; on avait averti les gondoliers de ne pas s'exposer au danger d'être chavirés ou de voir leurs plats écrasés par le Bucentaure; et, comme il arrivait d'ordinaire, ces avis réitérés n'avaient pas été écoutés; il fallut faire une loi dont la sanction pénale fût assez forte pour effrayer les contrevenants; et cette loi est parvenue jusqu'à nous, malheureusement sans son préambule, qui, je le crois, aurait justifié ma supposition.

devait avoir à peu près 90 pieds de longueur.—Da Pace, dans son poëme, que Zanetti a fait connaître, et que Flamminio Cornaro a publié dans ses *Venete Chiese*, parle ainsi du Bucentaure :

> Pulcrior in portu domino fabricata, *Bucentaur*
> Nomine puppis adest, robore texta levi;
> Apta Duci sedes auro velatur et ostro
> Unde sedens populum cernat ubique suum.

Zanetti, qui emprunta à un manuscrit de la bibliothèque de Saint-Marc le poëme de Da Pace, sur les Maries, au lieu de Bucentaur, abréviation nécessaire à la mesure du vers, mit : Bucentaurum. Le *nomine puppis adest*, constatant que sur l'arrière de la galère ducale se lisait le mot : *Bucentoro*, semblerait favorable à l'opinion des critiques, dont le thème serait de soutenir que *le Bucentaure* était le nom, propre à ce seul navire. Mais qu'opposer aux quatre galères *de mensuris bucentariorum*, de la loi de 1337? Le mot : *Bucentoro*, écrit sur la poupe du navire ducal, justement au quatorzième siècle, à cette même époque où le sénat faisait armer des bucentaures contre les bannis-pirates de Gênes, est pour moi une preuve nouvelle de ce que j'ai avancé, que Venise perpétuait une tradition ancienne; le bucentaure du doge pouvait n'être plus une galère *de bucentariorlis*, mais elle était par excellence : *il Bucentoro*, parce qu'elle avait commencé par être un *bucentaurus*.

A l'étymologie : *ducentorum hominum* on en a opposé une autre, qui a généralement prévalu. Le père J. L. de la Cerda, dans ses *Commentarii in V. Æneidos* (Lyon, 1612, in-folio), à propos du vers : *Centauro invehitur magna*, etc., s'exprime ainsi : « CENTAURO MAGNA. — Monet, me annuente, Erythreus,
« vim græcam expressam esse a poëta, epitheto illo *magna*,
« nam Græci intentiva particula : BU uterentur, dicerentque
« BUKENTAUROS, ad cuius linguæ imitationem Veneti ducariam
« suam, aut senatoriam navim pictam et auro profulgentem
« appellant *bucentauro*, quasi bucentaurum. » La remarque d'Érythrée, à laquelle le P. de la Cerda prêtait l'appui de son autorité, fut approuvée par le P. Fournier (*Hydrographie*), par Furetière (*Dictionnaire*), et par beaucoup d'autres savants. Roberto Valturio, dans son *de Re militari*, dédié à Sigismond Pandolfe Malatesta, duc de Rimini (Venise, 1472, et MS. de la bibliot. royale, n° 7236), s'appuie de l'autorité de Varron (*de Re rustica*) pour faire prévaloir cette opinion, que le bucentaure était une espèce de navire fait pour porter des hommes grands et puissants, et fabriqué à la ressemblance de bœufs très-grands qui étaient en Italie : « Fabricatum a magni-
« tudine enim boum qui in Italia erant. » Il ajoute que l'image d'un centaure était le « signum navis, » et que, comme le navire était grand, on avait ajouté au mot centaure la syllabe *bu*, parce que : « Præposita hac voce *bu* magnum semper nun-
« ciaretur : inde dici *bulimiam*, id est, magnam famem, et *bu-*
« *pedas* grandes pueros, et uvam *bubammiam*, et alia his si-
« milia. » Valturio combat l'opinion de ceux qui voudraient écrire *bucentorium* et non *bucentaurum*, et qui se fonderaient sur ce que bucentaure viendrait de « a buccis centum. »

Les bucentaures étaient, dans l'hypothèse de Valturio, de la Cerda et des autres, des navires à la proue desquels se voyait, peinte ou sculptée, la figure d'un centaure. Il n'y a rien, dans cette étymologie, qui répugne à la raison ; et l'on peut d'autant plus l'admettre, que l'on voit la plupart des navires du moyen âge avoir des noms empruntés à une langue que la puissante marine de Byzance portait alors sur tous les points commerciaux et politiques de la Méditerranée (*).

(*) On pourrait multiplier les conjectures sur l'étymologie du mot *bu-*

Chelande était un de ces noms. Chelande est-il un synonyme de dromon, ou bien est-il formé de *chelys*? Ugutius est pour la première opinion; Zanetti soutient la seconde. « *Celendria* vel « *celandria* dicitur navis quæ citò currit, vel velociter in ydro. » Voilà ce que croit Ugutius, cité par du Cange ; voici ce qu'avance Zanetti : « Je ne doute pas que le mot *galandre* ou *chelande* ne soit dérivé du grec *chelys* (tortue), et que ces navires aient dû leur nom à l'espèce de ressemblance que leur donnait avec la tortue le pont qui les couvrait, comme on peut l'induire d'un passage de Porphyrogénète (*). Les Latins, de *chelande* firent *chelandrie* et *chilandria*, par une altération de nom peu sensible; les nôtres — les Vénitiens — en firent *zalandria* et *galandria*. Dans une de nos anciennes lois (1263), on lit : « Quod de toto eo quod « *chylandræ* lucratæ erunt, solvantur sold. III pro libra. » Et voyez comme une étymologie en éclaire une autre ! Nous, Vénitiens, nous sommes les seuls en Italie qui appelions *gagiandre* les tortues. La tortue, en grec, c'est *chelys*; les navires furent appelés *chelandie*, des tortues; aujourd'hui nous appelons les tortues *gagiandre*. » Ce qu'il y a d'ingénieux dans cette opinion de Zanetti est assez séduisant, et j'avoue que je préfère cette étymologie à l'autre. Quand les Grecs avaient nommé dromon un grand navire à rames, à cause de sa rapidité, pourquoi auraient-ils nommé un autre navire *chelande* pour la même raison? Et puis, qu'ont de commun *celes* et *chelys* ? Hugot imagina une mauvaise orthographe du mot que l'on trouve écrit : *chelandium*, *chelandrium*, *chelindrus*, *salandra*, *salandria*, *galandria*, et même *achelandria*, pour expliquer le nom d'un navire qui l'embarrassait. Il connaissait le *celox*, le *celotium*, le *celes*, navires agiles, rapides, faciles à manier, comme

---

centaure ; on pourrait se demander s'il n'est pas une contraction de *buccinator*, — le joueur de trompette, — à cause d'une figure de triton jouant du buccin, qui aurait été placée sur son taille-mer; ou bien si, à cause de la richesse de sa décoration extérieure, cette grande espèce de galère ne s'était pas appelée : *buzzo cinto d'oro*, — ventre à la ceinture d'or — qui, par contraction, aurait fait *bu-cint-oro*.

(*) J'ai vainement cherché le passage du cérémonial de la cour de Byzance auquel Zanetti veut faire allusion. Constantin Porphyrogénète ne donne, sur la construction des chelandes, aucun détail particulier.

le cheval de selle — le *celès* grec — auquel on le comparait ; et, par une modification d'orthographe, qui paraissait toute simple, il arriva à ranger les chelandes parmi les celoces. Son hypothèse me paraît inadmissible ; mais, du moins, elle n'est pas absurde comme celle de Guibertus, qui dit, avec une assurance très-plaisante : « Salandræ autem naves dicuntur, à saliendo vocatæ. » Que sont « des navires qui sautent ? » Comment des navires peuvent-ils sauter ? Guibert ne se fit pas cette question toute simple.

Ditmar, liv. III, pag. 33, nous apprend ce que, de son temps, c'est-à-dire, au dixième siècle, était la selandre : « C'est un navire d'une longueur extraordinaire et d'une merveilleuse rapidité (miræ longitudinis et celeritatis), ayant de chaque côté deux rangs de rames (duos tenens remorum ordines), et cent cinquante matelots. » Cela ressemble beaucoup à certains dromons dont parle l'auteur des Tactiques, art. x de la Naumachie. L'empereur Léon ne nomme point les chelandes quand il nomme les pamphiles et les galères avec les dromons ; mais lorsqu'il recommande *alii dromones*, plus grands que ceux auxquels il a attribué cent hommes de chiourme, il est permis de croire qu'il fait allusion aux chelandes, si fort en usage à cette époque. Constantin Porphyrogénète nous apprend qu'il y avait dans les chelandes des variétés importantes. L'énumération qu'il fait (pag. 382, liv. II) des forces employées à l'expédition contre la Crète, en 949, porte : « La flotte royale consistait en cent cinquante huissiers (*usiis*), parmi lesquels étaient six pamphiles et deux autres nouvellement armés. Cent chelandes, faits à l'instar des huissiers (*ad usiarum instar facta*). » — Ailleurs Constantin dit : « Le stratége de Samos était envoyé en Crète avec six chelandes-pamphiles, dont chacun portait (*trahebat*) cent cinquante hommes, et six chelandes-huissiers (*chelandis-usiacis sex*), dans chacun desquels étaient cent huit hommes. Jean et Ascenta emmenaient en Afrique trois chelandes et quatre dromons, ayant chacun deux cent vingt hommes. » Plus bas on lit : « Six chelandes-huissiers avec cent dix hommes. » Dans un autre endroit on trouve cette phrase : « Il y avait en tout quarante chelandes et vingt dromons ; et comme chaque dromon avait ses deux huissiers (*quum singuli binas haberent suas* usias), il y avait quarante huissiers... On laissait pour la garde de la ville, à la disposition du commandant de la mer Ægatienne, six chelandes-pamphiles, dont chacun avait cent vingt hommes, et quatre chelandes-huissiers, portant chacun cent huit hommes. »

Il est impossible, sur ces vagues indications, de préciser la forme et l'armement des chelandes-pamphiles et des chelandes-huissiers; tâchons cependant de nous éclairer à cet égard. Nous avons vu que les pamphiles étaient de grands bâtiments à rames, différant des galères anciennes par quelques détails d'architecture, quelques décorations extérieures, quelques dispositions d'accastillage, quelques emménagements intérieurs, qui nous échappent; peut-être aussi par des modifications dans la mâture, la voilure et le gréement. Nous savons, par le passage de Ditmar, que les chelandes étaient fort longs, très-rapides, et qu'ils portaient leurs rames comme les dromons définis par l'art. 8 de la Naumachie, en deux étages superposés; nous savons que ces simples chelandes avaient cent cinquante matelots : cinquante aux rames d'en bas, sans doute, un à chaque rame, les rames étant au nombre de vingt-cinq tribord et bâbord; cent aux rames d'en haut, deux par rame. On peut assez facilement se figurer un navire procédant de deux autres qui avaient tant d'analogie entre eux, marcheurs l'un et l'autre, munis l'un et l'autre d'avirons sur deux étages, portant l'éperon à la proue, et, à leur mât, des châteaux armés pour l'attaque et la défense; on peut dire que le chelande-pamphile était, parmi les bâtiments à rames, ce qu'aujourd'hui la corvette de charge est parmi les bâtiments carrés, ce qu'au dix-septième siècle la flûte était à la frégate. Chaque siècle a vu de ces constructions où l'on chercha à réunir les avantages de deux variétés d'une même espèce, ou de deux espèces différentes; ainsi, chez les anciens furent ces phasèles-triérétiques dont Appien raconte qu'Octavia fit présent à son frère, navires qui offraient le mélange de la forme des bâtiments de charge et des vaisseaux longs (voir Mémoire n° 8); ainsi furent, au seizième siècle, les galions et galioncini, nefs allongées comme les galéasses; ainsi aujourd'hui sont nos brigs-goëlettes, nos petites corvettes à mâtereaux, et surtout nos grands vaisseaux de cent canons en deux batteries, qui réunissent à la légèreté des anciens vaisseaux de quatre-vingts à deux ponts, l'armement formidable des vaisseaux à trois batteries.

Le chelande-huissier dut avoir plus que le chelande-pamphile des rapports avec les phasèles-triérétiques et nos corvettes de charge; c'était, en effet, un navire portant des troupes et des chevaux, mais un navire à rames qui gardait quelque chose du chelande; quoi? je ne saurais le dire. Si nous connaissions bien les huissiers (*usiæ, ussaria, usserius, usser, huisserius*), peut-être parviendrions-nous à composer un navire qui, ayant deux rangs de rames, satisferait aux conditions de rapidité qui le faisaient chelande, c'est-à-dire enfant de la famille : Dromon, et aux conditions de largeur, de profondeur, qui le faisaient porte-chevaux. Mais des huissiers du dixième siècle, que savons-nous de positif? Savons-nous quelque chose de plus sur les hippagoges dont parlent Thucydide, Tite-Live, Polybe, Démosthène et Diodore, et que Festus définit ainsi, sans ajouter rien qui puisse les faire mieux connaître : « Hippagines naves, quibus « equi vehuntur, quas Græci Ippagogas dicunt? » Avons-nous quelques détails circonstanciés sur les huissiers des treizième et quatorzième siècles? Voyons. Quant à ces derniers, nous tenons de Joinville qu'au-dessous de la flottaison et à l'arrière, s'ouvrait un huis, porte par laquelle on embarquait les chevaux dans la cale du navire (*), et que, l'embarquement fait, on calfatait cette porte, qui se trouvait dans l'eau quand l'huissier était complétement chargé. Dans mon *Mémoire sur les vaisseaux ronds de saint Louis* (n° 7), tous les navires que j'ai restitués étaient des porte-chevaux; mais étaient-ils de construction spéciale pour ce service? Non : c'étaient des nefs et des selandres dont les cales assez larges avaient pu être disposées pour l'embarquement des destriers; ce n'étaient pas des huissiers proprement dits. S'ils eussent été huissiers, les marchés passés à Gênes l'auraient dit certainement; Gênes aurait écrit dans ses traités avec Guillaume de Mora, Poilvilain et Henri de Champ Repoussé, ce que le doge de Venise fit écrire dans son traité avec Ville-Hardouin : « Nous ferons vissiers à passer 4,500 chevaux et

---

(*) On lit dans Ville-Hardouin : « A donc commencent li marinier à « ouvrir les portes des vissiers et giter les ponz fors; et on commence les « chevaux à traire. » Pag. 59.

« 9,000 écuyers, et es nés 4,500 chevaliers et 25,000 serjans à « pié. » J'ai montré comment, dans le fond d'une des nefs louées par la commune aux envoyés de Louis IX, on pouvait placer cinquante chevaux (voir Mémoire, n° 7); je suis assez disposé à croire qu'au temps de Constantin Porphyrogénète, la sentine des huissiers et chelandes-huissiers devait être emménagée à peu près de la même manière; mais je crois aussi que les chelandes-huissiers étant beaucoup plus longs que ces nefs du treizième siècle, devenues écuries, ces navires pouvaient bien n'avoir pas de chevaux au milieu de leurs cales, et n'en devaient pas loger dans les segments de la proue et de la poupe. Avec les données de mon hypothèse, il serait assez facile de dire combien d'huissiers Venise prépara pour les quatre mille cinq cents chevaux et les deux écuyers affectés au service de chaque cheval. On aurait pour contrôle du calcul qu'on aurait fait, ce passage que je traduis de Godefroi, moine de Saint-Pantaléon : « Il fit construire (1224) cinquante navires appelés « huissiers, assez grands pour suffire au transport, non-seule-« ment de deux mille chevaliers avec leurs destriers et tous « leurs armes et harnois, mais encore de mille autres combattants « pourvus de leurs armes. » Les huissiers dont parle le moine Godefroi ne devaient pas être bien grands, comparativement du moins aux vaisseaux huissiers qui portaient une partie de l'armée de saint Louis; et je vais réduire tout de suite à sa juste valeur l'enflure de ces paroles du narrateur : « Quarum magni-« tudine tantæ capacitatis erat, ut, etc. », en disant que chacun ne devait transporter, outre son équipage, que quarante chevaux et quatre-vingts hommes.

Ce qui constitue la différence entre les huissiers de 1224, les hippagoges et les chelandes-huissiers, c'est que ceux-ci, rangés par leur armement et leur construction parmi les bâtiments à rames, étaient de la famille des vaisseaux longs, tandis que les autres appartenaient aux vaisseaux ronds et n'allaient qu'à la voile. On peut voir, pour les selandres du treizième siècle, la fin du Mémoire que je citais tout à l'heure; quant aux hippagoges, voici une phrase de Diodore qui établit clairement ce que je viens d'avancer : « On fit suivre les navires portant les soldats, et les hippagines traînés à la remorque par les bâtiments à rames. (Liv. xx.) » Polybe, dans son premier livre, dit quelque chose d'analogue : « On prépara les hippagines et « on leur assigna un poste parmi les navires de la troisième « division de la flotte, après leur avoir donné des remorques. » Si les chelandes-huissiers pouvaient se passer de remorques parce qu'ils étaient navires à rames comme chelandes, les huissiers avec lesquels ils avaient un rapport de conformation (la largeur de la cale probablement et l'emménagement de l'écurie), étaient-ils dans des conditions aussi favorables au dixième siècle? Constantin Porphyrogénète ne fait aucune allusion aux rames des huissiers; il ne mentionne pas leurs équipages, ce qu'il a soin de faire quand il parle des dromons, des pamphiles, des chelandes, des chelandes-pamphiles et des chelandes-huissiers. Il montre deux huissiers, navires de charge, suivant chaque dromon, à l'expédition de la Crète, tandis que les chelandes qui portent hommes et chevaux n'ont point avec eux de ces navires, pour ainsi dire complémentaires : tout cela me porte à croire que les huissiers étaient des vaisseaux ronds, au temps de Constantin comme au temps de Démosthène et de Tite-Live, comme au treizième siècle et au seizième (*). Au seizième siècle, les palandries des Turcs, — qui méconnaîtrait dans ce nom les *galandries* vénitiennes, les anciennes chelandes? — étaient des navires-écuries naviguant seulement à la voile. Quand l'huissier survivait en elles, pourquoi gardaient-elles le nom du chelande-huissier? N'est-ce pas parce que l'huissier avait gardé la forme du chelande porte-chevaux en perdant seulement ses rames? L'article 13 de la Naumachie de l'empereur Léon contient une phrase qui pourrait peut-être m'être opposée et sur laquelle il faut tout de suite que je m'explique. Parlant des armes dont il importe de munir les bâtiments de charge et les hippagoges, il dit qu'il leur faut des arcs, des flèches, des javelots et tout ce qui peut les transformer au besoin en navires combattants. Il veut qu'on leur donne des mangonneaux et d'autres armes de la même espèce, de peur que, faute de ces moyens de défense,

---

(*) Au quinzième siècle, les Catalans eurent une sorte de bâtiment porte-chevaux appelé *Tafurea*. Ce navire ne m'est connu que par les mentions de Capmany (pag. 89 et 90, tom. III des *Memorias*) et par cette définition d'Antonius Nebrissensis : « Tafurea para passar los cavallos. »

les soldats n'aient beaucoup à souffrir des attaques de l'ennemi. Il ajoute : « Outre les soldats et les rameurs du rang d'en haut, tous ceux qui sont avec un centurion et les autres, du premier au dernier, doivent être armés. » *Superiores remiges* se rapporte-t-il donc à hippagoges? non, pas plus qu'à *naves onerarias*. C'est évidemment aux dromons dont il vient d'être question que se rapportent : « les rameurs d'en haut. » En effet Léon, après avoir prescrit l'armement des soldats qui sont sur les hippagoges et les bâtiments de charge, vient à l'armement des soldats de la flotte en général, et des rameurs d'en haut et d'en bas; et s'il ne sépare pas ce qui a trait aux hommes des navires porte-chevaux, de ce qui regarde les rameurs des galères, c'est que dans les hippagoges il y avait des bâtiments à rames comme les chelandes. L'hippagoge, dans cet article, ne signifie pas seulement *huissier* dans l'étroite acception du mot, entendu comme l'entendaient Diodore et Polybe, mais encore tous les navires portant des chevaux, parmi lesquels étaient ceux que Constantin Porphyrogénète appelait : *usiacachelandia*. Je ne crois pas qu'il soit possible de me contester cela ; si l'on voulait absolument voir dans les prescriptions de l'empereur une chose spéciale aux rameurs des huissiers, où trouverait-on, dans la Naumachie, un détail des armes nécessaires aux soldats et aux rameurs des dromons, pamphiles et galères? L'article 13 seulement contient tout ce qui a rapport aux casques, cuirasses, cuissards, brassards, boucliers, longues lances, etc.

Résumons-nous sur le *Chelande*. C'était une grande galère, variété de l'espèce, forte, agile, qui devait son nom à la tortue, peut-être parce que son château, élevé, arrondi, et prolongé vers la poupe jusqu'au mât, donnait à sa proue l'air d'une tortue défendue par sa carapace. Le chelande avait deux rangs de rames, l'un immédiatement au-dessus de l'autre; à chaque étage, cinquante rames; cinquante rameurs au rang le plus rapproché de la mer, et cent au rang supérieur. Les rames que faisaient mouvoir les nageurs d'en bas, placées très-près de l'eau, devaient être légères et longues de 12 à 15 pieds; celles d'en haut, qui avaient cinq pieds environ d'élévation de vogue au-dessus des autres, maniées par deux hommes vigoureux (*strenuos robustosque et alacres*, dit l'art. 19 de la Naumachie), pouvaient avoir 25 pieds de long. Pour les longueur, largeur et hauteur, le chelande, plus grand que le dromon ordinaire, pouvait être long de 150 pieds, haut de 15, large de 24. — Quand le chelande mêlait sa forme à celle d'un autre navire, quand il devenait chelande-pamphile, par exemple, son armement variait suivant sa grandeur; quelquefois il avait 150 nageurs et 100 rames; quelquefois il n'avait que 120 nageurs, ce qui suppose 80 rames : 40 en haut, 40 en bas, et deux hommes à celles de l'étage élevé. Lorsque le chelande mariait ses formes allongées aux formes arrondies de l'huissier, il avait 108 ou 110 hommes de chiourme, c'est-à-dire, 18 rames de chaque côté, en bas et en haut, ou 18 rames en haut et 19 en bas. Les chelandes et les dromons que Jean et Ascenta menèrent en Afrique, au rapport du fils de Léon le Philosophe, étaient égaux en armement et probablement en grandeur; ils avaient 220 hommes, et entraient tout à fait dans les prévisions de l'art. 9 de la Naumachie. Ces 220 hommes pouvaient être ainsi répartis : 150 aux rames, et 70 de réserve pour remplacer les hommes fatigués, ou seulement destinés au combat. Les dromons dont il est question ici étaient bien inférieurs à ceux dont Constantin Porphyrogénète décrit l'armement, liv. II, chap. 44, et que j'ai cités au commencement de ce Mémoire, page 243. Ceux-là portaient 300 hommes, 230 desquels étaient effectivement rameurs, mais soldats au besoin, et 90 combattants non rameurs. 230 hommes de chiourme, si nous avons égard aux prescriptions de la Tactique (article 9), supposent un navire à 39 rames de chaque bord au rang inférieur, à 38 rames au rang supérieur. Ce nombre n'est pas impossible à admettre, si l'on se rappelle que l'empereur Léon a dit, art. 8, que chaque rang de rames, dans les dromons ordinaires, devait avoir « *ad minimum juga vigintiquinque.* » Cependant 39 avirons, ayant 4 pieds d'interscalme, devant occuper une longueur de 156 pieds, il faudrait admettre un navire d'une longueur totale de 175 pieds environ, de 30 pieds à peu près de largeur *in bocha*, de 15 pieds de hauteur, sans compter les châteaux. J'ai peur que cela ne soit bien grand pour ces dromons que Constantin ne présente pas comme des navires d'exception, et je pense qu'il faut disposer ainsi les 230 rameurs : 112, à 2 par rame, sur 56 rames (28 de chaque bord) au rang supérieur, et au rang d'en bas ; 6 pour le service du siphon et des ancres. 28 rames occupant à peu près 112 pieds d'espace, le dromon aurait eu, dans cette supposition, de 130 à 132 pieds de longueur totale ; ce qui me semble admissible.

Le dromon ordinaire de Léon, celui qui avait au moins vingt-cinq bancs, cent rames et cent rameurs (art. 7 et 8 de la Naumachie), devait avoir de 120 à 122 pieds, de la poupe à la proue, 14 ou 15 de hauteur jusqu'aux châteaux, 21 ou 22 pieds de largeur au milieu, à la hauteur de la première couverte : mesures qui ont de grands rapports avec celles de la birème imaginée par Picheroni della Mirandola.

Au neuvième siècle, *Dromon* était le nom générique de la famille des navires à rames, armés pour la guerre, comme *Galère* le fut aux quatorzième et quinzième. Les variétés du dromon étaient le Chelande, le Pamphile, le Chelande-Pamphile, le Chelande-Huissier, enfin le Dromon à un seul rang de rames, le plus petit des dromons : la Galée. Les variétés de la galère n'étaient pas moins nombreuses : la Galère subtile qui correspond au dromon ordinaire, mais qui a perdu un rang de rames ; la Grosse Galère, le Chat, le Bucentaure, le *Lignum de teriis*, la Galéasse qui est le géant de l'espèce, la Galiote qui est à la galéasse ce que la galée des neuvième et dixième siècles est au grand dromon ou au chelande. Dromon étant une dénomination générique, je vois un vieux poëte, — autorité récusable, dira-t-on ; autorité que j'ai le droit d'invoquer quand il s'agit de navires, répondrai-je, car j'ai trouvé les vieux poëtes, peintres de tableaux maritimes, souvent très-fidèles dans leurs descriptions et leurs détails nautiques (*), — je vois un vieux poëte appliquer cette dénomination à un chelande, qui chez lui prend le nom de chalant. L'auteur du *Roman de Blanchaulin* s'exprime ainsi :

« Lors fait les charpentiers mander
Pour cele barge comencer.

(*) Voir : *Mémoire sur les poëtes français des douzième et treizième siècles* (n° 3).

De trente piez fu le dromont
Li mas en fu droit contremont,
Une broche ot el front devant
Et une autre emmi le chalant
La tierce fu faite derriere
Pour défendre la gent darriere.

Le manuscrit n° 6987 (bibl. du roi) me donne cette variante qui est une interprétation d'une version plus ancienne :

Lors fait les carpentiers mander
Pour cele barge compasser.
Quatre cens piés ot li dromont
Li mast furent droit contremont
I. arbre drece el pié devant
E un autre emi le calant
La barge fut moult bien rivée (clouée et calfatée)
Por deffendre de la rimée (des fentes, voies d'eau ; lat.
                        rima)
Que il tresperciront les barges
Se il rencontrent les éwages (V. Mém. n° 3.)
Bien pourront lors estor attendre
Et del dromont vers aus deffendre
A tant y mettent les vassaux
Si metent armes et cevaux
Et d'autres armes i a tant
Et bien ont garni le calant.
Sadoine i fait porter Mahon (Mahomet)
Et Apolin et Baracton
Sur le dromont droit au Coron
Fait a cascun metre un dragon
Fait sont par grande seneflance
De ij. jonceles la semblance
L'une et blanche comme cristal
Et l'autre d'un vermeil cendal.

Les six derniers vers qu'on vient de lire se trouvent modifiés ainsi dans le manuscrit de la bibliothèque royale, n° 1239, fonds Saint-Germain :

Sur les pomeaux des mas en son
Fait chascun porter .1. dragon
Fait sont par grant signifiance
De deux princes les connoissances (blasons)

L'une et blance comme cristal
Et l'autre d'un vermeil cendal.

Ce n'est pas sans intention que j'ai transcrit ces vers dont il semble que les derniers n'aillent guère à mon sujet ; on verra bientôt quel parti j'en puis tirer. Quant à présent, ils me serviront à constater que le chelande, le chalant ou le calant, comme l'ont appelé nos Français du douzième siècle, était un navire, une *barge* de l'espèce appelée dromon. Que les mots chalant et calant soient dérivés de chelande, il n'est pas besoin de le démontrer, je pense. L'*e* se changea naturellement en *a* dans la bouche de gens qui, de *femina*, avaient fait une *fâmme*. Si quelques-uns conservèrent l'*h* en changeant le x grec en *che*, d'autres, gardiens de la prononciation grecque, et pour qu'on ne s'y trompât point, supprimèrent la consonne dont l'adjonction au *c* avait donné au français un son inconnu des langues anciennes, et ils écrivaient *calant*, qui, à l'oreille, au moins, avait le mérite d'être plus étymologique. Chaland a prévalu ; le mot défiguré est resté pour nommer un navire qui ne se souvient guère de sa noble origine. Bateau de rivière ou petite allége sur mer, le chaland n'a plus rien de commun avec le chelande de Constantin Porphyrogénète, pas plus qu'avec les salandries, chelandes dégénérés, bâtiments ronds et porte-chevaux que Gênes fit construire en 1268 pour saint Louis. Le chaland de la Loire, et le chaland plat, presque carré, semblable à un bac à traille que nos vaisseaux de ligne emportèrent sur leurs flancs à l'expédition d'Alger, pour aider au débarquement des hommes, des chevaux et du matériel, sont aussi étrangers aux chelandes, chelandes-pamphiles et chelandes-huissiers envoyés par l'empereur de Constantinople contre la Crète, en 949, que le chat et la chatte, ces modestes caboteurs du Nord, le sont à la *Catta* antique, citée par Aulu-Gelle, au deuxième siècle, et au chat, galère de cent avirons au douzième.

La différence de longueur attribuée au dromon de Sadoine par les deux versions du Roman de Blanchandin, est fort curieuse ; l'un et l'autre copiste consacrent une impossibilité ; mais, il faut le dire, celui qui donne trente pieds au chelande, se trompe grossièrement. La leçon du manuscrit n° 6987 doit être celle du poëte, non que je pense qu'en effet le dromon construit par ordre du roi pût avoir 400 pieds ; mais ces 400 pieds de longueur du navire s'accordent avec le nombre de chevaliers que Sadoine y veut embarquer :

> Chargiez moi de vos chevaliers
> Quatre mille des plus legiers
> Si me faites faire un dromont.
> — Volontiers, voir, li rois respont.

Le conteur est dans le merveilleux, et il se laisse aller avec plaisir à l'hyperbole qui doit amuser ses auditeurs. Le copiste qui écrivit :

> De trente piez fu le dromont,

ne comprit pas qu'il altérait de la manière la plus fâcheuse un texte, reproduit peut-être de mémoire, et qu'il faisait un grossier contre-sens. Il ne savait pas ce que pouvait être un chalant à trois mâts, car *la broche* du *front devant*, celle qui est *emmi* (au milieu) *du chalant*, et *la tierce* qui est *faite derrière*, ce sont trois mâts, dont les deux derniers : l'un, près de la poupe, l'autre, près du milieu, sont debout, et le troisième est incliné sur l'avant, non pas tout à fait comme le beaupré actuel, mais comme le petit mât qu'on voit sur le château d'avant des grosses nefs de la Tour penchée de Pise. Que broche soit pour le

(Nef de la Tour penchée de Pise.)

poëte un synonyme de mât, quand les trois vers ne le feraient pas bien comprendre, la variante du manuscrit n° 6987, où *arbre* est substitué à *broche*, nous le prouverait clairement. Le soin que prend le poëte de dire qu'on dressa un troisième mât à l'arrière pour défendre *la gent* de ce côté, prouve qu'au haut de cette *tierce broche* était un château ou une gabie. Le mât du milieu devait en porter un; peut-être même aussi le mât penché *el front devant*. Dans les deux représentations de nefs de la Tour de Pise que je citais à l'instant, on voit, à l'extrémité des mâts qui s'inclinent sur la proue, de petits châtelets placés comme les hunes de beaupré étaient autrefois établies à la tête de ce bâton de l'avant (*bow-sprit*, angl. — *sprit*, la flèche, le bâton saillant, la broche). L'auteur du Roman de Blanchandin dit quelque part :

> En mer trovasmes un dromont
> A bretesches et à chasteaux,

c'est-à-dire ayant des châteaux sur les mâts, et des remparts de bois à créneaux, sur l'arrière, sur l'avant et autour, pour sa défense. Sadoine, qui a fait porter à bord du dromon les images de Mahomet, d'Apollon et de Baracton, ordonne qu'on arbore aux sommets des mâts verticaux deux bannières ayant la figure d'un dragon, l'une blanche, l'autre de taffetas rouge. Ce sont les armes (les connaissances) de deux princes. Le vers :

> Sur les pomeaux des mas en sou,

montre combien est ancienne l'expression : la pomme du mât. Remarquons en passant que la variante :

> Sur le dromon droit au Coron,

— directement au couronnement du dromon, — est beaucoup moins marine que la version : « en son (*in summo*) des mâts sur les pommeaux. »

Le dromont de 400 pieds du vieux rimeur français me rappelle la *permaximam navem quam dromondum appellant*, à laquelle j'ai fait allusion au commencement de ce Mémoire, page 239.

Mathieu Paris (*Hist. major*, pag. 163) raconte que le 8 juin

1191, le roi Richard, faisant route de l'île de Chypre vers la côte de Palestine, rencontra un navire d'une grandeur extraordinaire (*permaximam*), de ceux que les Sarrasins appellent dromonde. Il était fort richement chargé, et allait porter des secours aux infidèles qui tenaient Acre assiégé. Il avait pour sa défense le feu grégeois, plusieurs vases remplis de serpents, et quinze cents hommes armés. Richard donna ordre à ses galères d'investir de toutes parts ce bâtiment et de l'attaquer avec vigueur; le navire chercha à fuir; mais bientôt le vent lui manqua, et il se trouva livré aux coups de ses nombreux adversaires. Alors, le roi, changeant de tactique, au lieu de lancer sur le dromonde ses navires à éperons, lui envoya des plongeurs qui, l'entourant sous l'eau et s'attachant à sa carène sans que le navire gigantesque pût se débarrasser de ces terribles ennemis, le percèrent en plusieurs endroits avec des tarières. Bientôt l'eau bouillonnante envahit la sentine, toute la carène, puis le pont, et le rempart crénelé (*non tantum carina et sentina, sed et limbus ejus propugnaculatûs et area*). Les Sarrasins, ayant perdu l'espoir de se sauver, demandèrent en grâce que les galères les recueillissent; mais Richard défendit à ses gens de se montrer sensibles aux prières de ces païens; il en laissa noyer treize cents, et n'en fit tirer vivants de la mer que deux cents pour se faire des cautions au besoin.

Je trouve dans le *Richardis regis iter hierosolymitanum* de Galfrid Winesalf (chap. XLII) une autre version du même fait. Je dois la traduire parce qu'elle me fournira plusieurs détails utiles. « Le roi Richard regardait ce navire, et en admirait la masse si grande, si large, si solidement construite, surmontée de trois mâts très-élevés, un de ses flancs peint d'une couleur verte, l'autre, peint d'une couleur jaune; navire bien fourni de provisions de bouche, et si bien muni d'agrès de toutes sortes, qu'on ne lui en pouvait comparer aucun autre (*Admirabatur magnitudinis amplitudinem firmissimâ solidatam compagine, tribus malis altissimis fastigiatam, et hinc filtro virido, illinc croceo opertam laterum planitiem, circumquaque ita decenti coaptatam apparatu quod nihil supra, omnique victualium copiâ refertam*). Il avait le feu grégeois dans un grand nombre de fioles (*abundanter in phialis*), et deux cents serpents très-dangereux, instruments de mort préparés pour les chrétiens..... Le roi ordonna que l'on combattît aussitôt ce navire; et, à l'instant, partit une grêle de traits, à laquelle répondit tout de suite un vol de carreaux et de dards. Le maniement des rames s'étant affaibli à bord du sarrasin, et le vent étant tombé, le bâtiment ne put plus marcher que lentement... Les soldats de nos galères, faisant de nécessité vertu (*de necessitate facientes virtutem*), se jetèrent à la mer, à l'envi l'un de l'autre, et nageant sous l'eau, allèrent droit aux gouvernails. Ils y attachèrent des cordes à l'aide desquelles ils essayèrent de faire dériver le navire et de l'arrêter dans sa marche; mais après bien des efforts inutiles, ils finirent par saisir des cordages dont ils se servirent pour monter à bord..... Richard donna ordre à toutes ses galères d'aller frapper la carène du navire sarrasin avec leurs *calcars*, qui sont des éperons ferrés (*calcaribus, id est rostris ferratis*). Elles obéirent, et s'étant retirées pour prendre leur élan, elles forcèrent de rames en revenant, et attaquèrent avec fureur les flancs du colosse qui, ouvert et brisé par les chocs impétueux de ses nombreux assaillants, commença bientôt de couler bas...»

Des différentes circonstances de ces deux récits, nous pouvons tirer d'assez nombreuses inductions qui nous aideront à connaître, avec quelque certitude, un des navires célèbres du douzième siècle.

Le bâtiment que rencontre le roi Richard avec sa flotte de galères et de navires de charge est appelé *dromonde* par Mathieu Pàris; il n'est pas nommé par Winesalf. Celui-ci parle de rames que Mathieu Pàris oublie de mentionner. Chez Pàris, nous voyons le feu grégeois et les serpents comme chez le chroniqueur qui écrivit, dans une langue toujours élégante et poétique, le journal du voyage de Richard à Jérusalem. Mathieu Pàris donne quinze cents hommes à l'équipage du dromonde, et, de ces quinze cents Sarrasins, il en noie treize cents pour n'en sauver que deux cents, *ad cautelam*. Godefroy Winesalf n'entre pas dans ce détail, et nous laisse ignorer quel nombre d'hommes portait ce navire dont Richard admirait *magnitudinis amplitudinem*. D'un seul mot, Mathieu Pàris peint le dromonde sarrasin; Winesalf est plus circonstancié: il nous montre ses murailles solidement construites de planches fortes et bien jointes ensemble;

ses trois mâts très-élevés s'élançant en pointes orgueilleuses ; la peinture de ses deux bords, verte d'un côté, jaune de l'autre ; la bonne ordonnance de son gréement très-complet ; enfin, la masse énorme des approvisionnements qu'il portait à Acre. Quant à l'attaque du navire sarrasin, le chroniqueur et l'historien diffèrent beaucoup ; si tous deux lancent les plongeurs à la mer, Mathieu Pâris les arme de tarières, Winesalf les munit seulement de cordes. Le dromonde coule, blessé mortellement par les tarières, dans le récit de Mathieu Pâris ; il succombe au choc des galères de Richard, dans celui de Winesalf.

Et ici, il est évident que Galfrid a raison contre l'auteur de l'*Historia major*. Que le choc de vingt galères, enfonçant leurs éperons dans les flancs du dromonde immobile, ait amené cette catastrophe, il n'est rien de plus facile à comprendre, rien de plus croyable ; mais que les tarières des plongeurs aient percé si aisément la carène de ce navire qui nous est représenté *firmissimâ solidatam compagine*, c'est ce qu'on ne saurait admettre. Il aurait fallu et de gros instruments et un temps assez long pour que des blessures faites au chêne épais qui recouvrait les côtés du dromonde l'ouvrissent comme un foret ouvre la douve d'un tonneau. Que de peine et combien de trous cela suppose ! Et puis les Sarrasins ne s'aperçurent donc pas que le navire faisait eau ? ils ne virent donc pas la mer entrer par filets dans leur cale ? Ils avaient des embarcations, et ils ne les envoyèrent pas assommer les plongeurs ? ils avaient des pompes, et ils ne s'en servirent pas ? ils étaient avancés dans l'art de la navigation, et ils ne surent pas boucher les trous faits par les tarières ?...

Je rejette tout à fait la version de Mathieu Pâris pour m'attacher à celle de Winesalf. Là aussi je vois des plongeurs ; mais je conçois que ce qu'ils vont faire sous l'eau aux deux gouvernails de côté, pour les rendre inertes et laisser le navire sans évolutions possibles, s'exécute pendant l'espace de temps qu'un plongeur restera sans respirer. Les célèbres *urinatores* de l'antiquité demeuraient fort longtemps sous l'eau, où ils entraient d'ordinaire la bouche pleine d'une gorgée d'huile qu'ils rejetaient goutte à goutte ; quelques-uns, au rapport de Thucydide, liv. VII, allèrent scier une palissade que les Syracusains avaient plantée dans l'eau pour se couvrir(*); Arrien, liv. II, montre des plongeurs allant couper les câbles des navires attachés à leurs ancres; Lucain peint, en deux vers très expressifs, un plongeur emportant embrassé son ennemi au fond de la mer, l'y noyant, et remontant, à peine essoufflé, à la surface des ondes; Hérodote parle d'un certain Scyllia qui faisait près de quatre-vingts stades sous l'eau sans que personne le vît nager. Mais tous les *urinatores* n'avaient pas la faculté prodigieuse de ce Sicyonien, et il faudrait supposer que les plongeurs de l'armée de Richard en eussent été doués pour l'opération que raconte Mathieu Pâris. Mathieu Pâris avait été mal informé des détails d'un fait que l'historiographe de Richard raconte comme un témoin oculaire; cela est hors de doute.

Le dromonde, — *dromonde* était peut-être la prononciation sarrasine du mot grec *dromon*, — le dromonde sarrasin était donc un navire de l'ancienne famille des dromons, un des géants de l'espèce. Il avait deux rangs de rames, bien que Gode-

---

(*) Jusqu'à la fin du moyen âge, les plongeurs eurent beaucoup de réputation et rendirent de grands services. L'histoire a conservé le souvenir d'un fait qui prouve que, dans ses stratagèmes, la guerre maritime avait conservé quelques-unes des traditions antiques. Il s'agit du siège de Malte fait par Mustapha-Pacha, en 1565. La Valette, le grand maître de Malte, craignant une attaque que les Turcs projetaient contre la Sanglea, et qui lui fut dénoncée par le Grec Lascaris, à qui il venait de sauver la vie, fit établir une palissade, de la pointe de la Sanglea au Corradino. Le vizir Mustapha, ne pouvant aller avec des embarcations armées affronter ce rempart, entre les joints duquel les soldats de la Valette faisaient jouer les arbalètes et les arquebuses, donna ordre à sa brigade de plongeurs d'aller, la hache à la main, faire ce que d'autres plongeurs avaient fait quelques siècles auparavant contre la palissade des Syracusains. Les Turcs se mirent à l'eau; mais ils n'arrivèrent point au retranchement planté dans la mer sans être soudainement attaqués par des plongeurs maltais, les plus habiles des nageurs sous l'eau depuis l'antiquité. Un horrible combat s'engagea alors dans la mer, chacun des combattants se soutenant d'une main sur l'eau, et frappant de l'autre avec la hache ou l'épée. La lutte dura plusieurs minutes, au bout desquelles les Turcs furent contraints de prendre la fuite, ayant perdu la moitié des leurs, et laissant le champ de bataille aux Maltais, que, du haut des fortifications, la Valette et de Monte, l'amiral des galères de la Religion, virent rentrer dans le port, emportant leurs blessés, ou aidant à nager ceux que les armes turques n'avaient pas réduits à l'impossibilité de faire quelques mouvements.

froy Winesalf n'en dise rien. Godefroy le peint immense ; et, comme, en parlant, au chapitre LX, de trois dromons qu'il appelle seulement *majores naves*, il dit qu'ils étaient plus grands que les galées, « leviores et ad quolibet aptanda agiliores; » comme, au chapitre XXXIV, il établit que les galées avaient deux étages, il ne peut y avoir, quant à la superposition de deux rangs de rames sur le dromon, aucun motif d'hésitation. De combien de rames se composait chaque rang ? L'historiographe du roi d'Angleterre a négligé de nous le dire ; mais il fait si grand, si large le navire sarrasin, qu'on peut aisément lui donner trente avirons de chaque bord, à chaque étage. En admettant un interscalme de plus de 4 pieds, — et nous savons qu'aux galéasses l'intervalle entre deux avirons était plus grand que de $1^m\cdot 29^c$, ce qui était probablement une tradition des anciennes grosses galères, et des grands dromons leurs prédécesseurs, — le dromon à trente rames pouvait avoir de 155 à 160 pieds de longueur totale (51^m environ), 35 pieds ($10^m\cdot 36^c$) de largeur à la maîtresse latte, enfin 16 ou 17 pieds ($5^m\cdot 52^c$ à peu près) de hauteur, de la quille au pont supérieur. Si à cette hauteur on ajoute celle de la pavesade (l'*orlo*), celle des châteaux que l'on ne peut guère supposer moindre de 5 ou 6 pieds ($1^m\cdot 70^c$ environ), on concevra que, comparé à une galée ordinaire, et même à un dromon, plus grand que la galée, le dromon de sarrasin dut paraître considérable.

Winesalf, entre autres signes caractéristiques de la grandeur du navire turc, cite trois mâts très-élevés. Ces mâts portaient probablement des châteaux à leurs sommets; celui du milieu était, probablement aussi, le centre autour duquel se dressait, pour le combat, une tour ou bretèche, comme, au milieu de la hauteur du catartion, les marins du neuvième siècle dressaient sur les plus grands dromons des *lignea castra* (Voir ci-dessus, pag. 245).

Avant d'en finir avec les bâtiments à rames du moyen âge, que leurs grandes dimensions ont recommandés à l'histoire, je dois citer un *uxer* et une *galie*: l'*uxer* du milieu du quinzième siècle, la *galie* de la fin du treizième. La chronique de don Pedro raconte que ce roi de Castille, quand il alla combattre le roi d'Aragon, près d'Ivice, fit entrer dans la composition de sa flotte une très-grande galère, qu'on appelait l'*uxel*. Il l'avait prise sur les Maures, et s'en était servi, en 1342, au siége d'Algésiras. Les Maures avaient imposé des dimensions considérables, non-seulement à cette galère, mais encore à plusieurs autres, construites dans le même temps, parce qu'ils les employaient au passage de nombreuses troupes, de Ceuta à Gibraltar et à Algésiras. Outre les hommes, chacune devait porter sous écoutille quarante chevaux. Sur l'*uxel* qui lui appartenait, le roi Pedro avait fait construire trois châteaux : un à la proue, un autre au milieu, le troisième à la poupe. La chronique a conservé les noms des chevaliers qui commandaient ces châteaux : Garcia Alvarez de Tolède était chargé de la défense du premier; Pedro Lopez de Ayala se faisait obéir dans le second; les soldats du dernier reconnaissaient pour leur capitaine Arias Gonzalez de Valdès. Deux cent quatre-vingts hommes, sans compter les rameurs et les matelots préposés à la manœuvre des voiles, étaient embarqués sur ce navire. (Colec. de Cron. de los Reyes de Castilla, Madrid, 1779, t. Ier, p. 280).

La galère, que sa construction rapprochait de l'huissier, et que, pour cette raison, dans la flotte castillane, on appelait l'uxel (*usser* (*), *usserius*), avait donc dans sa cale une écurie

---

(*) Sur l'un des feuillets de l'*Atlas catalan* de 1375, manuscrit précieux que possède la bibliothèque royale (département des cartes géographiques), se voit un navire faisant voile vent arrière, vers le cap Boyador. Le texte, qui se trouve jeté au milieu des configurations de côtes et de pays, le nomme *uxer*. Que le dessinateur auquel nous devons l'atlas ait voulu consacrer par cette représentation navale le souvenir d'une première navigation faite au cap Boyador par une galère-huissier, c'est ce dont je doute. Il eut probablement l'intention de noter seulement le fait de la découverte; et s'il nomma *uxer* le bâtiment qu'il dessina cinglant vers la côte d'Afrique, c'est qu'en Catalogne comme dans le midi de la France, au treizième et au quatorzième siècle, cette espèce de navire était d'un emploi fréquent. Au reste, l'*uxer* de notre artiste est une image assez grossière, fort mal en proportion avec quatre grosses têtes d'hommes qui dépassent son plat-bord, et avec un bâton de pavillon plus haut et non moins gros que son mât.

On voit cependant, à la finesse des formes de l'avant, très-joliment indiquées, et à la rotondité de la proue, où s'attache un gouvernail à la navaresque, que l'*uxer* en question est de la famille des galères. On peut

pour quarante chevaux, vingt de chaque bord. Cette écurie devait être longue d'environ 45 pieds (14^m· 61^c), en admet-

croire que la lisse du plat-bord, supportée par des courbes extérieures qui se montrent en perspective, est l'apostis porté par des baccalas. Il n'y a ni tolets ni avirons. Le mât, que l'auteur a oublié d'appuyer avec des haubans, est planté en avant du milieu de la longueur totale du bâtiment, et s'incline vers la proue. La voile est carrée, enverguée à une antenne composée de deux parties, liées sur leurs grosses extrémités, comme le *carro* et la *penna* des antennes des voiles latines. Un seul bras gouverne cette antenne; c'est le bras de babord, composé d'une pentoire au bout de laquelle est une poulie pour un garant. La poupe de l'*uxer* n'a point

(*Uxer* de l'atlas catalan de 1375. — Bibl. royale, départ. des cartes géographiques.)

de château ; elle porte seulement une petite galerie composée de batayoles et d'un filaret. — Capmany, parlant (pag. 35, t. Ier de ses *Memorias históricas*) des *uxeres*, dit que cette espèce de bâtiment à rames, souvent mentionnée dans les chroniques du moyen âge, était plus lourd que les galères grosses, et subtiles ; il ajoute que, pour le combat, on les plaçait au centre de la ligne de bataille. Il est fâcheux qu'à l'appui de cette opinion, qui paraît fort raisonnable d'ailleurs, il n'ait pas cité quelques-uns des textes sur lesquels il a pu l'établir. — Dans une lettre de Philippe le Bel, adressée au sénéchal de Carcassonne (MS. de la bibliothèque royale, collection Doat, vol. 156, pag. 9), on lit : « Mandamus vobis quatenus « tradetis et deliberatis aut tradi et deliberari facietis carissimo consan- « guineo nostro Karolo Dei gratiâ regi Siciliæ vel ejus mandato presentes « literas deferenti galeas, *uxorios*, bargas et vasa omnia quæ habemus « Narbonæ, in aquâ vel in terrâ, cum omnibus sarciis, seu cordis, velis, « munitionibus, garnimentis, armaturis, armis, bailistris, cayrellis, et « scutis, quæ nomine nostro reservantur in vestra senescallia.... » (Anno 1291.)

tant que chaque cheval n'y occupât qu'une largeur de 27 pouces (0ᵐ 72ᶜ), espace réglementaire à Marseille au treizième siècle, comme je le ferai remarquer dans mon Mémoire n° 7, sur les vaisseaux ronds de saint Louis. Un cheval ayant besoin d'environ 8 pieds de longueur (2ᵐ 59ᶜ) dans son écurie, pour n'y être pas trop gêné ; puis, le service nécessitant, en arrière des chevaux, un passage de 3 pieds et demi à peu près (1ᵐ 13ᶜ), la largeur du *stabulum* devait être de 22 à 23 pieds (7ᵐ 30ᶜ). Quant à la hauteur de l'écurie, il faut compter 6 pieds 9 pouces (2ᵐ 20ᶜ). S'il s'agissait, avec ces données obligatoires, de construire un ponton, la chose serait assez simple ; mais une grande galère devant, avec les chevaux, porter beaucoup d'hommes, et, avec ces hommes, de nombreux harnais de guerre, c'est plus difficile. En avant et en arrière de l'écurie, qui devait nécessairement être placée au milieu de la longueur du navire, il faut établir des chambres pour l'avoine, le fourrage, les vivres des hommes, les voiles et le gréement, le logement du capitaine, etc. Ces compartiments intérieurs veulent au moins 80 pieds (25ᵐ 98ᶜ), si l'on n'oublie pas que, pendant la courte traversée du détroit qui sépare Algésiras et Gibraltar, de Ceuta, un coup de vent peut dérouter la galère, et qu'au lieu d'une journée de navigation à la rame, elle peut être contrainte à une navigation à la voile de six à huit jours, soit que le temps contraire la pousse dans l'Océan, sur la côte occidentale de l'Afrique, ou, dans la Méditerranée, vers les Baléares ou la Sicile. Dans ce cas, il faut que la provision des vivres soit assez grande ; il faut d'assez vastes abris pour les hommes ; du moins faut-il assez d'espace sur le pont pour que les Maures, enveloppés dans leurs manteaux, puissent trouver le repos et le sommeil. A une galère, dont le plancher d'écurie, élevé au-dessus de la quille de 48 à 54ᶜ, a 7ᵐ 30ᶜ de largeur, ce qui suppose 30 pieds d'ouverture (9ᵐ 74ᶜ) à la maîtresse latte ; à une galère dont la longueur totale peut être de 140 pieds (45ᵐ 47ᶜ), — et je crois être loin de l'exagération, — il faut d'assez nombreuses rames. Sur les bancs des rameurs comment établir les trois châteaux dont le roi de Castille munit son uxer ? Supposerai-je qu'un pont recouvre la vogue de bout en bout, et que les rameurs nagent sous couverte ?

Cela me paraît tout à fait indispensable; car si l'on n'admet pas un plancher solide, sur lequel s'élèveront de fortes constructions, nécessitées par l'établissement d'assez vastes enceintes, recouvertes d'épaisses murailles, que les pierres lancées avec les balistes, et les carreaux chassés par la corde puissante des grandes arbalètes ne doivent pas démanteler tout de suite, comment imaginer qu'entre les bancs on puisse placer les bases des châteaux? Les rameurs seront si gênés par ces poutres qu'ils ne pourront pas faire leur devoir. D'ailleurs, les châteaux pour être de quelque importance, pour ressembler, par exemple, à ceux des chelandes placés par Pierre Candiano Ier aux portes des lagunes (voir ci-dessus, page 247), doivent occuper à peu près toute la largeur de la galère; et, dans ce cas, que deviendront les rameurs? La vogue est donc sous couverte; et l'on voit tout de suite à quelle hauteur est ce pont sur lequel s'élève toute la fortification : 2^m 20^c de hauteur d'écurie; 0^m 50^c de distance entre la quille et le plancher inférieur de cette écurie; 1^m 50^c au moins pour l'entre-pont des rameurs; total : 4^m 20^c, ou 12 pieds 11 pouces. Les châteaux ne peuvent guère avoir moins d'une dizaine de pieds d'élévation (3^m 24^c). Le haut des créneaux est donc supérieur à la quille de 23 pieds à peu près (7^m 49^c).

Ce croquis, pour lequel je me suis appliqué à me tenir plutôt au-dessous qu'au-dessus des mesures que je pouvais raisonnablement supposer, pourra faire comprendre ce que fut l'uxel mentionné par la chronique de don Pedro de Castille. Par cet huissier on pourra juger des *usiaca-chelanda* de Constantin Porphyrogénète. Venons à la galie du treizième siècle.

« A notre main senestre, dit Joinville, arriva le comte de Japhe, qui estoit cousin germain le comte de Monbeliart et du lignage de Joinville. Ce fut celi qui plus noblement ariva; car sa galie ariva toute peinte dedans mer et dehors, à escussiaus de ses armes, lesqueles armes sont d'or, à une croiz de gueule patée : il avoit bien trois cenz nageurs en sa galie, et à chascun de ses nageurs avoit une targe de ses armes, et à chascune targe un pennoncel de ses armes batu à or. En dementieres que il venoient, il sembloit que la galie volast, par les nageurs qui la contraignoient aux avirons et sembloit que foudre cheist des ceix, au bruit que les pennonciaux menoient, et que les nacaires, les tabours, les cors sarrazinois menoient qui estoient en sa galie. Sitost comme la galie fu ferme au sablon si avant comme l'en li pot mener, et il et ses chevaillers saillirent de la galie moult bien armez... » Le bon sénéchal de Champagne ne fut-il pas un peu ébloui par son admiration pour un homme qui avait l'honneur d'être de son lignage, quand il vit trois cents nageurs en sa galie? Je le crois, pour moi. Comment arranger ces trois cents rameurs? Étaient-ils dans deux étages superposés? Joinville l'aurait dit assurément; mais nulle part ni lui, ni Ville-Hardouin — et Ville-Hardouin, tout près du temps où écrivait Winesalf, aurait pu mentionner des galies à deux étages de rames, — ne citent des galères à deux rangs de rames superposées. A prendre Joinville au pied de la lettre, on devrait croire que sur chaque bande, la galie du comte de Japhe avait cent cinquante rameurs, un par banc; car, s'il y avait une targe par chaque rameur, il fallait nécessairement que chaque banc portât un seul homme. Or cela est impossible. Se peut-on figurer cent cinquante bancs, à quatre pieds l'un de l'autre? une galère de six cents pieds de long, au moins!... Celui qui écrivit sous la dictée du sénéchal se trompa certainement dans l'indication de ce détail; au lieu de : « à chascun de ses nageurs avoit une targe de ses armes, » il voulut mettre sans doute : « à chascun banc de ses nageurs. » Mais combien y avait-il de bancs, et combien de rames et de rameurs sur chaque banc? Je n'ai trouvé qu'une combinaison qui satisfît au chiffre : trois cents, donné par Joinville; la voici : vingt-cinq bancs portant trois rames, et, sur ces trois rames, six hommes rangés ainsi : trois nageurs(*) à la rame dont la poignée était le plus rapprochée de la coursie; deux nageurs à la seconde rame, moins lourde que la première; un nageur à la troisième, à cette rame la plus courte que nous avons vue nommée par un document génois : *terzollus* (voir ci-dessus, la note de la p. 352). Cet arrangement, qui serait

---

(*) Si, au commencement du seizième siècle, les galères à zenzile n'admettaient qu'un homme par banc, nous avons vu qu'au douzième, quelques-unes d'entre elles, les gates, par exemple, que cite Guillaume de Tyr, en recevaient deux par rame. J'autorise mon hypothèse de cet exemple historique.

fort raisonnable, en admettant comme vrai le chiffre 300, offre des résultats de construction qu'il faut exposer pour se fixer sur l'intelligence du secrétaire de Joinville, ou sur la fidélité des copistes qui ont reproduit le manuscrit. Six rameurs sur un banc, occupent une largeur d'environ douze pieds (3$^{m.}$ 89$^{c.}$), car je ne puis laisser au banc de cette grande zenzile à trois rames, ni si peu de longueur, ni si peu d'obliquité que je l'ai fait pour la galère dont chaque banc devait recevoir seulement trois nageurs. Le banc doit s'allonger ; son obliquité doit grandir. Au lieu de cinq pieds entre chaque banc, il en faut sept au moins (2$^{m.}$ 27$^{c.}$); la galère, au lieu d'être large de vingt et un pieds, le sera par conséquent de vingt-six (8$^{m.}$ 44$^{c.}$). Vingt-cinq fois sept pieds, donnant pour l'emplacement des rames : cent soixante-quinze pieds (56$^{m.}$ 84$^{c.}$), on voit que la galère devra être grande d'au moins deux cent dix pieds (68$^{m.}$ 21$^{c.}$). — Ces chiffres sont rigoureux, et comme ils représentent des dimensions que je ne me crois point autorisé à admettre, je rejette le nombre trois cents, rapporté par les meilleures éditions de Joinville. Il y a certainement erreur. Mais quel chiffre substituer à celui-là? Je n'ai aucun des éléments qui pourraient m'aider à me fixer à cet égard, et je laisse la question indécise.

Le brillant appareil dans lequel se présente le comte de Jaffa; les pennonceaux de drap d'or à ses armes, faisant en l'air un bruit dont les éclats ressemblaient à ceux de la foudre; la formidable harmonie de ses tambours, de ses timbales et de ses cors sarrasins, me reportent au détail que le poëte, auteur du *Richardi regis iter*, donne (liv. II, chap. XII) de l'arrivée de Richard Cœur de Lion avec Philippe-Auguste à Messine : « Alors, quand ils furent plus près du port, on put voir les galères nageant en lignes (*seriatim remigantes*), chargées partout et décorées d'armures qui différaient entre elles par la forme et la couleur; d'innombrables pennonceaux s'agitant en l'air, et des enseignes flottant aux fers des lances, rangées dans le plus bel ordre; les éperons des galères remarquables par la variété de leurs peintures; les écus, attachés aux proues, éblouissants par le scintillement des feux qu'ils jetaient autour d'eux; les trompettes, qu'on appelle vulgairement trompes (*quas trumpas vulgo dicunt*) surprenant par l'éclat de leurs fanfares (*intonationibus*. Vous eussiez vu la mer bouillonner sous les coups de cette multitude de navires à rames qui s'avançaient rapidement (*ex multitudine adventantium remigantium*). »

= Après avoir travaillé à éclaircir les difficultés relatives à la construction des grands navires à rames du moyen âge, je dois parler des bâtiments inférieurs aux galères et à ces *ligna* que les documents génois appellent *ligna de teriis*. J'ai donné (pag. 318) un passage de l'*Armata navale*, où Pantero-Pantera dit ce qu'étaient, de son temps, les galiotes, brigantins, frégates, felouques et castaldelles; si ce renseignement est précieux pour ce qui est du seizième siècle, il est insuffisant pour le cadre de ce Mémoire. Il faut donc remonter plus haut, et voir ce que furent en d'autres temps les bâtiments que je viens de citer; il faut aussi que je complète la liste des bâtiments à rames, en y ajoutant les fustes et les saëttes. Parlons d'abord d'un navire que Pantero-Pantera ne nomma pas, sans doute parce qu'il manquait de renseignements à son égard. La *ramberge* était anglaise; et comme elle entrait rarement dans la Méditerranée, le capitaine de la *Sainte-Lucie* ne l'avait probablement jamais vue. Un passage des Mémoires de Martin du Bellay, relatif aux combats livrés par l'amiral d'Annebaut à la flotte anglaise devant l'île de Wight, en juillet 1545, nous fait connaître la *ramberge*. « Il y a, dit l'historien, une espèce de navire particulière dont usoient nos ennemis, en forme plus longue que ronde, et plus étroite beaucoup que les galères, pour mieux se régir, et commander aux courantes, qui sont ordinaires en cette mer : à quoi les hommes sont si duits qu'avec ces vaisseaux ils contendent de vitesse avec les gallères, et les nomment *ramberges*. Il s'en trouva quelques-unes à cette retraite, qui, d'une incroyable vélocité, suivoient nos gallères en poupe et les molestoient de leur artillerie très-instamment : de quoi elles ne pouvoient se deffendre n'ayans artillerie en poupe; par quoi eust fallu qu'elles eussent retourné sur eux, et ce faisant, se fussent mises en évidente perdition; car girant (virant, tournant) pour les combattre, les ennemis avoient temps de les aborder à plaines voilles, et par ainsi les tresbucher. » Ces bâtiments, beaucoup plus étroits que les galères, rapides et manœuvrant avec tant de facilité, étaient pourvus de rames comme les galères avec lesquelles elles « contendoient de vitesse. » Cela ne saurait être douteux. Le récit de Martin du Bellay le fait assez comprendre ; nous avons, à l'appui du texte de du Bellay, le nom de la *ramberge* et l'induction que nous tirons des figures de ramberges qu'on voit dans une fort belle estampe, faite, comme l'*Embarkation of king Henry VIII at Dover*, pour la société des antiquaires de Londres, représentant : « *The encampment of the english forces near Portsmouth with the view of the english and french fleets at the commencement of the action bethween them on the 19 day of july* 1545. » Cette gravure, devenue très-rare, fut exécutée d'après un tableau peint, à l'époque de l'action, sur le mur du château de Cowdry, comté de Sussex ; château brûlé il y a vingt ans environ. Elle est accompagnée d'un texte in-4° de vingt pages. Ce texte fait connaître, sous le nom de *pinnance* (que les Français, dit l'auteur, nomment *ramberge*), le bâtiment dont voici la forme passablement grossière, et que je présente plutôt comme une curiosité que comme

(Figure d'une ramberge, d'après la gravure de l'*Encampment of the english*, etc.)

un renseignement certain. Je n'ai pas besoin d'avertir que l'arrière de la ramberge ne devait pas avoir la forme que lui donne le peintre maladroit qui reproduisit le combat de l'île de Wight, au château de Cowdry ; que l'antenne est appliquée à l'arrière quand elle devrait l'être à l'avant ; enfin, que la double maisonnette, placée à la proue de la ramberge, à la place des rambates, est un détail de la vérité duquel il est permis de douter, bien qu'on voie à la poupe des galéasses du seizième siècle une construction qui n'est pas sans analogie avec celle-là.

Quant au mot *ramberge*, que l'auteur du texte en question attribue aux Français, ce que fait aussi John Charnock, p. 117, IIe volume de son *History of marine architecture* (Londres, 1800-1802), voyons ce qu'il en est. Dans une liste des vaisseaux, galères, pinasses, etc., du roi d'Angleterre, à la tête de laquelle figure le célèbre navire de guerre appelé le *Henry grâce à Dieu*, — ce vaisseau, qui était du port de mille tonneaux, avait trois cent quarante-neuf soldats, trois cents bons matelots, cinquante gros canons, dix-neuf pièces de bronze et cent trois petites pièces en fer, — on trouve la nomenclature de onze *row-barges*, qui étaient alors à Portsmouth. Ces row-barges, ou barges à rames (*to row*-ramer), sont-elles les mêmes navires que ceux dont parle Martin du Bellay? Cela n'est pas impossible. On voit, en effet, que ces barges étaient de vingt tonneaux; qu'elles portaient de trente-sept à quarante soldats, et qu'une d'elles, le *Fawcon in the fetherlock*, avait trois pièces de cuivre et huit pièces de fer, ce qui leur suffisait bien pour molester les galères. *Row* aurait donc été traduit par les marins français, et la *row-barge* serait devenue la *rames-barge*. Remarquons cependant que, parmi les navires nouveaux proposés par le duc de Northumberland (sir Robert Dudley), au commencement du dix-septième siècle, avec le *galleon*, la *galizabra*, la *fregata*, la *galerata* et le *passa volante*, tous navires de la famille des galères, modifications plus ou moins ingénieuses de ce qui était, figurait le *rambargo*. Dudley avait-il adopté le nom francisé, ou bien, la ramberge qu'il proposait n'était-elle pas, aussi bien que les ramberges de 1545, quelque chose de plus grand, de plus fort que les vulgaires barges à *rows* de vingt tonneaux? Dans ce cas, ne pourrait-on pas voir dans le mot *ramberge*, les éléments : ram (*to ram*, *to ramble*, pousser en avant, roder), et *barge*, barque. Un bâtiment rapide, léger, fait pour les explorations et les surprises, aurait fort bien été nommé ramberge. Je ne me prononce pas entre les deux étymologies; la première me paraît cependant plus probable que l'autre, quand je pense que dans les textes anglais du seizième siècle nous ne lisons pas le mot ramberge, mais le mot *row-barge*.

Au dix-septième siècle, la ramberge n'était plus déjà le bâtiment de guerre qui se mesurait avec les galères; au dix-septième, c'était, selon le P. Fournier, « un vaisseau de cent vingt à deux cents tonneaux, allant à voiles et à rames, destiné pour le service et sûreté des grands navires, comme la patache. » Randle Cotgrave, dans son « *Dictionnarie of the french and english tongues* » (Londres, 1632), définit ainsi la ramberge : « A fashion of a « long ship or sea vessel narrower than a galley, but swift, and « easie to be governed. » Cette définition se rapporte à la ramberge du seizième siècle, et non à celle que, en 1643, faisait connaître le P. Fournier. En 1639, dans ses *Explications des termes de marine*, dédiées à monseigneur l'archevêque de Bordeaux, Clairac disait : « Les grands vaisseaux sont : galions de « France, de Malte et d'Espagne, nao de Portugal : en France on « les nomme carraques ; naves de Venise, ramberges d'Angle- « terre, gatos ou galeaces, etc. » Cette phrase tendrait à faire croire que les ramberges avaient l'importance des galéasses, des naves ou des galions ; mais Clairac se trompait, en admettant même qu'il ne fît pas allusion aux row-barges du siècle précédent, et qu'il voulût désigner les ramberges de cent vingt à deux cents tonneaux, dont parle l'auteur de l'*Hydrographie*.

Quant à la *pinasse*, à laquelle Charnock compare la ramberge, c'était aussi un navire à rames et à voiles du genre des frégates de la Méditerranée. Aubin dit que c'était « un petit « bâtiment de Biscaye, ayant la poupe carrée. Il est long, étroit « et léger, ce qui le rend propre à la course..... Il porte trois « mâts, et va à voiles et à rames. » Il y avait au dix-septième siècle, sous le nom de pinasse, un bâtiment hollandais à poupe carrée, de 134 pieds de long, qui n'avait rien de commun avec celui qui nous a laissé la *péniche*. Péniche est l'orthographe auriculaire française du mot *pinasse*, prononcé par les Anglais. Pinasse vint de l'espagnol *pinaza*, formé de *pino*, le pin, non du bois dont fut faite d'abord la pinasse légère. L'italien avait *pinaccia*. Le vieux français disait *pinache* et *pinasse*. La chaloupe d'un vaisseau était souvent appelée la pinasse.

Venons maintenant aux galiotes. Nous les trouvons, sous le

nom de galions, chez Winesalf (chap. xxxiv, *Richardi regis iter*); elles avaient, à la fin du douzième siècle, un seul rang de rames, ce qui constituait leur infériorité par rapport aux galères ; elles étaient légères à la course, vives dans la manœuvre, et faciles à manier à cause de leur peu de longueur ; elles portaient le feu grégeois, moyen de destruction que leur rapidité et leurs autres qualités navales rendaient très-dangereux pour les nefs pesantes et les grosses galères qu'elles combattaient. La galiote, qu'Albert d'Aix appelle galeïde (liv. ix, ch. xxiii), qui est nommée : galeonus, galionus, galliotha et galeota (Annales de Gênes, 1196, 1203, 1242, 1285), est le même navire que Léon appelle *galaia*. On la trouve souvent nommée dans les documents historiques ; quelquefois elle paraît avoir assez d'importance. Ainsi l'on voit Philippe de Valois et le vicomte de Narbonne, pour leur expédition en Palestine (1332), faire construire vingt galères, qui devaient être montées par deux cents hommes chacune, et quatre galions, que cent hommes devaient armer. (Preuves de l'Hist. gén. du Languedoc, t. IV, p. 167). En 1380, l'empereur Jean Paléologue entretenait à Galata une galère et deux galiotes ; la galère portait trois cents hommes, les galiotes en avaient chacune deux cents. (Capmany, t. Ier, p. 46). Une galiote armée de deux cents hommes, c'est-à-dire, forte comme certaines galères, n'était pas un navire médiocre, car il pouvait être long de 120 à 125 pieds, avoir vingt-trois rames de chaque bord, quatre-vingt-douze rameurs et cent hommes d'armes, remplaçant les rameurs au besoin.

Le brigantin était inférieur à la galiote ; comme elle, il appartenait par sa construction, sa forme, son armement, sa voilure, à l'espèce : galère. Au seizième siècle, le brigantin bordant de 8 à 16 avirons par bande, avait une couverte, et une seule voile. Au dix-septième, il était fait de même, bien qu'Aubin dise : « Le brigantin n'a point de couverte ou pont. » Sa couverte était un plancher au-dessus de la sentine, et ne ressemblait pas à celle de la galère sous laquelle étaient des chambres ; ce n'était pas moins une couverte, sur laquelle on établissait les bancs. De petites soutes occupaient l'emplacement des chambres et servaient de magasins pour les vivres et les munitions. « Tous les matelots y sont soldats, dit Aubin, et ca-

« chent leurs mousquets chacun sous sa rame. » Cette organisation ingénieuse avait un double avantage : les mousquets étaient placés convenablement à l'abri de la pluie, et sans gêner dans le brigantin où l'espace était peu considérable ; ces mousquets, liés au girou ou genou de la rame qui était longue, faisaient un utile contre-poids à la partie extérieure de ce levier plus maniable. On ne voit la petite galiote prendre le nom de brigantin que vers le quatorzième siècle. Paul de Paulo, cité par du Cange, *voce: brigentinus*, fait mention de brigantins en 1391. Froissard parle d'une « manière de vaisseaux courants, lesquels on nomme brigantins. » Une charte de 1472 porte : «... Capitaneo generali, et aliis quibusve patronis, vice-patronis ac nautis quarumvis navium, balaneriorum, galeatiarum, tiremium, biremium, brigantinorum, et aliorum...(*) ».

(*) « Au capitaine général, à tous autres patrons, vice-patrons et mariniers de toutes nefs, balingers, grosses galères, galères à trois rames par banc, galère à deux rames par banc, brigantins et autres..... » Cette nomenclature de bâtiments, établie par rang de force et d'importance, me présente les mots : *triremis* et *biremis* dans une acception que j'ai déjà eu l'occasion de fixer. Les birèmes d'un document de 1472 ne sauraient être autre chose que des galères à zenziles à deux rames par banc ; les trirèmes, des zenziles à trois rames. Les *galeatiæ* sont les galères de l'espèce de celles que nous avons vues définies par Pierre-Martyr d'Anghiari. Je dirai dans mon Mémoire sur les bâtiments ronds du moyen âge (n° 6) ce qu'étaient les *balaners* ou *balingers*. — C'est la première fois que je rencontre l'expression : *vice-patro*, désignant les suppléants des patrons ou maîtres de navires. Quant au capitaine général, le chef, l'amiral des escadres de l'époque, plusieurs documents nous font connaître ce haut fonctionnaire, à qui Pantero-Pantera a consacré un long chapitre de son traité. (Cap. II, *libro secondo*). Le statut de Gazarie du 23 septembre 1340, ordonnait que les galères subtiles allant de conserve dans le Levant seraient placées sous l'autorité d'un *capitaneus* élu par la majorité des huit sages préposés à l'administration de la marine. Ce capitaine, ou chef d'escadre des galères, devait avoir deux serviteurs nobles (damoiseaux — *domicellos duos*), un cuisinier (*unum choquum*), deux trompettes, un joueur de nacaires (*nacharatum*). Outre cela, le capitaine devait embarquer avec lui quatre conseillers dont il ne devait jamais négliger de prendre les avis, sous peine de 200 livres génoises d'amende. A Gênes, ces conseillers étaient élus par les Huit de l'Office de Gazarie ; à Péra, par l'Office de la marchandise de Tane ; à Trébisonde, par le conseil des Vingt-quatre de Trébisonde. Le capitaine était tenu d'aller avec les galères et de les ramener ; ses émoluments, sur lesquels il était obligé de payer l'écrivain

On n'est pas d'accord sur l'origine du mot *brigantin*; les uns, et c'est l'opinion de du Cange, adoptée par Capmany, pensent que les brigands de mer ou pirates s'étant servis les premiers de galiotes inférieures aux galiotes ordinaires, et par conséquent plus rapides, ces petits bâtiments furent désignés par un nom formé de celui que l'on donnait aux navigateurs qui les montaient; d'autres croient que les premiers brigantins furent construits et mis à la mer par les gens de la Corogne (*Portus-Brigantinus*). Je me rangerais plutôt à la première qu'à la seconde

de l'escadre (*scriba*), ses damoiseaux, ses trompettes, son cuisinier, ses trois musiciens, consistaient en 300 livres génoises pour un voyage. La solde de l'écrivain était de 50 livres génoises, sur lesquelles il était obligé de se vêtir d'un habillement pareil à celui du capitaine, tant pour la couleur que pour la qualité de l'étoffe (*de unâ veste ejusdem colloris et valoris*). C'étaient les patrons des galères que conduisait le capitaine qui payaient les émoluments de ce chef d'escadre. Chaque patron était obligé de porter, sur la bande de sa galère, — tous les monuments peints que j'ai vus montrent que c'était à tribord, — une bannière aux armes du capitaine général. Cet amiral, quand il était arrivé à Péra, expédiait les galères devant aller à la Tane, et leur donnait pour chef de division un capitaine élu, par lui et ses quatre conseillers, entre les meilleurs et les plus habiles patrons ou comites des galères. On donnait aussi quatre conseillers à ce capitaine pour la navigation dans la mer Noire. Le capitaine général et l'écrivain, dont le pouvoir et l'office avaient la durée du voyage, aller et retour, faisaient serment sur l'Évangile de se conduire loyalement et avec zèle, sous peine de 1,000 livres pour le capitaine, et de 100 livres pour l'écrivain. — Ce qu'un statut ordonnait pour la navigation des galères du Levant, un autre statut, aussi de 1340, mais du 15 février, l'avait ordonné pour les galères de Flandre (manuscrit de l'*Imposicio Officii Gazariæ*, p. 64, 65, 66 et 111; bibliothèque du dépôt de la Marine). Le statut de 1441, qui présente une rédaction nouvelle de tous les statuts antérieurs, donne, sur l'office et les obligations du capitaine des galères, quelques détails tout à fait étrangers à la rédaction de 1340; il confirme tout ce qui avait été ordonné alors, mais il ajoute que le podestat envoyé à Péra par la république de Gênes, quand il prendra passage sur une galère allant en convoi avec d'autres galères, sera nécessairement capitaine général pendant le voyage. Le consul qui était envoyé de Péra à Caffa devait avoir le même privilége pendant la navigation, que le podestat pendant le voyage de Gênes à Péra; le consul quittant le consulat de Caffa devait être capitaine des galères avec lesquelles il revenait à Péra.

Le *capitaneus* est mentionné dans de très-anciens documents de Ve-

de ces opinions; mais il me semble qu'on pourrait voir dans le *bergantino* ou *brigantino* un petit navire commerçant, actif, allant rapidement d'escale en escale porter ses marchandises, pour faire une concurrence utile aux grandes galères et surtout aux lourdes nefs; navire industrieux, qu'aurait nommé le vieux mot italien *brigante*, que l'on trouve encore dans le dictionnaire de Duez, avec la signification de : laborieux, industrieux, bon ouvrier. Cette étymologie, que je ne saurais affirmer, n'est pas moins probable que l'autre, à laquelle a prêté une grande

nise; par exemple, dans le chrysobole (la bulle d'or) donné, en février 1188, aux Vénitiens, par l'empereur Isaac l'Ange, — bulle où nous voyons, entre autres choses, que chaque galère armée par les Vénitiens devait avoir cent quarante rameurs, ce qui constituait, d'après ce que Winesalf nous a appris des galères de son temps (la fin du douzième siècle), des galères à deux étages de rameurs superposés; le premier étage, celui d'en bas, ayant quarante-huit rameurs sur quarante-huit avirons, vingt-quatre de chaque côté; le second étage, celui d'en haut, en ayant quatre-vingt-douze sur quarante-six avirons, vingt-trois avirons de chaque bord, et deux hommes par rame. Nous voyons encore, par cette bulle, que Venise était tenue, à la première réquisition de l'empereur, de fournir de quarante à cent de ces galères, et cela dans l'espace de six mois. — Le chrysobole dit : « *Stolus autem noster capitaneum vel capitaneos* « *veneticos habere debet*..... Notre flotte doit avoir un capitaine (amiral) « ou des capitaines vénitiens... — Capitaneus, vel capitanei nostri stoli, et « comites et naucleri et prodenses et decem viri de unaquaque galearum « jurabunt, quod præcepto capitanei stoli majestatis obedient ad honorem « imperii eorum, et salutem nostri stoli sine fraude... » Ce passage nous fait connaître quels étaient les officiers des galères du douzième siècle, à Venise et à Constantinople; l'amiral-capitaine commandait à tous; puis, sur chaque galère, il y avait un comite, capitaine du navire, des nochers ou pilotes, chargés de la route, des prodenses ou prouiers, officiers qui dirigeaient la manœuvre à la proue. Un décret du grand conseil, rendu le 2 février 1294, et cité par Marin, tome V, pag. 199, s'exprime ainsi : « *Quod capitanei galearum approbentur ad unum ad unum, et qui ha-* « *buerit plures ballotas habendo majorem partem consilii sit firmus.* » Nous avons vu (p. 420 de ce Mém.), à propos des bucentaures, que les divisions composées de deux bucentaures et d'une moindre galère, en 1336, étaient commandées par des surcomites (*supracomiti*); ces comites, placés au-dessus des autres comites, n'étaient point des capitaines ou chefs d'escadre, mais seulement des chefs de petites divisions. A Gênes, ceux qui ramenaient de Flandre plusieurs ou même seulement deux galères, avaient le titre de capitaines (pag. 112 du manuscrit de l'*Imposicio*).

autorité le : « Ita fortè dicta, quod propria brigandorum seu « predatorum esset » de du Cange.

Aujourd'hui le brigantin n'est plus un navire à rames ; c'est un petit brig portant, comme son supérieur en grandeur, deux mâts verticaux et un mât de beaupré ; et, sur ces bas mâts, des mâts de hune et des mâts de perroquet. Le brigantin, autrefois petit navire à une voile latine (voir p. 319 de ce Mém.), a aujourd'hui misaine, petit et grand huniers, perroquet, focs, et grande voile ; cette voile n'est pas enverguée sur la grande vergue, mais sur une corne qui se hisse en arrière et à la tête du grand mât. Elle se borde à l'extrémité d'une bôme (*) ou gui ; comme elle est haute et large, placée ainsi qu'elle est, cette grande voile a beaucoup d'action sur le brigantin, pour le lof. Presque tous les bâtiments carrés ont adopté, en remplacement de l'ancien artimon à orse ou *ourse*, comme on disait abusivement, un artimon trapézoïde, et une voile de la même forme que la grand'voile du brigantin, appelée pour cela brigantine. Il n'y a pas de navire français auquel on donne le nom de brigantine ; *brigantine* est anglais, et *brig* est son abréviation ; M. Casimir Delavigne s'est donc trompé quand il a dit :

> La brigantine
> Tourne et s'incline, etc.

Comme les vers de M. Delavigne sont de ceux dont un jour les glossateurs pourront s'autoriser, il était bon de relever cette erreur.

J'ai signalé, au commencement de ce Mémoire, la transformation qu'a subie la frégate, aujourd'hui grand et fort bâtiment de guerre à voiles carrées, portant de quarante-quatre à soixante canons ; au seizième siècle, petit navire latin, faiblement armé, et grand comme serait maintenant le grand canot d'un vaisseau à trois ponts. Je n'ai trouvé mention de frégate dans aucun document antérieur au seizième siècle ; à cette époque, au contraire, la frégate se rencontre partout, aussi bien dans les récits de Bau-

---

(*) L'orthographe *baume* a prévalu en français, mais elle est mauvaise. Le mot anglais que notre marine a adopté est *boom*, désignant une forte pièce de bois pour la mâture.

douin, le vieil historien des chevaliers de Saint-Jean de Jérusalem, que dans la Chronique de don Juan d'Autriche, l'*Armata navale*, de Pantero-Pantera, l'*Historia della guerra di Cipro*, de Paruta, la même histoire par G. P. Contarini, et une foule de lois et ordonnances tant italiennes que portugaises, espagnoles et françaises. Du Cange paraît n'avoir connu aucun texte latin où le mot de frégate soit écrit, car son glossaire n'a point d'article : *Fregata*. De ces circonstances, je suis en droit de conclure que ce fut au seizième siècle seulement que le bâtiment, inférieur au brigantin, mais lui ressemblant par la construction, par la voilure, par la mâture et par l'armement à rames, fut nommé frégate. Ce bâtiment était petit: il n'avait point de couverte, point d'apostis pour ses avirons qui étaient rangés sur le platbord, de six à douze à chaque bande ; il n'avait point de parois pour abriter les hommes, qui nageaient à découvert comme dans une embarcation ordinaire. Cette absence de pont et de pavesade, quand toutes les professions commencèrent à emprunter aux langues anciennes leurs nomenclatures, dut faire nommer *aphracta* la galère minuscule, qui n'avait ni pont ni bastingages (*a* privatif, et *phrasso*, munir). Les savants faisaient, pour les langues de métiers, ce qu'ils faisaient pour les langues nationales ; ils les enrichissaient de latin et de grec. Quand ils donnaient à la marine : cartaheu (de *cata-artao*), habitacle (*habitaculum*), vergue (*virga*), carguer (*corrugare*, ou mieux *carricare*), orin (*ora*, *oros*), câble (*calos*), caler (*chalaò*), chaloupe (*calon*), estrope (*strepho*), cabestan (*capistrare*), fortunal (*fortuna*), bras et brasse (*brachium*), affaler (*ad valum*), coq (*coquus*), gambes (*campè*), muder une voile (*mutare*), mousson (mueson—*mutare*), bitord (*bis-tortus*), largue (vent) (*largus*), cape (être à la), présenter la proue, la tête (*caput*) au vent ; allége (*allevare*), orienter, ou mieux aurienter (*oram* ou *auram-tenere*), affourcher (*à furcà*), scandaglio (ital.), la corde de la sonde (*scandere*), calcet (*carchesium*), giron de la rame (*gyrare*), et tant d'autres mots restés dans le vocabulaire maritime; quand ils nommaient : corvette, en souvenir de l'antique *corbita*, un bâtiment de charge, devenu ensuite bâtiment de guerre, en souvenir aussi des *aphracta*, que Cicéron mentionne dans ses Lettres à Atticus (liv. v et x), et qu'il cite parmi les *actuariæ*, parce qu'ils allaient rapidement à la rame, et parmi les *naves longæ*, parce qu'ils appartenaient à la famille des galères, n'ont-ils pas dû nommer aphractes, ou afractes, les plus petits brigantins? Je n'en doute pas. L'antiquité, laborieusement évoquée par ces hommes qui ont marqué de leurs ingénieux travaux l'époque qu'on a appelée la renaissance des lettres, se superposa partout au moyen âge pour effacer les traces de ce qu'on nomma, peut-être un peu vaniteusement, la barbarie; elle étendit rapidement ses conquêtes, et finit par s'imposer tyranniquement, au risque même de parler aux gens de métiers une langue inintelligible pour eux. *Afracte*, incompris par les hommes de mer et mal prononcé, par conséquent, devint bientôt *fracte*, *frecate* et *fregate*, *frigata*, *fergata*.

Les documents des siècles antérieurs au seizième ne m'ont rien fourni touchant les castaldelles qui, suivant les termes du vocabulaire nautique de Pantero-Pantera, étaient de petits navires fins et rapides, que l'on faisait voguer avec cinq rames. Le nom: *castaldella*, auquel je ne trouve d'analogue que *castaldus*, signifiant, dans le latin des bas âges, l'intendant d'une maison de campagne, est d'une origine qui m'échappe. Au reste, je ne regrette que médiocrement de ne pouvoir éclaircir ce qui regarde des navires d'une si minime importance, et qu'on ne pouvait employer que pour le batelage, puisqu'ils n'avaient que cinq rames, dont les nageurs voguaient debout, *in piedi*, dit Pantero-Pantera. Les felouques, dont le nom me paraît venir du turc *fulk* ou *fulouga*, n'ont pas une plus grande notoriété que les castaldelles, dans l'histoire navale du moyen âge. Elles allaient à la voile et à la rame; à la voile, avec un seul mât et une seule antenne; à la rame, avec six ou huit rameurs, dix au plus, en comptant l'une et l'autre bande. Elles étaient très-vites. Aubin fait, à l'égard des felouques, une remarque oubliée par Pantero-Pantera, c'est que, munies de ferrures à l'étrave et à l'étambord, elles pouvaient porter leur gouvernail indifféremment à l'avant et à l'arrière, comme les chattes du Croisic, comme ces navires des Germains, dont j'ai parlé dans mon *Mémoire sur les navires des Normands* (n°2). Les felouques ont perdu leurs rames en grandissant, ainsi qu'avaient fait les frégates, les saëtties, les chelandes; seulement les frégates se sont complétement transformées, et les felouques ont gardé quelque chose de leur ancienne forme.

Les saëtties ont disparu, comme les chelandes ou zelandes, après avoir joué un grand rôle dans la marine des siècles intermédiaires, sous les noms variés : *sagitta, sagittea, sagetia, sagittaria, sagittina, saittia, saettia* (ital.), *saetya* (espag.), *sagetia* (catal.), *sagitaire* (français). Longtemps la saette, ou sagette ou flèche, ainsi nommée de sa rapidité, fut un navire à rames. On la voit mentionnée dans le chapitre du Consulat de la mer, qui a rapport au *comitre* : « Celui, dit la loi, qui navigue seul « sur une galère ou saetya, sans être de conserve avec une nef ou « une escadre de prince, doit avoir le cinquième des prises qui se- « ront faites, et tout l'équipage doit lui obéir comme faire se doit « à un comitre. » L'histoire de Pise cite plus d'une fois les saetties, et presque toujours comme des navires employés par les pirates ; ainsi on voit en 1163, les pirates : « *pirati* » armer le plus promptement possible : « X *galeas* et XI *saettias* (*). » Une autre fois, on voit des pirates : « *Cum L galeis et XXXV sagitiis* « *atque aliis multis lignis.* » (Muratori, t. VI, col. 180.) Dans une vieille charte rapportée par Jean Lucius, chap. X, liv. III de son Histoire de Dalmatie, il est question de pirates : « *qui erant in* « *sagetia comitis de Sevenico.* » Il était tout simple que les écumeurs de mer se servissent pour leurs expéditions de saëtties, qui étaient d'une rapidité très-grande, ainsi que le démontre cette phrase de Geoffroy Malaterra, chap. II, liv. IV : « Philippum « Georgii patroni cum velocissima sagetia versus Syracusam om- « nem rem exploratum mandant. » Le continuateur de Guillaume de Tyr, Hugues Plagon, nous fait connaître ce qu'au douzième

---

(*) Le traducteur employé par M. Pardessus, après avoir traduit le *saittie* du statut d'Ancône (p. 168, t. V, Collection des lois maritimes) par ces mots trop vagues : « Navires ennemis, » traduit la *sagetia* des chapitres sur les armements en course (p. 397 et 398, même vol.) par le mot *saïque* ; c'est une grande erreur. Le *saïk* n'était pas un bâtiment à rames, mais un lourd bâtiment à voiles, très-enhuché à la poupe, ayant un grand mât surmonté d'un haut mât de hune, un petit artimon et un mât de beaupré sur lequel aboutissait l'étai de hune. Sa grande voile ou pacfi avait une bonnette maillée. Le *saïk* était un bâtiment turc dont se servaient aussi les Grecs ; il était encore en usage dans la Méditerranée et la mer Noire au dix-huitième siècle ; il a presque complétement disparu maintenant.

siècle était la saëttie relativement à la galère : « Et un ot 15 ga-
« lies et autres vessiaus menus, saities et gameles bien 50, et
« alerent à veles et à navirons tant qu'ils vindrent à Escalonne. »

Les saëtties étaient donc, comparativement aux galères, de menus vaisseaux ; c'est aussi ce que fait comprendre une phrase d'Albertin Mussatus, dans son v⁵ livre *de Gestis italicis* : « Cum « barchis tectis, aliisque quas sagittarias Veneti appellant. » On peut conclure de ces paroles que les sagittaires dont il s'agit n'avaient pas de couverte et qu'elles étaient analogues aux brigantins. Quant au nombre de rames qu'elles bordaient, voici un passage de Sallas Malaspina qui peut nous aider à le déterminer : « Non remansit in terra vir... exceptis quibusdam, quos « una sagittina 24 remorum ereptos ab hostium gladiis vivos « excepit. » Cette sagette avait vingt-quatre rames, douze de chaque côté ; elle était donc inférieure aux galéides ou galiotes, qui, par leur longueur, se rapprochaient assez des galères. Il en était probablement des saëtties comme des autres navires ; toutes ne se ressemblaient pas ; les unes étaient plus grandes, armées de plus d'avirons, plus largement voilées que les autres ; s'il y avait des saëtties de douze bancs, il y en avait assurément de dix, de onze et peut-être même de neuf seulement, comme il pouvait y en avoir de treize, quatorze et quinze. Les saëtties, propres aux explorations le long des côtes, dans les criques, dans les rivières, devaient être légères, tirant peu d'eau, longues de cinquante à soixante pieds environ, fines, construites en bois de sapin, d'aune ou de cèdre. Baudouin, roi de Jérusalem, alla en 1100 à Joppé avec les Génois, et emmena avec lui deux saëtties, disent les Annales de Caffaro. C'était sans doute pour le service d'aviso qu'il avait pris ces petits bâtiments rameurs ; l'annaliste aurait dit que les saëtties étaient grandes si, en effet, elles eussent été destinées à une fonction plus importante, comme navires de guerre. Le passage des annales de Caffaro serait intéressant pour nous, quand il ne servirait qu'à constater ce fait que les saëtties étaient en usage dans la Méditerranée avant les premières années du douzième siècle ; elles étaient donc au moins du onzième. Voyons ce qu'elles devinrent au seizième. Au seizième siècle, plus de rames pour la saëttie ; au lieu d'une voile unique, trois voiles hissées à trois mâts : trois voiles latines ;

à l'arbre du milieu, la maestra; à l'arbre de l'avant, le trinquet; à l'arbre de l'arrière, la misaine. Si la saëttie est de la plus grande espèce, elle porte des voiles carrées, trois à chacun des mâts de l'avant et du milieu, et une misaine latine au mât de l'arrière. La saëttie, qui était ouverte quand elle était dans les moyens navires à rames, a maintenant un pont; rapide, portant peu d'hommes et point de lourds fardeaux, lorsqu'elle était barque d'avis ou petit bâtiment d'embuscade et de course, elle peut porter maintenant un chargement de six cents *salmes* ou *rubii* de blé. Si elle porte encore son nom de flèche, peut-être que, comparée à la maone, au berton, à la marsilliane ou à l'ourque, elle le justifie assez; mais qu'est-elle à côté du brigantin ou de la frégate?

La frégate, dont je viens d'écrire encore une fois le nom, me rappelle un bâtiment ayant quelque chose de sa forme, mais plus lourd, et propre à porter des marchandises; c'est le frégaton (*fregatone, grosse frégate*), qu'on appelait aussi barque, en lui appliquant un terme générique, donné à d'autres navires plus gros, ayant deux mâts. Le frégaton n'avait qu'un mât comme la frégate; il n'avait pas de couverte, et se servait, dans les virements de bord, de quelques rames longues et lourdes.

Je n'ai presque rien à dire du *speronier*, petite embarcation que distinguait une longue pointe ou éperon placée à son avant, et qui n'est pas tout à fait oubliée dans la mer de Naples et de Sicile. Les Maltais ont encore le *speronare*. Je ne sais rien de la construction du *grottolino* à qui l'on donna le nom italien de l'onocrotale, comme plus tard on donna à un bâtiment léger celui du goëland (la *goëlette*). L'esquif (du mot scandinave *skip*) était un canot plus ou moins long, plus ou moins large, mais pointu des deux bouts, nagé par quatre, six, huit ou dix rameurs, suivant qu'il appartenait à une galiote, à une galère ordinaire ou à une grosse galère. Les *gondoles*, que les tableaux du Gentile Bellini, conservés à l'académie de Venise, nous montrent à peu près semblables à ce qu'elles sont aujourd'hui sur les canaux de la ville, devaient être moins longues et plus larges quand elles servaient d'embarcations aux nefs du treizième siècle, avec les barques de cantier ou chantier et les barques de paliscalme. Ces barques que j'ai mentionnées, en les expliquant au tant que je l'ai pu, à l'aide des marchés passés en 1268, entre les envoyés du roi de France et la commune de Gênes (voir Mémoire n° 7), étaient, pour les navires de l'époque, ce que sont les chaloupes et les canots pour nos bâtiments modernes. Dans sa nomenclature des plus petits navires à rames, Pantero-Pantera nomme, avec les grottolins, les gondoles et les esquifs, les *caïques*, chaloupes des galères, dont le nom est arabe (kaïq); les *peatti* ou *piatti*, qui étaient plats, comme l'indiquent leurs noms, et qui s'appelaient *peattoni* quand ils devenaient grands (voir ci-dessus, p. 423); les bateaux, barquettes, et enfin les *fisoleres*. Ceux-ci, dont le nom peut sembler venir du grec *physa*, désignant un poisson à coquille du Nil, pourraient avoir été nommés ainsi à cause de leur ressemblance avec ce coquillage; peut-être aussi *physsa* est la base de leur nom : alors on les aurait appelés *physsolèbe* parce qu'ils transportaient le goudron, la poix, comme nos pigouïères (*physsa* — poix, *lebes* — chaudron). On voit aisément comment physsolèbe serait devenu physolère, et en italien fisolere. J'incline vers cette étymologie, qui me paraît tout à fait dans le goût du seizième siècle.

Les *scorciapins* sont fréquemment nommés dans les documents espagnols; on en trouve une mention, page 359, tome Ier de l'Histoire de l'ordre de St.-Jean de Hierusalem. Baudouin, racontant les faits de la fatale journée que Charles-Quint eut devant Alger, en 1541, dit : « Il s'y perdit quinze galères, les scor- « ciapins des Espagnols, et les canons des batteries qui estoient « sur les barques prets à mettre à terre, et toutes les frégates. » Ces scorciapins étaient des bâtiments courts (*pino*, pin ou navire — *scorciato*, raccourci), qui servirent sans doute, à l'attaque d'Alger, pour le débarquement, avec les frégates et les barques plus fortes qui portaient l'artillerie.

Le mot *carabus* se lit dans plusieurs historiens du moyen âge qui ont écrit en latin, comme les mots *carabos* et *carabion* dans quelques-uns de ceux qui ont écrit en grec. Le carabus, qui, selon Sidoine Apollinaire, était une petite embarcation faite d'osiers tressés et liés, et recouverte de peaux graissées, avait peut-être la forme arrondie du crabe (*carabos* en grec), avec lequel huit rames, quatre de chaque côté, pouvaient compléter l'analogie. Ce bâtiment, d'abord petit, paraît avoir été d'une certaine grandeur au dixième siècle, car on voit des capitaines de navires appelés *protocarabi* par Constantin Porphyrogénète. Si ces navires n'avaient eu que l'importance de faibles barques, l'empereur aurait-il désigné particulièrement ces premiers (*pròtoï*) du carabe? Au reste, voici une phrase du livre II de Constantin, qui va nous éclairer sur cette question, mais sans la résoudre absolument : « Pro emendis pannis crassis, quo exinde « fierent vela novem, singula tricenarum ulnarum, in usum « novem carabiorum Russos vehentium, et alia vela duo, de « vicenis octonis ulnis, in usum Moneriorum seu Uniremium « captivos vehentium, expansa sunt numismata 1154. » Les neuf carabes qui portaient les Normands (*) avaient donc chacun une voile de trente aunes de grosse toile; les unirèmes qui transportaient les captifs avaient des voiles de vingt-huit aunes de toile seulement.

La distinction que l'écrivain impérial établit entre les monères ou unirèmes et les carabes, par la seule différence de deux aunes de toile dans la voilure des premiers, nous apprend que si l'unirème était inférieur au carabe, ce ne pouvait être que de peu de chose. Or, ce nom de monère indique que ce navire était à un seul rang de rames; le carabe était donc aussi à un rang de rames. Mais le monère lui-même qu'était-il? Relativement aux dromons, pamphiles et autres variétés des navires à rames, qui avaient deux rangs superposés d'avirons, et dont il a été parlé plus haut, il était de l'importance d'une galère simple ou d'une galiote, suivant qu'il avait vingt-cinq rames de chaque côté, ou un peu moins que cela. J. Scheffer, s'appuyant sur le texte des Tactiques de Léon, qui donne vingt-cinq avirons par bande, à chaque étage, aux dromons (chap. XIX, § 8), dit, p. 95 : « Pentecontori minimum erat genus *moneron*. » Je crois qu'il se trompe et que les *galaias moneres*, du paragraphe 10 de Léon, n'étaient pas nécessairement pentecontores, ou à cinquante ra-

---

(*) *Russos*. — « Gens quædam est sub aquilonis parte constituta, quam « à qualitate corporis Græci vocant Russos (blonds, roux); nos verò à posi- « tione loci vocamus Nordmannos. Linguâ quippe Teutonum *nord*-aquilo, « *man* autem mas seu vir dicitur; unde et Nordmannos Aquilonares homi- « nes dicere possumus. » — Luitprand, lib. V, cap. VI, *de Rebus imperatorum*.

mes. Léon les appelle seulement monères, et ne précise point le nombre de leurs avirons ; il dit qu'elles doivent être agiles, promptes, et propres au service d'espion et d'aviso, ce qui m'autorise à les supposer moins longues que les dromons, c'est-à-dire n'ayant pas cent pieds (32ᵐ 48ᶜ) de longueur pour le seul emplacement de leurs vingt-cinq bancs. Qu'il y eût des monères pentécontores, cela se peut ; mais que les monères fussent nécessairement à cinquante avirons, c'est ce que je ne crois pas. Les unirèmes dont parle Constantin Porphyrogénète étaient probablement des espèces de galiotes, et les carabes, des galères un peu plus grandes seulement que celles-ci, c'est-à-dire ayant une ou deux rames de plus de chaque côté (*). On conçoit que des navires de cette grandeur portassent des captifs et des troupes : on ne le concevrait pas, s'ils étaient de ceux que décrit Sidoine Apollinaire. Je ne sais quel rapport il y eut entre le *carabe* antique et le *carib* du moyen âge. Le carib était arabe ; c'était un canot, comme son nom le fait comprendre. Son nom veut dire : approchant ; j'en dois l'interprétation à M. Reinaud, de l'Académie des inscriptions, et de la bibliothèque du roi (**). Approcher

(*) C'est certainement de bâtiments de cette espèce que veut parler l'historien de Jérusalem cité par du Cange (*voce :* CARABUS), quand il dit : « Anno 1123. Carabos insuper quamplurimos et naves onerarias. » Pourquoi aurait-il mentionné des barques sans importance à côté de navires de charge d'un certain tonnage? Il n'y a aucun rapport, comme du Cange a paru le croire, entre ces carabes et celui que Joannes Brompton définit comme Isidore et Sidoine, dans cette phrase de sa chronique : « Carabum qui ex duobus coriis et dimidio conficitur, intrantes sine velo et « ornamentis post septem dies in Cornubia (Cornouailles) applicuerunt... » Voir au surplus, pour l'importance de certains *carabi*, les observations que j'ai faites plus haut, pag. 411, sur les vers de Laurenti de Vérone.

(**) M. Reinaud, dont la bienveillance pour moi ne s'est pas démentie pendant mes longues recherches au département des manuscrits de la bibliothèque du roi, m'a fait connaître plusieurs mots arabes relatifs à la marine et aux navires du moyen âge. Outre le *carib*, il m'a nommé le *chakhtour*, qui était aussi une espèce d'embarcation ; le *zourach* et le *benf*, qui étaient de petites barques ; le *barcous*, qui était une barque assez grande, dont le nom, étranger aux langues de l'Orient, n'est point autre que le : *barcone* (italien), désignant une grande barque, que l'on voit nommée quelquefois *oschary* dans les auteurs arabes. *Mismaryé* et *kaïq* sont encore des noms de canots, ou petites embarcations. L'Égypte avait une espèce de navire appelée *dzhebyeh* (doré) ; c'était probablement un bâ-

de la côte, approcher d'un gros navire, c'est bien la fonction d'une chaloupe, moyen de communication entre le vaisseau et la terre.

La fuste était une espèce de bâtiment à rames, fort souvent citée par les auteurs de la fin du moyen âge, mais que je n'ai jamais trouvée définie nulle part, excepté dans les *Annotationes* de Lazare Baïf. Voici ce que l'auteur du *de Renavali* dit, pag. 46 : « .... ut hemioliæ essent biremes quidem, sed quæ a puppi ad « malum usque binis remis, a malo ad proram unico tantum « agerentur : ut hodie quoque videre est nonnullis earum quas « *fustas* Veneti vocant. » Que la conjecture de Baïf sur les hémiolies soit fondée ou non, ce n'est pas ce qu'il m'importe d'examiner ici ; dans le passage que je viens de rapporter, ce qui me

timent de luxe, une sorte de yacht servant aux plaisirs des riches. Il me serait impossible de dire si le *dzhebyeh* avait quelque analogie avec le *harraka* (Voir plus haut, page 131 — au mot *harraha*), qui, selon M. Reinaud, était une sorte de yacht quelquefois transformé en brûlot, pour la guerre. Le *sekoura* était une espèce de bâtiment à rames sur lequel je regrette de n'avoir pas à donner de détails circonstanciés, non plus que sur le *dounitch* ou *douny*, et le *nehboug*, qui étaient des navires longs et rapides. Les *maones*, dont le nom figure bien souvent dans l'histoire des peuples maritimes du bassin de la Méditerranée, avant d'être des bâtiments carrés (voir Mémoire n° 6), étaient, au rapport de Thomas Hyde (notes au douzième chapitre du *Iggheret orechot olom* d'Abraham Peritsol, cité plus haut), des galéasses turques dont chaque rame était maniée par cinq ou six hommes. Ces *maûn*, ou *maunè*, comme écrit Hyde, étaient appelées par les Maures *tarîda* ou simplement *treda*, nom que le savant anglais interprète ainsi : « Acta, « compulsa et propulsata navis. » Les Maures n'avaient ni galéasses ni galères ; ils se servaient seulement de petits navires analogues aux brigantins, et appelés *gjefen*, *salisi* ou *sulsi*. La galère proprement dite était nommée par les Maures *ghorâb* (*golabus* et *golafrus*, en bas latin), c'est-à-dire *corbeau*. A propos du *ghorâb*, Thomas Hyde dit : « Quasi piceâ « nigredine, rostro extenso et velis remisque sicut alis volans galera. » L'auteur arabe de l'histoire de Beyruth appelle les galères tantôt du nom : *ghorâb*, tantôt du nom : *chany* (pluriel : *chouany*). Les Turcs appelaient la galère *kadirgha* ; quelquefois ils la désignaient par le trope *clectirme* : tiré par les rames. Un autre trope qu'on trouve chez les auteurs arabes, et que m'a signalé M. Reinaud, c'est le mot *kitheh*, signifiant proprement : un morceau. Les Arabes désignaient par ce mot une portion de l'escadre, et par extension un navire, une voile. *Sefyné* était le nom générique du vaisseau ; l'historien de Beyruth parle d'une division de

touche c'est la définition des fustes. Baïf, qui avait été à Venise et en avait observé les navires, nous fait connaître que les fustes vénitiennes étaient armées d'avirons, distribués ainsi : un à chaque banc de l'avant, de la proue au mât; deux à chaque banc de l'arrière, du mât à la poupe (*). Ces fustes étaient donc à zenzile par derrière, et, par devant, à rames légères et uniques. On comprend bien quel pouvait être l'avantage d'une pareille organisation; au lieu de quarante rames, en supposant la fuste à vingt bancs par bande, et le mât placé au onzième banc à partir de la poupe, le navire pouvait avoir soixante-deux avirons; c'est-à-dire que, sans s'alourdir beaucoup, il gagnait un tiers en force d'impulsion. Léger, il était donc en même temps rapide à la course, et par là, très-apte au service d'explorateur pour lequel il était fait,

sefyné qui portent sept cents chevaux. C'étaient sans doute des huissiers, des chelandes, ou ce qu'au seizième siècle, les Italiens appelaient *passacavali*, et les Turcs : *palandrie* (corruption de *chelandrie*). Les Arabes avaient une espèce de navire appelée *secayl*. Une réunion de deux ou plusieurs navires, joints ensemble et liés par un pont commun, fait de planches et de poutres superposées aux plats-bords de ces navires, était appelée *maremme* par les Arabes. (Voir Mémoire n° 6, au mot *cogo*.) Je n'ai rien à en dire de plus. Je parlerai ailleurs du *saiq*, du *bayón*, du *bortim*, du *batassa*, du *karamursal* et du *carcoura*. (Voir Mémoire n° 6.) Outre le nom générique *sefyné*, le vaisseau avait encore une désignation figurée; on disait *markab*, voulant dire : la chose sur laquelle on monte. *Rekab* était le mot par lequel on désignait l'équipage; ce mot signifiait : qui monte le cheval, le chameau ou le navire. La mer était appelée : *malihet*, signifiant : salé. *Mallah*, c'était le marin, l'homme de l'eau salée. *Mallahet*, c'était le trajet sur la mer, la navigation. Je n'ai pu me faire, malgré les soins de M. Reinaud et les indications de Thomas Hyde, une nomenclature navale un peu complète; j'ai pu savoir seulement que la rame s'appelait, en arabe : *mekdaf*, les mâts du navire : *sevary*, la voile : *chyra* ou *kyla*. Le pluriel de kyla était *koulou*. *Aklaa* signifiait : mettre à la voile. — J'oubliais de dire que certaines galères appartenant au Grand Seigneur étaient, comme le remarque le traducteur de Peritsol : « Accommodato peculiari nomine *jacál*. » Il est assez extraordinaire que la vanité turque n'ait pas répugné à une dénomination pareille, et que le sultan de Constantinople ait nommé ses fières galères du nom de l'animal sanguinaire qui, s'il a de la finesse du renard, auquel il ressemble un peu, a une lâcheté qui ne le rend terrible qu'aux cadavres.

(*) Remarquons que c'est là seulement que Baïf fait allusion aux bâtiments à zenzile, mais sans les distinguer par aucune observation des navires à *remi scalocchi*.

comme le démontre cette phrase du *Roteiro* de dom Joam de Castro, dans la mer Noire (commencement du seizième siècle) : « Junto das portas do streito, me embarquei en huma fusta, e « entrei o canal. — Arrivé à l'entrée du détroit, je m'embarquai dans une fuste, et entrai dans le canal. » Les fustes, très-inférieures aux galères, mais supérieures aux frégates et aux brigantins, recevaient un armement de guerre ; ainsi dans ce même *Roteiro* on lit : « Ouvimos huum tiro... e disseran me, que o sinal « era feito de huma fusta que veinha atras. — Nous ouimes un coup de feu... et l'on me dit que c'était un signal fait par une fuste qui venait derrière nous. » L'art. 2, chap. xvi du Guidon de la mer, nous enseigne que la fuste était au nombre des bâtiments de course, au seizième siècle, et que les Turcs en faisaient usage : « Seulement sera remarqué ce qui se pratique en ce pays « par ceux qui entreprennent lointain voyage, comme en la « coste d'Italie, Constantinople, Alexandrie ou autres tels « voyages en la mer Méditerranée et Atlantique, pour la crainte « qu'ils ont des galères, fustes et frégates de l'armée du Turc ou « corsaire, lesquels font trafic de la vente des chrétiens qu'ils « ravissent, tant par mer que par terre... » Bien que les fustes fussent tout à fait contemporaines de Pantero-Pantera, ce capitaine des galères oublia de les mentionner dans la nomenclature détaillée qu'il donna, chap. iv, livre 1er, de son *Armata navale*; il les cita seulement après les galiotes et avant les brigantins, pages 56 et 360.

Le Consulat de la mer est le plus ancien document où j'aie trouvé le mot *fusta*, signifiant une espèce de navire classé entre les galères et les sagetties. Au treizième siècle, la fuste était donc connue et figurait déjà parmi les bâtiments de guerre à rames et à voiles, d'une certaine importance. Le nom *fusta* était, au reste, une modification du nom générique *fusto*, bois. *Fusto*, fust, était le mot vulgaire de la langue romane, ainsi que l'indique ce verset d'une traduction du premier psaume de David, traduction du douzième siècle (MS. de la biblioth. royale, n° 1152 *bis*, supplément français) : « Et iert ensement com fust « tresplanter de juste le ruisals des ewes, lequel sun fruit dur« rat en sun tems — et il sera comme l'arbre planté au bord « d'un ruisseau qui donnera son fruit en son temps. » *Fusto*, dans quelques documents, était synonyme de *legno*, pris dans son sens général de : navire; on lit dans un ordre du grand conseil de Venise (2 juillet 1468) : « Che hanno mercantia sopra « nave e navili e ogni altro fusto, si per essi fusti intravenuto el « naufragio over captura de li ditti navili... — Ceux qui ont des « marchandises sur des nefs, navires ou autres bois quelconques, « si, par la faute de cesdits bois est survenu le naufrage ou la « capture desdits navires, etc... » On voit qu'ici le *fusto* n'a rien de commun avec la *fusta*, espèce de petite galère inférieure à la galiote (*).

=Plusieurs passages de ce Mémoire ont fait connaître certaines prescriptions des lois et décrets du moyen âge, relatives aux équipages et à l'armement en guerre des bâtiments à rames; à ces notions, j'ajouterai les renseignements suivants, qui se rapportent aux galères armées pour les escadres du roi en Catalogne, pendant le quatorzième siècle. Le chapitre XXXI de l'ordonnance sur « las armadas navales » (1354) porte : « Il est ordonné que toute galère, armée dans les domaines du seigneur roi, doit avoir un patron avec une troupe de soldats (*terç* pour *tercio* signifiant régiment, de *companyons*), pour que la poupe soit très-bien gardée en cas de combat, et que la galère soit redoutable. Elle aura un comite et un sous-comite; huit nochers, dont un sera écrivain; trente arbalétriers, huit prouïers, six conillers (*cruillers*. Capmany a traduit ce mot catalan par le mot castillan *curulleros*; *curulla* c'était la conille, et *curullera*, l'homme dont le poste était à la conille. Voir Oudin), six espaliers ou soldats de l'espale (*aliers*, dit le catalan; Capmany a remplacé *aliers* par l'équivalent espagnol *alieros*, que M. Pardessus traduit p. 449, tome V de sa Collection par ces mots : « Six soldats de défense des bas-bords. » Sur une galère, il n'y avait ni hauts-bords, ni bas-bords; il y avait une espale dont les rameurs et les soldats étaient appelés en castillan : *espalleres* ou *espalderes*. On voit quel rapport il y a entre *aliers* et *esp-alleres*); six rameurs de l'espale (*spatlers*, en espagnol *spalderos* ou *espalderos*, le même qu'*espalleres* et *espalderes*; les espaliers condui-

(*) Dans son poëme sur la bataille de Lépante, Johan Pujol racontant que Caualeti prit cinq fustes pour exécuter une manœuvre rapide, dit, strophe LXXI, dans son idiome catalan : « Sinch fustes pren. »

saient la vogue et nageaient aux bancs de l'espale, trois sur chaque banc); cent cinquante-six rameurs (ce nombre cent cinquante-six nous reporte à l'armement à zenzile dont j'ai parlé ailleurs dans ce Mémoire. Les galères dont il s'agit ici étaient à trois rames par banc; le chiffre cent cinquante-six, aussi bien que le nombre six des espaliers, me le prouvent. Elles avaient vingt-sept bancs par bande. Cent cinquante-six, divisés par trois, donnent en effet cinquante-deux ; à ces cinquante-deux bancs, si l'on ajoute les deux bancs des espaliers, on a pour total cinquante-quatre, qui font bien vingt-sept pour chaque côté); quatre cents lances, mille dards, cinq mille viretons, trente romanioles (probablement des haches appelées *manarolles* dans le statut génois de 1441); six faucilles emmanchées pour couper les cordages (*roncoles* — voir Mémoire n° 6, au mot *ronconi*); dix haches (*destrals*); six dagues emmanchées (*dalls*; voir Oudin, qui rappelle qu'en français, à la fin du moyen âge, cette espèce d'arme s'appelait *langue de bœuf*); cent cuirasses garnies. » — Cet armement des galères n'était pas invariable ; s'il était obligatoire pour celles qui devaient courir la mer seules ou par petites divisions, il pouvait se modifier à la volonté de l'amiral ou de son lieutenant général (*capitan*), quand les galères naviguaient en armées.

Voici maintenant des documents inédits relatifs aux équipages des galères espagnoles et génoises au seizième siècle. Dans les archives du palais d'Oria, qui me furent ouvertes avec beaucoup d'obligeance, en février 1835, par M. Carlo Morfino, je trouvai quelques registres manuscrits, contenant les listes des galères commandées par Marcelo d'Oria. Il résulte de ces listes que le nombre des mariniers, compagnons et prouïers (*proëles*, jeunes gens élevés pour la timonerie et les autres offices de la galère, mais qui, jusqu'à ce que leur éducation fût faite, servaient à la proue et manœuvraient le trinquet), était toujours de trente et un à trente-deux. Les *officiales* étaient : « le *capitano*, un *comite*, un *sotocomite*, un *escrivano*, un *algoasil*, un *barvero* (barbier, chirurgien), un *consejeto* (conseiller), un *remolar* (qui avait la charge des rames), un *bombardero*, un *varrilero* (barillier), un *calafato*, un *mastre d'axa* (maître de hache, charpentier); sur quelques-unes était un *medico*.

Voici comment était composé, en juin 1573, d'après un des

registres dont je viens de parler, l'équipage de la galère amirale que Jean-André d'Oria montait dans l'escadre du roi d'Espagne :

Officiales : Vernado Trischero, capitano ; Pedro de Troyelo, comite ; Pelegro Navone, consejeto ; Cesaro Sagustio, escrivano ; Domenico Delacunio, barbero ; Gasparino Geafingna, soto-comite ; Bernardo Trobaldo, remolar ; Mane Cenosio, maestro d'axa ; Pantalino Bei, algoasil ; Agustino Testa, calafato ; Andrea Delpegio, bombardero ; Vicencio Lodo, barrilero ; Benedicto Fiorite, ferrero (forgeron) ; Julio Garesi ; Victorio, capellan (chapelain) ; Juan Oderigo ; Batista Estela ; Delva ; Paxas Chorço ; Batista Forte.

Jente de casa de Juan Andrea (les nobles suivant J. André, ce qu'on appelait les domestiques) : Francisco Grimaldi ; Juan Pedro Ricarde ; Julian d'Oria ; Elionido di Vicensa ; Capio Lion d'Oria ; Bernardino de Viachi ; Julio Beyantisso ; Bernardino Baquedano ; Sipone Spinola ; Jacome Antonio Mortellio ; Joseppe Cantaloro ; Alonso Pagan ; Juan Francisco de la Guaglia ; Juan Andrea Deseva ; Selvio Romano ; Oracio da Camairagno ; Cipione Conte ; Petri de Ochiva ; Juliano de Yantisso ; Andrea Gandorino ; Natale di Carpe ; Juanin de Orison.

Marineros : Francisco Ventura, Miguelle Pegollo, Alexandrino Pino, Juana de la Colla, Lorencio Pissano, Guillerme Boeto, Eotardo Senarega, Petro Vigliano, Dechapori, F° Axduyno, Juliano Baliestro, F° Bostino, Joseph Cadamastori, Juane Pregione, Batista Bruastero, Lorencio Oderigo..... (J'interromps cette nomenclature sans intérêt, en avertissant que le nombre des marins était de quarante-quatre).

Companos (suivent seize noms).

Proëles (quatre de ces prouïers étaient sur la capitane sans office spécial ; quatre autres étaient comme mousses du calfat, du remolar, du chirurgien et du bombardier ; c'étaient) : Battista Gato, calafatino ; Mapin Vrocha, remolarote ; Damiande Lua, baberote ; Jiacomo Yono, bombardier.

Remeros, entre forcados, esclavos y buenas vollas (bonevoglie) : dozientos y ochenta.

De ce nombre de rameurs : deux cent quatre-vingts, nous pouvons conclure que la capitane de Jean-André d'Oria était une galère à la bastardelle, de vingt-six rames par bande, dont les seize premières, du joug de proue en descendant à la poupe, étaient nagées par cinq hommes, et les dix dernières par six rameurs. Ce résultat est en tout conforme à ce que prescrit Pantero-Pantera (pag. 148 de l'*Armata navale*), quand, parlant des galères bâtardes, il dit : « Sarebbe se non bene armarle « almeno con sei huomini al remo, dalla spalla alla mezania, « et dalla mezania alla prora con cinque. »

Il n'est pas sans intérêt de rapprocher des documents qu'on vient de lire, et surtout de ce dernier, une ordonnance rendue par le roi de France Henri II, le 15 mars 1538, sur le fait de l'armement des galères. En voici le texte, emprunté au recueil de Fontanon, t. IV, p. 665 :

« ..... Le corps de leurs gallères prest et suffisant pour faire voyages, auec leurs arbres, anthènes, et pallamente (rames en exercice et de rechange), auec leurs voiles *bastarde*, *bourde* (voir plus loin, pag. 476), *trieu* (tréou, tref, voir Mémoire n° 3), *triquet* (trinquet), *sarties*, à sçauoir 4 *gumenes*, 2 *gumenettes*, un *cap plain* (câble de poste), et toute autre menüe sartie nécessaire, et ainsi qu'il est accoustumé aux gallères, d'un anchre et de trois *roissons* (rissons, sans doute ; de *rizzo* ou *riccio*, hérisson, à cause des quatre pattes, armées de fers de flèches, propres à cette espèce d'ancre ou fort grappin), une tende et un tendellet d'erbage (*herbaggio*, ital., sorte de camelot ; voir plus haut, p. 307), une tende de canevas et un tendellet de *artomue* (je n'ai trouvé aucun renseignement sur cette étoffe). Tout ce que dessus bon et suffisant pour nauiger et faire voyages.

« Seront tenus lesdits capitaines d'entretenir en tout tems sur chacune desdites gallères le nombre de 150 forçats...

« Sur chacune (galère) y aura ordinairement les munitions qui s'ensuyvent :

« Pouldre, quinze quintaux ; boulets de canon, 50 ; boulets de moyenne, 100 ; lances de feu, 6 ; pingnattes (pignates, pots à feu), 50 ; 24 harquebuzes garnies de pouldre et de plomb, 24 arbalestres garnies de traits, 12 picques, 12 pertuisanes ou hallebardes, 50 morions, 50 espées, 24 rondelles ou tarques (targes, boucliers), 20 *escailles* (cuirasses) (*).

(*) Ce détail fera très-bien comprendre le passage suivant de M. Gio.

« Lesdits capitaines seront tenus entretenir dedans le port sur chacune desdites gallères le nombre des officiers et *gens de cap* (chefs d'un service), lesquels seront aussi payez ainsi qu'il s'ensuit : patron, par mois aura 12 liures; comite, 10 liu.; soubs-

Pietro Contarini (p. 48 verso de son *Historia delle cose successe*, etc. Venitia, 1745), relatif aux préparatifs que firent les galères chrétiennes quelques heures avant la bataille de Lépante (1571), quand elles eurent aperçu la flotte turque à la pointe de Missolonghi : « Allhora i nostri « christiani allegri cominciarono a nettar le couerte, leuar le sbarre » (préparer les retranchements intérieurs qui se faisaient un peu en arrière des rambates et vers les rames de l'espale, avec des barres mises en travers, supports d'une espèce de bastingue composée de vieux cordages, de toiles, de matelas, etc., faite pour amortir l'effet de l'artillerie et des mitrailles que lançaient les canons avec les *lanterne di legnami* dont parle Cataneo dans ses *Essamini de' bombardieri*, p. 13 (in-4°, Brescia, 1567). « Spazzar « le puppe » (enlever les tendelets de dessus les garides. (Voir la poupe de la galère d'Othon d'après Dominique Tintoret, p. 325 de ce Mém.) « Dis-« tendendo l'armesì da offessa come da difesa sopra le corsie et altri luoghi « bisogneuoli, et tutti con l'armi pertinenti a loro si armarono, chi con ar-« chibugi, alabarde, mazze ferrate, piche, spade et spadoni : » (l'épée à deux mains dont, au rapport de Noël Conti, le vieux Antonio Canale se servit si merveilleusement pendant la bataille, faisant un large abatis de Turcs devant lui, sautant de galère en galère pour arriver jusqu'à une des capitanes de Venise que les musulmans avaient enlevée, et reprenant, tout seul, cette galère de fanal, sur un ennemi que le courage et la force prodigieuse de cet admirable vieillard mettaient en fuite). « Compartiti tutti tra le sbarre, « balestriere, puppa, proua, et a meza galea con buonissima ordinanza, « essendoui per ogni galea huomini da spada ducento, e nelle galee capitane, « et di fanò, secondo li gradi, doue trecento, doue quattrocento : hebbero « dipoi i bombardieri caricati tutti li pezzi di balle armate con catene » (boulets enchaînés), « quadrelli » (morceaux de fer ou de plomb carrés), « scaglie » (cailloux, silex, pierres tranchantes et par écailles), « et bal-« lini di piombo, con l'apparecchio de' fuochi artificiati di pignatte » (pots à feu. Voir pag. 9 de ce volume), « trombe » (fusées. Voir Cataneo, pag. 25), « et altri (simili strumenti; il tutto con mirabil' ordine alli suo « luoghi... posero gli archibugi da posta sopra le pauesade » (sur des fourchettes ou chevalets comme on le voit à la proue d'une des galères de Callot), « et canoladi da pupa carichi ; furono sferrati nelle galee li schiaui « christiani condannati al remo » (les forçats), « et quelli tutti armati « di corrazine, spade et targhe si come gli altri indifferentemente.... « Et cosi marchiando verso l'inimico, per ristorar et inigorir le forze del « corpo, fù in un subito posto sopra le corsie da pupa et a proua pane, « vino, formaglio et ogn' altro, che in cosi presto apparecchio si potè « hauere. »

comite, 6 liu.; algouzin (*), 7 liu.; soubs-algouzin, 4 liu.; l'escrivain, 6 liu.; major (majordome), 4 liu.; le maistre d'ache, 6 liu. 15 sols; maistre callefat, 6 liu. 15 s.; remollart, 6 liu. 15 s.; barillar, 6 liu. 15 s.; maistre bombardier, 9 liu.; le barbier, 9 liu.; le barberot, 6 liu. 15 s.; les gens de garde qui sont sujets à faire la garde, quatre nauchers, chacun par mois 4 liu. 10 s.; six prouhiers, chacun par mois 60 sols; en nombre desquels seront compris les mousses de maistre d'ache, et maistre callefat, et maistre remoullar; 8 compagnons, à 72 sols par chacun par mois (en 1400, quand Charles VI fit son règlement sur le fait de l'amirauté, il n'y avait que quatre compagnons de quartier; il n'y en a pas davantage en 1517, quand François Ier revisa ce règlement); un allier à 4 liu. par mois (voir plus haut,

(*) Sur les galères portugaises du quatorzième siècle, il y avait trois alcades qui paraissent avoir eu des fonctions analogues à celles de l'argousin. On lit dans des lettres patentes de Richard II, roi d'Angleterre, rapportées par Rymer, à la date de 1386 : « Inveniet et mittet Domino « Regi Angliæ prædicto decem galeas, ipsius Domini nostri Domini Regis « Portugaliæ sumptibus et expensis, bene armatas, videlicet de uno Pa« trono, tribus Alcaldibus, sex Arraizis, duobus Carpentariis, octo vel « decem Marinariis, triginta Balastariis, centum et quater viginti Remi« gibus, et duobus Sutaneis, in qualibet galearum prædictarum. » Il est probable que, des trois alcades de cette nomenclature, l'un était argousin et les deux autres sous-argousins. Quant aux *arraizis*, c'étaient des officiers chargés de mettre tout en ordre dans la galère, et d'y maintenir cet ordre, cet *arroi*, sans lequel le combat comme la navigation eût été impossible. L'un était sans doute comite, l'autre sous-comite, le troisième majordome, le quatrième maître des machines de guerre ou artilleur, le cinquième écrivain, le sixième sous-écrivain. Deux *sutanei* terminent la liste de l'équipage de ces galères portugaises; ce document est le seul où j'ai vu nommer des *sutanei*. Quelle fonction remplissaient à bord ces hommes dont le nom latin et portugais (*sutaneus, sotano*) veut dire : inférieur? Inférieurs, à qui? Était-ce des mousses, des serviteurs? leur nombre fait rejeter cette supposition; était-ce deux prêtres, deux hommes portant la soutane (*sutanea*)? partout les prêtres embarqués sont appelés *capelani*. Reste une hypothèse, et c'est celle à laquelle je m'arrête. En espagnol et en portugais, *sota* (ce qui est, en français sous le nom général de *soute*, — chambre, compartiment, petit magasin sous le pont, *sotto* —), c'est la sentine, la cale. Le *sotano* n'était-il pas l'homme de la soute, le calier? j'en suis convaincu. Il y avait donc deux mariniers chargés de l'arrangement des magasins sous couverte, outre les six *arraizi* d'en haut.

pag. 470); un mousse d'algouzin, à 60 sols par mois, sans comprendre les capitaines, ni les gentilshommes et seruiteurs domestiques de leurs maisons (les *jente de casa*, du document précédent).

« Et quand il sera fait entendre auxdits capitaines qu'ils se trouveront prests en leurs gallères pour sortir et faire voyages, ils seront tenus d'avoir, outre ce qu'ils tiennent au port durant ledit voyage, le nombre de gens de cap comme s'en suit. A sçauoir : un pilote, qui aura par mois 15 liu.; 2 conseillers, qui auront chacun par mois 6 liu. 15 sols; un bombardier, 7 liu.; son ayde, septante-deux sols tournois; 8 nauchers, qui auront chacun par mois 4 liu. 10 s.; 10 soldats, qui auront chacun par mois 4 liu. 10 s. — Tous et chacuns lesdits gens de bone veuille (bonne volonté, c'est-à-dire, libres, et non forçats ou esclaves turcs), seront payés de leur dicte solde dans la gallère sur laquelle ils feront service, en la présence du commissaire et controolleur de la marine à chacune monstre (revue) qui se fera…

« Les officiers seront armés d'espées, rondelles ou tarques, auec escailles ou jacque de maille ou *cabasset* (couvre-chef en fer; le même mot que *cabussellus*, couvercle). Les mariniers et compagnons, d'espée, rondelle ou tarque ou cabasset. Les soldats auec leurs armes accoutumées……. Tout ce que dessus seront tenus faire lesdits capitaines moyennant l'estat de 400 escus par mois pour chacune gallère subtile, et cinq cens escus pour chacune *gallère à quatre rangs* (c'est-à-dire, ayant quatre hommes par aviron. La subtile à 25 bancs n'avait que trois nageurs par rame, ainsi que l'indique le nombre 150 qui figure au second paragraphe de l'ordonnance à propos des forçats) (*). »

(*) Girolamo Cataneo, dans ses Examens des bombardiers que j'ai cités, p. 474, donne ainsi l'armement en artillerie d'une grosse galère : « Sachez qu'on met à la proue un canon de 50; à chacun de ses côtés, deux coulevrines, dont une dans la direction de l'*arganello* (le bossoir); sur les côtés de la proue, deux fauconneaux de 3, un monté sur des fourchettes; et, sur le petit mur qui sépare la vogue de la palmette, un passe-volant de 16 porté par les fourchettes qui sont dans la coursie. A la pogge (*pozza*, l'endroit où passait la *poggia* de l'antenne maîtresse), un pierrier court de 30, de chaque bord, ou deux canons de 20. Dans la galerie de poupe (*in zardino da poppe*), un faucon de 6; au fougon (cuisine), un sacre de 12 sur fourchettes; sur la poupe, un sacre de 12, sur affût sans roues (*nel*

═ Il n'est pas facile de dire quelle fut la voilure du dromon, du pamphile, de l'huissier, du chelande et des autres navires à rames, antérieurement au treizième siècle. Que le bâtiment à cent rames en deux ordres superposés ait eu plus d'une voile, c'est ce dont on ne saurait douter; une seule voile n'aurait pas suffi à un navire aussi grand, aussi lourd, à moins qu'on ne suppose qu'elle fût très-haute et très-large, et ces vastes dimensions l'auraient rendue trop dangereuse. Nous avons vu (pag. 439) le dromon, combattu par la flotte de Richard d'Angleterre, avoir trois mâts et trois voiles; ce nombre de voiles ne m'étonne pas; il était déjà bien ancien au douzième siècle. Ne lisons-nous pas, en effet, dans Pline (liv. IX, préface) : « Quamvis amplitudine « antemnarum singulæ arbores sufficiant, super eas tamen addi « velorum alia vela, prætereaque alia in proris, alia in pup- « pibus pandi. » Les grands navires à rames du moyen âge portaient-ils, au-dessus de leur plus grande voile, une autre voile plus petite, comme nos bâtiments carrés, au-dessus des basses voiles, portent des huniers? Si rien ne me porte à le croire,

suo letto, dans son lit); enfin aux carnals » (à l'endroit où étaient accrochées les poulies basses de ce palan), deux aspics de 12 (*aspidi*) « pour saluer, et pour le combat au besoin, » p. 18 verso. Voici l'armement que Cataneo donne aux galères subtiles : « A la proue, dans la coursie, une pièce de 50, ou une coulevrine; à chacun des côtés de cette grosse pièce, un aspic de 12, avec des fauconneaux de 3; au flanc de la proue, de chaque côté, un fauconneau de 3 sur fourchettes, accompagné de quelques mousquets. Au fougon et au Barcarizzo » (l'endroit où était l'esquif), « deux bombardes de fer, de celles qu'on met sur les remparts. A la poupe, près des échelles, deux fauconneaux de 5, un par chaque côté, sur fourchettes; sur la poupe, quatre arquebuses de poste par chaque côté sur des fourchettes de fer : on peut mettre encore sur la poupe un faucon de 6, mais il n'y aurait pas de mal à le disposer dans une coursie *ad hoc* sur le paillot » (une des chambres, V. p. 289; Cataneo l'appelle *paggior*) « afin de le pouvoir cacher au milieu de la galère. Sur la coursie, un fauconneau de 3, sur fourchettes, et tournant. Cette espèce de galère n'admet pas d'autre genre d'armes à feu, sauf quelques mousquets, qui peuvent être utiles, » p. 19. Ce détail fait connaître combien était solide la construction des galères vénitiennes qui résistaient au service d'une artillerie de si gros calibre. Giambattista Colombina, dans son *Instrutione del bombardiero* (Vicenza, 1611), dit, p. 13 : « Pour armer une galère subtile, on veut pour l'ordinaire 13 pièces d'artillerie, à savoir : un canon de 50 ou une coulevrine de 30, un faucon de 6, trois faucons de 3, deux pierriers de 14, et six pierriers de 12. »

j'avoue que je n'ai aucune raison pour le nier; je ne me rappelle pas un texte qui m'autorise à émettre sur cette question une opinion formelle. Dans les nomenclatures que je connais, si je vois les noms de plus de trois voiles, je suis porté à croire que celles qui sont en plus des trois, qui me paraissent souvent nécessaires au navire, sont des voiles de rechange. Dans le Mémoire n° 5, on verra que la galère de Romanie, qui, au quatorzième siècle, n'avait que deux mâts, avait quatre voiles, trois latines et une carrée; cette dernière et une des latines étaient nécessairement des voiles de rechange ou de gros temps. Ce qui arrivait au quatorzième siècle était, j'en suis convaincu, une tradition des siècles antérieurs. Le Mémoire auquel je renvoie donnera, sur la voilure et le gréement des galères, quelques notions précises et détaillées, qui auront l'avantage immense de ne rien devoir à l'ingéniosité d'hypothèses plus ou moins bien fondées, et qui, tirées d'un traité spécial sur la *fabbrica di galere*, ont toute l'autorité d'une chose officielle. Au seizième siècle, les galères italiennes avaient, au dire de Pantero-Pantera, très-bien placé pour le savoir : « deux voiles, la *maes-*
« *tra* et le *trinquetto*. La maestra est de quatre sortes, — (je
« traduis littéralement); — chacune desquelles s'emploie selon
« le temps qu'il fait. Une seule de ces quatre variétés est
« carrée, et se nomme le *trevo* (*tref*. Voir Mémoire n° 3); les
« autres sont latines, et se nomment *bastardo, borda, ma-*
« *rabutto*. Il n'y a qu'une seule voile de trinquet, et, au be-
« soin, on en diminue la surface d'un tiers, ce qui s'appelle :
« *Far il terzarolo*, et ce qui se pratique en remontant vers
« l'antenne, où l'on y attache avec des cordes passées dans
« la voile elle-même (et qu'on appelait *matafioni*, voir sur ce
« nom le Mémoire n° 5), le tiers supérieur du trinquet. La
« maestra se réduit aussi quelquefois au tiers. » Cette expression : Faire le *terzarol*, explique très-bien le nom de la voile nommée, avant le seizième siècle, le *terzarolo*(*). Cette

---

(*) L'ordonnance de Trani, de 1063, fait connaître que le terzarol était une voile inférieure aux grandes, que l'on hissait pour le mauvais temps :
« Propone..... che qualunqua patrone andasse con una fortuna (tempête)
« ad vela, et la sua vela se guastasse, se sia suo tutto el damno. Ma se ello
« andasse ad vela et dicesse alli marinari : « Calamo (abaissons, amenons;

voile était appelée ainsi parce qu'elle avait une surface plus petite d'un tiers environ que la voile majeure. En prenant un ris dans le trinquet, on faisait de la voile un véritable terzarol (*). Au commencement du dix-septième siècle, J. Hobier, que j'ai cité bien souvent dans ce Mémoire, s'exprimait ainsi au sujet des voiles de la galère provençale : « Pour les voiles, elles sont toutes « latines,... réservé celle qui s'appelle le *tréou*, qui est carrée, « et du genre de celles qui s'appellent *quaires*, qui sont pour « aller doucement ; la *bourde*, pour un temps médiocre ; le « *marabout*, pour la tempeste, et la *bastarde*, la plus grande de « toutes, pour recueillir le plus de vent lorsqu'il y en a le « moins sur mer. Outre les susdites, qui servent pour l'arbre « de *maistre*, il y a celle du *trinquet*, et s'en met quelquefois, « mais très-rarement, une qui s'appelle *mezanin*, avec un ar- « bre entre l'arbre de maistre et la pouppe, pour aller plus « vite. » Le Manuscrit n° 662 du dépôt de la Marine nous apprend qu'il y avait, sous Louis XIV : grand marabout, maraboutin, misaine, tréou, voilette, grand trinquet, petit trinquet, trinquetin et polacron.

La description que Vinesalf fait du dromon gigantesque des Sarrasins nous apprend que ce navire était peint en vert d'un côté et en jaune de l'autre. (V. p. 439 de ce Mém.) La peinture fut de tout temps appliquée aux navires, comme ornement ou comme moyen de conservation. On sait qu'aux temps antiques les corsaires, pour que leurs myoparons fussent moins visibles, les peignaient d'une couleur azurée, dont ils teignaient aussi leurs voiles et leurs gréements. Il est permis d'affirmer que la décoration, peinte ou figurée à l'extérieur des galères du moyen âge, suivit la mode qui chargeait de sculptures, de peintures vives, de brillantes dorures les édifices civils et religieux. Au seizième

---

« calons la voile) « che io voglio mettere lo terzarolo ; » et li mercatanti et
« li marinari li desse questo, che non calasse, ma che tenesse duro, et
« dicta vela se perdesse; in cio sia tenuta de gire e andare ad varea. »

(*) On prenait des ris dans toutes les voiles, et, par extension, cette opération s'appelait : *far il terzarolo*. Ainsi, Pantero-Pantera (chap. v, liv. II) dit : « Quando il vento venisse crescendo, ò soffiase ā rafiche « (souffle capricieusement, par rafales) faccia il terzarolo all' istesso ma- « rabuto... »

siècle, les galères étaient généralement peintes en rouge; presque toutes celles dont j'ai vu les représentations dans les miniatures ou les tableaux de cette époque, sont revêtues de robes éclatantes, auxquelles le noir venait quelquefois mêler sa teinte grave. Dans le tableau de Dominique Tintoret (salle du Conseil, palais ducal, à Venise), qui représente l'assaut donné à Constantinople par Dandolo, j'ai remarqué une grosse galère peinte en vert clair; c'est la seule, je crois, qui ait pris cette couleur, analogue à celle dont faisaient usage les pirates grecs et ciliciens, dans l'antiquité. Si le luxe des propriétaires et des capitaines de galères ornait de magnifiques décorations et de riches peintures leurs navires, parés pour les combats comme pour une fête (*); si les « escussiaus des armes » étaient peints

---

(*) Vander Hamen, dans sa chronique de don Juan d'Austria, fait une description fort détaillée des allégories, devises, figures, emblèmes, etc., dont était surchargée la poupe de la galère du généralissime de la ligue. Ce morceau curieux, qui donne l'idée du faste des princes et des grands seigneurs quand ils montaient sur les vaisseaux et les galères, est trop long pour que je le rapporte ici. Je renvoie à l'ouvrage de Vander Hamen, qui n'est pas très-rare. Les Turcs, au seizième siècle, n'étaient pas en arrière des chrétiens pour le luxe de leurs navires; Fernam Mendes Pinto, dans le septième chapitre de ses *Peregrinaçoens*, pag. 9, édition de Lisboa, 1678, donnée par Antoine Craesbeeck de Mello (bibliothèque du roi, O—1217), parle ainsi de la rencontre que le navire de Jorge Fernandez Taborda fit de cinq galères turques : « Cinco galès muyto grandes, co seus bastardos quarteados de verde et roxo (quadrillés ou écartelés de vert et de rouge, peut-être aussi seulement rayés de ces deux couleurs alternatives) et muytas bandeiras por cima dos toldos (au-dessus des tendelets) et nos calceses dos mastros (et aux calcets des mâts) estendartes muyto compridos (très-longs) que quasi tocavao com as pontas na agoa (avec leurs pointes; les étendards turcs étaient, en effet, coupés comme les flammes des galères françaises de la même époque, en guidons à longues pointes. On voit, dans la salle d'armes de l'arsenal de Venise, l'étendard d'Ali-Pacha, pris à Lépante, le 7 octobre 1571; il est taillé en guidon, d'une médiocre longueur; il est d'étoffe rouge, orné de figures et de caractères jaunes. Si je m'en souviens bien, outre l'invocation à Dieu et à son prophète, cet étendard a deux cimeterres croisés. M. Casoni, dans son *Guida per l'arsenale di Venezia*, 1829, ne parle pas de ces sabres, ce qui me fait craindre que ma mémoire ne m'abuse en ce moment). » Page 7, Pinto parle de galiotes turques qui avaient : « Vellas quarteadas de cores (écartelées de différentes couleurs) et bandeiras de varias cedas (cap. v). »

« dedans mer et dehors, » ainsi que le dit Joinville parlant de la galie du comte de Jaffa, aux jours de deuil les galères se couvraient de noir. Voici à cet égard un très-curieux passage emprunté au *Dietari trienni*, journal catalan (encore inédit), écrit à Barcelone, sous l'impression des événements qu'il raconte. Ce passage m'est connu par la communication que mon obligeant et savant ami M. Joseph Tastu m'a faite d'une copie qu'il a rapportée du document original, resté en manuscrit aux archives d'Aragon. Je ne crois pas qu'il soit nécessaire de donner une traduction de ce texte assez facile à comprendre :

« 1525. Dilluns (lundi) a xvıııj de juny. En aquest dia entre les sis e set ores apres mig jorn arribaren en la platja de la present ciutat de Barchna (Barcelone) lo molt Ill. S^r don Charles de la Noy vis Rey de Napols e capitā general del victorios exercit del Emperador y Rey N^{re} S^{or} y en sa companya lo molt magnifich et valeros capitā alarcon ab xxı galeres de lesquels las xv eren de sa Mag^t. molt armades y ornades, e les sis eren del Rey de França ab los palaments (rames) banderes (bannières ou pavillons) e tendals (tendelets et tentes) negres en senyal de dol y tristicia, per quant los dits s^{rs} capitans portaven presa la persona del Rey de França en la galera capitana, que fou pres en la batalla de Lombardia per lo Imp^{al} exercit del Emperador N^{re} S^{or} sagons atras en jornada de vı de març es feta mencio. E les dites sis galeras franceses axi senyaladas de llur dolor fosen acullides de gracia en senyal de acompanyar la persona del dit Rey presoner. E axi totes les dites xxı galeres molt be arregladas (en ordre) seguint la capitana a gran triūhunfo prengueren terra e moltes delles posaren scales en terra (poussèrent la planche, ou pont, à terre. — Voir Mémoire, n° 6), e principalment (d'abord) la dita capitana en que eren los dits capitans e la persona del dit Rey presoner posa la popa al cap del pont de fusta (pont de bois) que los magnifichs consellers de la dita ciutat havian fet fer per que desembarcat per aquell lo dit Rey de França. »

Cet exemple n'est pas le seul que je pourrais citer d'un deuil porté par des galères. Longtemps, au dix-septième siècle, on vit dans les eaux de Livourne la capitane des chevaliers de Saint-Étienne porter autour de sa poupe une large raie noire, témoignage d'un regret que le temps n'avait pas adouci, emblème du deuil que l'ordre gardait pour la perte qu'il avait faite dans un combat, d'ailleurs glorieux, contre les Turcs, de sa galère capitane. Ce demi-deuil de la capitane avait succédé à un deuil plus complet; avant la simple raie noire qui attristait les magnifiques ornements de la poupe, cette poupe tout entière était peinte en noir. L'ordre avait fait serment de n'effacer la bande lugubre que le jour où il aurait pris une capitane au Turc. Je ne sais ce qu'il advint de ce serment solennel.

Il est assez connu que la tactique navale du moyen âge rangeait en demi-lune les bâtiments à rames, au moment du combat. L'ordre demi-circulaire était une tradition de l'antiquité dont on retrouve la trace dans le deuxième livre de Thucydide. Au seizième siècle, on voit les flottes de galères venir sur les champs de bataille dans cet ordre, bientôt rompu par le combat. Les armées navales, composées de bâtiments à rames, étaient à cette époque divisées en quatre escadres : le corps de bataille, la corne droite, la corne gauche, et le corps de réserve, secours ou arrière-garde. C'était ainsi qu'était partagée l'armée de la ligue catholique, en 1571, à la bataille de Lépante (Voir Pantero-Pantera : *Armata navale*, pag. 358; Vander Hamen : *Don Juan d'Austria*; Gio-Pietro Contarini : *Historia delle cose successe dal principio della guerra*, etc. ; Brantôme, *Vie de don Juan d'Autriche*).

Avant le combat, quand les galères mettaient, comme on disait, les *armes en couvertes*, c'est-à-dire, faisaient ce qu'on appelle sur les vaisseaux : *le branle-bas de combat*, un des soins qu'on n'avait garde de négliger, c'était de faire des espèces de retranchements en travers des navires, à la proue, à l'arbre maistre et la mezzanie, retranchements appelés *bastions* sur les galères de France, au dix-septième siècle (Voir Pantero, pag. 374, et le manuscrit de Barras de la Penne). Cette opération, que Contarini désigne par les mots : *levar sbarre* (lever les barres, voir ci-dessus, p. 474), s'exécutait de la façon que je vais dire. En même temps qu'on garnissait les rambates et les pavesades de toiles doubles, entre lesquelles on mettait des balles de laine, si l'on en avait, de vieux cordages, les tentes d'erbage, les matelas, les capotes de la chiourme, enfin tout ce qui pouvait contribuer à amortir l'effet des projectiles ennemis, on faisait les retranchements dont les traverses en bois consistaient en quelques rames attachées ensemble et fixées par des amarrages aux filarets des pavesades ; rames sur lesquelles on jetait de vieilles toiles et toutes les garnitures qui n'étaient pas employées aux pavesades et aux rambates. Ces t verse, ainsi que les appelle l'auteur de l'*Armata navale*, étaient composées à peu près comme nos anciens bastingages, faits de filets remplis des effets de couchage et des sacs des matelots.

Les galères employées aux siéges des villes fortes ne présentaient point leur travers aux remparts armés d'artillerie. Elles combattaient l'éperon au mur, et tiraient tout le parti possible de leurs coursiers et de leurs pièces moyennes. Quelquefois on s'en servit comme de base pour des batteries flottantes, quand on n'avait pas de nefs armées. C'est ainsi qu'en usa don Garcia de Toledo à la prise d'Affrica. « Et fut celuy, dit Brantôme, « qui s'advisa de faire la bataille de mer et de désarmer deux « galères et les lier et joindre ensemble avec force câbles et aix « dessus bien applanis, là où il fit mettre quatre canons en « batterie qui furent en partie cause du gain de la bataille. »

Ainsi que je l'ai dit ci-dessus, page 13, j'ai trouvé dans les peintures du garde-meuble de la *casa d'Oria* à Gênes, une représentation très-curieuse de l'attaque de Coron, en 1533, par la flotte combinée espagnole, génoise, papale et maltaise, sous les ordres du grand André d'Oria. On y voit les naves ou vaisseaux ronds, qui étaient au nombre de trente-cinq, combattant sous voiles la partie droite des fortifications, pendant que les galères combattent la gauche dans l'ordre que voici : Elles sont sur trois rangs doubles, c'est-à-dire que, divisées par groupes de douze, chacun de ces groupes (et il n'y en a que trois apparents, bien que d'Oria eût quarante-huit galères ; mais le peintre n'a pas commis que cette erreur) a un rang de six galères, derrière lequel est un second rang de six autres galères attachées poupe à poupe par deux gomènes, qui laissent entre les deux rangs un passage pour les embarcations. Les galères du premier rang ont leurs avirons dehors, et, bien que placées obliquement par rapport aux forts qu'elles combattent, elles font feu de l'artillerie de leurs rambates. La disposition des galères et des naves, comme le peintre l'indique, est évidemment impossible.

Il est facile de concevoir que les galères durent être placées, l'éperon à la fortification, de manière à lui présenter un front demi-circulaire composé de vingt-quatre galères; ce qui ne se conçoit pas également bien, c'est la raison qui décida l'amiral génois à mettre à la remorque, poupe à poupe, des galères qui ne devaient pas faire feu et qui, n'agissant point à l'aviron, n'étaient pas même là pour contribuer à un état de stagnation qu'on dût vouloir imposer aux galères pendant l'attaque, et qu'on obtint par une nage large contre le vent et les courants. Si je puis reprendre le peintre d'avoir mis en ordre profond ses six groupes de galères, au lieu de les avoir établis en ordre de bataille, je l'excuse cependant; la perspective qu'il savait peu, le gênait, et il faisait gauchement ce qu'il ne pouvait faire mieux. Dois-je croire qu'il imagina l'arrangement de poupe à poupe dont la cause échappe à ma sagacité que rien d'analogue ne vient aider? Non; on n'invente pas des choses pareilles, on ne les invente pas surtout quand on peint dans le palais d'Oria, à quelques années de distance du fait que l'on représente, et pour Jean-André d'Oria, ou pour son héritier, marin, comme tous ses aïeux. C'est probablement ma faute si je n'ai pas compris l'artiste.

FIN DU PREMIER VOLUME.

TABLE

DU PREMIER VOLUME.

MÉMOIRE N° 1.

SUR LES NAVIRES DES ÉGYPTIENS.

Importance de la marine antique des Égyptiens. — Bas-relief de Thèbes. — Navires indiens. — Leurs rames. — Leurs pavesades. — Celles des galères égyptiennes. — Proues de galères à Pompéi. — L'estrope de la rame. — Les galères égyptiennes avaient-elles des apostis? — Carène de ces galères. — Hiérarchie sociale respectée par le sculpteur dans la représentation des figures humaines. — Petite taille des gens de mer. — Largeur présumable des galères. — Nombre des rames. — Un grand bateau du Nil. — Voile carguée pendant le combat. — Système du sculpteur thébain. — Tactique. — Rameurs sciant. — Longueur présumable des galères égyptiennes. — Éperon. — Les galères indiennes n'en ont pas. — Châteaux d'arrière et d'avant. — Gouvernail. — Son organisation. — MM. Wilkinson et Costas réfutés. — Gréement des galères égyptiennes. — Mâture d'un bateau du Nil. — Vergues des galères. — Les Égyptiens connaissaient la poulie. — Écoute, drisse, cargues et bras. — Gable. — Armes. — Matériaux pour la construction des navires. — Barques de papyrus. — Observations sur un passage d'Hérodote. — Voile papyracée. — Voile à deux antennes. — Roue aidant à la manœuvre de l'antenne basse. — Autre organisation de la voile à deux antennes. — Nouvelle observation sur la poulie. — Un autre bateau du Nil ou *baris*. — Description de l'appareil des drisses de sa voile. — Remarque sur les voiles à deux antennes, et sur leur application aux bateaux qui ont une chambre élevée dans le milieu de leur longueur. — Barques symboliques; leurs décorations; pourquoi leurs mâtures ne sont pas gréées. — Pont des navires. — Chambre construite sur les baris. — Constructions à la poupe et à la proue. — Les ancres. — Passage d'Hérodote, relatif à la navigation des baris sur le Nil, en aval. — L'œil de la proue. — Notre écubier. — Peinture des navires égyptiens. — Ornements architecturaux. — Couleurs de Rhamsès III. — Remarque sur les trois couleurs : bleu, blanc, rouge, données par l'ouvrage de M. Rosellini aux voiles des barques de Rhamsès. — Les galères de Sésostris n'ont point de bannière ou pavillon royal. — Vitesse des navires. — Les vaisseaux de Ptolémée Philadelphe. — On ne sait rien des navires à plusieurs ordres de rames. — Pourquoi l'auteur de ces Mémoires s'abstiendra de toute dissertation à leur égard. — Obscurité et contradiction des textes. — Incertitude sur la véritable signification des mots *birème*, *trirème*, etc. — Quelle foi méritent dans la question de l'art les historiens et les poètes. — Note critique, à cette occasion, sur deux passages de MM. Alfred de Vigny et Victor Hugo. —

Raisons de ne pas croire au navire géant de Ptolémée Philopator, et à tous ceux de cette famille imaginaire. — Conclusion de ce Mémoire : la galère subtile du dix-huitième siècle est une tradition fidèle de la galère égyptienne contemporaine de Rhamsès IV.

MÉMOIRE N° 2.

SUR LES NAVIRES DES NORMANDS.

Examen d'un passage de Tacite sur les navires des Suiones. — Citation de deux autres passages du même auteur à l'appui de l'explication du premier. — La Chatte du Croisic. — Le Prao-volant. — L'..aphisdrome de M. l'amiral Willaumez. — Curach. — Le *Holker* scandinave. — Une pirogue brésilienne. — Monoxile de Missolonghi. — Hui, Heu, Hulke, Hulec, Hourque. — Le Drakar. — Les Haraba du calife Amin. — Le Snekkar. — La Trane. — Les Durcons. — *Brant*. — Dispositions intérieures des navires scandinaves. — *Fyrir*. — *Ser*. — Luxe de quelques vaisseaux normands. — La tête sur le *Brant*. — Gouvernail. — Mâture. — Gréement. — Girouette. — Voilure. — Emblèmes sur les voiles. — Garniture des vergues et des voiles : écoutes, bras, cargues, boulines, itagues, bandes et garcettes de ris. — Étendard. — Ancres. — Armements. — Tactique navale. — Ordre de bataille. — Le *Stafnliar*. — Navigation. — APPENDICE : *De nave et partibus ejus*.

MÉMOIRE N° 3.

SUR LES PRINCIPAUX PASSAGES MARITIMES DE QUELQUES POËTES FRANÇAIS DES DOUZIÈME ET TREIZIÈME SIÈCLES.

Passage du roman de Brut relatif à l'embarquement d'Arthur. — Traduction de ce passage. — Explication détaillée des mots techniques contenus dans les vingt-neuf vers du poëte Wace. — Orthographe étymologique du mot *orienter* appliqué aux voiles. — Sur la voile appelée *tref*; étymologie de ce mot. — Sur le mot *feste* et le commandement : *à Dieu va !* — Réfutation d'un article du *glossaire* de Roquefort. — Étymologie du mot *tribord*. — Barque romaine tirée de la collection du palais Borghèse. — Le *clavus*, l'*espadilla*, le *helm*. — Le gouvernail des navires normands était à droite. — Étymologie du mot *itague*. — Passage du *Dit des cordiers* à propos de l'*itague*. — Wace ne fait aucune allusion à l'aiguille aimantée. — Tempêtes décrites par Wace et par l'auteur du *Roman de Tristan*. — Saute de vent. — Arrivée de Guillaume le Conquérant à Hastings. — Passage du *lai d'Avelock le Danois*. — Rapprochement entre un passage du roman d'*Eustache le Moine* et une phrase de *Pantagruel*. — Vers de Gulot de Provins sur l'aiguille aimantée. — Des mots : *manière*, *manette* et *marinette*. — Chanson sur l'aiguille aimantée. — Un passage de *la Thoison d'or*. — Rimes toscanes de

Francesco Barberino sur la *calamite*. — *Aire*, *sillage*; leurs étymologies. — — Passages de *la chronique des ducs de Normandie*, par Benoît. — *Drenc*. — Le poëme de Johan Pujol sur la bataille de Lépante. — Les mots *flotte* et *stoire*. — Citation de Guillaume Guiard. — Témoignages tirés des sceaux de Sandwich, de Dam et de Douvres. — Enceinte de navires décrite par Benoît. — Rapprochement entre le poëte normand et Tacite. — Étymologie du mot *équiper*. — La langue maritime.

MÉMOIRE N° 4.

SUR LES BATIMENTS A RAMES DU MOYEN AGE.

Le *Dromon*. — Doutes sur la signification du nom de ce navire. — Lettres de Cassiodore à Abundantius. — Note sur les bois de construction au moyen âge. — Remarque sur le mot *triremis* employé par Cassiodore. — Ordre de l'empereur Maurice, relatif à l'emploi des dromons. — Le *Buccinator*. — Passages de la Naumachie de l'empereur Léon. — Du mot *triremis* employé par Meursius. — Le dromon du neuvième siècle avait deux étages de rameurs superposés l'un à l'autre dans toute la longueur du navire. — Passage du *Richardi regis iter*, par G. de Winesalf. — Observations sur ce passage. — La galée du douzième siècle. — Son *calcar* ou éperon. — L'ordre de bataille des galères, au douzième siècle, est une tradition du neuvième. — Autre passage de Galfrid de Winesalf. — Conséquences à en tirer. — Rapport entre les galères des treizième et dix-huitième siècles. — L'introduction de l'artillerie à poudre, à bord des galères, ne change presque rien à la construction de ces bâtiments. — Rapport entre le nombre des rames des dromons et celui des rames de la galère du dix-huitième siècle. — Citations de Pantero-Pantera, de Picheroni della Mirandola, du chevalier de Passebon. — Le *Pamphile*. — Citations de Constantin Porphyrogénète. — Équipages des pamphiles et dromons. — Distribution des rameurs et des soldats sur les petits pamphiles. — Étrange erreur de don Antonio de Capmany. — Parapet en arrière de l'éperon, ou *Rambate* des dromons. — Tours ou châtelets hissés au moment du combat, à la moitié de la hauteur du mât du dromon. — Giacomo Filiasi et Antonio Marin se sont trompés sur la valeur du mot *catartion*, que latinisa Meursius au lieu de le traduire. — Médaille de Pietro Candiano Primo. — Différence présumée entre les pamphiles et les dromons. — Du mot *pamphile*. — Longueur approximative des dromons et pamphiles. — Mesures des galères subtiles de Romanie et de Syrie, d'après un statut génois du 22 janvier 1333. — Traduction de ce document. — Détails d'un statut de 1344 sur le même sujet. — Ce qu'était la mesure appelée *goda*. — Ce qu'on doit entendre par *galee aviate ad popam et ad proram*. — Le sénéchal, ou *petentarius*. — Le *scandolar*. — Ridicule étymologie de ce mot donnée par Barras de la Penne. — Ce que c'était que la « *serra ubi imbanchatur*. » — Du mot *empalure*. — Du mot *amoriata*. — Des mots *feminella* et *maschio*. — Ferrements des galères. — Passages de statuts de 1334 et de 1441 à cet égard. — Ce que c'était que le *mentum contis*. — Des mots *contovalo* et *pontovalo*. — Les *tria ferra* de la galère commerçante au quatorzième siècle. — Ce que c'était que le *mentum trencharini*. — Statuts génois de 1340. — *Andar a la trinca*, locution maritime espagnole. — La *trinquette*. — Le *taille-vent*. — Le *trinca-dour*. — Le *trinquard*. — Statut de 1339. — Digression sur la mesure des coques. — Ce que c'était que la *croix* sur les navires vénitiens du milieu du treizième siècle. — Quatre documents vénitiens sur les mesures des galères. — Comparaison de ces documents. — Coupe d'une galère génoise du commencement du quatorzième siècle. — Dimensions des galères subtiles du dixième siècle. — Plan d'une *galia sotil*, par Picheroni della Mirandola. — Galère subtile à vingt-six bancs, de Crescentio. — Longueur de la coudée napolitaine au seizième siècle. — La gouë marseillaise à la même époque. — Tracé des rotes. — Différence entre la hauteur des poupes de la galère française et des galères romaine et napolitaine. — Les *matere* et les *stamenali*. — La largeur *in bocha*. — Les *madiers-radiers*. — Chambres de la galère. — Le *porteau*, ou écoutille. — Le *telaro*. — L'*apostis*. — Les *baccalats*. — Les *arbres*, ou mâts de la galère. — Les *antennes*. — Le *spigon*. — Les *rambates*. — L'*espale*. — L'*éperon*. — Extrait des Mémoires de Jean Marteilhe. — *Gozzone*. — Les *pédagues*. — *Parasguardi*. — *Compagne*; étymologie de ce mot. — *Paillat*; étymologie de ce mot. — *Taverne*. — Bancs, banquettes. — Le *ramier*. — L'*arbalestrière*. — Encore l'*apostis*; étymologie de ce mot. — *Rames*. — *Palamante*. — *Astroq*. — *Escome*. — *Tollet*. — *Manivelle*, *giron*. — *Comite*. — Son sifflet. — *Sous-comite*. — Travail des rameurs d'une galère. — Passage de l'*Armata navale* sur la chiourme. — Forçats, esclaves, *bonevoglies*. — Leurs devoirs, leurs costumes, leur nourriture. — La *maistrance* de la galère. — L'*argousin*. — Les *espaliers*. — Le *tabernacle*. — *Conille*; étymologie de ce mot. — *Scie*. — Différents commandements propres aux galères. — Les *vogue-avant*. — Le *posticcio*, le *terzarolo*, etc. — Le quartier du milieu. — La vogue par tiers, selon Capmany. — Observation à cet égard. — Trompettes. — Le *portunato*. — Service des hommes de la chiourme. — L'*écrivain*. — Le *scalco*. — Le *barberot*. — Analyse d'un passage de Pantero-Pantera sur le nombre des rameurs convenable à chaque espèce de navires. — Passage du même sur les galiotes, les brigantins, les frégates, les felouques, et les castadelles — Armement des galères à *zenzile*. — Ce que c'était. — La rame *scaloccio*. — Courte digression sur les auteurs de l'antiquité qui ont parlé de la marine. — Galère d'Othon, par Dominique Tintoret. — Une galère, par Carpaccio. — Observations sur les navires gravés dans le *de Re navali* de Baïf. — Opinion de Charles Étienne à cet égard. — J. Scheffer réfuté. — *Interscalme*. — Calculs pour l'emplacement des rames des galères à 2, 3, 4 et 5 rames par banc. — Passage d'Olaus Magnus relatif à des galères à 2, 3 et 4 rames par banc, faites par des charpentiers vénitiens pour Gustave, roi de Suède, en 1540. — Emploi abusif fait par les historiens des mots *biremis*, *triremis*, etc. — Pantero-Pantera critiqué. — Galères à 180 rameurs. — Citation d'un passage de Constantin Porphyrogénète sur les dromons à 230 rameurs. — Galères à 100 rames, de don Enrique (1370). — Galère de 1354, à 29 bancs et 170 rameurs. — Galère génoise à 3 rames par banc et à 100 rames. — *Reme* et *terzolli*. — La *sencilla* de Capmany. — Une galère de Breugel. — Galères à 116 avirons, nolisées en 1335 au nom de Philippe de Valois. — Passage de Geronimo Zurita, sur six galères à 29 et 30 bancs, armées en 1356 à Barcelone. — Remarque de Capmany à ce sujet, et critique de cette remarque. — Qu'était-ce que le *lignum*? — Réfutation d'une opinion de Carlo Marin. — *Ligna de tertiis*. — Qu'était-ce? — Dissertation sur cette espèce de navire. — Du Cange réfuté à propos d'un passage des annales de Gênes. — Sur le petit navire appelé *floz*. — Sur les *lins*. — Erreur de Capmany à propos des *leny*. — Du mot *teria*. — Cautions exigées à Gênes, aux treizième et quatorzième siècles, des bâtiments armés dans les ports de la république. — Armement des galères génoises allant à Aigues-Mortes. — Armement des *ligna de teriis*. — De la conserve (*conservaticho*). — Le *pamphile* du quatorzième siècle. — Observation sur un passage de Jacob d'Oria. — Des grosses galères. — Des navires de bandes ou à la navaresque. — La *gallia grossa* de Picheroni della Mirandola. — Prix des rames à *scaloccio*. — Quadrirème de Picheroni. — Observation sur une note qui se lit à la couverture du manuscrit de cet ingénieur. — La *quinquérème* de Vittore Fausto (1529). — Histoire de ce navire célèbre. — Passage de la *Legatio babylonica* de Pierre-Martyr d'Anghiari. — Galéasses ou grosses galères vénitiennes, en 1500. — Passage de Paolo Paruta à leur sujet. — La galère d'Ucchiali (1572). — Passage d'Abraham Peritzol sur la navigation des galères marchandes de Venise. — Galère du quinzième siècle à trente-cinq rames, à quatre hommes par rame, et à trinquet carré. — Décret du sénat relatif à l'armement de la quinquérème de Fausto. — Calcul pour déterminer la longueur probable et les autres dimensions de la quinquérème. — Erreur de Natal Conti et de Rannusio. — Construction de galères adjugées à l'encan. — Erreur de Pantero-Pantera. — Les galéasses de Francesco Bressan. — Celles de l'invincible *Armada* (1588). — Définition de la galéasse du seizième siècle, par Pantero-Pantera. — Calculs pour la construction de ce bâtiment. — Miniatures des *Voyages de Magius*. — Estampe représentant la bataille de Lépante. — Deux galères peintes par Raphaël, dans la *Duomo* de Sienne. — Galéasses peintes dans le palais d'Oria à Gênes. — Les *gatti* ou chats des onzième et douzième siècles. — Analyse d'un passage de Laurenti de Vérone. — Passage de Guillaume de Tyr. — Chat à cent rames et deux cents rameurs. — Les deux *gouvernaux* du chat. — Pourquoi le *chat* était-il nommé ainsi? — Étymologie nouvelle du mot *galaia* (galère). — La *cetea* de Carlo Antonio Marin. — Les *bucentaures*. — Origine du Bucentaure, navire ducal de Venise. — La *Nuova regia su' l'acque* de Antonio-Maria Luchini (1729). — Le Bucentaure, au commencement du dix-huitième siècle. — La galère du pape Alexandre III. — Décret de 1337 pour l'armement de quatre galères *de mensuris bucentariorum*. — Examen d'une objection de Zanetti à Filippo Camarario. — Loi du 12 mars 1293, relative au Bucentaure. — La fête des Maries. — Le mot *regatta*. — Les petits navires appelés *plats*. — Étymologies du mot *bucentaure*. — Les *chelandes* ou *selandes*. — Opinion de Zanetti sur l'origine du mot *galandria*. — Discussion des opinions de Hugot et Guibert. — Passages de Ditmar et Constantin Porphyrogénète. — Les *huissiers*. — La *tafurea*. — Interprétation d'un passage de Godefroi, moine de Saint-Pantaléon. — Passages de Diodore et de Polybe sur les *hippagoges*. — Les *palandries* turques. — Passages de la *Naumachie* de l'empereur Léon. — Encore la *chelande*. — Ses rames, ses rameurs, son armement. — L'armement et le nombre de rames du *dromon*. — Rapprochement entre le *dromon* du neuvième siècle et la *galta grossa* de Picheroni. — Variétés de la famille *dromon*. — Variétés de la famille *galère*. — Passage du roman de Blanchandin relatif à un *dromont* ou *chalant*. — Origine du mot *chalan*. — *Broche* signifiant *arbre* ou *mât*. — Le *beaupré*. — Les nefs de la tour de Pise citées. — Fortification du dromon. — Bannières aux sommets de ses mâts. — La pomme du mât. — Passage de Mathieu Paris, relatif au *dromon* de combattu par les galères de Richard, en juin 1191. — Passage de Galfrid de Winesalf, relatif au même combat. — Comparaison de ces deux passages; conséquences à en tirer. — Le *calcar* ou éperon des galères. — Version de Mathieu Paris rejetée. — *Urinatores*. — Les plongeurs turcs au siége de Malte, en 1565. — Dimensions présumables du dromon coulé par Richard. — Sa mâture. — Un *uxel* du quinzième siècle. — L'*uxer* de l'atlas catalan, de 1375. — Extrait d'une lettre de Philippe le Bel, où sont nommés des *uxorios*. — Proportions de l'*uxel* mentionné par la chronique de don Pedro de Castille. — La galie du comte de Japhe. — Passage de Joinville. — Les trois cents rameurs de la galie. — Rapprochement d'un passage du *Richardi regis iter* avec celui de Joinville, au sujet des pennonceaux et de la musique sur les galères. — Les ramberges. — Étymologie du mot *ramberge*. — *Pinasse*. — Les *galiotes*. — Galiote armée de deux cents hommes. — Le *brigantin*. — Le *vice-patro*. — Le *capitaneus*. — Analyse de deux statuts de 1340, en ce qui concerne le capitaine ou chef d'escadre. — Chrysobole de 1188. — Galères à cent quarante rameurs. — Officiers des galères au douzième siècle. — Étymologie du mot *brigantin*. — La *frégate*. — Étymologie de son nom. — La *castaldella*. — La *felouque*. — La *saëttie*. — Le *frégaton*. — Le *speronier*. — La *grottolino*. — L'*esquif*. — La *gondole*. — La barque de *paliscalmes*. — Le *caïque*. — Le *peatto*. — La *fisolère*. — Étymologie de ce mot. — Le *scorciaplno*. — Le *carabus*. — Le *monère*. — Réfutation d'une opinion de J. Scheffer, à l'égard de cette espèce de navire. — Le *carib*. — Note sur quelques navires arabes, égyptiens et turcs. — La *fuste*. — Passages de Baïf, don Joam de Castro et du *Guidon de la mer*. — Étymologie du mot *fuste*. — Armement des galères catalanes, en 1354. — Équipage de la galère de Jean-André d'Oria, en 1572 (extrait d'un manuscrit espagnol de la casa d'Oria, à Gênes). — Voilure des bâtiments à rames. — Ornements extérieurs des bâtiments à rames. — Passage des *Dietari trienni*, journal catalan inédit du seizième siècle. — Les galères noires de François Ier, prisonnier. — Deuil de la capitane des chevaliers de Saint-Étienne. — Ordre de bataille des galères. — Les *traverse* ou *bastions*. — Galères transformées en batterie flottante par don Garcia de Toledo. — Le siége de Coron. — Singulière disposition des galères d'André d'Oria pour cette attaque, en 1533.

FIN DE LA TABLE DU PREMIER VOLUME.

ERRATA.

Page 3, — *allagar o vento*, lisez : *allargar*.
» 15, — *'Montagna*, lisez : Mantegna.
» 72, — *olofée*, lisez : auloffée.
» 79, dernière ligne de la note : *plus intelligible*, lisez : peu intelligible.
» 100, — *faseler*, lisez : fasier.
» 118, ligne 11 : au lieu de : *double proue*, lisez : double poupe.
» 294, ligne 11 : au lieu de : *gravé d'après F. H. Breugel*, lisez : gravé par F. H. (Huiis) d'après Breugel.
» 309, ligne 21 : au lieu de : *mandado*, lisez : *andando*.

www.ingramcontent.com/pod-product-compliance
Lightning Source LLC
Chambersburg PA
CBHW071619230426
43669CB00012B/2001